I0902524

L'impressionnisme à ses frontières

Collection PASSAGES
Volume 67

Prix du musée d'Orsay 2018

Musée d'Orsay

Illustration de couverture
Portrait de Meier-Graefe dans son appartement de la Hohenzollernstraße 15 à Berlin, 1928, photographie, Marbach, Deutsches Literaturarchiv, B 1996.D 1

Copyright
© 2023, Centre allemand d'histoire de l'art (DFK Paris)
Hôtel Lully, 45 rue des Petits-Champs, F-75001 Paris
www.dfk-paris.org

© 2023, Éditions de la Maison des sciences de l'homme
54 boulevard Raspail, F-75006 Paris
www.editions-msh.fr

ISSN 2104-9777
ISBN 978-2-7351-2934-8

Victor Claass

L'impressionnisme à ses frontières

Le cas Meier-Graefe
et la lutte pour l'art moderne en Allemagne

Préface de
Laurence Bertrand Dorléac

DEUTSCHES FORUM
FÜR KUNSTGESCHICHTE
CENTRE ALLEMAND
D'HISTOIRE DE L'ART
PARIS

fondation
maison des
sciences
de l'homme

À Arnaud et Alexandre,
pour Laura

Sommaire

PRÉFACE

Nous ne savions pas grand-chose en France de Julius Meier-Graefe, qui joua un rôle pionnier dans la connaissance de l'impressionnisme en Europe au tournant du XXe siècle. Victor Claass reconnaît l'originalité d'un acteur difficile à limiter aux catégories générales. Il source, explore, décrit, analyse, ironise parfois. Meier-Graefe ne voulait pas d'un art « *charming, lovely, very nice* » ; l'auteur n'aime pas la mièvrerie non plus. Il reprend tout à zéro. Il le rend vivant sans éviter le « salissement » car rien ne serait pire que de dresser une statue de pureté à ce touche-à-tout moderne et antimoderne selon les moments : critique, romancier et historien de l'art mais aussi courtier, expert, conseiller, commissaire d'exposition, éditeur.

Même s'il se méfiait d'une prétendue « essence » nationale, Meier-Graefe recherchait volontiers les ingrédients des arts « allemand » et « français » et il en jouait selon le contexte. Né à Reșița, dans l'actuelle Roumanie, il voyagea suffisamment pour saisir le caractère arbitraire des frontières et quand il défendait Hans von Marées, c'était au nom de ses faiblesses autant que de ses forces. Si cet artiste était bien de l'Allemagne, c'est qu'il en révélait les « problèmes » à la façon d'un « moderne ». Meier-Graefe fantasmait une « modernité » comme progrès, fondée sur la connaissance des Anciens mais qui « pétille de nouveauté et de vitalité ». Il parlait avec audace quand les autres voulaient être simplement corrects et surtout ne pas choisir mais accumuler, classer. Or, selon lui, la science arrivait toujours après l'art et découpait tout en morceaux en interdisant l'accès à l'essentiel. Il croyait en l'humanité d'avant les docteurs.

Il n'était pas seulement l'ami des artistes mais passa toute son existence à « courir après », « jusqu'à perdre haleine » écrit l'auteur, qui nous entraîne dans la danse chaotique de son explorateur un brin kantien. Celui-ci n'aimait ni les écoles ni les suiveurs – il se méfiait même de l'impact qu'il avait sur les autres. Il défendait si bien Greco que les jeunes peintres voulaient l'imiter ? Il les dénonçait aussitôt comme de simples « tapissiers ». Il ne croyait pas non plus qu'un mouvement, aussi emballant soit-il, pouvait le rester longtemps. Il préférait d'ailleurs les individus aux courants : Greco, Munch, Toulouse-Lautrec,

Marées, Cézanne ou Beckmann. Qu'il s'agisse de l'impressionnisme, de l'Art nouveau ou de l'expressionnisme, il critiqua, s'agaça, s'éloigna.

Il changea surtout au gré de l'histoire et de sa grande hache. Il finit comme par aimer l'artiste en sage *régulateur*, et entre son *Entwicklungsgeschichte* de 1904 et celle de 1914-1924, il y a un monde. À la Grande Guerre, si peu résistèrent et elle tua tellement d'êtres et de choses, d'amitiés, de réseaux. Victor Claass saisit à quel point Meier-Graefe fait partie des retombées à l'infini de cette catastrophe. Il le voit perdre pied comme tant d'autres dans cette terrible aventure qu'il décréta dans un premier temps « l'amie des arts », en patriote belliqueux, avant d'ouvrir les yeux. Il alla jusqu'à proclamer la décrépitude de Paris qu'il avait tant aimée, il opposa la *Zivilisation* française décadente à la *Kultur* allemande héroïque au risque de se faire détester dans la capitale française alors qu'on lui en voulait déjà en Allemagne d'être toujours trop « moderne ».

Ce pessimiste actif se sentait incompris, et pour cause. Il se retourna même contre ce qu'il avait aimé, dans un contexte européen favorable après la guerre à la liquidation des avant-gardes. Il s'en prit à Matisse et à Picasso pour leurs dérives décoratives, aux impuissances de l'expressionnisme allemand, à la révolution impressionniste par la couleur au motif qu'elle avait dilué l'objet et toute solidité – selon lui, Monet aurait mené l'impressionnisme à sa perte. Dans ces conditions, pourquoi sauvait-il Cézanne, Renoir ou Degas ? Au nom d'une idée archaïque de la modernité, qui lui inspirait l'insulte contre la « fumisterie » avant-gardiste, qu'elle soit allemande ou française. Il s'enlisa dans le ressentiment, annonçant avant même la Grande Guerre le délabrement de la *culture*, sa perdition dans l'extension de son domaine, la colonisation par les affaires et ce que l'on n'appelait pas encore la « globalisation ». Il fut forcément raillé, par Carl Einstein en particulier, qui se moquait de son lyrisme et de son « éjaculat spirituel ».

Victor Claass a le bon *tempo* pour nous révéler celui qui avait compris que l'art contenait davantage que lui-même, qu'il était le véhicule des valeurs esthétiques mais aussi identitaires. Mais Meier-Graefe tenait surtout à l'essence supérieure de l'art dans un monde fait de rapports de force qu'il ne dominait guère. L'auteur sait le faire valoir dans le champ franco-allemand et plus largement européen. Il réussit à retrouver l'atmosphère du combat de « Meier-Graefe contre Meier-Graefe », il ne cache pas l'ivraie au profit du bon grain, il nous fait confiance. À travers ce prisme franco-allemand, il parvient à nous révéler à nous-mêmes, nous avons changé de planète idéologique. Les obsessions de Meier-Graefe nous font sourire et quand, pour défendre l'Allemagne, il déclare au début des années 1920 que « notre maison brûle. Que nous faut-il absolument sauver ? », nous pensons davantage à Bruno Latour qu'au sort de « l'art allemand » ou de « l'art français » dont il voulait évaluer les mérites et les crimes.

S'il se trompa brièvement sur le nazisme, croyant qu'il devait « s'adoucir » avec le temps, il fut plus d'une fois diffamé par le régime pour ses actions, et non seulement refusa très vite d'y collaborer, mais s'exila. C'est dans le sud de la France, près de la terre des exilés allemands du nazisme, Sanary-sur-Mer, qu'il se lança dans *La Lutte pour le château*. Cette ultime expérience romanesque offre l'occasion à l'auteur de confier le dernier mot à Léon Werth qui, dans ses *33 jours*, identifie avec lucidité ce qu'avaient été pour les Allemands cultivés les artistes français et, plus généralement, la France : une création plus qu'une réalité, « un îlot artificiel ». Victor Claass aborde ce territoire exigu comme le symptôme d'une époque qui, à partir de 1914, aspira les forces vives de tout individu original en le condamnant à penser l'art à son déclin. Autrement dit, à s'aveugler.

Laurence Bertrand Dorléac,
février 2023

« Concept insuffisant de l'art chez tous ceux qui écrivent sur l'art ; inversement, histoire de l'art non écrite chez les artistes clairvoyants. »

KONRAD FIEDLER
APHORISMES

« Mais quand le monde entier part
à vau-l'eau, alors je ne cherche qu'à
comprendre ce qui s'est passé et
pourquoi, et du moment que j'ai
accompli mon devoir, je garde mon
calme et ma bonne humeur. [...]
Et puis, il me reste encore tout ce qui
en dehors de ça me donnait naguère
de la joie : la musique, la peinture,
les nuages, l'herborisation au
printemps, les bons livres, [mon chat]
Mimi, et puis toi, et bien des choses
encore – bref, je suis richissime et
je compte bien le rester jusqu'au bout. »

ROSA LUXEMBURG
LETTRES DE PRISON

INTRODUCTION

·MEIER-GRAEFE· ·CONTRE· ·L'IMPRESSIONNISME·

« L'HOMME UNIVERSEL,
L'HOMME CLASSIQUE. L'HOMME
SOCIAL, L'HOMME NATIONAL.
QUEL EST LE VRAI[1] ? »

Léon Werth

Sous le regard anxieux des conservateurs du musée du Louvre, une équipe de transporteurs d'art s'affaire, avec une infinie délicatesse, à emballer les plus grands chefs-d'œuvre des collections nationales. Conditionnés dans de robustes caissons en bois sur mesure, les plus beaux joyaux de Watteau, Ingres et Delacroix sont regroupés dans la cour Visconti. Dans l'après-midi du 15 décembre 1931, ce ne sont pas moins de cinq tonnes de « tout ce que l'art français a conçu et a produit depuis près de dix siècles » qui entament, sous les yeux alertes des policiers, une périlleuse traversée de Paris. « Non seulement les convois étaient encadrés par des agents cyclistes », rassurait la presse locale qui faisait de ce curieux cortège en route vers la gare du Nord un événement digne d'être commenté, « mais plusieurs voitures les suivaient, dans lesquelles avaient pris place quelques contrôleurs du Louvre et les convoyeurs qui ne [devaient] pas quitter d'un pas les précieux chargements[2] ». Acheminé par le rail vers Calais et Dunkerque, c'est un trésor national que l'on répartit ensuite dans les cales de plusieurs vapeurs prêts à s'aventurer sur le *Channel*. Quelques heures plus tard, depuis la côte britannique, c'est au rythme de la police montée que les camions poursuivent le périple vers Londres (ill. 1). L'inestimable cargaison, assurée selon les sources les plus extravagantes à hauteur de plusieurs centaines de millions de francs, arrive enfin à bon port dans le quartier de Piccadilly, devant la Burlington House. Tous les objets convoyés se trouvaient là pour figurer à la très attendue « Exhibition of French Art 1200-1900 », qui devait offrir au public anglais un portrait complet de la création française, du Moyen Âge au postimpressionnisme.

Alors que les diplomates se félicitent de l'aboutissement de plusieurs mois de travail acharné, un écrivain d'art allemand de soixante-quatre ans peste contre le chauffage électrique de sa modeste chambre d'hôtel. Arrivé à Londres muni d'une porcelaine de Chelsea qu'il espérait revendre à bon prix, Julius Meier-Graefe (1867-1935) trépignait d'impatience en attendant de parcourir les salles de l'exposition (ill. 2). L'événement, organisé à l'invitation de l'administration britannique, avait été en grande partie coordonné par l'Association française d'expansion et d'échanges artistiques, une structure sous double

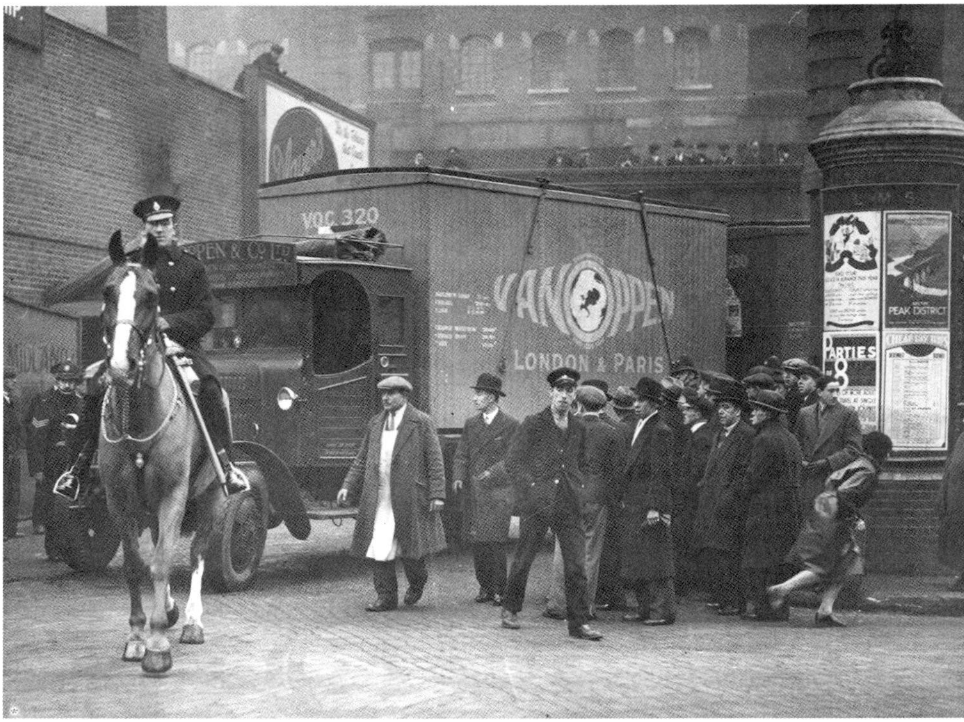

1 Arrivée à Londres du convoi d'œuvres d'art français allant figurer à l'« Exhibition of French Art 1200-1900 », décembre 1932, photographie, Londres, Archives de la Royal Academy of Arts, 07/4849

tutelle ministérielle vouée depuis l'après-guerre à la propagation de la culture française en territoires étrangers. L'exposition ne présentait ainsi pas moins de mille objets venus des quatre coins de la France et de la Grande-Bretagne, mais aussi de nombreuses collections publiques et privées internationales. Agissant pour le compte de la Troisième République, le comité exécutif de l'événement avait reçu comme mission de réaliser la flamboyante démonstration de l'unité, de la cohérence et de la clarté inégalées de l'école française, à travers un vaste roman national illustré.

Dès l'ouverture des portes de la Burlington House en janvier 1932, au son des « *charming, lovely, very nice*[3] » de la haute société qui s'y était ameutée, Meier-Graefe émit de premiers doutes. Il se trouvait alors dans la rotonde centrale, face à la statue reliquaire de sainte Foy, expatriée de la ville de Conques spécialement pour l'occasion. À quel degré cet objet précieux, tel qu'il en fut

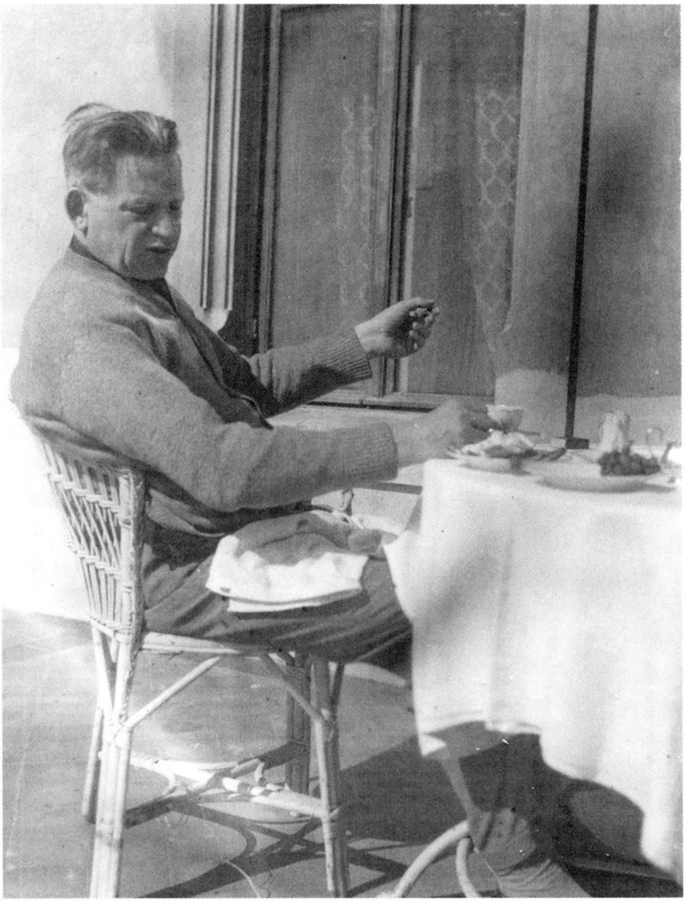

2 Julius Meier-Graefe vers 1930, photographie, Marbach, Deutsches Literaturarchiv, B 1996.D 1

fabriqué dans toute l'Europe médiévale, pouvait-il être considéré comme spécifiquement français ? Qu'en était-il du *Triptyque de l'Annonciation d'Aix*, dont les volets éparpillés étaient exceptionnellement réunis, mais dont l'attribution était encore à la source d'intarissables débats parmi les corporations savantes ? « À cette période, constatait Meier-Graefe, et peut-être davantage encore dans celles qui suivirent, les peintres français semblent si proches des Pays-Bas qu'une différenciation claire paraît difficile[4]. » Insensible au discours sur la permanence transhistorique d'une « essence » de l'art français suggérée par l'exposition et ses paratextes, le visiteur allemand fut plutôt frappé par sa faculté

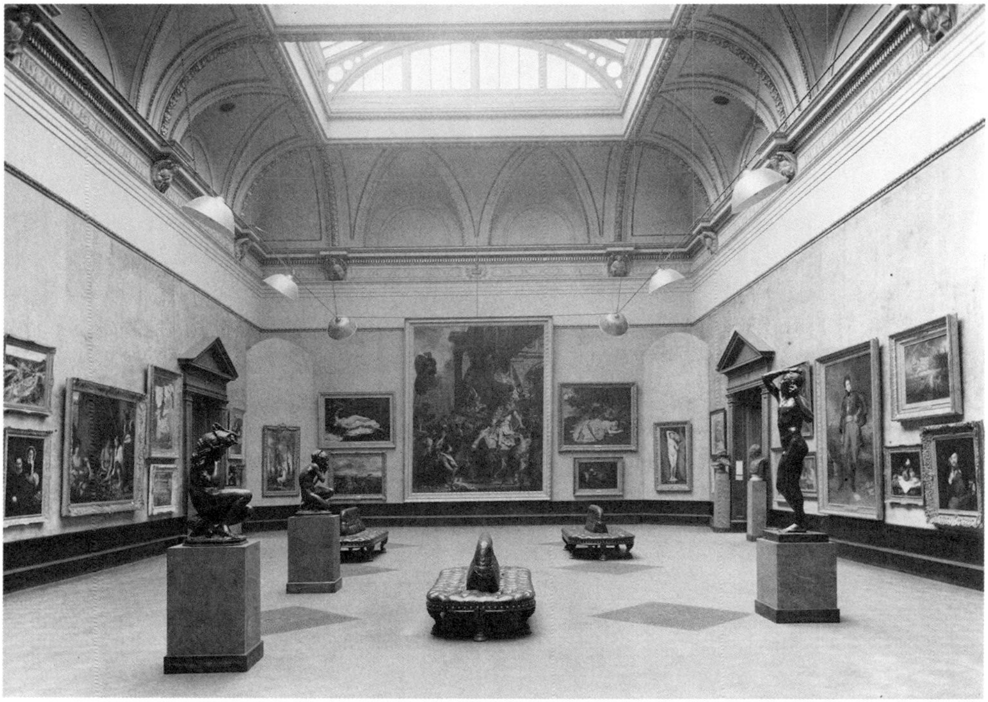

3 Vue de la salle nº 9 de la Burlington House lors de l'« Exhibition of French Art 1200-1900 », 1932, photographie, Londres, Archives de la Royal Academy of Arts, 12/1379

d'appropriation d'éléments étrangers. Une aptitude d'autant plus notable dans les salles majestueuses dédiées au XIXe siècle (ill. 3), où David regardait Rome, Ingres observait Giotto, et Manet se révélait espagnol : « Quelle place reste-t-il au nationalisme ? À qui échappe-t-il encore que c'est précisément sur cette faculté d'absorption de valeurs étrangères que repose la grandeur de l'art français[5] ? » En dénonçant les ornières du chauvinisme universalisant qui bridait à ses yeux la communauté scientifique francophone, l'auteur poursuivait le combat qu'il menait depuis plus de trente ans contre l'essentialisme culturel et la rigidité dans l'approche des styles nationaux.

Parce qu'il semblait résulter d'une ingérence du politique dans les discours esthétiques, le mode d'accrochage déployé à Londres par René Huyghe fit également l'objet de vives critiques de la part de l'Allemand. En suivant ce paradigme unitaire supposé fédérer l'école nationale, les commissaires avaient élaboré un parcours muséographique totalisant, qui privilégiait des transitions en fondu entre chacune des périodes. Trop serrées, alignées selon les procédés de la seule symétrie et non en fonction de leurs qualités formelles, les œuvres voyaient d'après Meier-Graefe leur pouvoir esthétique réprimé. Ainsi, Daumier et Courbet « flanchaient », tandis que Renoir et Cézanne se noyaient pour leur part dans un flux parasite d'images de valeur moindre. Quant aux toiles de Gauguin, elles semblaient presque briller par inadvertance. En somme, il aurait été possible de dire davantage sur l'art français avec une sélection plus restreinte et une disposition épurée, conçue selon des critères exclusivement artistiques[6]. Probablement blessé de ne pas avoir été consulté par les autorités françaises, Meier-Graefe résumait ainsi son propos : « Le choix des œuvres et leur accrochage ont été confiés à ces historiens de l'art de la vieille école, qui lisent davantage qu'ils ne voient. L'artiste, lui, n'a pas eu son mot à dire[7]. »

Une existence entière à courir après l'art et les artistes, jusqu'à perdre haleine : voilà comment résumer, en quelques mots, l'itinéraire transnational de Meier-Graefe, dont ce livre retrace certains épisodes marquants. Évoquer la spectaculaire exposition londonienne de 1932 permet de croiser d'emblée plusieurs thématiques cardinales qui seront abordées tout au long de ces pages. Il sera ici question d'art, d'art « national », voire de cette marchandise appelée « art » – c'est-à-dire d'un ensemble d'objets produits avant d'être exposés, achetés, vendus, rachetés et revendus, oubliés et redécouverts, perçus tour à tour comme conformes ou subversifs. Des biens extraordinairement mobiles, mais dépositaires à plein temps d'une triple valeur esthétique, économique et symbolico-identitaire. Narrer le parcours de Meier-Graefe à travers les trente premières années du XXe siècle offre à cet égard une occasion d'explorer les rouages complexes d'un vaste système socioculturel dont l'art fut et demeure le grand séquestré, tout comme l'unique échappatoire. S'il contribua plus que nul autre à la circulation de ces artefacts et des conceptions dont ils sont les vecteurs, Meier-Graefe veilla en revanche à ne jamais trahir sa croyance inébranlable dans l'existence d'une essence supérieure de l'art. Pour ce perturbateur intransigeant aux écrits « inconformes[8] », l'art était le bien humain le plus irremplaçable, un univers céleste constellé d'objets trop raffinés pour qu'ils soient lâchement abandonnés aux instrumentalisations idéologiques, trop proches de la sphère du divin pour se laisser piéger entre les lamelles oppressantes des microscopes des savants. « [L'art est] comme le caviar : même ceux qui n'aiment pas cherchent à en avoir[9] », écrivait-il d'ailleurs en prologue à son ouvrage légendaire de 1904, l'*Entwicklungsgeschichte der modernen Kunst*. La carrière de Meier-Graefe se présente finalement comme une lutte polymorphe contre les consommateurs de la beauté, ceux dont l'impardonnable péché était de considérer les nobles produits de l'imagination humaine comme agrément, un sucre rapide agissant sur la seule surface des sens et de l'esprit. « *Charming, lovely, very nice* », s'extasiaient les visiteurs de l'« Exhibition of French Art » de Londres en 1932, ces gourmets du *five o'clock* qui incarnaient à eux seuls l'entièreté d'une civilisation occidentale déconnectée de ses héros. De son côté, l'État français ne put naturellement que se réjouir du succès indéniable de son exposition temporaire où se pressèrent, de janvier à mars 1932, près de 350 000 visiteurs.

* * *

Romancier, critique et historien de l'art ; courtier, conseiller, expert, commissaire d'exposition, éditeur, ambulancier et dramaturge (les fours humiliants de ses pièces de théâtre furent d'envergure flaubertienne) : Meier-Graefe ne cesse de révéler aux historiennes et historiens de l'art la richesse de son parcours de « médiateur transfrontalier des arts[10] ». Pourtant, il demeure généralement réduit à un rôle de découvreur-interprète allemand de l'impressionnisme français, dont il contribua à diffuser les grands représentants dans sa nation. Car son combat au service de l'art fut bel et bien mené en parallèle d'une lutte permanente contre l'Allemagne, ou du moins une certaine Allemagne, celle aux élites bourgeoises férocement hostiles à la poussée moderniste.

De nombreuses publications et expositions ont d'ailleurs rappelé, par divers angles d'approche, la violence inouïe de ce face-à-face franco-allemand[11], dont France Nerlich a balisé les précédents[12]. Dans l'atmosphère culturelle accablante du Reich de Guillaume II – qui répudiait d'un geste ce nouvel « art de caniveau[13] » dans un célèbre discours de 1901 –, Meier-Graefe, animé par les plaidoyers nietzschéens contre le sacre de la certitude et du positivisme, brandit haut et fort les valeurs transcendantales du modernisme. Dénué d'attache institutionnelle, il se prononçait pour une dynamisation de l'expérience artistique, et non pour l'épanouissement d'une quelconque science de l'art dont il vilipenda farouchement les méthodes. Et c'est probablement parce qu'il resta indépendant de tout système de pensée, mais aussi en raison de ses tacles musclés régulièrement glissés à la guilde des universitaires, que son cas fit l'objet de moins d'attention que celui d'illustres historiens de l'art germanophones de sa génération. Signe de la singularité de sa production d'écrivain d'art, c'est plutôt du côté des littérateurs ou des artistes que les affinités humaines et intellectuelles de Meier-Graefe sont à localiser. Le poète autrichien Hugo von Hofmannsthal (1874-1929) sut saisir, dans un texte élogieux de 1927, les ambivalences disciplinaires de son ami :

> « Si la figure et la résonance intellectuelles de Meier-Graefe sont aussi difficiles à définir, c'est pour cette même raison qui fait de sa présence parmi nous une chaleur : chez lui, tout est fonction immédiate de la vie, rien n'est détourné ni recomposé. La peinture moderne agissait sur lui comme une totalité, et il y répondait en tant que totalité ; tel était le point de départ. À partir de là, tout se développait, jusqu'à ce qu'il parvienne aux choses les plus subtiles et les plus élevées : véritablement *comprendre* la relation d'un artiste à ses maîtres, à son époque, à la tradition dans sa globalité – un sommet de l'analyse intuitive inaccessible au simple historien de l'art[14]. »

Pas un « simple historien de l'art », précise le poète : des remarques de nature similaire se retrouvent chez bien d'autres admirateurs du personnage, pour lequel nous pourrions ici adapter l'aphorisme à double tranchant prononcé par Goethe au sujet de Winckelmann : « On n'apprend rien en le lisant, mais on devient quelque chose[15]. » Si plusieurs historiographes ont depuis tenté de favoriser l'intégration de Meier-Graefe parmi les piliers fondateurs de la discipline, l'anti-méthode et la marginalité de sa *Kunstschreiberei* le condamnent à vivre une union distendue avec ses confrères du tournant du siècle titulaires d'un diplôme doctoral.

Le premier ouvrage monographique consacré à la vie et à l'œuvre de Meier-Graefe, publié en 1973, a été entamé dans l'atmosphère du New York des années 1960 par le chercheur et critique américain Kenworth Moffett (1934-2016)[16]. Lié à la scène postexpressionniste, admirateur des abstractions radicales de Kenneth Noland, il agissait alors sous l'impulsion décisive de son mentor intellectuel, Clement Greenberg (1909-1994). Le livre est d'ailleurs dédié à cette figure tutélaire de la critique moderniste, qui considérait Meier-Graefe, aux côtés de Roger Fry (1866-1934), comme le « dernier grand critique d'art[17] » du XXe siècle. En conséquence, son ouvrage proposait de remonter aux racines allemandes de la critique formaliste pour défendre l'orthodoxie autonomiste de Greenberg. L'essai qui en résulte, parfois réducteur, dispose néanmoins de nombreux mérites. Au-delà du précieux travail bibliographique réalisé par l'auteur, l'une des idées les plus pertinentes de son ouvrage était d'élargir la *Kunstkritik* de Meier-Graefe à une plus vaste critique culturelle, bien souvent placée sous le signe inquiétant du déclin – un aspect que le travail d'archives effectué dans le cadre de la présente étude continuera à explorer.

Car c'est de toute évidence une envergure archivistique qui fait défaut au livre de Moffett, quasi exclusivement fondé sur un corpus d'écrits publiés. Acquis dans un hôtel des ventes varois par le Deutsches Literaturarchiv (DLA) de Marbach-sur-le-Neckar – à la suite du décès de la dernière épouse du critique, la peintre et illustratrice Annemarie Meier-Graefe-Broch (1905-1995, née Epstein) –, un fragmentaire fonds Meier-Graefe a depuis été rendu accessible aux chercheuses et chercheurs. S'il ne concerne que la dernière phase de sa carrière, cet ensemble comprend tout de même des journaux intimes de première importance, ainsi que diverses ébauches d'articles, ouvrages et conférences. Ce fonds se voit en outre largement augmenté par ceux de plusieurs figures cruciales du monde germanophone de l'époque, également conservés au DLA, et par d'autres fonds d'archives européens de musées et de bibliothèques. L'exploration active de ces documents a ainsi permis une réorientation déterminante de la recherche. C'est dans ce cadre qu'est entrée en scène la chercheuse Catherine Krahmer : au-delà de ses articles nombreux et d'une ambitieuse biographie du personnage[18], ses entreprises philologiques ont abouti à l'édition de deux recueils essentiels auxquels le présent travail est redevable. Le premier rassemble une sélection de lettres opérée parmi l'abondante correspondance entre le critique et les acteurs prééminents de la culture de son temps[19], tandis que le second consiste en une retranscription d'une partie de son journal intime[20]. Tenu avec irrégularité, entremêlant constamment vies publique et privée, ce *Tagebuch* est loin d'égaler l'extraordinaire densité des notes quotidiennes du comte Harry Kessler, véritable agenda mondain de l'Europe de 1900[21]. Son contenu permet en revanche de situer le personnage avec davantage de précision au sein des réseaux artistiques de l'époque. À la lecture de ces sources, l'écrivain-critique dévoile une facette de sa personnalité dont les publications ne portent souvent que des traces indicielles : celle d'un infatigable homme de terrain, inervenant sur la quasi-totalité des fronts culturels. La profusion de ces documents ne doit pas pour autant masquer leur majorité manquante, à une époque où l'on adressait parfois au même destinataire jusqu'à trois plis par jour (ill. 4). Et c'est sans compter sur l'importance d'une oralité difficilement archivable, à laquelle bon nombre de lettres – d'autant plus lorsqu'elles abordent de mystérieuses « affaires » – renvoient très régulièrement l'historien.

Il est à cet égard peu surprenant que ce tournant microhistorique de la recherche sur Meier-Graefe ait eu lieu parallèlement à la maturation des réflexions menées dans le cadre méthodologique des transferts culturels, qui se proposent depuis la fin des années 1980 de réexplorer les modalités des échanges, des dialogues et des conflits entre nations ou groupes culturels donnés[22]. Meier-Graefe semble parfaitement revêtir, sans qu'aucune retouche soit nécessaire, le costume du « médiateur culturel[23] », tel que taillé par Alexandre Kostka et Françoise Lucbert dans un important précis méthodologique. Meier-Graefe fut effectivement un personnage clé des interactions franco-allemandes, de surcroît au moment précis de l'exacerbation radicale

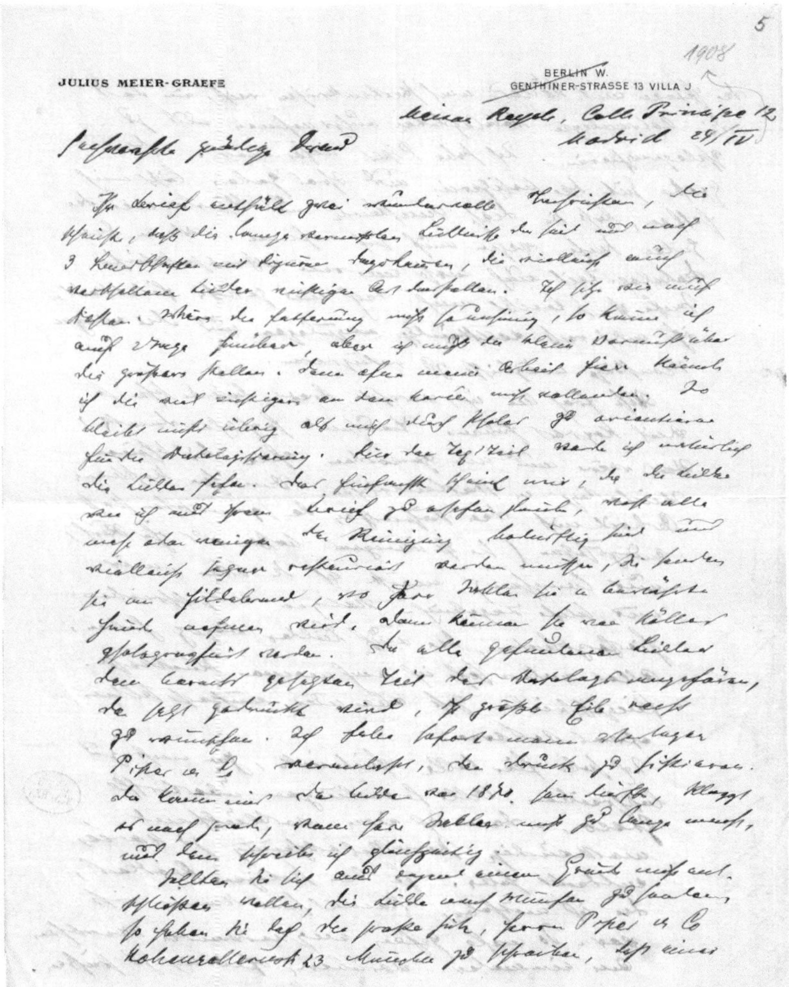

5

1908

JULIUS MEIER-GRAEFE

BERLIN W.
GENTHINER-STRASSE 13 VILLA J

4 Lettre autographe de Meier-Graefe à Mary Balling du 24 avril [1908], Munich, Bayerische Staatsbibliothek, Handschriftenabteilung, Leviana II.3

des tensions entre les deux pays. Dans le cadre de ce travail, nous emprunterons aux transferts culturels un mode d'approche général, incluant des idées aussi essentielles que la porosité des frontières, la dimension construite et fluctuante des identités nationales, ou l'indispensable réévaluation de notions et concepts piégés impliquant souvent des rapports de domination d'une communauté sur une autre. Il convient en revanche de ne pas échafauder de systèmes réducteurs autour des perspectives offertes par les transferts culturels : ils mènent parfois sur des voies trompeuses certains travaux de déconstruction qui cherchent à revisiter cette période clé de l'internationalisation de l'art et de son marché. La vie artistique de 1900 n'est, à notre sens, en aucun cas réductible à des stratégies culturelles et autres nationalismes de cinquième colonne, ni d'ailleurs aux seuls intérêts financiers personnels de ses acteurs (comme le laissent par exemple entendre les travaux de la chercheuse Béatrice Joyeux-Prunel, qui visent à formuler une nouvelle histoire des avant-gardes[24]). Elle est aussi faite d'espoirs immatériels, d'idéaux et d'inexplicables contradictions. Les pratiques historiennes dont nous pointons ici les dangers, en ce qu'elles prennent souvent la forme de récits généralisateurs s'efforçant à tout prix de débusquer des légendes supposées (« de peur d'être dupe », dirait Claude Lévi-Strauss, qui opposait le « doute anthropologique[25] » à l'objectivisme trompeur d'une certaine sociologie), non seulement finissent par dénaturer les sources, mais masquent également par leurs forçages variés la subtilité des parcours individuels qui en fournissent pourtant le matériau premier. Dans l'introduction à un passionnant livre dédié à la réception de Robert Delaunay à Berlin, l'historienne de l'art Sophie Goetzmann souligne avec pertinence les points aveugles de ces tentatives de nouveaux grands récits et, d'un même geste, la dimension problématique de certains concepts issus des transferts culturels paradoxalement devenus des poncifs[26]. Démêler les fils d'une histoire inextricable, c'est aussi, dans une certaine mesure, accepter une négociation permanente avec ses incohérences et autres étrangetés.

C'est précisément dans cet esprit qu'a été élaborée la présente recherche, qui entend également se situer dans le sillage des travaux fondateurs sur l'histoire du goût et du microcosme des arts entrepris par Francis Haskell, ou encore des études plus récentes de Michela Passini, dont la thèse de doctorat aborde les rapports entre l'essor des discours sur l'art et le « nationalisme culturel[27] » au tournant du XXe siècle. La trame biographique déploie dans notre cas tout son potentiel. Non pour elle-même, mais en ce qu'elle permet une nécessaire transversalité dans l'approche. L'itinéraire de Meier-Graefe doit ici être considéré comme une toile de fond, une basse continue mais évolutive, cisaillée çà et là de dissonances fracassantes, parfois perturbée par le surgissement d'orchestres adverses autrement plus tapageurs. Nous espérons ici, en prenant pour fil rouge le cheminement d'une vie, envisager l'époque qui l'enrobe, en rendant manifeste qu'elle fut gorgée de paradoxes. Dans les actions et les réactions quelquefois déconcertantes de Meier-Graefe, mais aussi dans celles de ses partisans ou ennemis, on voit se jouer à échelle humaine l'imprédictible carambolage de l'histoire elle-même.

Certaines entreprises de déconstruction socio-historique incitent toutefois à mettre les mythologies les plus tenaces à l'épreuve. On peut ainsi lire, dans les mémoires de son éditeur Reinhard Piper, que Meier-Graefe fut « toute sa vie durant un serviteur désintéressé de l'art[28] ». L'analyse des dessous de son activité de publiciste permet naturellement d'invalider une telle affirmation, qui demanderait pour que l'on y adhère une révision intégrale de la notion de désintéressement. Défenseur de l'impressionnisme face à un système des arts allemand structurellement réactionnaire, démolisseur des imaginaires wagnériens qui faisaient la joie des excités de la germanité : Meier-Graefe porte en effet l'accoutrement classique du héros moderniste, un rôle pour lequel il est encore parfois superficiellement célébré. Les faits démontrent pourtant qu'il se trouvait en permanence au centre d'intérêts de toutes sortes. Économiques, d'abord : devant constamment faire face à des soucis d'ordre matériel, à l'inverse de nombre de ses fréquentations issues de la haute bourgeoisie, l'Allemand poursuivit ses activités d'expert, de courtier et de conseiller bien après la revente catastrophique de sa propre galerie d'art parisienne en 1904. Pour ses amis collectionneurs et directeurs de galeries publiques, Meier-Graefe fut certes un excitateur d'âmes, mais surtout un habile négociateur. Quant à ses nombreux diffamateurs, ils n'hésitaient pas à voir en lui, dès le début du siècle, « un chercheur au cœur de marchand d'art[29] », avant que le surgissement de la Grande Guerre ne vienne allonger la liste de ce type d'appellations. Au faîte de la polémique autour de son livre à charge *Le Cas Böcklin*, par lequel il se mit à dos l'intégralité de la bourgeoisie conservatrice en 1905, c'était d'ailleurs Meier-Graefe lui-même qui révisait son plan de carrière dans une lettre à l'un de ses proches : « C'était une idée stupide de revenir ici [à Berlin], j'aurais dû me faire commis chez n'importe quel marchand d'art et rester à Paris[30]. » À cette dimension financière s'ajoute un autre intérêt omniprésent, d'une nature plus profonde et complexe, relatif à son désir ardent d'une *renovatio* culturelle de sa nation d'appartenance. Souvent négligé, le patriotisme de Meier-Graefe semble de prime abord en contradiction avec ses activités de passeur cosmopolite. Il invite en réalité à démembrer une conception trop binaire opposant les défenseurs d'un art moderne par nature international à ceux d'une création rétrograde hermétique aux apports exogènes. Comprendre la vie et l'œuvre de Meier-Graefe nécessite donc, à un certain degré, de procéder au salissement du personnage – un terme volontairement provocateur que nous voudrions ici confronter à l'idée de pureté associée à un art perçu comme universalisant, voire à la révérence avec laquelle se voit évoquée la discipline qui en raconte l'histoire.

*
* *

Notre sommaire se présente comme une succession de neuf séquences pouvant dans l'idéal être explorées indépendamment. Chacune révèle une dimension essentielle de la carrière sinueuse de Meier-Graefe. Si le récit se déploie en suivant la chronologie, il s'autorise de temps à autre de nécessaires écarts incitant à replacer sa pensée et ses actes dans une plus longue durée. Un premier temps (chapitres I-III) traite de l'impact explosif de l'incursion des valeurs de la modernité française outre-Rhin sur une *Kultur* que Meier-Graefe ne fut pas d'humeur à ménager. Cette amorce se concentre sur le rôle de l'auteur dans la formulation d'un canon historiographique de l'art moderne peuplé de modèles et de figures-repoussoirs, avant que les élites conservatrices de l'Allemagne wilhelmienne ne braquent le leur, bien plus destructeur, dans sa direction. Un deuxième temps (chapitres IV-VII) voit à l'action succéder la réaction : il évoque ce que nous pourrions décrire comme les sursauts allemands du critique, résolu à faire fructifier son travail de médiateur par l'activation d'un processus éducatif visant à l'épuration spirituelle de son pays. Une phase de sa carrière considérablement assombrie par un désenchantement profond relatif aux développements artistiques contemporains et par l'émergence d'avant-gardes dont il n'accepta jamais les orientations plastiques. C'est d'ailleurs cette crainte d'assister à la victoire du matérialisme sur le monde de l'esprit qui joua un rôle moteur dans l'engagement paradoxal de Meier-Graefe, aussi bref qu'enthousiaste, dans la cathartique Première Guerre mondiale. Le conflit, en ce qu'il reste un extraordinaire marqueur de la vie culturelle européenne du premier XXe siècle, permet d'observer avec netteté la situation dramatique dans laquelle sombrèrent les passeurs de son acabit : tous assistèrent, abattus, à l'anéantissement des réseaux tissés jusqu'alors. La Grande Guerre contribua en outre à isoler un peu plus encore le critique de la France, où ses fréquentations demeurèrent quasi nulles et où ses écrits, selon un « destin tragicomique[31] », furent à quelques exceptions près méthodiquement ignorés. Les derniers développements (chapitres VIII-IX) documentent l'élargissement de son pessimisme à l'ensemble de la civilisation occidentale, dans le climat instable propre à la République de Weimar. Une période d'après-guerre néanmoins ponctuée de découvertes et de rares soubresauts optimistes, sous l'impulsion desquels Meier-Graefe réalisa ses derniers grands projets.

D'un point de vue méthodologique, chaque chapitre met à profit un outillage analytique différent. Certains passages se montrent proches d'un récit biographique augmenté visant en priorité à reconstituer des réseaux, quand d'autres empruntent de manière beaucoup plus explicite aux transferts culturels et à la théorie de la réception. Précisons que si nous nous sommes refusé à étudier systématiquement la conception que se faisait Meier-Graefe de chacun de ses grands héros, c'est pour une raison double : d'une part, cette démarche n'aurait pu évoquer chaque cas dans toutes ses spécificités ; de l'autre, elle aurait provoqué des interférences inutiles avec certaines publications existantes. Comme le soulignait Pierre Vaisse, le danger d'une histoire de la réception réside souvent dans une *praxis* trop descriptive de celle-ci, qui reviendrait ici à cataloguer des opinions sans détailler les raisons profondes de leur formulation. Une telle histoire doit au contraire mettre au jour « les conditions dans lesquelles les différents jugements se sont formés, les besoins idéologiques auxquels ils répondent, [et] les mécanismes de pensée auxquels ils obéissent[32] ».

Plus largement, le présent travail espère contribuer à sa manière à une histoire de l'histoire de l'art, en ce qu'il se concentre sur ses contenus au moins autant que sur les conditions de leur production. Les passages consacrés à Greco (chapitre III) et à Hans von Marées (chapitre IV) sont à ce titre éclairants, dans la mesure où Meier-Graefe fit simultanément appel, pour chacune de ces figures, à deux registres discursifs franchement antinomiques. L'un, canonique au regard de son auteur par son a-historisme assumé, est guidé par l'œil et l'intuition seuls, tandis que l'autre semble asseoir ses fondements sur une rigoureuse recherche positive. Ces cas d'étude dénotent une historiographie de l'art structurellement dépendante d'une série d'impératifs extérieurs à ses objets d'étude, souvent liés à la vie politique, sociale et culturelle de l'époque. En oscillant entre une écriture feuilletonistique libre et de méticuleuses investigations historiennes, Meier-Graefe brouillait volontairement les frontières disciplinaires. Finalement, hormis son absence d'attache institutionnelle, la seule dimension qui confine les écrits de l'Allemand dans la sphère de la critique d'art telle qu'on l'entend généralement est la nature résolument explicite de leurs positionnements esthétiques. En juge suprême aux yeux duquel primait avant tout la qualité, Meier-Graefe séparait sans aucune hésitation ni pincette le bon grain de l'ivraie, le chef-d'œuvre de la pièce mineure, sinon l'art lui-même de ce qui, à ses yeux, n'en méritait aucunement le titre. « Ce qui n'est pas de l'art relève de l'évidence[33] », lit-on significativement sur la toute première page de l'*Entwicklungsgeschichte*, dont les inflexions néo-kantiennes lient étroitement le jugement de goût à l'expérience esthétique.

Meier-Graefe tout contre l'impressionnisme donc, cette tendance qu'il considérait davantage comme un ensemble de valeurs déterminant le rapport des individus-artistes au faire, au voir et à la tradition, que comme un mouvement fédéré ou une quelconque recette adaptable à tous les tempéraments. Un impressionnisme élargi dont il célébra de son enthousiasme légendaire les grands matadors, de Delacroix au Renoir tardif, à travers plus de quarante livres et quelque sept cents articles. Meier-Graefe contre l'impressionnisme ensuite, car il s'obstina à montrer, en suiveur de Charles Baudelaire, que le mouvement portait en lui le germe de sa propre décrépitude. À relire attentivement ses réflexions désabusées sur le divisionnisme de Monet, ses attaques sur le rationalisme déshumanisant des effets de lumière opérés par ses épigones, ainsi que ses lamentations sur les absurdités cubistes dont Cézanne fut à la fois le responsable et la victime, Meier-Graefe apparaît sous un jour différent. Force est de constater que le curseur de ses goûts butait déjà face à un Manet tardif ébloui par le soleil et sombrant dans un « kitsch[34] » difficilement pardonnable, en dépit de la réputation de ce dernier. Étrange et précoce limite, pour un héraut supposé de l'impressionnisme. Les débats houleux au cœur desquels Meier-Graefe se trouva régulièrement constituent finalement une preuve flagrante que le progressiste des uns fut le réactionnaire des autres, incitant à une refonte profonde de la conception de ces deux postures.

* * *

Avant d'entrer dans le vif du sujet, nous voudrions ici évoquer un court paragraphe issu d'un ouvrage paru en 1927 sous le titre *Pyramide und Tempel*. Ce récit est tiré de notes rassemblées par Meier-Graefe lors d'un voyage entrepris fin 1925 à travers l'Égypte, la Palestine, la Grèce et la Turquie. Thérapeutique, ce séjour devait permettre au critique d'apaiser ses reins malades par immersion dans le climat sec d'Afrique du Nord. Mais, par effet de miroir, au contact des indices de civilisations anciennes, c'est bien un organe défaillant de l'Europe elle-même, celui en charge d'éliminer les toxines, qu'il cherchait à drainer. Entre ses remarques sur la restauration dramatique du Sphinx de Gizeh dont il fut le témoin abasourdi (il voulut même appeler Aristide Maillol à la rescousse), quelques réflexions drolatiques sur le « cubisme » des Pyramides et de bons mots échangés avec Richard Strauss parmi les ruines antiques, Meier-Graefe profita de l'occasion pour s'adonner à une critique corrosive du colonialisme politique, scientifique et patrimonial que l'Occident perpétrait en Orient. Observant les archéologues européens, balayettes et relevés topographiques en main, il fut assailli d'une pensée :

> « Ce qu'il nous faudrait accomplir de toute urgence serait une campagne contre la science, un dépistage du culte que lui vouent toutes les civilisations, une dénonciation de son concubinat sacrilège avec l'art – qui devrait

> relever du scandale public. Il faut montrer ce qui se cache derrière les idées de continuité et d'exhaustivité, derrière cette manie de collecter tous les ornements floraux en gueule-de-loup existants et de faire passer la totalité des ornements en gueule-de-loup pour de l'art antique. C'est ainsi que l'on fragmente un pays, un peuple, un complexe créateur en d'innombrables et minuscules particules avant de les inonder avec elles, jusqu'à ce que l'essence vitale de ce complexe créateur, de ce peuple, de ce pays disparaisse complètement. On privilégie ainsi le chapiteau à la colonne, la colonne au temple, le temple à l'art, l'art à l'humanité[35]. »

La haine de la science fut pour Meier-Graefe une source intarissable d'inspiration. Ses attaques contre les philologues de laboratoire se retrouvent sous d'innombrables avatars dans ses écrits, et contraignent l'auteur des pages qui suivent à s'interroger sur l'éthique de sa propre démarche. Sans se dérober aux exigences d'une « science humaine » (un probable oxymoron pour Meier-Graefe, qui jugeait pléonastique l'expression d'« art vivant »), nous traiterons dans ce livre avec la dignité qu'ils méritent les idéaux inflexibles de cet Européen désenchanté. Celui-là même qui écrivait en 1905 cet aphorisme qui nous hante depuis les premiers pas de notre recherche : « Tant que l'humanité était saine, les docteurs n'existaient pas[36]. »

CHAPITRE I

·RETOUR· ·AUX·MUSES·

« SI NOUS VOULONS NOUS TROUVER, NOUS NE DEVONS PAS DESCENDRE AU-DEDANS DE NOUS-MÊMES, C'EST DEHORS QUE NOUS POUVONS NOUS TROUVER, DEHORS[1]. »

Hugo von Hofmannsthal

Alfred Julius Meier-Graefe vit le jour le 10 juin 1867 à Reşiţa, ville de la région du Banat, dans l'actuelle Roumanie, au cœur d'une Europe qu'il allait bientôt arpenter de fond en comble. Son père, Eduard Meier (1834-1899), poursuivit avec succès une carrière dans l'industrie métallurgique. Quant à sa mère, Marie Graefe, dont le critique conservera le patronyme, elle mourut peu après lui avoir donné naissance en 1867. Mobile, la jeunesse de Meier-Graefe se déroula dans diverses villes européennes. Elle fut marquée par l'abandon de ses études d'ingénieur et sa découverte enthousiaste de Paris, dans la frénésie de l'Exposition universelle de 1889[2]. Installé à Berlin l'année suivante, il y fréquenta la bohème et publia de premiers textes littéraires. Il prit place, le temps d'un semestre seulement, sur les bancs de l'université Friedrich-Wilhelm afin de suivre quelques séminaires. Il y écouta professer des figures vieillissantes des sciences humaines, comme l'historien national-libéral Heinrich von Treitschke ou encore Moritz Lazarus, praticien d'une *Kulturgeschichte* teintée d'anthropologie et de psychologie des peuples. Quant à la chaire d'histoire de l'art, elle se trouvait alors toujours sous la direction de Herman Grimm, resté célèbre pour ses épopées livresques et ses cours enfiévrés narrant la vie glorifiée de maîtres anciens, à l'instar de Raphaël ou de Michel-Ange. Comme allait le faire Meier-Graefe avec son propre arsenal intellectuel, Grimm luttait contre les excès du positivisme qui parasitait selon lui la science de la *Gründerzeit* ; par le fond et la forme de sa pratique de l'histoire de l'art, il visait à une autonomisation radicale des œuvres : il lui importait avant tout de mettre en exergue leur puissante valeur d'actualité. Ces procédés se retrouvent, à certains égards, dans la rhétorique meier-graefienne ; et l'on pourrait sans crainte invoquer le spectre de Grimm en lisant les passages de jeunesse du critique dédiés à Michel-Ange, voire en parcourant les trois tomes hagiographiques qu'il consacra à Hans von Marées en 1910[3].

À la suite de sa brève et insatisfaisante incursion à l'université, Meier-Graefe ne reçut ni diplôme ni impulsions notables, brouillant les pistes de la genèse de sa pratique d'historien-critique. En revanche, ses errances dans les cercles littéraires des années 1890 furent déterminantes pour sa formation intellectuelle. Il y tissa de premières amitiés avec certaines des figures majeures de sa génération, parmi lesquelles le scandaleux Edvard Munch, dont il fut un promoteur précoce. On compte également parmi ses fréquentations le baron Eberhard von Bodenhausen, les écrivains Richard Dehmel et Stanislaw Przybyszewski, ou encore le publiciste Otto Julius Bierbaum. C'est d'ailleurs avec le concours de ce dernier que Meier-Graefe mit sur pied son premier grand projet culturel : la *Pan-Genossenschaft*[4]. Cette communauté de *dilettanti* fut à l'origine du célèbre périodique pluridisciplinaire *Pan*, qui parut entre 1895 et 1900[5]. Pour cet organe international extraordinairement raffiné qui joua un rôle moteur dans l'incursion du *Jugendstil* en Allemagne, le jeune Meier-Graefe parcourut le continent à la recherche de contenus et de collaborateurs, dessinant son profil d'homme de terrain. Ses tribulations le guidèrent de part et d'autre du Rhin et faisaient écho aux dialogues transnationaux lancés au sein même du sommaire de la revue, où Verlaine donnait la réplique à Nietzsche, et où le symbolisme de Böcklin côtoyait les aplats incisifs de Félix Vallotton. L'engagement du critique pour *Pan* fut toutefois de très courte durée : dès 1895, un conflit éclata autour de l'acquisition et de la publication d'une lithographie de Toulouse-Lautrec obtenue par Meier-Graefe des mains de l'artiste. Se méfiant des dernières tendances artistiques parisiennes, une partie de la commission éditoriale jugea l'œuvre immorale, incitant le critique à défendre son choix auprès de l'un de ses membres : « Le Lautrec, voilà justement ce qu'il nous faut immédiatement [en Allemagne]. Je tiens [cette lithographie] pour sublime. Croyez-moi ! Je sais où nous devons aller. Nous n'avons pas à tailler notre chemin, il est là, prêt à être emprunté[6]. » En écho aux désaccords qui scindaient déjà l'élitaire « Société Pan », de vives discussions aboutirent finalement à l'éviction du jeune critique du comité qu'il avait contribué à fédérer. Cet épisode fâcheux, qui marqua profondément le début de sa carrière et lui coûta certaines de ses amitiés, inaugurait la suite de polémiques qui pimentèrent son itinéraire serpentin d'homme des arts.

En 1895, portraituré par Munch (ill. 5) dans son élégance savamment négligée, Meier-Graefe choisit de prendre ses distances avec l'Allemagne et de s'installer à Paris afin d'y concrétiser son engagement pour l'Art nouveau – tendance décorative d'envergure européenne autour de laquelle se structure la première phase de sa carrière. Il y demeura près d'une décennie, au contact direct des artistes, des galeristes et de la modernité, sans pour autant parvenir à un ancrage véritable dans son pays de substitution. En 1897, il fonda à Paris sa propre revue de défense des arts utiles, *Dekorative Kunst* (ill. 6). Pour ce mensuel novateur à la mise en page soignée, qu'il édita parallèlement dès l'année suivante en français, le critique rédigea un nombre vertigineux d'ar-

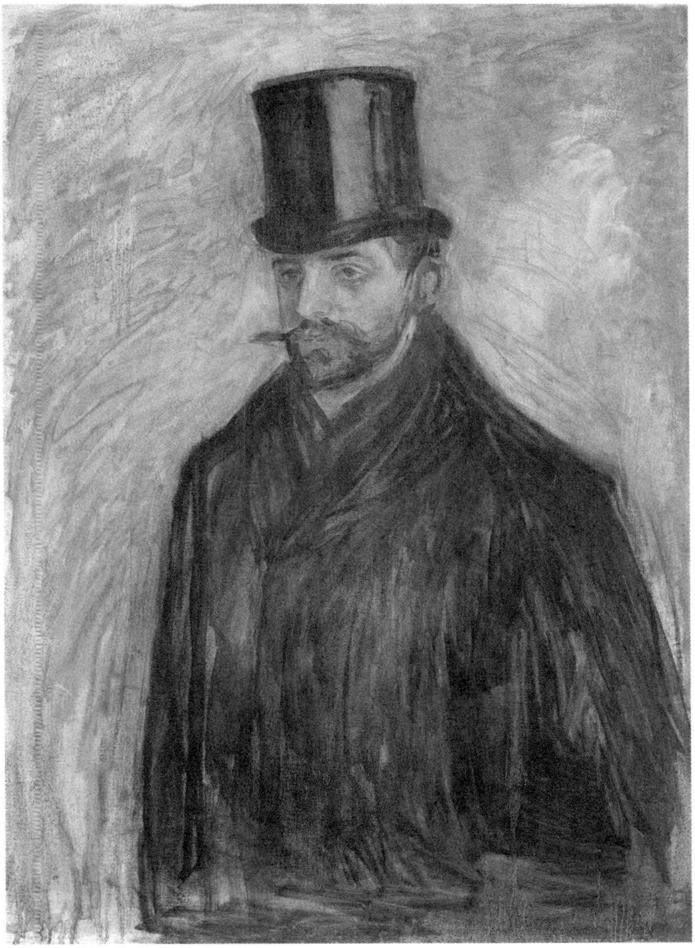

5 Edvard Munch, *Julius Meier-Graefe*, 1894, huile sur toile, 100 × 75 cm, Oslo, Nasjonalmuseet, inv. NG.M.00995, don d'Anna Meier-Graefe en 1912

ticles sous divers sobriquets, dissimulant au besoin son identité allemande[7]. Il concrétisa cet engagement théorique en ouvrant une boutique dans la rue des Petits-Champs à la fin de l'année 1899, baptisée la « Maison moderne », dont l'aménagement fut confié à Henry Van de Velde. Galerie d'art vendant occasionnellement des toiles de maître, mais surtout lieu d'exposition et de production d'objets ornementaux de qualité destinés à l'amélioration du quotidien visuel et pratique de tous, l'entreprise devait dans l'idéal contribuer à

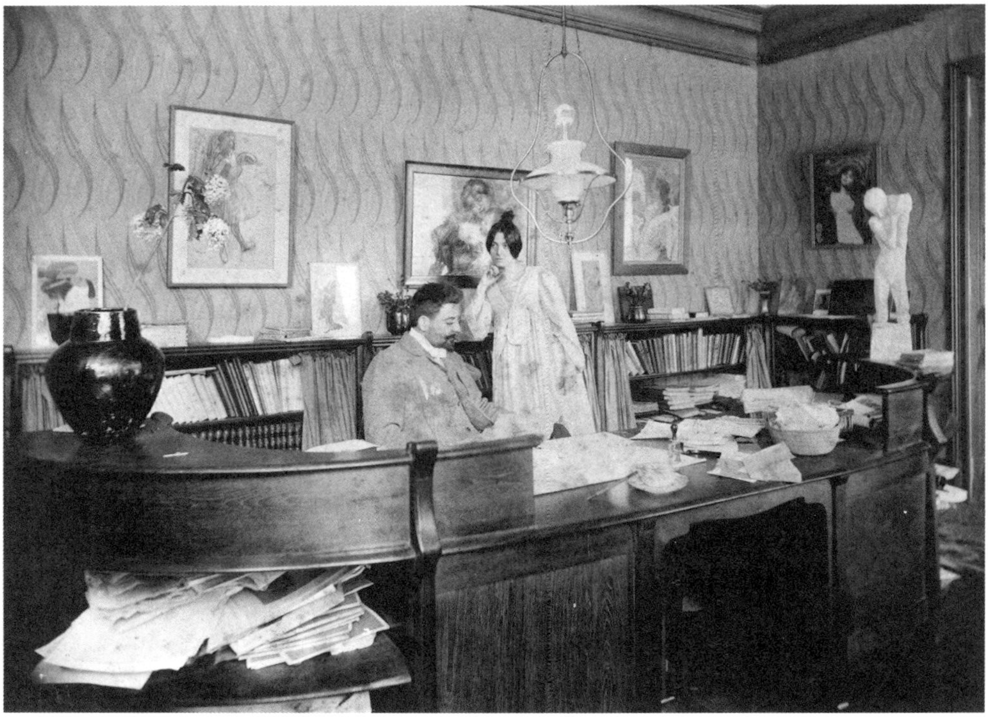

6 Meier-Graefe et son épouse Anna Baurath à la rédaction de *Dekorative Kunst*, peu avant 1900, photographie, Bruxelles, Bibliothèque royale de Belgique, Archives et musée de la littérature, 00332/0138

inaugurer, en dynamisant la culture industrielle, une fusion harmonieuse de l'art et de la vie.

Le tournant du siècle fut fatal aux utopies juvéniles de Meier-Graefe. « Un socialisme immature inspiré des idées de William Morris m'avait un court moment éloigné de la peinture[8] », écrivit-il rétrospectivement, balayant d'un revers de main près de dix ans de ses activités. Au moment de l'Exposition centennale de l'art français organisée au Grand Palais, le critique-galeriste avait en effet déjà commencé à perdre espoir dans l'avenir des arts industriels, où le démon de l'originalité prenait ses quartiers. Il se rendit compte que l'« art pour tous » dont il défendait les préceptes était en réalité condamné à ne toucher qu'une minorité privilégiée et que les impératifs économiques de son établissement ne cessaient de le pousser à d'inacceptables compromis. Lors de la revente catastrophique de sa galerie, courant 1904, pour laquelle il dilapida la majeure partie de son héritage paternel, Meier-Graefe éprouva un profond soulagement. Signe d'un net tournant dans sa carrière, les toutes premières lignes de son *Journal* entamé en 1903 – il avait alors trente-six ans – mentionnent simultanément les misères de sa boutique et l'achèvement de son *Entwicklungsgeschichte der modernen Kunst*, ouvrage clé inaugurant la réorientation de son engagement vers les arts visuels. Avec du recul, il estima avoir grimpé sans réfléchir dans l'omnibus d'une modernité vouée à l'emballement, gaspillé ses espoirs dans la production de vulgaires « cendriers[9] », sinon avoir commencé le « repas par le dessert[10] ».

C'est autour de 1900, en pleine phase de mutation intellectuelle et professionnelle, que Meier-Graefe passa de ces entremets sucrés au plat de résistance, en jetant les bases de son grand ouvrage de mise au point historico-critique. Il était censé répondre au triple constat établi lors de ses années de jeunesse : d'une part, la déroute des arts industriels et la nécessité de revenir aux sources du modernisme ; de l'autre, les complexes identitaires allemands ; enfin, l'incapacité des discours savants à saisir l'art. Ambitieuse, l'*Entwicklungsgeschichte* offrit au lectorat germanophone un regard novateur et englobant sur les développements de la peinture européenne du XIXe siècle, et plus spécifiquement de ses manifestations françaises. Rapidement et largement diffusée, cette première mise en récit historique de l'art moderne devint vite l'une des publications les plus débattues sur le modernisme à l'international. Dans sa célèbre *Histoire de l'impressionnisme* publiée aux États-Unis en 1946, le savant allemand émigré aux États-Unis John Rewald n'eut d'ailleurs d'autre choix que de mentionner l'ouvrage, à contrecœur, comme la « première histoire générale [de l'art] assignant une place dominante aux individualités impressionnistes[11] ».

Plat de résistance

En 1903 s'ouvrit à Vienne une exposition programmatique d'un genre nouveau, intitulée « Entwicklung des Impressionismus in Malerei und Plastik ». Elle rassemblait, dans les espaces de la Sécession, deux cent cinquante tableaux et sculptures. « Aujourd'hui », pouvait-on lire dans sa brochure-catalogue (ill. 7), « l'impressionnisme représente quelque chose d'évident, d'historique[12] ». Son récit soutenait effectivement l'idée alors encore discordante d'un ancrage naturel de l'impressionnisme dans l'histoire pluriséculaire de la représentation. Les cimaises introductives présentaient ainsi quelques artistes considérés comme annonciateurs de cette tendance – Tintoret, Greco, Rubens,

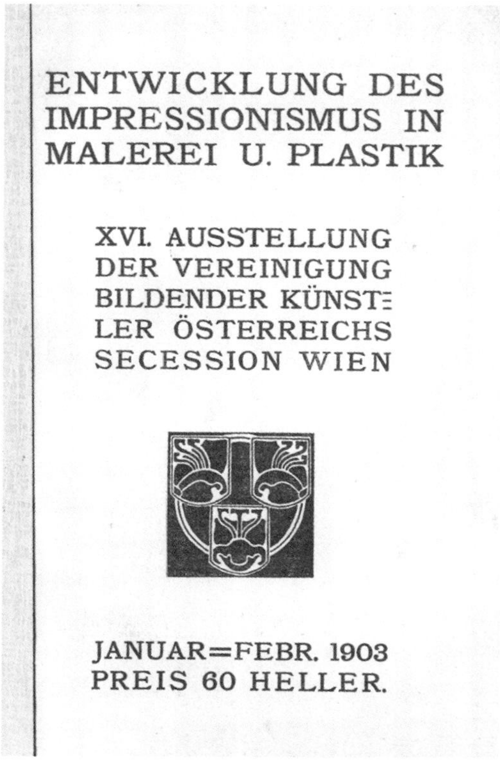

ENTWICKLUNG DES IMPRESSIONISMUS IN MALEREI U. PLASTIK

XVI. AUSSTELLUNG DER VEREINIGUNG BILDENDER KÜNSTLER ÖSTERREICHS SECESSION WIEN

JANUAR=FEBR. 1903
PREIS 60 HELLER.

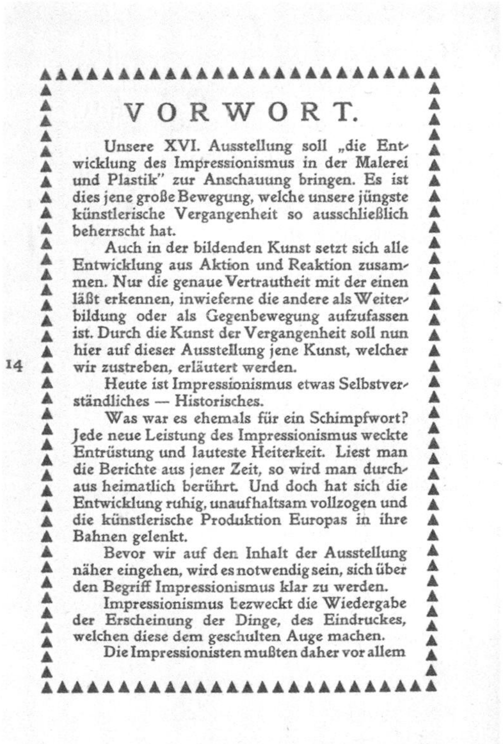

14

VORWORT.

Unsere XVI. Ausstellung soll „die Entwicklung des Impressionismus in der Malerei und Plastik" zur Anschauung bringen. Es ist dies jene große Bewegung, welche unsere jüngste künstlerische Vergangenheit so ausschließlich beherrscht hat.

Auch in der bildenden Kunst setzt sich alle Entwicklung aus Aktion und Reaktion zusammen. Nur die genaue Vertrautheit mit der einen läßt erkennen, inwieferne die andere als Weiterbildung oder als Gegenbewegung aufzufassen ist. Durch die Kunst der Vergangenheit soll nun hier auf dieser Ausstellung jene Kunst, welcher wir zustreben, erläutert werden.

Heute ist Impressionismus etwas Selbstverständliches — Historisches.

Was war es ehemals für ein Schimpfwort? Jede neue Leistung des Impressionismus weckte Entrüstung und lauteste Heiterkeit. Liest man die Berichte aus jener Zeit, so wird man durchaus heimatlich berührt. Und doch hat sich die Entwicklung ruhig, unaufhaltsam vollzogen und die künstlerische Produktion Europas in ihre Bahnen gelenkt.

Bevor wir auf den Inhalt der Ausstellung näher eingehen, wird es notwendig sein, sich über den Begriff Impressionismus klar zu werden.

Impressionismus bezweckt die Wiedergabe der Erscheinung der Dinge, des Eindruckes, welchen diese dem geschulten Auge machen.

Die Impressionisten mußten daher vor allem

7 Catalogue de la 16e exposition de la Sécession de Vienne, 1903, page de titre et préface (p. 14)

Velázquez et Goya – mis à disposition de la Sécession par des collectionneurs privés et quelques galeries publiques ; mais aussi des tableaux de Delacroix, Corot ou Daumier supposés mettre en condition l'œil des visiteurs pour la suite du parcours. La section proprement « impressionniste » comprenait quant à elle un mur consacré à Édouard Manet, dont une photographie permet aujourd'hui d'authentifier certains des tableaux (ill. 8). Cette section incluait également les représentants alors tenus pour les plus canoniques de ce mouvement : Monet, Renoir, Degas, Cézanne, Pissarro et Morisot. Une troisième partie, baptisée « Der Ausbau der Impressionismus », exhibait pour sa part les manifestations germaniques du mouvement avec Liebermann et Slevogt, ainsi que certaines pièces choisies d'artistes néo-impressionnistes français et belges contemporains. Une pièce annexe proposait en outre un ensemble d'estampes japonaises

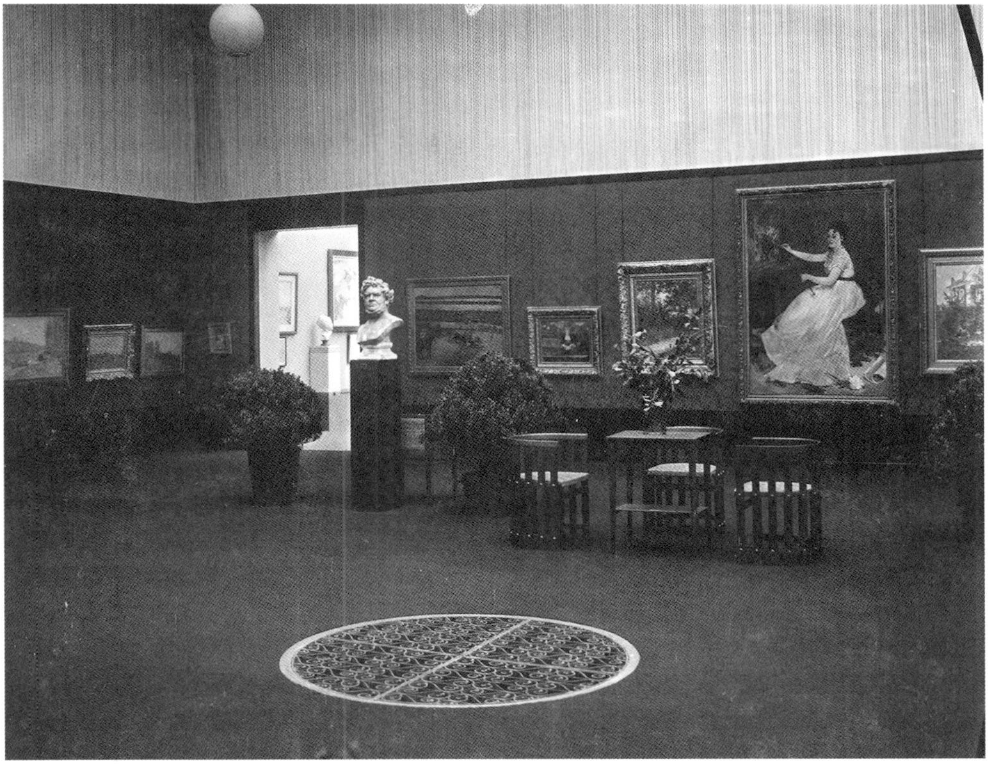

8 Salle de la 16e exposition de la Sécession de Vienne avec des tableaux d'Édouard Manet, 1903, photographie, Vienne, Österreichische Nationalbibliothek, PK 2539,167

documentant les apports de l'imagerie asiatique au XIXe siècle européen ; enfin, la toute dernière section, où figuraient entre autres Van Gogh, Toulouse-Lautrec, Vuillard, Bonnard, Denis, Vallotton et Redon, attestait l'avènement d'un « retour au style » caractéristique de la fin-de-siècle.

Vu d'aujourd'hui, le déroulé de cette exposition de 1903 semble sous bien des aspects une version appliquée des préceptes défendus par Meier-Graefe dans son *Entwicklungsgeschichte* de l'année suivante, où l'on pouvait lire : « Avec Rubens et Velázquez, on peut faire tout l'art moderne[13]. » Et pour cause : le critique lui-même avait pris part à son élaboration, sur l'invitation de Wilhelm Bernatzik, le président de la Sécession. Les lettres échangées entre les deux personnages révèlent que le critique joua un rôle moteur de conseiller-intermédiaire entre l'association artistique viennoise et Paul Durand-Ruel ;

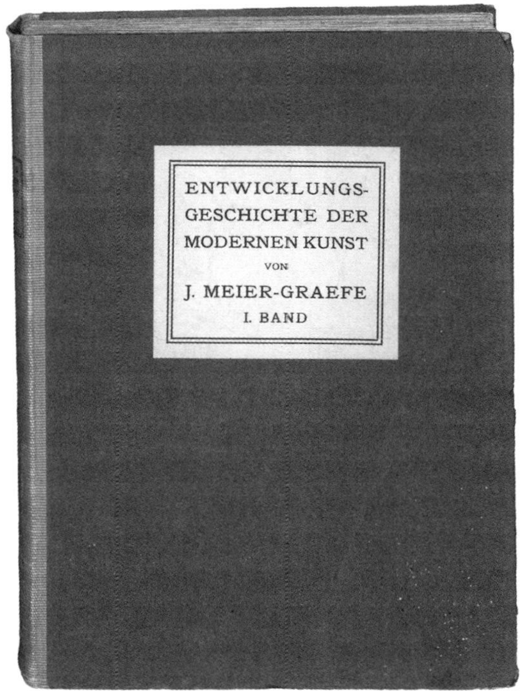

9 Julius Meier-Graefe, *Entwicklungsgeschichte der modernen Kunst. Vergleichende Betrachtung der bildenden Künste, als Beitrag zu einer neuen Æsthetik*, Stuttgart, Verlag Julius Hoffmann, 1904, couverture et frontispice

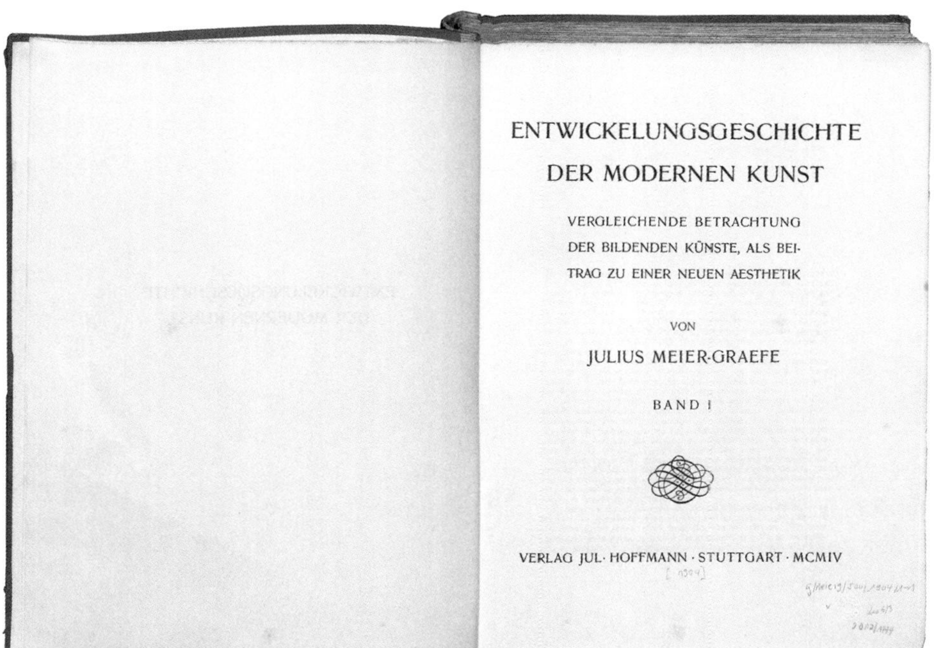

mais aussi auprès de collectionneurs privés allemands, français et espagnols[14]. Au-delà de son implication dans le choix du titre, des œuvres exposées, dans la rédaction de la préface du catalogue et dans l'orientation générale de l'événement, Meier-Graefe donna à cette occasion plusieurs conférences publiques sur l'art français. Certains passages de ces allocutions aussi denses qu'enthousiastes, dont des versions réduites furent publiées dans plusieurs organes de presse acquis à la cause moderniste, allaient d'ailleurs être repris au mot près dans son *opus magnum* en cours de finition[15].

En quelque sorte préfigurée par cette entreprise audacieuse de monstration d'objets d'art, l'*Entwicklungsgeschichte* allait en effet promulguer l'avènement d'une orientation nouvelle du traitement discursif réservé, en Allemagne, à la création moderne, toujours victime de la « cécité[16] » de la guilde universitaire autour de 1900. Troquant la typographie *fraktur* encore dominante dans le monde éditorial germanophone pour une *antiqua* limpide et distinguée, Meier-Graefe se positionnait déjà, par l'objet dont il fut à l'origine, dans le champ idéologique de son temps. La laborieuse création du livre, prévu au départ pour paraître aux jeunes éditions Insel, fut finalement assurée par la maison Julius Hoffmann, déjà reconnue pour ses publications soignées sur les arts décoratifs modernes. Sa fabrication fut réalisée sous la direction pointilleuse du critique, qui demeura toute sa vie particulièrement attentif à la confection de ses ouvrages. Les deux tomes de texte de l'*Entwicklungsgeschichte* sont ainsi parsemés de sobres et élégantes vignettes d'accompagnement en noir et blanc proposant des réductions gravées de peintures, de sculptures ou de motifs d'arts décoratifs, et rejettent dans un massif troisième volume une série de 208 illustrations. Des mosaïques anciennes aux ornements végétaux de William Morris, en passant par une *Idylle* de Renoir en possession du comte Kessler (qui apporta son aide financière à la fabrication de l'ouvrage), il constitue un musée de papier autonome, entièrement libéré du poids du langage (ill. 9).

À relire ses 770 pages avec attention, force est de constater que le célèbre et novateur triptyque n'arbore nullement la cohérence monolithique que certains veulent parfois lui attribuer. Il faut, à notre sens, disséquer, fragmenter – en somme, désacraliser l'*Entwicklungsgeschichte*. La première donnée légitimant cette approche réside dans le terrain instable sur lequel repose son récit. Ambiguë, elle semble d'un côté représenter une tentative ultime de son auteur de parvenir à une fusion des arts mineurs et majeurs par l'intégration presque téléologique, en bout de course, des dernières tendances ornementales à un siècle d'histoire de la création. Elle insuffla de l'autre une dynamique nouvelle à l'histoire de la peinture de chevalet en tant que médium à la noblesse insurpassable, arrivé au XIXe siècle à sa complète émancipation. Un deuxième aspect incitant au dépeçage de l'*Entwicklungsgeschichte* concerne sa dimension fondamentalement composite, qui s'explique par une génétique mouvementée. Non seulement le livre fut partiellement issu d'une série d'articles publiés par l'auteur entre octobre 1899 et mai 1900 dans la revue *Die Insel* sous le titre « Beitrag zu einer modernen Ästhetik », mais il trouve ses racines conceptuelles et théoriques dans deux manuels illustrés de 1902 : *Édouard Manet und sein Kreis* et *Der moderne Impressionismus*[17]. Étrangère à tout systématisme, la découpe de l'*Entwicklungsgeschichte* progresse ainsi par à-coups et semble parfois arbitraire, laissant au lecteur l'impression d'un assemblage de réflexions disparates, mais complémentaires. Ces jeux d'intertextualité, de reprises et d'élargissements de textes anciens marquent par ailleurs l'intégralité du corpus d'écrits de Meier-Graefe, contraignant l'historien à la plus grande prudence dans l'analyse du développement de sa pensée tout au long du XXe siècle. Enfin, l'*Entwicklungsgeschichte* de 1904, encore profondément marquée par l'esthétique du *Jugendstil*, est bien loin de constituer le dernier mot de Meier-Graefe sur le développement de la peinture moderne et de ses figures clés. « Que Dieu me pardonne ce livre[18] ! » se lamentait ainsi l'auteur dans sa préface à la seconde version de l'ouvrage, dont la rédaction entamée peu avant la Grande Guerre allait aboutir à un récit radicalement différent. L'existence de ces deux *Entwicklungsgeschichte* (celle de 1904 et sa mouture ultérieure de 1914-1924) est souvent à l'origine de confusions bibliographiques. Malgré leur titre identique et certaines similitudes, ces livres doivent être considérés comme des entités séparées représentant deux états différents de la pensée de Meier-Graefe.

N'ayant à ce jour jamais fait l'objet d'une réédition, l'*Entwicklungsgeschichte* de 1904 n'en demeure pas moins un socle matriciel d'une grande richesse qui permit à Meier-Graefe d'expliciter et de résumer les principes fondamentaux de ses conceptions esthétiques. Elle contribua également à camper la légende de sa francomanie immodérée au sein d'un Empire structurellement réactionnaire : l'ouvrage y fut rapidement dénoncé par les élites conservatrices comme un bréviaire avant-gardiste néfaste, tandis que la bourgeoisie progressiste l'érigea à l'inverse en traité suprême d'éducation du goût et de l'œil modernes. Dans tous les cas, le vitalisme intense qui anime l'ensemble de sa narration ne laissa personne indifférent. Sans aborder son contenu dans toute son ampleur, nous entendons ici considérer cette publication de 1904 comme une sorte de camp de base conceptuel, c'est-à-dire la manifestation première d'un organisme vivant que Meier-Graefe ne cessera de manipuler et d'enrichir au travers de ses activités ultérieures.

Une « nouvelle base naturelle pour l'histoire de l'art » : l'*Entwicklungsgeschichte*

Une histoire du « développement » ou de l'« évolution » de l'art moderne, donc : la connotation darwinienne du titre de l'ouvrage a déjà fait l'objet de débats parmi ses interprètes. Meier-Graefe y considère, il est vrai, l'histoire de la peinture moderne – ou plutôt la naissance et les résurgences des valeurs modernes dans l'histoire de la peinture – comme une succession de luttes ponctuant un lent processus d'auto-épuration du médium. Son récit se déploie pourtant en dehors de tout déterminisme : le combat dont il narre les principaux épisodes doit plutôt être envisagé telle une série de conflits sociaux, humains et esthétiques au sens le plus large de ces termes. Aborder l'*Entwicklungsgeschichte* comme une collection d'essais eux-mêmes évolutifs permet de ne pas forcer l'application sur elle d'un schème méthodologique potentiellement réducteur. L'ouvrage arbore certes un récit d'apparence linéaire grossièrement soumis à la chronologie, mais sa trame ressemble plutôt à un maillage complexe fait d'entrecroisements, d'éclosions et d'échéances, si ce n'est de réminiscences anachroniques. Souvent négligé, le sous-titre du livre (abandonné pour ses versions ultérieures) : *Vergleichende Betrachtung der bildenden Künste, als Beitrag zu einer neuen Ästhetik*, est à cet égard éclairant. Meier-Graefe entendait activer les mécanismes d'une approche comparative et dynamique des beaux-arts, dans laquelle la dimension visuelle prendrait le dessus sur la simple collection de faits et l'autorité de la *Persönlichkeitstheorie*. Quant à la « nouvelle esthétique » proclamée de manière quelque peu contradictoire dans la seconde moitié de la formule, elle ne peut être associée à aucune démarche philosophique identifiable. Meier-Graefe confessait très régulièrement, dans ses écrits publics comme privés, son scepticisme face à la rigidité des systèmes de pensée. Il écrivait ainsi, en 1908, dans une missive adressée à la veuve du philosophe Konrad Fiedler :

> « J'ai en horreur les *formes* de la philosophie. Je suis bien davantage un contremaître primitif, un agitateur au service d'une conception humaniste du monde, et crains toute théorie systématique, car j'observe souvent l'inaptitude de telles formulations à conquérir *les* esprits de notre temps dont dépend le progrès de notre culture[19]. »

Tout en s'autoproclamant excitateur de l'âme et des sens, l'auteur ambitionnait bien néanmoins de parvenir à une « nouvelle histoire de l'art », libérée des ornières de la pensée savante, « aspirant davantage à l'esthétique et à la culture qu'à la science de la peinture[20] ». En 1895, soit en amont de la rédaction de son livre, il précisait déjà à son ami Eberhard von Bodenhausen les aspirations de son anti-théorie en pleine gestation :

> « Ce à quoi je pense serait une ébauche d'une nouvelle base naturelle pour l'histoire de l'art, qui reposerait davantage sur le développement de moments et de formules essentiels que sur les événements aléatoires relatifs aux destins personnels [...]. Je voudrais parvenir à un éclaircissement des principes fondamentaux [de l'histoire de l'art], naturels et sensuels, en dehors des voies déductives de la philosophie[21]. »

Autodidacte assumé, Meier-Graefe entendait placer l'expérience de l'art et l'éducation du voir au cœur de son propos, afin de purifier les organes sensoriels défectueux de ses contemporains. Accusatoire, l'introduction de l'*Entwicklungsgeschichte* ne laisse aucun doute à ce sujet : « Nous, Allemands, souffrons d'une erreur, celle de penser l'art au lieu de le contempler[22]. » Les sources intellectuelles de Meier-Graefe ont ainsi souvent été identifiées du côté de chez Fiedler, théoricien de la pure visibilité, dont les écrits eurent un impact considérable sur les discours artistiques autour de 1900[23]. Pour toute l'attention que le philosophe portait à l'acte autonome de la vision et à l'approche sensible des œuvres, voulue fidèle aux intentions des artistes, mais aussi pour sa méfiance envers les développements de la science de l'art, Meier-Graefe considérait Fiedler comme l'un des rares théoriciens allemands de son temps à l'origine d'une pensée esthétique admissible[24].

En raison de ses jugements de valeur omniprésents, de ses procédés d'inclusion-exclusion, de ses hiérarchisations féroces et de l'impertinence de ses sautes chronologiques, l'*Entwicklungsgeschichte* fit une apparition remarquée dans le paysage historico-critique du tournant du siècle. Une simple comparaison entre les sommaires du livre de 1904 et de la *Geschichte der Malerei im 19. Jahrhundert* de Richard Muther (1860-1909), parue une décennie auparavant et dont il prend la relève, permet de le mesurer. Dans ce manuel pionnier de la fin-de-siècle qui connut un bref moment de gloire internationale avant de tomber dans un relatif oubli, l'étudiant d'Anton Springer visait à une forme d'exhaustivité : il abordait tour à tour chacune des nations européennes, titularisant dans son vaste panorama de la peinture du XIXe siècle les grandes et les petites individualités. Les 1800 pages de ce livre-monument reflétaient le goût prononcé de Muther pour l'impulsion naturaliste et la libération à l'égard des dogmes académiques, tout en défendant les préceptes d'un symbolisme poétique dont Meier-Graefe allait pour sa part chercher à s'affranchir. Si la fraîcheur de l'*Entwicklungsgeschichte* condamna impitoyablement l'ouvrage de son aîné à tomber en désuétude, tous deux se fondaient sur des convictions similaires : ils entendaient considérer la modernité en art comme une véritable nécessité historique, et non comme un accident. Plus largement, ce sont un certain internationalisme et l'idéal d'une fusion de l'art et de la vie qui constituent le socle idéologique commun de ces deux publications. Elles fascinèrent d'ailleurs tour à tour certains des poètes et intellectuels germanophones les plus illustres du tournant du siècle, tels Rainer Maria Rilke ou Hugo von Hofmannsthal.

Craignant de produire un nouveau glossaire d'artistes trop désincarné et de laisser le paradigme biographique brider son propos, Meier-Graefe entendait focaliser toute son attention sur les problèmes plastiques s'étant successivement imposés aux créateurs à travers l'histoire, et sur la lutte héroïque menée par ces derniers pour les résoudre. L'harmonie dans la représentation, la surface de la toile, le drame de la ligne et les accords colorés se distinguent finalement comme les protagonistes véritables de l'*Entwicklungsgeschichte*, en dépit d'un sommaire presque entièrement structuré autour d'individualités triées sur le volet. Nombreux ont du reste été ses lecteurs à le souligner *a posteriori* : le panthéon extrêmement restreint de maîtres modernes que révèle la charpente du livre, échafaudée alors que Cézanne peignait toujours dans l'atelier des Lauves, sidère par sa pertinence au regard des manuels contemporains (ill. 10).

L'armature de l'*Entwicklungsgeschichte* dévoile cinq grands chapitres. Le premier, intitulé « La lutte pour la peinture », est un exposé d'une centaine de pages où l'auteur parcourt à vol d'oiseau plusieurs siècles d'histoire de la création. Sa narration commence aux mosaïques anciennes, s'attarde brièvement sur les ères médiévale et moderne, avant de s'étendre jusqu'à des figures contemporaines telles que Van Gogh et Meunier. Malgré un passage sur les échecs cuisants d'un art allemand victime de ses égarements, cette section insiste déjà généreusement sur le XIXe siècle français. L'auteur y explore les développements de la peinture sous l'Empire, puis aborde tour à tour le corpus d'individualités majeures tels Ingres, Delacroix et Daumier. La sous-partie inaugurale de ce premier chapitre, « Les vecteurs de l'art, hier et aujourd'hui », qui prend la forme d'une investigation généraliste sur le rôle social de l'art à travers les âges, peut être envisagée comme le premier grand manifeste des conceptions esthétiques de l'auteur. Il fait d'ailleurs partie des rares passages du livre à avoir survécu, moyennant quelques modifications, à ses éditions ultérieures. Après y avoir vaguement évoqué des temps « primitifs » – une sorte d'âge d'or où l'art faisait communauté par son existence même –, Meier-Graefe narre sa sécularisation progressive, processus par lequel la représentation

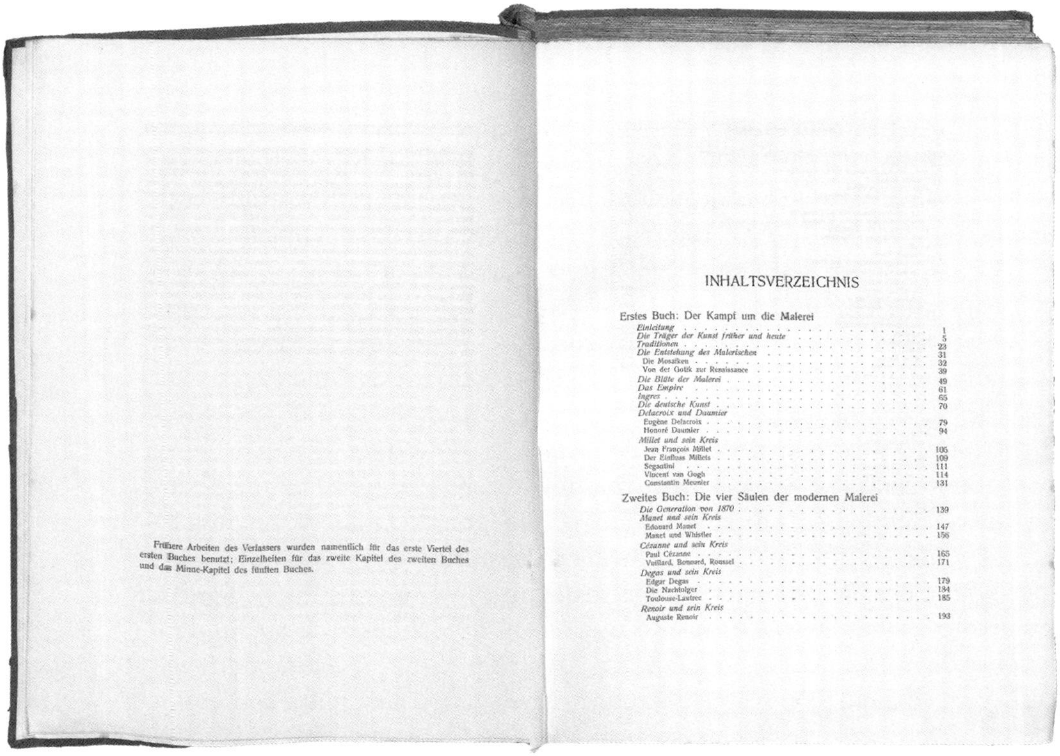

Frühere Arbeiten des Verfassers wurden namentlich für das erste Viertel des ersten Buches benutzt; Einzelheiten für das zweite Kapitel des zweiten Buches und das Minne-Kapitel des fünften Buches.

INHALTSVERZEICHNIS

10 Julius Meier-Graefe, *Entwicklungsgeschichte der modernen Kunst. Vergleichende Betrachtung der bildenden Künste, als Beitrag zu einer neuen Æsthetik*, Stuttgart, Verlag Julius Hoffmann, 1904, première page du sommaire

devait perdre ses attaches sacrées, sa patrie symbolique. L'ère moderne, qui marqua avec Giotto l'avènement du tableau dans son autonomie esthétique et conceptuelle, allait ainsi reconfigurer en profondeur la place de l'art dans la communauté humaine, en passant d'un *Massenkunst* à un *Einzelkunst*, c'est-à-dire à un art désormais créé, marchandé et contemplé à l'échelle de l'individu. Déterminant dans les modalités de la production, mais aussi du commerce et de la jouissance de l'art, ce changement paradigmatique était perçu par l'auteur à la fois comme un drame et une aubaine, en ce que ce nouveau statut avait permis aux œuvres de voir leurs potentialités agissantes considérablement démultipliées. L'émergence du musée comme *ersatz* des temples et des églises lui semblait la manifestation la plus explicite de ce bouleversement : symptôme d'une aura divine à jamais désactivée, la galerie publique offrait d'un même élan aux images les conditions essentielles de leur libération définitive vis-à-vis de récits parasites. En dépit de son scepticisme envers la professionnalisation croissante des institutions muséales, Meier-Graefe leur conférait volontiers un rôle de découvreur, voire une fonction éducatrice dans la vie spirituelle des sociétés humaines. Nous aurons l'occasion d'observer que, au fil de sa carrière, il se prononça régulièrement pour des espaces muséographiques « absolument neutres [et] dédiés à la beauté seule[25] », tout en protestant avec vigueur contre l'application, dans les galeries, de modèles d'interprétation taxinomiques.

Un récit d'obédience d'autant plus moderniste que les représentants de l'art dit académique y brillent par leur absence, au profit d'une célébration intense des valeurs d'insoumission, de dissidence et de résistance – si ce n'est de l'« anarchisme positif » d'un Van Gogh, par exemple. C'est dans son deuxième chapitre, intitulé « Les quatre piliers de la peinture moderne », que le cheminement historico-critique de l'*Entwicklungsgeschichte* prend son véritable envol. Après une introduction englobante sur la « génération de 1870 » (une appellation volontairement vague supposée déconstruire l'idée d'un impressionnisme structuré), Meier-Graefe se prononce tour à tour sur Manet, Cézanne, Degas et Renoir – quatre artistes dont la plupart étaient toujours en activité à la parution du livre. À ces tempéraments puissants dont il avait assidûment fréquenté les œuvres lors de sa décennie parisienne, l'auteur adjoignait leurs « cercles » respectifs. C'est précisément cette manière d'aborder les génies par leur famille qui confère toute sa singularité à l'approche meier-graefienne de l'histoire des arts visuels. À partir du soubassement théorique formulé dans son *Entwicklungsgeschichte*, l'auteur s'évertua tout au long de sa carrière à configurer des généalogies associatives au sein desquelles les individualités créatrices dialoguent les unes avec les autres, entièrement libérées des contingences géographiques et chronologiques. La dimension nietzschéenne de cette démarche, relevée par l'historienne de l'art Patricia G. Berman dans une étude sur le concept de génie chez Meier-Graefe, contribuait à donner à ses écrits une valeur hautement transgressive dans le contexte d'aliénation culturelle de l'Allemagne wilhelmienne. Les écrits de Meier-Graefe sont ainsi jalonnés d'actions, de réactions et d'interférences transhistoriques à l'aide desquelles il parvenait à relativiser des notions clés comme celles de « nouveauté » en art (un concept qui n'avait, pour lui-même, aucune espèce de valeur à ses yeux), voire de « tradition » (un terme trop lourdement connoté dont il cherchait à se distancier). « Meier-Graefe a absorbé l'avant-garde dans la tradition en faisant de sa critique d'art un projet négociatoire entre le passé et le présent[26] », souligne à ce propos Berman, dont l'essai précédemment évoqué s'efforce de lier cette *praxis* intempestive de la *Kunstgeschichte* à d'autres expérimentations discursives contemporaines élaborées en contrepoint à l'historicisme des récits universitaires. Mais, en dépit de cette tentative provocante de renverser les hiérarchies esthétiques, ce sont l'orientation francophile de l'*Entwicklungsgeschichte* et le sort qu'elle réserve à la production artistique allemande qui monopolisèrent les débats lors de sa mise sur le marché.

Polarités

« Il faut bien du courage pour publier en allemand un livre sur la peinture du XIXe siècle en consacrant plus de la moitié de son développement à la France et moins d'un quart à l'Allemagne[27] », pouvait écrire Bodenhausen à l'occasion d'une brève recension de 1905. Par son sommaire même, l'ouvrage était voué à diviser en profondeur un lectorat à l'orgueil identitaire à fleur de peau. À la suite de la présentation des quatre piliers de la modernité mentionnés précédemment, le livre se poursuit en effet par un long passage intitulé « Farbe und Komposition in Frankreich » : il évoque le traitement de la couleur, de Monet aux néo-impressionnistes, avant de s'attarder sur la voie symboliste menant de Chassériau à Gauguin et à l'école de Pont-Aven. Il retrace parallèlement l'histoire de la sculpture française, de Goujon à Maillol, en passant par Rodin. Quant au chapitre sur « L'art en Allemagne » (une centaine de pages) qui lui succède, nous verrons qu'il décrit avec une très grande sévérité une école germanique tiraillée entre ses pôles idéaliste et réaliste, tout en mettant la production de ses plus illustres représentants – tels Anselm Feuerbach, Wilhelm Leibl, mais surtout Arnold Böcklin – à l'épreuve douloureuse d'une normativité esthétique directement calquée sur les développements picturaux du pays voisin. Enfin, les tout derniers passages du livre, sous l'intitulé « Nietzsche und Wagner », critiquent avec non moins de virulence le déplorable état culturel de l'Allemagne contemporaine et laissent planer de profonds doutes quant à son adaptabilité aux valeurs de la modernité. Le propos général de l'*Entwicklungsgeschichte* était bel et bien de démontrer que l'art germanique s'était engagé dans un cul-de-sac et que l'avenir de la création devait se fonder sur les développements récents de la peinture française – cet *Impressionismus* qu'une grande partie de la critique d'outre-Rhin s'obstinait encore à considérer comme une émulation transitoire et superficielle du naturalisme.

Élever les acteurs pionniers de l'impressionnisme français au rang de modèles fut avant tout pour l'auteur un moyen de brandir la hache de sa critique face aux tenanciers obtus de la *Heimatkunst*, à savoir les défenseurs de la pureté d'un art nordique garant de caractéristiques telles que la profondeur d'âme et l'imagination. Comme l'indique explicitement cette lettre de jeunesse de Meier-Graefe, c'était précisément la neutralisation de l'idée d'« art national » qui figurait au cœur de ses intentions :

> « On ne peut plus débattre aujourd'hui de la question de savoir si l'art doit être national ou non. Observer l'art avec des yeux autres que ceux des artistes, c'est-à-dire à travers les lunettes des sentiments, du patriotisme ou de la morale, c'est toujours du dilettantisme – et Dieu nous en protège[28]. »

En refusant de réduire les formes à un rôle de véhicule pour une quelconque charge identitaire jugée parasite et en abaissant la question du sujet à une dimension accessoire de la représentation, Meier-Graefe se mettait par définition à dos les laudateurs d'un art à discours moralisant, anecdotique, immédiatement lisible.

« Nous ne voulons pas alimenter cette croyance selon laquelle la France nous est supérieure en termes de culture[29] », écrivait pourtant le critique avec prudence, espérant ainsi ménager la susceptibilité de son lectorat. Néanmoins, suivant un crescendo inéluctable, le livre infirme cette allégation avec toujours plus de force. L'un des effets collatéraux des prises de position esthétiques de Meier-Graefe fut en réalité d'alimenter la polarisation nationale déjà manifeste des discours artistiques de l'époque, par la mise en vis-à-vis d'un art nordique traditionnellement guidé par des ambitions littéraires et d'un art français orienté vers l'approche sensible de la mise en forme du monde. Prise dans son ensemble, l'*Entwicklungsgeschichte* n'en demeure pas moins un vibrant éloge d'une culture hexagonale se démarquant par un bourgeonnement perpétuel, par opposition à une Allemagne culturellement nécrosée, embarrassée par sa décentralisation, sinon leurrée par son unité nationale tard venue :

> « L'histoire de l'art en Allemagne n'est qu'une succession de hasards. Toutes les tentatives de créer une école [nationale] ont échoué à cause d'un manque d'objectifs explicites ; elles dépendaient de suggestions personnelles et tombaient en déconfiture une fois que les personnalités cédaient[30]. »

Devant la controverse que de tels propos soulevèrent peu après 1904, Meier-Graefe fut contraint de déclarer qu'il n'incitait pas ses compatriotes à copier servilement des modèles français, ni son peuple à se confondre avec la « race » latine par assimilation. Son projet était avant tout éducatif, et revêtait plutôt la forme d'une invitation à s'inspirer du rapport à l'art ayant rendu possible l'émergence de Paris comme capitale culturelle. À l'occasion d'un texte plus tardif dans lequel il chercha à éclairer avec didactisme son lectorat sur les fondements de la valeur de l'art produit en France, Meier-Graefe écrivait, en évoquant le rôle de cette ville comme sémaphore incontournable de la modernité : « C'est bien davantage [que la seule francité] que l'on venait trouver [à Paris]. Non pas la profusion de ce qui était à y trouver concrètement, mais la conscience d'une force vive[31]. » Provocantes, de telles saillies visaient à dénoncer, en faisant régulièrement appel aux héros fédérateurs les plus incontestables de la culture germanique, l'expansionnisme politique et le matérialisme qui rongeaient la vie spirituelle du Reich wilhelmien.

Il n'est pas question ici d'aborder de façon systématique la réception explosive de l'*Entwicklungsgeschichte* en Allemagne, en ce qu'elle constitue d'une certaine manière le fil rouge de l'ensemble du présent travail. Le livre contribua bien à renforcer les convictions esthétiques d'une certaine classe bourgeoise cosmopolite, dont l'intérêt porté à la création française était déjà manifeste. Il eut également un impact décisif sur les écrivains, littérateurs, artistes, critiques et hommes de musée en conflit permanent avec la politique culturelle impériale, qui agissaient toujours dans l'attente d'un manuel apte à légitimer l'orientation de leurs goûts. Comme bon nombre de ses confrères francophiles, le directeur de la Kunsthalle de Brême, Gustav Pauli (1866-1938), vit aussitôt dans l'*Entwicklungsgeschichte* un récit inaugurant un « nouveau chapitre de la critique d'art », quand le romancier Hermann Hesse (1877-1962), hypnotisé par la flamboyance de son style, admit avoir affaire au livre « le plus précieux et le plus vivant[32] » jamais consacré à la création moderne. Pour la revue *Kunst und Künstler* éditée par Bruno Cassirer, organe culturel proche de la Sécession berlinoise, le critique Emil Schaeffer dut reconnaître, malgré quelques réserves quant à son subjectivisme outrancier, la radicalité du coup historiographique perpétré par l'ouvrage[33]. Signe de son succès immédiat, le livre fut épuisé dès l'automne 1904[34].

Du côté de ses nombreux détracteurs, qui ne tardèrent pas à élever la voix, on critiqua avec la plus grande véhémence l'orientation pro-française du propos. Tout comme l'insolent directeur de la Nationalgalerie, Hugo von Tschudi (1851-1911), qui s'efforçait avec peine d'intégrer la peinture du XIXe siècle français à ses collections, Meier-Graefe subit les foudres de l'ensemble des élites impériales et des représentants de l'Académie prussienne des beaux-arts, qui voyaient généralement dans leurs activités une menace pour l'intégrité de l'école autochtone. Issu de la même génération que celle de Meier-Graefe, un historien de l'art comme Willy Pastor (1867-1933) pouvait ainsi écrire en 1905, dans les colonnes du conservateur *Kunstwart* :

> « Tout art est finalement l'expression d'une culture, et toute culture l'expression de la race. Tant que les jugements artistiques seront dictés chez nous par des Latins ou des Orientaux, il ne faut pas s'étonner que Böcklin soit régulièrement traité comme une sorte de barbare[35]. »

Labourant le terrain sur lequel les conceptions esthétiques du national-socialisme allaient s'épanouir quelques décennies plus tard, Pastor faisait ici implicitement référence non seulement à la récente *Entwicklungsgeschichte*, mais aussi au *Cas Böcklin*, un ouvrage publié en apostille à celle-ci par Meier-Graefe en 1905. Dans cet essai détonant sur lequel nous reviendrons en détail, le critique enfonçait le clou de sa dépréciation de l'école germanique en s'attaquant à l'un de ses représentants les plus canoniques. Ainsi, la plupart des reproches adressés au critique résultaient de l'assimilation rigide d'un « style » (l'impressionnisme) à sa patrie d'émergence (la France), une association que Meier-Graefe chercha obstinément à démembrer dans ses écrits ultérieurs :

> « On appelle art français *eo ipso* ce qui est opposé à l'art allemand, et les patriotes qui tiennent le partisan de cet art pour un ennemi de la nation ne manquent pas. […] Je veux démontrer la nécessité de se confronter au produit de la culture de nos voisins pour clarifier ce que le patriotisme a à voir avec tout cela[36]. »

Comme ce fut le cas pour la majorité des livres de Meier-Graefe, la réception française de l'*Entwicklungsgeschichte* fut relativement discrète. Elle ne donna lieu qu'à quelques chroniques éparses, pour la plupart positives. En lui consacrant une longue recension pour la *Gazette des beaux-arts*, Charles Du Bos (1882-1939) avait pourtant pleinement conscience que l'ouvrage était bien le premier du genre à tenter une synthèse de l'histoire de la peinture et de la sculpture modernes. Évoquant l'amour de l'art « sincère et désintéressé[37] » de son auteur, Du Bos se contentait toutefois d'en résumer superficiellement le contenu, sans véritablement mettre la pensée de Meier-Graefe à l'épreuve. Les cercles de germanistes se montrèrent beaucoup plus lucides sur les orientations et les objectifs de l'essai. Ainsi, Gaston Varenne (1872-1932), qui fut l'un des rares intellectuels à rendre régulièrement compte des activités du critique allemand en France, comprit l'*Entwicklungsgeschichte* comme « une sorte de philosophie de l'art moderne, au sens où l'entendait Taine[38] », dont la dimension militante prenait finalement le pas sur le contenu. À contre-courant de la chronique de politesse de Du Bos, Varenne, qui connaissait l'Allemagne et sa culture, avait immédiatement saisi l'aspect subversif du récit, qui déplorait la « tradition fourre-tout » caractérisant les développements artistiques allemands du XIXe siècle :

> « Son écriture abonde en trouvailles ingénieuses, en raccourcis éloquents, elle est au plus haut point expressive et demeure toujours d'une parfaite clarté. [...] Il en est un peu de la critique allemande comme de l'art allemand. Des joies semblables y sont assez rares : elles valent d'être notées[39]. »

Cette dimension linguistique fut sans nul doute un obstacle majeur à l'importation du livre en France, où il aurait pu trouver un horizon d'attente favorable. Le critique belge Octave Maus (1856-1919), qui salua un « édifice considérable[40] », appela tout de suite à traduire l'ouvrage. Plusieurs documents épars révèlent qu'un tel projet exista bel et bien – une traduction que devaient prendre en charge les éditions Hachette. En avril 1905, Meier-Graefe écrivait d'ailleurs en ces termes – et en français – à Henry Van de Velde :

> « Je travaille comme un fou pour corriger un peu la *Entw.-Geschichte* que Hachette va éditer en français. Je suis découragé par l'énormité de côtés faibles du livre (il y a des "lourdeurs dans le système", nom de chien). Si j'avais un très intelligent traducteur, cela irait peut-être. J'ai écrit à Fénéon pour savoir. Je pense à Gustave Kahn[41]. »

C'est vers le traducteur Henri Lasvignes que Félix Fénéon aurait temporairement redirigé Meier-Graefe, avant que la tâche ne tombe entre les mains du jeune Léon Werth (1878-1955), alors toujours actif comme secrétaire du critique Octave Mirbeau et qui gravitait dans les cercles anarchistes parisiens. L'auteur et son traducteur commencèrent à travailler autour de 1906 à une version remaniée de l'*Entwicklungsgeschichte*, calibrée pour le public français. Une série d'échanges entre le critique et le comte Kessler atteste des relations exécrables entre Werth et Meier-Graefe. Au-delà des querelles concernant sa rémunération, le Français eut énormément de mal à adapter en français les longues coulées métaphoriques ponctuant le livre original[42]. Ses efforts laborieux retardèrent ses envois d'épreuves vers Berlin – un problème que les aléas de la poste et la perte de colis n'arrangèrent visiblement pas. Meier-Graefe adressa de violents reproches à Werth quant à ses aptitudes de traducteur[43], jugeant ses envois d'un niveau « misérable » de « lycéen[44] ». Une mésentente d'autant plus tragique que Werth conserva (et égara) le manuscrit de l'adaptation du livre au lectorat francophone. L'échec intégral de ce projet de traduction – qui, si elle avait paru, aurait pu considérablement infléchir le statut de Meier-Graefe en

France – est symptomatique d'une barrière langagière et conceptuelle qui semblait alors insurmontable.

« Manet nous appartient »

Peu avant la Grande Guerre, Meier-Graefe consacra toute son énergie à affiner le propos de son livre. Élargissant son terrain d'action de médiateur des arts sur plusieurs fronts, il poursuivit sa mission éducative auprès du public allemand en coorganisant des expositions de maîtres français dans les galeries disposées à les accueillir, ou en jouant un rôle majeur de facilitateur dans le monde marchand. L'absence problématique, dans son opus de 1904, de chapitres dédiés à des figures aussi centrales que Courbet ou Corot lui fit volontiers concéder des erreurs « embarrassantes[45] » qu'il s'empressa de corriger. Conjointement à ces extensions apportées à une tentaculaire *Entwicklungsgeschichte* à laquelle il ne croyait déjà plus, Meier-Graefe entama peu avant 1907 un cycle de conférences qui l'amena à parcourir toutes les grandes villes d'Allemagne. Destinées à consolider ses prises de position esthétiques, ces allocutions prosélytes pouvaient prendre l'allure de discours généralistes sur les spécificités de l'art hexagonal, ou se focaliser à l'inverse sur certaines de ses individualités significatives. Introduit auprès de Meier-Graefe par le marchand Cassirer lors de ces années clés de la constitution de son corpus d'écrits, c'est un jeune éditeur partageant des idéaux semblables aux siens, Reinhard Piper (1879-1953), qui lui permit de regrouper les textes de ces conférences dans un volume intitulé *Impressionisten*. L'ouvrage fut pensé comme une suite d'études monographiques traitant tour à tour de Constantin Guys, Manet, Van Gogh, Pissarro et Cézanne, précédée par un essai combatif défendant la « valeur de l'art français[46] ». Moins onéreux que les trois tomes de l'*Entwicklungsgeschichte*, ce livre illustré fut largement diffusé – notamment auprès des futurs expressionnistes. Il servit en outre de matrice discursive à Meier-Graefe pour sa rafale de monographies consacrées aux maîtres modernes qui inondèrent le marché à un rythme soutenu peu avant la Grande Guerre, et connurent pour la plupart de nombreuses rééditions. Ces livres sur Van Gogh (1910), Cézanne (1910), Renoir (1911), Manet (1912), Delacroix (1913) ou encore Corot (1913) étaient accompagnés d'abondantes illustrations et offrirent au lectorat germanophone des éléments biographico-analytiques essentiels à la compréhension de l'univers de ces personnalités (ill. 11).

Autour de 1908, alors que cette mécanique d'importation de l'impressionnisme français battait son plein outre-Rhin, le monde de l'art allemand traversa

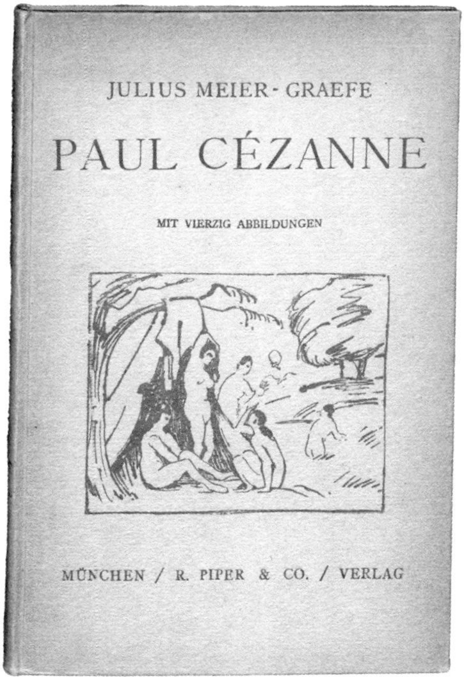
JULIUS MEIER-GRAEFE
PAUL CÉZANNE
MIT VIERZIG ABBILDUNGEN
MÜNCHEN / R. PIPER & CO. / VERLAG

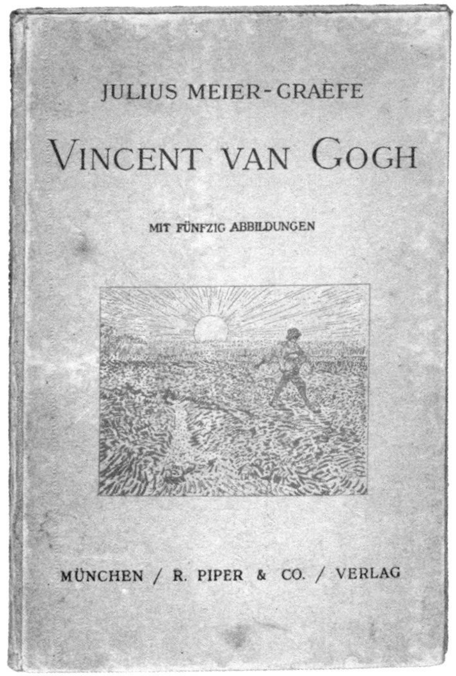
JULIUS MEIER-GRAEFE
VINCENT VAN GOGH
MIT FÜNFZIG ABBILDUNGEN
MÜNCHEN / R. PIPER & CO. / VERLAG

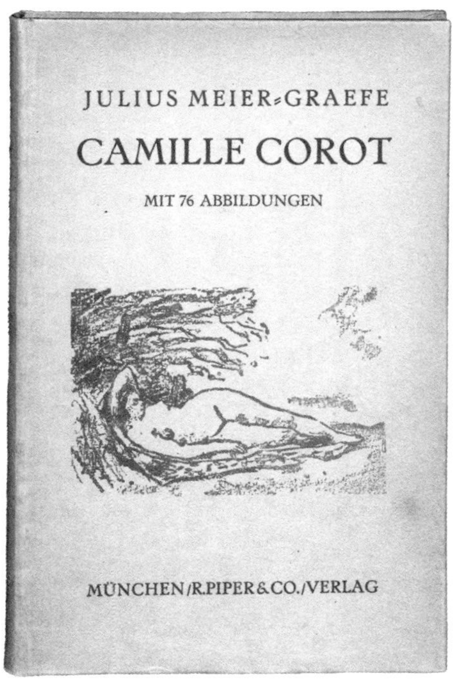
JULIUS MEIER-GRAEFE
CAMILLE COROT
MIT 76 ABBILDUNGEN
MÜNCHEN / R. PIPER & CO. / VERLAG

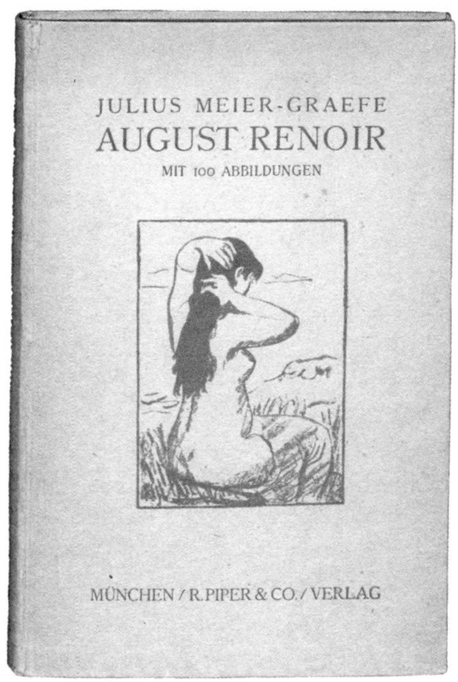
JULIUS MEIER-GRAEFE
AUGUST RENOIR
MIT 100 ABBILDUNGEN
MÜNCHEN / R. PIPER & CO. / VERLAG

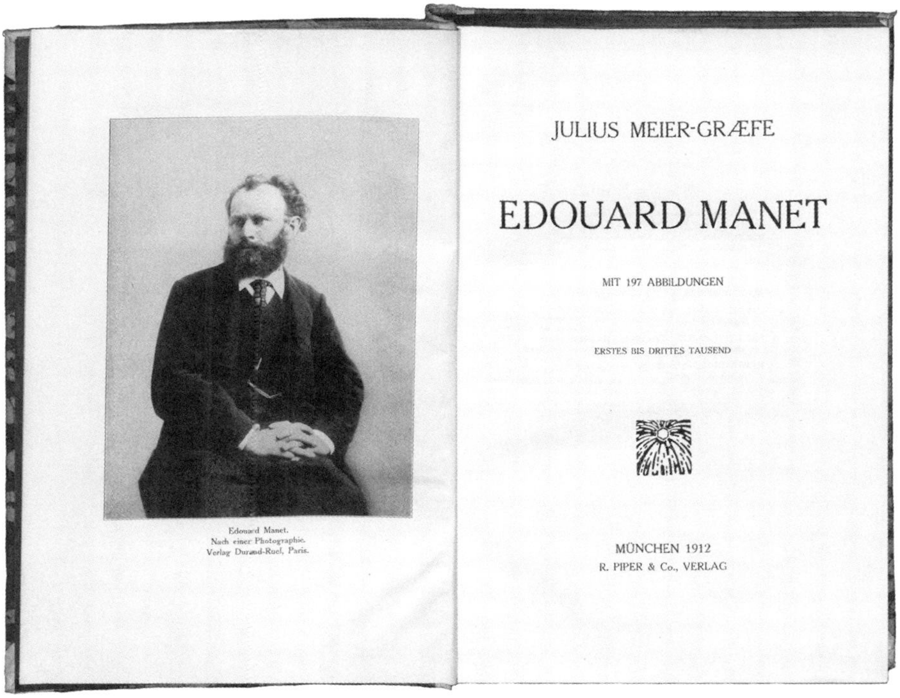

11 Monographies de Meier-Graefe publiées par les éditions R. Piper & Co. autour de 1910

les turbulences de l'éclatante et célèbre « affaire Tschudi », dont les épisodes successifs ont fait l'objet de suffisamment d'études pour qu'ils ne soient pas abordés ici en détail[47]. Lapidaire résumé d'une polémique aux rebondissements multiples : nommé directeur de la Nationalgalerie de Berlin en 1896, le Suisse Hugo von Tschudi en fut brutalement écarté par l'État en 1908 en raison de ses acquisitions d'art étranger du XIXe siècle, et de son désintérêt supposé pour les écoles nationales (ill. 12). Il fut nommé dans la foulée directeur de la Pinacothèque bavaroise concurrente, où il poursuivit son offensive moderniste, avant d'être foudroyé par une maladie en 1911. Moment marqueur de la vie politico-culturelle du Reich wilhelmien, la controverse servit de vaste champ de bataille où le cosmopolitisme des sécessionnistes et de leurs alliés se heurta aux orientations patriotiques du système officiel des beaux-arts (ill. 13). Tout au long de sa carrière, Meier-Graefe rendit de multiples hommages à la noblesse des activités de Tschudi, célébrant l'instinct et le goût dont il avait fait preuve durant ses deux mandats[48].

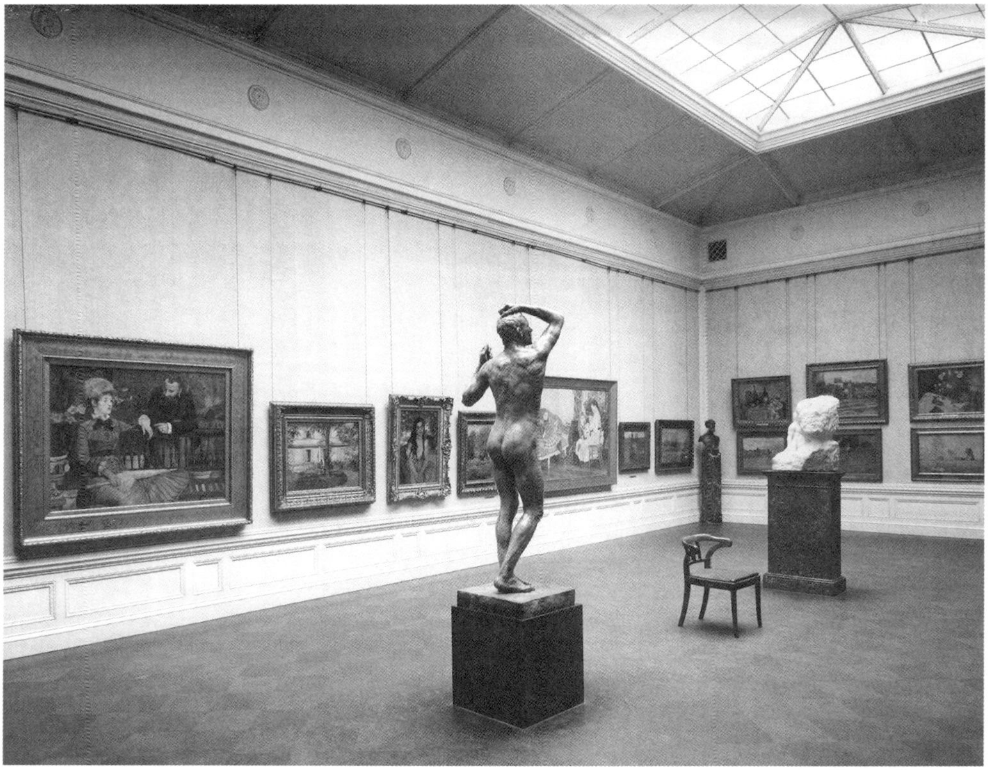

12 Salle de l'école française moderne au 3e étage de la Nationalgalerie de Berlin, 1908, photographie, Berlin, Staatliche Museen zu Berlin, Zentralarchiv, V/Fotosammlung 2.17.1./00288

En France, nation à la source indirecte de ces controverses, les chamailleries politico-esthétiques animant la vie culturelle du pays voisin furent observées dans une perspective différente. Des quotidiens généralistes aux revues spécialisées, les chroniqueurs ne tarissaient pas d'éloges pour la haute bourgeoisie d'outre-Rhin, en ce qu'elle célébrait d'une part l'école moderne française comme force de résistance à l'oppression culturelle, et scellait de l'autre sa valeur normative à l'international. Un personnage tel que Tschudi devint, au travers des feuilletons culturels parisiens, une figure-martyr idéale à opposer à l'expansionnisme et à l'inculture de Guillaume II, qu'il était de bon ton de railler. Ainsi, à plusieurs étapes de sa carrière, plusieurs titres de presse prirent sa défense ainsi que celle de Meier-Graefe, désigné comme « l'un des écrivains d'art les plus intelligents et les plus avertis d'outre-Rhin[49] ». Notable peu après

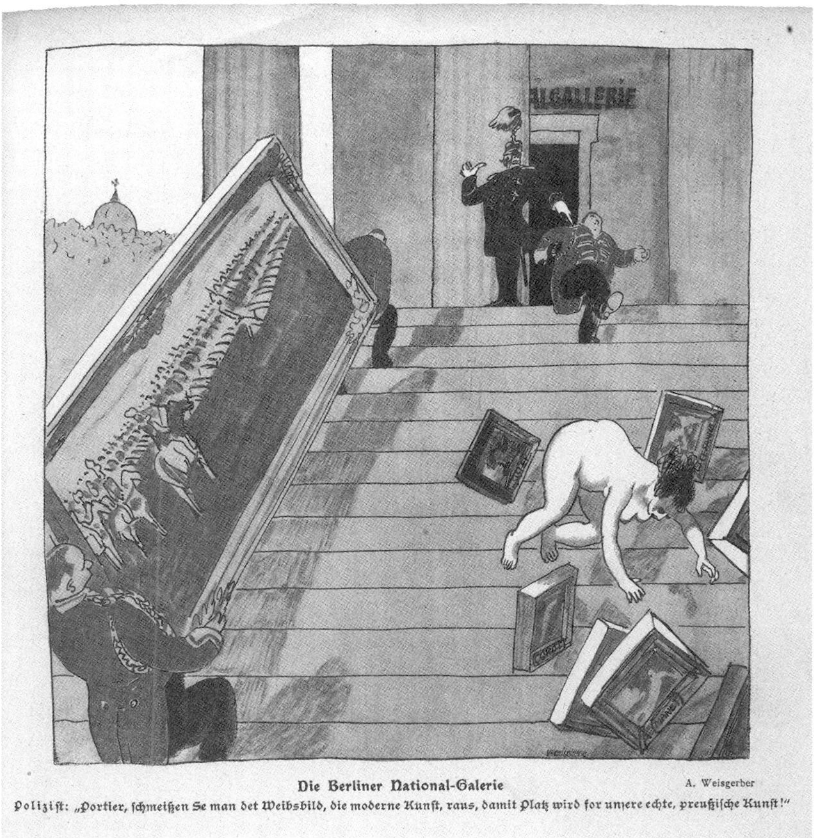

13 Albert Weisgerber, « Die Berliner National-Galerie », *Jugend*, nº 12, 1908, p. 287. « Policier : "Portier, fichez-moi cette garce de peinture moderne à la porte, afin de laisser place à notre véritable art prussien !" »

1900, cette bienveillance perdit toutefois de sa vitalité au rythme de la montée des tensions politiques internationales et des acquisitions qui semblaient dépeupler les musées français de leurs biens nationaux.

Annexions

Durant ces années clés de la diffusion internationale des œuvres du XIXe siècle français[50], Meier-Graefe, en transit perpétuel entre Paris, Munich et Berlin, exerça une activité régulière de courtier pour nombre de directeurs de galerie et d'amateurs privés allemands. S'il apporta immédiatement son aide à Fritz Wichert (1878-1951), nouvellement nommé à la tête de la jeune Kunsthalle de Mannheim et qui ne disposait pas encore de réseaux solides, c'est parce qu'il reconnut rapidement chez lui un allié de choix dans son combat culturel. La relation entre les deux personnages vaut comme cas d'étude de son rôle d'entremetteur. Ses premières lettres et cartes postales à Wichert, surchargées d'informations, prennent parfois l'aspect de véritables listes de courses à l'usage du conservateur[51]. On y retrouve pêle-mêle les noms des plus illustres héros de l'art moderne, et de nombreuses mentions de tableaux disponibles des deux côtés du Rhin. Ces missives révèlent toute la vivacité du marché de l'avant-guerre, vécu par ses contemporains comme un âge d'or du commerce de maîtres à peine canonisés. La question du marché elle-même semblait en effet ne représenter qu'une « difficulté moindre[52] » dans l'obtention d'artefacts qui circulaient abondamment. Pour les clients allemands, les obstacles à surmonter avaient souvent moins à voir avec le manque de liquidités – la bourgeoisie libérale savait se montrer généreuse – qu'avec la compétition interne, particulièrement féroce, qui opposait entre elles les galeries publiques et les collectionneurs. Le secret d'une transaction réussie résidait dans la vélocité, la réactivité et l'aptitude d'un acheteur à prendre des risques. Bien informé, Meier-Graefe se trouvait dans une position idéale pour prospecter auprès des marchands, initier les négociations et assurer la bonne fluidité des échanges. À l'issue de ces tractations, le critique recevait une commission de l'une ou l'autre des parties, dont les correspondances ne conservent bien souvent qu'un indice.

L'une des consignes importantes que Meier-Graefe s'empressa de donner à Wichert fut de ne pas approcher lui-même les galeristes lors de ses haltes parisiennes, mais de sonder le terrain avec retenue. Pour le reste, recommandait-il, « nous devons entreprendre les démarches tous les deux, oralement. Ainsi, nous aurons plus de succès en un seul après-midi que vous seul en plusieurs jours. Si vous voulez essayer, je veux bien vous faire recommander auprès de Durand-Ruel, Bernheim et Vollard[53] ». Mais, sur le fond, la préoccupation principale de Meier-Graefe était que Wichert puisse ne faire aucune entorse à la ligne de sa politique d'acquisition et refuser tout compromis esthétique. C'était la qualité des œuvres qu'il fallait privilégier, en obtenant seulement des « *Bombenbilder*[54] », émanant d'artistes prestigieux. Un programme alléchant que rendaient possible les 200 000 marks que Wichert parvint à réserver fin 1909 pour le budget d'acquisition de son musée, grâce à l'implication de mécènes locaux. Informé de l'existence de cette réserve d'argent, Meier-Graefe lui écrivit, survolté :

> « Avec [une telle somme], vous pouvez récolter d'un coup quelques tableaux européens et vous placer à la pointe. La chose est d'une importance majeure pour l'avenir ! Non seulement le vôtre et celui de votre entourage, mais aussi pour vos contemporains parisiens et allemands. [...] Je vous préviens ! Tout ce fourbi de paysagistes, Sisley et consorts, cela ne tient pas. Manet, Renoir, Cézanne, Degas ! *Le reste ne vaut pas le mot de C[ambronne]*[55]. »

Quelques heures avant le réveillon de la Saint-Sylvestre, Meier-Graefe s'empressa de suggérer à Wichert différentes combinaisons d'achats possibles en fonction de son budget. Il fut alors question de toiles de Delacroix, de Daumier, de *L'Atelier* de Courbet[56], ou encore de Monet et de Renoir. Plusieurs Manet se trouvaient en outre dans la course, parmi lesquels une nature morte à l'authenticité douteuse[57], mais aussi le *Buveur d'absinthe* et l'une des esquisses de l'*Exécution de Maximilien*[58]. Toutefois, les deux personnages s'accordèrent sur le fait que le vrai coup à réaliser était alors l'acquisition de la version finale du *Maximilien* (ill. 14), qui était toujours proposée à la vente par la galerie Bernheim-Jeune sans éveiller l'intérêt des autorités françaises. « [L'œuvre] est encore disponible, fit remarquer Meier-Graefe, Tschudi devrait également la convoiter. Elle est très chère, mais incroyablement belle. On m'a parlé de 200 000 francs, mais, pour le prix, on peut voir. Ce tableau sera toujours cher[59]. » C'est auprès de Cassirer, qui servait alors de vitrine berlinoise à la galerie Bernheim-Jeune, que Wichert entama des négociations. Dans une missive de janvier 1910, Meier-Graefe lui conseilla de s'autoriser toute la souplesse requise dans ses tractations, en répétant que la pièce était d'une « qualité extraordinaire[60] ». Un télégramme de Cassirer à Wichert témoigne d'un achat finalisé autour du 26 janvier 1910, pour un prix fixé à 90 000 marks[61]. La somme, qui aspirait une grande partie de l'enveloppe du conservateur, fut obtenue pour moitié auprès de mécènes.

Dans le sillage de l'« affaire Tschudi », Wichert restait pleinement conscient que l'acquisition elle-même n'était que l'étape la plus facile de son action culturelle. Particulièrement attentif à la dimension pédagogique de l'institution publique dont il assurait la gestion et pressentant l'éventuel impact de l'orientation de sa politique d'achat sur les milieux conservateurs, Wichert lança rapidement une campagne destinée à parer d'éventuelles attaques en expliquant les raisons de son choix. Il fit paraître dans un journal local un article présentant la toile comme un « chef-d'œuvre d'un grand pionnier de l'art moderne », voire « l'unique tableau d'histoire monumental de la peinture moderne[62] ». L'argumentaire de son article demeurait en revanche relativement superficiel, et rappelait que Wichert avait soutenu en 1907 une thèse de doctorat sur les résurgences de l'Antiquité dans la Renaissance italienne.

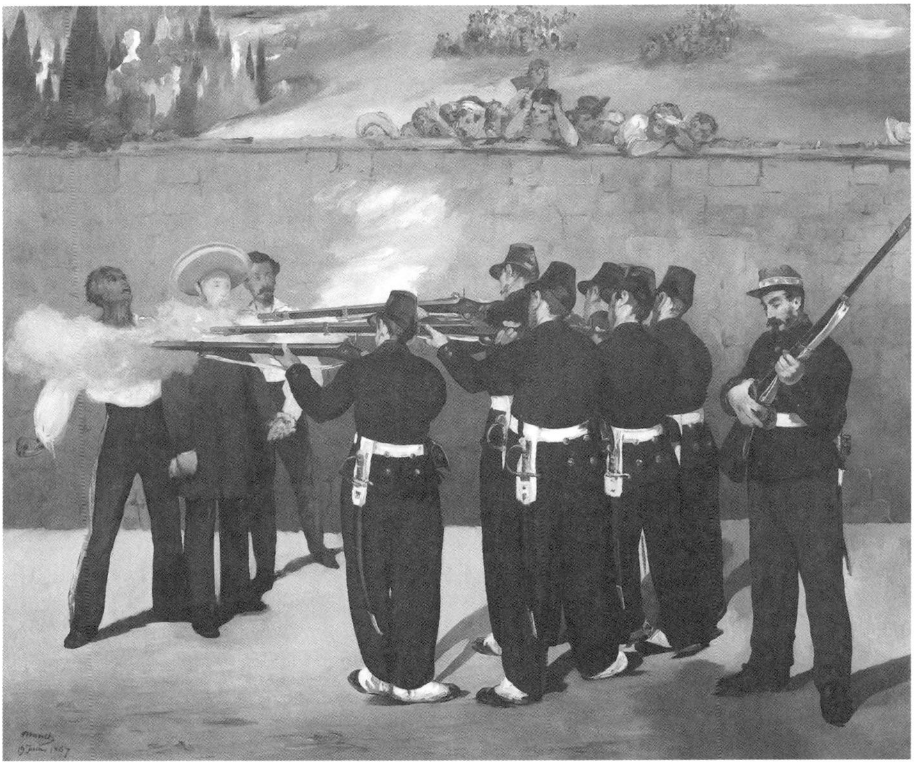

14 Édouard Manet, *L'Exécution de Maximilien*, 1868, huile sur toile, 252 × 305 cm, Mannheim, Kunsthalle, inv. 281

Il fit donc de nouveau appel aux services de Meier-Graefe en lui passant commande d'une analyse plus poussée, entièrement dédiée au tableau. En dépit de son aversion assumée envers l'« écrivaillage journalistique[63] », Meier-Graefe se mit au travail : son étude de l'*Exécution* parut dans la libérale *Frankfurter Zeitung* du 23 mars 1910.

Dans ce texte percutant qui retrace les étapes du processus créatif de Manet en défendant l'œuvre comme l'une de ses pièces les plus audacieuses, Meier-Graefe s'empressa de mettre en avant la curieuse attitude de la France, incapable de retenir sur son territoire les témoignages décisifs de ses propres créateurs :

> « Le tableau n'était pas particulièrement apprécié à Paris. Les collectionneurs français n'aiment pas les grands formats. [...] Le motif peut également avoir contribué à sa sous-évaluation. [...] Il s'agit de l'unique peinture

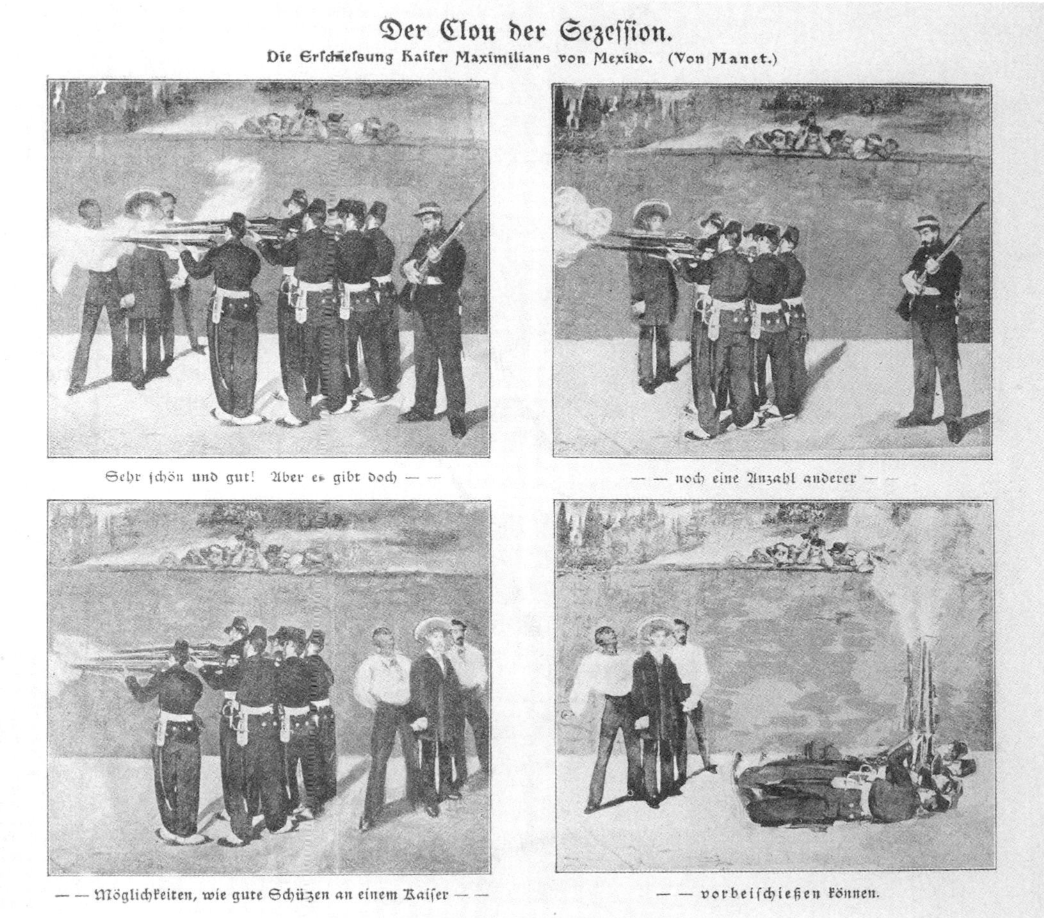

15 « Le clou de la Sécession. L'exécution de l'empereur Maximilien du Mexique (par Manet) », *Lustige Blätter*, vol. 25, n° 22, 1910, p. 4. « Très beau, très bien ! Mais il existe bien d'autres manières, pour un fin tireur tenant un empereur en ligne de mire, de manquer son coup. »

d'histoire de l'artiste. [...] Voilà comment la Kunsthalle de Mannheim, grâce à l'initiative de son nouveau directeur Fritz Wichert, ainsi qu'à l'enthousiasme confiant et généreux de quelques amateurs d'art de cette ville, a pu faire un début éclatant pour une somme modique[64]. »

L'objectif était ici de prendre à contre-pied l'équation simpliste et répandue revenant à dire que la peinture moderne française se trouvait, en raison de ses prix, hors de portée des institutions allemandes. Il s'agissait d'inciter l'Allemagne à partir à la quête, sinon à la conquête, de la peinture française en profitant du modèle offert par la ville de Mannheim. C'est ce que l'auteur dévoile avec limpidité dans les derniers paragraphes de son texte, qui par ailleurs taisent naturellement sa propre implication :

> « L'*Exécution* est, par sa taille, le plus grand tableau de Manet [...]. Ces dernières semaines, grâce à la détermination d'amateurs allemands, une grande moitié de[s] chefs-d'œuvre [de Manet] est en possession allemande. Nous pourrions presque affirmer, en comptant également tous ceux qui ont déjà passé la frontière, que Manet nous appartient. Il ne nous reste plus qu'à faire de cette possession matérielle une possession spirituelle[65]. »

Basculant dans un champ lexical très offensif, Meier-Graefe fit donc de l'arrivée du tableau un moment décisif d'annexion culturelle, stimulant un fantasme patriotique de la possession. Manet était désormais la propriété du Reich, devenu en l'espace de quelques mois le garant d'une grande partie de son œuvre – plus particulièrement à l'occasion de la dispersion de la collection Auguste Pellerin en 1910, qui donna lieu à de très nombreuses et déterminantes acquisitions allemandes. Le slogan appropriationniste du critique fut justement repris, non sans inquiétude, dans certains périodiques français de l'époque (ill. 16)[66]. Il allait inciter des personnalités notoirement antiboches, comme Étienne Moreau-Nélaton, à lancer des charges répétées contre la gourmandise du pays voisin[67].

« Tuer des mouches à coups de canon »

Ces efforts n'empêchèrent nullement le déclenchement d'une polémique virulente, d'échelle nationale, autour de l'acquisition de l'*Exécution*. Elle s'amplifia lorsque l'œuvre fut montrée, peu après son arrivée en Allemagne en 1910, à la Sécession de Berlin, grâce à l'implication de Max Liebermann. Plusieurs archives, publications et caricatures démontrent que l'œuvre, lorsqu'elle n'était pas interprétée comme une attaque subtilement détournée d'un autre empereur (Guillaume II en personne), fut ridiculisée pour l'incongruité de sa composition (ill. 15). Avec la « *Tschudi-Affäre* », ce scandale ne fut qu'un avant-goût de la fameuse « controverse de Brême » qui éclata en 1911, à la suite de l'entrée à la Kunsthalle de cette ville d'un tableau de Van Gogh figurant un champ de coquelicots[68]. Elle fut initiée par un peintre paysagiste

Divers.

Le mot étonnant : « Maintenant Manet nous appartient ! » est justifié, hélas ! quelque peu, par l'exode de quelques-uns de nos beaux tableaux vers l'Allemagne. Mais, tout au moins, pourra-t-on voir une dernière fois, avant leur départ, les admirables toiles de la collection Pellerin, à la galerie Bernheim jeune, 15, rue Richepance, où elles sont exposées. Nous reproduisons ici : *Le Peintre Guérard au café*, par Manet, un des joyaux de cette collection.

16 Anonyme, « Divers », *L'Art et les artistes*, t. 11, 1910, p. 141

du groupe de Worpswede, Carl Vinnen (1863-1922), qui fit paraître sous le titre *Ein Protest deutscher Künstler* une collection d'essais dénonçant l'« invasion d'art français[69] » en Allemagne, au détriment des créateurs autochtones condamnés à la précarité. Son texte était suivi d'une cinquantaine de pages compilant des propos de savants et d'artistes allemands qui partageaient un point de vue similaire. Souvent davantage que le contenu ou le style des peintures françaises, c'étaient les sommes d'argent dépensées pour leur acquisition qui y étaient pointées du doigt. Vinnen reçut dans la foulée le soutien de personnalités au conservatisme politico-esthétique beaucoup plus radical, qui exacerbèrent la dimension nationale du débat. Les acteurs du monde de l'art visés par le *Protest* étaient bien entendu les galeristes et les marchands-spéculateurs, mais aussi l'infanterie de critiques contribuant à légitimer leur action, Meier-Graefe en tête.

L'appareillage statistique douteux étalé par Vinnen pour dénoncer les dépenses jugées abusives des musées allemands lors de leurs emplettes parisiennes fit l'objet de contre-attaques de la part du camp adverse. On démontra notamment que les sommes affectées aux achats de toiles d'artistes impressionnistes (par ailleurs souvent grâce à l'aide de fonds privés) demeuraient fort éloignées des montants ahurissants dépensés par l'État allemand pour ses acquisitions de tableaux de Böcklin ou de Menzel. Désirant réorienter le débat en se fondant sur les faits, la revue spécialisée *Museumskunde* diffusa une circulaire auprès des directeurs des galeries de l'Empire, où on leur demandait de dévoiler les sommes dépensées depuis une décennie selon chaque école nationale de peinture, en précisant l'origine des ressources financières mises à contribution[70]. Les résultats de cette enquête, à laquelle Wichert fut invité à participer, établirent ainsi que la galerie municipale de Mannheim avait dépensé 193 600 marks pour trente-sept tableaux allemands (dont quinze avaient été offerts par des mécènes pour une valeur de 36 300 marks), contre 173 520 marks pour treize peintures étrangères (dont quatre donations privées à hauteur de 94 550 marks)[71]. Ce sont bien souvent les directeurs de musée eux-mêmes qui furent les premiers surpris des résultats de leurs investigations à travers leurs propres comptes, comme en témoigne cette réponse stupéfaite du collectionneur aux goûts modernistes Karl Ernst Osthaus (1874-1921), fondateur du musée Folkwang à Hagen, au rédacteur de la *Museumskunde* :

> « Comme vous le savez déjà, ma galerie contient proportionnellement plus de tableaux français que la plupart des musées allemands. Toutefois, l'aboutissement de l'enquête a été bluffant, y compris pour moi. J'ai acheté 22 tableaux français pour la somme totale de 55 000 marks, exactement le même nombre de tableaux allemands pour 79 000 marks, et 9 œuvres [d'autres écoles étrangères] pour 26 500 marks. Il est en revanche certain que, à la revente, la valeur des tableaux allemands n'a pas bougé, tandis que celle des œuvres françaises a décuplé. J'ai déjà indiqué à la *Frankfurter Zeitung* la curieuse chose suivante : la somme que j'ai dépensée pour l'ensemble de mes tableaux français équivaut à peu près au montant total des deux toiles allemandes les plus importantes de ma collection[72]. »

Les deux pièces citées étaient des œuvres de Böcklin et de Feuerbach, pour lesquelles Osthaus avait respectivement déboursé 27 000 et 18 000 marks. Quant à l'œuvre française la plus onéreuse exposée dans sa collection, il s'agissait de la *Lise* de Renoir, obtenue chez Durand-Ruel *via* Cassirer pour la somme raisonnable de 16 200 marks. Le « chef-d'œuvre de jeunesse[73] » du peintre, que Duret avait négligemment troqué pour un Puvis de Chavannes chez ce même Durand-Ruel autour de 1900, est encore aujourd'hui l'un des joyaux du musée Folkwang, depuis relocalisé à Essen.

Cette riposte quantitative fondée sur l'exploitation de données factuelles fut complétée dans le courant de l'année 1911 par la publication d'une contre-brochure en réponse au pamphlet de Vinnen, intitulée *Im Kampf um die Kunst: die Antwort auf den « Protest deutscher Künstler »*[74]. Édité par Piper avec le concours du collectionneur brêmois Alfred Walter von Heymel, le fascicule compilait l'ensemble des articles défensifs publiés jusqu'alors dans la presse par les artistes, galeristes, directeurs de musée, collectionneurs et critiques qui avaient pris position contre ce protectionnisme chauvin. En préparant l'ouvrage, Piper ne doutait pas qu'une personnalité comme Wichert dût y tenir une place de marque, en raison des furieux débats suscités par ses acquisitions gallophiles. Il s'adressa à lui en ces termes :

> « Nous planifions une contre-brochure en réponse au *Protest deutscher Künstler* de Vinnen, qui doit rassembler tout ce qui a été publiquement prononcé à son encontre jusqu'à maintenant, et diffuser les propos d'artistes, de collectionneurs et de publicistes sur la question. [...] Une contribution de votre part nous tient particulièrement à cœur, car vous avez été vivement attaqué en raison du grand Manet de votre galerie[75]. »

Une lettre de relance de Heymel, qui cherchait à fédérer efficacement les soldats de la contre-attaque, atteste par sa longue métaphore militaire à quel point l'épisode du « *Vinnen-Streit* » fut vécu par ses protagonistes comme un véritable moment de guerre :

> « Nous recevons tous les jours d'excellents articles [pour notre publication]. Vous ne pouvez pas y faire défaut, mon cher ami, car vous faites partie des personnalités sournoisement concernées. Nous voulons maintenant mettre nos troupes spirituelles en marche et les déployer à travers cette brochure. La seule chose qui me retient, c'est l'idée que nous puissions tuer des mouches à coups de canon. Malgré tout, je vous incite grandement à décharger toute votre batterie intellectuelle et à faire feu[76]. »

Si l'absence finale de Wichert dans la publication semble résulter d'un malheureux concours de circonstances, celle de Meier-Graefe – dont la personnalité et les écrits ne faisaient pas l'unanimité dans son propre camp – relevait clairement d'une stratégie de retrait. Elle révèle aussi qu'une dichotomie entre modernistes cosmopolites et réactionnaires nationalistes est trop réductrice pour décrire les forces en présence. Une lettre de ce même Heymel à l'historien de l'art Gustav Kayssner en est la confirmation flagrante :

> « Le cas Meier-Graefe, dont les jugements outranciers ont leurs bons et leurs mauvais côtés, est une chose à laquelle je réfléchis depuis des années. Un jour, quand il me semblera que le temps sera venu, je m'exprimerai à ce sujet. Il est en revanche impossible de dénigrer en quelques mots l'impact déterminant qu'a eu le personnage. Il a vraiment été le loup dans la bergerie et nous a tous poussés à nous confronter aux beaux-arts plus sérieusement[77]. »

Meier-Graefe fit donc le choix de se taire, alors qu'il subissait de perfides attaques *ad personam* au sein même du pamphlet de Vinnen et dans la presse nationale. On pouvait par exemple y lire que le type d'art qu'il s'obstinait à défendre dans son *Entwicklungsgeschichte* – l'impressionnisme – « ne repos[ait] que sur les éléments d'une sensibilité féminine, et port[ait] dans son infertilité le germe de sa propre mort[78] ». Après les ruades phénoménales qu'avait provoquées son essai tonitruant sur Böcklin de 1905 (lequel fera l'objet de notre prochain chapitre), c'est bien dans un souci d'hygiène mentale que l'auteur veilla à se tenir à distance de la rixe.

En 1913, Meier-Graefe élargit d'ailleurs beaucoup l'ambition de ses réflexions sur le marché de l'art européen en publiant un article singulier dans trois livraisons successives de *Kunst und Künstler*. Intitulée « Handel und Händler[79] », cette étude commençait par des considérations générales sur la spécificité du commerce de l'art et de ses acteurs, puis évoquait les principales différences de son fonctionnement à Paris et du côté allemand, où la décentralisation et le provincialisme bridaient son potentiel. Le cœur de l'article consistait quant à lui en une liste copieuse, pour chaque grand artiste (depuis Greco et Goya jusqu'à Cézanne, Van Gogh et Gauguin, en passant par Delacroix, Courbet et Manet), de prix atteints lors de ventes publiques et privées. L'objectif de Meier-Graefe était d'expliciter, en marge des débats purement esthétiques, les raisons sociologiques et structurelles de la flambée des prix de l'art moderne, à l'ère d'un marché globalisé. Si Paris pouvait se vanter d'un dynamisme culturel exceptionnel, la demande la plus active et le pouvoir d'achat se trouvaient en revanche du côté allemand, au sein d'une classe émergente de la bourgeoisie industrielle. D'habitude si peu porté vers la collection de faits et les approches quantitatives, Meier-Graefe faisait par cet article une nécessaire entorse à son éthique d'écrivain d'art : « La question est de savoir si [ces] chiffres peuvent révéler autre chose que cette vérité bon marché revenant à dire que tout devient hors de prix[80]. » Une manière détournée, mais qu'il désirait productive, de contribuer à l'indispensable neutralisation de l'affaire Vinnen.

Traductions

Dans sa quête périlleuse de redynamisation de la vie spirituelle allemande, Meier-Graefe était donc considéré comme un passeur d'objets, de formes et de concepts, voire comme un véritable « traducteur » de l'art français. Comme nous allons le voir, ces procédés de traduction étaient très variés, allant du plus concret au plus immatériel. Ainsi, lorsque le critique fit publier en 1912 une ambitieuse compilation de textes de Delacroix en allemand[81] – suivie en 1913 d'une flamboyante monographie sur le maître –, il s'agissait d'une pure et simple transposition langagière. Mais les traductions initiées par Meier-Graefe pouvaient également revêtir des apparences plus subtiles et plus implicites. Ainsi, lorsque, de concert avec Piper, il commanda à de jeunes artistes allemands des réinterprétations simplifiées d'œuvres de maîtres modernes français pour orner les couvertures de ses propres monographies, il les contraignait à une confrontation intime avec des modèles étrangers. Bien que non crédité dans l'ouvrage d'avant-guerre que Meier-Graefe consacra à Cézanne, c'est bien Franz Marc (1880-1916) qui fut à l'origine de l'interprétation des *Baigneuses devant la tente* qui servit d'illustration à son frontispice (ill. 17 et 18). À en juger par la teneur d'une lettre du peintre à Piper – et, plus généralement, par l'impact du maître d'Aix sur un expressionnisme germanique en plein épanouissement –, il ne fait aucun doute que ce procédé de transposition créatrice, replaçant le faire au centre de l'attention, fonctionnait admirablement[82]. Nous aurons l'occasion d'observer comment Meier-Graefe et Piper systématisèrent ce procédé de mise à l'épreuve de l'autre par coercition à travers la création de la Marées-Gesellschaft en 1917.

Le cas de Cézanne est ici idéal pour évoquer un autre avatar des stratégies du traductologue Meier-Graefe, d'ordre conceptuel cette fois-ci : la germanisation d'artistes français. Tout en défendant un art autonome et en présentant les valeurs modernes comme transnationales, le critique ne s'empêchait nullement la renationalisation - parfois contre-intuitive - d'artistes dont il voulait encourager l'importation de son côté du Rhin. Ce procédé se trouve déjà dans certains développements de l'*Entwicklungsgeschichte*, où un peintre comme Ingres est jugé au regard de son « instinct nordique[83] », où Delacroix se distingue comme un « Flamand[84] » et où Millet « appartient à l'Allemagne[85] ». Reposant parfois sur des faits (copies, voyages, affinités assumées et défendues par les artistes eux-mêmes), ces renationalisations devaient généralement aux seuls instincts interprétatifs de Meier-Graefe. Le cas le plus spectaculaire d'annexion culturelle est à ce titre le sort que réserva l'auteur à l'Aixois au fil des publications qu'il lui consacra. Si c'est une approche résolument formaliste de Cézanne qui domine encore dans l'*Entwicklungsgeschichte* de 1904 – écrite, rappelons-le, du vivant de l'artiste –, les essais que Meier-Graefe lui dédia par la suite tendent à revisiter son corpus en fonction d'une dialectique permanente entre pulsions latines et germaniques. Esseulé dans sa défense de la brutalité couillarde de ses expérimentations de jeunesse, Meier-Graefe faisait de Cézanne un artiste « d'instinct[86] », un « mystique » producteur d'« idylles

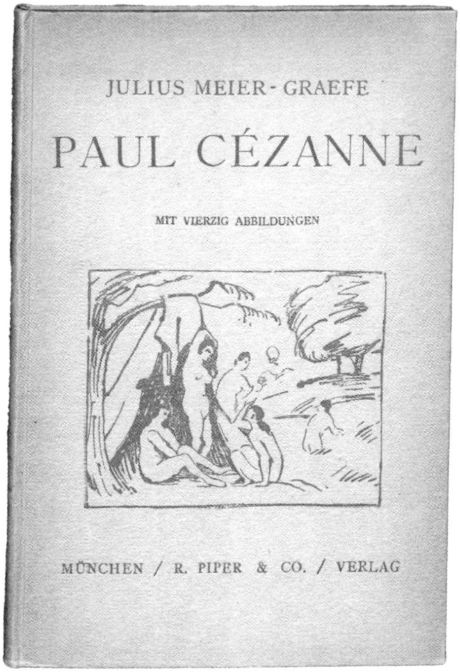

17 Julius Meier-Graefe, *Paul Cézanne*, Munich, R. Piper & Co., 1910, couverture (dessin par Franz Marc d'après une peinture de Paul Cézanne)

18 Paul Cézanne, *Baigneuses devant la tente*, 1883-1885, huile sur toile, 63,5 × 81 cm, Stuttgart, Staatsgalerie, inv. 2550

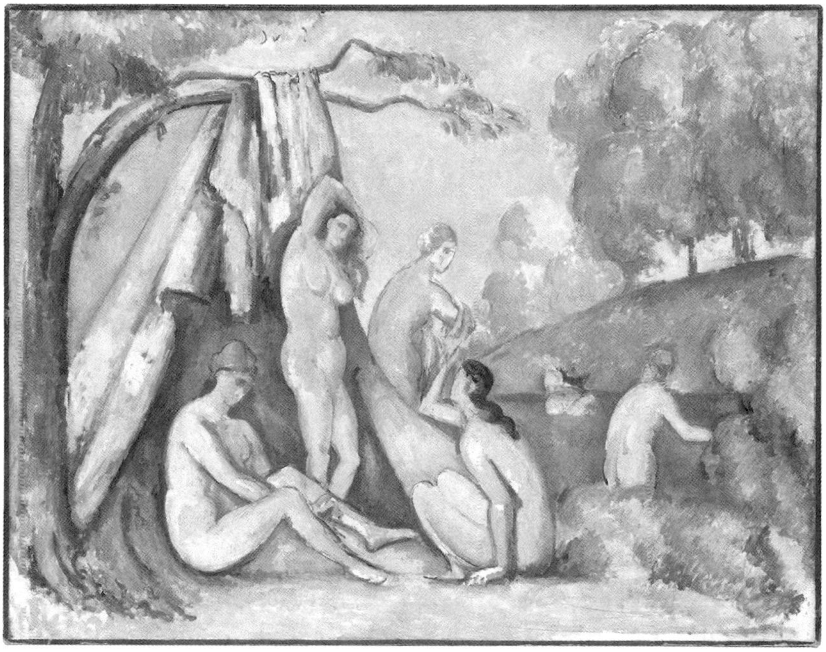

noires[87] », avant de brandir dès 1910 un mot-clé lourdement connoté à l'époque : « [Cézanne] pourrait bien être un primitif, et la puissance de sa vitalité a vraiment quelque chose des peuples gothiques, à la race desquels il se compte non sans fierté[88]. » Un gothique, c'est-à-dire un créateur faisant preuve d'une « sensibilité dédaigneuse et frémissante se détournant des réalités terrestres[89] ». Meier-Graefe précisa par la suite les fondements de cette lecture, comme l'attestent ces quelques passages issus de la seconde version de l'*Entwicklungsgeschichte* qui évoquent les tourments identitaires de Cézanne :

> « Depuis Poussin et Claude, il n'y a pas eu de peintre aussi arcadien dans le monde. Il a fallu autant de temps à la France pour engendrer un homme capable de percevoir avec une telle intensité les composantes nordiques de la race, du terreau de l'art gothique. Il y a eu avant Cézanne des Français à tendances nordiques, comme les suiveurs des paysagistes hollandais de l'école de Barbizon. Mais Rousseau et ses amis étaient des hommes ombrageux à l'horizon restreint, même Millet, qui avait une profonde compréhension du Nord. En Courbet bouillonnait une opposition à la France rigolarde qui tenait pour légitime une forme de résistance au pays des rentiers rassasiés. À travers son immense production ressortent des éléments germaniques. L'héritage nordique sur cette génération se manifestait comme des rapiècements sur des vêtements. [...] Il faut revenir à Le Nain pour retrouver une attitude nordique d'intensité germanique. [Chez Cézanne], le Nord chasse l'héritage antique[90]. »

En dépit d'une éducation classique bercée par ses lectures de Virgile, Cézanne demeurait donc aux yeux de l'auteur un huguenot en danger dans son environnement d'origine, ayant trouvé refuge dans des modes d'expression nordiques, sur un territoire où sa puissance expressive pouvait jouir d'un meilleur accueil. Ce faisant, Meier-Graefe réhabilitait la maladresse du jeune Cézanne, généralement dépréciée par la critique française, tout en l'extirpant du mythe de la géniale gaucherie à laquelle s'obstinaient à le cantonner les jeunes expressionnistes allemands. On retrouve, dans l'approche meier-graefienne et sa conception d'un gothisme capable d'hiberner dans l'âme des créateurs avant de ressurgir avec véhémence par vagues successives, certaines affinités avec la pensée de Wilhelm Worringer (1881-1965). L'auteur de *L'Art gothique* louait en effet dans ces mêmes années la supériorité de ce style, capable de survivre à toutes les réminiscences d'un classicisme hégémonique. Les derniers écrits de Meier-Graefe sur Cézanne se redirigèrent finalement vers une défense de son universalisme suprême et de l'inattaquable harmonie sonore de ses compositions. Un dualisme intérieur que semble par ailleurs confirmer ce propos attribué au maître lui-même : « Je suis un cérébral, tant que vous voudrez, mais je suis aussi une brute[91]. »

* * *

Quelques jours seulement avant le lancement d'un ultimatum à la Serbie par le gouvernement austro-hongrois, le journal *L'Homme libre*, sous la direction de Georges Clemenceau, fit paraître en « une » de son édition du 13 juillet 1914 un article intitulé « La captivité de Cézanne » (ill. 19). De la plume du critique d'art André Salmon (1881-1969), le texte narrait son récent périple dans une Allemagne grouillante d'activité industrielle. De l'autre côté de la frontière, en territoire hostile, Salmon observait : « Des usines vomissent des torrents de fumée, [et] un petit chemin de fer suspendu et futuriste, tout au moins propre à réjouir Paul Adam, file au-dessus d'une rivière d'encre et de boue[92]. » La mention du célèbre *Schwebebahn*, dans lequel Wim Wenders allait filmer bien des années plus tard les tribulations hasardeuses d'une fillette à la recherche de ses parents, permet de localiser ce voyage dans la région de Wuppertal. En réalité, Salmon était outre-Rhin pour visiter la collection du richissime industriel Gottlieb Friedrich Reber, dont l'article préfère taire le nom. Reber se distinguait comme l'un des collectionneurs les plus méthodiques de Cézanne en Allemagne, et disposait déjà à ce moment d'une trentaine de ses tableaux, glanés chez Vollard, Bernheim-Jeune et quelques autres marchands allemands[93]. Face aux nombreux chefs-d'œuvre entassés dans la villa Reber de Barmen – parmi lesquels le célèbre *Garçon au gilet rouge* –, Salmon essayait tant bien que mal de s'habituer à la violente déterritorialisation du peintre, désormais prisonnier outre-Rhin :

> « Douce captivité, si ceux qui le gardent jalousement ne marquent jamais une joie si vive, et si cordiale, que quand nous venons de France pour rendre visite au grand Provençal.
>
> Tout de même, c'est bien loin quand le Louvre est si près !
>
> Hélas ! Faut-il s'étonner de voir ainsi captifs, en exil, tant de nos artistes ?
>
> [...] Voici Cézanne prisonnier, captif en Allemagne... pas moinsse[94]. »

« Pas moinsse », écrivait Salmon : en faisant référence à l'accent méridional de l'Aixois, que les lois d'un marché sans compassion avaient forcé à un exil lointain, le publiciste évoquait comme il le pouvait l'impact symbolique

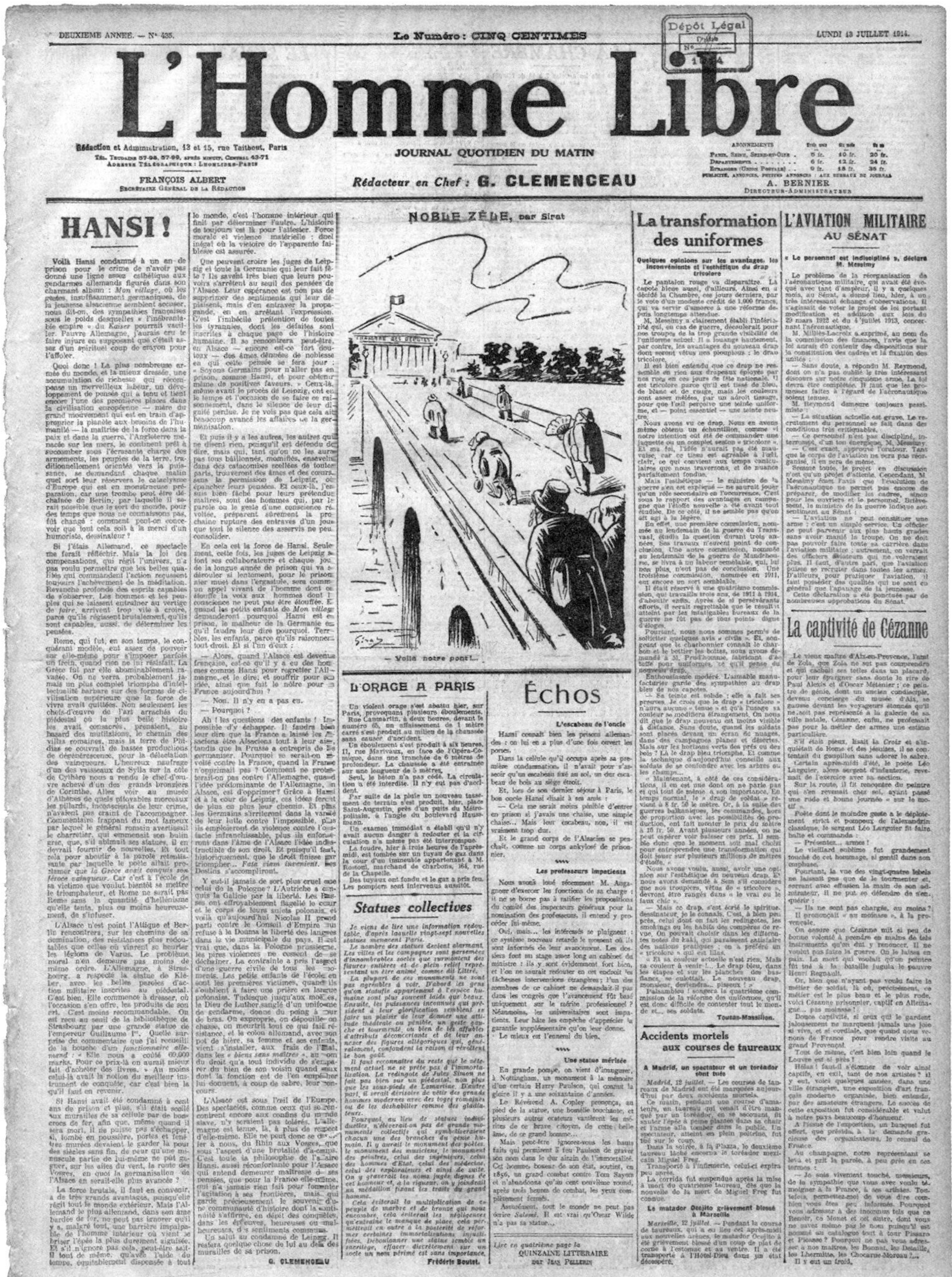

DEUXIÈME ANNÉE. — N° 435. Le Numéro : CINQ CENTIMES LUNDI 13 JUILLET 1914.

L'Homme Libre

JOURNAL QUOTIDIEN DU MATIN

Rédacteur en Chef : G. CLEMENCEAU

FRANÇOIS ALBERT

A. BERNIER

HANSI !

NOBLE ZÈLE, par Sirat

— Voilà notre pont !...

La transformation des uniformes

L'AVIATION MILITAIRE AU SÉNAT

La captivité de Cézanne

L'ORAGE A PARIS

Statues collectives

Échos

Accidents mortels aux courses de taureaux

G. CLEMENCEAU

19 André Salmon, « La captivité de Cézanne », *L'Homme libre*, 13 juillet 1914, p. 1

de la décontextualisation des œuvres d'art sur notre perception de celles-ci. Ce bref article a ceci d'intéressant que son auteur s'y révèle incapable d'exprimer une opinion définitive sur la question de la mobilité de ces trésors nationaux. Il semble bercé par une profonde et inquiétante mélancolie culturelle, annonciatrice du conflit mondial imminent. La captivité de Cézanne était finalement d'une nature double. Le peintre faisait, tout d'abord, l'objet d'un rapt discursif – agrémenté d'un processus ambigu d'annexion identitaire qui n'allait pas jouer en faveur des traductions françaises des écrits de Meier-Graefe. Il est à ce titre révélateur que la seule monographie de l'Allemand traduite en français de son vivant ait été son *Auguste Renoir* de 1911, célébrant une « francité » en apothéose, et non son *Paul Cézanne* de 1910 – pourtant le tout premier livre monographique jamais consacré au peintre. Une « captivité » physique, ensuite, relative à l'intérêt intense dont l'Aixois faisait l'objet dans la grande bourgeoisie progressiste et les galeries publiques d'Allemagne. Il convient ici de rappeler que Tschudi fut le premier à faire entrer Cézanne dans un musée d'État avec l'acquisition, en 1897, du *Moulin de la Couleuvre à Pontoise* pour la Nationalgalerie de Berlin. Quant à la critique française, elle déplorait encore le fiasco du récent legs Caillebotte, et l'inaction du gouvernement concernant l'historicisation institutionnelle de ses propres génies.

La Première Guerre mondiale contribua à radicaliser les positionnements des uns et des autres. Pour un historien de l'art comme Élie Faure (1873-1937), la collectionnite d'art français en Allemagne dénotait avant tout l'indéniable supériorité de la création hexagonale sur celle des nations ennemies. La citation suivante, extraite de la *Sainte Face* (qui regroupe ses notes du front de 1916), en est une démonstration criante. Paradoxalement, elle n'est pas en dissonance fondamentale avec la métaphore botanique d'une peinture du XIXᵉ siècle français en « bourgeonnement perpétuel », régulièrement exploitée par Meier-Graefe dans ses publications :

> « La France méconnaît ses héros. Oui. Et après ? "Ah ! La gloire de Renoir, de Cézanne en Allemagne !" Oui. Et après ? Vaut-il mieux produire ou acheter ? [...] Un peuple où l'art est une fonction organique ne connaît pas ses grands artistes. Un arbre ne voit pas ses fleurs, dont pas une n'échappe aux regards du passant. Cependant, c'est lui, l'arbre. [...] Je ne nie pas que M. de Tschudi ait été fort bien inspiré le jour où il fit entrer dans son musée berlinois Daumier, Manet, Degas, Claude Monet, Renoir, Cézanne. Mais je préfère un seul de ces peintres à plusieurs millions de M. de Tschudi. Ce que vous admirez chez l'Allemand, ce sont des vertus qui vous enlèveraient les vôtres, si vous leur preniez ces vertus. Vaut-il pas mieux peindre un tableau,

puis l'oublier, en plein champ parfois, comme faisait Cézanne, que de laver les pinceaux, broyer les couleurs, vendre ou acheter le travail ? De tout ainsi... La France crée. Ce que devient ce qu'elle crée, elle s'en moque. La France donne. Elle ne collectionne pas. Voici le savoir le plus complet et le plus approfondi qui soit. Voici l'instrument militaire le mieux monté qu'on ait vu. Voici Renoir. Voici la Marne. L'Allemagne a ce que n'a pas la France, une aristocratie. La France est ce que n'est pas l'Allemagne, une aristocrate. Choisissez[95]. »

CHAPITRE II

·DE·QUOI·BÖCKLIN· ·EST-IL·LE·CAS·?·

« IL SUFFISAIT DE LE VOULOIR, ET ON AVAIT UN ART ALLEMAND[1]. »

Julius Meier-Graefe

26 février 1905 : alors que les éditions Julius Hoffmann travaillaient à la fabrication de l'ouvrage *Der Fall Böcklin*, destiné à paraître quelques semaines plus tard et à plonger son auteur au cœur d'une véhémente polémique, Meier-Graefe prit la plume pour s'adresser à son ami poète Richard Dehmel (1863-1920, ill. 20), muni « d'une idée[2] ». Dans une brève lettre au ton résolu, il présenta un projet d'enquête à l'attention des créateurs allemands de renom. Faisant appel au procédé en vogue du sondage intellectuel, l'idée de Meier-Graefe était la suivante : soumettre les artistes contemporains à une série de questions afin qu'ils clarifient et révèlent au public leur conception des rapports entre art et nation. Cette entreprise, que le critique espérait voir se matérialiser sous la forme d'un livre, démontrait toute sa détermination à saisir à bras-le-corps la question épineuse de la caractérisation d'un art national. L'initiative était également le symptôme de la lutte constante et polymorphe de Meier-Graefe contre ce qu'il identifiait alors comme l'un des problèmes majeurs de l'Empire allemand, la « *Richard-Wagnertum* », comprendre : le rapport malsain qu'entretenaient ses élites avec la germanité.

S'il dressait dans sa lettre à Dehmel le constat d'une critique corrompue par un « chauvinisme teuton douteux », ce n'était pourtant pas la célébration d'un esprit et d'un art proprement allemands qui semblait lui poser problème. Sa cible était bien davantage les défenseurs d'une *Deutschtum* totalement épurée d'apports extérieurs et l'« inconsistance[3] » alarmante de leur argumentaire. Il invita ainsi l'écrivain à orchestrer avec lui cette enquête, dont il espérait asseoir la légitimité en y associant le romancier Gerhart Hauptmann, le publiciste Maximilian Harden, ainsi que des auteurs tels Hermann Bahr ou Hugo von Hofmannsthal[4]. Dans cette collecte de prestigieux participants, Dehmel proposa à son tour les noms de plusieurs personnalités, dont les artistes Wilhelm Trübner, Max Klinger, Elisabeth Förster-Nietzsche, le sociologue Karl Lamprecht et le physicien Wilhelm Röntgen[5]. « Les signataires doivent être tip top[6] », précisa Meier-Graefe en examinant chacune de ces propositions : les deux amis entendaient faire de leur enquête un véritable espace d'expression transdisciplinaire permettant d'aborder la question du « sentiment national » et son impact sur les « problématiques esthétiques[7] » sous la plus grande variété d'angles possible.

Ce sondage était donc un moyen d'enclencher un processus autoréflexif et, plus généralement, de contribuer à un assainissement du sentiment patriotique. Par leur formulation, les questions qui en constituent le noyau rappellent explicitement les forces en présence dans le combat culturel mené par Meier-Graefe dans l'Allemagne de Guillaume II :

> « 1. Les formes de la culture sont-elles stables ? Sinon, quel est le facteur de développement le plus déterminant : les caractéristiques naturelles de la race de chaque nation, ou les idéaux humains et cosmopolites internationaux ? [...]
>
> 4. De quelle manière la culture nationale se comporte-t-elle vis-à-vis de la culture cosmopolite ? L'une nuit-elle à l'autre ? L'une est-elle envisageable sans l'autre ? [...]
>
> 8. Existe-t-il aujourd'hui une culture typiquement allemande[8] ? »

Le premier élément qui frappe à la lecture de ces questions est qu'elles pointent du doigt sans détour le cœur du problème. Il semble logique que le ton employé ici ait conduit une personnalité comme Hauptmann à « se défiler[9] » et à refuser toute contribution. Sa réponse découragea le binôme de s'en remettre à un autre grand nom de l'art allemand, Max Klinger, spéculant sur son potentiel refus. Quant au peintre francophile Max Liebermann, personnalité de marque de la sphère culturelle berlinoise, sa judéité excluait toute possibilité d'implication : la mention de son nom, expliqua ainsi Dehmel, aurait de fait discrédité l'ensemble de l'entreprise, puisque les galeristes et peintre juifs étaient régulièrement accusés de corrompre la pureté de l'art allemand[10]. En revanche, ce « problème » n'empêchera pas Dehmel de tenter d'associer au projet Gustav Mahler, sans succès. « Donc on laisse tomber », se résigna ainsi Meier-Graefe au mois de mai 1905, pestant amèrement contre le traitement que lui réservaient ses compatriotes : « Je me fiche désormais du niveau culturel de l'Allemagne, au moins autant que des trous de nez de Gerhart Hauptmann[11]. » Mais la renonciation à cette enquête n'était plus, à ce moment, la seule cause de sa désolation. Entre-temps, la parution de son *Cas Böcklin* était en train de le plonger au cœur d'une mêlée culturelle d'une violence inouïe, qui allait faire de cet essai à charge l'un des plus controversés que l'histoire de l'art européenne eût jamais connu.

La simple existence de ce projet avorté en dit long sur l'atmosphère largement défavorable dans laquelle allait se diffuser le pamphlet antiböcklinien de

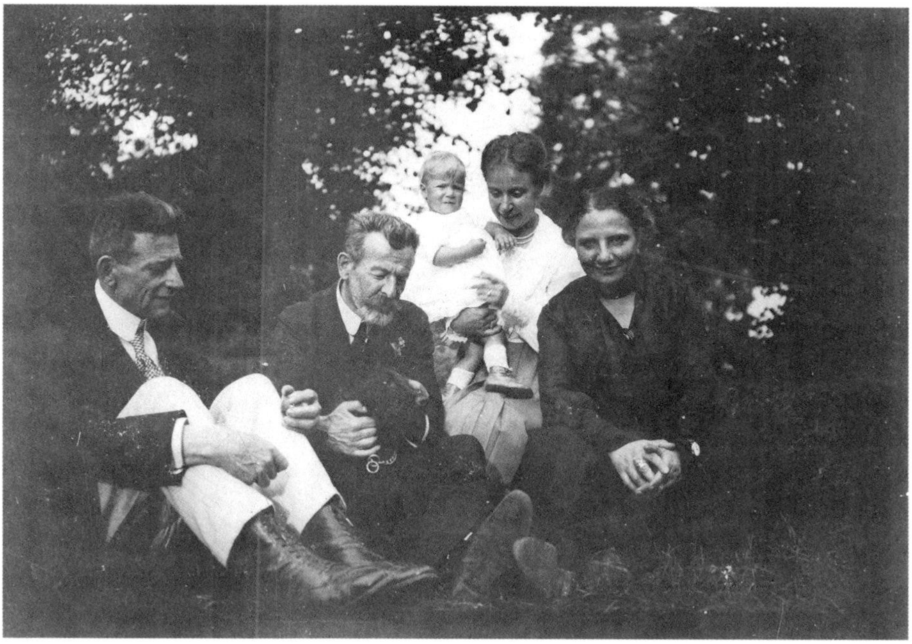

20 Les couples Meier-Graefe et Dehmel, vers 1910, photographie, Hambourg, Staats- und Universitätsbibliothek, fonds Dehmel, DA:Br:M:126[e]

Meier-Graefe, condamné avant même sa parution à une entrée en scène fracassante. En contrepoint de l'*Entwicklungsgeschichte* de 1904, *Le Cas Böcklin* ne pouvait qu'irriter les élites allemandes pétries d'anxiétés identitaires. Un contexte d'autant plus explosif que, le 31 mars 1905, Guillaume II prononçait son célèbre discours de Tanger, où il protestait vivement contre les ambitions marocaines de l'État français. Ayant conduit à la démission du ministre des Affaires étrangères, Théophile Delcassé, le coup de l'empereur marquait une étape de plus dans l'escalade progressive menant l'Europe vers le cataclysme de 1914. Le contexte de la publication du *Böcklin* de Meier-Graefe, livre autour duquel se structure ce chapitre, était donc celui d'une exacerbation des tensions franco-allemandes déjà existantes, sur le terrain non seulement esthétique et culturel, mais aussi politico-diplomatique. De *L'Île des morts* aux orages d'acier – le lien fut, bien plus tard, établi à demi-mot par le critique lui-même :

> « Le cas Böcklin est devenu un cas de conscience pour la nation. S'il venait un jour à l'idée d'un historien de l'art d'établir des repères dans la

vie intellectuelle allemande marquant l'essor de l'idéologie expansionniste germanique, voire l'annonce de la catastrophe, il ne saurait omettre Arnold Böcklin[12]. »

Böcklin ou la germanité à la carte

« Aujourd'hui, je crois qu'il est absolument impossible de regarder ou de réévaluer l'art d'Arnold Böcklin indépendamment de l'histoire de sa réception[13] », remarquait en 1977 Dieter Honisch à l'occasion d'une exposition anniversaire organisée autour du peintre. Il semble effectivement délicat, au regard de l'histoire culturelle de l'Allemagne du XXe siècle, d'aborder son œuvre en évacuant les débats et récupérations variées dont il fit l'objet. Artiste au parcours singulier, *outsider* excentrique d'abord négligé par le public, ayant vécu une partie de sa carrière dans la pauvreté, Böcklin connut un premier vent critique favorable au début des années 1870 (ill. 21). Il fut dès lors simultanément attaqué et admiré, haï et adulé, avant d'être finalement élevé au rang de héros de la peinture allemande dans un crescendo rapide culminant autour de 1900. À rebours du culte national et nationaliste qu'on lui voua, une frange de la critique cosmopolite l'érigea en contre-modèle dans sa promotion des valeurs de la modernité. Pourtant, à partir des années 1910 et dans le sillage des symbolismes européens, c'est un Böcklin métaphysique et « dénationalisé » qui exerça une intense fascination sur bon nombre d'artistes de l'avant-garde, tels Marcel Duchamp ou Giorgio De Chirico. Écarté des débats artistiques à la suite des furieuses polémiques de 1905, Böcklin sera toutefois à nouveau réduit à un rôle de parangon de la *Germanentum* par l'esthétique national-socialiste des années 1930, livrant à l'histoire de l'art d'après-guerre un étonnant cas d'étude.

La licorne et le télégraphe

1897 : Meier-Graefe, tout juste trentenaire, vit à Paris et travaille d'arrache-pied au lancement de sa revue *Dekorative Kunst* consacrée aux arts utiles. Alors qu'il est encore affecté par son éviction récente de la revue *Pan* – dont Böcklin avait honoré la fondation en 1894 en se rendant en personne à la soirée de lancement –, les arts visuels ne figurent pas au centre de ses activités. Or, c'est cette même année que fut inaugurée en grande pompe, à Bâle, l'exposition associée au grand *Böcklin-Jubiläum* célébrant le soixante-dixième anniversaire

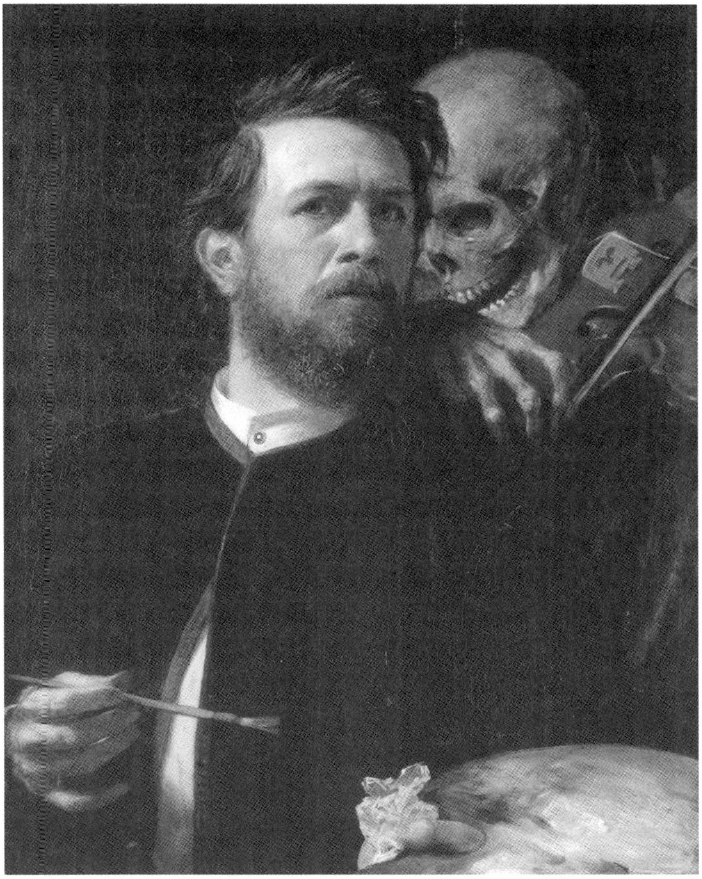

21 Arnold Böcklin, *Autoportrait à la mort jouant du violon*, 1871, huile sur toile, 75 × 61 cm, Berlin, Alte Nationalgalerie, inv. A | 633

de sa naissance. L'événement, qui vaut comme tournant symbolique dans sa réception, connut une répercussion considérable dans la presse européenne. De septembre à octobre, attirés vers les étages supérieurs de la Kunsthalle par une affiche lithographiée reprenant le détail le plus spectaculaire du *Combat de Centaures*, ce sont plus de 20 000 visiteurs qui se pressèrent vers les œuvres du maître (ill. 22). La veille de la clôture de l'exposition, Heinrich Wölfflin (1864-1945) donna une allocution publique en hommage à l'artiste avec lequel il s'était lié d'amitié[14]. Spécialiste de l'art classique italien, détracteur de l'impressionnisme dont les écrits sur l'art contemporain n'étaient qu'occasionnels,

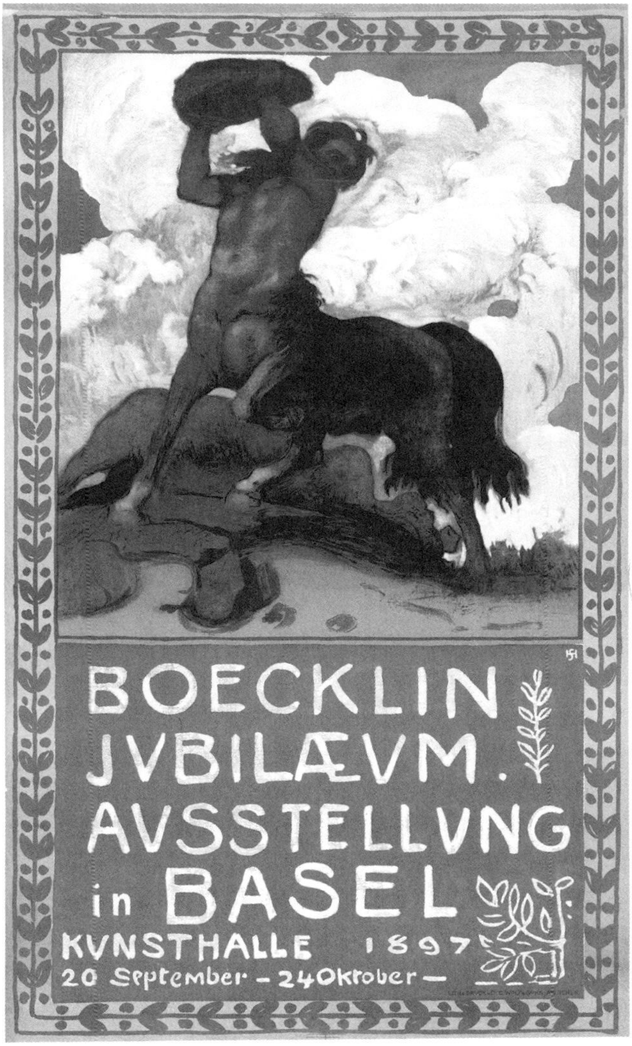

22 Hans Sandreuter et Hans Lendorff, affiche du *Böcklin-Jubiläum* de Bâle, exposition organisée à l'occasion du 70ᵉ anniversaire du peintre, 1897, lithographie en couleurs, 100,7 × 58,5 cm, Hanovre, Sprengel Museum

il admirait néanmoins Böcklin en qui il voyait l'instigateur inattendu d'une seconde Renaissance nordique. Banquet, interludes musicaux, hommages lyriques : ce soir-là, les festivités se poursuivirent jusqu'à minuit et firent le bonheur de la bourgeoisie locale, en dépit de l'absence du *Geburtstagskind* lui-même. Isolé dans sa résidence toscane, le septuagénaire s'était contenté d'envoyer à Bâle son fils Carlo et son frère Werner pour le représenter, ainsi qu'une carte postale – rédigée en italien.

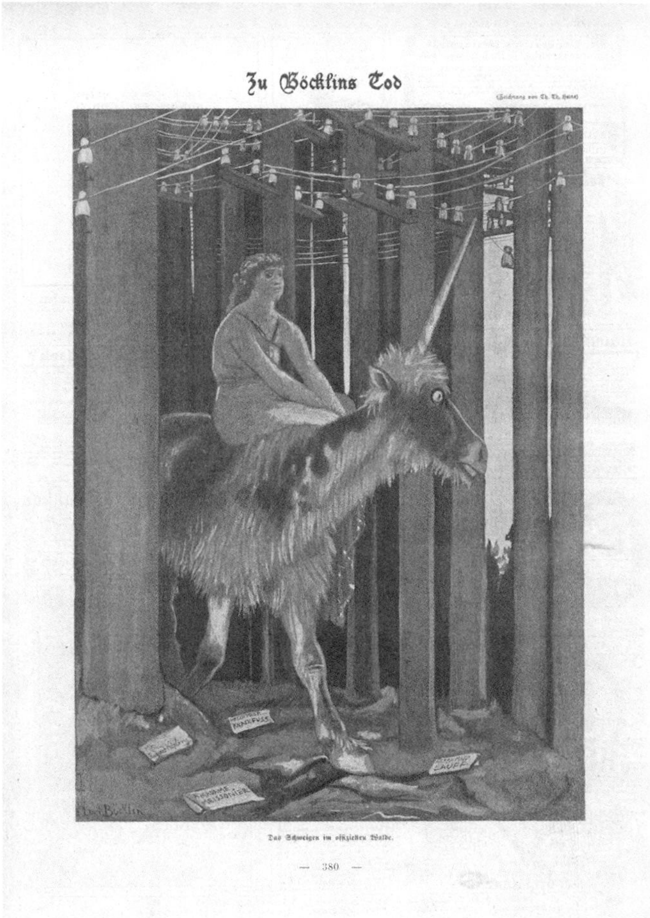

23 Thomas Theodor Heine, « Zu Böcklins Tod. Das Schweigen im offiziellen Walde », *Simplicissimus*, vol. 5, n° 47, 1901, p. 380

Avec la grande exposition Hans Holbein à laquelle il céda la place, le *Böcklin-Jubiläum* fut sans conteste l'un des temps forts de la vie culturelle germanophone de l'année 1897. Plusieurs autres expositions rétrospectives lui firent d'ailleurs immédiatement écho en Allemagne et connurent un vif succès. Si le jubilé de Bâle, où le peintre était né en 1827, semblait légitime, force est de constater que cette brusque fascination pour Böcklin devait en réalité beaucoup moins à son pays natal qu'à l'Allemagne post-bismarckienne. « Il a fallu toutes les trompettes d'outre-Rhin sonnant la gloire du vieil artiste pour que ses combourgeois s'en aperçussent[15] », remarqua Félix Vallotton. Le Bâlois répondait idéalement à l'horizon d'attente de la *Bildungsbürgertum* en restructuration. L'éclectisme baroque et la manière néo-pompéienne de Böcklin, sa revitalisation des mythes grecs à grand renfort d'un psychologisme mystérieux, son exacerbation des pulsions primordiales : tout autant de caractéristiques adaptées aux goûts d'un groupe social en quête de renouveau tout en demeurant fier de son éducation classique. Publiée en 1898 par un observateur slovaque, la petite brochure intitulée *Böcklin-Fieber* faisait pour la première fois usage du champ lexical de la médecine pour qualifier cette renaissance carillonnante[16]. C'est de cette maladie que Meier-Graefe chercha, comme il l'écrivit lui-même, à « désintoxiquer ses semblables[17] ».

Parmi les milliers de pages que la presse européenne consacra à Böcklin lors de sa mort en 1901, une image publiée par la revue satirique *Simplicissimus* retient ici notre attention (ill. 23). Il s'agit d'un dessin où l'un des caricaturistes pionniers du périodique, Thomas Theodor Heine (1867-1948), revisitait une huile sur bois aujourd'hui au musée de Poznań : *Le Silence dans la forêt*. L'œuvre originale, typiquement böcklinienne par son naturalisme improbable, figure un personnage féminin émergeant d'une forêt à dos de licorne. Reprenant le rythme vertical des troncs d'arbres massifs de Böcklin, le caricaturiste choisissait de les métamorphoser en une jungle de poteaux télégraphiques, resituant explicitement la scène dans la réalité la plus contemporaine. De la peinture originale, Heine conservait l'expression inquiète de la *Jungfrau*, tout comme l'air franchement benêt de l'animal aux yeux écarquillés et à la gueule entrouverte. Au-delà de la signification suggérée par le titre de sa caricature, « Le silence dans la forêt officielle », à savoir une réflexion satirique sur le statut ambigu de Böcklin au sein de l'esthétique défendue par les instances du Reich, elle rappelle avec une certaine finesse que, pour bon nombre de ses admirateurs de l'époque, Böcklin répondait aux angoisses d'un monde moderne où les légendes ne trouvaient plus leur place. C'est assurément ce qu'exprime l'air loufoque de cet âne-licorne déboussolé, dont la protubérance surnaturelle se perd dans un méli-mélo de câblages, symbole des modes de communication viciés de la société moderne.

Il faut voir dans cette angoisse généralisée du présent l'une des principales raisons du succès croissant de Böcklin à la fin du siècle. En 1894, dans son introduction à la partie consacrée à l'Allemagne du chapitre « Neuidealisten » de son *Histoire de la peinture au XIXe siècle*, Richard Muther théorisait déjà la naissance d'un « culte Böcklin » reposant sur une réaction à un naturalisme hégémonique[18]. Pour l'historien, des artistes comme Edward Burne-Jones, Puvis de Chavannes, Gustave Moreau et Böcklin avaient ainsi incarné en leur temps le « *Zeitgeist* du futur », en ce qu'ils étaient parvenus à mettre en images un ensemble de craintes que les citoyens des générations suivantes allaient éprouver. Paradoxalement, ce truisme d'un monde en perte d'idoles, ravagé par le matérialisme et l'industrialisation, n'est pas sans rappeler les réflexions d'un Meier-Graefe, dont nous avons déjà à plusieurs reprises souligné le désenchantement. Leurs points de vue différaient cependant par le fait que, pour une partie des élites allemandes, les représentations fantastiques de Böcklin avaient valeur d'antidote, quand le critique jugeait la réponse picturale du peintre artistiquement invalide.

Peut-être faut-il également voir dans cette construction d'un Böcklin garant des harmonies civilisationnelles l'une des raisons de sa popularité parmi les poètes d'expression germanophone gravitant autour du mouvement symboliste, en quête d'une réactivation des mythes anciens. Une manière d'évoquer le présent par le truchement d'un passé archaïque qui n'est pas sans rappeler le Nietzsche d'*Humain trop humain*, ce même philosophe qui voyait en Böcklin un « *wegsuchender Maler*[19] », l'opérateur dionysiaque d'un « retour à l'antique de la modernité[20] », pour reprendre les termes de Jacques Le Rider. Il serait ici trop ambitieux de se lancer dans une analyse du tournant symboliste dans la réception poétique de Böcklin, qui implique un grand nombre d'écrivains de l'époque. Nous pourrions simplement nous référer ici à Hugo von Hofmannsthal, qui composera plusieurs pièces en l'honneur du peintre et revisitera même sa *Mort du Titien* pour l'adapter à son éloge funèbre de Böcklin en 1901[21]. Le poète-librettiste ne pouvait qu'être séduit par sa nouveauté à rebours, lui qui devait prôner quelques décennies plus tard la nécessité d'une « révolution conservatrice ».

Böcklin, *undeutsch/urdeutsch*

Dans son essai publié en 1961 sur la naissance de l'« idéologie germanique », l'historien américain Fritz Stern (1926-2016) décrit la décennie 1890 comme celle d'une « accélération de la pensée et de l'espoir, [d']un intérêt renouvelé pour la liberté intérieure de l'homme, [et d']une méditation anxieuse sur la manière dont cette liberté pouvait trouver sa réalisation dans l'Allemagne moderne[22] ». C'est précisément dans ce cadre que s'est opérée la germanisation de Böcklin, orchestrée par toute une frange de publicistes d'une jeune Allemagne en recherche de liant culturel. Phénomène complexe, cette célébration d'un Böcklin *urdeutsch* se développe chez des personnalités aux aspirations variées et parfois divergentes, déployant l'éventail des patriotismes de l'époque. Il faut envisager très différemment l'approche d'un Wölfflin, par exemple, dont l'apologie d'une néo-Renaissance nordique visait à glorifier des valeurs esthétiques présentées comme universelles, et celle des propagateurs d'un nationalisme défensif, à l'instar de Carl Neumann (1832-1925) ou encore de son prédécesseur à la chaire d'histoire de l'art de l'université de Heidelberg, Henry Thode (1857-1920). Comme Meier-Graefe l'écrivit avec lucidité en 1927, lors des commémorations posthumes du centenaire de la naissance du peintre : « L'impact de Böcklin [en Allemagne] est d'intérêt pour les sociologues. Ce qui attirait les foules, c'était un légitime besoin sociétal. On se retrouvait dans son monde[23]. » Dans ce même article publié dans les colonnes de la *Frankfurter Zeitung*, Meier-Graefe résuma l'engouement identitaire de l'époque par une compendieuse formule : « Il suffisait de le vouloir, et on avait un art allemand[24]. »

C'est de cette construction d'une germanité « à la carte » qu'il faut essayer de retracer les mécanismes. Paradoxalement, l'art de Böcklin fut difficilement accepté dans l'Allemagne du XIXe siècle, comme le rappellent plusieurs études détaillant ses incursions laborieuses dans les collections nationales[25]. L'historienne Angelika Wesenberg démontre qu'il fallut attendre les années 1870 et 1880 pour que le peintre commence timidement à intéresser quelques galeristes et collectionneurs berlinois, alors que le premier directeur de la Nationalgalerie de Berlin, Max Jordan (1837-1906), avouait à son ministère de tutelle douter d'une peinture trop ostensiblement parodique, sinon laide. Au sein même des lieux de pouvoir du Reich, Böcklin provoquait parfois l'hilarité. C'est seulement avec le mandat de Hugo von Tschudi à la direction du musée que celui-ci réalisa des acquisitions systématiques de ses œuvres. Malgré l'intelligence toute cosmopolite de son double regard, orienté à la fois vers les dernières tendances françaises et les grandes figures d'une modernité germanique alternative, sa défense de Böcklin n'empêcha en rien l'éviction dont il serait la victime quelques années plus tard. Rappelons que l'empereur Guillaume II en personne aurait argué, face aux Böcklin de la Nationalgalerie, lors d'une visite impromptue de 1899 : « Ce n'est pas ce à quoi ressemble la nature[26]. »

Au vu des prises de position ultra-rétrogrades de l'Empire, parler de la consternation de Meier-Graefe serait bien peu dire. Le critique et ses comparses assistaient, atterrés, à la démonstration d'inculture esthétique abyssale des élites dirigeantes, qui exploraient les niches les plus reculées des sous-sols du conservatisme. Dans un article de 1927 intitulé « Entre Böcklin et Picasso », Meier-Graefe se souvint rétrospectivement de cette période comme celle d'un intense accablement : « Le pire, c'est que les adversaires [de Böcklin], ceux qui ne voulaient rien savoir de lui, n'avaient pas seulement tort, mais doublement tort : au peintre de *L'Île des morts*, ils ne préféraient pas Leibl ou Liebermann, mais Grützner et Defregger. Le fourvoiement était monumental[27]. »

L'appropriation nationaliste de Böcklin doit, quant à elle, être remise dans le contexte d'une jeune Allemagne dont la *Bildungsbürgertum* cherchait à se restructurer. Élite culturelle à l'éducation classique néanmoins guidée par une volonté projective de régénération nationale, elle avait vu son implication dans l'exercice du pouvoir décliner à la suite de la révolution de 1848. Aiguillée par les idéaux éducatifs hérités des Lumières, elle avait depuis concentré ses forces dans une forme d'action culturelle de substitution particulièrement offensive. Elle reçut rapidement le soutien d'une production toujours croissante de récits, diffusés par le biais d'associations, de sociétés et de revues indépendantes. Dans le domaine de l'histoire et de la critique d'art, c'est par conséquent une voie esthétique spécifiquement germanique que ces organes cherchaient à isoler par tous les moyens. Animés de la volonté de bâtir une communauté culturelle dont l'Empire proclamé constituerait le socle politique, de nombreux critiques commencèrent à réfléchir avec insistance aux critères séparant la tradition artistique allemande de celle des pays voisins, en balisant son histoire et en espérant influer sur ses développements à venir.

Un ouvrage à l'impact considérable doit ici être mentionné : le célèbre *Rembrandt éducateur*, publié anonymement au début de l'année 1890 dans la ville de Leipzig[28]. Cet essai aussi étrange que flamboyant ne connut pas moins de trente-neuf éditions successives lors de ses deux premières années de mise sur le marché. Son auteur, le nietzschéen Julius Langbehn (1851-1907), critiquait à l'aide de formules percutantes les excès de la science et du rationalisme, tout comme la « dégénérescence » du modernisme. Praticien d'une critique culturelle au marteau, Langbehn ne se contentait pas de faire du peintre du Siècle d'or un héros archétypal de la race allemande : il faisait de sa personnalité même le point de départ d'une révolution politique et morale visant à préserver et unifier le peuple germanique. Par ses anxiétés, son patriotisme corrosif et son antisémitisme assumé, Langbehn représentait une face radicale des aspirations des élites culturelles allemandes de la fin du siècle.

Pour ses défenseurs les plus patriotiques, Böcklin perpétuait en effet avant tout la tradition de la *Phantasiemalerei*, donnant à ses fables peintes la capacité de toucher directement au plus profond l'âme de ses récepteurs. Le périodique *Der Kunstwart*, fondé par le poète Ferdinand Avenarius (1856-1923), fit partie des principaux organes de presse propagateurs d'un Böcklin germanique par essence, garant de la survivance des mythes. En 1901, dans sa nécrologie du peintre, Avenarius s'emportait ainsi : « Avec Böcklin, c'est comme si surgissait des profondeurs les plus sombres de la race indo-germanique le pouvoir archaïque des mythes formateurs[29]. » Il ne faisait que reformuler le propos antérieur d'un Carl Neumann décrivant un peintre « profondément ancré dans les strates de notre sol, là où reposent les caractéristiques les plus profondes de la race[30] ». Cette même année, Friedrich Haack évoqua l'artiste « le plus allemand de notre siècle », dont l'art serait né de « l'âme de notre peuple[31] ». Gustav Floerke soulignera pour sa part les traits « *alemmanisch*[32] » du visage du peintre en 1901, tandis que le critique-poète Fritz von Ostini parlera de son « *urgermanisches Wesen*[33] » en 1904.

La *Märchenpoesie* böcklinienne, ses vues arcadiennes et autres scènes peuplées de centaures incitaient également les critiques à établir de nombreux parallèles entre la *Weltanschauung* du peintre et l'Antiquité grecque, dont seule la culture germanique semblait pouvoir ranimer la grandeur. Suivant une rhétorique qui connaîtra son heure de gloire pendant la Première Guerre mondiale, certains historiens allemands virent en effet dans les instincts germaniques une faculté d'adaptabilité exceptionnelle à ceux de la Grèce ancienne. C'est cette voie qu'empruntera Henry Thode en 1905 dans ses *Huit conférences sur Böcklin et Thoma*, prononcées puis publiées en réponse au *Cas Böcklin* de Meier-Graefe : il y observait chez le Suisse un parfait unisson de « l'idéal pittoresque du paysage moderne [et de] l'idéal plastique de l'homme antique[34] ». Fatiguée du rapport sévère, philologique – et donc infertile – à l'Antiquité que représentait la science du XIXe siècle, une nouvelle génération d'Allemands faisait du peintre l'outil d'une renaissance vitaliste de la nation, au même titre que la philosophie de Nietzsche et l'art total de Wagner. Une triade désormais installée que Meier-Graefe considérait, comme le révèle l'une de ses lettres de 1904, avec circonspection : « Wagner [et] Nietzsche incarnent toute la misère de notre culture, bien que le premier fût un artiste. La manière avec laquelle Wagner imaginait ses pires âneries, voilà comment pensent aujourd'hui tous les experts "sur" l'art moderne[35]. »

Cette promesse de régénération reposait non seulement sur l'imagerie, mais sur la personnalité même de Böcklin – la *Bildungsbürgertum* reprenant ainsi à son compte le potentiel de l'individualité héritée du romantisme pour en faire un instrument d'autodéfinition identitaire. Le Suisse guidait ses spectateurs « à travers les cimes et les vallées de la vie[36] » : en exacerbant les passions élémentaires, le peintre se révélait parfaitement adapté aux idéaux de *Bildung* du peuple défendus par la bourgeoisie libérale. Or, pour la plupart de ses acteurs, l'impressionnisme français, son jeu autour de la picturalité « pure », son choix d'une peinture fuyant toute démonstration d'éloquence, semblaient incompatibles, voire néfastes à ce grand projet éducatif. Les plus virulents d'entre eux voyaient par conséquent chez Böcklin un bouclier humain et esthétique idéal à dresser contre les influences contaminatrices de l'étranger, la propagation d'un naturalisme « à la Zola » dicté par Paris ; une échappatoire séduisante à un art moderne français perçu comme dénué de contenu philosophique, spirituel et humain – lorsqu'il ne sombrait pas dangereusement dans le « socialisme » radical. Laissons ici à nouveau la parole à Avenarius, à travers ce paragraphe qui témoigne de l'apogée de ce repli national :

> « Ce que Böcklin touchait, c'est l'esprit ; l'art, dans le sens d'un art nordique, germanique, allemand, voilà tout ce qu'il a créé ; peu importe à quel point il puisa ses inspirations dans le Sud, même dans cette relation matérielle, il demeura un pur conquérant travaillant à l'expansion des possessions allemandes. Si notre art consiste en un combat avec les forces étrangères, avec les étrangers à l'intérieur comme à l'extérieur de nos frontières, il ne trouvera nulle part ailleurs une arme plus puissante que l'œuvre éternelle de Böcklin[37]. »

Ces lignes, publiées dans les années mêmes de la mise en place de la *Weltpolitik* de Guillaume II, sont révélatrices d'une Allemagne cherchant à étendre son territoire politique, spirituel et esthétique.

Dans ces dérives discursives, l'étude des œuvres elles-mêmes reflétait dès lors très souvent leur assujettissement aux débats politico-culturels. Ainsi, le prétendu désintérêt des autres pays pour la peinture de Böcklin devint rapidement, pour une partie de la critique allemande, une preuve supplémentaire du caractère *urdeutsch* de son art. « Les Français lui demeurent étrangers[38] », écrivit ainsi Ostini, faisant de son art l'antithèse absolue de l'école hexagonale, quand d'autres critiqueront âprement la France pour avoir délibérément passé sous silence la nouvelle de sa disparition en 1901. En réalité, tout comme l'historien de l'art Hans Henrik Brummer a contribué à le démontrer, force est de constater que cette construction d'un Böcklin typiquement allemand, certes initiée outre-Rhin, reçut le concours de la littérature artistique des nations voisines[39]. C'est ainsi qu'en France, en Angleterre, en Belgique et jusque dans la critique suédoise, on interprétait la peinture du Bâlois au prisme de ce que l'on identifiait à son caractère germanique. Donnant en quelque sorte raison à la remarque d'Ostini mentionnée plus haut, le critique français Louis Gillet ouvrait sa vaste étude de 1907 sur le peintre par un ensemble de généralités sur l'art allemand : « Böcklin a dit un jour : "Je ne peins pas pour les Français." Il faut le reconnaître, il y a dans toute œuvre allemande un certain nombre de traits qui nous demeurent impénétrables[40]. » Le cas de la réception française de Böcklin, à laquelle Thomas W. Gaehtgens a consacré une étude brassant un large éventail de sources allant des années 1860 aux évocations de Marguerite Yourcenar et de Pierre Reverdy, est révélateur de ce processus transnational de germanisation[41].

C'est dans ce contexte que le pamphlet de Meier-Graefe fit une entrée tonitruante dans la sphère publique. Avec son *Cas Böcklin*, le critique allait proposer un contrepoint interprétatif aux discours dominants sur le peintre : il laissait entendre d'une part que ses admirateurs se fourvoyaient gravement, tout en affirmant de l'autre que ses détracteurs les plus conservateurs ne pouvaient même pas le haïr pour de bonnes raisons. Par sa dimension explosive, *Der Fall Böcklin* éclaboussa son époque, celle où tout bon intérieur bourgeois disposait d'au moins une reproduction du maître. En somme, Böcklin faisait autour de 1905 l'objet d'une inflation – sinon d'un « culte des stars » similaire à celui « qui caractérise la vie artistique d'aujourd'hui[42] » – à laquelle Meier-Graefe mit un violent coup d'arrêt.

En finir avec Böcklin

À l'instar du *Rembrandt éducateur* de Julius Langbehn, *Le Cas Böcklin* ne ressemble ni à une entreprise biographique ni à une analyse historique, mais bien à une tentative de personnification d'une condition culturelle. S'il s'agissait chez Langbehn de formuler un idéal culturel prenant appui sur le génie incontesté d'une figure fédératrice du Siècle d'or hollandais, le livre de Meier-Graefe (qui, par la densité de ses 270 pages, n'a somme toute rien de la brièveté d'un pamphlet) emprunte un chemin inverse : il s'affaire à déboulonner un héros installé afin de l'ériger en anti-modèle civilisationnel. L'auteur y embrasse la totalité de son « cas », c'est-à-dire de la genèse des œuvres à leur réception, résolu à démontrer qu'il était vain de voir chez le Suisse la promesse d'un avenir meilleur, et qu'il ressassait par son art et sa personnalité mêmes les tergiversations d'une « ancienne Allemagne, celle qui ne savait pas ce qu'elle voulait[43] ». La position du critique était d'ailleurs claire depuis le tournant du siècle : par ses revitalisations artificielles de l'art ancien et ses scènes pseudo-archaïsantes, la réponse plastique de Böcklin n'était qu'une vaste imposture anachronique, celle d'un homme incarnant l'antithèse du temps présent.

C'est son retour à Berlin courant 1904 qui détermina Meier-Graefe à entamer la rédaction de son essai. « C'est affreux ici, encore pire qu'il y a dix ans[44] », pouvait-il se lamenter auprès du comte Harry Kessler, résumant l'état d'esprit dans lequel il se trouvait alors, craignant même de s'exposer à la « contagion[45] » du mal-être allemand. Le critique venait de mettre un terme à son cycle de vie français et retrouvait la capitale prussienne, où son *Entwicklungsgeschichte* se propageait et faisait débat. Si cette dernière constituait l'aboutissement théorique de ses années parisiennes au contact des tendances nouvelles, *Le Cas*

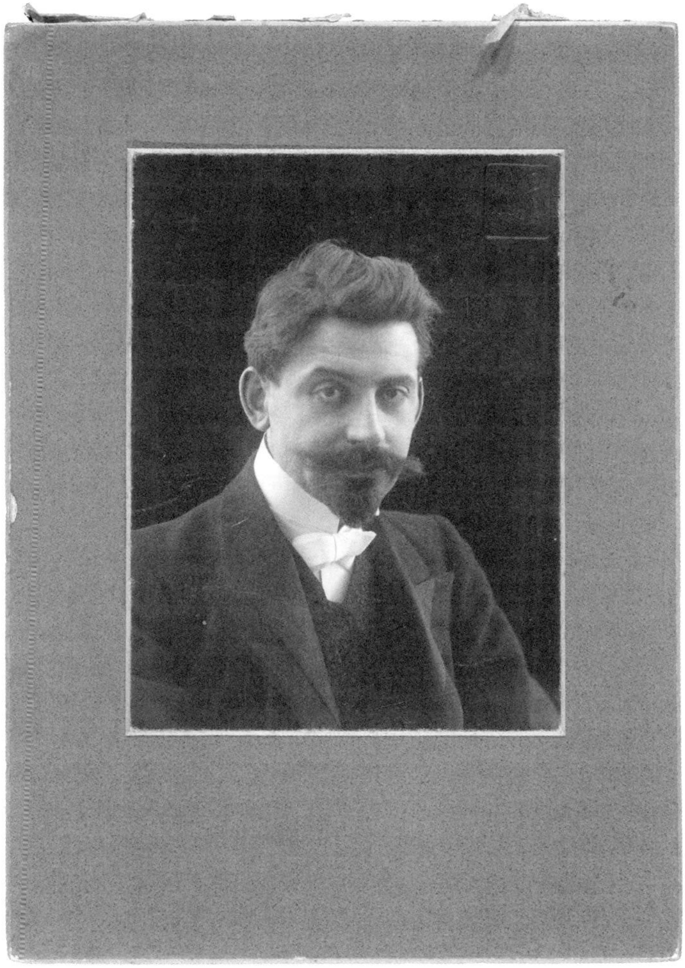

24 Meier-Graefe vers 1903, photographie (Atelier Veritas, Munich), Weimar, Goethe- und Schiller-Archiv, GSA 55/BS 1686

Böcklin fut imaginé comme un complément expiatoire à celui-ci, l'ouvrage manifeste d'un retour désenchanté à la brutale réalité culturelle de l'Empire. L'auteur allait d'ailleurs ouvertement l'avouer : « Je n'aurais jamais écrit [ce livre] à Paris[46] », ne laissant aucun doute sur sa prédisposition intellectuelle du moment (ill. 24). Sur la rédaction de son essai et sa réception corrosive, le journal intime de Meier-Graefe demeure étonnamment silencieux : tout semble pourtant indiquer que *Le Cas Böcklin* fut écrit relativement vite, durant les derniers mois de 1904 (ill. 25). Spontané, imparfait de son propre aveu, ce livre à la forme quelque peu ingrate et dénué d'illustrations se présente comme

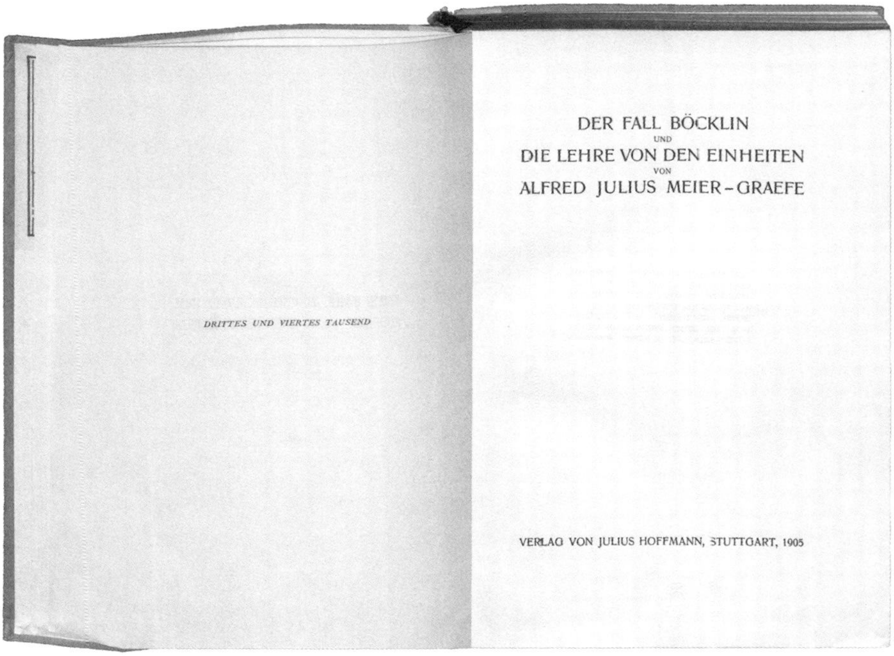

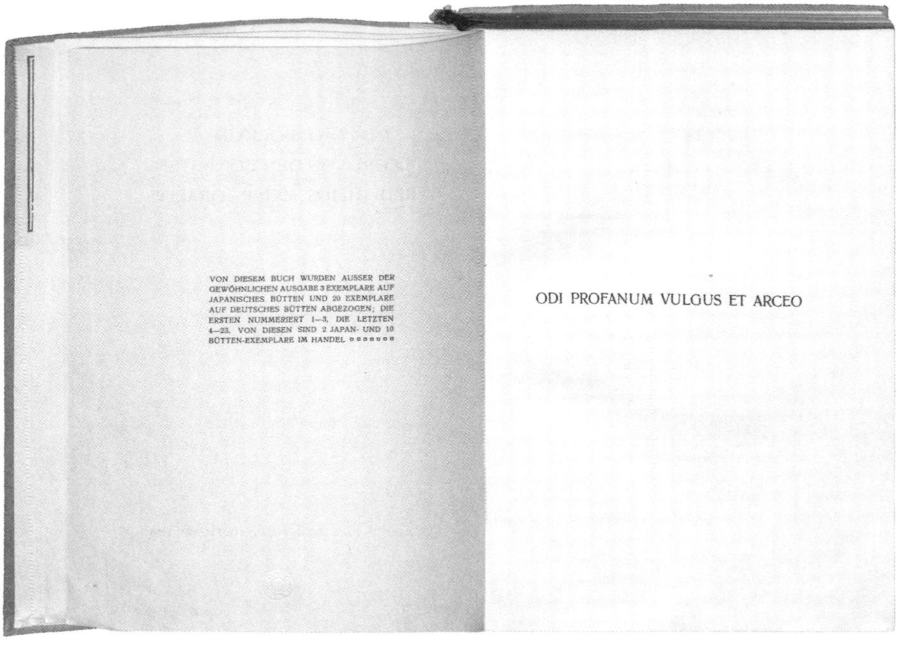

25 *Der Fall Böcklin und die Lehre von den Einheiten*, Stuttgart, Verlag Julius Hoffmann, 1905, page de titre et frontispice un ouvrage de combat destiné à réorienter les inclinations esthétiques et les organes de vision infirmes de ses compatriotes. En le chroniquant, le jeune savant français Louis Réau filait, lui aussi, la métaphore médicale : « L'attitude de M.-G. est celle d'un médecin qui examine l'art allemand et diagnostique chez son malade des désordres graves, presque mortels[47]. »

Böcklin avant Böcklin

Il est ici essentiel de rappeler les rapports que Meier-Graefe entretenait avec la peinture de Böcklin avant la publication de son essai de 1905. Contrairement aux idées reçues, ses jugements sur les grandes figures artistiques se distinguent, tout au long de sa carrière, par leur relative stabilité. Dans le cas de Böcklin, un tournant peut néanmoins être identifié autour de 1900, c'est-à-dire au moment où le critique travaillait depuis Paris aux fondements de son *Entwicklungsgeschichte*. Durant la dernière décennie du siècle, à l'époque de son activité au sein de la société et de la revue *Pan*, Meier-Graefe considérait toujours que Böcklin figurait parmi les acteurs incontournables de l'école germanique contemporaine. Son mérite était d'avoir su se détourner des dangers d'un naturalisme sectaire et d'une peinture d'histoire moralisante qui dominait les institutions d'apprentissage artistique outre-Rhin. Peu avant 1895, alors que Meier-Graefe avait comme projet de fonder une galerie d'art permanente associée à la Pan-Genossenschaft, il chercha même à organiser une exposition monographique d'œuvres de Böcklin à Paris, convaincu que le peintre méritait davantage de reconnaissance internationale. Plusieurs sources permettent de retracer l'élaboration, puis l'abandon de ce projet, notamment une lettre de décembre 1894 adressée au directeur de la Kunsthalle de Hambourg, Alfred Lichtwark, dans laquelle le jeune critique affirmait avec enthousiasme « se réserver[48] » la réalisation d'une telle entreprise. De fait orienté vers la célébration de la peinture germanique hors des frontières de l'Allemagne, ce projet ne pouvait être accueilli qu'avec bienveillance par le conseil de direction de la société, qui constitua un comité *ad hoc* afin d'en superviser la mise sur pied. Meier-Graefe tenta d'obtenir les prêts et le soutien des principaux musées de l'Empire. Activant les réseaux à sa portée, il s'en remit au comte Kessler, qui chercha de son côté à gagner les faveurs de Wilhelm von Bode et de Helmuth von Moltke – et, *via* ces intermédiaires haut placés, celles du Kaiser lui-même[49]. C'est même à Böcklin en personne que Meier-Graefe fit parvenir plusieurs missives défendant son projet d'exposition, incitant le peintre isolé en Italie à « bombarde[r] [Max] Jordan de dépêches[50] » pour s'assurer la collaboration de la galerie prussienne. En dépit de ces efforts combinés, le projet capota : le critique avait entre-temps été éjecté du cercle de *Pan* en raison de son goût trop prononcé pour la frivolité de l'art français, tandis que le mépris des institutions officielles envers le peintre suisse limitait sa marge de manœuvre.

Dans tous les cas, l'insistance dont avait fait preuve Meier-Graefe pour défendre le peintre auprès des milieux parisiens ne put que provoquer la stupéfaction du germaniste Henri Albert lorsqu'il observa, dix ans plus tard, la violence avec laquelle le critique s'employait à liquider l'artiste qu'il avait jadis promu. Dans sa recension du *Cas Böcklin*, il consacrera un long paragraphe à ce renversement :

> « Certes, on pourrait s'étonner de voir M. Meier-Graefe, qui fut jadis un des promoteurs les plus fervents du mouvement bœcklinien en Allemagne, brûler avec tant de désinvolture ce que, hier encore, il portait aux nues. Mais le critique d'art allemand a longtemps séjourné à Paris. Ses illusions germaniques se sont évanouies, son goût s'est affiné, son esthétique a pris un caractère plus solide[51]. »

En somme, à en croire cette version des faits non dénuée d'exagérations, il avait fallu dix ans à Meier-Graefe pour partager les doutes que la critique française éprouvait depuis longtemps déjà ; une inflexion de jugement encouragée par son immersion à Paris, ville à l'immuable bon goût. Si Meier-Graefe se trouvait bien encore dans les années 1890 sous l'emprise du wagnérisme et du monde de représentation böcklinien, il allait passer le reste de sa carrière à regretter amèrement ses anciennes prises de position.

Cette volte-face dans sa conception de l'art de Böcklin fut pour la première fois nettement perceptible dans ses « Beiträge zu einer modernen Ästhetik », série d'articles publiée au tournant du siècle et reprise dans la première mouture de l'*Entwicklungsgeschichte*. L'un de ces articles, spécifiquement consacré à l'école allemande moderne, traitait ainsi de peintres tels que Hans Mackart, Arnold Böcklin, Anselm Feuerbach, Franz Lenbach, et de la génération d'artistes symbolistes évoluant dans leur sillage. Usant d'un *wir* auto-accusateur, ce texte offrit au critique une première occasion de dénoncer publiquement ce qu'il identifiait comme la défaite des écoles de peinture germaniques du XIXe siècle. Ses remarques, sévères, reposaient sur un constat : le manque d'affinités entre la *Kultur* allemande et les arts visuels. Sans craindre de s'attaquer aux héros les plus illustres, Meier-Graefe distinguait ainsi déjà chez le jeune Goethe une lacune de « compréhension » du médium de la peinture, égratignant au passage l'héritage de Gotthold Ephraim Lessing, réduit à un rôle de

« brocanteur érudit[52] ». Dans ce *digest* de l'histoire de l'art d'outre-Rhin depuis 1800, l'auteur regrettait l'occasion manquée par l'Allemagne de se détacher des tendances moralisantes ayant dominé l'art européen du XVIIIe siècle, quand les peintres français s'étaient pour leur part instinctivement orientés vers une refonte complète de leur rapport au médium. Côté allemand, sous l'influence d'une manière invalide d'envisager les questions esthétiques, on continuait à estimer que la peinture se devait de suivre un but, de maintenir un objectif d'éducation et d'instruction, de jouer le rôle inapproprié de « vecteur de pensées[53] ». Le lien de la culture germanique au visuel devenait ainsi le signe de sa maladie, dont l'imagerie böcklinienne incarnait le symptôme.

Si le Bâlois apparaissait dans cet essai de 1900 comme un grand homme suffisamment ambitieux pour affronter la montagne des sentiments humains, il s'y distinguait aussi comme l'orchestrateur d'une machinerie wagnérienne aux procédés artificiels, face à laquelle Meier-Graefe incitait à la plus grande prudence : « Il s'agit d'un sentiment lointainement similaire à celui produit par Wagner. On lui succombe, on se projette, exalté, dans tous ses mystères, le monde semble s'arrêter de tourner, et l'on se met à éprouver comme lui[54]. » Le parallèle ici établi semblait annoncer le choix de l'auteur d'offrir au *Cas Wagner* de Nietzsche un pendant adapté aux arts visuels. L'excès d'effets littéraires chez le Suisse passait sous la hache du coup critique meier-graefien : « Cette école représente en bien et en mal ce que les étrangers naïfs identifient comme un art proprement allemand. Elle se différencie grandement de toutes les autres. Ce qu'elle incarne est en réalité spécifiquement antimoderne[55]. »

L'idée générale qui ressort de ces deux brefs textes consacrés à la peinture allemande est celle d'un art indécis. Elle sera développée avec davantage de franchise encore dans l'*Entwicklungsgeschichte*. L'absence de tradition *malerisch* s'y trouve à nouveau pointée du doigt, au travers de réflexions comparatives sur le développement des tendances artistiques à l'ouest et à l'est du Rhin. « Pourquoi ce qui est français est-il toujours moderne, et ce qui est allemand toujours désuet[56] ? » y écrivait l'auteur, réduisant sans ambiguïté la peinture de son pays à un fourre-tout. Mais c'est indéniablement dans le chapitre consacré à « Manet et son cercle » que figure le paragraphe le plus significatif sur Böcklin :

> « Il convient de dire que Manet, c'est de la peinture, et Böcklin quelque chose d'autre. Cet "autre" peut éventuellement nous sembler plus majestueux, et peut-être nous faire sentir, nous les Germains, davantage germaniques ; il donne certes de la matière aux poètes, et dispose de sa propre valeur comme excitant artificiel de pulsions décoratives. Mais cet "autre"

> n'a rien en commun avec l'art véritable, à savoir la peinture, celle même que nous vénérons, non seulement en raison de sa beauté, mais parce qu'elle représente un organe vivant de notre être[57]. »

Dans cette célébration vitaliste du proto-impressionnisme de Manet et sa nette mise en opposition à la dimension illustrative de l'art de Böcklin, Meier-Graefe posait l'assise théorique de son pamphlet à venir. La question de la qualité de la peinture produite par le Suisse ne se posait dès lors même plus, en ce qu'elle était à situer en dehors de l'art même. En raison de son slogan condamnatoire – « Il faut en finir avec Böcklin[58] ! » –, la conclusion du chapitre de l'*Entwicklungsgeschichte* qui lui était consacré fut déjà en son temps commentée par la presse germanophone[59].

Quelque chose d'autre

Der Fall Böcklin und die Lehre von den Einheiten est un ouvrage aride, difficile d'accès, en dissonance avec les modes d'approche habituellement privilégiés par l'auteur. Il est composé de deux parties de taille égale comprenant dix courts chapitres. Sa première moitié explore une série de questions générales sur l'art et son développement au cours des siècles, et éclaire le lecteur sur la théorie des unités évoquée dans le sous-titre de l'essai. Si la peinture de Böcklin s'y trouve déjà mise à rude épreuve, c'est dans la deuxième moitié du livre que Meier-Graefe se concentre plus spécifiquement sur la vision de l'artiste, décryptant chacun de ses procédés plastiques et rhétoriques. Elle s'appuie tout au long de son développement sur les propos du peintre rapportés par les personnalités qui l'ont fréquenté.

Intitulé « Kunst-Wissenschaft », le chapitre inaugural place l'intégralité de l'essai sous le signe d'une analyse critique des modalités dominantes de l'écriture sur l'art dans l'Allemagne contemporaine. À ce titre, *Le Cas Böcklin* peut être interprété comme une incitation à infléchir une science de l'art excessivement flagorneuse, une tentative de réorientation de ses méthodes et objectifs. D'emblée, Meier-Graefe moque les praticiens de la discipline en les classant en trois catégories distinctes : les « historiens », les « poètes » et les « techniciens ». Si les premiers se noyaient dans les récits anecdotiques par leur soumission aux documents d'archives, les deuxièmes se trouvaient à l'inverse dangereusement prisonniers de leurs sensations. Quant aux *Techniker*, ils représentaient à ses yeux la caste des connaisseurs strabiques et autres attributionnistes. En dépit de leurs mérites propres, ces trois démarches avaient pour point commun d'aboutir à une impasse, en ce qu'elles se détournaient toutes des phénomènes artistiques. Comme à son habitude, c'est la dimension humaine, le destin dans et derrière l'œuvre, que voulait faire ressurgir le critique dans ses écrits sur l'art, en les dégageant du positivisme tout comme d'un lyrisme outrancier. Coup de semonce adressé au monde savant, *Le Cas Böcklin* se présente comme un plaidoyer en faveur d'un amateurisme assumé, plaçant l'expérience de l'art au cœur du discours : « Toute tentative de vouloir atteindre jusqu'au génie et à ses aspirations par un échafaudage d'abstractions est un non-sens. On ne peut faire de l'art avec la science[60]. » Meier-Graefe ne pouvait donc que se montrer circonspect face à la littérature artistique, qui se focalisait la plupart du temps sur des aspects accessoires destinés à vanter la supériorité unilatérale du peintre, tant sur le plan spirituel que physique. « À des questions stupides, il apporte des réponses de fou[61] », affirmait-il ainsi sarcastiquement au sujet de l'eugénisme d'un Gustav Floerke : ce dernier narrait en effet, dans ses souvenirs, une visite de Böcklin chez un ophtalmologiste, à l'occasion de laquelle le médecin aurait déclaré ne jamais avoir rencontré d'organes de vision aussi parfaits.

La « théorie des unités » mise à l'épreuve dans *Le Cas Böcklin* semble, dans la carrière de l'auteur, une tentative unique de systématiser son approche de la peinture. Si elle se réfère explicitement à la théorie moléculaire, cette allégeance aux sciences naturelles a davantage à voir avec l'usage métaphorique des affinités électives par un Goethe qu'avec une quelconque approche savante, et se tient à distance de tout objectivisme méthodique. Sa théorie peine d'ailleurs à convaincre et se résume aisément : chaque œuvre d'art serait constituée d'un ensemble d'« unités » dont la combinaison idéale mènerait vers l'harmonie finale de l'image. Il revient à la personnalité créatrice d'agencer ces divers éléments (couleurs, lignes, jeux de contrastes, traitement de la surface, rapports entre les masses lumineuses et les ombres) afin de parvenir à un ensemble formel organique et cohérent. En exploitant cette théorie, Meier-Graefe estimait manier un outil analytique applicable à l'ensemble des développements artistiques depuis la Renaissance :

> « En ce qui concerne la peinture, nous pourrions résumer [la "théorie des unités"] ainsi : l'œuvre d'art est le résultat final de l'effet régi par des lois internes d'unités particulières, afin de mettre en image un phénomène. Les lois régissant l'effet de ces unités résultent du matériau, c'est-à-dire du choix des unités réalisé par la personnalité de l'artiste[62]. »

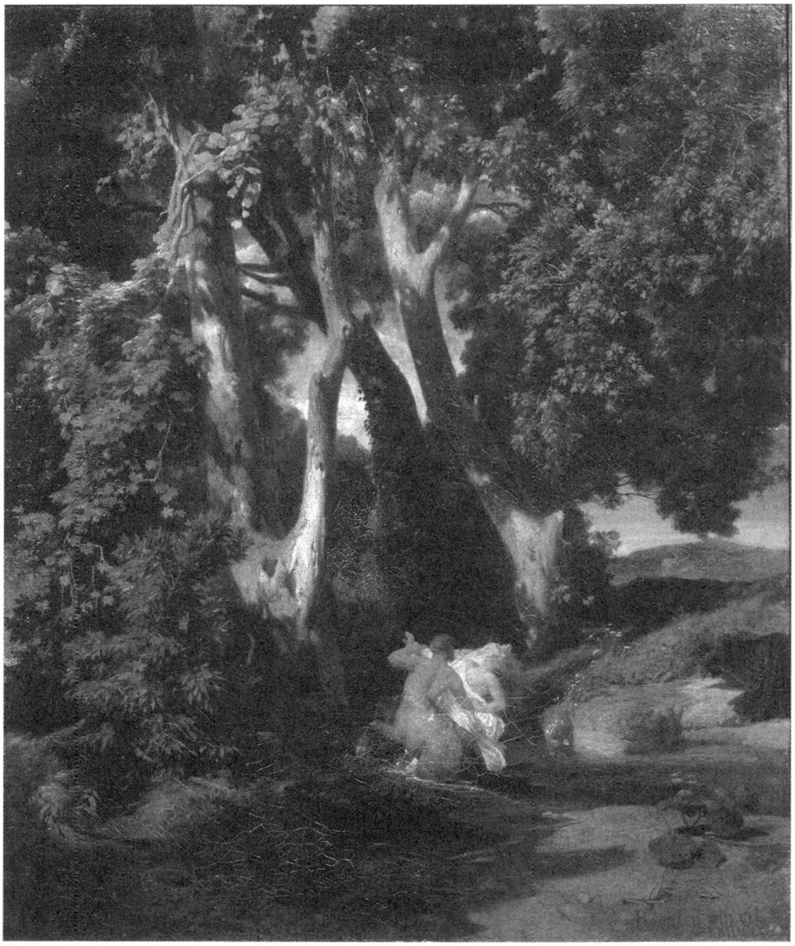

26 Arnold Böcklin, *Nymphe et centaure à l'orée d'un bois*, 1855, huile sur toile, 88 × 76 cm, Berlin, Alte Nationalgalerie, inv. A | 781

Tout objet prétendant au statut d'œuvre d'art impliquait donc une consonance parfaite entre le génie et ses moyens artistiques : évoquer un peintre en le qualifiant à la fois de grand artiste et de grand homme revenait aux yeux de l'auteur à commettre un navrant pléonasme. C'est en s'appuyant sur cette théorie que Meier-Graefe se montrait conciliant dans son appréciation de la première phase de la carrière de Böcklin, où il avait su demeurer à l'écoute de son tempérament et s'était détourné des formules préconçues des académies allemandes. Dans des œuvres telles que *Nymphe et centaure à l'orée d'un bois* (ill. 26), Böcklin démontrait une certaine maîtrise de ses moyens en réalisant des peintures à la « tonalité extrêmement délicate, à peine perceptible, [...] se résolvant dans une harmonie douce et vaporeuse[63] » similaire à celle des œuvres de Corot. Mais Böcklin, en raison d'une « personnalité limitée[64] » et d'un excès d'ego, s'était reclus dans un pseudo-monumentalisme archaïsant marqué par son artificialité. Violemment décrié, l'*Ermite au violon* (ill. 27) annonçait de manière exemplaire le Böcklin « populaire » de l'œuvre ultérieur, que la seconde partie

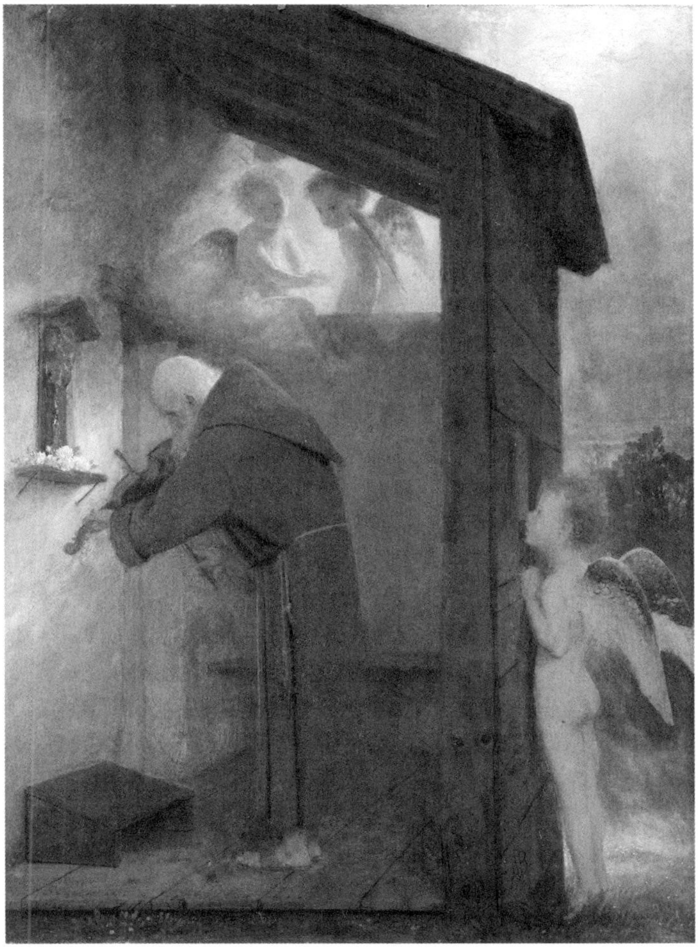

27 Arnold Böcklin, *L'Ermite au violon*, 1886, huile sur bois, 90 × 69 cm, Berlin, Alte Nationalgalerie, inv. A | 363

de l'ouvrage s'appliquait à exécuter : « Ici, le désordre saute brutalement aux yeux. [...] On a le sentiment d'entrer dans un appartement désordonné, dans lequel de précieux objets se trouvent au sol, à moitié pulvérisés[65]. » En s'abaissant au niveau d'une peinture de genre pittoresque, Böcklin avait délaissé ses salutaires expérimentations de jeunesse et proposait désormais des compositions morcelées, soumises aux impératifs rhétoriques des historiettes ineptes au seul service desquelles elles se trouvaient.

Les affinités esthétiques du Suisse documentaient déjà à elles seules son aversion de principe envers la picturalité pure au profit d'une attirance immodérée pour l'effet. Son rejet des Vénitiens, qualifiés de « gribouilleurs indélicats sans aucun goût[66] » ; son mépris tranchant pour le postulat impressionniste et, à l'inverse, sa fascination pour les primitifs des écoles nordiques, les lignes classiques de Raphaël et l'éloquence dramatique de Rubens, en étaient la démonstration flagrante. C'étaient donc précisément les artistes véritables, ceux dont la surface même des œuvres exhibait les mécanismes du médium, que Böcklin abhorrait. Sa sanctification des décors pompéiens et ses tentatives d'en transposer les rendus sur ses toiles étaient par ailleurs le signe d'une erreur d'interprétation fondamentale : l'activité des fresquistes du passé avait bien moins à voir avec celle des peintres qu'avec celle d'artisans-ouvriers appliquant sur des espaces prévus à cet effet un système artistique codifié, en accord avec les usages culturels de leur temps. Soumettre la peinture de chevalet aux conventions d'un *Monumentalkunst* ancien revenait ainsi à « monter sur une échelle sans l'avoir posée[67] », pour emprunter à l'auteur l'une de ses formules lichtenbergiennes. Meier-Graefe condamnait ainsi les expérimentations décoratives du Suisse, dénonçant l'anachronisme factice de son recours aux techniques anciennes à grand renfort de couperets aphoristiques assassins : « La peinture décorative a autant à voir avec la peinture elle-même qu'avec la salade – qui par ailleurs se prépare au mieux avec de l'huile[68]. »

C'étaient donc les caractéristiques du Böcklin le plus populaire que le critique attaquait avec le plus de virulence, jugeant paradoxal que le peintre fût réticent à collaborer avec Wagner, qui le comptait pourtant parmi les siens. La seconde partie du *Cas Böcklin* compare justement, point par point, sa manière d'envisager la *Gestaltung* aux procédés des arts du spectacle et du théâtre. Davantage qu'en peintre, le Suisse agissait en « metteur en scène[69] », ses arrière-plans jouant le rôle de simples coulisses, de décors périphériques. Ses séduisantes figures-poupées, dénuées d'âme et de vie interne, semblaient empruntées à l'arsenal d'un imaginaire fantastique de carton-pâte. Quant à son naturalisme de jeunesse, culturellement nécessaire, il avait peu à peu cédé sa place à un détaillisme de « botaniste[70] » dont l'exactitude horticole symbolisait les limites spirituelles. Et Meier-Graefe de conclure : « Au moment où les Allemands eurent oublié ce qu'était l'art, ils se sont mis à qualifier ce théâtre d'"art allemand"[71]. »

Böcklin passait ainsi du statut de psychologue et de sondeur d'âme à celui de peintre inaccompli et superficiel, par opposition implicite à une peinture française établissant, par ses expérimentations colorées et sa célébration du contingent, un nouvel art monumental moderne. Il personnifiait l'*Irrtum* allemande, celle d'une culture se repliant sur elle-même, au moment précis où les grands artistes européens se fédéraient instinctivement autour d'un nouveau langage universel, célébré par Meier-Graefe en termes goethéens :

> « Chez beaucoup d'artistes [cités auparavant : Manet, Courbet, Degas, Toulouse-Lautrec et Van Gogh] et bien d'autres encore, qui ignoraient tout les uns des autres, se fédérait déjà, au-delà des différences de lieu et de race, un sentiment communautaire. L'idiome du particulier devenait un langage à l'usage des masses. Une langue universelle. Elle est apparue comme sont apparues toutes les grandes organisations vivantes : naturellement[72]. »

Finalement, l'unique qualité indéniable de l'art böcklinien se trouvait dans sa dimension ironique, quasi burlesque, sa création d'un nouveau genre auparavant inexistant. « C'est peut-être là que réside sa seule valeur véritable [...], celle qui sera appréciée dans le futur[73] » : par cette remarque, Meier-Graefe semblait effectivement en avance d'un demi-siècle sur les praticiens de sa discipline[74]. Un *Witz* parfois involontaire, mais d'une évidence outrancière, qui déployait sa mécanique dans son œuvre sculpté, ou encore dans la *Suzanne au bain* que Meier-Graefe prenait pour exemple significatif. Meier-Graefe demeurait persuadé que le peintre créait les conditions d'existence de son drame en même temps que sa parodie.

« Une illustration sans livre, une mosaïque sans mur, un théâtre sans scène[75] » : par ce jugement sans appel, Meier-Graefe résumait d'un trait la duperie de Böcklin, dont le seul bénéfice irréfutable avait été de pointer du doigt l'ensemble des vices et des erreurs des attentes culturelles du jeune Empire. Dans les ultimes saillies du *Cas Böcklin*, les attaques se détournent progressivement du seul domaine esthétique pour s'orienter vers une critique culturelle féroce de la civilisation allemande dans son ensemble : Böcklin devenait un vulgaire « produit intermédiaire » de son temps, l'incarnation des « vieux péchés allemands contre la logique de l'art. Il est le résultat des erreurs anciennes et inhérentes de la race, il est devenu la cause de nouveaux jugements fallacieux[76] ».

C'est ici que l'entreprise de déboulonnage meier-graefienne rejoint celle opérée par Nietzsche vis-à-vis de Wagner : les deux rabaissaient leur anti-héros à une sorte de boisson grisante, un narcotique à l'efficacité redoutable. « Sans les vapeurs d'alcool de confréries étudiantes allemandes, Böcklin est impensable[77] », notait Meier-Graefe. « Böcklin ne produit au fond que du non-sens, sa popularité représente un délitement. Il ne m'intéresse finalement qu'en tant que symptôme. Je tiens comme nulle la culture que ces gens élèvent comme un bouclier[78] », affirmait-il encore dans une lettre à Dehmel, ne laissant aucun doute sur le discours socioculturel sous-jacent à son pamphlet. Figurant parmi les développements les plus célèbres de son auteur, les toutes dernières phrases, les plus subversives, couronnent avec panache les 270 pages de cette condamnation intégrale. Elles furent reproduites, largement détournées, dans l'une des vitrines du rez-de-chaussée de l'exposition « Art dégénéré » organisée par les nazis en 1937 :

> « Réfléchissons un minimum ! Peut-être parviendrons-nous ainsi à reconnaître que les conceptions déplorables de toutes sortes qui animent notre patrie ne sont que les symptômes d'un seul et unique phénomène [...]. Il s'agit de l'incapacité de parvenir, avec ces unités seules, fussent-elles puissantes, à ce que nous désignons comme “harmonie” dans notre théorie de l'art. Il s'agit, plus largement, de culture. Ce qui faisait défaut à Böcklin, et qui manque aujourd'hui à cette germanité, c'est finalement la même chose. Le cas Böcklin, c'est le cas de l'Allemagne[79]. »

« Un beau merdier »

« Voilà qui promet un beau merdier. [...] Naturellement, personne ne va prendre en compte la dimension idéaliste du livre[80] » : au regard du raffut médiatique qui suivit cette remarque d'avril 1905, le pressentiment du critique était le bon. La polémique déclenchée par le pamphlet conduisit à sa mise au ban d'une partie du monde de l'art et pesa lourdement sur ses activités futures. Signe du pouvoir dévastateur de l'ouvrage, nombre de périodiques retournèrent les copies envoyées par les éditions Hoffmann, refusant catégoriquement de consacrer leurs colonnes à un tel brûlot anti-allemand. Malgré son affiliation au camp des progressistes modérés, la revue *Kunst und Künstler* de Cassirer ne voulut pas se risquer à recenser le livre. Quant à Maximilian Harden, qui apporta son soutien à Meier-Graefe en publiant un ample extrait du pamphlet dans sa propre revue *Die Zukunft*, il se sentit obligé de rédiger une longue note explicative défendant son choix éditorial[81]. Le publiciste y dénonça la curieuse omerta dont l'ouvrage faisait l'objet, tout comme l'ignorance des polémistes à l'emporte-pièce qui, sans l'avoir lu, jetaient de l'huile sur le feu. Ce constat d'une publication volontairement « tue[82] » fut également celui du littérateur autrichien Franz Blei (1871-1942), que les statistiques de vente du livre ne contredisaient pas : en mai 1905, au moment même où les « hurlements[83] » de la presse se faisaient entendre depuis les quatre coins de la sphère germanophone, seuls 200 exemplaires du *Cas Böcklin* avaient été écoulés.

Comme de coutume dans l'histoire de la réception d'un objet culturel, celle qui fut réservée au pamphlet de Meier-Graefe ne se résume nullement par l'élaboration d'une typologie binaire. Du nationalisme idéologique au cosmopolitisme de combat en passant par toute une série de positionnements intermédiaires, tous les partis eurent leur mot à dire. Les débats se cristallisèrent néanmoins autour de deux questions fondamentales : d'une part, la défense d'un art d'« essence allemande » ; de l'autre, la normativité de l'école moderne française. C'est dans le titre même de l'ouvrage que les acteurs de la contre-attaque trouvèrent un outil rhétorique idéalement taillé pour être redirigé contre son auteur. On évoqua ainsi avec ironie le « cas Meier-Graefe[84] », porte-voix de toute une « clique de critiques typiques liés à l'impressionnisme des années 70 et 80[85] », qui retournait sa veste en trahissant sa nation. Une diatribe médiocre, due à la plume du critique-poète proche des milieux conservateurs Ernst Schur, doit être mentionnée : *Der Fall Meier-Gräfe. Betrachtungen über die deutsche Kunst und Kultur der Gegenwart*. Malgré ses écarts ignominieusement diffamatoires, ce contre-pamphlet résume l'étendue des reproches qui furent adressés à Meier-Graefe tout au long de l'année 1905 par le segment le plus rétrograde des élites allemandes. Dans sa structure, l'ouvrage parodiait le sommaire du *Fall Böcklin* et faisait de son auteur une sorte de nationaliste à rebours, déversant sa « haine[86] » viscérale de l'art et du peuple allemands. S'appuyant sur une argumentation bancale ponctuée de propos sarcastiques, Schur y qualifiait lapidairement l'*Entwicklungsgeschichte* d'« écrit de propagande[87] » à la gloire unilatérale de la peinture hexagonale, dont l'objectif premier aurait été d'assurer la position de Meier-Graefe au sein du monde marchand.

Au fil des 120 pages de ce volume hargneux, Schur pointait du doigt la faiblesse de l'assise théorique du *Cas Böcklin* – un reproche qui se retrouve dans la très grande majorité des mentions du livre par la presse, indépendamment de leur bienveillance ou non envers les considérations de l'auteur. Dans la progressiste *Neue Rundschau*, Oskar Bie évoqua par exemple la « teneur scientifique apparente[88] » du livre, quand d'autres qualifieront de pseudo-scientifique la métaphore moléculaire appelée en renfort de sa « théorie des unités ». Dans son *Journal*, le comte Kessler, qui partageait pourtant les doutes de son confrère sur l'art du Suisse, en fit même le symptôme de l'amateurisme caractérisant l'ensemble des activités du critique : « [Je lis] à nouveau le livre de Meier-Graefe. Tout son mérite réside dans son courage, mais il demeure un demi-savant, c'est-à-dire quelqu'un qui ne maîtrise qu'à moitié le domaine qu'il prétend pouvoir enseigner[89]. » Estimant lui aussi le peintre surévalué, le germaniste Hermann Uhde-Bernays considéra toutefois avoir lu « un livre écrit dans une langue étrangère[90] » tandis que, de l'autre côté du Rhin, son *ersatz* de système fut observé avec une similaire circonspection. Louis Réau parla d'un auteur « trop intelligent pour se faire des illusions sur la valeur explicative de cette digression théorique[91] », quand le chroniqueur de la *Revue germanique* Gaston Varenne, qui figura parmi les rares publicistes à rendre systématiquement compte de chaque nouvel épisode de la polémique depuis Paris, fut lui aussi contraint de concéder le « simplisme[92] » méthodologique du livre.

Les deux germanistes français n'en demeuraient pas moins convaincus par le diagnostic culturel de Meier-Graefe et saisirent immédiatement ce qu'avaient d'idéologiquement douteux les attaques que lui portaient les organes de presse conservateurs d'outre-Rhin. Varenne dénonça sans ambiguïté la « xénophobie » et le « barrésisme[93] » du pamphlet de Schur mentionné plus haut, où la communauté juive berlinoise ne cessait d'essuyer des critiques acerbes. Ces attaques sous-entendaient généralement que les Juifs, par leur inclination naturelle à l'appropriation et au cosmopolitisme, affectaient la pureté de la culture germanique[94]. Ainsi, dès 1905, le substantif de « meier-graefisme » (*Meier-Graefetum*) fut régulièrement employé pour évoquer toute la constellation sécessionniste berlinoise dominée par les goûts « sensualistes » de Liebermann et les spéculations esthético-financières de Cassirer[95]. Face à l'« enjuivement » dont il fit continuellement l'objet, Meier-Graefe choisit de démentir publiquement les rumeurs concernant son appartenance ethnique, dès le mois de juillet, en balayant d'un revers de main l'inconvenance de cet argument dans le cadre de questions artistiques[96].

L'historien de l'art Henry Thode, savant « verdandiste » ultra-wagnérien, proche ami de l'artiste Hans Thoma, fut l'un des plus féroces adversaires des antiböckliniens. Il consacra, en juin 1905, un séminaire public à l'art contemporain dans son institut de Heidelberg. Du propre aveu de leur auteur, ces huit allocutions furent imaginées en réaction directe aux éructations pro-françaises de Meier-Graefe : elles entendaient protester contre « une conception de l'art unilatérale et étrangère[97] » fomentée à Berlin et en passe de gangrener l'ensemble de la patrie. L'approche holistique de Thode se résume sans peine. Contrairement à Meier-Graefe, qui cherchait à dissoudre le concept d'art national, Thode titrait l'une de ses conférences *Was ist deutsch?*, intervention où il listait une série de caractéristiques supposées invariantes qui marquaient l'histoire de la création allemande. Parmi elles se retrouvaient l'aptitude supérieure à l'expression vigoureuse du sentiment, une prétention à l'universalité, la fidélité à la nature, et enfin l'incontournable *Phantasie*. Ses deux dernières leçons clôturaient le cycle par un double éloge de Böcklin et de Thoma, présentés comme de valeureux garants de marqueurs identitaires dont il faisait remonter l'origine jusqu'au Saint-Empire. Les deux peintres devenaient en outre, sous sa prose académique, les initiateurs d'une peinture *neudeutsch* pour la caractérisation de laquelle l'adjectif *modern* était à ostraciser. Dans le cœur de son séminaire, Thode questionnait ouvertement la valeur artistique et le potentiel expressif de l'impressionnisme, tout comme sa compatibilité avec l'esprit germanique. Étant à ses yeux un art de la seule surface, de la non-éloquence et d'une rationalisation des effets de lumière, l'impressionnisme lui paraissait difficilement conciliable avec la profondeur d'âme et la moralité réclamées par l'horizon d'attente de ses compatriotes. Thode aboutissait dès lors logiquement à des affirmations telles que : « Si nous définissons la “modernité” comme une tendance non artistique, il nous faut ici ajouter : elle est de surcroît non allemande, si ce n'est anti-allemande[98] ! »

En réaction à cette ethnicisation des traits stylistiques, mais aussi aux attaques répétées contre la Sécession berlinoise, c'est le peintre Liebermann qui monta le premier au créneau en ripostant dans la *Frankfurter Zeitung*. Sa réponse n'est que l'épisode inaugural d'une dispute par chroniques interposées qui se poursuivit pendant plusieurs semaines à travers les colonnes de la gazette libérale. Toujours prêt à polémiquer, le Berlinois se montra particulièrement cinglant. Après une remise en cause de la crédibilité des travaux de Thode sur l'art ancien, Liebermann déplora son ignorance de la scène contemporaine et la *Wagnertum* teintée d'antisémitisme qui semblait enrober son propos :

> « Quand un professeur actif au sein d'une des universités les plus prestigieuses d'Allemagne entreprend, à l'occasion de débats purement artistiques, d'éliminer ses ennemis à l'aide d'insinuations d'ordre personnel comme “manque de sentiment national”, “pastiche des Français”, “absence de poésie”, voire d'armes rouillées empruntées à l'arsenal de l'antisémitisme, il démontre déjà qu'il n'a, au fond, rien de concret à reprocher à ses adversaires[99]. »

Sur le fond, précisément, Liebermann chercha immédiatement à déloger l'idée reçue selon laquelle l'impressionnisme n'aurait été qu'une mode éphémère, en prenant soin de rappeler son ancrage dans les développements artistiques européens depuis la Renaissance. Piero della Francesca devenait sous sa plume un précoce professeur de pleinairisme, et Velázquez le pionnier d'une manière d'envisager la représentation aboutissant, *via* Goya, au XIXᵉ siècle français. En outre, Liebermann se montrait résolu à ne pas laisser la rhétorique nationaliste des partisans de Thode s'accaparer la notion de *Phantasie*, qui lui tenait particulièrement à cœur : des œuvres telles que la *Botte d'asperges* de Manet, qui constituait alors déjà l'une des pièces maîtresses de sa collection d'art français, lui semblaient disposer d'au moins autant – si ce n'est davantage – de contenu métaphysique que n'importe quelle représentation mythologique ou historique. Dans ses quelques sursauts défensifs, Meier-Graefe estimait tout autant nécessaire de sauver certains concepts liés aux discours esthétiques germanophones de la rhétorique nationaliste, en tentant de les adapter à la philosophie du voir impressionniste.

Un discours inaudible pour Thode, qui rattachait l'école moderne française à une théorie de « l'art pour l'art » doctrinaire, c'est-à-dire à une création dirigée vers elle-même *ad absurdum*. Il semblait dès lors difficile d'accorder le moindre crédit aux retraits défensifs de l'universitaire, où il se dédouanait de toute attitude xénophobe ou « antifrançaise » ; ni aux arguments de Hans Thoma, qui prit la défense de son ami avec un tact singulier dans la *Frankfurter Zeitung*[100]. Figure respectée du monde savant, Thode n'était finalement intervenu qu'en mégaphone diplômé au nom des nombreux publicistes de sa nation qui critiquaient, eux aussi, l'envahissante culture visuelle française et se prononçaient pour un éveil de l'âme allemande capable de réprimer la « minable attirance pour l'étranger[101] » entretenue par Meier-Graefe et les sécessionnistes. Les propos cités à l'instant sont à attribuer au critique musical Karl Storck, dont le chauvinisme exalté l'avait auparavant conduit à dévaluer Gustav Mahler et toute la musique juive contemporaine pour son « impotence » créatrice.

Face à cette myriade de reproches venus de tous les fronts, Meier-Graefe limita au maximum ses interventions publiques, persuadé que les polémistes et autres savants de la trempe de Thode n'avaient que « feuilleté [son] livre[102] » et s'en remettaient à des lectures de seconde main. Il mit néanmoins un terme à la joute opposant Liebermann, Thode et Thoma dans la *Frankfurter Zeitung* par la publication d'un court rectificatif. Il y confirmait qu'il excluait définitivement l'art de Böcklin de la sphère de la vraie peinture et défendait, sans véritablement convaincre, la teneur savante de son essai à charge : « Dans *Le Cas Böcklin*, je n'ai formulé aucun mot-clé, mais tenté de démontrer à l'aide seule de moyens scientifiques que ses tableaux ne pouvaient pas être considérés comme ce que nous estimons être de l'art[103]. » En reprochant à Thode de situer ses attaques sur le terrain de la seule morale et non d'une approche objective reposant sur une analyse des images, le critique comprenait bien que l'enjeu des débats soulevés par son brûlot outrepassait les seules problématiques artistiques. Plus que de la coexistence d'esthétiques adverses, le *Böcklin-Streit* de 1905 était bel et bien le symptôme de deux visions du monde antinomiques :

> « En réalité, il ne s'agit pas d'une question savante, mais en dernière instance de deux conceptions du monde. Ces dernières s'opposent comme la croyance à la différenciation des sociétés humaines par les religions et les Lumières, qui nous offrent depuis plusieurs siècles les fruits de la culture. L'élucidation du cas Böcklin pourrait être déterminante dans l'issue de cette lutte. Les tentatives de Thode, de Thoma et de leurs frères d'armes pour faire échouer cette clarification se trouvent au seul service des choses de la foi et du jugement personnel. Si elles sont parfaitement compréhensibles, elles ne me semblent nullement en mesure de servir l'intérêt général[104]. »

Cet article compte – avec une brève lettre adressée aux admirateurs de Böcklin dans laquelle il évoquait avec ironie les raisons de sa prise de congé du wagnérisme – parmi ses rares déclarations publiques dans le cadre de la polémique[105]. Constatant la stérilité des débats alimentés par ses objecteurs, les rares défenseurs du critique pouvaient ainsi proclamer sa victoire indéniable dans ce qui semblait devenir un dialogue de sourds à l'échelle nationale :

> « Il est étrange de constater que la plupart des contradicteurs de Meier-Graefe (il n'a presque trouvé que des contradicteurs) soient de si mauvais défenseurs de Böcklin. Ils le contestent, mais ne le contredisent pas. Et cela, pour une raison simple : il n'est pas à contredire[106]. »

L'essai publié en 1906 par Adolf Grabowsky sous le titre *Der Kampf um Böcklin*, qui tentait vainement de renvoyer dos à dos les deux camps et proposait le peintre Hans von Marées comme échappatoire, n'y changea rien : le *Böcklin-Streit* devint lui-même, au grand désespoir du critique, l'objet d'une improductive et bruyante méta-polémique[107].

* * *

> « [Meier-Graefe] appartient de toute évidence au type "visionnaire". Malgré toutes ses erreurs, son *Fall Böcklin* est un événement, un livre historique. D'un geste, il a résolu la question Böcklin. Nous étions tous tombés

> dans le panneau, car nous croyions qu'un débat serait trop prématuré. M. G. a montré qu'une révision de nos critères était possible. Tous ceux qui voudront réévaluer la peinture de Böcklin devront dorénavant passer par son ouvrage. Comme il a fondamentalement raison et qu'aucun de ses arguments ne peut être contredit, tout ce courant de peinture allemande est condamné à mort, à plus ou moins long terme. Ce livre représente une césure dans son existence[108]. »

En dépit des discordances régulières ayant marqué ses rapports avec Meier-Graefe, le comte Kessler fut forcé d'admettre – comme le prouve cette remarque tirée de son *Journal* – le rôle décisif du *Cas Böcklin* dans la réorientation historiographique de l'art allemand du début du siècle. Dans une certaine mesure, Meier-Graefe avait remporté la bataille et botté les fesses du mythe böcklinien, comme le métaphorisait un amusant croquis réalisé au dos d'une carte postale envoyée par son épouse à l'été 1905 (ill. 28)[109]. Au-delà des escarmouches qu'il suscita, le livre contribua à lancer un débat de fond sur la question de l'art national, qui anima les périodiques artistiques et littéraires jusqu'à l'éclatement de la Première Guerre mondiale. Certains acteurs de l'avant-garde, aux yeux desquels la dimension nationale n'occupait qu'un espace latéral de leurs conceptions artistiques, observèrent avec soulagement ce processus de dégrisement spirituel de l'Allemagne impériale, dont l'historien Peter Paret a rappelé la pluralité des facteurs[110]. Un artiste comme le Bernois Paul Klee put ainsi se réjouir, dans un mot adressé en 1905 à sa compagne Lily Stumpf, de trouver dans *Le Cas Böcklin* un « brillant condensé » de tous ses « instincts et expériences artistiques[111] » de l'année écoulée ; tandis que le cercle de la revue *Der Sturm*, proclamateur agité d'un art autonome et international, prit à sa manière le flambeau du combat contre une *Bürgertum* ivre de son germanocentrisme. « Nous en avons fini avec Böcklin[112] », put ainsi modestement triompher Meier-Graefe en 1927, lors des célébrations liées au centenaire de la naissance du peintre. De 1905 à sa « réactivation » par l'esthétique nationale-socialiste, en partie due à la passion que lui vouait Adolf Hitler, Böcklin demeura une figure taboue du monde germanophone : la baisse fulgurante du nombre de publications sur sa peinture en est la preuve flagrante.

Traité de lâche, de fourbe, d'agent de l'ennemi, « d'idiot et de pourriture[113] », Meier-Graefe fut symboliquement destitué de son statut de citoyen allemand, malgré le programme de régénération nationale sous-jacent à l'ensemble de ses activités. À ce titre, *Le Cas Böcklin* représente un moment charnière, mais aussi une profonde blessure dans la carrière de son auteur, qui reprocha à ses prétendus frères d'armes, tout comme à l'aristocratie libérale, de ne pas avoir

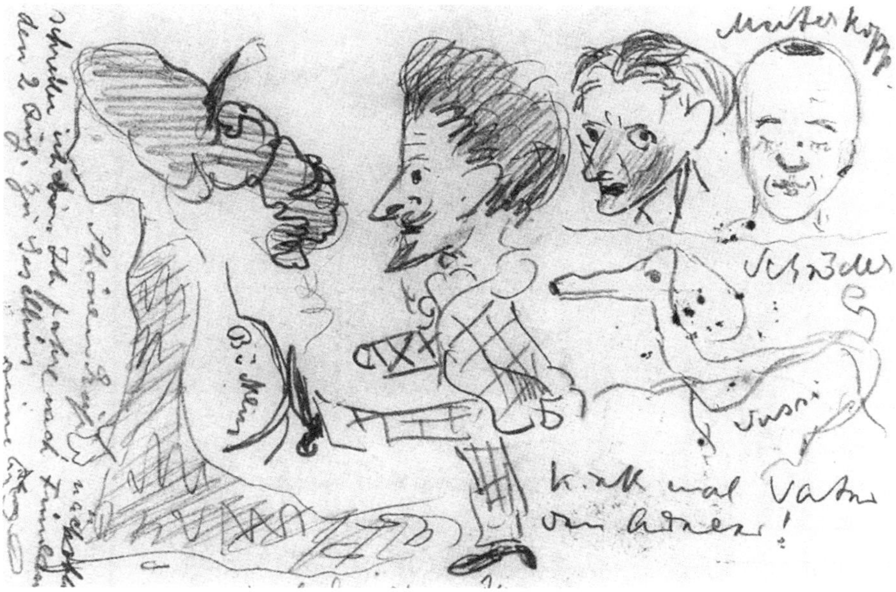

28 Carte postale d'Anna Meier-Graefe à Julius Levin du 27 juillet 1905, Marbach, Deutsches Literaturarchiv, succession Levin, 61.342

pris assez vigoureusement sa défense. Par son *Voyage en Espagne* de 1910 et sa célébration enthousiaste de Greco, Meier-Graefe proposa un manuel immersif de jouissance esthétique qui lui permettait également de dissocier l'essence de la modernité de la seule culture française. Mais la plus argumentée de ses réponses à tous ses détracteurs germanophones fut sans conteste sa longue et rigoureuse entreprise de réhabilitation de Hans von Marées, qui aboutit en 1910 à la publication d'une magistrale étude monographique. Tour de force scientifique et instrument de rédemption identitaire dédié à un génie universellement allemand, son *Marées* devait prouver à ses compatriotes qu'il lui était possible de conjuguer le subjectivisme de ses conceptions esthétiques à une approche analytique du matériau historique.

CHAPITRE III

·GRECO·OU·LA· ·MODERNITÉ-MONDE·

« LE *JE* N'ACQUIERT PAS SON PROFIL PERSONNEL SANS UN *TU* QUI LE DÉLIMITE ET UN *NOUS* EN GUISE DE TOILE DE FOND[1]. »

José Ortega y Gasset

À bord du *Cap Arcona* au matin du 2 avril 1908 avec son épouse Anna, sous les volutes épaisses d'un vapeur rutilant promis à rejoindre Buenos Aires, Meier-Graefe vit s'évanouir lentement la silhouette du port de Hambourg. L'imposant transatlantique éloignait l'écrivain non seulement de la ville hanséatique, mais de la nation allemande tout entière, de ses scandales stériles et de son atmosphère culturelle viciée. Débarqué à Lisbonne quelques jours et parties de skat plus tard, le couple entama un long tour de la péninsule Ibérique, qui allait se poursuivre jusqu'à la fin du mois d'août. De Madrid à Séville, de Grenade à Barcelone, en passant par Alicante et l'antique Sagonte, ce périple de presque six mois joua un rôle capital dans la carrière du critique. Il fut dès le départ envisagé comme un pèlerinage à la fois esthétique et humain, répondant à un besoin général de stimulation sensorielle. Meier-Graefe en décrivit la nature, quelques jours seulement avant son embarquement, à Hofmannsthal : « Ce qui nous manque [à nous Allemands], ce n'est ni la perfection de la forme, ni le savoir – ou que sais-je encore –, mais une puissante sensation, celle même qui caractérise les grands hommes politiques et les grands écrivains[2]. » C'est précisément à la mise en récit de cette quête que fut consacré l'ouvrage issu de ses impressions ibériques, *Spanische Reise* (ill. 29). Paru en 1910 sous la forme d'un journal intime, ce livre demeure aujourd'hui encore l'un des plus célèbres de son auteur. Mêlant réalité et fiction au point de rendre imperceptible la frontière entre les deux, il constitue la source principale pour retracer le déroulé de ce périple. Il est ainsi permis de parler d'un même souffle du « voyage en Espagne » et du *Voyage en Espagne* de Meier-Graefe, ouvrage dans lequel narrateur et auteur se confondent intimement.

En cette année 1908, il semblait effectivement difficile au critique de ne pas succomber aux appels de l'intense *Fernweh* culturel qu'il éprouvait alors. « J'ai le sentiment d'être parti au bon moment. Je pense que si j'étais resté une semaine de plus [à Berlin], je me serais fâché avec tout le monde, et pour de bon[3] », nota-t-il depuis sa cabine de paquebot. Loin de se réduire à une simple échappée touristique, son départ revêtait toutes les apparences d'une fuite,

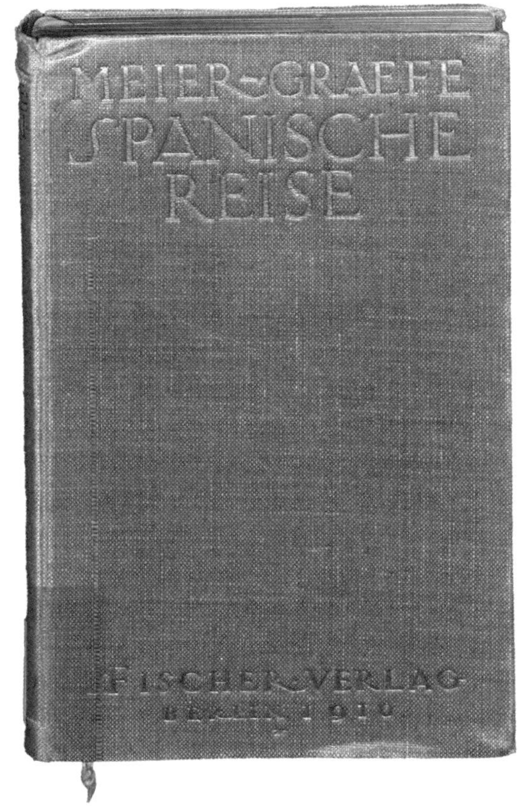

29 Julius Meier-Graefe, *Spanische Reise*, Berlin, S. Fischer Verlag, 1910, couverture

si ce n'est d'une véritable cure de désintoxication civilisationnelle. Jamais les métaphores respiratoires sur le statut culturel de l'Allemagne wilhelmienne ne furent aussi pertinentes qu'à ce moment. En ce début d'année, Hugo von Tschudi réalisait auprès d'un marchand d'art britannique quelques acquisitions de toiles de l'école de Barbizon qui allaient bientôt conduire, sur décision impériale, à son éviction de la direction de la Nationalgalerie de Berlin. Pour sa part, Meier-Graefe souffrait lourdement des conséquences de ses prises de position francophiles et supposément antigermaniques. L'exil de Meier-Graefe en territoire neutre lui permit de s'éloigner de ces querelles, tout en offrant à son organisme social et intellectuel une chance à saisir de réoxygénation. Dans sa recension critique du *Spanische Reise*, le philosophe José Ortega y Gasset (1883-1955) cerna immédiatement la dimension existentielle de l'incursion de son aîné outre-Pyrénées : « Un voyage en pays étranger [...] est un artifice spirituel rendant possible une renaissance de la personnalité; de revivre une seconde enfance, une seconde jeunesse, une seconde maturité. Voyager, c'est renouveler entièrement un cycle de vie[4]. »

Signe de l'enjeu vital de ses errances espagnoles – tout comme du mélange permanent, chez lui, des sphères publique et privée –, Meier-Graefe interrompit un temps la rédaction de son propre *Journal*. Il recueillit néanmoins jour après jour ses impressions dans des carnets séparés, dans l'objectif affiché d'une publication. En effet – et selon un procédé courant depuis le XIXe siècle –, le récit de ses pérégrinations fut issu de la commande d'un éditeur, ici le Berlinois Samuel Fischer, qui en assuma les coûts[5]. Le cahier des charges imposé fut relativement vague, laissant à Meier-Graefe une confortable marge de manœuvre littéraire : c'est un livre de voyage artistique que l'éditeur de Thomas Mann attendait du jeune quadragénaire. Profitant de cette opportunité, ce dernier espérait également poursuivre, à travers sa confrontation *in situ* au Siècle d'or espagnol, ses investigations sur les maîtres anciens annonciateurs de l'impressionnisme. Fischer fit d'abord publier une partie du texte en 1909 dans cinq livraisons successives de la *Neue Rundschau*, puis son intégralité sous forme de livre l'année suivante. Insérées dans le fil du texte, les nombreuses illustrations documentent les tribulations du critique par des vues de paysages et d'architectures, de populations locales ou de corridas, ainsi que d'abondantes reproductions de tableaux. Signe de son succès, l'ouvrage fut réédité après la guerre chez Ernst Rowohlt, qui en récupéra les droits au début des années 1920[6]. Grâce à une transposition anglaise réalisée par les soins de John Holroyd-Reece[7], il trouva même une place dans la bibliothèque d'Ernest Hemingway.

Ouvrage dense et polymorphe de plus de 400 pages dont le présent chapitre ne saurait nullement évoquer toutes les facettes, le *Voyage en Espagne* démontre le talent de son auteur dans le maniement simultané de régimes discursifs variés, tout comme son faible pour les cabrioles langagières, ainsi que les qualifie Catherine Krahmer. On peut d'abord y voir un simple carnet de voyage illustré, au sein duquel des descriptions pittoresques alternent avec diverses réflexions souvent essentialisantes sur les mœurs et la physionomie du pays (ill. 30). Ponctué çà et là de *verbatim* de conversations, mais surtout de vraies-fausses lettres envoyées d'Espagne par le narrateur-écrivain à certains de ses amis allemands maquillés par l'usage de pseudonymes, ce récit à clé peut également être envisagé comme le journal intime d'un intellectuel cosmopolite assumant l'emphase démesurée de ses envolées lyriques tout comme les contradictions de sa propre pensée. Enfin, le *Voyage en Espagne* perpétue à sa manière les codes littéraires du récit de voyage artistique, genre auquel demeurent intimement liés les noms de Goethe et de Flaubert – deux illustres auteurs situés au pinacle du panthéon meier-graefien. L'ouvrage guide ainsi librement ses lecteurs à

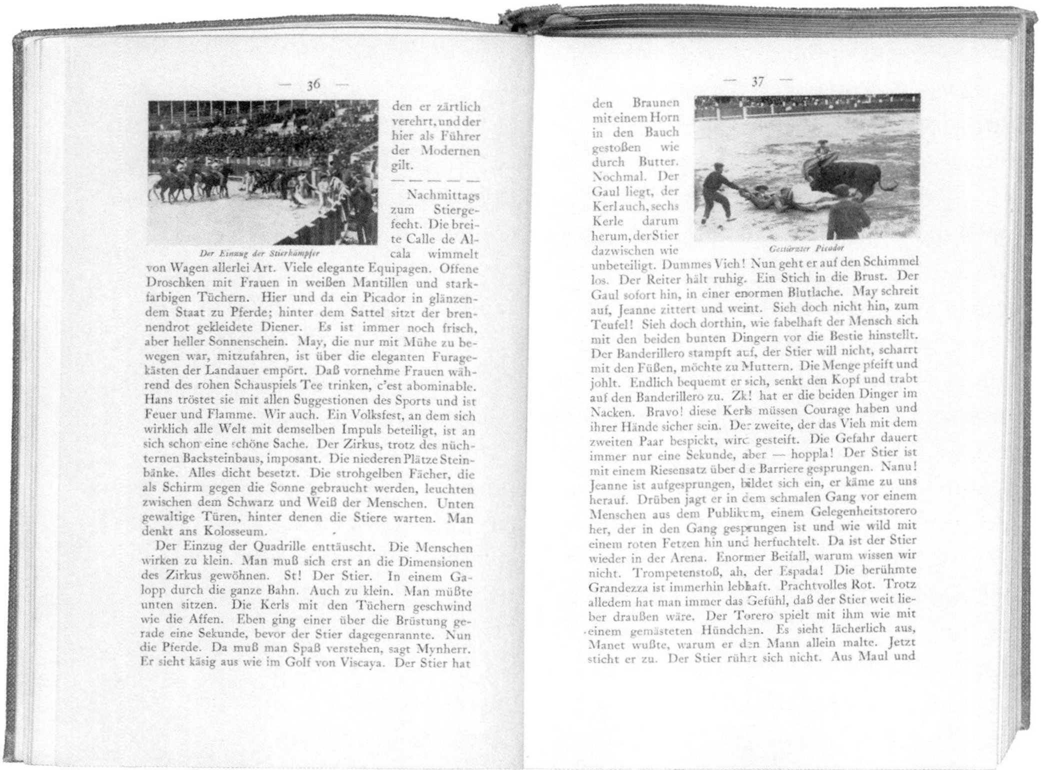

— 36 —

Der Einzug der Stierkämpfer

den er zärtlich verehrt, und der hier als Führer der Modernen gilt.

— — — — —

Nachmittags zum Stiergefecht. Die breite Calle de Alcala wimmelt von Wagen allerlei Art. Viele elegante Equipagen. Offene Droschken mit Frauen in weißen Mantillen und starkfarbigen Tüchern. Hier und da ein Picador in glänzendem Staat zu Pferde; hinter dem Sattel sitzt der brennendrot gekleidete Diener. Es ist immer noch frisch, aber heller Sonnenschein. May, die nur mit Mühe zu bewegen war, mitzufahren, ist über die eleganten Furagekästen der Landauer empört. Daß vornehme Frauen während des rohen Schauspiels Tee trinken, c'est abominable. Hans tröstet sie mit allen Suggestionen des Sports und ist Feuer und Flamme. Wir auch. Ein Volksfest, an dem sich wirklich alle Welt mit demselben Impuls beteiligt, ist an sich schon eine schöne Sache. Der Zirkus, trotz des nüchternen Backsteinbaus, imposant. Die niederen Plätze Steinbänke. Alles dicht besetzt. Die strohgelben Fächer, die als Schirm gegen die Sonne gebraucht werden, leuchten zwischen dem Schwarz und Weiß der Menschen. Unten gewaltige Türen, hinter denen die Stiere warten. Man denkt ans Kolosseum.

Der Einzug der Quadrille enttäuscht. Die Menschen wirken zu klein. Man muß sich erst an die Dimensionen des Zirkus gewöhnen. St! Der Stier. In einem Galopp durch die ganze Bahn. Auch zu klein. Man müßte unten sitzen. Die Kerls mit den Tüchern geschwind wie die Affen. Eben ging einer über die Brüstung gerade eine Sekunde, bevor der Stier dagegenrannte. Nun die Pferde. Da muß man Spaß verstehen, sagt Mynherr. Er sieht käsig aus wie im Golf von Viscaya. Der Stier hat

— 37 —

Gestürzter Picador

den Braunen mit einem Horn in den Bauch gestoßen wie durch Butter. Nochmal. Der Gaul liegt, der Kerl auch, sechs Kerle darum herum, der Stier dazwischen wie unbeteiligt. Dummes Vieh! Nun geht er auf den Schimmel los. Der Reiter hält ruhig. Ein Stich in die Brust. Der Gaul sofort hin, in einer enormen Blutlache. May schreit auf, Jeanne zittert und weint. Sieh doch nicht hin, zum Teufel! Sieh doch dorthin, wie fabelhaft der Mensch sich mit den beiden bunten Dingern vor die Bestie hinstellt. Der Banderillero stampft auf, der Stier will nicht, scharrt mit den Füßen, möchte zu Muttern. Die Menge pfeift und johlt. Endlich bequemt er sich, senkt den Kopf und trabt auf den Banderillero zu. Zk! hat er die beiden Dinger im Nacken. Bravo! diese Kerls müssen Courage haben und ihrer Hände sicher sein. Der zweite, der das Vieh mit dem zweiten Paar bespickt, wird gesteift. Die Gefahr dauert immer nur eine Sekunde, aber — hoppla! Der Stier ist mit einem Riesensatz über die Barriere gesprungen. Nanu! Jeanne ist aufgesprungen, bildet sich ein, er käme zu uns herauf. Drüben jagt er in dem schmalen Gang vor einem Menschen aus dem Publikum, einem Gelegenheitstorero her, der in den Gang gesprungen ist und wie wild mit einem roten Fetzen hin und herfuchtelt. Da ist der Stier wieder in der Arena. Enormer Beifall, warum wissen wir nicht. Trompetenstoß, ah, der Espada! Die berühmte Grandezza ist immerhin lebhaft. Prachtvolles Rot. Trotz alledem hat man immer das Gefühl, daß der Stier weit lieber draußen wäre. Der Torero spielt mit ihm wie mit einem gemästeten Hündchen. Es sieht lächerlich aus, Manet wußte, warum er den Mann allein malte. Jetzt sticht er zu. Der Stier rührt sich nicht. Aus Maul und

30 Julius Meier-Graefe, *Spanische Reise*, Berlin, S. Fischer Verlag, 1910, p. 36-37

travers plusieurs siècles d'histoire de la peinture, de Titien aux impressionnistes, du musée du Prado aux arrière-salles des galeries parisiennes de Vollard et de Durand-Ruel, sans jamais quitter des yeux deux des plus vastes continents de l'histoire de l'art occidentale : Diego Velázquez (1599-1660) et Domínikos Theotokópoulos, dit Greco (1541-1614). Car c'est bien autour de ces deux protagonistes, ou plus précisément du processus brutal de dépréciation de l'un au profit d'une glorification de l'autre, que s'articule la narration du *Spanische Reise*. Odyssée rétinienne à l'ironie mordante, « livre pour aller et voir » dont Ortega y Gasset affirma qu'il transmuait « l'impertinence [...] en genre littéraire[8] », ce récit d'autofiction connut une vaste résonance.

Avant de plonger au cœur de son contenu, rappelons quelques éléments factuels sur le déroulement de l'expédition dont il narre les étapes successives. Julius et Anna Meier-Graefe voyagèrent en compagnie du peintre sécessionniste Leo von König (1871-1944) et de son épouse française Mathilde, qui apparaissent dans le livre sous les sobriquets respectifs de Hans et de May. Un autre personnage se joignit occasionnellement au quatuor : Mynherr, sous le nom duquel certains proposent de reconnaître l'impressionniste tardif Rudolf Tewes (1879-1965)[9]. La présence de créateurs à ses côtés pendant les six mois du voyage fournit à Meier-Graefe l'occasion de s'adonner à une série de réflexions sur la condition d'artiste, et de se faire le témoin de la lutte des observateurs et faiseurs d'art dans l'arène de la contemplation. Mentionnons également l'omniprésence, en creux toutefois, du personnage de Thomas : il s'agit d'un Allemand resté au pays, auquel le narrateur du *Spanische Reise* adresse plusieurs lettres offrant au livre ses passages les plus sarcastiques. Son identité véritable, si elle existe, donne matière à débat : retenons simplement du correspondant (qui évoque Eberhard von Bodenhausen, Carl Justi, Wilhelm von Bode, voire Henry Thode) qu'il incarne le type même du *Kunstprofessor* obtus, focalisant son attention sur les notes de bas de page des ouvrages de sa bibliothèque bien davantage que sur les œuvres d'art qu'ils prennent pour objet. À ces protagonistes fictionnels-réels s'ajoute enfin un ensemble de personnalités bel et bien rencontrées en Espagne par Meier-Graefe, qui apparaissent pour leur part sous leur véritable identité. Manuel Bartolomé Cossío (1857-1935), Santiago Rusiñol (1861-1931), Benigno de la Vega-Inclán (1858-1942), Aureliano de Beruete (1845-1912), ou encore José Villegas Cordero (1844-1921) : le critique fréquenta à Madrid l'élite des artistes, savants et penseurs hispanophones de l'époque.

On peut néanmoins affirmer que le livre s'inaugure et s'achève en Allemagne, sans jamais finalement quitter la patrie des yeux. Par un jeu de miroir fort prévisible, l'immersion dans une Espagne en pleine phase de restructuration identitaire enclencha chez le critique un processus autoréflexif propice à une réévaluation de sa propre culture. En cela résident toute l'ambiguïté discursive et toute la puissance rhétorique du *Spanische Reise*. Par son maniement « prophétique-pathétique[10] » du langage, et par l'appel à l'artifice littéraire du genre épistolaire, l'ouvrage condamne peut-être la culture allemande avec davantage d'impertinence encore que tous les essais publiés par Meier-Graefe jusqu'alors. Si la défense hardie de Greco fut un levier idéal pour décontaminer les débats sur la modernité artistique d'un nationalisme parasite, le *Spanische Reise* n'en fut pas moins un livre polémique à la réception explosive. Nous en détaillerons ici le contenu, les visées et l'impact, en portant une attention particulière à l'anti-histoire de l'art dont il défend les préceptes. Dans une étude sur la réception de Greco en Allemagne, Johannes Rößler l'affirme par le biais d'une formule économe : dans le *Spanische Reise*, c'est d'une certaine manière le *wie* qui l'emporte sur le *was*[11].

Sacrifice et reconversion

Il a parfois été avancé que le *Spanische Reise* fut à l'origine directe de la résurrection de Greco au siècle du cubisme et de l'expressionnisme. À plusieurs reprises dans sa carrière, Meier-Graefe chercha lui-même à neutraliser cette légende. Il eut indéniablement sa part dans la réorientation de la perception du peintre, mais son récit de voyage ne fit qu'accompagner l'entrée progressive du Crétois au panthéon remodelé des maîtres anciens. L'imposante littérature qui lui a depuis été consacrée permet de retracer avec précision chaque épisode clé de cette révision historiographique, qui connut un point culminant peu après 1900. L'année du voyage en Espagne est significativement celle de la parution de la monographie pionnière de Cossío[12], issue de plusieurs décennies de curiosité européenne envers le peintre. S'il avait suscité l'attention d'artistes et d'écrivains en France[13], sa réception germanophone était en revanche souvent piégée dans le cadre d'un débat opposant le réalisme « sain » du XVIIe siècle à un maniérisme jugé décadent.

Le statut de Velázquez était quelque peu différent : adulé, il bénéficiait de toute l'attention des hispanismes européens depuis plus d'un demi-siècle, et son corpus avait déjà été débattu au sein de plusieurs catalogues raisonnés. L'Espagne avait déjà entamé une reconquête identitaire du maître, et les discours visant à installer son rôle de précurseur de la peinture moderne assuraient sa position dans le champ artistique du nouveau siècle. La consécration du « peintre des peintres[14] », selon l'expression de Manet, résultait donc d'une construction commune des artistes et des historiens européens. Il faut souligner à ce titre le rôle fondamental joué par le savant allemand Carl Justi (1832-1912), qui consacra au Sévillan une monographie magistrale en 1888[15]. Fondé sur une approche positive méticuleuse, qui permit de mettre au jour de nombreux documents d'archives jusqu'alors inexploités, son livre proposait une narration puissante de la biographie du peintre, et valait comme parangon d'une conception de l'histoire de l'art comme récit héroïque. Conjuguant la rigueur de l'investigation historique et une véritable poétique de la transmission de la *Wissenschaft*, l'ouvrage fut salué par la majorité des représentants germanophones de la discipline. Par ses goûts, son rejet de l'historicisme et la subjectivité a-scientifique de ses rapports d'expériences esthétiques, Meier-Graefe s'opposait fondamentalement à Justi. Ponctué d'attaques *ad hominem* visant l'érudit, le *Spanische Reise* peut à ce titre être considéré comme une réponse impertinente aux deux tomes de son *Velázquez*, dont il inversait les échelles de valeurs et les procédés rhétoriques. Il ne faut ainsi qu'une vingtaine de pages au *Voyage en Espagne* pour que son narrateur porte au maître des *Ménines* l'estocade fatale ; à peine une dizaine de plus pour hisser Greco au rang des plus valeureux matadors de l'histoire de l'art universelle.

L'arnaque Velázquez

Il y avait, au départ, les charmes trompeurs des reproductions photographiques. Exténué par un long voyage nocturne, venant de prendre ses quartiers à Madrid le 15 août 1908, Meier-Graefe observa, admiratif, une image du vibrant *Portrait équestre du comte-duc d'Olivares* accrochée à l'un des murs de sa chambre d'hôtel, et sentit aussitôt son « flux sanguin[16] » se synchroniser au rythme du cheval fougueux. L'écrivain peinait visiblement à masquer son impatience, celle de découvrir enfin, dans son environnement propre, les chefs-d'œuvre du prodige du Siècle d'or. À peine quelques heures plus tard, arpentant pour la première fois les galeries du musée du Prado, son désappointement fut tel qu'il relégua l'intégralité de la littérature élogieuse produite sur le peintre depuis près de cinquante ans au rang d'un vulgaire procédé de spéculation esthétique. Répondant à l'usage régulier par l'auteur de métaphores économiques, John Holroyd-Reece l'évoqua avec malice dans la préface de sa traduction du livre : c'était comme si Meier-Graefe se rendait soudain compte que son propre père était un vulgaire « faux-monnayeur[17] ». Dramatisée à grand renfort d'astuces littéraires, sa rencontre désenchantée avec le maître combine trois procédés : tout d'abord, l'exagération artificielle de l'attente ; ensuite, le choc spectacularisé de la confrontation aux œuvres ; enfin, la supplantation immédiate de l'idole déchue par un dieu de substitution, en la personne de Greco.

Le moment précis de sa prise de conscience du « problème » Velázquez intervint aussitôt après son abordage du Prado : stupéfait, le narrateur du *Spanische Reise* raconte comment il découvre l'effrayante incapacité de ses tableaux à lui procurer la moindre sensation. Les conditions de visite semblaient pourtant optimales : réarrangée en 1899 à l'occasion des festivités du tricentenaire de sa naissance, la prestigieuse *sala Velázquez* consistait en une vaste pièce ovale présentant non moins de trente-huit tableaux – un arrangement en rupture avec des habitus institutionnels européens qui privilégiaient traditionnellement les confrontations. Ces efforts muséographiques ne purent cependant préserver Meier-Graefe d'une sensation d'hébétude :

> « Dès mes premiers pas dans la salle Velázquez, j'ai senti que quelque chose d'épouvantablement pénible et de ridicule était en train de se passer.

> Ce n'était pas si inattendu. C'est arrivé avec l'assurance funèbre d'un train qui entre en gare. J'allais de tableau en tableau, d'abord très rapidement, comme si je comptais des billets de banque, puis lentement, de plus en plus lentement. Ce qui se passait était somme toute assez naturel. À quoi ces tableaux devaient-ils donc ressembler[18] ? »

Cruel voyage artistique à l'ère de la reproduction mécanisée : parvenu à un terminus esthétique dès la station de départ de son périple, Meier-Graefe dressa sur-le-champ le constat d'une peinture loin d'être à la hauteur de ses espérances, rendant inenvisageable toute forme d'empathie esthétique. Un trauma d'enfance vint du reste immédiatement à l'esprit du critique-narrateur : un jour qu'il était juché sur le plongeoir d'une piscine lors d'une sortie scolaire, un tel effroi s'empara de lui qu'il ne put se résoudre à sauter, malgré les moqueries de ses camarades. Ce sont de semblables « pensées de suicide[19] » qui jaillirent à l'esprit du quadragénaire face aux Velázquez du Prado.

Il y a quelque chose de spectaculaire dans la fulgurance avec laquelle le *Spanische Reise* règle son compte au peintre des *Ménines* (ill. 31). Le lecteur, par l'intermédiaire d'une lettre du narrateur au personnage fictif de Thomas, est d'ailleurs vite prévenu : « Il est inutile de baratiner des heures sur une chose pour laquelle un simple coup d'œil suffit. Le problème est trop simple et aucune finesse d'esprit particulière n'est nécessaire à sa compréhension[20]. » Le premier dialogue rapporté entre le narrateur et le personnage de Mynherr, au moment où ils se trouvent tous deux face au chef-d'œuvre du peintre, constitue une bonne entrée en matière à son désenchantement :

> « Devant les *Ménines*. Mynherr :
>
> "Mais, ne voyez-vous pas ceci ? Et ça, et ça là, et ça ici ?
>
> – En effet, c'est très beau.
>
> – C'est absolument grandiose ! Cette blondeur ! Ne serait-ce que cette blondeur ! Et le vert, et le rose ! Le placement des personnages les uns par rapport aux autres ! Les habits ! Ceux de l'infante, et ceux des autres !
>
> – Mynherr, je pourrais vous montrer encore bien d'autres ceci-cela, la naine, par exemple.
>
> – Vous voyez donc !
>
> – C'est assurément très beau !
>
> – Mais ?
>
> – Pourquoi mais ? C'est effectivement très beau, bon sang !"
>
> Si l'on pouvait simplement avoir du calme ! Nous ne sommes pas des machines à contempler ! [...] Je vais me faire autoriser à venir avant les

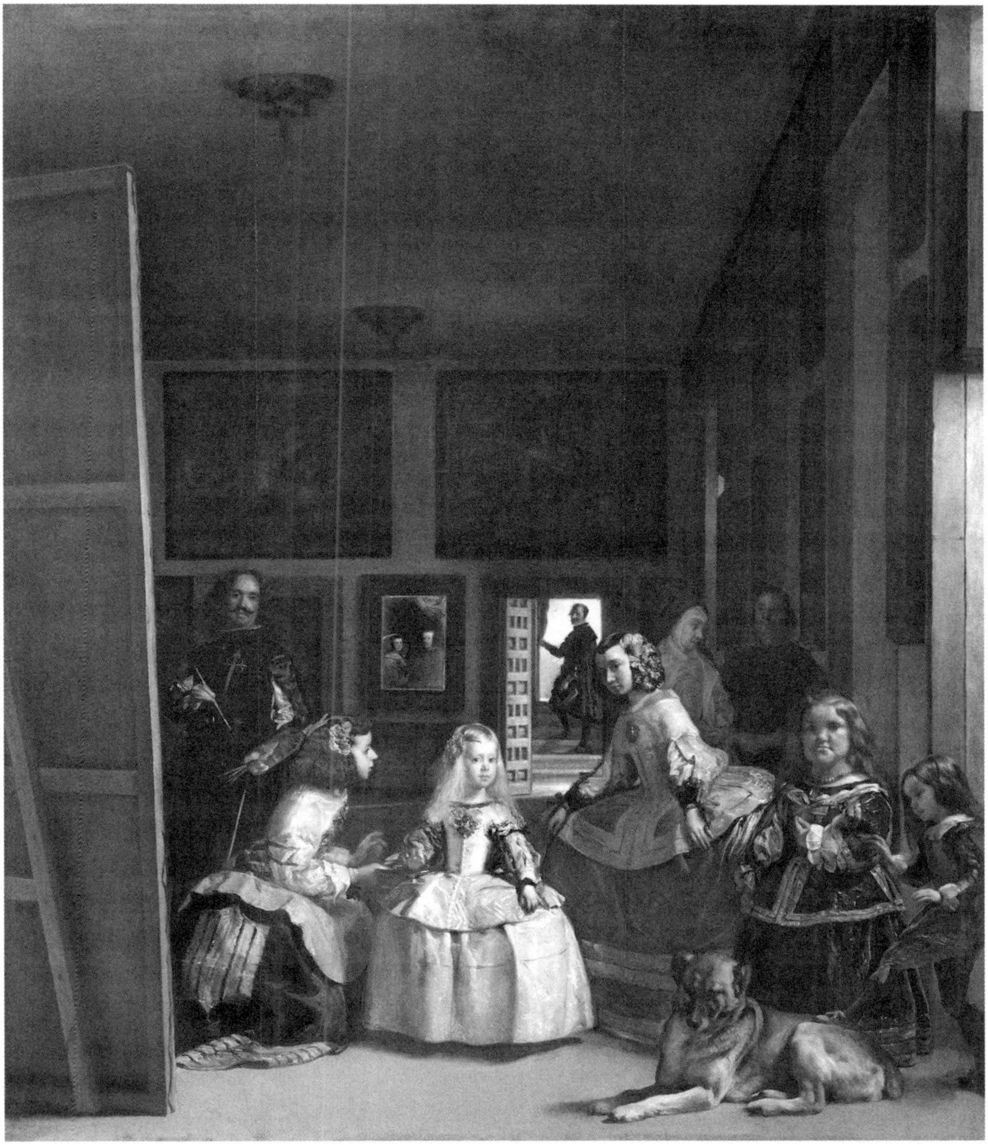

31 Diego Velázquez, *Les Ménines*, 1656, huile sur toile, 320,5 × 281,5 cm, Madrid, musée du Prado, inv. P001174

horaires d'ouverture du musée. Peut-être que c'est simplement à cause des gens autour. Je reviendrai demain tôt, le regard neuf[21]. »

Il faut préciser que Mynherr incarne, tout au long du *Spanische Reise*, l'archétype de l'Allemand matérialiste et conservateur, en quête permanente de son confort bourgeois. À travers lui, Meier-Graefe moquait une génération d'artistes qui avait retenu la leçon impressionniste, mais dont la modernité n'était finalement que de convention.

Comme le suggère ce court dialogue, Meier-Graefe n'eut jamais l'intention de nier l'époustouflant talent de Velázquez : il savait offrir à ses tableaux de remarquables échelles de couleurs et pouvait se vanter d'une technique impeccable comme d'un extraordinaire sens du détail. Le critique n'en reprochait pas moins à ses grandes machines leur artificialité, qu'il attribuait à l'excessive littéralité de son rapport au monde visible. En résultait une peinture dépourvue de toute vision, donnant une plate illusion du réel, dont le peintre finissait paradoxalement par se détacher. Les « ceci-cela » de ses toiles, ces savoureux centimètres carrés évoqués dans le dialogue cité, n'avaient de valeur que pour eux-mêmes, au détriment de l'unité générale de l'image. Le sort réservé aux *Ménines* est à ce titre exemplaire : le narrateur reproche d'emblée à la représentation un manque de cohésion dans le traitement de l'espace, et l'inconséquence embarrassante du placement du groupe de personnages dans son environnement. « L'homme dans l'embrasure de la porte est un trou dans le noir, sans aucune valeur. Le miroir à côté, un additif banal, *post festum*[22] » : loin d'accorder la moindre attention aux insondables mystères iconographiques du tableau et à sa valeur comme discours ontologique sur la peinture (qui allaient occuper les interprètes de Velázquez avec plus ou moins de succès jusqu'à Michel Foucault et au-delà), le critique se focalisait avant tout sur le traitement trop inorganique de l'image.

L'évidence « grotesque » du rapport de Velázquez au monde visible rendait la tâche particulièrement aisée à la cohorte de peintres européens venus le copier au Prado : ses toiles offraient un agglomérat de détails visuellement appétissants et, surtout, instantanément appropriables. L'asservissement du peintre à la chose en soi – le parallèle kantien est de l'auteur lui-même – rendait limpides, voire « transparentes[23] », ses ambitions picturales. Velázquez n'était finalement plus qu'un « arrangeur » talentueux, « un homme minuscule à l'immense agilité[24] », un « coiffeur habile[25] », dont le seul hommage à la liberté de l'artiste résidait dans une relative « indépendance des conventions anciennes de la représentation[26] ». Du point de vue stylistique, la vingtaine de pages que Meier-Graefe consacre à la gigantomachie entre le Sévillan et Titien, stimulée par les riches collections du Prado, révèle les raisons de la défaite du premier[27].

Par sa mise à mort sans sommation de Velázquez, dont il va sans dire qu'elle ne trouve pas d'équivalent dans l'historiographie du maître, Meier-Graefe entendait finalement professer une leçon de voir, sinon prôner un processus de purification des outils de perception de ses contemporains. Cette dimension transparaît clairement dans l'une des lettres surchargées d'ironie que le

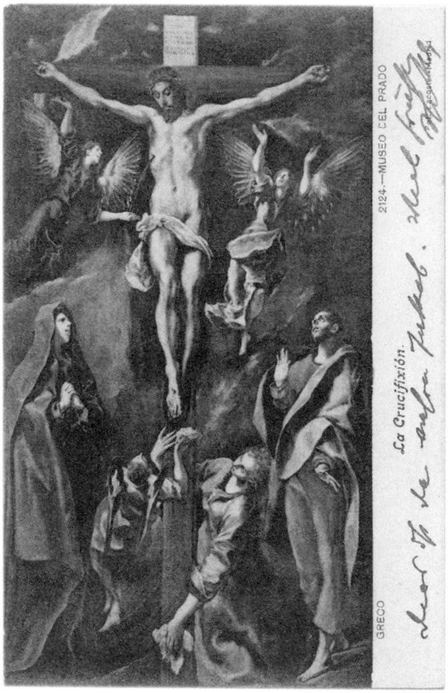

32 Carte postale de Meier-Graefe à Richard Dehmel envoyée d'Espagne en 1908, Hambourg, Staats- und Universitätsbibliothek, fonds Dehmel, DA:Br:M:326 (recto-verso)

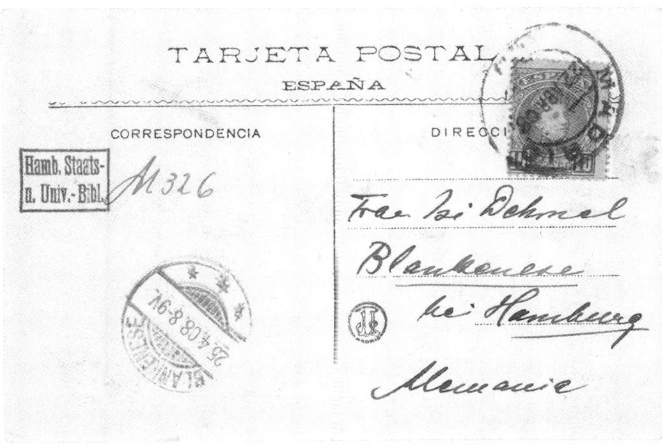

narrateur fait parvenir à son correspondant Thomas, personnage qui, rappelons-le, incarne l'Empire des universitaires. Évoquant l'incapacité des méthodes scientifiques à servir de remède à l'indigestion culturelle de l'Allemagne, il note : « Quelle occupation ridicule, lorsque l'un d'entre nous essaie de lutter contre [cette indigestion] avec des livres sur l'art ! C'est d'une purge radicale que nous avons besoin ; d'une petite révolution non pas dans notre conception de Velázquez, mais dans notre rapport à la vision en général[28]. »

Nous pourrions ici relayer l'intuition de Krahmer, qui rapproche l'échappée espagnole de Meier-Graefe d'une remarque issue du *Voyage du condottière* du poète-écrivain André Suarès : « Voir n'est point commun. La vision est la conquête de la vie[29]. » Révéler au monde l'arnaque Velázquez était déjà un premier gain appréciable, en ce que cette démarche permettait une réévaluation complète des mécanismes du jugement esthétique. Mais, au-delà de sa propre valeur, cette dépréciation du maître demeurait inséparable de la glorification parallèle de Greco. L'univers des formes du Crétois allait en effet rapidement submerger le critique. Et, bien davantage que sur le seul plan pictural, c'est déjà sur le terrain humain qu'il prenait le dessus. Greco surgit face à lui comme un génie providentiel – « *der wahre Jakob*[30] », selon la formule allemande, comme le nota Meier-Graefe au coin d'une carte postale envoyée à Dehmel figurant la *Crucifixion* du musée du Prado (ill. 32).

L'éclair Greco

Fort de sa fréquentation assidue des galeries européennes, Meier-Graefe posa ses valises à Madrid avec une connaissance honorable de l'œuvre de Greco. En dépit du regain d'intérêt dont jouissait alors le peintre, un voyageur parcourant l'Espagne de l'époque n'en découvrait pas moins son art dans des conditions inégales. Meier-Graefe fut à bien des égards un voyageur privilégié : muni de lettres de recommandation, bénéficiant de contacts auprès des acteurs locaux, il profita de conditions de visite adaptées dans les musées et les institutions privées. Le directeur du Prado aménagea ainsi pour lui les horaires d'ouverture de sa galerie, tandis que l'enthousiaste Cossío lui fit ouvrir les grilles de l'église Santo Tomé de Tolède afin d'observer de plus près *L'Enterrement du comte d'Orgaz*. Dans cette même ville, le critique put même, avant son ouverture, parcourir le décevant musée Greco en compagnie de son initiateur, le marquis de la Vega-Inclán. Si bien que, à son retour à Berlin, Meier-Graefe disposait d'une connaissance de l'œuvre du maître exceptionnellement vaste pour les amateurs de l'époque.

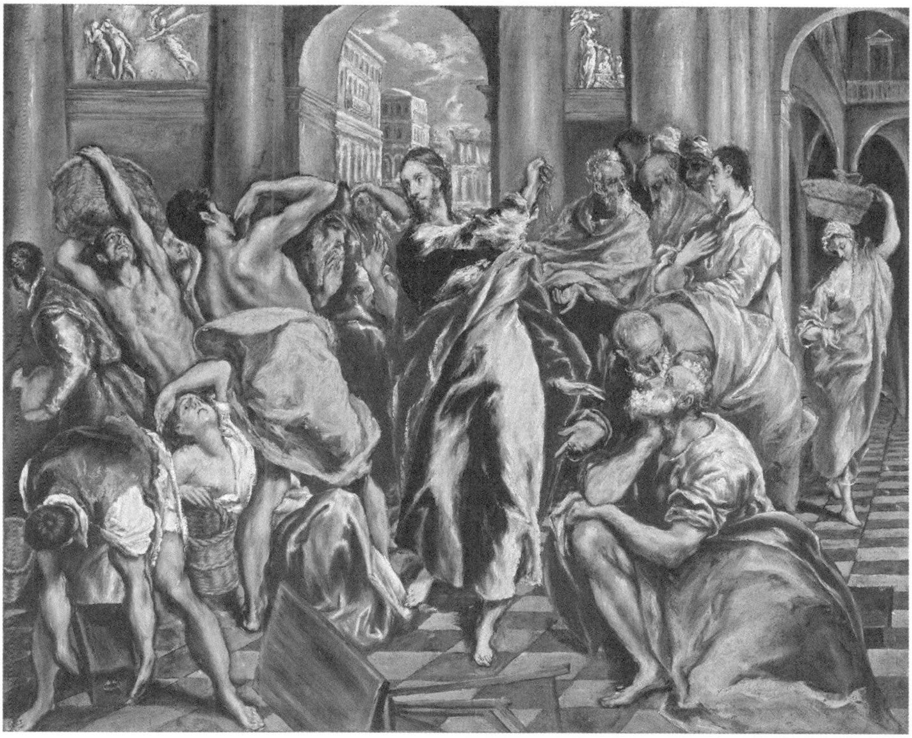

33 Domínikos Theotokópoulos, dit Greco, *La Purification du Temple*, vers 1600, huile sur toile, 41,9 × 52,4 cm, New York, The Frick Collection, inv. 1909.1.66

Sa description de la *Purification du Temple* (ill. 33) de Greco, observée dans la demeure madrilène de l'artiste et critique Aureliano de Beruete, un après-midi d'avril 1908, est une bonne introduction à la vision meier-graefienne du peintre. Réminiscence d'un thème déjà traité par l'artiste lors de sa phase vénitienne, l'image inspira à Meier-Graefe une description fleuve. Elle compte parmi les plus flamboyantes nées de sa plume, et résume de longs discours théoriques sur son rapport aux images :

> « La *Purification du Temple* de Greco aurait émerveillé Delacroix. On ne peut se lasser de la regarder. On en déguste chaque détail et, même quand le regard a saisi l'ensemble, tout demeure. Le mystère réside entièrement dans les couleurs : elles s'enflamment comme des créatures ardentes tout en restant au service du dessin, qui pourrait être contemplé comme on

observe une miniature. Déjà, à distance, on est attiré par la sonorité éclatante des tonalités dominantes, on se trouve sous leur emprise avant même de pouvoir distinguer quoi que ce soit.

[...] De près, lorsque l'on s'approche, apparaissent des têtes, des mains, des bustes que l'on voudrait observer à la loupe. Au premier plan à gauche, l'homme qui se penche, vêtu d'une veste rouge irradiée de jaune (un vernis rouge appliqué sur du jaune), un personnage d'une vérité époustouflante ; pas moins que la femme derrière lui qui, comme éblouie, place sa main devant ses yeux. Entre le Christ et la femme se tient un gaillard extraordinaire, les hanches enrobées d'un tissu jaune citron. L'expression est colossale. Le geste conjurant du Sauveur semble écraser le pauvre pénitent vers un recoin impossible du tableau. Greco est ici tout entier. Le geste ne réside ni dans la position du bras, ni dans le port de tête, ni même dans le drapé, mais dans chaque partie, chaque particule du corps et jusque dans les ombres ; il est lui-même la part d'une plus grande vague qui emporte le reste des personnages. À la crête de cette vague, le Sauveur lui-même, qui semble flotter plus qu'il ne marche. La vague devient ici une lame puissante, elle se retire vers la droite, bien au-dessus des vêtements et des têtes qui couronnent le ressac écumeux. Vers la gauche, on distingue les profondeurs étroites et tourbillonnantes dans lesquelles fourmillent têtes, mains et drapés.

[...] Le rythme démultiplie tout. On pense faire face à des centaines d'êtres humains qui entourent le Sauveur. Le pouvoir de ce Dieu est gigantesque ; il ne repose pas sur une convention religieuse, mais sur la seule grâce de Greco. Tout ce qu'il crée est visible. Greco, un mystique religieux, peut-être, peut-être pas. Cela n'intéresse plus personne de nos jours. Selon moi, un mystique en tant qu'artiste, dans la mesure où il nous rend impossible toute tentative de légitimation des formes par le biais de la réalité[31]. »

Si Greco semble se livrer tout entier dans l'intense fougue dramatique de cette œuvre, c'est bien en compagnie de son interprète. Ces quelques pages enfiévrées sur un tableau d'emblée considéré comme une « merveille de l'humanité[32] » fournissent en condensé l'ensemble des raisons de la conversion soudaine de Meier-Graefe. C'était en premier lieu dans son traitement libre de l'espace pictural que le critique faisait reposer la force imageante des tableaux de Greco, par laquelle il révélait au spectateur un monde de représentation entièrement nouveau, élaboré parallèlement à la nature. Contrairement à Velázquez, le peintre ne trouvait aucun intérêt dans la recomposition artificielle de la réalité visible et orientait l'intégralité de ses efforts vers l'édification d'un cosmos alternatif, posant ses fondations sur la seule subjectivité. Quand l'un se limitait à peindre des saynètes, l'autre produisait de véritables peintures repoussant les limites du médium jusque dans ses retranchements, et n'obéissait à nulle autre convention que celle dictée par sa vision. Au Prado, la simple comparaison du traitement réservé par les deux artistes à une iconographie stable et codifiée, à l'instar du *Couronnement de la Vierge* (ill. 34), dissipait tous les doutes : Greco traitait bien l'image comme un organisme unitaire, alors que son suiveur se bornait à plaquer avec plus ou moins d'adresse ses motifs sur un arrière-plan. Par leur deuil des contours et des détails, par leurs masses colorées confuses et enchevêtrées, les œuvres de Greco lançaient un défi permanent à la vraisemblance, à la rationalité, et par conséquent à l'*ekphrasis* elle-même. Dans sa première édition, le *Spanische Reise* intègre significativement plusieurs

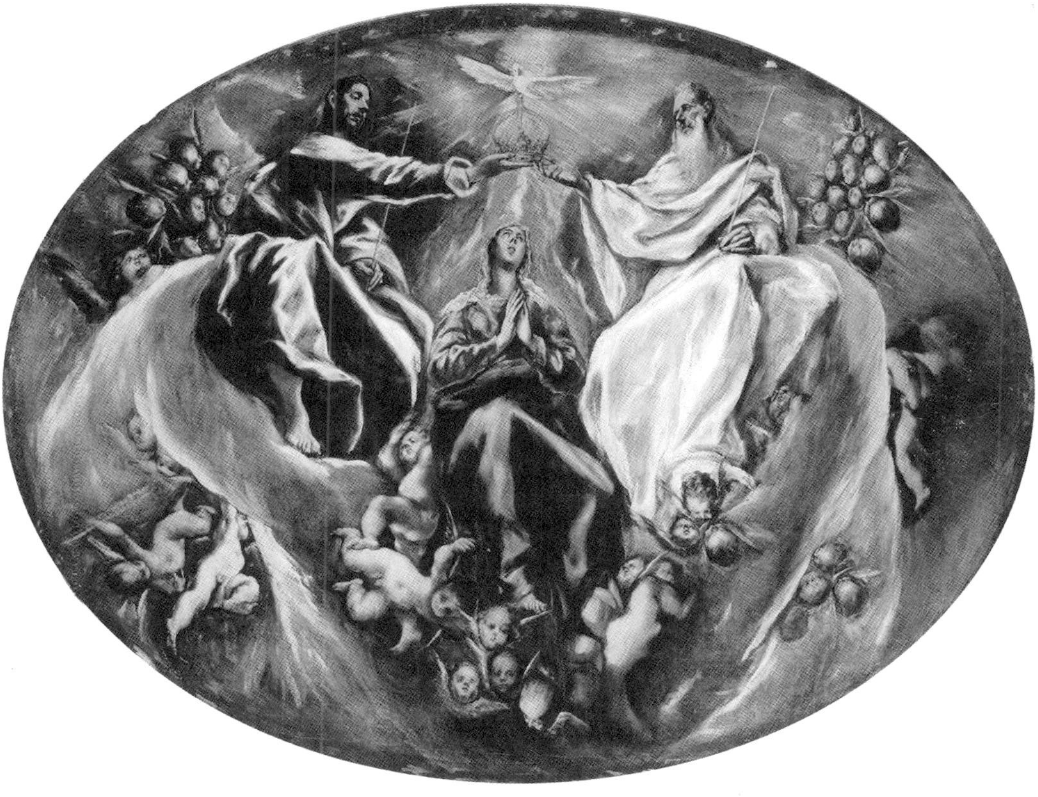

34 Greco, *Le Couronnement de la Vierge*, 1603-1605, huile sur toile, 163 × 220 cm, Illescas, chapelle Notre-Dame-de-la-Charité

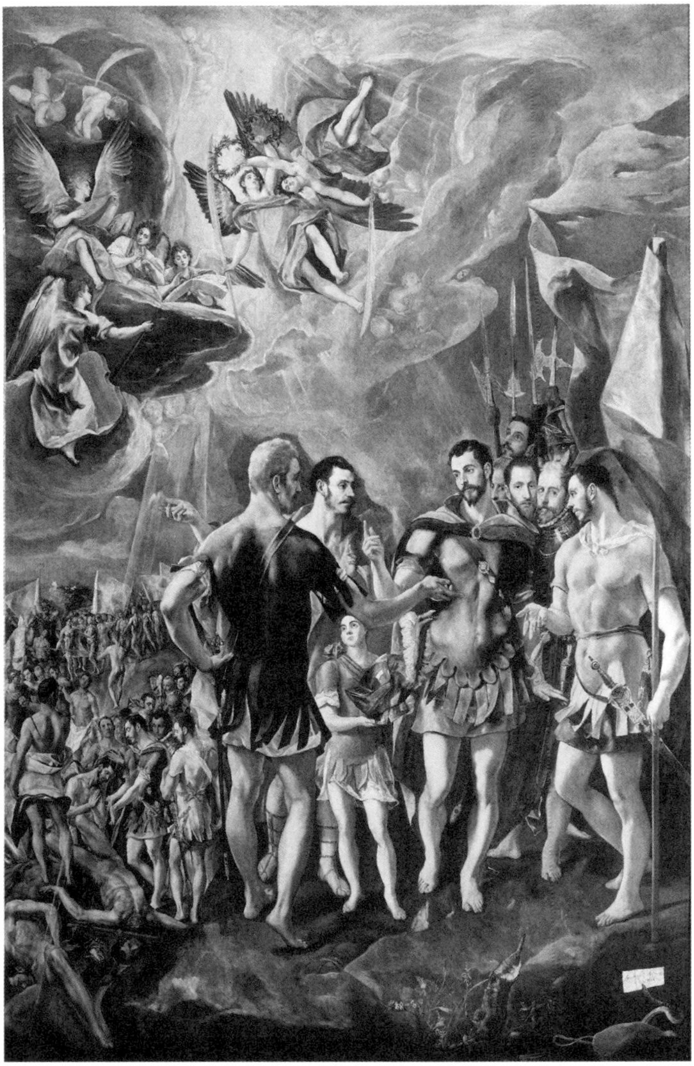

35 Greco, *Le Martyre de saint Maurice*, 1581, huile sur toile, 448 × 301 cm, Escurial, San Lorenzo de El Escorial

schémas de la main même de Meier-Graefe cherchant à décrypter, par-delà le langage, la structure et la dynamique formelles des compositions du maître[33].

À rebours de la plupart des historiographes de Greco de l'époque, Meier-Graefe ne dissimula pas sa préférence pour ses peintures dénoncées comme les plus incohérentes. Les passages du *Spanische Reise* dédiés au saisissant

Martyre de saint Maurice (ill. 35) décrivent admirablement les asymétries et distorsions volontairement opérées par l'artiste pour amplifier son effet. En observant la brutalité déroutante de ses permutations d'échelle, Meier-Graefe reconnaissait dans la monumentale huile sur toile du monastère de l'Escurial une « bâtisse » comparable à celle de la *Mort de Sardanapale* de Delacroix, celle d'un « architecte hardi désirant l'impossible[34] ». Dans une telle composition, tiraillé entre la leçon vénitienne et la turbulence de son tempérament, Greco tentait déjà à ses yeux de résoudre la problématique fondamentale marquant l'histoire de l'évolution de la peinture moderne, à savoir : la tension entre l'approche *plastisch* (ici, la stature michelangelesque du groupe colossal au premier plan) et l'approche *malerisch* (la procession de petits personnages fourmillant sur la partie gauche du tableau) dans la représentation. « L'opposition entre plasticité et surface n'existe pratiquement plus dans le *Maurice*[35] », affirme le narrateur, auquel la foule représentée à l'arrière-plan évoque instinctivement les badauds d'une scène de rue parisienne de Renoir. Revenant sur ce même détail en 1911, Meier-Graefe résuma ainsi son propos : « C'est l'entrée de Venise dans l'impressionnisme[36]. » Outre les nombreuses références directes aux artistes de cette tendance disséminées dans le *Spanische Reise*, ce sont bien les outils perceptuels ici employés qui rappellent que Meier-Graefe observait Greco à travers le prisme de son goût pour la peinture du XIXe siècle. Sans jamais se préoccuper des nouvelles orientations iconologiques relatives au contexte culturel de la Contre-Réforme, abandonnant sur le rivage les rames inutilisables du langage, le critique en immersion laissait passivement son regard dériver sur l'océan impressionniste de la surface des œuvres de Greco, « tel un navire démâté[37] ».

Régulier tout au long du *Spanische Reise*, l'éloge des qualités vibratoires des images de Greco rappelle certains principes fondamentaux du courant contemporain de la *Lebensphilosophie* allemande. Le critique proposait effectivement une lecture vitaliste de l'artiste, dont la destinée entière semblait vouée à confronter les humains à leur propre condition. Le narrateur finit par l'admettre en termes nietzschéens, dans un passage hautement dramatique stipulant la grande actualité de sa peinture : « Greco surgit tel l'éclair. À un moment où les grandes expériences sont non pas arrivées à leur terme, mais déjà advenues. [...] C'est là qu'il arrive et s'abat comme une bombe[38]. » Le lecteur se retrouve bien ici sur le palier du *Zarathoustra*, qui fait également appel à une métaphore météorologique pour décrire l'arrivée fulgurante du surhomme. C'est finalement dans son rapport à l'Antiquité que Meier-Graefe identifiait l'impulsion clé de la vie intérieure de celui qui signait ses toiles en caractères grecs. L'Antiquité de Greco n'était pas référentielle, mais avant tout vécue : « Son hellénisme ne résidait pas dans ses formes, il coulait dans son sang[39]. » En mentionnant la *Pathosformel* intérieure du peintre, Meier-Graefe rejoignait le camp des warburgiens en lutte contre la légende de la supposée sérénité grecque propagée par Winckelmann, et défendait l'idée de la survivance d'une Antiquité transhistorique. Tout comme Hofmannsthal qui, par une significative coïncidence, visitait la Grèce pour la première fois au moment même des tribulations espagnoles du critique, Meier-Graefe entendait préserver l'Antiquité de l'historicisme par la réactivation de son énergie dionysiaque. Les habits des gaillards figurés dans la *Purification du Temple* étaient en somme les seuls éléments trahissant leur appartenance à un monde révolu. Pour tout observateur du XXe siècle disposé à l'accueillir, la contemporanéité de Greco relevait de l'évidence.

De ce constat découle l'une des dernières caractéristiques importantes de l'appropriation meier-graefienne de Greco, qui concerne le trouble général entourant son appartenance identitaire. Ses origines grecques, sa formation italienne et sa carrière espagnole conféraient à ses œuvres une dimension supranationale. S'adressant ironiquement à Thomas, le narrateur du *Spanische Reise* voit même dans son caractère inassimilable un cas d'étude idéal pour universitaires : « Ce Grec venu d'Italie, qui peignit en Espagne sans pour autant devenir espagnol, est pleinement européen dans l'effet – voilà de quoi donner matière à une étude édifiante sur le thème "art et nationalité"[40]. » L'européanisation de Greco, ce premier sans-patrie de l'art[41], écartait par conséquent Meier-Graefe de la majorité de ses interprètes espagnols comme Cossío et Zuloaga, en quête de mythes nationaux structurants.

À défaut d'avoir été le découvreur de Greco, Meier-Graefe fut donc bien le premier à mettre systématiquement sa production artistique à l'épreuve des valeurs de la modernité. Le critique extirpait Greco de l'Espagne de 1600 pour lui conférer une aura universelle. Cette volonté d'épuration contextuelle s'exprime dans l'échange entre le narrateur et Cossío lors de leur visite de l'hôpital de la Charité d'Illescas. Face au magistral *Couronnement de la Vierge* (voir ill. 34), la question de la nécessité ou non du déplacement d'œuvres difficilement accessibles vers des espaces d'exposition adaptés fit rapidement l'objet d'une conversation animée entre les deux personnages. Meier-Graefe prête alors au narrateur ce propos catégorique :

> « Cossío dit non, je dis oui, trois fois oui. Les croûtes primitives, suffisamment décoratives pour combler les niches les plus obscures, peuvent demeurer ici en paix. L'essence des hommes de l'envergure de Greco réside dans la transportabilité même de leurs œuvres. [...] Je pense que

> de tels tableaux doivent être exposés dans des espaces munis de tout l'appareillage moderne susceptible d'améliorer leur visibilité. Des espaces sobres et clairs, semblables à des salles d'opération. Et tenant autant que possible les foules à distance[42]. »

En disqualifiant tout attachement des œuvres à leur lieu de conservation originel et en se prononçant pour leur transfert dans un espace neutralisant, Meier-Graefe affirmait la radicalité pré-greenbergienne de son modernisme.

À chacun son Greco

« Dans les pupilles de l'Autre, nous trouvons le logarithme de nos vices et de nos vertus. En nous heurtant à notre prochain, nous prenons conscience de notre place dans le monde[43]. » En s'accordant à cet aphorisme tiré d'une chronique du jeune Ortega y Gasset consacrée au livre, le *Voyage en Espagne*, parsemé de références à la culture allemande, pourrait légitimement être rebaptisé *Voyage en Allemagne*. Le rôle de miroir culturel que joua la péninsule pour Meier-Graefe transparaît dans ses échanges inattendus, à l'occasion d'un déjeuner du mois d'avril 1908, avec le futur détenteur de la chaire de métaphysique de l'université de Madrid. Le philosophe de vingt-cinq ans, qui ingurgitait alors la pensée allemande comme un « nouvel et magnifique aliment[44] », avait déjà pu honorer sa germanophilie en effectuant plusieurs séjours universitaires outre-Rhin. Hormis les impulsions intellectuelles reçues, ces voyages lui permirent de prendre conscience du malaise culturel de l'Empire contemporain. Entre deux rasades de rioja, une personnalité de la trempe de Meier-Graefe semblait peu à même de contredire son interlocuteur. Brièvement évoquée dans le *Spanische Reise*, cette rencontre incita Ortega y Gasset à rédiger sur l'Allemand un article élogieux. Il y développa plus en détail son diagnostic sévère de l'état culturel du Reich wilhelmien. L'article évoque en effet un Empire aux élites scindées, ivre d'un patriotisme obscène contaminant progressivement l'ensemble de la vie publique. Cherchant à détourner ses citoyens du danger du socialisme, l'État allemand parasitait à ses yeux l'imaginaire de ses citoyens en leur imposant, comme arrière-plan culturel, un « écran falsificateur » à l'effrayant pouvoir anesthésiant : celui des « cent mètres carrés[45] » des toiles de Böcklin. Multipliant les métaphores tauromachiques, Ortega y Gasset consacra la seconde partie de son texte au mouvement de résistance à la politique culturelle impériale, dont Meier-Graefe était le vaillant « manadier », distribuant des « piques avant-gardistes ». L'Espagnol l'avait bien compris : la défense acharnée de l'impressionnisme français par la frange progressiste des publicistes germanophones dépassait de loin la seule question du goût. C'étaient les valeurs libérales et l'universalisme traditionnellement associés à cette tendance qui la rendaient, plus que nulle autre, apte à cristalliser l'entièreté de leur cause culturelle :

> « Il suffit de constater à quel point l'exercice innocent consistant à peindre des pommes ou des patates telles que Dieu les a créées – comme Cézanne l'a fait jour après jour pendant trente ans – peut ouvrir une première brèche dans la muraille de falsifications à l'intérieur de laquelle l'Empire a accumulé la puissance qui le caractérise aujourd'hui[46]. »

Malgré les statuts socioculturels divergents de leurs pays respectifs, les auteurs se rejoignaient dans la dimension dialectique de leurs idéaux nationaux. Tous deux cherchaient à dynamiser la vie spirituelle de leurs compatriotes en leur offrant de la « substance, [...] des choses à faire mariner[47] » – un processus dans lequel l'ouverture aux traditions étrangères jouait un rôle prépondérant. Dans l'une des deux recensions critiques qu'il consacra au *Spanische Reise*, le philosophe livra d'ailleurs une définition de ce cosmopolitisme centripète, en affirmant que l'ouvrage s'adressait avant tout à ceux pour qui « la patrie [ne représentait] pas une chose acquise, accomplie, historique, hiératique et parfaite, mais un perpétuel problème, une tâche sans fin, une réalité future, un conflit entre possibilités actuelles[48] ». Malgré les affinités manifestes de leurs aspirations, Ortega y Gasset éprouva cependant une certaine désillusion en lisant le *Voyage en Espagne*. Il vit d'un mauvais œil la muséification du pays opérée par le récit et critiqua sa tendance à héroïser seulement des individualités. Ortega y Gasset, qui rêvait alors d'une « Espagne comme *possibilité* pour l'immigration des sensibilités européennes[49] », considéra en définitive que l'ouvrage de Meier-Graefe violait le contrat tacite de bienveillance mutuelle passé entre les représentants de l'Europe des esprits : la péninsule n'avait été qu'un « vaste hippodrome pour sa propre pensée[50] ».

Parce qu'il le prenait pour cible, l'ouvrage suscita également des vexations au sein du lectorat allemand, rappelant au passage l'aptitude inégalée des travaux de Meier-Graefe à provoquer toutes sortes d'insatisfactions parallèles, parfois même contradictoires. L'intellectuel et mécène Alfred Walter von Heymel félicita ainsi son ami dans une lettre louant « la vitalité de [ses] descriptions » et la « gravité sublime de [son] rapport à la peinture[51] », tout en déplorant dans une missive à sa femme Gitta les « injures » et autres coups portés sans pitié à ses compatriotes, dans un processus d'« automutilation[52] ».

L'histoire de l'art sans calendrier

« Greco est devenu pour notre science de l'art une sorte de pierre de touche, il l'oblige à montrer ce qu'elle vaut[53] », arguait Meier-Graefe en 1911 : dans le conflit opposant Velázquez à son aîné se jouait bien, sur un second plan, celui entre deux paradigmes inconciliables de l'écriture sur l'art. Davantage encore que la peinture du Sévillan, c'est Justi, ou plutôt les méthodes à l'usage dans l'ouvrage massif qu'il avait consacré au peintre en 1888, qui semblent la cible principale du *Spanische Reise*. Si Justi ne cachait pas son admiration pour la période italienne de Greco, il formula en revanche tout au long de sa carrière une série d'attaques de plus en plus virulentes sur les développements ultérieurs de son art, au point de le considérer comme un « cas monumental de la dégénérescence de l'artiste[54] ». Dans le passage dédié à Greco de la réédition de son *Velázquez*, Justi résume ainsi son propos :

> « L'amorphisme de sa peinture peut être observé comme le miroir et le compendium des symptômes de dégénérescence picturale. Il semble manier le pinceau pour révéler l'incube difforme de son cerveau fiévreux. De ses doigts fébriles, il torsade ses figurines comme du caoutchouc, [...] des personnages aux gesticulations absurdes grossièrement découpés sur la toile, sans modelage ni contours [...]. Il est probable que la maladie de l'organe de sa vision ait ici joué un rôle, tout comme chez le dernier Turner. [...] Niché au sommet d'une Tolède déliquescente, artistiquement esseulé, Greco sombra[55]. »

C'est cette combinaison de procédés d'analyse stylistique et d'une *Kulturkritik* aux relents déterministes que Meier-Graefe condamnait à travers son récit de voyage, en identifiant dans les irrationalités des œuvres du Grec la source de leur force expressive. Dans une lettre du narrateur à Thomas, dont on devine le penchant pour l'interprétation psychopathologique de la carrière du peintre, l'auteur semble s'adresser directement à Justi :

> « [Greco est] un génie, oui, mais mort depuis trois cents ans et qui, par conséquent, n'est pas en mesure de vous répondre dans le prochain numéro de la *Kunstchronik* ; un génie que vous qualifiez avec flegme de pathologique en vous fondant sur vos prétendues sources. [...] Mais sur quoi votre méthode dans la mise au jour des pathologies de Greco repose-t-elle ? Que savez-vous de lui[56] ? »

En l'occurrence, relativement peu de chose. Dans les recherches de fond menées en vue de la publication de son catalogue de 1908, Cossío n'avait découvert qu'un nombre restreint de documents relatifs à la vie du peintre. Parfois emporté par ses propres fantasmes positivistes, Justi, qui avait présenté comme source historique une lettre fictive de sa propre confection dans son *Velázquez*, ne fit pas preuve d'une pareille audace poétique dans ses travaux sur Greco. Il ne fait aucun doute qu'un dossier médical créé de toutes pièces aurait constitué, comme appui à son argumentation, un élément très aguicheur.

Loin d'entraver à ses yeux le travail des historiens de l'art, cette lacune de documents représentait une véritable aubaine pour Meier-Graefe, en ce qu'elle incitait à se concentrer sur les œuvres seules. À l'assujettissement archivistique de Justi, Meier-Graefe répondait par le vitalisme d'une approche de l'art fondée sur l'expérience – tout comme Greco lui-même luttait contre l'obsession du tout vérifiable en livrant à ses spectateurs sa mystique de l'invraisemblance. En ayant « lui-même veillé à ce que rien de ce qui concernait sa personne ne passât à la postérité[57] », l'artiste avait préparé le terrain à ses interprètes futurs et légitimait l'idée selon laquelle la connaissance positive se situait à l'écart du monde supérieur des formes et des sensations. « Plus je vois des œuvres de cet homme, moins les détails de sa vie m'intéressent[58] », peut-on ainsi lire dans le *Spanische Reise*, où Meier-Graefe ratifie, à travers un propos du narrateur, son divorce irrévocable avec la guilde académique : « *Ich bin kein Historiker und will es nicht sein*[59]. » La résurrection de Greco n'était donc envisageable qu'au prix d'une mise au tombeau de l'histoire de l'art universitaire, qui allait rapidement accaparer le corpus du peintre. Quand le savant August L. Mayer lui fit parvenir sa monographie *El Greco* en 1911[60], Meier-Graefe esquissa dans son *Journal* une lettre cinglante qu'il eut finalement la délicatesse de ne pas envoyer :

> « Votre livre ne m'a pas plu. Je regrette que, chez nous, on écrive encore sur l'art comme on écrit des livres de cuisine ou des dictionnaires, et qu'un jeune homme comme vous ose traiter de Greco avec si peu de compréhension et, pis encore, avec un si faible sens de la distanciation. [...] On pourrait presque regretter, après la publication d'un tel livre, qu'il fût redécouvert[61]. »

Cherchant par tous les moyens à extirper le nouveau venu des griffes de la science classificatrice (« Finalement, on ne peut examiner les tableaux avec un calendrier[62] »), le critique prenait également position contre une corporation universitaire généralement réfractaire aux développements artistiques du XIXe siècle, dont il faisait de Greco l'héroïque annonciateur : « Au beau milieu d'une discussion sur l'impressionnisme et ses conséquences, sur Cézanne et

Renoir, sur Marées et Van Gogh, un élève de Titien surgit brusquement de l'oubli et vient se mêler au débat[63]. » Bien moins ouvert que son cadet, Justi fut pour sa part à l'origine de plusieurs pamphlets et conférences spécifiquement consacrés à déprécier un art moderne perçu comme malsain et amorphe. Or, l'« hostilité [...] entre l'objet et l'impression[64] » caractérisant les tendances modernes était pour lui en germe dans l'œuvre du névrotique de Tolède. Sa réapparition soudaine ne devait donc rien au hasard : « À l'ère des sauvetages en tous genres, [Greco] a connu sa réhabilitation : les propos venus d'artistes et d'amateurs en témoignent. Il est en effet le prophète des modernes[65]. » Meier-Graefe effectuait le diagnostic similaire d'une corrélation entre l'état actuel de l'art et la résurgence de Greco, mais son appréciation de la peinture moderne l'opposait à Justi. Il considérait que les grands maîtres de l'art moderne avaient livré le conditionnement optique nécessaire à sa résurrection : « À Tolède, au Prado et à l'Escurial, c'étaient Renoir et surtout Cézanne qui nous avaient facilité l'approche de Greco. Et maintenant, c'est Greco qui, en retour, nous rend les modernes précieux à nouveau[66]. »

Étonnamment, le tout premier rapprochement établi par Meier-Graefe entre Greco et Cézanne remontait à une publication précédant d'une année son voyage espagnol : le recueil *Impressionisten* de 1907 – une intuition étayée dans sa monographie *Paul Cézanne* de 1910. Tout comme l'Aixois, Greco optait pour un modelage par ombres colorées sans faire appel aux contours, jouait d'une certaine ambiguïté entre espace et surface, et entretenait un rapport distendu au réel. Afin de décrire au mieux la valeur décorative des œuvres de Greco dans le *Spanische Reise*, Meier-Graefe fut d'ailleurs significativement amené à citer, sans mentionner sa source, un célèbre propos du peintre des *Baigneuses* sur la relation entre les rapports de tons et le modelé : « L'œil se baigne dans l'émail des détails de Greco. Quand la couleur est à sa richesse, la forme est à sa plénitude. La simplification permet l'immortalisation. L'usage de l'épithète ambigu, aujourd'hui presque déshonorant, de “décoratif” ne rend pas justice à ce procédé[67]. »

Mais, davantage encore que sur le seul plan formel, c'était dans leur être social que les aspirations des deux individualités se rencontraient. Meier-Graefe déploya dès 1907 tout l'attirail de la légende de l'artiste moderniste, en évoquant deux génies incompris, deux conquérants lunatiques luttant dans la douleur et la démence pour l'accomplissement de leur art. Apatride égaré dans l'Espagne du XVIe siècle, le maniériste incarnait en son temps « le destin typique de l'artiste moderne, dont les rapports au monde extérieur ne se traduisent que par une série de conjonctions matérielles hasardeuses[68] ». Ce qui liait Greco au peintre de la Sainte-Victoire concernait finalement la transcendance de leur mystique gothique, dont Meier-Graefe précisa la nature dans un texte de 1911 portant explicitement la marque des thèses de Wilhelm Worringer. Dans ses *Formprobleme der Gotik*, le savant critiquait lui aussi les universitaires esclaves de leur empirisme, et cherchait à opposer à l'observation objective des faits historiques sa propre « vérité historique[69] » fondée sur une approche psychologisante de la gestation des formes. Son célèbre essai interprétait le tempérament gothique comme une insécurité sensuelle, elle-même issue d'un violent désaccord psychique. Si cette condition gothique était intimement associée au Nord, sa force résidait toutefois dans sa propagation et ses résurgences au sein de diverses cultures occidentales. Ainsi Worringer et Meier-Graefe classaient-ils tous deux Greco parmi les artistes liés au « baroque » – en ce que l'appellation représentait pour eux la prolongation de l'impulsion gothique. Les affinités interprétatives qui rapprochent les écrits des deux historiens n'empêcheront pas Worringer, qui observa d'un œil méfiant la mode entourant Greco, de vivre son voyage espagnol de 1919 d'une manière radicalement différente. « J'ai parcouru le trajet inverse de Meier-Graefe », affirma-t-il dans une lettre à son éditeur Piper : « Je suis parti à la recherche de Greco, et j'ai trouvé Velázquez[70]. »

Meier-Graefe avait donc intuitivement établi son parallèle Cézanne-Greco dès 1907, sans estimer problématique l'absence de témoignages concrets pouvant le légitimer. S'il se fondait en priorité sur sa culture visuelle, la logique seule de son évolution semblait une raison suffisante pour conférer à cette comparaison tout son bien-fondé. « Chez Vollard », lit-on ainsi dans les pages finales du *Spanische Reise*, « j'ai vu un tableau de Cézanne figurant une femme avec un foulard. Nous avions l'impression de l'avoir déjà vu au Prado. Il ne rappelle pas seulement Greco, c'est bel et bien une pièce de Greco[71] ». Or, ce pressentiment était justifié : la *Femme à l'hermine* contemplée chez le marchand était bel et bien une copie, relativement libre, de la *Dame à la fourrure* de Greco, alors en la possession du savant britannique Stirling-Maxwell. Meier-Graefe n'eut l'occasion de comparer les deux œuvres qu'en 1910 à la galerie Bernheim-Jeune. Et c'est finalement en 1936 que le fin mot de l'histoire fut révélé par une enquête de l'historien de l'art germano-américain John Rewald, qui sut identifier le point de contact entre les deux artistes : Cézanne aurait vu des reproductions de Greco dans un manuel de Charles Blanc, ainsi que dans un numéro du *Magasin pittoresque* de septembre 1860 (ill. 36)[72]. Dans son investigation philologique fondée sur le dépouillement systématique des revues illustrées du XIXe siècle, l'auteur se garda de mentionner l'intuition partagée par Meier-Graefe trente ans auparavant, à ses yeux invalidée *de facto* par son absence de fondement archivistique. À ce stade de sa jeune carrière,

UNE COPIE PAR CÉZANNE D'APRÈS LE GRECO

ON s'est demandé souvent déjà quel rapport il y avait entre le tableau de Cézanne *la Femme au boa* et l'œuvre du Greco *la Dame à l'hermine* [1]. Les uns ont soutenu que Cézanne a copié librement le tableau espagnol, les autres prétendent qu'il ne l'a jamais vu, même pas en reproduction. Il est de fait qu'à côté de ressemblances surprenantes, il existe des différences inexplicables entre les deux tableaux.

Ce problème m'a paru assez intéressant pour être étudié à nouveau et c'est le résultat de ces recherches que je voudrais exposer ici. J'ai pensé tout d'abord que le pedigree du tableau du Greco pouvait apporter quelques éclaircissements sur la question. Acheté en Espagne par le baron Taylor,

1 Catalogue de M. B. Cossio : N° 346, reproduction 108. Catalogue de A.-L. Mayer : N° 350, reproduction LXXI.

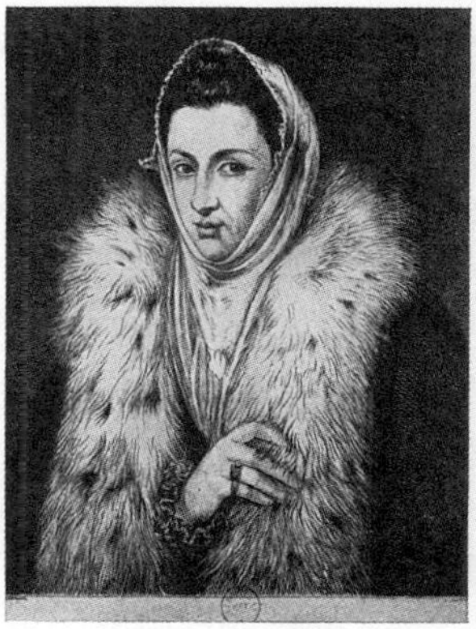

Cliché B. N. Office de Documentation.
FIG. 1. — LE GRECO. — « LA DAME A L'HERMINE ».
(d'après la gravure du livre de Ch. Blanc sur « L'Ecole espagnole »)

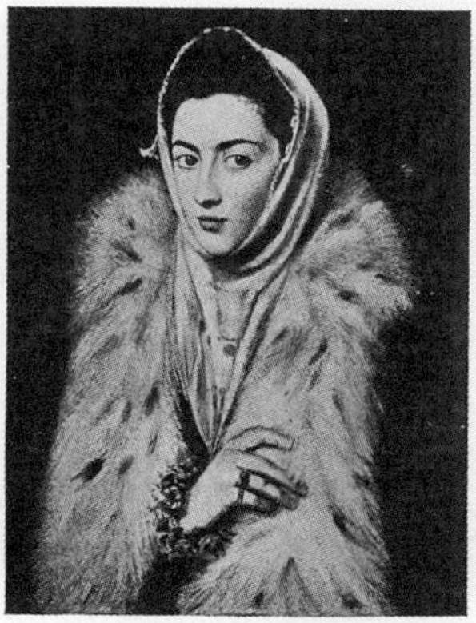

(Gazette des Beaux-Arts, 1910.)
FIG. 2. — LE GRECO. — « LA DAME A L'HERMINE ».
(d'après une photographie du tableau de la collection Sterling)

36 John Rewald, « Une copie par Cézanne d'après le Greco », *Gazette des beaux-arts*, vol. 6, n° 14, février 1936, p. 118

Rewald cherchait activement à liquider l'héritage des envolées lyriques de la critique germanophone dont il déplorait le manque de rigueur, au profit d'une *praxis* de l'histoire rigoureusement documentaire de l'impressionnisme. Un an après sa mort, la prescience enthousiaste de Meier-Graefe n'avait toujours pas fini d'agacer les savants européens.

Meier-Greco

Dès la parution des premiers extraits de son journal de voyage, l'agitateur Meier-Graefe fut à nouveau propulsé au cœur de virulents débats. Un dessin du caricaturiste Ernst Pickardt (1876-1931) diffusé dans la revue *Jugend* au début de 1909 sous le titre « Velázquez "meierifié" » en résume savoureusement la teneur : on y aperçoit le critique en train de barbouiller, à l'aide d'une plume démesurée matérialisant la lourdeur de ses fulgurances lyriques, un monumental autoportrait en pied du Sévillan (ill. 37). L'image fut sertie dans une compilation de ses observations présentées comme les plus cruelles sur le peintre des *Ménines*. Le titre donné à l'encart par les rédacteurs de la revue : « *Julius Meier-Greco*, pardon – *Julius Meier-Gräfe* », moquait d'une part la francomanie du critique, tout en contribuant de l'autre à propager le nom-valise « Meier-Greco », qui connut un certain succès dans le monde de l'art allemand autour de 1910. Mais la diffusion de sobriquets ne fut pas la seule préoccupation de la presse germanophone, qui s'empara de son cas par tous les biais imaginables. On put notamment lire, dans un numéro de l'hebdomadaire suisse *Der Samstag* de 1911, ce genre d'historiette à la connotation fort différente :

> « L'été dernier, je me trouvai assis avec des artistes espagnols dans un café madrilène. [...] Ils [me racontèrent] que, quelque temps auparavant, un petit Berlinois parlant français alors attablé avec eux aurait traité Velázquez de "*petit cochon*". L'homme s'appelait Meier, suivi par un autre nom juste derrière, Graffe ou Affe [*Affe* : "singe" en allemand], ou quelque chose comme ça, et il aurait depuis écrit un livre sur Greco. Un amalgame d'hystérie métropolitaine, de mouchure berlinoise, d'enfumage prussien et de fantaisie excrémentielle juive.
>
> Tout à fait : une fantaisie fécale[73]. »

Cette brève symphonie diffamatoire, se résolvant en outre sur l'accord perfide d'un antisémitisme se trompant de cible, illustre l'un des versants extrêmes de la réception du *Spanische Reise*, immédiatement perçu par la presse conservatrice comme un excitant ultra-moderniste aux effets dévastateurs. La coupure, collée dans son *Journal* par un Meier-Graefe visiblement amusé, fut ainsi annotée en marge : « Voilà qui rappelle le bon vieux temps du "cas Böcklin". » À peine essoufflé, ce dernier cédait en effet sa place à un « cas » Greco autrement plus explosif.

Une partie de la critique et des savants allemands accusa l'écrivain d'entretenir un petit commerce des sensations, destiné avant tout à assurer ses

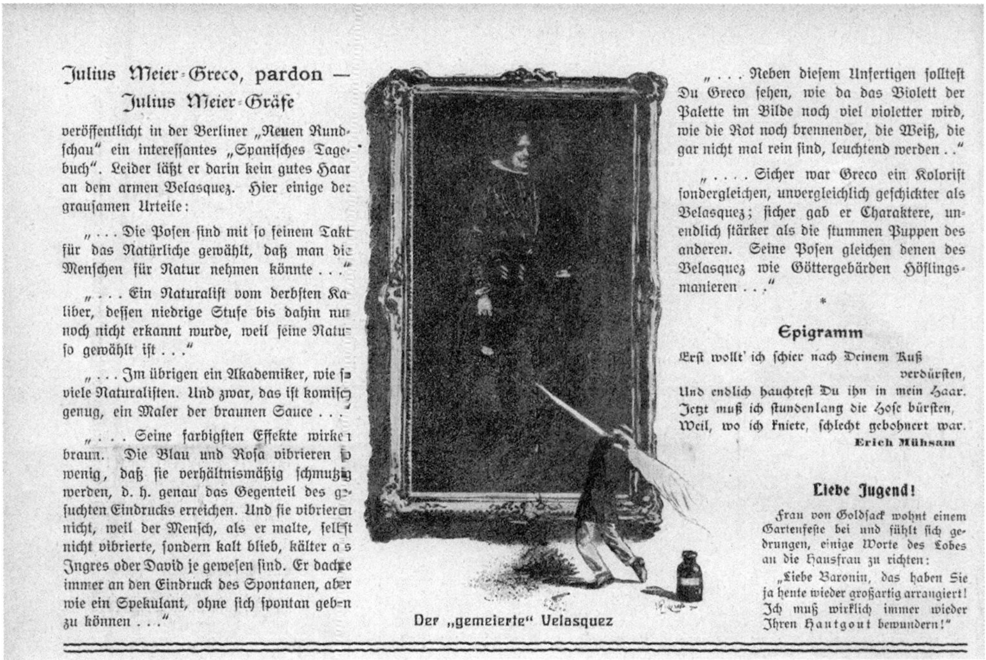

Julius Meier-Greco, pardon — Julius Meier-Gräfe

veröffentlicht in der Berliner „Neuen Rundschau" ein interessantes „Spanisches Tagebuch". Leider läßt er darin kein gutes Haar an dem armen Velasquez. Hier einige der grausamen Urteile:

„ . . . Die Posen sind mit so feinem Takt für das Natürliche gewählt, daß man die Menschen für Natur nehmen könnte . . ."

„ . . . Ein Naturalist vom derbsten Kaliber, dessen niedrige Stufe bis dahin nur noch nicht erkannt wurde, weil seine Natur so gewählt ist . . ."

„ . . . Im übrigen ein Akademiker, wie so viele Naturalisten. Und zwar, das ist komisch genug, ein Maler der braunen Sauce . . ."

„ . . . Seine farbigsten Effekte wirken braun. Die Blau und Rosa vibrieren so wenig, daß sie verhältnismäßig schmutzig werden, d. h. genau das Gegenteil des gesuchten Eindrucks erreichen. Und sie vibrieren nicht, weil der Mensch, als er malte, selbst nicht vibrierte, sondern kalt blieb, kälter als Ingres oder David je gewesen sind. Er dachte immer an den Eindruck des Spontanen, aber wie ein Spekulant, ohne sich spontan geben zu können . . ."

Der „gemeierte" Velasquez

„ . . . Neben diesem Unfertigen solltest Du Greco sehen, wie da das Violett der Palette im Bilde noch viel violetter wird, wie die Rot noch brennender, die Weiß, die gar nicht mal rein sind, leuchtend werden . ."

„ . . . . Sicher war Greco ein Kolorist sondergleichen, unvergleichlich geschickter als Velasquez; sicher gab er Charaktere, unendlich stärker als die stummen Puppen des anderen. Seine Posen gleichen denen des Velasquez wie Göttergebärden Höflingsmanieren . . ."

*

Epigramm

Erst wollt' ich schier nach Deinem Kuß verdürsten,
Und endlich hauchtest Du ihn in mein Haar.
Jetzt muß ich stundenlang die Hose bürsten,
Weil, wo ich kniete, schlecht gebohnert war.

Erich Mühsam

Liebe Jugend!

Frau von Goldsack wohnt einem Gartenfeste bei und fühlt sich gedrungen, einige Worte des Lobes an die Hausfrau zu richten:

„Liebe Baronin, das haben Sie ja heute wieder großartig arrangiert! Ich muß wirklich immer wieder Ihren Hautgout bewundern!"

37 Ernst Pickardt, « Der "gemeierte" Velasquez », *Jugend*, vol. 14, nº 22, 1909, p. 512b

propres intérêts esthético-financiers. Plus mesurés, d'autres se demandèrent si ses retournements de veste, ses décapitations de héros consacrés et ses glorifications soudaines n'étaient pas finalement le fondement méthodologique même de sa pratique de l'histoire de l'art. C'est ce que documentent les *Reisebriefe* du directeur du musée de Hambourg, Alfred Lichtwark, dans lesquelles, à mi-chemin entre moquerie et reconnaissance, il prit le temps de rapporter les interactions madrilènes de Meier-Graefe avec Cassirer. Le galeriste berlinois s'était effectivement retrouvé, au hasard de son propre voyage espagnol du printemps 1908, dans les galeries du musée royal d'Espagne au même moment que l'auteur de l'*Entwicklungsgeschichte* : « Il estime être en position légitime pour mettre à mort Velázquez, tout comme il avait tué Böcklin et porté un coup de grâce au jeune Menzel[74]. »

Résolu à asseoir au mieux la légitimité de sa réhabilitation du Crétois, Meier-Graefe travailla par conséquent, dès son retour en Allemagne et avec l'aide occasionnelle de son ami Mario Spiro, à une traduction allemande de la monographie pionnière de Cossío. Bien que sceptique sur la qualité générale

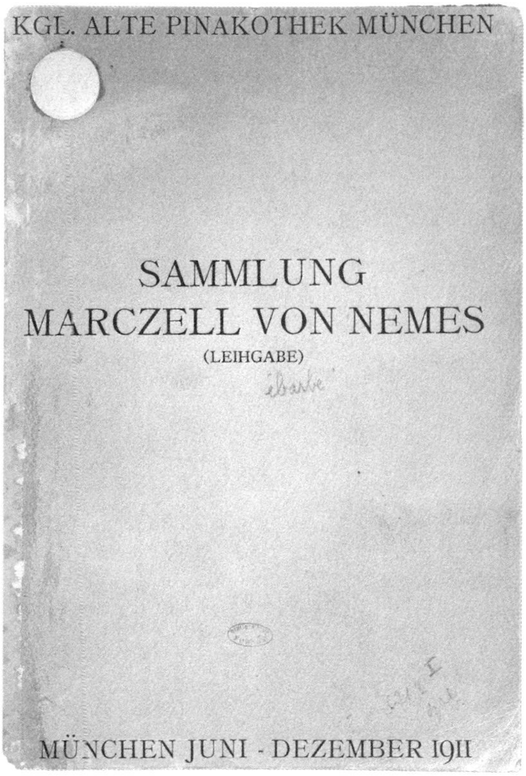

38 Catalogue de l'exposition de la collection Marczell von Nemes, Munich, Alte Pinakothek, 1911, couverture

de l'ouvrage, le critique lui reconnaissait un enthousiasme louable – car non touché par le positivisme des universitaires. Devancé par la monographie de Mayer, puis découragé par la difficile transposition du texte en langue allemande, Meier-Graefe abandonna finalement le projet à un stade de réalisation avancé[75].

S'il n'en fut pas directement à l'origine, le *Spanische Reise* alimenta la « fièvre Greco » de 1910. Signe que ses symptômes étaient déjà manifestes au moment même de l'incursion du critique en territoire ibérique, une coïncidence fit que le Salon d'automne de Paris consacra au peintre une petite rétrospective en septembre 1908, que Meier-Graefe eut l'occasion de visiter sur le chemin de son retour d'Espagne. Comme l'indiquent les lignes qu'il écrivit sur l'événement à la fin de son livre, il fut profondément déçu par ce rassemblement d'une quinzaine d'œuvres jugé terne et peu représentatif de la singularité du peintre. La saisissante *Vue de Tolède* fut toutefois visible à cette occasion au

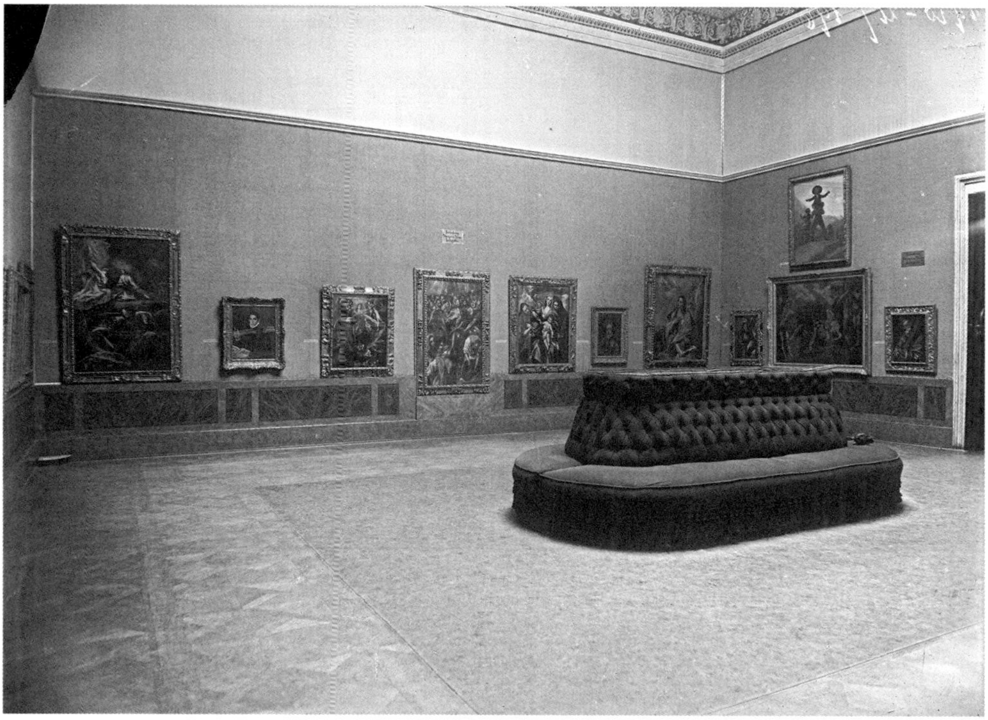

39 Salle de l'école espagnole à l'Ancienne Pinacothèque, Munich, lors de l'exposition de la collection Marczell von Nemes, 1911, photographie, Munich, Bayerische Staatsgemäldesammlungen

Grand Palais, inspirant à Rainer Maria Rilke une célèbre missive hallucinée à Auguste Rodin. Mais c'est bien en Allemagne, et plus spécifiquement à Munich, que les nouveaux admirateurs du Crétois furent le plus rassasiés. À peine démis de ses fonctions berlinoises par l'instance impériale, Hugo von Tschudi inaugura son mandat de directeur de la Pinacothèque en acquérant dès 1909 une spectaculaire variante de l'*Espolio* auprès de la galerie Bernheim-Jeune. Le prix élevé (200 000 francs) et l'achat couplé de la *Voie de chemin de fer* de Paul Cézanne suscitèrent fatalement des débats au sein de la commission d'acquisition bavaroise : on y accusa Tschudi de céder passivement à la grecophilie. Convaincu comme Meier-Graefe de la légitimité de l'affiliation du XIXe siècle français au maître tolédan, il poursuivit son action en permettant à la Pinacothèque d'abriter entre 1911 et 1913 le pathétique *Laocoon* et ses corps distendus. Ce dépôt de trois ans, rendu possible par la générosité d'un trio de mécènes berlinois, devait offrir suffisamment de temps au musée pour réunir les fonds nécessaires à son acquisition[76].

Mais le point d'orgue de la brusque omniprésence du Grec outre-Rhin fut sans nul doute l'exposition temporaire de la collection du mécène hongrois Marczell von Nemes (1866-1930) dans cette même Pinacothèque, de juin 1911 à janvier 1912 (ill. 38 et 39). Déjà révélé au musée de Budapest en 1910, l'ensemble comprenait au moment de sa station munichoise huit pièces de Greco glanées par le collectionneur au gré de ses tribulations européennes, une sélection d'œuvres de maîtres anciens issus de diverses écoles ainsi que d'artistes majeurs de l'impressionnisme français. Le choix des tableaux fut supervisé par Tschudi lui-même qui, déjà lourdement affecté par la maladie qui allait l'emporter fin novembre 1911, fit de cette exposition et du catalogue qui l'accompagnait son testament de *Museumsmann*. De son côté, le haut en couleur Nemes, lecteur passionné du *Spanische Reise* dont la collection semblait appliquer directement les préceptes, poursuivit activement ses acquisitions de Greco. Ce ne sont pas moins de douze toiles du maître qui furent ainsi montrées à la Kunsthalle municipale de Düsseldorf en 1912, dans le cadre de la deuxième étape du tour d'Allemagne de sa collection. Elles y figuraient à une place centrale parmi un ensemble de cent vingt-six tableaux brassant, là aussi, plusieurs siècles de peinture occidentale et aboutissant à des œuvres telles que la *Rue Mosnier aux drapeaux* de Manet. Par une synchronicité révélatrice, l'exposition du Sonderbund de la ville voisine de Cologne intégrait simultanément deux peintures du Crétois au sein même des salles qu'elle consacrait à Van Gogh et à Picasso : elles contribuèrent à mettre les spectateurs en condition visuelle adéquate pour découvrir les pièces suivantes, où se déployait l'éventail des expressionnismes européens contemporains.

Au-delà de cette relecture subversive de l'art ancien au prisme de la peinture moderne, la presse européenne critiqua l'ingérence douteuse du collectionnisme privé dans les institutions muséales publiques, ces dernières devant idéalement incarner le désintéressement relatif à la science de l'art. Malgré le crédit qu'apportait l'implication du savant Mayer dans l'exposition de Munich, les brochures produites en collaboration avec les musées à l'occasion des présentations successives de la collection Nemes prenaient les allures maquillées de catalogues de vente, dans un climat politico-artistique mis sous tension par la controverse qu'avait déclenchée le *Protest deutscher Künstler* de Carl Vinnen. Une crainte d'autant plus légitime qu'une rumeur propagée dès 1910 laissait entendre que Marczell von Nemes, endetté, projetait de mettre prochainement aux enchères une partie de sa collection[77]. Ce double reproche à la fois historiographique et éthique se trouve notamment formulé dans un article du chroniqueur français Pierre du Colombier : à grand renfort de sous-entendus, l'érudit manifesta son scepticisme envers la relecture zélée de l'histoire de l'art de certains écrivains d'art germanophones, accusés à demi-mot d'être à la solde du mécène hongrois. « Grâce à [Nemes], écrivait Du Colombier, on vous prouve, clair comme jour, qu'un aveugle seul ne saurait reconnaître la fraternité artistique de Cézanne et du maître tolédan. » Puis, dans une note railleuse perpétuant un poncif sur la langue de Goethe : « Il y a une phrase que je ne puis résister au plaisir de transcrire. Elle a été écrite dans une excellente revue, le *Cicerone* (mai 1913) : *Greco aber ist eine Weltanschauung wie Spinoza und Kant*. La langue française est impuissante à la traduire sans ridicule[78]. » Mais c'est surtout par sa conclusion, où Du Colombier relaie la rumeur des potentielles origines juives du collectionneur qui circulait alors dans la presse germanophone, que l'auteur révélait le fond de sa pensée : c'était une simple spéculation financière qui était à l'origine de la soudaine fascination pour le peintre[79].

Meier-Graefe observa cette agitation avec attention tout en restant stratégiquement discret. La mise au jour de ses interactions avec Nemes aurait aisément pu justifier les accusations de conflits d'intérêts dont il était la cible. Dès la fin de l'année 1910, le directeur du musée de Mannheim, Wichert, avait effectivement proposé au critique une somme d'argent afin de réaliser, à Budapest, une expertise complète de la collection du Hongrois pour le compte d'un industriel fortuné[80]. Conservés aux Archives municipales de Mannheim, leurs échanges démontrent l'aisance de Meier-Graefe dans la prise en charge de ce type de travail. Coutumier des codes du monde marchand, il ne devait naturellement pas laisser entendre à Nemes qu'il était missionné par un acheteur potentiel, afin de pouvoir examiner les tableaux en toute sérénité. Si son compte rendu d'expertise détaillé ne figure plus dans le fonds d'archives, ses impressions peuvent être retracées par d'autres lettres et télégrammes adressés au conservateur où il réitérait ses impressions. Sobres, crus, les jugements certifiés « méticuleux *et indépendants*[81] » du critique devenu expert, très éloignés de l'emphase du *Spanische Reise*, décontenancèrent quelque peu Wichert. « Il ne faut pas se fonder sur des comparaisons d'ordre esthétique, mais nous en tenir aux valeurs du marché[82] », écrivit ainsi avec pragmatisme Meier-Graefe au sujet de l'estimation jugée exagérée du *Saint André* en la possession du Hongrois. Découvrant les nombreux chefs-d'œuvre de Nemes, il fut extrêmement méfiant face aux retouches grossières réalisées sur certaines des pièces du Crétois, plus spécifiquement dans la partie inférieure de son *Christ au jardin des Oliviers*[83]. La collection n'en demeurait pas moins, par son envergure, un ensemble de très haute qualité que Meier-Graefe estima à environ 2 millions de marks. Peu après

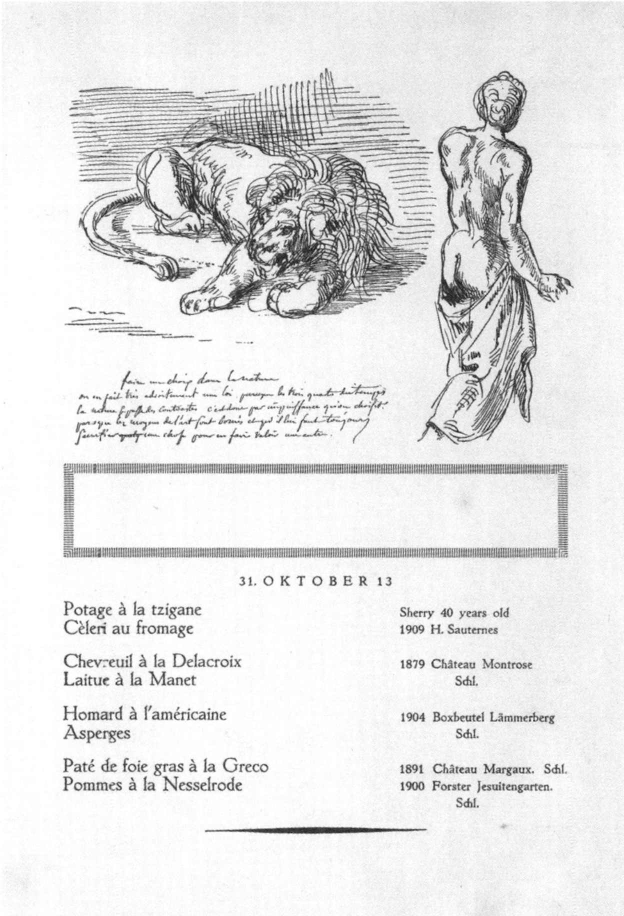

31. OKTOBER 13

Potage à la tzigane Cèleri au fromage	Sherry 40 years old 1909 H. Sauternes
Chevreuil à la Delacroix Laitue à la Manet	1879 Château Montrose Schl.
Homard à l'américaine Asperges	1904 Boxbeutel Lämmerberg Schl.
Paté de foie gras à la Greco Pommes à la Nesselrode	1891 Château Margaux. Schl. 1900 Forster Jesuitengarten. Schl.

40 Menu du dîner à la Villa Meier-Graefe de Berlin-Nikolassee le 31 octobre 1913, Marbach, Deutsches Literaturarchiv, succession Julius Meier-Graefe, 94.190.43

la livraison de l'expertise, son commanditaire Karl Lanz se rendit en personne à Budapest pour faire son marché, sans toutefois suivre au mot les indications du critique (« Avec mon expertise en main, il acheta précisément les choses que je tenais pour les moins recommandables[84] », allait se souvenir Meier-Graefe en 1934). L'opération permettait en tout cas à Wichert de gagner les faveurs du riche collectionneur au bénéfice de la galerie de Mannheim, et lui offrait de meilleures chances d'appliquer son programme culturel[85].

L'implication du critique dans les affaires de Nemes ne s'arrêta pourtant pas à cette seule expertise. Deux ans après sa mission secrète à Budapest, Meier-Graefe réalisa une seconde appréciation de l'ensemble – cette fois-ci à la demande du collectionneur lui-même – en prévision de la dispersion parisienne de ses tableaux chez le marchand Manzi. Il reçut non seulement 2000 francs pour la rédaction d'une préface à la section « Maîtres modernes » du catalogue édité par la maison de vente[86], mais surtout, en guise de rétribution de la part du Hongrois, une grisaille de Delacroix figurant un *Lion dévorant un cheval*[87]. Ces activités révèlent l'ambiguïté profonde du rôle d'intermédiaire joué par Meier-Graefe dans le monde de l'art, que la notion seule de « désintéressement » ne saurait nullement circonscrire. La prise en compte de ces tractations incite à observer avec un certain recul l'article élogieux que le critique consacra à Nemes en juin 1913 pour la revue *Die Zukunft*, et dans lequel il défendait le collectionneur face aux accusations répétées de « marchandage » éhonté dont il était la cible. Si Meier-Graefe pouvait concéder que la logique du profit polluait le collectionnisme contemporain (« Aujourd'hui, un père de famille sécurisera mieux son héritage avec des Cézanne qu'avec une rente d'État[88] »), il reconnaissait avant tout chez l'excentrique Nemes un modèle de générosité ayant toujours cherché, par ses donations, à enrichir la culture visuelle de ses compatriotes. Quand la presse accusait le Hongrois de « souiller » les œuvres d'art en les traitant comme de vulgaires marchandises, Meier-Graefe renversait la perspective avec malice : Nemes s'évertuait à ses yeux à « assainir » son capital en le transmuant en biens spirituels. Or, « y a-t-il meilleur objectif à atteindre avec de l'argent[89] ? » Dès son emménagement dans la villa cossue qu'il fit construire à Nikolassee en 1913, Meier-Graefe fit accrocher à une place de choix, dans son cabinet de travail de style Biedermeier, le *Lion dévorant un cheval* de Delacroix reçu du collectionneur, tout en servant à ses convives, au soir de la pendaison de crémaillère, un « pâté de foie gras à la Greco » (ill. 40). Le tout fut arrosé d'un Château Margaux, millésime 1891.

« Ce clown des âmes... »

Au-delà de ces manœuvres, Meier-Graefe avait ouvert aux jeunes créateurs allemands un continent inexploré. Enivrés par la force immersive de son récit de voyage, les jeunes peintres se rendirent religieusement, l'ouvrage en main, devant les Greco de la collection Nemes et des galeries publiques. Certes, Picasso n'avait eu besoin des béquilles interprétatives de personne pour noter ironiquement « *Yo El Greco* » sur l'un de ses croquis de 1899, mais il poursuivit intensément ses investigations sur le Tolédan lors de ses expérimentations précubistes. Il fut, tout comme son compatriote Ignacio Zuloaga, profondément marqué par la sensationnelle et extatique *Ouverture du cinquième sceau*. De nombreux et récents travaux ont analysé l'impact décisif de Greco sur les acteurs de l'avant-garde européenne peu après 1900, en particulier auprès des jeunes expressionnistes allemands. Dans leurs journaux intimes, leurs carnets de croquis et leurs toiles, des créateurs comme Vassily Kandinsky, Paul Klee, Karl Hofer, August Macke, Edwin Scharff, Oskar Kokoschka, Jakob Steinhardt, Max Oppenheimer ou Adriaan Korteweg, jusqu'aux cubo-expressionnistes d'Europe centrale, se confrontèrent directement au maître. De la copie spontanée (Franz Marc face au *Christ au jardin des Oliviers* aperçu à Munich) à l'appropriation implicite (les villes miniatures disloquées de Ludwig Meidner rappelant la *Vue de Tolède*), en passant par les corps effilés de la *Ville de Paris* de Robert Delaunay (dont les *Trois Grâces* semblent s'inspirer du trio central de personnages de *La Vision de saint Jean*), jusqu'aux toiles ultimes du jeune Marcel Duchamp – qui visita la collection Nemes lors de son séjour munichois –, c'est une génération entière d'artistes qui reconnut spontanément chez Greco un précurseur visionnaire. De Paris, le critique André Salmon théorisa la filiation entre le peintre hispano-grec et André Derain, *via* Cézanne, dans un essai de 1912. Récurrentes, ces concordances transhistoriques permettaient de « briser les Tables de la Loi[90] » qui régissaient encore l'histoire traditionnelle des formes.

Vers 1910, la mode entourant Greco connut une telle intensité que le héraut berlinois des avant-gardes Herwarth Walden (1878-1941) ne put se retenir d'en moquer les effets dans sa revue *Der Sturm* par une mention caustique du Café Grössenwahn, brasserie cosmopolite du *Kurfürstendamm* où se réunissaient les artistes de la capitale :

> « Au lieu de manger, ils crient sans s'arrêter *Greco, Greco – à bas Velasquez !* C'est là que la modernité écervelée déploie ses tentacules : de longs bras, beaucoup plus longs qu'il n'est envisageable du point de vue anatomique, et des mains chiroptériques, aussi inconcevables que cet adjectif lui-même[91]. »

Walden concédait aux œuvres du peintre une puissance expressive sans pareille, qu'il prit soin de défendre, le moment venu, contre les médecins allemands qui prétendaient pouvoir diagnostiquer son « astigmatisme[92] ». En tant qu'apôtre moderniste d'une autonomie radicale de l'œuvre d'art, il voyait en Greco l'un des premiers artistes à être parvenus à considérer le monde des formes comme un « organisme indépendant[93] ». Il incita dès lors les jeunes praticiens à faire autant que possible abstraction du tintamarre médiatique qu'il suscitait pour se confronter directement aux œuvres. Ainsi, loin de s'intéresser aux faits historiques exploités dans la monographie de Mayer, à laquelle il consacra une brève chronique, Walden estima que la valeur de l'ouvrage résidait principalement dans son répertoire d'œuvres indiquant pour chacune un lieu de conservation : « Il est inutile de trop lire sur le peintre, il faut simplement voir ses tableaux[94]. »

Par un saisissant paradoxe, Meier-Graefe fut irrité par l'impact de son propre livre sur toute une génération d'artistes dont il n'acceptait nullement les audaces. Déjà, lors de sa visite du Salon d'automne de 1908, il eut le pressentiment de possibles incompréhensions et détournements hâtifs de Greco. Sans jamais précisément identifier ses cibles, il inséra dans les dernières pages du *Spanische Reise* des attaques contre l'art actuel, qui allaient se radicaliser dans ses publications ultérieures : « Ces jeunes, qui se comportent comme s'il étaient [les] suiveurs [de Greco], ne se battent même plus. Ils deviennent des tapissiers. La décoration est la plus grande infortune de notre temps[95]. » N'ayant rien de semblable avec les motifs de papier peint déroulés au kilomètre par Matisse et consorts, la valeur décorative des tableaux de Greco résultait à ses yeux d'un « enchaînement intérieur de conceptions spirituelles », qui leur conférait de fait une substance d'ordre supérieur. Quant à ses légendaires dissonances visuelles et autres distorsions, elles se résolvaient – à l'inverse des rugissements anguleux des expressionnistes dont le critique se désolidarisa rapidement – dans un tout harmonieux. Bien qu'aucun passage du *Spanische Reise* ne semblât inciter à un rapport littéral aux œuvres du Crétois, ses jeunes admirateurs se saisirent du peintre redécouvert comme d'un outil d'abstraction visant à une dilution toujours plus grande de l'objet – « comme si Greco était là pour légitimer nos minables actualités[96] ».

Il fut dès lors difficile à Meier-Graefe de se réjouir de l'éloge bienveillant dont il fit l'objet de la part de Franz Marc dans le célèbre *Almanach* du Cavalier bleu, qui le remerciait d'avoir « offert à ses compatriotes le merveilleux monde des idées d'un grand maître qui leur était totalement inconnu, à savoir Greco[97] ». Publié par Reinhard Piper en 1912 et élaboré en partenariat avec Vassily Kandinsky, l'album présentait en vis-à-vis une *Tour Eiffel* trébuchante de Robert Delaunay et un *Saint Jean Baptiste* de Greco (ill. 41) – deux œuvres acquises simultanément par l'industriel Bernhard Koehler peu après ses lectures du *Spanische Reise*. Meier-Graefe percevait ces récupérations comme une trahison, considérant que les écervelés modernistes ne faisaient qu'intégrer une référence supplémentaire au bazar de leur culture bricolée. Seul le jeune Max Beckmann, auquel le critique avait déjà apporté son soutien à plusieurs

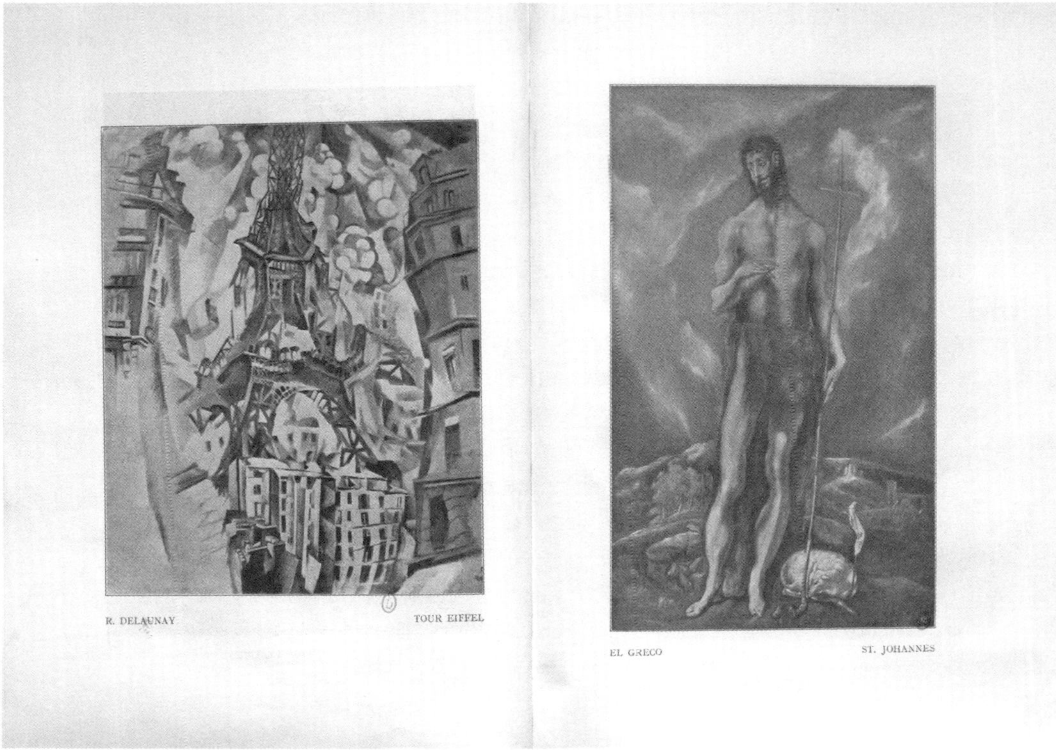

41 Double page confrontant des œuvres de Greco et Robert Delaunay, dans Vassily Kandinsky et Franz Marc (éd.), *Der Blaue Reiter*, Munich, R. Piper & Co., 1912, s. p.

reprises, fit exception. Le peintre nota la remarque suivante dans son *Journal*, début janvier 1909 :

> « J'ai lu au café la première partie du journal espagnol de Meier-Graefe. Je me suis fâché de le voir gaspiller son enthousiasme pour le Greco au lieu d'ouvrir les yeux et de trouver la même chose dans mes tableaux, mais exprimée d'une manière plus fondamentale pour nous autres hommes modernes, sans tout ce fatras esthétique. Ne conviendrait-il pas de récupérer cet intelligent clown des âmes pour l'utiliser à mon profit[98] ? »

Le propos est révélateur du statut ambigu de Meier-Graefe autour de 1910, reconnu pour sa capacité unique à stimuler les mécanismes de la perception, mais de plus en plus fréquemment associé à des conceptions impressionnistes et à des procédés littéraires désuets. Quelques jours plus tard, résolu à mettre sa stratégie de séduction à exécution, Beckmann invita tout de même le critique dans son atelier de Hemsdorf pour lui présenter ses travaux en cours :

> « Beaucoup de bruit autour de Greco de la part de Meier[-Graefe], ce qui ne représentait pas une nouveauté pour moi. Ce fut ensuite le tour de mes tableaux. C'était un curieux mélange de stupéfaction, d'admiration, de réprobation et d'autres choses. Il estima le *Déluge* le plus achevé, et la *Résurrection* le plus intéressant, et ajouta d'autres petites œuvres. Tout compte fait, ce n'était pas inintéressant. Dommage qu'il n'ait que des sentiments littéraires, à propos du style également, sinon il n'aurait pas pu prendre pour une des miennes une peinture de [Wilhelm] Schocken accrochée dans notre salle à manger.
>
> [Le lendemain :] La sortie stupide de Meier à propos de Greco, jointe à ma gueule de bois à cause du champagne d'hier, pèse sur mon esprit[99]. »

La teneur symboliste du *Déluge* et sa référence explicite au symbolisme d'un Hans von Marées ne pouvaient naturellement pas déplaire au critique ; quant à la *Résurrection*, avec ses nuées confuses de corps en lévitation, elle empruntait certes aux compositions magistrales de Rubens, mais rappelait par sa rangée de personnages en isocéphalie des œuvres comme *L'Enterrement du comte d'Orgaz*, ou *L'Adoration du nom de Jésus* de l'Escurial[100]. Parce qu'il observait dans son œuvre une oscillation permanente entre planéité de la surface peinte et réalité plastique du motif, ainsi qu'une réactivation vitaliste, sécularisée de grands thèmes de l'iconographie classique, Meier-Graefe pouvait espérer trouver en Beckmann un suiveur incarné du Crétois. Il reconnaissait en outre chez lui l'un des rares talents contemporains associant tempérament et goût pour la tradition. Irascible, le peintre s'opposa d'ailleurs, en des termes similaires à ceux de son aîné, aux dérives abstraites du Cavalier bleu ou du cubisme parisien – une peinture qu'il jugeait « faible et excessive dans son esthétisme », ne permettant plus de « distinguer la notion de papier peint ou d'affiche de celle de "tableau"[101] ».

* * *

« [Greco] a été, pour notre temps, une nécessité objective au sens dialectique[102] », écrivit le critique Wilhelm Hausenstein dans un essai sur l'expressionnisme publié peu après la Grande Guerre : ressuscité dans tout son anachronisme, le peintre avait permis de rejouer, à l'aube du nouveau siècle, le sempiternel conflit opposant naturalisme et idéalisme. Son apparition est à ce titre un exemple saisissant de réorientation du goût. Le flou relatif entourant la vie et l'œuvre de Greco joua un puissant rôle de stimulant, ouvrant de fait à sa création un champ de significations élargi. Au départ dénigré par les hygiénistes de la culture, l'artiste fut simultanément saisi et universalisé par la critique progressiste, puis bientôt nationalisé en retour par l'Espagne – où l'on se mit dès les années 1910 en quête de sa dépouille mortelle afin de l'ancrer par le sol. L'étude de ces rejets et appropriations parallèles, par le verbe et par l'image, agit comme un surprenant révélateur de l'histoire culturelle européenne du premier XXe siècle. À chacun « son » Greco, pour ainsi dire.

Celui défendu par Meier-Graefe à travers son livre-mélodrame de 1910 était l'incarnation même d'une modernité-monde, envisagée comme antidote aux débats nationalisés sur les sources de cette même modernité ; un créateur de valeurs ordonnantes devant bénéficier à l'ensemble de la communauté. Malgré l'échec partiel de ce projet réconciliateur, le peintre demeurait une arme puissante à brandir contre le matérialisme des masses, le capitalisme globalisé et le sacre du quantifiable qui marquaient l'Europe de 1900. Le surhomme Greco devenait ainsi, bien au-delà de sa production artistique, un véritable remède sociopolitique : « Il m'arrive souvent de penser que nous irions mieux, pas seulement dans notre art, mais dans tous les domaines, également en politique, si chacun comprenait ce qui réside dans un tel homme[103]. » L'ultime leçon de Greco était donc d'ordre moral. Dans un monde désenchanté, elle condamnait la tyrannie de l'incroyance tout en incitant à s'abandonner, sans restriction, aux légendes structurantes. Rongé par un incurable pessimisme, Meier-Graefe jugea néanmoins dès 1912 que « les conditions ayant [jadis] rendu possible l'apparition d'un Greco » n'étaient plus d'actualité, à un âge où l'on « considère tout et [l'on] n'éprouve rien[104] ».

Le voyage en Espagne de Meier-Graefe fut toutefois perpétuellement hanté par un autre *Übermensch*, qui revint à l'esprit du promeneur à chacune de ses stations : Hans von Marées. Entamées peu avant 1906, les fastidieuses recherches de Meier-Graefe sur cet autre grand méconnu étaient justement très avancées lors de son incursion outre-Pyrénées. La correspondance du critique avec Mary Balling, ex-épouse de Konrad Fiedler en possession de nombreuses œuvres du peintre, révèle au mieux cette préoccupation. Dans une lettre envoyée depuis Tolède en mai 1908, le critique évoqua une première fois la similitude de ces deux destinées : « Greco surpasse toutes mes attentes et, étrangement, je découvre en lui une vision parallèle à celle de Marées[105]. » Et quelques semaines plus tard, de Madrid :

> « Dites-vous bien que l'un des plus grands génies de l'humanité, Greco, est mort depuis quatre siècles et qu'aujourd'hui encore, à l'ère des Expositions centennales, les collectionneurs de timbres de la trempe de Bode et de Carl Justi le tiennent toujours pour fou – bien que Velázquez l'ait considéré comme la "bible de l'art". C'est exactement la même chose pour Marées. Ici [à Tolède], je trouve quotidiennement, dans les églises et les cloîtres, ses tableaux dans l'état dans lequel étaient ceux de Marées quand je suis arrivé à San Francesco[106]. »

Au-delà de l'oubli auquel les deux peintres semblaient avoir été livrés, le point de convergence le plus évident résidait dans leur nature d'apatrides, ou plutôt leur « croyance partagée dans l'existence d'une patrie intérieure[107] ». Dès son retour à la *Heimat*, parallèlement au ramdam entourant Greco et les bougonnements nationalistes de Vinnen, Meier-Graefe put pleinement travailler à sa réhabilitation finale de Marées ; s'autorisant même, pour ce cas exceptionnel, le truchement des méthodes scientifiques les plus rigoureuses. Il se tenait enfin prêt à offrir à ses compatriotes un héros germanique à aduler.

CHAPITRE IV

·L'INVENTION· ·DE·MARÉES·

« JE SUIS UN AUSSI BON
ALLEMAND QUE GOETHE,
PAS MIEUX[1]. »

Julius Meier-Graefe

« IL EST IMPOSSIBLE
D'AIMER MANET ET MARÉES
EN MÊME TEMPS. MEIER-GRAEFE
A RUINÉ LE DÉVELOPPEMENT
DE L'ART ALLEMAND POUR
LE DEMI-SIÈCLE À VENIR[2]. »

Max Liebermann

Au début de l'année 1906 ouvrit en grande pompe l'Exposition centennale de l'art allemand à la Galerie nationale de Berlin (ill. 42). L'événement, qui proposait une magistrale révision de l'histoire de la peinture allemande entre 1775 et 1875, fut élaboré dans l'idée d'unifier l'histoire morcelée des foyers de création germaniques. Parmi les personnages clés ayant œuvré à cette immense exposition figuraient le directeur du musée berlinois Hugo von Tschudi, son homologue hambourgeois Alfred Lichtwark (1852-1914) ainsi que Woldemar von Seidlitz (1850-1922), qui occupait de semblables fonctions aux collections royales de Dresde. La genèse, l'organisation, le programme et l'impact historiographique décisif de la Jahrhundertausstellung deutscher Kunst de 1906 sont bien connus[3]. Imaginé dès 1896 par Lichtwark, à qui revient *de facto* la paternité de l'événement, ce projet au montage complexe, qui reçut le soutien de l'État et de nombreux mécènes, mit près de dix ans à voir le jour[4]. Entre-temps, la Centennale de l'art français, présentée au Grand Palais dans le cadre de l'Exposition universelle de 1900, avait révélé à l'Europe entière le potentiel symbolique d'une telle entreprise et excité l'orgueil culturel des nations voisines.

La nature exacte de l'implication de Meier-Graefe dans la Jahrhundertausstellung demeure relativement floue[5]. Il fut bien associé aux préparatifs dès 1904 grâce à l'entremise de Tschudi, peu après la publication de son *Entwicklungsgeschichte*. « Tout feu tout flamme[6] », muni d'une ramette de papier à lettres à en-tête du comité officiel d'organisation qu'il venait d'intégrer, disposant selon la légende de son propre espace de travail sous les combles du musée, il s'attela à la tâche dans le courant de l'été. Il commença par ébaucher des listes d'œuvres à convoiter auprès des collections nationales ou étrangères, et s'employa à rédiger les notices descriptives destinées à compenser la fadeur des illustrations en noir et blanc du corpulent catalogue en préparation. Si les francophiles Tschudi et Meier-Graefe représentaient le camp des progressistes au sein du comité, en ce qu'ils entendaient réécrire l'histoire de la peinture allemande d'après le baromètre de la modernité hexagonale[7], leurs collaborateurs – et plus particulièrement Lichtwark – furent pour leur part les tenants

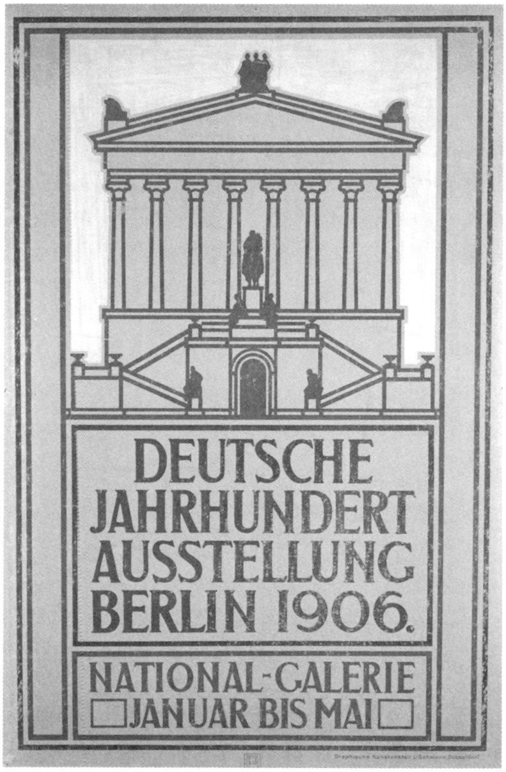

42 Peter Behrens, affiche de l'Exposition centennale de l'art allemand à la Nationalgalerie de Berlin, 1906, Berlin, Kunstbibliothek, inv. Dfp 91

d'une approche vernaculaire révélant les tendances qui avaient marqué chaque foyer de création germanique dominant.

Quelques mois à peine après son entrée au comité d'organisation de la Centennale, Meier-Graefe en fut exclu et dut poursuivre sa collaboration de manière officieuse, en tant que « secrétaire rémunéré[8] ». Ayant reçu l'approbation de l'empereur, l'exposition se devait de revêtir les apparences d'une certaine neutralité et de ne soutenir aucun intérêt particulier, sinon celui de la gloire nationale. Mais ce sont les positionnements du critique sur la peinture française et ses attaques répétées à l'encontre de l'art allemand qui furent à l'origine de sa disqualification. Il aurait en effet semblé grotesque, aux yeux du *Reichsregierung* comme de l'opinion publique, que l'ultra-moderne Meier-Graefe, en plein processus de dépeçage de Böcklin, fût associé à un tel projet. Malgré ses agissements en coulisse, une caricature parodiant l'affiche de l'exposition, publiée dans les *Lustige Blätter* en mars 1906, atteste qu'il fut généra-

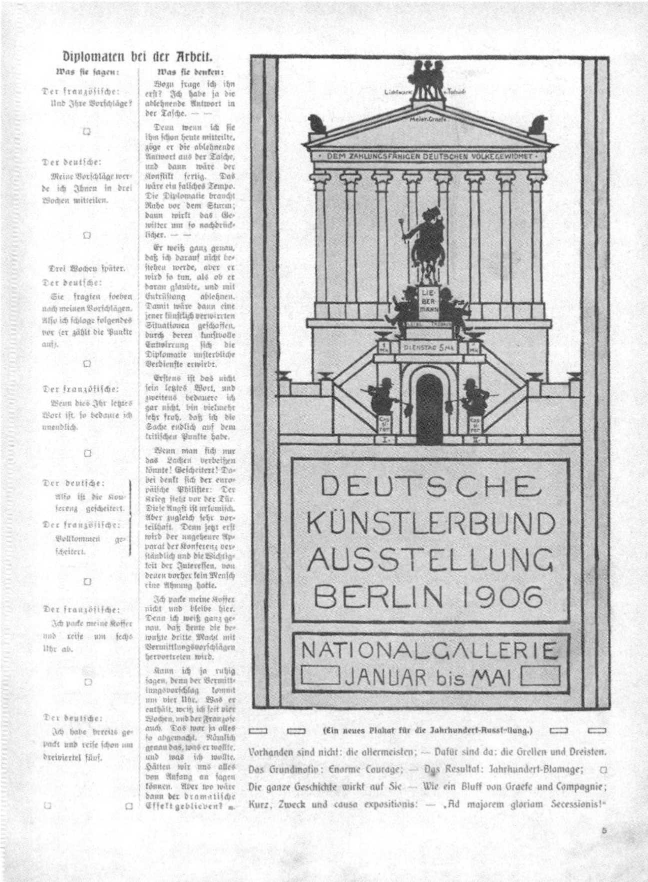

Diplomaten bei der Arbeit.

Was sie sagen:

Der französische:
Und Ihre Vorschläge?

Der deutsche:
Meine Vorschläge werde ich Ihnen in drei Wochen mitteilen.

Drei Wochen später.

Der deutsche:
Sie fragten soeben nach meinen Vorschlägen. Also ich schlage folgendes vor (er zählt die Punkte auf).

Der französische:
Wenn dies Ihr letztes Wort ist, so bedaure ich unendlich.

Der deutsche:
Also ist die Konferenz gescheitert.

Der französische:
Vollkommen gescheitert.

Der französische:
Ich packe meine Koffer und reise um sechs Uhr ab.

Der deutsche:
Ich habe bereits gepackt und reise schon um dreiviertel fünf.

Was sie denken:

Wozu frage ich ihn erst? Ich habe ja die ablehnende Antwort in der Tasche. — —

Denn wenn ich sie ihm schon heute mitteilte, zöge er die ablehnende Antwort aus der Tasche, und dann wäre der Konflikt fertig. Das wäre ein falsches Tempo. Die Diplomatie braucht Ruhe vor dem Sturm; dann wirkt das Gewitter um so nachdrücklicher. — —

Er weiß ganz genau, daß ich darauf nicht bestehen werde, aber er wird so tun, als ob er daran glaubte, und mit Entrüstung ablehnen. Damit wäre dann eine jener künstlich verwirrten Situationen geschaffen, durch deren kunstvolle Entwirrung sich die Diplomatie unsterbliche Verdienste erwirbt.

Erstens ist das nicht sein letztes Wort, und zweitens bedauere ich gar nicht, bin vielmehr sehr froh, daß ich die Sache endlich auf dem kritischen Punkte habe.

Wenn man sich nur das Lachen verbeißen könnte! Gescheitert! Dabei denkt sich der europäische Philister: Der Krieg steht vor der Tür. Diese Angst ist urkomisch. Aber zugleich sehr vorteilhaft. Denn jetzt erst wird der ungeheure Apparat der Konferenz verständlich und die Wichtigkeit der Interessen, von denen vorher kein Mensch eine Ahnung hatte.

Ich packe meine Koffer nicht und bleibe hier. Denn ich weiß ganz genau, daß heute die bewußte dritte Macht mit Vermittlungsvorschlägen hervortreten wird.

Kann ich ja ruhig sagen, denn der Vermittlungsvorschlag kommt um vier Uhr. Was er enthält, weiß ich seit vier Wochen, und der Franzose auch. Das war ja alles so abgemacht. Nämlich genau das, was er wollte, und was ich wollte. Hätten wir uns alles von Anfang an sagen können. Aber wo wäre dann der dramatische Effekt geblieben? m.

(Ein neues Plakat für die Jahrhundert-Ausst-llung.)

Vorhanden sind nicht: die allermeisten; — Dafür sind da: die Grellen und Dreisten.
Das Grundmotiv: Enorme Courage; — Das Resultat: Jahrhundert-Blamage;
Die ganze Geschichte wirkt auf Sie — Wie ein Bluff von Graefe und Compagnie;
Kurz, Zweck und causa expositionis: — „Ad majorem gloriam Secessionis!“

5

43 Anonyme, « Ein neues Plakat für die Jahrhundertausstellung », *Lustige Blätter*, vol. 21, nº 10, 1906, p. 5

lement perçu comme une force agissante déterminante, si ce n'est comme le « guide spirituel[9] » de l'entreprise (ill. 43).

Si Meier-Graefe chercha bel et bien à écarter Böcklin de l'exposition[10], c'est Hans von Marées qu'il érigea en contre-modèle face à la *Deutschtum* du Suisse, un génie intégral face auquel ses congénères restaient « les mains dans les poches[11] ». La mise sur pied de la Centennale joua un rôle pivot, non seulement dans la relation de Meier-Graefe à l'art de sa propre nation, mais dans son évaluation de Marées, auquel il consacra dès lors une énergie considérable. Ses investigations aboutirent, au terme de cinq années de travail acharné, au titanesque *Hans von Marées: sein Leben und sein Werk*, dont Piper assura la publication des trois tomes entre 1909 et 1910[12]. Avec cet ouvrage, Meier-Graefe produisait l'élément qui semblait encore faire défaut à son corpus : une étude minutieuse, mais surtout élogieuse, d'un grand nom de l'art national. À son proche ami écrivain Rudolf Alexander Schröder qui en corrigea les épreuves, il affirma l'ampleur de son ambition : « Je veux faire de mon livre sur Marées le point d'orgue de mon œuvre d'écrivain d'art[13]. »

Le *Marées-Werk* agissait simultanément sur plusieurs plans. À ceux qui ne voyaient dans les écrits du critique que de flous babillages, Meier-Graefe rétorquait par un travail d'une grande rigueur scientifique. Aux élites inquiètes des dommages causés à l'art national par ses écrits sur l'impressionnisme, il livrait un nouveau héros germanique. Enfin, en s'engageant corps et âme pour la défense et la promotion européenne de Marées, il devenait l'artisan de sa réhabilitation en tant que sujet allemand – même si ce double projet de réorientation historiographique et d'autoréparation identitaire ne connut pas le succès escompté.

Marées ex *nihilo*

Aujourd'hui conséquente, la littérature sur Marées frappe par sa relative inexistence avant la fin de la première décennie du XXe siècle[14]. Certes, le juriste et philosophe Konrad Fiedler (1841-1895), théoricien de la pure visibilité et mécène du peintre, lui avait dédié une brochure en 1889[15] ; mais, publiée à compte d'auteur, sa diffusion demeura limitée. Si l'intérêt pour Marées s'éveillait alors doucement, incitant le jeune Wölfflin à accepter de lui consacrer un article, il fallut attendre 1908 pour qu'un éditeur se résolve à publier les importants mémoires de l'élève du peintre Karl von Pidoll, vingt ans après leur rédaction. Par ailleurs, les premiers pas de la réception posthume de Marées furent profondément liés à un *topos* qui en domina longtemps la teneur : le destin dramatique d'un incapable luttant pour réaliser des idéaux beaucoup trop ambitieux pour sa frêle carrure. Malgré leur bienveillance, les textes fondateurs de Fiedler, de Wölfflin, de Richard Muther ou d'Adolf von Hildebrand – qui évoquait encore le « cerveau malade[16] » de son ancien compagnon – démontrent que la fortune de Marées fut comme prise en étau entre le haut vouloir du peintre d'un côté, et ses faillites tragiques de l'autre.

C'est à ce stade des débats que Meier-Graefe entra en jeu. Au tournant du siècle, il partagea plus précisément ses intuitions sur Marées comme génie négligé. Concédant la « bizarrerie[17] » du personnage, il reconnut en lui un homme d'instinct montant au front d'une noble guerre, dont l'imagerie avait figé à tout jamais le champ de bataille. Tout comme le critique avait inversé le paradigme interprétatif qui dominait la réception de Greco en faisant de sa folie un signe d'équilibre, il identifia dans les inaptitudes de Marées l'une des causes de la force de son monde de représentation. « Les défaillances de Marées, écrivait-il, sont aussi immenses que sa valeur[18]. » Meier-Graefe fit des faiblesses de l'artiste une puissance positive, et célébra sa germanité tout en veillant à la préserver des discours nationalistes. Il va sans dire que réactiver Marées était loin d'être aisé. L'énergie intellectuelle et physique requise pour créer quasi *ex nihilo* l'une des figures majeures de l'art allemand du XIXe siècle était considérable : il fallait non seulement recomposer la biographie d'un homme ayant passé une bonne partie de son existence en exil italien, mais aussi rassembler son œuvre et le cataloguer, avant d'en analyser la substance et de fondre le tout dans un récit d'envergure.

« J'ai simplement vécu »

L'invention de Marées par le livre *Marées* fut une épopée éditoriale qui n'aurait pas pu être menée à bien sans la confiance qu'accorda Piper à son auteur. L'éditeur fut contraint de calmer les ardeurs d'un écrivain enthousiaste et financièrement gourmand. Leurs échanges montrent comment *Marées*, au départ imaginé comme un court essai, se transforma en un livre-monument constitué de trois corpulents volumes incluant un catalogue raisonné. La question financière fut centrale dans l'élaboration du livre. Les coûts de fabrication furent sans cesse réévalués à la hausse par l'éditeur, pour une somme finale avoisinant les 50 000 marks. C'est là que Piper et Meier-Graefe mirent leur ingéniosité en action : dès 1907, ils diffusèrent un bulletin de souscription pour l'acquisition d'un tirage limité de l'ouvrage à venir, produit en trente exemplaires imprimés sur papier japonais (ill. 44). Accompagnée d'un portfolio comprenant des centaines de reproductions photographiques de dessins, la *Museumsausgabe* fut proposée au prix de 800 marks, sa vente devant amortir par avance une partie des coûts de production. Comme son nom l'indique, cette version s'adressait en priorité aux cabinets d'arts graphiques et aux bibliothèques des musées publics d'Allemagne, de la part desquels Meier-Graefe essuya de nombreux refus tout au long de ses prospections[19]. « *Bücher* sieht *man ja nicht*[20] », argua ainsi le directeur du musée de Krefeld, qui émit des doutes sur la valeur d'exposition d'un objet dont l'acquisition aurait aspiré la moitié du crédit annuel de sa bibliothèque. La stratégie porta néanmoins ses fruits, si bien que, avant même l'achèvement de l'ouvrage, la moitié du

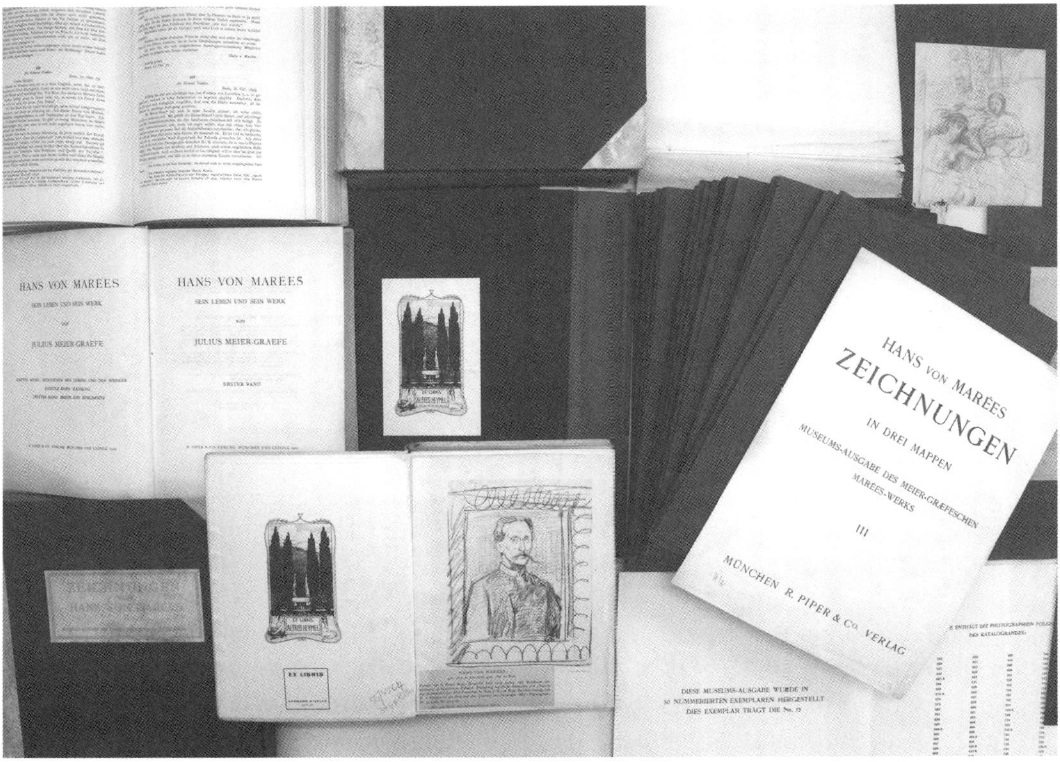

44 Julius Meier-Graefe, *Hans von Marées: sein Leben und sein Werk*, 3 tomes, Munich, R. Piper, 1910, tirage de tête (« Luxusausgabe »), comprenant trois coffrets additionnels de dessins en fac-similé, exemplaire conservé au Centre allemand d'histoire de l'art Paris avec un ex-libris d'Alfred Walter von Heymel

budget fut assurée[21]. Les 20 000 marks récoltés furent par la suite complétés par des appels au mécénat privé et la vente d'une série de huit dessins de Marées en la possession de la veuve de Fiedler, Mary Balling (1854-1919), censée résorber les dettes accumulées. Meier-Graefe fit tout son possible pour « protéger [les dessins] des mains privées[22] » en proposant l'ensemble en bloc à plusieurs musées allemands, mais là encore il dut faire face à des réticences[23]. « Marées est en train de me bouffer, et je n'ai plus d'argent[24] », admit-il en mars 1910, lourdement endetté par tous les voyages effectués au service de son ambitieuse moisson archivistique.

L'envergure éditoriale du *Marées-Werk* n'exprimait finalement que la volonté de l'auteur d'épuiser son objet d'étude. En dissonance totale avec les méthodes

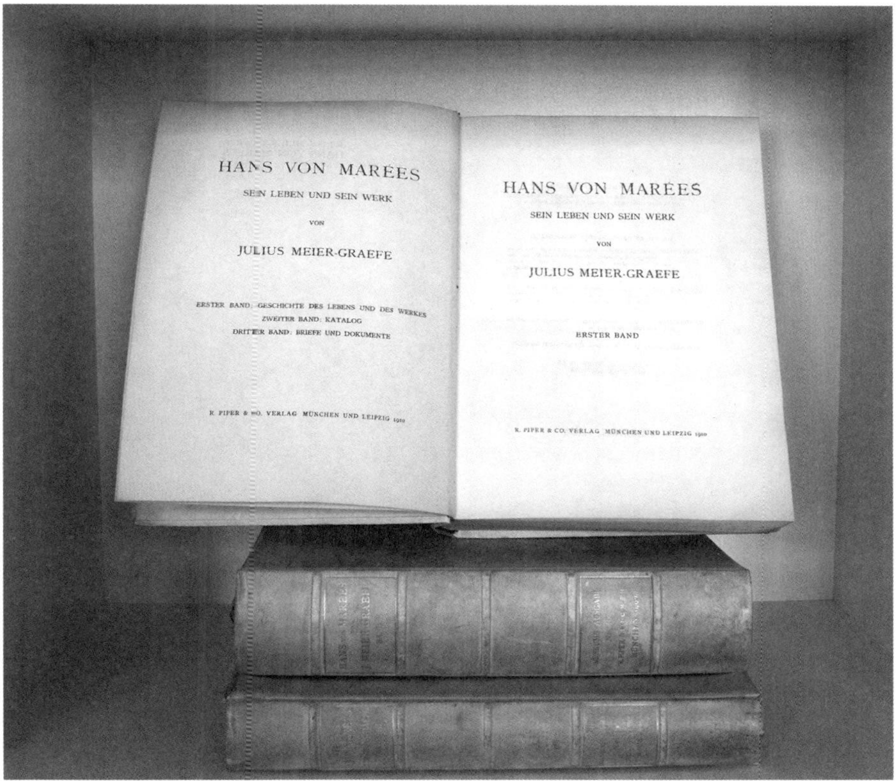

généralement mises à l'œuvre dans son approche, Meier-Graefe s'enivra rapidement d'un fantasme d'exhaustivité. Il affirma ainsi à Balling vouloir traiter du cas de Marées de manière « scientifique », avant de poursuivre : « Je suis par conséquent obligé de mener la recherche objective jusqu'aux confins du possible, et de consulter toutes les personnalités en mesure d'apporter leur contribution[25]. » Une approche sourcilleuse au point qu'elle contraignit l'auteur à se placer en opposition éthique à Marées lui-même, en faisant notamment ressurgir de l'ombre des pièces dont il n'aurait nullement cautionné la diffusion[26]. Car les recherches de Meier-Graefe ne permirent pas seulement de rassembler une vaste sélection de documents biographiques : elles sortirent de l'oubli bon nombre de tableaux. Le *fundus* le plus significatif fut sans conteste la « découverte », en 1907, des quarante tableaux mentionnés de la villa italienne de Hildebrand à San Francesco di Paola, près de Florence. Dans un état de conservation lamentable, ces œuvres d'une valeur alors estimée par Meier-Graefe à un million de marks comprenaient certaines pièces décisives du peintre, dont le triptyque du *Jugement de Pâris*. Meier-Graefe incita dès lors Hildebrand à faire don d'une dizaine de ces œuvres à la Galerie nationale de Berlin.

L'implication de Mary Balling dans l'élaboration du *Marées-Werk* représente au mieux le positionnement funambulesque de Meier-Graefe dans les débats sur la germanité. C'est avec un ton respectueux et toutes sortes de précautions langagières que le critique s'adressait à l'ex-épouse de Fiedler, qui possédait par héritage beaucoup d'œuvres et de documents essentiels à ses recherches. Domiciliée en Bavière, elle figurait parmi les intimes de Cosima Wagner et fréquentait les *aficionados* de Bayreuth. Afin de s'assurer la collaboration de sa correspondante, Meier-Graefe dut naturellement justifier, si ce n'est refréner, ses écarts antiböckliniens, et tenir son projet sur Marées à distance de toute controverse :

> « Avec mon livre sur Marées, mon objectif n'est pas d'attirer le peintre sur le terrain politico-artistique, ni d'illustrer de quelconques conceptions unilatérales. Je m'impose simplement le devoir de dépeindre fidèlement le plus étrange des hommes et des artistes, dans le destin duquel transparaissent bon nombre de problèmes de notre temps et de notre peuple[27]. »

Résolu, pour la première fois de sa carrière, à faire œuvre d'historien de l'art au sens strict, le critique tailla néanmoins son propre chemin vers la science. Davantage qu'aux savants diplômés, il pouvait ainsi penser à un « scientifique » qu'il admirait par-dessus tout : Gustave Flaubert. Dans une lettre envoyée d'Espagne à « Loris » (en réalité Hugo von Hofmannsthal) insérée au cœur de son *Spanische Reise*, le critique avait déjà prononcé un bel éloge du romancier qui, dans son *Bouvard et Pécuchet*, avait tourné en ridicule le mythe du savoir intégral. Alors que le poète autrichien se trouvait à Delphes et cherchait lui aussi à désapprendre Jacob Burckhardt pour vivre pleinement l'Antiquité, Meier-Graefe évoqua dans sa missive de 1908 la boulimie bibliographique de Flaubert lorsqu'il préparait l'assise narrative de ses romans : « *Salammbô* n'est rien d'autre qu'une fuite du poétique. C'est pourquoi il s'est embarrassé de milliers de détails historiques avec l'application d'un savant. Lui, Flaubert[28]. » Le *Marées-Werk* obéissait en quelque sorte à une règle des signes analogue : science et poésie devaient s'y fondre l'une dans l'autre en pondérant leurs excès mutuels.

Avec *Marées*, Meier-Graefe affirmait ainsi avec panache à la caste universitaire, qui reprochait à ses travaux leur absence de fondements empiriques, qu'il était capable de se confronter à la matière historique. À une nuance près peut-être : la lecture de la biographie du peintre rappelle que le critique n'entendait pas abaisser sa température à la froideur doctorale des savants. C'est l'homme Marées qui émane avant tout de l'ouvrage – et, à travers lui, son biographe même. Nous pourrions ici aisément, en regroupant un florilège de remarques issues de ses correspondances, démontrer la dimension existentielle que prit son enquête. En février 1908, quelques jours avant son départ pour l'Espagne, Meier-Graefe évoqua son propre « *Marées-Dasein*[29] » à Mary Balling, avant de comparer ses pénibles progrès dans la rédaction aux insatisfactions jadis éprouvées par le peintre[30]. Fin 1910, après la publication du livre, il affirma à l'ami Richard Dehmel : « Finalement, je n'ai pas travaillé pendant cinq ans, j'ai simplement vécu[31]. »

Marées éducateur

Digne, grave, dense, documentée, la biographie que Meier-Graefe déploie dans le premier tome de son *Hans von Marées* impressionne aujourd'hui encore quiconque s'y aventure. Soutenue par un style au faîte de son éloquence, alternant affirmations télégraphiques et longues coulées sinueuses, elle mêle avec fluidité le récit général d'une vie, anecdotes, analyses esthético-formalistes, *connoisseurship* et considérations culturelles sur l'Europe du XIXe siècle. Avec ces 550 pages, l'auteur relevait le défi de la *Heldengeschichte* en veillant à tenir son travail à l'écart de la dictature des faits. En résulte un récit épique, parfois émouvant, narrant l'ascension d'un conquérant de la peinture parvenu aux sommets granitiques des héros allemands incontestés, tels Dürer ou Goethe. « Le développement de Marées commence par un mince filet d'eau, se fait ruisseau, puis devient fleuve d'où naissent plusieurs affluents, avant de terminer sa course en torrent[32] », résume à mi-parcours l'auteur qui, malgré un découpage strictement chronologique, incite en permanence ses lecteurs à considérer le parcours du peintre comme un tout cohérent.

Dynamisés par le centenaire de sa disparition en 1987, les travaux et expositions qui ont depuis été consacrés au peintre ont suffisamment honoré, approfondi et parfois même corrigé les savoirs compilés par Meier-Graefe, qui demeure néanmoins un référent incontournable. Dans le cadre de ce développement, il s'agit de se focaliser sur la construction de Marées comme chevalier de la *Germanentum* ayant suivi un sentier alternatif de la modernité, voire comme remède aux carences sociétales de sa nation. Dès les premières pages, qui précisent d'emblée que la francité de l'artiste se borne à son seul nom de famille, il apparaît clairement que c'est le « *Mensch*[33] » dans l'œuvre que l'auteur espérait mettre à profit pour son projet de régénération culturelle. « Ce qui peut nous être utile chez Marées ne se limite en aucun cas à son œuvre[34] », écrivait-il déjà en 1907 à Balling, qui mit elle aussi la main à la pâte, notamment dans la retranscription de correspondances. Ces lettres, regroupées dans le deuxième tome du livre, permettent effectivement au lecteur, en parallèle, de sonder l'âme de l'artiste. Fréquemment citées dans le fil du récit, elles interviennent tantôt à des fins documentaires, tantôt pour aider à mieux cerner les aspirations du peintre et son positionnement vis-à-vis de la pensée de ses proches amis, Hildebrand et Fiedler.

C'est précisément des « abstractions » de Fiedler que Meier-Graefe cherchait en priorité à dissocier l'itinéraire artistique et intellectuel de Marées : le *Kunstphilosoph*, pour la théorie esthétique duquel il manifestait tout de même un certain respect, avait à ses yeux perdu trop de temps à manipuler une cohorte de concepts au détriment de l'expérience des objets d'art. Incarnant les écarts spéculatifs de la pensée allemande, Fiedler était ainsi passé à côté de son protégé, en élaborant ses systèmes « en dehors[35] » des œuvres. Par définition, le *Marées-Werk* ne s'adressait pas à l'« océan des philosophes », mais bien aux « amis des arts[36] ». Muni de son filtre interprétatif rigide, Fiedler avait en outre contribué à encastrer la réception du peintre dans l'impasse de ses inaptitudes, à savoir un conflit irrésolu entre illusionnisme et autonomie de l'art. Célébrer l'homme Marées au-delà de sa production permettait donc à Meier-Graefe de botter en touche et de reconnaître la hardiesse de ses intentions artistiques sans avoir à pointer du doigt ses prétendus succès ou échecs :

> « On reconnaît les grands artistes à la grandeur de leurs objectifs, à la vigueur avec laquelle ils poursuivent leur voie vers les sommets de contrées inexplorées. La question de savoir si l'objectif a oui ou non été atteint n'intéresse que ceux qui ont de la grandeur une conception étriquée[37]. »

Pour les lecteurs aux yeux desquels Marées demeure l'auteur d'une peinture maussade, défigurée par de noirâtres repeints, certains passages du livre laisseront l'impression d'une intrépide opération de sauvetage. Les paragraphes où le critique attribue les problèmes de conservation de ses triptyques tardifs à la seule préparation défaillante des panneaux de bois en constituent un exemple probant[38] – tout comme la célébration récurrente de la gaucherie du peintre, élevée en contre-modèle face à l'illusionnisme photographique de Böcklin.

Tels qu'observés par Meier-Graefe, les premiers pas de Marées – sa formation chez le peintre animalier Carl Steffeck (1818-1890) dans le Berlin des années 1850, puis son arrivée à Munich – dénotent déjà une faculté supérieure

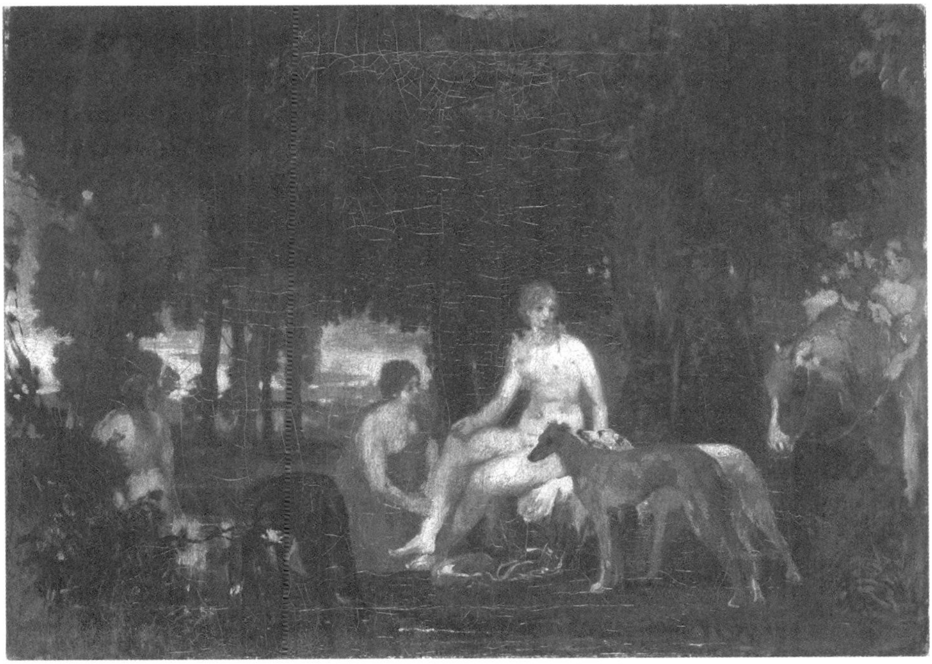

45 Hans von Marées, *Le repos de Diane*, 1863, huile sur toile, 96,2 × 136 cm, Munich, Neue Pinakothek, inv. 7866

d'ingestion des traditions se trouvant à sa portée, une volonté irrépressible de se dégager de l'académisme dominant des foyers de création germaniques, et enfin un besoin de laisser libre cours à la turbulence déjà manifeste de son tempérament. Dès ses tâtonnements de jeunesse, Marées revêtait en somme le costume social d'un moderne, rejoignant la caste des Greco et des Cézanne. Dès 1863, sous l'impulsion déterminante de son voyage hollandais, il proposait simultanément deux œuvres aussi différentes que le *Double portrait avec Lenbach* et le *Repos de Diane* (ill. 45), par lesquelles il se montrait capable à la fois de réaliser des études de caractère affirmées et de s'adonner à de plus libres jeux colorés. Les années 1860 et ses scènes forestières, marquées par leurs accords baroques ténébreux et leur flottement atmosphérique, furent pour Marées celles de la mise au point d'une *Fleckentechnik* singulière, proche des expérimentations picturales françaises alors en cours.

Son premier voyage romain, accompli à la demande du comte et mécène Adolf Friedrich von Schack (1815-1894), est perçu par l'auteur comme un moment décisif de sécession à l'égard de l'infertile terreau allemand, où chaque peintre semblait condamné à la « spécialisation » : il lui offrit pour ainsi dire les conditions de sa naissance allemande à l'étranger. Tournant le dos à l'industrialisation galopante et à l'expansion du naturalisme français outre-Rhin, Marées réalisa à Rome pour le baron von Schack plusieurs copies de maîtres, dont l'impertinente liberté à l'égard des modèles choisis mena à une rupture avec le mécène. C'est en outre d'Italie qu'il put, parallèlement à son assimilation des maîtres de la Renaissance, asseoir les bases de son vocabulaire iconographique où dominèrent dès lors des paysages atemporels et idylliques peuplés de héros inidentifiables et dénudés. En *Wanderer* mélancolique, Marées était en quête de sa propre identité, inspirant à Meier-Graefe de belles saillies déconstruisant l'idée même d'art national :

> « Tous les grands hommes sont des voyageurs, même lorsqu'ils ne quittent pas le lieu de leur création. En se déplaçant à mille lieues de leur terre d'appartenance, ils restent eux-mêmes. Le grand tour de Marées, qui le conduisit de l'Italie à la France en passant par l'Espagne, le menait vers lui-même. Il en revint les mains pleines. Mais sa plus belle acquisition fut une connaissance accrue de son être propre. [...] Les grands hommes désirent avec ardeur. Ce qui les attire vers l'étranger est une quête de leur âme intérieure. Ils vagabondent autour d'eux-mêmes et, à partir de là, arpentent le monde entier[39]. »

Évoquer le séjour parisien de Marées en 1869 offrait au critique la première occasion d'un rapprochement entre les inclinations du peintre et celles de ses contemporains français. Le *Philippe et l'eunuque* (ill. 46) qui suivit immédiatement révélait un premier dialogue productif avec Eugène Delacroix – un rapport que Meier-Graefe dépiste dans l'incandescence rougeoyante des costumes des deux protagonistes en route vers Gaza. Au-delà des questions stylistiques (couleurs ardentes, touche affirmée...), c'était une faculté semblable de transformer la *Kunst-* en *Weltanschauung* que le critique attribuait aux deux peintres, qui avaient finalement endossé, au service de leurs pays respectifs, un rôle comparable. Delacroix avait trouvé la « forme artistique de sa nation[40] » en profitant du soutien sans faille d'une culture française qui entretenait avec la picturalité une relation organique ; tandis que, de son côté, son confrère figea celle de la « race allemande », au prix d'un intense labeur et à la seule force de son tempérament. Si Marées, logé près du musée du Luxembourg lors de sa halte parisienne, fut en contact avec les œuvres de Géricault et du maître de la *Mort de Sardanapale*, d'éventuelles confrontations avec les tableaux de Manet semblent improbables. Cette donnée factuelle n'empêcha pas Meier-Graefe de consa-

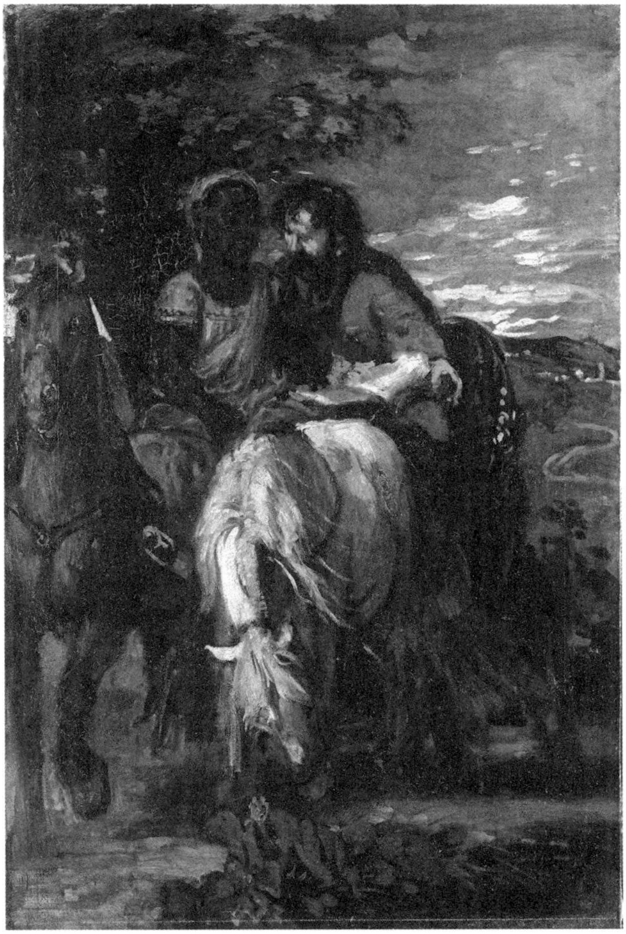

46 Hans von Marées, *Philippe et l'eunuque*, 1869-1870, huile sur toile, 92 × 62 cm, Berlin, Nationalgalerie, inv. A | 769

crer plusieurs pages à la concordance de leurs intentions. Le *Cavalier cueilleur d'oranges* aujourd'hui à la Staatliche Galerie Moritzburg, peint à Crostewitz peu avant 1870, se voit ainsi qualifié sans détour de « pré-impressionniste[41] » : tout comme son homologue parisien, Marées délaissait les conventions habituelles du modelage et peignait des tableaux aux motifs « neutralisés », dénués de sujets, marqués par le silence et le détachement. En liant Marées à Delacroix et à Manet, Meier-Graefe interposait son héros parmi les pères d'une modernité en train de restructurer le rapport au faire et à la tradition :

> « La *modernité* n'est pas simplement un effet de mode, mais quelque chose de magnifique, un progrès, un accomplissement, la vie. Marées a ceci de merveilleux qu'on ne ressent jamais chez lui le moindre archaïsme ou un quelconque retrait vers les formes anciennes. Sa compréhension des anciens était pourtant supérieure à celle de tous les autres peintres de son temps. C'est ce que j'aime chez Manet également : cette assurance intellectuelle vis-à-vis des anciens ; une culture qui, tout en reconnaissant ses prédécesseurs et en leur empruntant, pétille de nouveauté et de vitalité[42]. »

Marées et Manet ne pouvaient en revanche qu'être associés par un ensemble de « valeurs périphériques » agissant dans « deux mondes de représentation totalement différents[43] ». Jamais l'Allemand ne fit le choix de diriger sa palette vers la peinture claire qu'allait adopter le Manet impressionniste d'après 1870. D'abord, parce que cette manière semblait « intransmissible aux comportements d'autres cultures – et plus particulièrement de la culture allemande », et que Marées demeura, à la fois malgré et grâce à son universalisme, le plus illustre représentant de « [sa] race dans le domaine de l'art[44] ». Ensuite, parce que le peintre d'Elberfeld (et là réside l'une des grandes convictions développées par Meier-Graefe tout au long de son ouvrage) avait pressenti les dérives rendues possibles par l'adhésion aveugle au « postulat de la clarté[45] », cet hygiénisme moderniste dont Monet fut par la suite le partisan endoctriné.

Comme l'indiquait la composition de sa palette tardive, Marées n'avait eu besoin d'aucun traité pour assimiler la leçon de Chevreul et pratiquer un usage cézannien des « ombres colorées[46] ». Tout en accompagnant la pulsion du pleinairisme et de la peinture par effets de lumière, il ne versa jamais dans le rationalisme physiologique de l'impressionnisme le plus dogmatique, se focalisant sur sa propre voie, celle de l'ordonnance des choses dans l'espace. À l'instar du Daumier peintre, membre de la même « communauté d'instinct », Marées resta du côté du clair-obscur, qu'il vivifia de son talent d'improvisateur, et de l'anti-virtuosité :

> « Quel merveilleux exemple que Marées ! L'homme qui, dans sa jeunesse, n'avait qu'à laisser frétiller sa main pour devenir un grand impressionniste, s'astreignit dans ses dernières années à peindre de la main gauche pour se tenir à l'écart de toute habileté. Tout le problème de l'art moderne est ici[47]. »

Renouant avec bon nombre des problématiques abordées dans son *Cas Böcklin* de 1905, Meier-Graefe décelait chez Marées une aptitude supérieure – de surcroît rare dans la peinture allemande – à considérer au sein d'une même représentation la valeur *plastisch* des motifs et la planéité de la surface du tableau. La célèbre *Orangenbild* de la période florentine prouvait la prévalence d'un traitement unitaire de l'image, issu d'un compromis entre la corporéité individuelle et la texture de la toile. Avec Marées, le motif devenait l'organe d'un corps imageant, et non un simple caractère du style – à l'inverse diamétral de Böcklin et de ses trucages. Si les deux *Deutschrömer* s'étaient fréquentés et admirés en Italie, les propos teintés de scepticisme qu'eut Marées à son égard (tout comme à l'endroit du wagnérisme) donnaient à l'antiböcklinisme du critique un crédit nouveau. Leurs divergences se manifestaient dans les fondements mêmes de leurs conceptions artistiques, comme allait l'expliquer Meier-Graefe dans une lettre au publiciste Franz Servaes : « Prenez simplement le fait que Marées partait de la forme pour élaborer des symboles, quand Böcklin, lui, partait de l'idée[48]. » Annonciateur de l'impressionnisme et administrateur d'archétypes nordiques régénérés, Marées fusionnait les deux pôles en toute innocence :

> « C'est ce qu'il y a de fantastique chez cet homme, d'être capable de purifier, de simplifier, de spiritualiser, tout en improvisant chacun de ses coups de pinceau, tel un enfant. [...] Une telle chose n'a *jamais* été vue dans le monde. Les Français ont cette capacité extraordinaire de grandir comme des enfants. Nous ne le pouvons quasi jamais, car nous devenons gros et balourds, doctrinaires, cafouilleux ; mais nous dégageons quelque chose d'austère que les Français ne parviennent pas à atteindre. Marées dispose de ces deux aptitudes. Sa combinaison de Rembrandt et de l'Antiquité devient réalité[49]. »

La dernière singularité de Marées est d'avoir été le seul peintre de son siècle à réactiver la possibilité d'une *Monumentalmalerei*, au moment où la peinture française érigeait selon Meier-Graefe l'autonomie de la peinture de chevalet au rang de fétiche. L'auteur le rappelle d'ailleurs régulièrement tout au long de son hagiographie : ce sont « des murs » que l'Allemand réclamait pour l'épanouissement de son art. Ici intervient le cycle de fresques de la Station zoologique de Naples, réalisé en collaboration avec Hildebrand au cours de l'année 1873, qui constitue la seule commande publique de la carrière du peintre (ill. 47). L'ensemble accomplissait l'exploit de régénérer la grande tradition pompéienne et renaissante sans toutefois faire preuve d'une quelconque influence notable : Marées avait exécuté, en quelques mois et avec spontanéité, les premières fresques proprement modernes. Loin d'accorder à cette œuvre l'importance que lui conférait la plupart de la littérature artistique de l'époque, Meier-Graefe l'interprétait avant tout comme un moment décisif de transition vers les grands triptyques tardifs qui lui succédèrent.

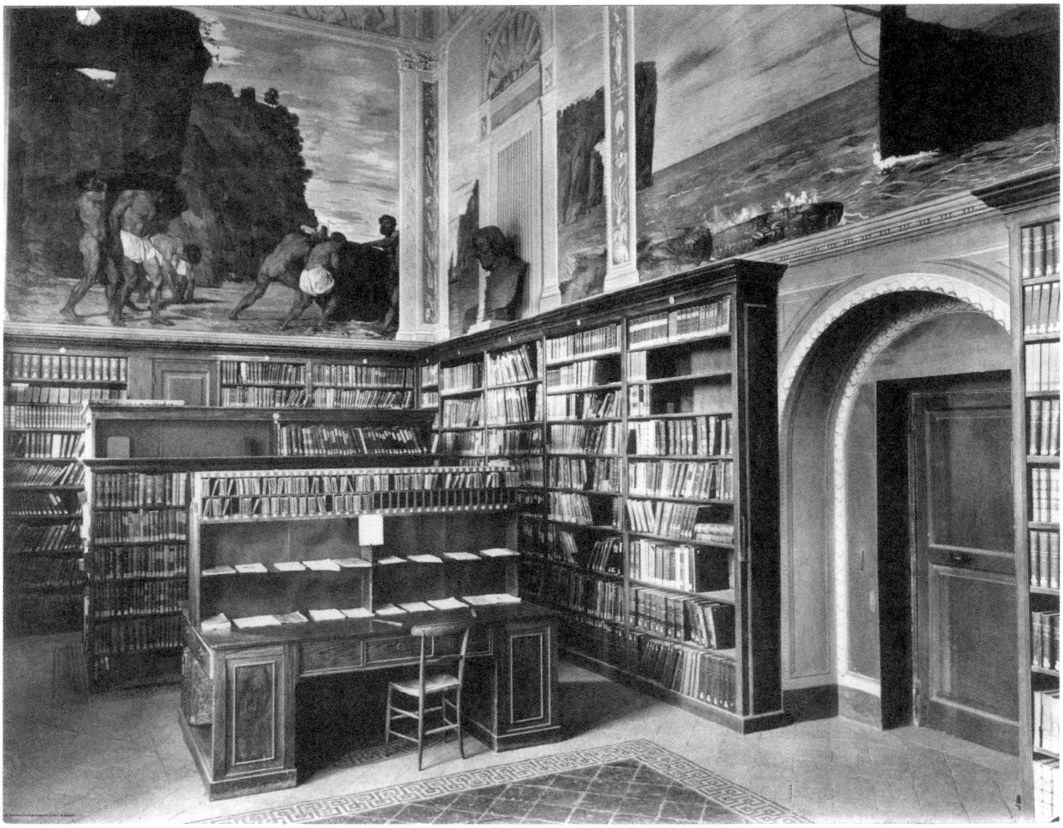

47 Bibliothèque de la Station zoologique Anton Dohrn de Naples en 1907, décorée par Hans von Marées (fresques) et Adolf von Hildebrand (décor), 1873

Ultérieures au cycle napolitain, les dernières années de solitude romaine de Marées furent placées sous le signe de la survivance d'un idéal arcadien, si ce n'est pré-antique, *uralt*, non touché par le progrès. Une quête pacifique et silencieuse d'un bien-être évanoui, dont les *Âges d'or* et les scènes de cueillette primitive rappelaient au critique l'atemporalité monumentale des *Baigneuses* de Cézanne. Avec ceux de la *Werbung*, des *Trois cavaliers* et du *Jugement de Pâris*, c'est le triptyque des *Hespérides* (ill. 48) qui représentait pour Meier-Graefe le point d'orgue de la carrière de Marées, en ce que le peintre y expérimentait un *Baukunst* entièrement nouveau, les procédés d'une architecture peinte à l'unité visuelle inégalée : « Elles ne couronnent pas seulement organiquement l'œuvre d'un homme, mais affirment avec davantage de franchise encore la nouveauté de sa norme créatrice[50]. » La *Gestaltung*, l'exploitation la plus élémentaire de la forme, la gestion d'une « mathématique » de l'espace figuraient au cœur de l'attention du critique, qui évacuait comme à son habitude toute investigation iconologique profonde. « Les pommes des *Hespérides* ne sont pas là pour être mangées[51] », lit-on dans le *Marées-Werk* : que le peintre se réfère aux nymphes du Couchant de la mythologie grecque importait peu, d'autant plus que les deux volets du retable n'entretenaient avec le panneau central qu'un rapport purement formel. En jouant des médiums et de leurs ambiguïtés (peinture de chevalet et fresque publique, tempera et peinture à l'huile), Marées était finalement parvenu à une fusion du Nord et du Sud[52].

Dans les empâtements ténébreux du *Ganymède* réalisé par Marées peu avant sa mort, Meier-Graefe observait le manifeste ultime d'une douloureuse carrière vouée à la sauvegarde de la beauté par son rapt, une volonté de fuir

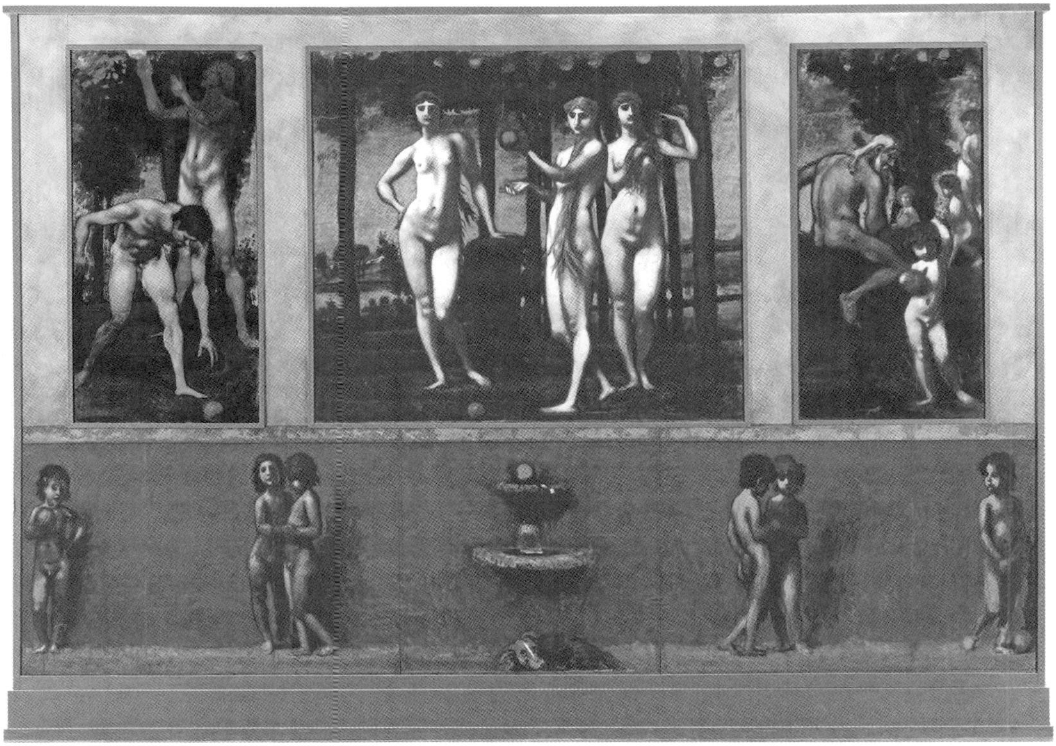

48 Hans von Marées, *Les Hespérides*, 1885-1887, huile et tempera sur bois, 341 × 481 cm (ensemble), Munich, Neue Pinakothek, inv. 7854 a-f

les futilités matérielles terrestres pour gagner le monde élevé de l'esprit, une ode idéaliste à l'abstraction. Le peintre avait ainsi été pour un temps, et dans le mépris relatif de ses contemporains, le prophète et le garant de la religion de l'art. Sa « germanité » créatrice résidait dans l'européanisme de son talent d'assimilateur, dans sa croyance en une *Heimat* intérieure[53].

Dans les dernières pages de son livre, Meier-Graefe se prononçait en conséquence en faveur de la création d'un musée Marées à Munich, entièrement consacré à son œuvre, pour l'élaboration duquel il s'engagea avec ferveur dès 1908[54]. Ce lieu de culte devait contribuer au renouveau culturel d'une Allemagne « spirituellement, politiquement, moralement déclinante [...] avec l'homme casqué qui se trouve à sa tête[55] », et orienter les masses incroyantes vers une nouvelle divinité germanique. Tout comme Langbehn l'avait fait avec Rembrandt dans l'atmosphère du *Kulturpessimismus* fin-de-siècle, Meier-Graefe attribuait finalement à Marées un rôle de tuteur national, voire de prophète à la dimension christique :

> « Un tel héros n'atteint pas ce que permet d'accomplir la culture d'un fils de l'heureuse France, mais davantage. Pas relativement davantage, mais absolument davantage, infiniment davantage. Aucun autre peuple n'a engendré un Faust. [...] Aucun autre peuple n'a engendré un Marées. Du haut de sa colline, cette maison [le musée Marées] fortifierait la foi en notre race, longuement condamnée au silence, en amplifiant le pathos sans pareil des paroles de cet Élu lapidé par les masses. Écoutons-le avec respect[56]. »

Parce qu'elle disposait déjà de beaucoup d'œuvres majeures du peintre, c'est d'abord dans la ville de Schleissheim, à l'écart des foules munichoises, que Meier-Graefe voulut faire ouvrir sa *Marées-Haus*, estimant erroné de « juger l'utilité d'une œuvre d'art à son nombre de spectateurs[57] ». Mais les réarrangements projetés à la Pinacothèque de Munich sous le mandat de Tschudi, puis le don par le royaume du sud de l'Empire, grâce à l'implication du prince héritier Rupprecht de Bavière, d'un terrain situé sur les hauteurs de l'Isar au début de 1909, changèrent la donne. C'est à Hildebrand lui-même, qui avait déjà esquissé un tel musée à l'orée des années 1890, que devait être confiée la réalisation de cette « église-temple » d'un nouveau genre, dont le critique proposa un plan d'agencement des salles (ill. 49). Il espérait ainsi pouvoir recomposer les triptyques monumentaux, dont les panneaux étaient toujours présentés démembrés à Schleissheim, et les faire exposer en harmonie architectonique dans un espace approprié. Malgré le ralliement de plusieurs publicistes allemands à sa cause, qui voyaient eux aussi dans le projet un moyen de parvenir

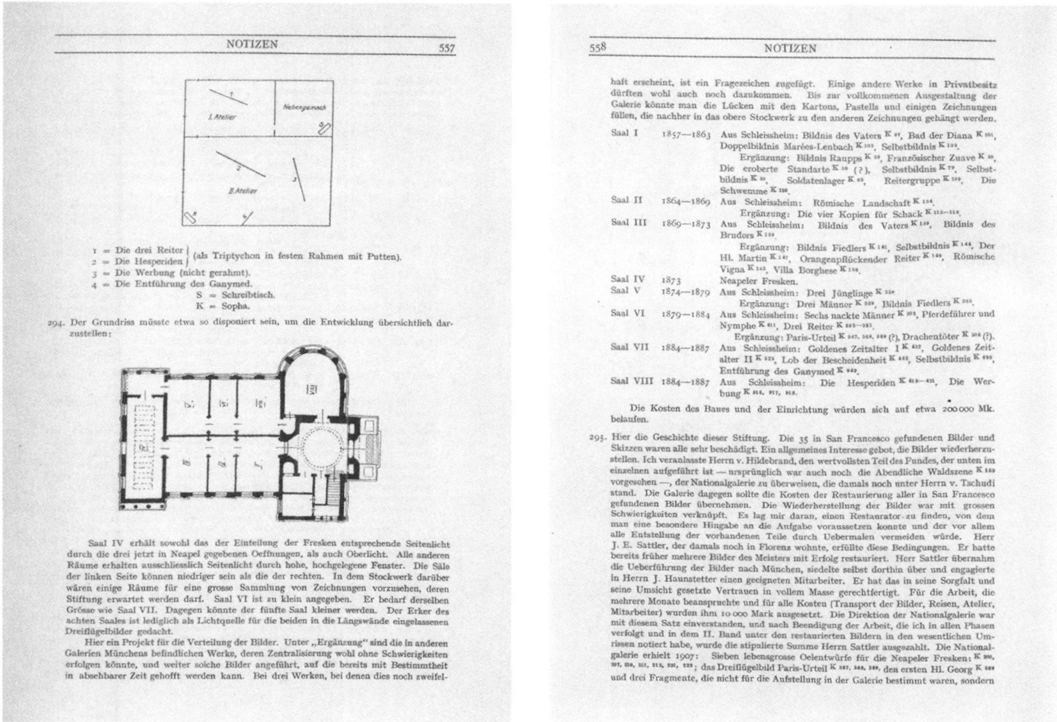

NOTIZEN 557

I. Atelier
Nebengemach
II. Atelier

1 = Die drei Reiter
2 = Die Hesperiden } (als Triptychon in festen Rahmen mit Putten).
3 = Die Werbung (nicht gerahmt).
4 = Die Entführung des Ganymed.
S = Schreibtisch.
K = Sopha.

294. Der Grundriss müsste etwa so disponiert sein, um die Entwicklung übersichtlich darzustellen:

Saal IV erhält sowohl das der Einteilung der Fresken entsprechende Seitenlicht durch die drei jetzt in Neapel gegebenen Oeffnungen, als auch Oberlicht. Alle anderen Räume erhalten ausschliesslich Seitenlicht durch hohe, hochgelegene Fenster. Die Säle der linken Seite können niedriger sein als die der rechten. In dem Stockwerk darüber wären einige Räume für eine grosse Sammlung von Zeichnungen vorzusehen, deren Stiftung erwartet werden darf. Saal VI ist zu klein angegeben. Er bedarf derselben Grösse wie Saal VII. Dagegen könnte der fünfte Saal kleiner werden. Der Erker des achten Saales ist lediglich als Lichtquelle für die beiden in die Längswände eingelassenen Dreiflügelbilder gedacht.

Hier ein Projekt für die Verteilung der Bilder. Unter „Ergänzung" sind die in anderen Galerien Münchens befindlichen Werke, deren Zentralisierung wohl ohne Schwierigkeiten erfolgen könnte, und weiter solche Bilder angeführt, auf die bereits mit Bestimmtheit in absehbarer Zeit gehofft werden kann. Bei drei Werken, bei denen dies noch zweifel-

558 NOTIZEN

haft erscheint, ist ein Fragezeichen zugefügt. Einige andere Werke in Privatbesitz dürften wohl auch noch dazukommen. Bis zur vollkommenen Ausgestaltung der Galerie könnte man die Lücken mit den Kartons, Pastells und einigen Zeichnungen füllen, die nachher in das obere Stockwerk zu den anderen Zeichnungen gehängt werden.

Saal I	1857—1863	Aus Schleissheim: Bildnis des Vaters K, Bad der Diana K, Doppelbildnis Marées-Lenbach K, Selbstbildnis K. Ergänzung: Bildnis Raupps K, Französischer Zuave K, Die eroberte Standarte K (?), Selbstbildnis K, Selbstbildnis K, Soldatenlager K, Reitergruppe K, Die Schwemme K.
Saal II	1864—1869	Aus Schleissheim: Römische Landschaft K. Ergänzung: Die vier Kopien für Schack K.
Saal III	1869—1873	Aus Schleissheim: Bildnis des Vaters K, Bildnis des Bruders K. Ergänzung: Bildnis Fiedlers K, Selbstbildnis K, Der Hl. Martin K, Orangenpflückender Reiter K, Römische Vigna K, Villa Borghese K.
Saal IV	1873	Neapeler Fresken.
Saal V	1874—1879	Aus Schleissheim: Drei Jünglinge K. Ergänzung: Drei Männer K, Bildnis Fiedlers K.
Saal VI	1879—1884	Aus Schleissheim: Sechs nackte Männer K, Pferdeführer und Nymphe K, Drei Reiter K. Ergänzung: Paris-Urteil K (?), Drachentöter K (?).
Saal VII	1884—1887	Aus Schleissheim: Goldenes Zeitalter I K, Goldenes Zeitalter II K, Lob der Bescheidenheit K, Selbstbildnis K, Entführung des Ganymed K.
Saal VIII	1884—1887	Aus Schleissheim: Die Hesperiden K, Die Werbung K.

Die Kosten des Baues und der Einrichtung würden sich auf etwa 200000 Mk. belaufen.

295. Hier die Geschichte dieser Stiftung. Die 35 in San Francesco gefundenen Bilder und Skizzen waren alle sehr beschädigt. Ein allgemeines Interesse gebot, die Bilder wiederherzustellen. Ich veranlasste Herrn v. Hildebrand, den wertvollsten Teil des Fundes, der unten im einzelnen aufgeführt ist — ursprünglich war auch noch die Abendliche Waldszene K vorgesehen —, der Nationalgalerie zu überweisen, die damals noch unter Herrn v. Tschudi stand. Die Galerie dagegen sollte die Kosten der Restaurierung aller in San Francesco gefundenen Bilder übernehmen. Die Wiederherstellung der Bilder war mit grossen Schwierigkeiten verknüpft. Es lag mir daran, einen Restaurator zu finden, von dem man eine besondere Hingabe an die Aufgabe voraussetzen konnte und der vor allem alle Entstellung der vorhandenen Teile durch Uebermalen vermeiden würde. Herr J. E. Sattler, der damals noch in Florenz wohnte, erfüllte diese Bedingungen. Er hatte bereits früher mehrere Bilder des Meisters mit Erfolg restauriert. Herr Sattler übernahm die Ueberführung der Bilder nach München, siedelte selbst dorthin über und engagierte in Herrn J. Haunstetter einen geeigneten Mitarbeiter. Er hat das in seine Sorgfalt und seine Umsicht gesetzte Vertrauen in vollem Masse gerechtfertigt. Für die Arbeit, die mehrere Monate beanspruchte und für alle Kosten (Transport der Bilder, Reisen, Atelier, Mitarbeiter) wurden ihm 10000 Mark ausgesetzt. Die Direktion der Nationalgalerie war mit diesem Satz einverstanden, und nach Beendigung der Arbeit, die ich in allen Phasen verfolgt und in dem II. Band unter den restaurierten Bildern in den wesentlichen Umrissen notiert habe, wurde die stipulierte Summe Herrn Sattler ausgezahlt. Die Nationalgalerie erhielt 1907: Sieben lebensgrosse Oelentwürfe für die Neapeler Fresken: K; das Dreiflügelbild Paris-Urteil K, den ersten Hl. Georg K und drei Fragmente, die nicht für die Aufstellung in der Galerie bestimmt waren, sondern

49 Plan idéal d'un musée dédié à Hans von Marées, dans Julius Meier-Graefe, *Hans von Marées: sein Leben und sein Werk*, 3 tomes, Munich, R. Piper & Co., 1910, t. 1, note 294, p. 557-558

à une « consolidation de la *Kultursehnsucht* des Allemands[58] », c'est le manque d'intérêt général pour Marées, le décès de Tschudi en 1911 et, enfin, le déclenchement de la guerre qui empêchèrent la concrétisation du projet. « Marées n'est déjà plus d'actualité, écrivait Meier-Graefe en 1912. Les cubistes parisiens et autres cliques plus disposées ont aujourd'hui la parole[59]. » Un projet d'autant plus utopique que son élaboration aurait impliqué le rachat et le déplacement des fresques de la Station zoologique de Naples, que le critique espérait rendre possibles[60], tout comme l'accord hypothétique d'un dépôt des pièces des collections prussiennes en Bavière. Au fronton de ce lieu de pèlerinage voué à l'éducation du regard devait figurer la devise des armoiries médiévales de la famille de Marées : « *Ex fide vivo* » (« Je vis par la foi »), plaçant l'ensemble de la bâtisse sous le signe de la transcendance mystique de l'art.

Marées exposé

Qu'est-ce qu'une « science » de l'art ? Voilà la question qui vint à l'esprit de Wilhelm Worringer en 1909 lors de sa découverte du catalogue raisonné de Marées compilé par Meier-Graefe. Dans la recension qu'il consacra au volume, il s'avoua impressionné par la masse considérable de travail abattu, et fit de l'ouvrage le modèle d'une *Katalogkultur* moderne. Certes, le parcours singulier de Worringer, qui s'intéressait déjà à la psychologie des styles et blâmait les dissections archivistiques des universitaires de la *Gründerzeit*, lui conférait une condition intellectuelle bien assortie aux intentions de Meier-Graefe. Il s'enthousiasma devant le systématisme et la rigueur de son répertoire, au sein duquel les œuvres d'art étaient observées – pour le meilleur – avec « l'œil de l'artiste, et non celui de l'historien de l'art[61] ». « Par l'exactitude de cet inventaire, le feuilletoniste si controversé n'a ici rien à envier aux savants[62] », poursuit le chroniqueur, qui proposait même de s'inspirer de la démarche pour ouvrir la voie à une nouvelle science de la vision post-wölfflinienne, se focalisant sur le développement du *malerisch* dans les arts visuels. Après avoir cité l'une des belles notices du catalogue dans laquelle Meier-Graefe déploie toute la puissance de son *Farbengefühl*, Worringer pouvait ainsi parachever son adoubement : « Grâce à l'intimité de l'auteur-interprète [avec son objet d'étude], la subjectivité de l'interprétation devient objectivité[63]. » Aux yeux de la revue savante, le feuilletoniste avait donc remporté le défi de son tournant scientifique. Et fatalement, à l'inverse, dans un périodique familier des conceptions impressionnistes meier-graefiennes habituelles, un chroniqueur anonyme (Karl Scheffler ?) critiqua la froideur du catalogue et l'inarrêtable « *furor biographicus*[64] » d'un auteur à la discipline littéraire défaillante[65]. Meier-Graefe avait bel et bien permuté les modalités traditionnelles de sa propre réception.

Si la satisfaction simultanée de tous les camps était un objectif intenable, force est de constater que la minutie de l'approche de Meier-Graefe offrit à son *Marées* une réception moins chaotique que celle de ses ouvrages sur l'impressionnisme. Coutumier des polémiques, il se lamenta même de la lenteur de la presse spécialisée à prendre acte du travail réalisé. Afin de dynamiser cette réception, Meier-Graefe rechercha la contribution de ses amis, notamment Franz Blei[66] et Rudolf Alexander Schröder[67]. Mais le plus bel éloge du *Marées-Werk* fut peut-être celui adressé au critique, à titre privé, par Dehmel. Par-delà l'implacable érudition de l'ouvrage, l'écrivain reconnut l'impulsion humaine qui en avait été à l'origine, sa faculté à ériger Marées et son monde visuel en modèle social[68].

Les compliments de ses proches ne consolèrent pourtant pas Meier-Graefe : « Mon *Marées-Werk* demeure incompris par ses laudateurs comme par ses détracteurs, écrivit-il à Schröder. On ne le prend pas au sérieux. Lis-moi cette saleté publiée dans le *Kölnische* [*Stadtanzeiger*][69]. » Les chroniqueurs de la presse rhénane estimaient en effet, comme bien d'autres, qu'il valait mieux « lire sur le peintre que regarder ses tableaux[70] », et que l'enthousiasme soudain dont faisait preuve l'Allemagne à son égard n'était qu'une mode passagère créée artificiellement par un agitateur de profession[71]. Il semblait de toute façon illusoire d'estimer pouvoir convertir ceux pour qui le cas Marées se résumait à l'histoire d'un créateur avorté, qu'un décliniste comme Max Nordau s'empressa de réduire à sa nature « dégénérescente[72] ».

Triomphes de Marées ?

Afin de préparer au mieux le terrain à l'arrivée de son nouveau surhomme, Meier-Graefe prit soin de mettre à disposition tous les éléments importants du dossier. Entre 1907 et 1911, il donna de nombreuses conférences en Allemagne et en Europe, qui semblent avoir recueilli un certain succès. En décembre 1911, le critique nota même dans son *Journal*, à l'issue d'une de ses allocutions sur Marées à la galerie munichoise Thannhauser : « La salle était tellement bourrée à craquer que trois personnes sont tombées dans les pommes ; j'étais particulièrement bien disposé[73]. » S'il semble difficile de concevoir qu'un Meier-Graefe extatique puisse mettre son auditoire en état de transe, le propos atteste bien l'émotion suscitée par sa révision historiographique. En appui à ces conférences prosélytes, il multiplia les publications d'articles d'envergures variées dans plusieurs périodiques européens[74]. Il fut même l'auteur en 1912, après une phase d'hésitation et à la demande de Piper, d'une version réduite, vulgarisée, du *Marées-Werk*, destinée à rendre le gigantesque triptyque « plus accessible[75] ».

Mais l'apogée de cette opération de propagande fut les expositions que Meier-Graefe s'employa à monter dans plusieurs villes entre 1908 et 1910. Les deux premières stations de ces rétrospectives – les plus ambitieuses, comprenant plus de cent trente tableaux et des centaines de dessins – eurent lieu aux Sécessions de Munich (23 décembre 1908-10 février 1909), puis de Berlin (28 février-début avril 1909). Des versions réduites, incluant une trentaine de tableaux, furent par la suite présentées au Salon d'automne de Paris (1er octobre-8 novembre 1909), puis, sur le chemin du retour, aux *Kunstvereine* de Francfort (2 décembre-22 janvier 1910) et de Cologne (21 février-31 mars 1910). Loin de vouloir s'embourber dans les méandres bureaucratiques des musées d'État – avec l'administration desquels il dut toutefois batailler pour

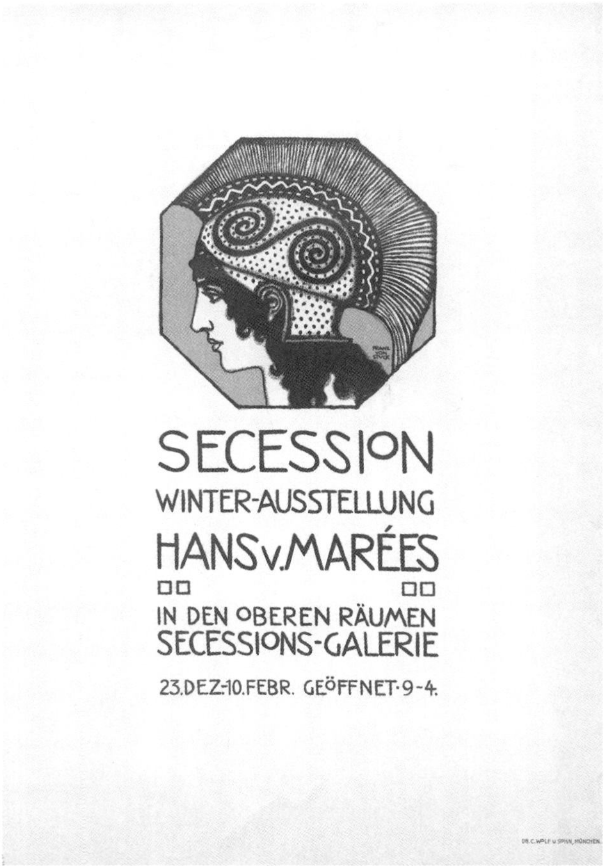

50 Franz von Stuck, affiche de l'exposition d'hiver de la Sécession de Munich et sa rétrospective Hans von Marées, 1907, lithographie, Augsbourg, Haus der Bayerischen Geschichte

obtenir des prêts –, la stratégie de Meier-Graefe consista à mettre à profit les structures sécessionnistes en Allemagne comme en France, s'assurant ainsi une relative indépendance d'action. Malgré les moyens réduits dont il disposa, la vaste fortune critique rassemblée dans le dernier tome du *Marées-Werk* dénote un indéniable soubresaut dans la reconnaissance européenne du peintre.

Visitons, à nouveau en compagnie de Worringer, la première mouture munichoise de la Marées-Ausstellung, ouverte deux jours avant l'anniversaire du peintre, le 23 décembre 1908, au sein du bâtiment de la Sécession (ill. 50). Une première salle présentait l'œuvre de jeunesse, et cédait la place à une deuxième où figurait – « *incipit tragœdia* » – un ensemble de portraits.

Théâtralisé, le « moment du drame » se jouait dans la troisième salle, où s'exposait l'italianisation du peintre, le moment clé de contact entre le Nord et le Sud où « Rembrandt et Giorgione se donnaient la main ». Les esquisses du cycle napolitain occupaient un espace indépendant, ouvrant la voie vers les quatre triptyques monumentaux qui s'épanouissaient dans les dernières salles, aux côtés des ultimes compositions du maître – le vrai Marées, aux yeux de Worringer. Friand de locutions latines, le savant conclut son texte en citant tour à tour un vers d'Horace et le glaive gravé de Florian Geyer, héros franconien du XVIe siècle :

> « Quiconque est au fait de sa germanité – et je ne parle pas des membres de l'association Verdandi [union *völkisch*-nationaliste fondée en 1907] – se sent ainsi face à ces ruines : *tua res agitur* [cela te concerne] ; et il quittera les œuvres de ce combattant viril et prosaïque dans un silencieux *nulla crux nulla corona* [ni croix ni couronne][76]. »

Si la *Deutschtum* mise à l'honneur dans l'exposition munichoise semblait, pour une personnalité comme Worringer, plus salubre que celle défendue par les wagnériens invétérés, les événements qui accompagnèrent la Marées-Ausstellung de Berlin qui suivit immédiatement n'avaient rien à envier aux kermesses böckliniennes des années 1890. Tout en s'inscrivant dans la tradition des festivités nationales célébrant les maîtres anciens depuis le XIXe siècle, ils constituaient une version moderniste, « sécularisée », du culte de l'État. Heinrich Wölfflin accepta de donner un discours sur Marées à l'occasion du vernissage de l'exposition le 28 février 1909, tandis que Meier-Graefe organisa le 8 mars une *Marées-Feier* en l'honneur du peintre. Après l'exécution, dans les salles mêmes de l'exposition, d'extraits du quatuor à cordes de Franz Schubert *La Jeune Fille et la mort* ainsi que de l'opus 18 no 3 de Beethoven par le prestigieux Klinger-Quartett, le critique déclama une vibrante allocution à la gloire de son héros. L'assemblée fut ensuite conviée à quitter la Sécession pour un grand banquet, où le neveu du peintre, Georg von Marées, prit la parole[77].

La présentation d'une centaine d'œuvres de Marées à Berlin fut sans conteste la réussite la plus satisfaisante de Meier-Graefe. « Ici, on peut vraiment voir Marées pour la première fois[78] », affirma-t-il à Balling en tentant de la convaincre de venir visiter l'exposition en sa compagnie. Sa principale fierté fut la mise sur pied, dans les bâtiments de la Sécession, d'une immense salle octogonale conçue spécialement pour l'occasion par l'architecte Paul Baumgarten (ill. 51). La pièce constituait le climax de l'exposition, accueillant sur ses vastes parois latérales les quatre grands triptyques de Marées, tandis

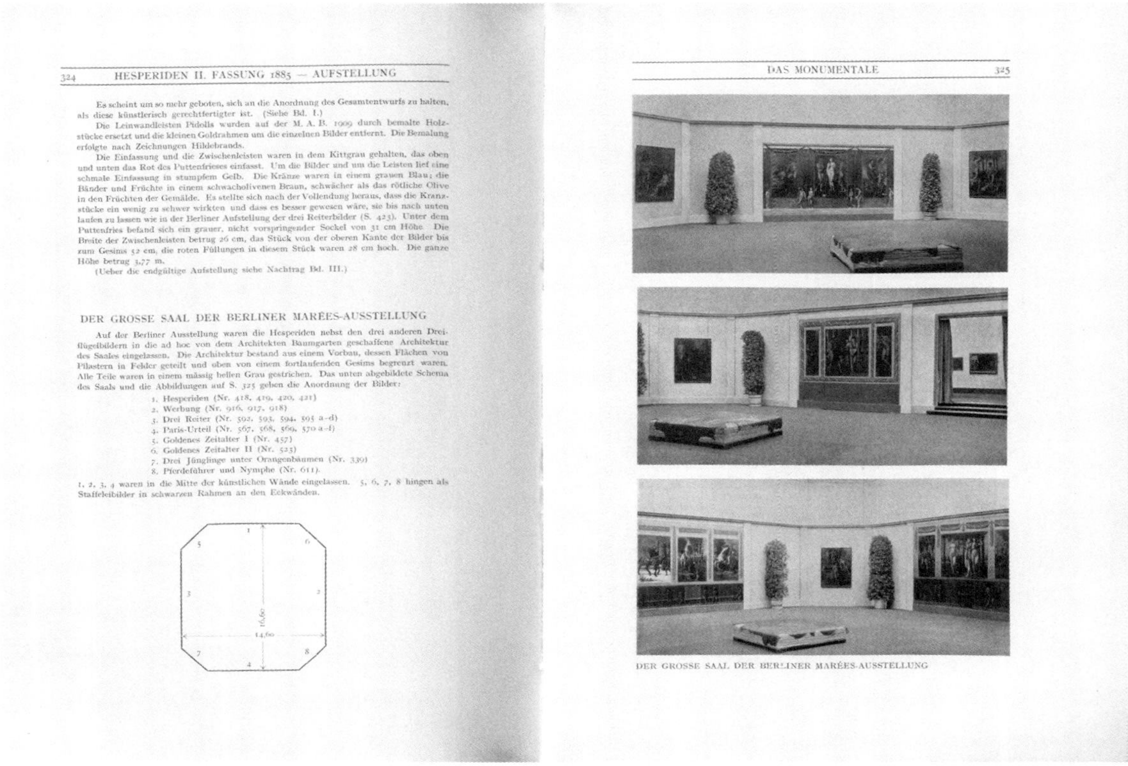

324 HESPERIDEN II. FASSUNG 1885 — AUFSTELLUNG

Es scheint um so mehr geboten, sich an die Anordnung des Gesamtentwurfs zu halten, als diese künstlerisch gerechtfertigter ist. (Siehe Bd. I.)

Die Leinwandleisten Pidolls wurden auf der M. A. B. 1909 durch bemalte Holzstücke ersetzt und die kleinen Goldrahmen um die einzelnen Bilder entfernt. Die Bemalung erfolgte nach Zeichnungen Hildebrands.

Die Einfassung und die Zwischenleisten waren in dem Kittgrau gehalten, das oben und unten das Rot des Puttenfrieses einfasst. Um die Bilder und um die Leisten lief eine schmale Einfassung in stumpfem Gelb. Die Kränze waren in einem grauen Blau; die Bänder und Früchte in einem schwacholivenen Braun, schwächer als das rötliche Olive in den Früchten der Gemälde. Es stellte sich nach der Vollendung heraus, dass die Kranzstücke ein wenig zu schwer wirkten und dass es besser gewesen wäre, sie bis nach unten laufen zu lassen wie in der Berliner Aufstellung der drei Reiterbilder (S. 423). Unter dem Puttenfries befand sich ein grauer, nicht vorspringender Sockel von 31 cm Höhe. Die Breite der Zwischenleisten betrug 26 cm, das Stück von der oberen Kante der Bilder bis zum Gesims 52 cm, die roten Füllungen in diesem Stück waren 28 cm hoch. Die ganze Höhe betrug 3,77 m.

(Ueber die endgültige Aufstellung siehe Nachtrag Bd. III.)

DER GROSSE SAAL DER BERLINER MARÉES-AUSSTELLUNG

Auf der Berliner Ausstellung waren die Hesperiden nebst den drei anderen Dreiflügelbildern in die ad hoc von dem Architekten Baumgarten geschaffene Architektur des Saales eingelassen. Die Architektur bestand aus einem Vorbau, dessen Flächen von Pilastern in Felder geteilt und oben von einem fortlaufenden Gesims begrenzt waren. Alle Teile waren in einem mässig hellen Grau gestrichen. Das unten abgebildete Schema des Saals und die Abbildungen auf S. 325 geben die Anordnung der Bilder:

1. Hesperiden (Nr. 418, 419, 420, 421)
2. Werbung (Nr. 916, 917, 918)
3. Drei Reiter (Nr. 592, 593, 594, 595 a–d)
4. Paris-Urteil (Nr. 567, 568, 569, 570 a–f)
5. Goldenes Zeitalter I (Nr. 457)
6. Goldenes Zeitalter II (Nr. 523)
7. Drei Jünglinge unter Orangenbäumen (Nr. 339)
8. Pferdeführer und Nymphe (Nr. 611).

1, 2, 3, 4 waren in die Mitte der künstlichen Wände eingelassen. 5, 6, 7, 8 hingen als Staffeleibilder in schwarzen Rahmen an den Eckwänden.

DAS MONUMENTALE 325

DER GROSSE SAAL DER BERLINER MARÉES-AUSSTELLUNG

51 Salle des triptyques à l'exposition de la Sécession de Berlin en 1909, architecture par Paul Baumgarten, dans Julius Meier-Graefe, *Hans von Marées: sein Leben und sein Werk*, 3 tomes, Munich, R. Piper & Co., 1910, t. 2, p. 324-325

qu'aux murs d'angle étaient accrochées plusieurs toiles de plus petit format. Les cimaises de l'ensemble, d'un élégant gris clair, étaient scandées par une série de pilastres et de plants de lauriers répondant à la rythmique verticale des retables. Davantage que dans sa mouture munichoise, l'exposition de Berlin permit donc à Meier-Graefe de se rapprocher au plus près des intentions initiales de Marées, en réarrangeant chaque triptyque d'après les indications de l'artiste et les témoignages des personnes ayant fréquenté son atelier. Pour la première fois, les chefs-d'œuvre de Marées étaient présentés de manière architectonique et se fondaient dans les murs de l'espace environnant. Ils déployaient ainsi toute leur puissance monumentale, dans une pièce immersive qui, telles l'orangerie des Tuileries ou la chapelle Rothko, plongeait les visiteurs dans un état contemplatif.

Meier-Graefe, qui espérait faire reproduire cette scénographie de manière pérenne au château de Schleissheim à l'issue de l'exposition, s'adressa dès le mois de mars 1909 au *Kultusminister* bavarois, Anton von Wehner :

> « Votre Excellence, veuillez bien vouloir me pardonner d'avoir l'audace de vous demander si une inspection de l'exposition Marées en cours [à Berlin] ne serait pas opportune pour une installation future, plus rationnelle, de ses tableaux. Les triptyques sont ici mêlés à l'architecture d'une grande salle et donnent une impression nouvelle, jusque-là jamais éprouvée. [...] Dans quelques années, la reconnaissance aujourd'hui déjà bien engagée de l'art de Marées portera son attention sur ces œuvres, qui représentent un bien précieux de l'État bavarois[79]. »

En vain. Les succès critiques et les espoirs de Meier-Graefe dissimulaient mal la réception toujours délicate de Marées dans le Reich wilhelmien. Alors même qu'il préparait l'exposition berlinoise, le critique avait d'ailleurs dû affronter le scepticisme de certains représentants de la Sécession, et en premier lieu de Paul Cassirer. Si ce dernier sembla lui mettre des bâtons dans les roues à chaque stade du projet, ce fut probablement avec le soutien de Liebermann, qui non seulement jugeait Marées surévalué, mais rechignait devant une exposition qui faisait concurrence à la sienne, présentée au même moment chez le galeriste de la Victoriastraße. Quant à Van de Velde et à Kessler, qui visitèrent la Marées-Ausstellung peu avant sa fermeture, ils y délibérèrent sur les pathologies du peintre davantage que sur ses réussites[80]. « Ô Allemagne ! Les pires sont les soi-disant "éclairés"[81] », gémissait Meier-Graefe dans son *Journal*, avant de mettre en garde Balling :

> « Ne vous méprenez pas sur le succès important de Marées. Pour le moment, la chose est à attribuer aux deux tiers à un effet de mode, un truc de snobs berlinois, qui sont encore plus écœurants dans leurs approbations que dans leur opposition habituelle[82]. »

Un dessin publié dans la revue *Jugend* semble en effet signifier que la partie n'était toujours pas gagnée (ill. 52) : le peintre était toujours moqué pour ses impuissances, sinon son homoérotisme singulier (qui demeura un tabou de la littérature artistique pendant de longues décennies). Le caricaturiste y représente un groupe de peintres femmes au style garçonne face à une toile de Marées aisément identifiable de la fin des années 1870, figurant trois hommes nus sous un oranger. Leur meneuse professe : « Et maintenant, chères

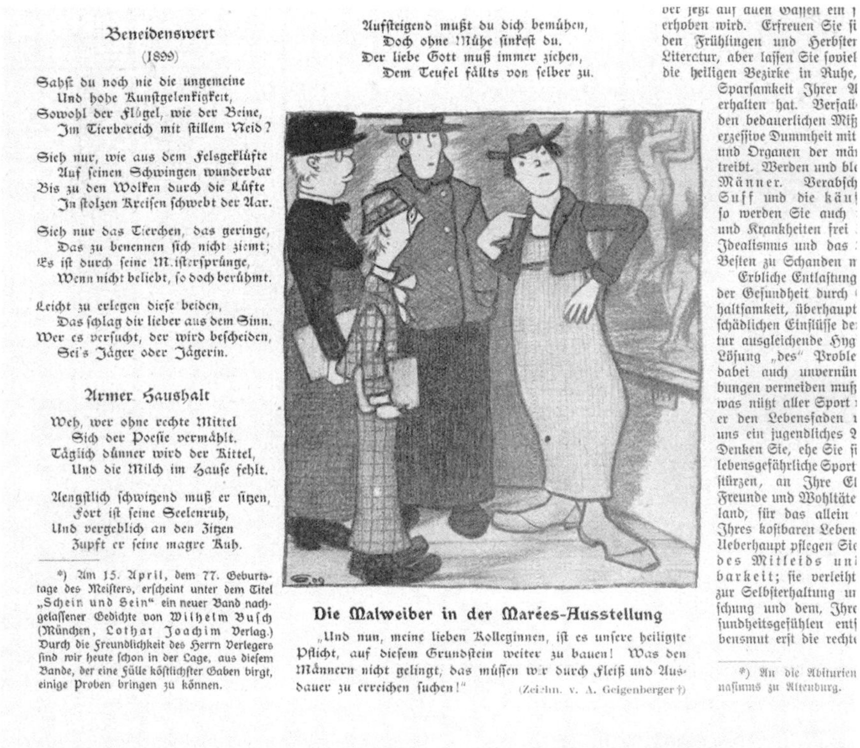

Beneidenswert

(1899)

Sahst du noch nie die ungemeine
Und hohe Kunstgelenkigkeit,
Sowohl der Flügel, wie der Beine,
Im Tierbereich mit stillem Neid?

Sieh nur, wie aus dem Felsgeklüfte
Auf seinen Schwingen wunderbar
Bis zu den Wolken durch die Lüfte
In stolzen Kreisen schwebt der Aar.

Sieh nur das Tierchen, das geringe,
Das zu benennen sich nicht ziemt;
Es ist durch seine Meistersprünge,
Wenn nicht beliebt, so doch berühmt.

Leicht zu erlegen diese beiden,
Das schlag dir lieber aus dem Sinn.
Wer es versucht, der wird bescheiden,
Sei's Jäger oder Jägerin.

Armer Haushalt

Weh, wer ohne rechte Mittel
Sich der Poesie vermählt.
Täglich dünner wird der Kittel,
Und die Milch im Hause fehlt.

Aengstlich schwitzend muß er sitzen,
Fort ist seine Seelenruh,
Und vergeblich an den Zitzen
Zupft er seine magre Kuh.

*) Am 15. April, dem 77. Geburtstage des Meisters, erscheint unter dem Titel „Schein und Sein" ein neuer Band nachgelassener Gedichte von Wilhelm Busch (München, Lothar Joachim Verlag.) Durch die Freundlichkeit des Herrn Verlegers sind wir heute schon in der Lage, aus diesem Bande, der eine Fülle köstlichster Gaben birgt, einige Proben bringen zu können.

Aufsteigend mußt du dich bemühen,
Doch ohne Mühe sinkest du.
Der liebe Gott muß immer ziehen,
Dem Teufel fällts von selber zu.

Die Malweiber in der Marées-Ausstellung

„Und nun, meine lieben Kolleginnen, ist es unsere heiligste Pflicht, auf diesem Grundstein weiter zu bauen! Was den Männern nicht gelingt, das müssen wir durch Fleiß und Ausdauer zu erreichen suchen!" (Zeichn. v. A. Geigenberger †)

der jetzt auf allen Gassen ein
erhoben wird. Erfreuen Sie si
den Frühlingen und Herbster
Literatur, aber lassen Sie soviel
die heiligen Bezirke in Ruhe,
Sparsamkeit Ihrer A
erhalten hat. Verfall
den bedauerlichen Miß
exzessive Dummheit mit
und Organen der mä
treibt. Werden und bl
Männer. Verabsch
Suff und die käu
so werden Sie auch
und Krankheiten frei
Idealismus und das
Besten zu Schanden n
Erbliche Entlastung
der Gesundheit durch
haltsamkeit, überhaupt
schädlichen Einflüsse de
tur ausgleichende Hyg
Lösung „des" Proble
dabei auch unvernün
bungen vermeiden muß
was nützt aller Sport
er den Lebensfaden
uns ein jugendliches
Denken Sie, ehe Sie si
lebensgefährliche Sport
stürzen, an Ihre El
Freunde und Wohltäte
land, für das allein
Ihres kostbaren Leben
Ueberhaupt pflegen Sie
des Mitleids un
barkeit; sie verleiht
zur Selbsterhaltung u
schung und dem, Ihre
sundheitsgefühlen ent
bensmut erst die recht

*) An die Abiturien
nasiums zu Altenburg.

52 August Geigenberger, « Die Malweiber in der Marées-Ausstellung », *Jugend*, n° 12, mars 1909, p. 268. « Et maintenant, chères collègues, il est de notre devoir de bâtir sur ces fondations ! Nous devons essayer, avec application et persévérance, de mener à bout ce que les hommes ont échoué à accomplir. »

collègues, il est de notre devoir de bâtir sur ces fondations ! Nous devons essayer, avec application et persévérance, de mener à bout ce que les hommes ont échoué à accomplir[83]. »

« Je ne pense pas pour autant qu'il faille faire obstacle au cortège triomphal de Marées[84] », estimait Meier-Graefe, qui fit tout son possible pour que, à la suite des deux villes majeures de l'Empire, l'œuvre de son héros puisse également féconder le reste du pays, à Francfort puis Cologne. Après une première tentative abandonnée au début de 1909 en raison du démoralisant désengagement de Hildebrand, des galeries de Berlin, de Munich et d'Elberfeld, la station de la rétrospective au Kunstverein de Francfort fut rendue possible par la ténacité du directeur de l'institut Städel, Georg Swarzenski (1876-1957). Avec le soutien actif de Meier-Graefe, malgré la constitution d'un comité et l'engagement budgétaire de la municipalité, il dut âprement lutter contre le désintérêt des instances officielles dominantes pour la vie culturelle de l'Allemagne de l'Ouest[85]. Si Berlin avait envoyé des tableaux à Munich (et *vice versa*) pour leurs Marées-Ausstellungen respectives, les deux villes avaient agi dans le cadre d'une politesse de convention. Face à leurs refus de prêts et en dépit de son appartenance à la Prusse, la ville de Francfort se sentait la victime collatérale d'arrogances de « poteau-frontière[86] » – une querelle d'autant plus déplacée qu'elle parasitait ici le monde supérieur des arts. À travers l'obtention de prêts pour l'exposition francfortoise se jouait donc le combat des villes des provinces allemandes pour la décentralisation culturelle du Reich.

« Leur grand peintre » : Marées aux Champs-Élysées

La station parisienne de la série des Marées-Ausstellungen, organisée dans le cadre du Salon d'automne de 1909, offrit à Meier-Graefe une chance unique de présenter une trentaine d'œuvres de son nouveau héros dans la capitale européenne des arts (ill. 53). C'est autour du mois de mars que Meier-Graefe reçut la confirmation de la mise à sa disposition d'une salle au Grand Palais, notamment grâce à l'approbation du président d'honneur du Salon, Auguste Rodin, et de son fondateur, Frantz Jourdain. Enthousiaste, il en informa Balling, dont il espérait, tout comme il y était parvenu pour les expositions précédentes, obtenir une série essentielle de prêts[87]. À défaut d'évoquer Meier-Graefe, les périodiques français et allemands annonçant l'événement firent régulièrement du critique allemand Otto Grautoff (1876-1937) l'initiateur de cette rétrospective. Il fut effectivement, comme l'indiquent certaines coupures de presse, nommé « délégué allemand » au sein d'une « commission spéciale[88] » dont il est difficile d'établir la nature exacte. Dans une lettre à Rodin, Grautoff s'autoproclama même organisateur de l'événement, même s'il ne fait aucun doute que le travail de fond fut réalisé par Meier-Graefe[89]. Si leurs itinéraires respectifs se croisèrent à plusieurs reprises, les deux passeurs aux tempéraments divergents ne furent jamais des intimes. Ces animosités et querelles d'egos autour de la paternité de l'exposition parisienne démontrent l'existence d'une forme de concurrence entre les médiateurs culturels de l'époque dans l'établissement et l'entretien de leurs réseaux.

Impliquant par sa dimension binationale une gestion logistique complexe, la mise sur pied de l'entreprise causa à Meier-Graefe de redoutables migraines et le plongea même dans de nouveaux ennuis financiers. Elle ouvrit finalement le 1er octobre 1909 pour cinq semaines. En l'absence d'archives, il est difficile

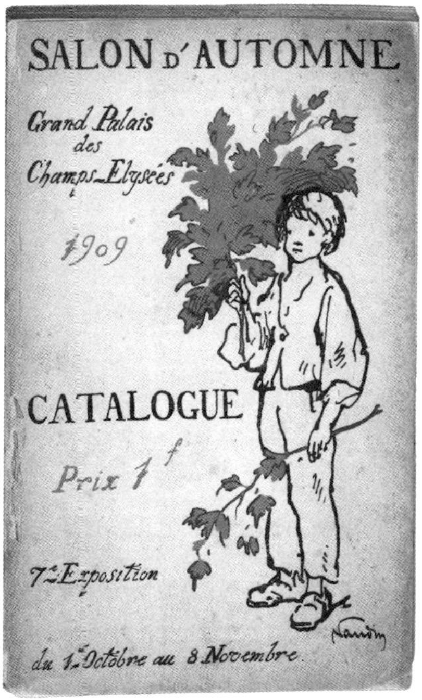

53 Catalogue de la 7e exposition du Salon d'automne, Paris, Grand Palais des Champs-Élysées, 1909, couverture et p. 225

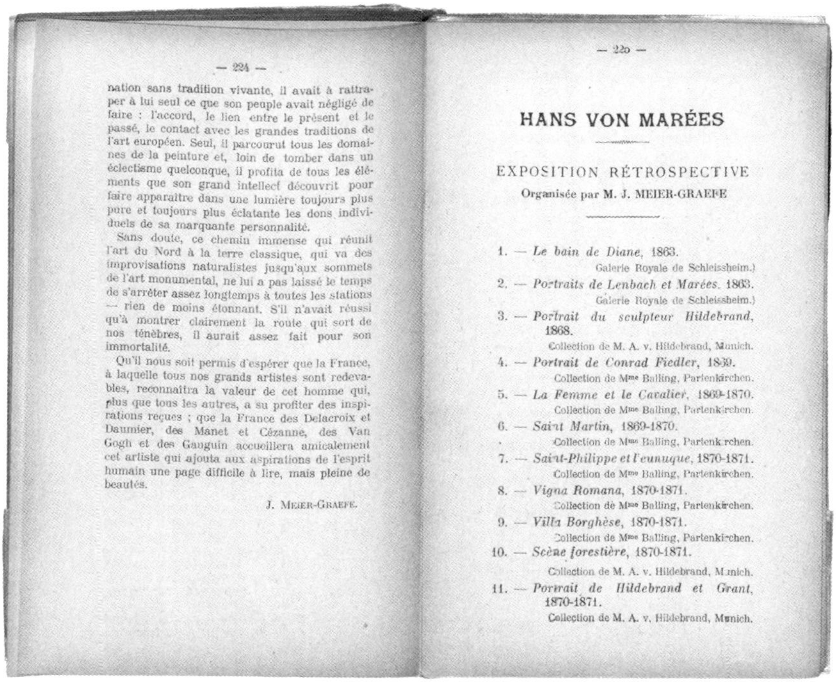

— 224 —

nation sans tradition vivante, il avait à rattraper à lui seul ce que son peuple avait négligé de faire : l'accord, le lien entre le présent et le passé, le contact avec les grandes traditions de l'art européen. Seul, il parcourut tous les domaines de la peinture et, loin de tomber dans un éclectisme quelconque, il profita de tous les éléments que son grand intellect découvrit pour faire apparaître dans une lumière toujours plus pure et toujours plus éclatante les dons individuels de sa marquante personnalité.

Sans doute, ce chemin immense qui réunit l'art du Nord à la terre classique, qui va des improvisations naturalistes jusqu'aux sommets de l'art monumental, ne lui a pas laissé le temps de s'arrêter assez longtemps à toutes les stations — rien de moins étonnant. S'il n'avait réussi qu'à montrer clairement la route qui sort de nos ténèbres, il aurait assez fait pour son immortalité.

Qu'il nous soit permis d'espérer que la France, à laquelle tous nos grands artistes sont redevables, reconnaîtra la valeur de cet homme qui, plus que tous les autres, a su profiter des inspirations reçues ; que la France des Delacroix et Daumier, des Manet et Cézanne, des Van Gogh et des Gauguin accueillera amicalement cet artiste qui ajouta aux aspirations de l'esprit humain une page difficile à lire, mais pleine de beautés.

J. Meier-Graefe.

— 225 —

HANS VON MARÉES

EXPOSITION RÉTROSPECTIVE

Organisée par M. J. MEIER-GRAEFE

1. — *Le bain de Diane*, 1863.
Galerie Royale de Schleissheim.)
2. — *Portraits de Lenbach et Marées*. 1863.
Galerie Royale de Schleissheim.)
3. — *Portrait du sculpteur Hildebrand*, 1868.
Collection de M. A. v. Hildebrand, Munich.
4. — *Portrait de Conrad Fiedler*, 1869.
Collection de Mme Balling, Partenkirchen.
5. — *La Femme et le Cavalier*, 1869-1870.
Collection de Mme Balling, Partenkirchen.
6. — *Saint Martin*, 1869-1870.
Collection de Mme Balling, Partenkirchen.
7. — *Saint-Philippe et l'eunuque*, 1870-1871.
Collection de Mme Balling, Partenkirchen.
8. — *Vigna Romana*, 1870-1871.
Collection de Mme Balling, Partenkirchen.
9. — *Villa Borghèse*, 1870-1871.
Collection de Mme Balling, Partenkirchen.
10. — *Scène forestière*, 1870-1871.
Collection de M. A. v. Hildebrand, Munich.
11. — *Portrait de Hildebrand et Grant*, 1870-1871.
Collection de M. A. v. Hildebrand, Munich.

de savoir dans quelles conditions furent exposés les vingt-neuf tableaux du maître et la vitrine de dessins qui les accompagnait. Meier-Graefe se montra toutefois satisfait de l'obtention d'un espace « certes primitif, mais vaste, disposant d'un bon éclairage latéral », vraisemblablement situé au rez-de-chaussée de la bâtisse, « sous l'entrée des Champs-Élysées[90] ». Le peintre Karl Hofer (1878-1955) apporta son aide pour l'accrochage des œuvres, qui permirent au public français de découvrir un échantillon représentatif de l'ensemble de la carrière de Marées, du *Repos de Diane* de jeunesse à l'ultime *Ganymède* de 1887, en passant par trois des grands triptyques de maturité. Onze pièces furent prêtées par l'État bavarois, tandis que le musée d'Elberfeld mit à disposition ses esquisses des fresques napolitaines. Balling autorisa le convoiement en France d'une demi-douzaine de tableaux en sa possession, ainsi qu'un corpus de dessins[91]. Les sculpteurs et anciens amis du peintre Hildebrand et Arthur Volkmann contribuèrent également par des prêts, tout comme Heymel, qui fit acheminer à Paris le *Souvenir de Rubens*, réminiscence d'un épisode du cycle de Marie de Médicis aujourd'hui conservé au Louvre.

La rétrospective du Salon d'automne de 1909 est la seule exposition jamais consacrée à Marées en France, où sa peinture demeure aujourd'hui encore méconnue. Dans un souci pédagogique et afin d'accompagner au mieux l'« exportation » de son héros, Meier-Graefe fit publier deux textes en langue française : le premier, relativement factuel, fut inclus dans le livret officiel du Salon[92], tandis que le second prit la forme d'un long article abondamment illustré dans la prestigieuse *Gazette des beaux-arts* (ill. 54). L'enjeu était périlleux : il fallait tout d'abord défendre le maître – parfois perçu comme un Welche, voire un « rejeton d'émigrés français » – comme l'un des grands tempéraments allemands de son temps, en rappelant d'emblée son attachement sanguin à la « branche germanique[93] » de la dynastie von Marées. En même temps, le peintre devait être intégré au récit d'une modernité dont le pays hôte de l'exposition dictait la norme. Dans ses essais sur Marées publiés en français, Meier-Graefe lui attribua ainsi explicitement, « par l'effet d'un obscur croisement de races [...], une faculté de sentir et d'interpréter toute latine[94] ». S'adressant au lectorat hexagonal, il prit soin d'accompagner les clichés dominants sur la culture germanique tout en incitant à leur dépassement. S'il pouvait concéder que les impulsions reçues par les peintres-voyageurs d'outre-Rhin avaient tendance à « décliner, s'appauvrir et s'éteindre sur le sol aride et infécond de [leur] terre natale[95] », Marées constituait à ses yeux une exception. Il se situait à la hauteur des écoles latines, tout en proposant une modernité alternative qui, loin de s'y opposer, lui était complémentaire : « Voici un peintre allemand qui l'emporta en supprimant les limites que s'imposent les Français par la logique de leur évolution ; sans se refuser à

ARTISTES CONTEMPORAINS

HANS VON MARÉES

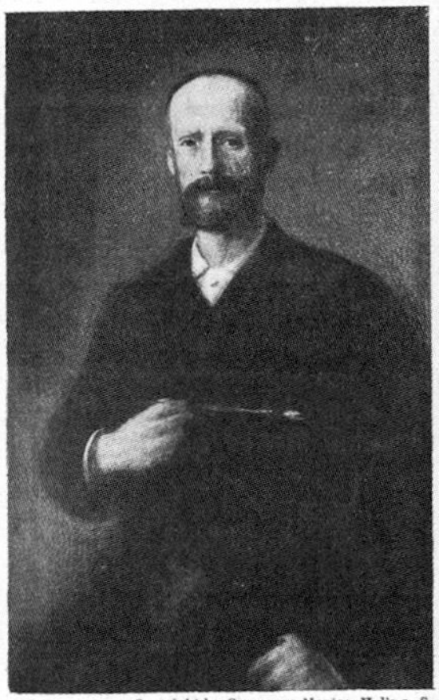

Copyright by Georg von Marées, Halle a. S.

PORTRAIT DE HANS VON MARÉES PAR LUI-MÊME (1882)

(Galerie de Schleissheim.)

On a longuement discuté sur les origines de la famille de Hans von Marées. Certains l'ont tenu, et à tort, pour le rejeton d'émigrés français. Ses ancêtres flamands ont fait, il est vrai, souche en Allemagne et en France; mais c'est à la branche germanique qu'appartient l'artiste. Un de ces ascendants, peintre de la cour de Bavière au XVIIIe siècle, est l'auteur de portraits que l'on rencontre au château de Schleissheim et en mainte autre galerie d'outre-Rhin. Hans von Marées est petit-fils d'un prédicateur de Dessau et fils d'un juriste éminent, qui épousa la fille du banquier Susmann, de Halberstadt. Le goût des belles choses, et de la littérature en particulier, se constate très vif chez le couple qui se fixa successivement à Düsseldorf, puis à Elberfeld. C'est dans

1. Les photographies de toutes les œuvres de Hans von Marées ont été éditées par l'office de reproduction des œuvres de l'artiste : « Marées-Reproduktionen-Verlag », à Halle a. Saale.

54 Julius Meier-Graefe, « Artistes contemporains : Hans von Marées », *Gazette des beaux-arts*, vol. 51, t. 2, octobre 1909, p. 286

profiter de leurs découvertes, il porte à la perfection ce que négligent, ce que doivent négliger ces Français[96].» En somme, Meier-Graefe demandait aux Latins visitant le Salon de faire preuve d'indulgence, malgré l'évidence parfois flagrante des échecs de l'artiste soumis à leur regard.

En dépit du soutien de Grautoff, qui s'efforça de préserver la germanité faustienne de Marées tout en diluant son discours dans un cosmopolitisme goethéen, le peintre fut livré en pâture à une horde de critiques aux conceptions prémâchées sur l'essence de l'art allemand. Comme l'indique la réception française de l'exposition du Salon d'automne, le peintre d'Elberfeld, par ses couleurs sourdes, ses rêveries inachevées et ses iconographies indéterminées, semblait idéalement taillé pour alimenter les clichés sur la nation voisine. Cédons au procédé du florilège : «À trop regarder au-dedans de lui-même, il a fini par voir bien sombre parfois[97]», put-on ainsi lire dans la presse au lendemain du vernissage, une presse qui se désola d'une peinture d'une «mortelle tristesse», «défectueuse et grotesque[98]», à la «ténébreuse facture[99]», produite par un Allemand n'étant «pas parvenu à anéantir le germanisme de son tempérament[100]». «Hugo [*sic*] vons [*sic*] Marées» ? Un *ersatz* au «divin Puvis de Chavannes», un personnage condamné par ses «origines sémitiques» à assouvir ses pulsions de «compilateur[101]» sensualiste, selon la critique Julia Pilore. Ailleurs, Marées fut présenté comme «un peintre de mythologies piquées aux vers, de dieux suppliciés au laminoir allural et maquillés au brou de noix des pires antiquailles. Et cette cohue d'ahuris, de bateleurs s'esclaffe ; dam, voilà de la belle besogne[102] !» D'autres proclamèrent l'incompatibilité de l'univers visuel de Marées avec la «clarté» du style hexagonal : le «goût français répugnera à [sa] dernière manière», empreinte d'une «lamentable lourdeur», de couleurs «mornes et tristes». Sa peinture «fatiguée et boueuse[103]» laissait ainsi le spectateur comme abasourdi, «molesté[104]». L'impitoyable chroniqueur du *Figaro* Arsène Alexandre se prononça deux fois sur la rétrospective et évoqua le *Souvenir de Rubens*, arraché pour l'occasion à son pays houiller d'appartenance :

> «Impossible de rencontrer un esprit plus austère et une vision plus encrassée pour peindre la joie de vivre et les profondes ivresses de la nature. Ingénument von Marées s'en accuse, dans une copie de Rubens. En passant par sa palette et son cerveau, le plus éblouissant des peintres est devenu "culotté" comme une pipe de Munichois. C'est Rubens chez le charbonnier[105].»

Cette compilation pourrait ici être augmentée à loisir. Nous nous contenterons d'y mettre fin en citant cette délicatesse de Guillaume Apollinaire, qui saisit l'occasion pour rédiger des paragraphes assassins sur la culture d'outre-Rhin :

> « L'exposition rétrospective de Hans von Marées est intéressante pour plusieurs raisons et, avant tout, parce qu'elle nous montre une impuissance chez les Allemands à reconnaître l'art. Ils manquent de goût, et admirent au hasard de la surprise. C'est ainsi que Hans von Marées, que les Allemands viennent de découvrir, et auquel, ce me semble, ils ne sont pas loin d'accorder du génie, n'était qu'un médiocre artiste. [...] Dans la préface qu'il a écrite pour cette rétrospective, M Meier-Graeffe [*sic*] ne fait aucun effort pour dégager de l'influence française un peintre qui l'a subie beaucoup plus profondément sans doute que ne le pensent les Allemands. [...] Ce n'est pas ainsi que le même M. Meier-Graefe s'exprimait, le 8 mars dernier, à la Sécession de Berlin. Pour grandir son héros, il mettait un abîme entre von Marées et la France. [...] Il faut seulement regarder avec respect ces toiles d'un esprit qui s'est efforcé vers ce qu'il ignorait : la beauté[106]. »

Le poète s'interrogeait donc à juste titre sur le double jeu du critique allemand, francisant ou germanisant son héros au gré du contexte enveloppant son propos. Il comprenait cette stratégie d'autant mieux qu'il allait lui-même en faire usage, à peine quelques années plus tard : n'était-ce pas ce même Apollinaire qui, lorsqu'il fut réquisitionné par la galerie berlinoise de Herwarth Walden en 1913 pour assurer la promotion de son protégé Robert Delaunay, prit soin de flatter l'école allemande du XIXe siècle – Marées y compris – afin de rallier son auditoire à sa cause[107] ?

Une certaine prudence est toutefois de rigueur : en dépit des apparences, force est de constater que l'exposition Marées du Salon d'automne reçut un accueil respectueux dans la presse française – et cela même lorsqu'elle se faisait le relais de préjugés grossiers. Grautoff évoqua la forte impression que fit le maître allemand sur des artistes comme Rodin, Maurice Denis, Charles Guérin, Henri Charles Manguin et Odilon Redon, et inventoria les recensions les plus encourageantes[108]. La « hardiesse » et la « sereine ampleur[109] » du peintre des *Hespérides* furent en effet souvent mentionnées comme une alternative louable à la balourdise d'un Böcklin surévalué[110]. Le critique Jean Chantavoine parla de la trajectoire de Marées comme d'un « drame aussi beau qu'*Hamlet* ou que *Prométhée*[111] ». « [Marées est] un très pur artiste [...], un isolé, un chercheur insatiable qui s'épuisa à vouloir renouer – ô chimère ! – le lien entre le passé et le présent[112] », admit pour sa part Louis Vauxcelles, qui voyait dans son art un rempart dressé face aux excès de la peinture moderne. Pour la jeune *Nouvelle Revue française*, Jacques Copeau rédigea une recension où il partageait certes ses doutes sur le destin pathétique du peintre, mais où il louait les efforts de Meier-Graefe pour le dégager des conceptions germaniques auxquelles il demeurait associé. Il reconnut chez Marées un désir vertueux de parvenir à une synthèse européenne des arts, une volonté d'adapter sa « prodigieuse faculté d'assimilation aux disciplines des écoles hollandaise, italienne, espagnole et française ; [d']imiter la couleur, la pâte ou la composition de Rembrandt et des Vénitiens, du Greco, de Poussin, de Delacroix, de Diaz, de Chavannes, de Manet, voire de Monticelli[113] ». Une missive de l'écrivain André Gide à ce même Copeau révèle pourtant avec cruauté la dimension stratégique de sa bienveillance :

> « Vous savez peut-être que c'est le groupe de [Franz] Blei et de Meïer-Grève [*sic*] qui a fait l'exposition von Marées – groupe qui nous est particulièrement dévoué. Vous savez aussi que c'est "leur grand peintre" – donc, si votre note n'est pas qu'élogieuse, mettez-y quelque diplomatie[114]. »

Dans le cercle des intellectuels cosmopolites qui veillaient – au bénéfice des deux parties – à la bonne tenue des échanges culturels transfrontaliers, il semblait délicat d'exprimer ses jugements en tout désintéressement. La raison de cette politesse convenue réside en réalité dans le projet développé à ce moment même par l'écrivain autrichien Franz Blei (1871-1942) ici mentionné, à savoir la mise sur pied d'une maison d'édition issue d'un consortium international. Baptisée « L'Ermitage », elle devait notamment permettre aux écrivains français contemporains (dont Gide) d'accroître la visibilité européenne de leurs ouvrages[115]. Or, comme l'indique un pli de l'auteur des *Faux-monnayeurs* à Blei de novembre 1909, les réseaux meier-graefiens semblaient essentiels à la concrétisation de l'opération[116]. Mais c'est peut-être le jeune Louis Réau qui accomplit les efforts les plus louables pour comprendre et expliquer l'art de Marées à ses compatriotes d'une part, et reconnaître de l'autre la nécessité du « sauvetage » du peintre que Meier-Graefe opérait à bout de bras. Il rédigea un article généreusement illustré par lequel il se montrait implicitement reconnaissant au critique et à ses acolytes progressistes pour leur travail incessant de diffusion de l'art français outre-Rhin[117].

La réception de la rétrospective du Salon d'automne révèle finalement des discours sur l'art qui, lorsqu'ils n'étaient pas conditionnés par les essentialismes culturels et les discours nationaux préconçus, veillaient à s'accorder tacitement aux exigences diplomatiques du cosmopolitisme culturel européen. C'est une sorte de *statu quo* qui résulta de ces efforts croisés, dont un chroniqueur allemand synthétisa la nature : « L'exposition Marées [du Salon d'automne] n'a pas servi à grand-chose. Elle n'a ni enrichi, ni rectifié l'opinion sur l'art allemand. [...] C'est davantage de troupes qu'il nous faudra envoyer pour abattre l'épais mur des aversions et préjugés français[118]. » Comme l'enseigne ce cas d'étude, c'est en dehors d'une logique binaire de réussites et d'échecs que s'articule l'histoire des transferts culturels franco-allemands.

* * *

Dans son autobiographie, l'éditeur Piper, qui s'était jeté tête baissée dans l'aventure Marées, évoqua avec tristesse la double peine dont furent victimes le peintre comme son biographe à l'avènement du nazisme :

> « Le *Völkische Beobachter* [organe de presse officiel du NSDAP] est allé jusqu'à la diffamation en affirmant que Meier-Graefe s'était penché sur Marées uniquement parce qu'il était le propriétaire de la plupart de ses tableaux ! (En réalité, il avait acquis deux ou trois œuvres de jeunesse qui avaient ressurgi lors de son enquête.) En ce qui concerne Marées lui-même, le ministère de la Propagande donna l'ordre à la presse de ne jamais mentionner son nom, fût-il blâmé ou flatté. Ainsi, l'un des plus nobles et des plus chevaleresques des artistes allemands fut livré à l'oubli, parce qu'il [...] avait une mère juive[119]. »

Traitons en premier lieu de la question ici abordée des rapports du critique avec le monde marchand : sans conteste – et au-delà de l'évident effet promotionnel de ses agissements en faveur du peintre –, l'élaboration d'un catalogue raisonné avait eu pour conséquence de faciliter, grâce à l'identification précise de chaque tableau, leur placement sur le marché. Meier-Graefe avait certes, à titre privé, acquis plusieurs toiles et dessins mineurs du maître autour de 1907, et Hildebrand lui avait en outre gracieusement offert le digne *Autoportrait sans chapeau* de 1874. Mais son catalogue raisonné entretenait à ce sujet, afin de se prémunir contre toute accusation, une transparence totale. Ces potentiels conflits d'intérêt le contraignirent tout de même, lorsqu'il voulut vendre ce même *Autoportrait* afin de résorber les dettes faramineuses qu'il avait accumulées tout au long de son enquête, à se défendre rageusement de toute logique mercantile[120]. Par ailleurs, il redoubla d'efforts pour que les quelques Marées circulant en mains privées terminent leur course au sein de galeries publiques, estimant œuvrer en gardien d'un trésor national.

Toutefois, Meier-Graefe apporta son aide à divers collectionneurs qui désiraient placer leurs œuvres, profitant d'un effet de mode indéniablement favorable. Parmi eux, Alfred Walter von Heymel qui, manquant de liquidités, chercha à se séparer de quelques-uns de ses tableaux dans le sillage de la vague des expositions Marées de 1909-1910. Soucieux lui aussi de l'*Öffentlichkeit* des œuvres d'art, le poète-collectionneur souhaita d'abord céder à la galerie de Mannheim, *via* son directeur Wichert, l'*Autoportrait au manteau japonais* et le *Portrait de Franz Koppel-Ellfeld* pour la somme de 20 000 marks, puis le *Souvenir de Rubens* au prix de 30 000 marks, se rangeant naturellement derrière la monographie du critique pour en exalter les qualités. Au dos de la lettre de Heymel du 27 décembre 1909 détaillant son offre, Wichert nota significativement de sa propre main : « Répondu le 29 décembre. Demander à voir les tableaux. S'enquérir de leur valeur auprès de Meier-Graefe[121]. » Le critique intervenait donc tout au long de la chaîne marchande : il guidait les collectionneurs dans leurs acquisitions, avant de les aiguiller dans leurs reventes tout en endossant secrètement un rôle d'expert pour leurs potentiels nouveaux acquéreurs. L'ambiguïté de ce statut transparaît clairement dans la missive qu'il adressa immédiatement à Wichert :

> « Vous devriez absolument acheter les Marées, surtout le *Souvenir de Rubens* et l'autoportrait – celui en manteau japonais. Proposez 30 000 marks à Heymel pour les deux tableaux, mais ne lui dites pas que je vous ai soufflé ce prix aussi bas. S'il veut seulement vendre les portraits, je donnerais facilement 20 000 marks pour celui en manteau japonais et le [portrait de Koppel]. Les tableaux de Marées sont rares, chaque chance est à saisir. Les deux tableaux sont de curieux témoignages, et donc des pièces de musée. Celui d'après Rubens est naturellement d'une plus grande valeur[122]. »

Contrairement à ce qu'allait affirmer un organe nazi comme le *Völkische Beobachter*, Meier-Graefe tentait donc ici d'entraver le phénomène de spéculation s'emparant des œuvres de son héros, d'autant plus lorsqu'il était question de leur entrée dans des musées publics. Dans le cas spécifique de Heymel, cette stratégie se solda par un échec : le collectionneur réitéra ses propositions en revoyant ses prix à la hausse, faisant même jouer la concurrence avec d'autres galeries allemandes[123]. Cette attitude incita Wichert, qui n'obtint pas de soutien financier auprès des industriels locaux, à se désengager. Le musée Wallraf-Richartz de Cologne acheta son *Autoportrait souriant* à Heymel début 1911 pour le prix honorable de 20 000 marks, mais le reste de ses Marées ne trouvèrent preneurs qu'au moment de la dispersion posthume de sa collection, le 8 mars 1917, chez le marchand Paul Cassirer. En pleine Grande Guerre, le *Koppel* et le *Souvenir de Rubens* furent adjugés pour des sommes largement inférieures aux prix espérés, quand un Van Gogh d'après un motif de Millet, un Liebermann de

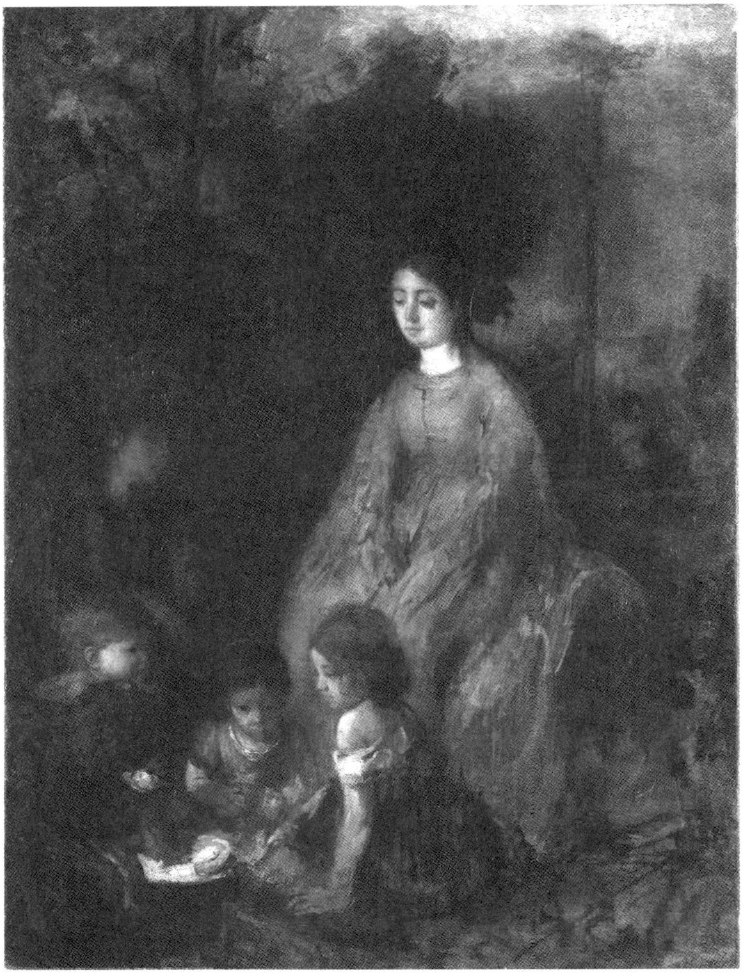

55 Hans von Marées, *Familienbild II*, vers 1867, huile sur toile, 135 × 103 cm, Karlsruhe, Staatliche Kunsthalle, inv. 1538

moindre qualité et un Thoma passèrent sous le marteau pour un montant trois fois supérieur. Une vente particulièrement « *unheymelich*[124] », chroniqua la revue *Kunstmarkt*, visiblement amatrice de jeux de mots aussi idiots qu'intraduisibles.

Une quinzaine d'années plus tard à Karlsruhe, c'est pourtant un prix d'achat exagérément élevé qui fut volontairement placardé sous le tableau *Familienbild II* (ill. 55) de Marées au sein de l'exposition « Regierungskunst von 1918 bis 1933 ». Organisé à la suite des premières épurations institution-

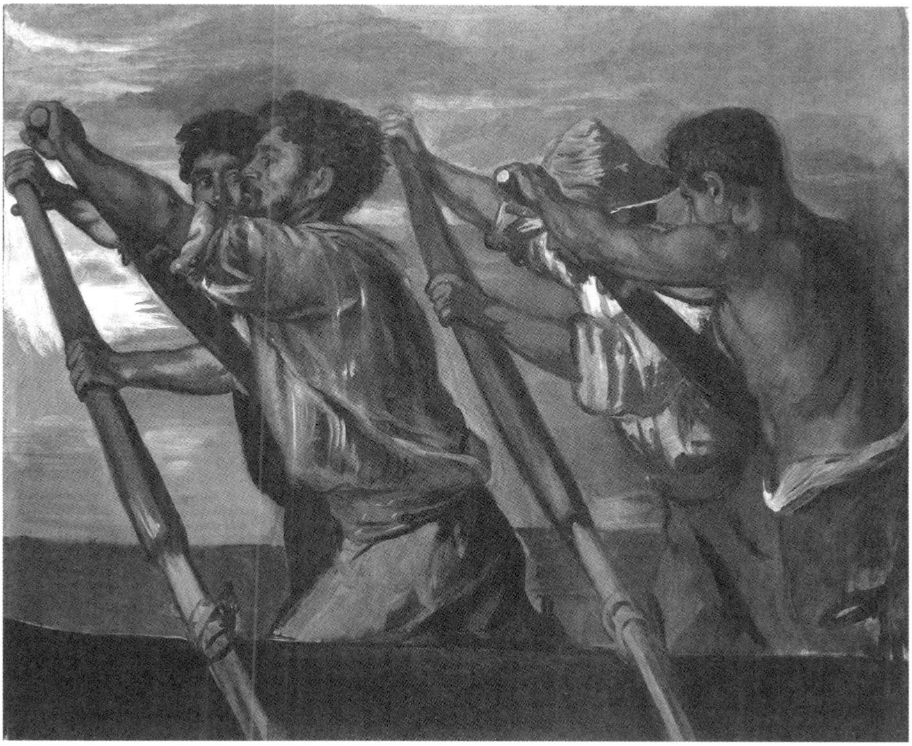

56 Hans von Marées, *Les Rameurs*, 1873, huile sur toile, 136 × 166,5 cm, Berlin, Alte Nationalgalerie, inv. A | 1024/4

nelles du Troisième Reich et annonciateur des expositions « Entartete Kunst » à venir, l'événement « interdit aux mineurs » entendait diffamer en bloc la « dégénérescence » d'artistes comme Marées, Liebermann, Slevogt, Corinth et le groupe Die Brücke. Par la radicalité de son discours, le commissaire de cette *Schandeausstellung* – le peintre ultra-nationaliste Hans Adolf Bühler – irrita paradoxalement les représentants du régime nazi : probablement ignorait-il qu'Adolf Hitler lui-même, à travers sa toute première esquisse de « musée national », avait manifesté dès 1925 son souhait d'accorder à Marées une place d'honneur dans son récit glorifié de l'art germanique. Si les sympathisants du nouvel Empire s'offusquèrent de voir « le plus noble représentant des *Deutschrömer*[125] » dénigré à Karlsruhe, ils purent toutefois se consoler lors du Sonderschau Entartete Kunst de Dortmund, exposition officielle financée par les nazis en 1935 : Marées y était en effet cette fois-ci présenté comme

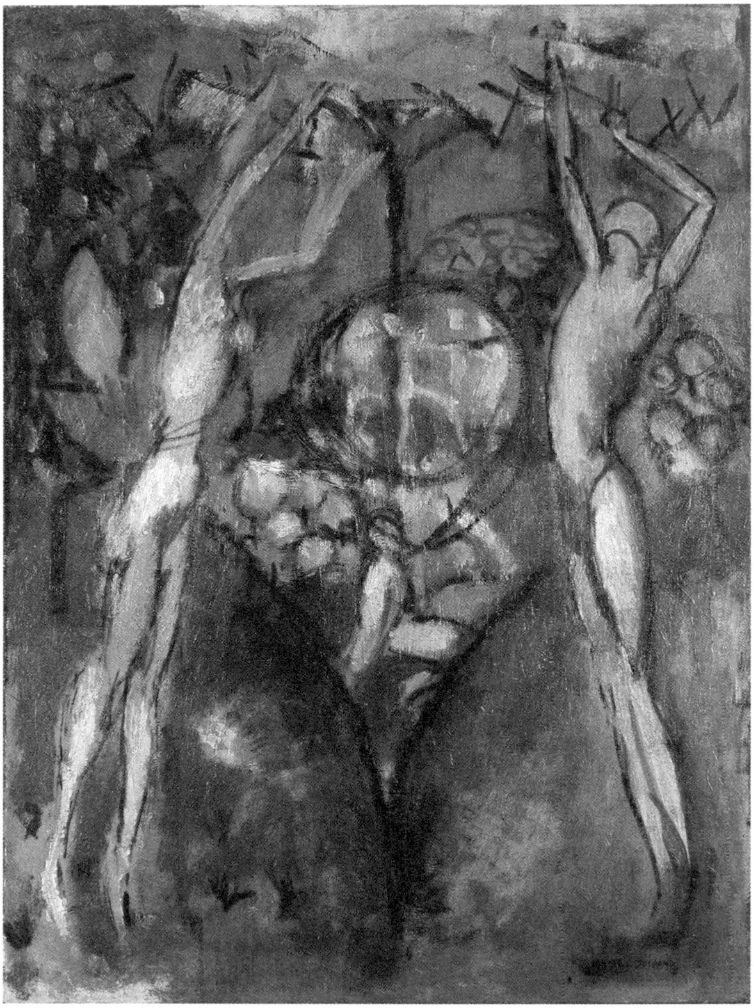

57 Marcel Duchamp, *Le Printemps ou Jeune homme et jeune fille dans le printemps*, 1911, huile sur toile, 65,7 × 50,2 cm, Jérusalem, Israel Museum, inv. B03.0071

un modèle pour les créateurs allemands[126]. On pouvait y admirer une reproduction de l'esquisse des *Rameurs* de la Galerie nationale de Berlin (ill. 56), dont les corps masculins sculpturaux représentés dans l'effort semblaient davantage en accord avec l'esthétique totalitaire que les brumes sombres et empâtées de la *Familienbild II* rhénane. Si le Führer demeura avant tout un böcklinien convaincu, la fortune contradictoire de Marées dans l'Allemagne des années 1930 – qui mériterait à elle seule une étude poussée – révèle de manière éclatante les apories de toute approche nationale rigide de l'art et de son histoire. La singularité de sa peinture, ses iconographies troubles et son style hétéroclite ouvraient la voie à toutes sortes de récupérations contradictoires. De toute évidence, par son intégration difficile au canon de l'histoire de l'art du XIXe siècle, Marées posait – et pose aujourd'hui encore – problème à ses observateurs. Loin d'appliquer rétrospectivement à Marées les éléments d'une germanité préconçue, Meier-Graefe avait au contraire tenté de générer *d'après* sa peinture et son parcours européen une « extension de la germanité[127] », une *Deutschtum* alternative, faite de succès, d'expérimentations visuelles et de nobles retraits, marquée avant tout par sa malléabilité et son ouverture.

Tout au long de sa carrière, le critique encouragea, notamment à travers la Marées-Gesellschaft et sa revue *Ganymed*, la poursuite des investigations scientifiques sur son héros. S'il ne parvint jamais véritablement à arracher Marées au statut d'*outsider* dont il porte aujourd'hui encore la marque, Meier-Graefe réussit temporairement à se réhabiliter comme savant. Il avait de plus livré aux jeunes artistes un nouveau modèle à s'approprier, comme l'ont démontré plusieurs études et expositions réalisées depuis le centenaire de la mort du peintre. D'Edvard Munch à Karl Hofer – exposés à Munich en même temps que la Marées-Ausstellung de 1908-1909 –, jusqu'à Franz Marc et Paul Klee, en passant par Beckmann, voire le Picasso du « retour à l'ordre » qui voyagea à Naples dans l'après-guerre : les confrontations au peintre furent nombreuses et productives, mais souvent en dissonance avec celles qu'aurait pu espérer Meier-Graefe. Marcel Duchamp, qui compta parmi les visiteurs du Salon d'automne de 1909, réalisa peu de temps après ses déambulations au Grand Palais une toile figurant un couple nu aux corps fins et distendus, en pleine cueillette d'oranges – il l'offrit d'ailleurs en cadeau à sa sœur pour son mariage avec Charles Desmares (ill. 57). Lors de son séjour munichois de 1912, l'amateur insoupçonné de symbolisme allemand foula vraisemblablement le sol du château de Schleissheim, avant de consacrer l'une des toutes dernières peintures de sa carrière à un trio féminin rappelant la scène centrale du triptyque des *Hespérides*. La question peut être posée sous la forme d'un calembour duchampien : de Marées à *La Mariée*[128] ?

« Celui qui sera capable de suivre la puissante ascension de Marées se sentira lui-même élevé vers les mêmes hauteurs que le Ganymède de son dernier tableau[129] » (ill. 58), peut-on lire à la toute fin de la monographie de Meier-Graefe. Le cours de la modernité allait quelque peu rationaliser les conditions de cet envol. Sous la verrière du Grand Palais en octobre 1909, soit au moment même de la rétrospective Marées située à quelques pièces d'écart,

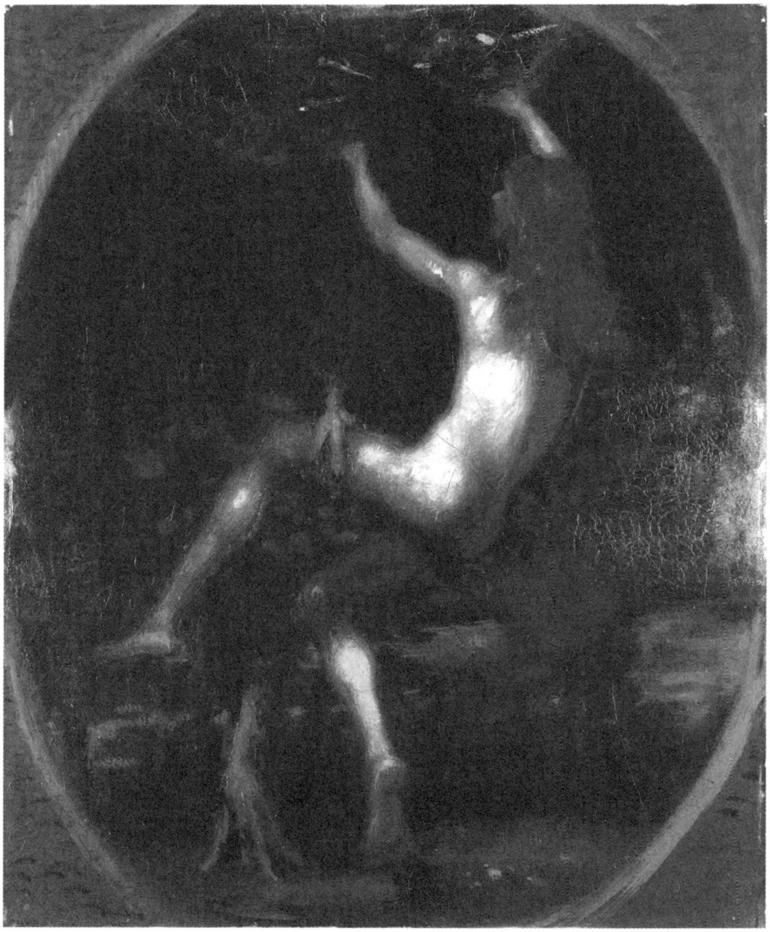

58 Hans von Marées, *L'Enlèvement de Ganymède*, 1887, huile sur toile, 99,7 × 81 cm, Munich, Neue Pinakothek, inv. 7865

l'État présentait le premier Salon de l'aviation. Un magnifique autochrome réalisé à l'occasion par le photographe Léon Gimpel montre un enchevêtrement pittoresque d'aérostats et de biplans primitifs (ill. 59), devant lesquels Marcel Duchamp se serait extasié, quelque temps plus tard, en présence de Constantin Brancusi et de Fernand Léger : « C'est fini, la peinture. Qui ferait mieux que cette hélice ? »

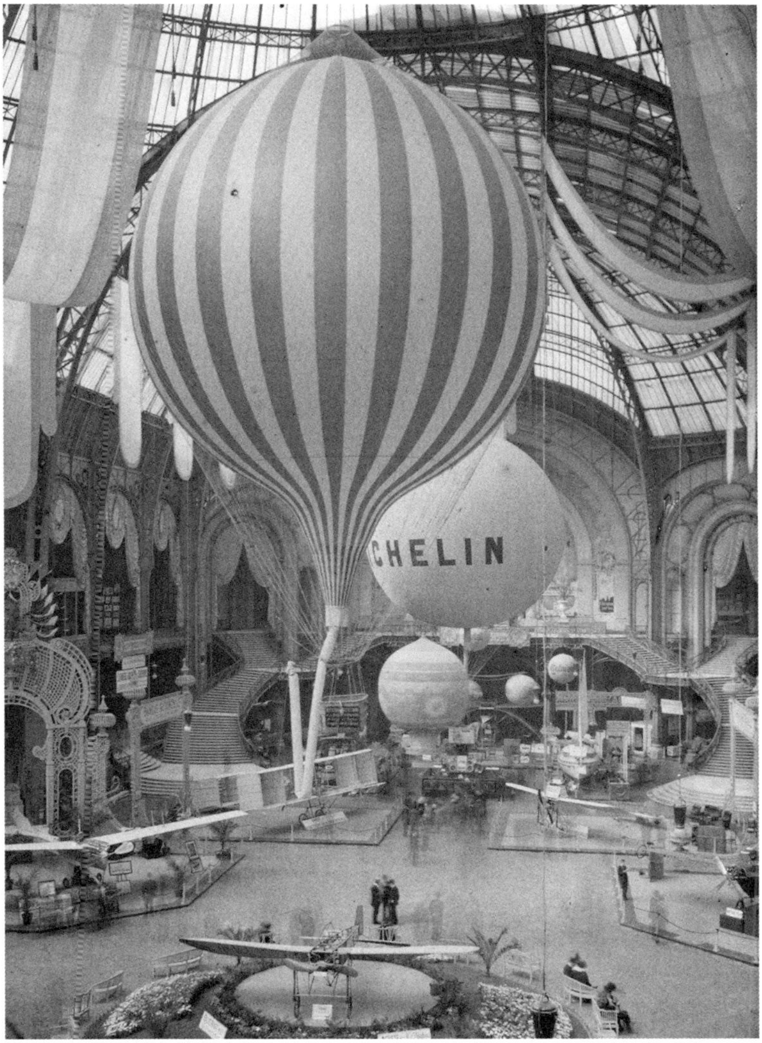

59 Léon Gimpel, *Vue du salon d'aéronautique de 1909*, 30 septembre 1909, autochrome, 9 × 12 cm, Paris, Société française de photographie, frSFP_0806im_A_1021

CHAPITRE V

·UN·MODERNE· ·D'AVANT-HIER·

« LE TEMPS N'EST PLUS
OÙ LES CIEUX ET LA TERRE
SE MARIAIENT DANS UN
IMMENSE HYMEN, LE SOLEIL
PÂLIT ET LA LUNE DEVIENT
BLÊME À CÔTÉ DES BECS
DE GAZ – CHAQUE JOUR
QUELQUE ASTRE S'EN VA ;
HIER C'ÉTAIT DIEU,
AUJOURD'HUI C'EST L'AMOUR,
DEMAIN L'ART[1]. »

Gustave Flaubert

Printemps 1911 : répondant à une enquête lancée par le publiciste Jean-Richard Bloch sur l'état de la culture française à l'étranger pour sa jeune revue *L'Effort*[2], Meier-Graefe s'emporta avec insolence :

> « Si vous me demandiez s'il y a, en dehors des choses qu'on peut faire venir par le chemin de fer, une relation intime avec l'esprit français, s'il y a aujourd'hui chez nous une suite à ce beau mouvement commencé par Frédéric le Grand, suivi par nos grands poètes et grands artistes, par nos savants, par tous les gens d'esprit et la société entière pendant la première moitié du dix-neuvième siècle, je devrais répondre non. Ce mouvement n'existe pas malgré tous les symptômes qui paraissent le garantir.
>
> Notre impérialisme est aussi matériel que le vôtre est idéal, et se base sur la force, la propriété et le prestige assez nébuleux d'un subjectivisme féodal[3]. »

De plus en plus courante dans les publications du critique des années d'avant-guerre, la mention du « vieux Fritz » servait de contre-modèle idéal à Guillaume II. S'exprimant dans une petite revue française éditée en province, Meier-Graefe en profitait pour épancher son amertume anti-allemande, en attaquant notamment la personne du Kaiser – pratique toujours illégale à l'intérieur des frontières du Reich :

> « Guillaume II est non seulement la tête de l'empire, mais le type [même] de l'Allemand moderne qui aborde tout et n'absorbe rien. Il serait difficile de rêver un type plus contraire au génie et à l'idée française que ce petit-fils du grand Frédéric. Il a contre lui, dans le pays, une opposition uniquement politique. Jamais on n'engagerait contre lui cette lutte d'homme à homme qui viserait en lui le représentant d'une espèce humaine. Vous comprendrez facilement pourquoi il m'est pénible d'être plus explicite sur cette question[4]. »

Avec de tels propos, l'auteur ne pouvait qu'aller dans le sens d'une opinion largement répandue en France sur le comportement arrogant de l'État allemand. Dans les gazettes françaises tant nationales que locales qui relayèrent l'article, l'heure fut à la jubilation. On peut ainsi lire, en parcourant les coupures de presse rassemblées par Bloch autour de l'activité de sa revue, de nombreuses et acides critiques d'une Allemagne en quête de « domination suprême en Europe », poursuivant « une expansion tenace et sourde[5] ». Des germanistes comme Félix Bertaux ou Paul Amann se dissimuleront derrière les propos de l'Allemand pour pointer les troubles digestifs d'un Empire gorgé de richesses et culturellement desséché, incapable d'absorption spirituelle[6].

Toujours en 1911, avec le soutien intellectuel de Bertaux, *L'Effort* lança une seconde enquête plus spécifiquement dédiée au statut de la culture germanique contemporaine. Intitulée « La nouvelle Allemagne et la culture française », elle soumettait cette fois-ci aux personnalités d'outre-Rhin une série de questions sur la validité du réalisme de Thomas Mann, du néoromantisme de Hofmannsthal, de l'« éducation artistique » promue par des personnalités comme Avenarius et Lichtwark, ou encore sur la valeur du groupe de Worpswede et des tentatives de décentralisation artistique en cours dans la peinture nationale[7]. Paul Amann, également lié au projet, conseilla Bloch dans sa quête de collaborateurs :

> « Je vois que vous êtes en rapport avec M. Meier-Gräfe ; il pourrait bien vous indiquer les courants les plus récents de l'art allemand. Il est vrai, ses jugements ne passent pas sans être vivement contestés par les partisans d'un art allemand plus proche des traditions germaniques (représenté par M. Henry Thode, je crois)[8]. »

Si l'essayiste percevait bien la position de Meier-Graefe dans les débats sur la germanité, il semblait en revanche ne pas être au fait de son virulent rejet des dernières tendances artistiques, dont il s'agit désormais d'analyser la nature. Trop occupé pour répondre à la requête de *L'Effort*, l'Allemand fit néanmoins parvenir à Bloch, plusieurs mois plus tard, un long manuscrit intitulé « Kultur! Dem Andenken Friedrichs des Grossen[9] ». Rédigé à l'automne 1911 pour servir d'appui à une série de conférences sur la déchéance de la culture actuelle et de l'art qui l'accompagnait, le texte allait constituer la moitié de l'ouvrage publié chez Samuel Fischer en 1913 sous le titre décliniste *Wohin treiben wir?* (ill. 60). Cet essai de désillusion intégrale marquait avec netteté le tournant *kulturkritisch* des écrits de Meier-Graefe. Il n'allait pas seulement contribuer à substituer à sa réputation d'avant-gardiste acharné celle d'un réactionnaire :

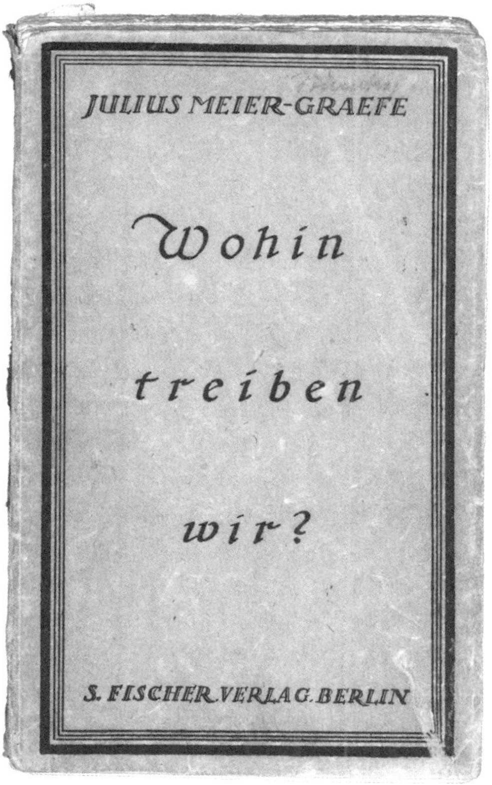

60 Julius Meier-Graefe, *Wohin treiben wir? Zwei Reden über Kultur und Kunst*, Berlin, S. Fischer Verlag, 1913, couverture

il invalidait rétrospectivement ses propres activités d'importateur et d'agent pour l'art français, tout comme ses efforts de mise en récit projective de la modernité. L'étude de cette profonde et sincère mélancolie, qui connut à la fois son apogée et son coup d'arrêt au moment cathartique de la Grande Guerre – Bloch s'y jettera tout comme lui tête baissée –, fait naturellement ressortir le progressiste Meier-Graefe sous un jour différent.

La complainte du progrès

Parmi les symptômes du désenchantement éprouvé par Meier-Graefe au tournant de 1910, il faut compter un sentiment d'impuissance face à la page blanche. Jadis si prolifique, éreinté par sa longue enquête sur Marées, l'écrivain fut contraint d'admettre l'affaissement relatif de sa dextérité dans le

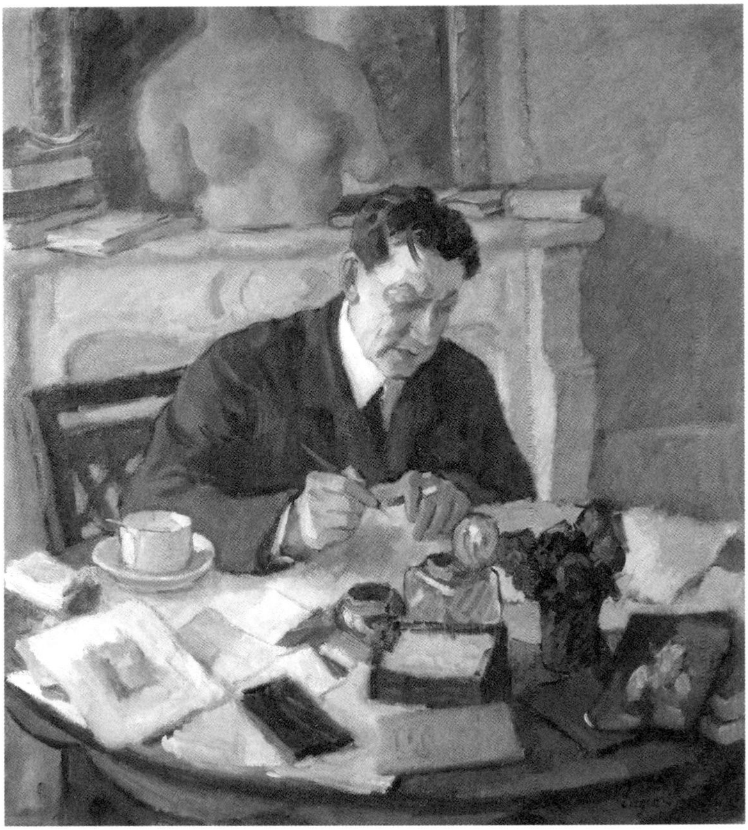

61 Eugen Spiro, *Portrait de Julius Meier-Graefe*, 1913, huile sur toile, 110,9 × 107,9 cm, Nuremberg, Germanisches Nationalmuseum, inv. Gm1777

maniement de la plume[10]. Ses ouvrages monographiques publiés au début de la décennie furent pour la plupart achevés dans la douleur, et l'enthousiasme d'antan semblait comme essoufflé. Cette période fut paradoxalement marquée par un nomadisme cosmopolite intense, dont son *Journal* atteste l'extraordinaire richesse. Haletante, jubilatoire, sa « Balade artistique » publiée en plusieurs volets dans la *Frankfurter Zeitung* quelques semaines avant la guerre illustre une vie d'intellectuel et d'homme d'action européen à son faîte[11]. Dans un portrait de valeur documentaire figurant Meier-Graefe au travail, composé en 1913 par son ami peintre Eugen Spiro (1874-1972), le critique apparaît l'air grave, vêtu d'une veste de velours rouge vif, plume et cigarette entre les doigts, noyé dans un capharnaüm de papiers et de livres (ill. 61). Derrière lui, sur la cheminée d'un appartement parisien, on devine les lignes néoclassiques d'un buste en plâtre de Wilhelm Lehmbruck, acquis directement auprès de l'artiste à la suite de son exposition au Salon d'automne de 1912.

Au fil de ces errances artistiques et mondaines, l'axe Berlin-Paris dominait à nouveau. La régularité de ses haltes dans la capitale française le conduisit à louer dès l'hiver 1910 un appartement situé dans le quartier de Montparnasse. S'il ne put jamais y nouer de solides amitiés françaises, la capitale n'en demeurait pas moins ce lieu unique de concentration de goût et d'humanité au charme duquel il avait succombé dès 1889. Du XIVe arrondissement, c'était pourtant la ritournelle d'un passé s'éloignant à grands pas que Meier-Graefe fredonnait opiniâtrement – celui de l'impressionnisme –, alors que la capitale des arts mettait progressivement ses pendules à l'heure du réel disloqué des imageries cubo-futuristes. Autant de tendances qu'il s'obstinera à passer sous silence, de peur de les encourager, tout en professant à ses auditoires atterrés la chronique d'une mort annoncée : celle de la culture.

Les développements qui suivent se fondent sur une lecture approfondie de *Wohin treiben wir? Zwei Reden über Kultur und Kunst*, essai d'une centaine de pages composé de deux textes consécutifs à un diptyque de conférences à scandale données par le critique entre 1911 et 1913 dans plusieurs villes de la sphère germanophone. La première de ces deux allocutions, initialement dédiée à la mémoire de Frédéric le Grand (dont on célébra en 1912 le deux centième anniversaire), traite du délabrement de la culture d'une manière globale. Esquissé en septembre 1911, ce sermon décliniste fut prononcé en décembre à Dresde sous le titre « Über Kultur[12] », puis à la galerie berlinoise de Paul Cassirer. La seconde conférence, qui donna son titre à l'ouvrage final, fut présentée pour la première fois le 6 janvier 1913 dans les locaux du même galeriste, puis à Munich, Stuttgart, Hambourg, Vienne et Budapest. Elle se centrait pour sa part sur les développements ultimes de l'art contemporain, dont l'état préoccupant paraissait illustrer l'appauvrissement du terrain culturel instable sur lequel reposaient ses fondations[13]. En renfort de ces deux textes, nous ferons ici régulièrement appel à d'autres publications du critique remontant à ces années de réaction, qui toutes partagent une semblable teneur crépusculaire.

Le chapeau de Goethe

C'est par le biais du langage que les premiers paragraphes de *Wohin treiben wir?* abordent le complexe de la *Kultur* contemporaine. Après avoir comparé l'élasticité des mots à celle des vêtements, fatalement distendus par un usage sans cesse réitéré, Meier-Graefe se penche sur les termes qu'il estime alors les plus dépenaillés :

> « Le mot “culture” fait partie de ceux-là. Il ressemble au haut-de-forme de Goethe conservé dans son ancienne demeure de Weimar ; un chapeau, comme chacun sait, démesuré par la taille, qu'un gringalet turbulent s'amuserait à porter et qui lui tomberait jusqu'aux épaules, si bien que sa tête serait invisible[14]. »

Son constat de départ était donc le statut chancelant d'un mot autrefois sacré, couvrant désormais un champ abusivement élargi des productions humaines ; un terme contraint d'accueillir en son sein toutes sortes de futilités, parmi lesquelles « les beaux livres imprimés, la régulation du trafic, les trains express [...], le chauffage central et les extracteurs de fumée[15] », voire les peaux tatouées des autochtones de Polynésie. En accord avec le standard des récits déclinistes florissant autour de 1900 et dont Laurence Bertrand Dorléac a analysé les variations[16], la croyance élémentaire sur laquelle s'appuyait le décadentisme de Meier-Graefe était celle d'un développement matériel, scientifique et technique accéléré conduisant inéluctablement à une chute de l'âme.

À la pointe de cette évolution de la culture occidentale se trouvait la nation allemande, dont la fulgurante croissance économique se voyait dopée par les prétentions coloniales de sa *Weltpolitik*. Principale conséquence de cette course expansionniste : la reconnaissance du profit et de l'argent comme valeurs dominantes, révélant une société aux membres obnubilés par le seul bon déroulement de leurs « affaires » – le mot apparaît dans l'ouvrage sous toutes ses déclinaisons. Cette *Geschäftemacherei*, qui grignotait du terrain sur tous les champs de l'existence, était perçue par Meier-Graefe comme l'un des principaux moteurs de la perversion des rapports humains, dont le monde *a priori* supérieur de l'art n'était pas complètement préservé. S'exprimant à l'ère d'une internationalisation croissante du marché, le critique voyait ainsi dans la brûlante « controverse Vinnen », bien davantage qu'une basse querelle franco-allemande d'egos culturels, un symptôme désolant de ce regrettable mélange des genres.

D'un point de vue plus général, la lecture de *Wohin treiben wir?* dénote une crainte largement partagée par les intellectuels européens de l'époque, celle d'un nivellement intégral des civilisations humaines : « On pense de la même manière en Égypte et à New York, au Japon et à Berlin[17] », notait l'auteur, se faisant le critique précoce d'un processus naissant de globalisation culturelle. En dépit de la barrière des langues, les nations cédaient pour la plupart à l'idéologie du progrès à tout prix, en partie redevable au modèle « américain » de la *tabula rasa*, liquidatrice de toute tradition. « La voie vers [la] nouvelle culture [américaine] ressemble à un voyage en ballon dirigeable : les bagages sont interdits[18] », affirmait sarcastiquement Meier-Graefe, qui ne foula le sol du Nouveau Monde qu'en 1928. L'Allemagne contemporaine incarnait parfaitement ce type de société cherchant à se délester des malles encombrantes de sa tradition pour s'assurer un décollage politico-économique optimal. Aux commandes de celle-ci se trouvait un Guillaume II « parlant comme Barberousse et agissant comme un Américain[19] », condamné à traîner les valises de sa maigre culture comme un fardeau.

Face au Kaiser, attaqué avec véhémence entre les lignes de son essai, Meier-Graefe s'efforça dès lors d'ériger un contre-modèle glorieux, pourtant lié à lui par le sang Hohenzollern : Frédéric II de Prusse. Il voyait dans ce personnage marqueur de l'histoire allemande un véritable possesseur de culture dont la francophilie légendaire n'avait rien d'une posture, mais obéissait à une forme supérieure d'instinct : ses Lancret et ses Watteau, une fois intégrés dans le palais de Sanssouci, avaient quitté la vulgaire logique d'importation et trouvé en territoire prussien un terreau accueillant à fertiliser. Dans une recension particulièrement élogieuse de l'exposition d'art du XVIIIe siècle français organisée à l'Académie de Berlin en 1910, publiée dans la *Gazette des beaux-arts*[20], Meier-Graefe précisa sa conviction : l'ère du grand Frédéric avait été, avec le voyage munichois de Courbet, l'un des rares moments de dialogue culturel profitable aux deux pays. À l'inverse de son descendant, Frédéric avait un rapport intuitif aux choses de la culture, dénué de tout intéressement extra-artistique. Une simple balade à Potsdam sur les traces du prince éclairé permettait d'ailleurs toujours aux Allemands d'en éprouver l'ampleur.

Fatalement, cet appel au secours lancé au « vieux Fritz » replaçait les complaintes de Meier-Graefe dans le cadre d'une confrontation franco-allemande, impliquant des rapports culturels de dominant à dominé. Malgré ses tentatives incessantes pour neutraliser toute dimension excessivement nationale de son discours, force est de constater que le critique perpétuait son éloge d'une France disposant d'un *uralter Kulturstamm*, d'un rapport organique à la culture qui faisait sa grandeur artistique depuis des siècles ; par opposition à une Allemagne composite dont les élites n'éprouvaient que « superficiellement, par la peau[21] ». L'usage continu de la première personne du pluriel, depuis le *wir* du titre de l'ouvrage jusqu'aux développements auto-accusatoires de son contenu, ne laissait aucun doute à ce sujet : le Meier-Graefe du *Cas Böcklin* récidivait et lançait une nouvelle charge contre l'essence même de la société wilhelmienne. À ceci près que cette attaque semblait pour la première fois élargir sa cible à l'Occident dans sa globalité et entendait, dans un contexte de déclin généralisé, mettre en garde l'Allemagne face au déni de ses propres qualités.

La seule recension critique de *Wohin treiben wir?* publiée en France fut logiquement positive : dans la jeune *Nouvelle Revue française*, Félix Bertaux vit dans le haussement d'épaules résigné de son confrère une confirmation de ses propres intuitions. Mais ce sont avant tout les espoirs patriotiques de régénération culturelle de l'Allemand qui sautèrent aux yeux du germaniste, qui pressentait de manière surprenante la nationalisation radicale qu'allait connaître la pensée de Meier-Graefe au déclenchement de la guerre. Le chroniqueur français interprétait par conséquent les regards cosmopolites que son voisin jetait par-delà le Rhin sous un angle bien précis : « Qu'il parle de Versailles ou de Potsdam, de Cézanne ou du Greco, qu'il vante Paris ou critique Berlin, c'est à son peuple qu'il pense[22]. » Malgré son nombrilisme assez évident, la réception de la conférence « Über Kultur » en Allemagne – tout comme de sa version publiée – fut désastreuse : les lamentations de Meier-Graefe semblaient dorénavant condamner non seulement la bourgeoisie nationaliste et conservatrice, mais, d'un même geste, les élites urbaines progressistes consommatrices d'art moderne. Le critique s'isolait alors dans l'impasse de son déclinisme, pris en tenaille entre deux postures antagonistes renvoyées dos à dos. Au retour de l'une de ses conférences, il décrivit dans son *Journal* par un adjectif lapidaire l'atmosphère dominante au sein de l'auditoire : « consternante[23] ». En relisant la phrase de conclusion de la version imprimée de son allocution, ironique, ambiguë et, à sa manière, annonciatrice de la catastrophe, on peut effectivement se demander quel en fut l'impact sur le public allemand :

> « Laissons-nous d'abord disposer d'assez de soldats, de navires et d'argent, de l'argent avant tout. Nous pourrons ainsi nous acheter des tableaux, des sculptures, des idéaux et une culture flambant neuve[24]. »

En juin 1913, en prévision d'un hypothétique conflit, l'Assemblée du Reich vota effectivement une nouvelle augmentation du budget de l'armée, renforçant la *Deutsches Heer* de 117 000 hommes et 15 000 sous-officiers.

Trahisons

Face à cette déroute généralisée, Meier-Graefe concentrait l'ensemble de ses espoirs dans l'art : il paraissait l'unique échappatoire, la seule possibilité de réenchanter un monde aux églises délaissées. Il fallait, contre la tempête, rappeler ses immenses potentialités : « [L'art] est irremplaçable. Il semble le dernier de nos dieux, notre dernière chance d'enrayer le mécanisme, et de faire surgir aux yeux de tous un héroïsme spirituel[25]. » Or, les jeunes artistes étaient loin de se montrer à la hauteur de leur mission. Le critique poursuit : « Et, comme il est irremplaçable, la décrépitude de plus en plus manifeste de l'art de notre temps est un symptôme terrifiant de la décadence de notre société. » Mais de quel art était-il au juste question ? Il faut l'affirmer d'emblée : la principale difficulté que pose l'analyse de la condamnation des avant-gardes par Meier-Graefe tient à l'absence quasi totale de mentions précises des peintres, sculpteurs ou œuvres dont il faisait le procès. L'historien se voit donc contraint à une analyse théorique, pour ainsi dire « en creux », de cette opposition. Elle allait en tout cas contribuer à écarter l'écrivain de ses confrères aux goûts plus extensibles, comme des jeunes peintres qui se sentirent à juste titre violemment pris pour cibles. À un publiciste hambourgeois qui cherchait à le défendre face au flot d'insultes que lui valurent ses prêches antimodernes, il justifia son choix du silence, convaincu qu'une enquête sur les fondements sociologiques du crépuscule de l'art contemporain valait davantage que n'importe quelle tentative d'analyse stylistique concrète :

> « Vous avez probablement mieux à faire. La seule prise de position contre un artiste de cette génération serait stérile et vraiment désagréable. Il ne reste qu'à critiquer les temps qui rendent de telles choses possibles, tout en espérant un résultat positif[26]. »

En substituant à la faculté du langage celle de la contemplation, nous pourrions détourner ici l'aphorisme célèbre de Ludwig Wittgenstein et affirmer que Meier-Graefe se bornait à taire ce qu'il ne pouvait, ou ne voulait, pas voir. Parcourir la partie publiée de son *Journal*, qui couvre la période cruciale s'étendant de 1903 à 1917, a de quoi étonner ses lecteurs d'aujourd'hui : ils n'y trouveront aucune mention de Georges Braque, ni de Pablo Picasso ou d'André Derain, ni même du manifeste futuriste de 1909. Quant à « Mattys » (*sic*), s'il y fait bien une première apparition en 1910, c'est au travers de propos glanés par le critique à Cagnes auprès de Renoir, qui qualifiait son cadet de « notaire au Moulin-Rouge » et de « pompier déguisé[27] ». Une série d'absences d'autant plus remarquable que Meier-Graefe fut le témoin de bon nombre d'événements clés des révolutions picturales de l'époque, en France comme en Allemagne. Ainsi, à Paris, il visita religieusement l'intégralité des Salons d'automne entre 1905 et 1912, soumettant par définition son regard aux rugissements fauvistes et à l'essor du cubisme. Mais, lors de ses déambulations au

Grand Palais, il faut bien admettre qu'il fut en réalité bien plus souvent attentif aux expositions rétrospectives organisées en hommage aux grands héros du XIXe siècle qu'à la jeune peinture. Du Salon de 1911, il ne retint significativement « que les magnifiques et subtiles décorations de Bonnard[28] », dont la peinture représentait pour lui, à ce stade, la limite de l'acceptable en termes de dissolution de l'objet et de planéité de la surface picturale. Sous l'appellation de *neue* ou *junge Kunst*, il regroupa le reste – en vrac, les grandes étiquettes émergentes de l'époque qui ont toutes, depuis, intégré le canon le plus élémentaire de l'histoire de l'art moderne : le cubisme parisien, le futurisme italien et l'expressionnisme allemand.

L'apparition soudaine de ces mots-clés désignant des groupes plus ou moins constitués était déjà en soi révélatrice aux yeux du critique, lui qui avait toujours considéré l'impressionnisme comme une *Weltanschauung* et non comme un mouvement cohérent. Chez les acteurs des nouvelles tendances, il ne distinguait aucun tempérament apte à soutenir une vision du monde, mais de simples professionnels de leur domaine, les journaliers d'une insurrection culturelle de pacotille. Aux profonds besoins métaphysiques des artistes des siècles passés, ils répondaient par des constructions intellectuelles truffées d'artifices, dont le bruit tapageur des manifestes ne parvenait pas à dissimuler la platitude. Alors que les cannes brandies face au *Déjeuner sur l'herbe* furent jadis la réaction à une authentique volonté d'ébranler des carcans esthétiques et sociaux, la propension des créateurs du début du nouveau siècle à s'autoproclamer « révolutionnaires », en l'absence d'opposition digne de ce nom, frisait le ridicule. Comme le remarquait Meier-Graefe dans les pages introductives de son livre sur Manet de 1912, le « sol rocailleux » des forces de résistance d'antan s'était ainsi transformé en tapis douillet : celui d'une bourgeoisie conciliante, avide de sensations nouvelles. « [Les jeunes artistes] se battent contre le bourgeois comme s'ils se battaient contre des moulins à vent » et, plus désespérant encore, « se déclarent bien souvent vaincus face à eux-mêmes[29] ». Si subversives fussent-elles, leurs imageries étaient destinées par avance à intégrer les intérieurs de tout philistin à la page :

> « Le temps n'est pas loin où chaque charretier aura ses cubistes ou ses futuristes accrochés au-dessus de son canapé, et où chaque commis donnera son avis sur les divergences entre l'impressionnisme et l'expressionnisme[30]. »

Saisissant à bras-le-corps l'un des concepts centraux de l'historiographie de la modernité, ses arguments s'attaquaient au dangereux culte du nouveau. Pour elle-même, la nouveauté n'était le signe d'aucune espèce de valeur : « Si seule [la nouveauté] comptait, on pourrait placer n'importe quel futuriste au-dessus de Michel-Ange[31]. » C'était bien une *nécessité historique* qui avait donné l'impulsion première aux réorientations plastiques du passé (« Cézanne, lui, démontre la validité de sa nouveauté[32] »), quand les pseudo-révolutions contemporaines obéissaient pour leur part à de vulgaires effets de mode. Routiniers de ruptures incessantes au rythme de pamphlets doctrinaires, les jeunes artistes rendaient uniformes les cimaises des expositions annuelles : « Je ne vois que des recettes lorsque je visite les expositions parisiennes, des élèves sans maîtres, des troupeaux sans têtes[33]. » En se laissant dicter ses codes de représentation, l'individualité suprême était encouragée à s'éclipser sous les efforts collectifs de meute :

> « La routine, c'est la négligence de la fin au profit des moyens. Que le modèle dont elle s'inspire soit glorieux ou vulgaire, elle n'en reste pas moins stupide et demeurera ainsi, qu'elle représente une morne apothéose de l'empereur Guillaume, une demoiselle nue bien apprêtée, une tour Eiffel chancelante ou un visage composé de triangles[34]. »

Au-delà de sa mention indirecte du cubisme et de ses lignes brisées, ce passage est l'unique possibilité offerte par *Wohin treiben wir?* de rattacher les incriminations de son auteur à une référence précise. Sans aucun doute possible, ce sont bien les *Tours Eiffel* de Delaunay qui sont ici mentionnées – l'artiste français y travaillait depuis plusieurs années déjà. Iconiques de la phase « destructive » du peintre, élaborées en réponse au mythe de l'ingénieur et à la technophilie ambiante, ces visions orphiques du monument métallique à la structure inclinée, tronquée et disloquée furent à la source d'une dizaine de tableaux et d'études. En observant en détail les tribulations européennes de Meier-Graefe autour de 1912 et en les superposant au calendrier des expositions de l'époque ayant présenté des tableaux de Delaunay, on peut voir que le point de contact probable fut l'une des expositions de la galerie Der Sturm, dirigée d'un œil visionnaire par Herwarth Walden. Si une *Tour* non identifiée figurait au catalogue de l'exposition inaugurale de la galerie, ouverte dès mars 1912 dans une villa abandonnée du quartier du Tiergarten, son envoi retardé vers Berlin avait incité Walden à l'exposer plus longuement parmi le lot d'œuvres futuristes montré le mois suivant[35]. Vraisemblablement, la *Tour Eiffel* présentée à cette occasion fut celle acquise en 1911 par l'industriel allemand Bernhard Koehler, intégrant aux côtés de la ferraille titubante les immeubles désarticulés du Champ-de-Mars. Il semble raisonnable de penser que Meier-Graefe, en contact avec Walden depuis 1905[36], et régulièrement de passage à Berlin au printemps 1912, ait visité l'une des deux expositions.

En tout cas, la *Tour* de la collection Koehler bénéficia à l'époque d'une certaine visibilité en Allemagne : sa reproduction avait été intégrée à l'*Almanach* du Cavalier bleu publié par Piper, tandis que Walden édita d'après elle une carte postale promise à une généreuse diffusion.

En ce qu'elle représentait la puissance synthétique du modernisme de Delaunay, combinant la décomposition cubiste de la forme à l'énergie du futurisme, la série des *Tours* s'adaptait idéalement à l'argumentaire de Meier-Graefe. Elle incarnait les détournements à ses yeux regrettables des développements les plus problématiques de l'impressionnisme tardif, à savoir la division rationnelle du prisme lumineux et la géométrisation cézannienne des volumes. Le critique généralise :

> « [Les jeunes peintres] ont réalisé que toute forme se laissait plus ou moins engendrer par des rapports mathématiques, ils savent ce que des gens célèbres ont dit à propos de jambes comme des colonnes et de têtes comme des sphères. [...] Le corps ressemble à un prisme, disent d'autres. On pense alors aux traits d'esprit divins de Hamlet. Pourtant, les prismes peints ne me paraissent toujours pas assez prismatiques. Je parviens encore à déceler le cubiste à travers le cube, je reconnais toujours le bête visage de philistin au nez malgré tout académique, l'œil fidèle, la boucle de cheveux[37]. »

À travers ce clin d'œil aux propos de Cézanne, qui furent souvent détournés pour faire de l'Aixois l'annonciateur incontesté du cubisme, Meier-Graefe critiquait également la chute d'un rapport intime, constructif, à la tradition. « À quoi bon regarder derrière nous ? » hurlait Filippo Tommaso Marinetti dans *Le Figaro* en 1909 : contrairement à leurs épigones, les pères dont se réclamaient les peintres d'avant-garde – Van Gogh et Cézanne – n'avaient pas débuté « par des proclamations, n'incendiaient pas les ponts après leur passage, et ne s'engageaient pas sur un chemin dont ils ne percevaient pas le bout[38] ». Dans leur culte factice de ces piliers de l'art moderne, Matisse et Picasso bâtissaient pour leurs ancêtres des « temples étriqués[39] », retenant de l'un la prédominance de la ligne et des aplats colorés, et de l'autre la gestion plane des volumes et l'inachèvement comme style. Ensemble, ces nouveaux représentants de l'art pompier guidaient la peinture vers un domaine lui demeurant étranger, à savoir celui de la décoration. Le mot allait dès lors revenir à plusieurs reprises sous la plume de Meier-Graefe : les jeunes artistes n'étaient que des « peintres de papiers peints », dont les œuvres s'éloignaient dangereusement des exigences propres au médium de la peinture.

Ces critiques n'empêchèrent cependant pas l'œil de Meier-Graefe de reconnaître rapidement, surtout chez Matisse et Picasso, une forme indéniable de talent. Il s'agissait néanmoins d'un excès de celui-ci, un trop-plein d'aisance dans le maniement éclectique de la couleur, du style et de la tradition – autant de concepts majeurs dont ils falsifiaient la nature. Ainsi, la seule pose d'un problème plastique, si référencé fût-il, ne suffisait pas à poser les fondements d'une nouvelle esthétique. Dans sa recension du Salon d'automne de 1912, essentiellement consacrée à défendre la sculpture de Lehmbruck, il confessait :

> « On ne peut pas contester à l'art parisien d'aujourd'hui un certain niveau de goût, une certaine adresse et un sens aigu des valeurs décoratives. Il manque pourtant à la plupart ce jeu confus : l'impression qu'ils doivent être nécessaires, qu'il s'agit ici d'une altercation inévitable entre l'individu et le monde, d'une vision[40]. »

Paris, qui fut autrefois le centre névralgique de l'impulsion moderne, le théâtre d'un nouveau jour des arts, en était donc à son crépuscule. Visiter ses Salons revenait à rompre silencieusement l'*Abendbrot* de la culture. À défaut d'y apprendre à voir, ses peintres passaient leur temps à comparer leurs doctrines attablés aux terrasses des cafés, tout en bafouant l'héritage précieux de leurs grands ancêtres. Perdant patience, Meier-Graefe ne put refréner son exaspération et céda à l'injure : « Ils sont des artistes de surface à tous les points de vue ; plats comme êtres humains également[41]. »

Ces attaques spécifiquement dirigées contre la jeune scène parisienne furent logiquement perçues avec agacement par ses propres acteurs. Une notice défensive publiée dans le *Gil Blas* par le critique d'art André Salmon en est la démonstration flagrante. Mentionnant la conférence de Meier-Graefe à la galerie Cassirer du 6 janvier 1913, le chroniqueur se rassura de voir l'un des plus illustres représentants de la cause avant-gardiste prendre la route de Berlin afin d'y défendre les jeunes créateurs parisiens :

> « Notre excellent confrère Guillaume Apollinaire s'est rendu en Allemagne répondre par des conférences aux conférences récentes de M. Meiergraeffe.
>
> Ce dernier, qui fut longtemps défenseur de l'Art français en Allemagne, attaque vivement, à la grande surprise de ses auditeurs, nos peintres modernes, les accusant de ne rien produire de neuf, de ne pas travailler et de passer le meilleur de leur temps au café. À cela, qui est manifestement faux, Guillaume Apollinaire saura opposer des faits précis. [...] Ceux qui,

> de nos jours, s'attardent au café sont précisément des étrangers et, surtout, des Allemands, assoiffés de café-crème.
>
> [...] M. Guillaume Apollinaire, mettant à profit son séjour en Allemagne, présidera, à Berlin, à l'inauguration de l'exposition des œuvres "orphiques" d'un peintre des plus nouveaux et pour lequel il a vivement combattu parmi nous : M. Robert Delaunay[42]. »

À en croire Salmon – dont la vision réductrice des idées de Meier-Graefe semble le signe de connaissances de seconde main –, l'allocution berlinoise à venir de Guillaume Apollinaire était donc pensée en réponse à celle de Meier-Graefe, qui l'avait précédée de deux semaines seulement. C'est effectivement à la galerie Der Sturm, concurrente de celle de Cassirer, que le poète prononça un discours en français au soir du 18 janvier 1913, inaugurant l'exposition monographique de son ami Delaunay prise en charge par Walden.

Si l'idée d'une telle conférence promotionnelle avait été soufflée à Apollinaire par le peintre lui-même, le galeriste avait activement soutenu cette démarche, en ce qu'elle œuvrait à la légitimation des écoles dont il assurait la propagande. Les propos tenus à cette occasion par l'auteur des *Peintres cubistes*, qui nous sont connus par une version réduite publiée en allemand dans la revue *Der Sturm*[43], dévoilent tout l'écart entre les tenants des avant-gardes européennes en plein processus d'auto-historicisation et le traditionalisme frileux d'un Meier-Graefe. Après avoir décrit à son auditoire germanique un XIXe siècle de domination artistique française (tout en prenant soin de concéder diplomatiquement à l'Allemagne la contribution honorable d'un Hans von Marées), Apollinaire s'employa à spécifier les caractéristiques de l'orphisme de Delaunay au regard du cubisme de Picasso – deux tendances s'élevant « au sublime sans s'appuyer sur aucune convention artistique, littéraire ou scientifique[44] ». Adaptant ses aspirations esthétiques à son rôle de médiateur, le poète français, qui mentionna également Otto Freundlich et Ludwig Meidner, versa finalement dans une mystique du mouvement orphiste, dont la vocation était de « réunir l'Europe autour de réalités picturales universelles[45] », telles la lumière et la couleur. Cette croyance ésotérique en une conscience transnationale de l'« homme primitif » semblait parfaitement en accord avec la ligne esthétique de la galerie et de la revue *Der Sturm*, qui défendaient de semblables préceptes internationalistes et « apolitiques ». Le galimatias métaphysique du « littérateur de bistrots parisiens[46] » ne pouvait en revanche que laisser Meier-Graefe indifférent.

Malgré les tentatives du critique d'y faire inviter les « bonnes personnes[47] », ses conférences sur la décrépitude de l'art contemporain connurent une réception catastrophique. Sur une ligne éditoriale et esthétique similaire à celle de la revue *Der Sturm*, le périodique *Die Aktion* déclara immédiatement la guerre au « nouveau réactionnaire » Meier-Graefe, qui éructait désormais à ses yeux « un ramassis de suspicions sans esprit critique [...] et autres prophéties geignardes sur l'irrémédiable surgissement de la barbarie dans l'empire déclinant de la Beauté[48] ». Son rédacteur en chef, Franz Pfemfert (1879-1954), connu à l'échelle nationale pour ses formules assassines, n'hésita pas à faire du moderne d'antan un vieillard « édenté[49] » à la bouche écumeuse. De retour à Paris, Meier-Graefe prit acte de ces attaques diffamatoires avec amusement et résignation. Il était de toute évidence le mieux placé pour être au fait de ses propres complications dentaires :

> « D'après les articles de presse sur mes conférences, le *doux pays* y va encore de ses insultes. J'ai dernièrement été mis au courant qu'on me traitait d'"édenté baveux". Je me rends justement aujourd'hui chez mon dentiste Dubois pour me faire combler les quelques trous existants[50]. »

Grand-papa Meier-Graefe

> « Ich bin der Julius Meier-Gräfe
> Der neuen Kunst gebiet ich: stop! [...]
> Ich half der neuen Kunst in madigen
> Impressionisten-Kindheitsstadien.
> So tief man auch die Feder tunkt,
> Es reicht nur bis zu einem Punkt.
> Dann hielt ich einen Abend-speech
> Und wachte auf als Ludwig Pietsch[51]. »

Amusante, cette satire poétique d'Alfred Kerr (1867-1948) valait comme recension critique décalée de la conférence *Wohin treiben wir?* tenue à la galerie de Paul Cassirer. Comparé en raison de son tournant rétrograde à Ludwig Pietsch, écrivain de la génération antédiluvienne de 1820, Meier-Graefe réalisait un nouveau tour de force : celui d'être simultanément abhorré par la quasi-intégralité du paysage critique franco-allemand. Les conservateurs raillèrent le coup de poignard asséné dans le dos des jeunes artistes, tandis que les chantres et acteurs de l'avant-garde se virent contraints, parfois à contrecœur, de manifester leur nette désolidarisation à l'égard de l'auteur. En accord avec son nom, le journal socialiste *Vorwärts* ne pouvait que s'inquiéter de voir Meier-Graefe faire marche arrière et titra « Grosspapa Meier-Graefe[52] », quand le publiciste et homme politique libéral Theodor Heuss s'étonna de ce funeste avis de décès :

> « Meier-Gräfe, le "sage", lance des attaques contre Paris, contre la dernière "évolution" de l'art français, et celui qui portait il y a dix ans à peine la parole du futur (un futur qui reposait sur les "quatre piliers" de la France moderne) accorde désormais sa lyre aux tonalités les plus sombres. Et à la place de la guillerette homélie baptismale d'antan, qui faisait l'éloge des pères et des ancêtres, voilà qu'il écrit une nécrologie[53]. »

C'est pourtant au sein de la correspondance échangée entre deux artistes majeurs du premier XXe siècle que l'on trouve le compte rendu le plus saisissant de l'allocution de Meier-Graefe – dans ce cas précis, il est question de sa version munichoise, donnée au soir du 7 mars 1913 dans la ville de Bavière :

> « Hier, nous sommes tous allés à la conférence du docteur Julius Meyer-Graefe, que l'on appelle désormais *Julianus Apostata*, parce qu'il a conclu en conseillant au public de prendre modèle sur cet empereur. Le nouvel art ne serait qu'affairisme, n'aurait ni âme ni esprit, et l'on devrait se liguer contre lui. C'était profondément insultant, sans fond, criant d'absence de pensée et de compréhension. Il a parlé presque deux heures sans pouvoir développer une seule idée. [...] La salle était si remplie qu'on ne pouvait plus respirer. Et l'air !! Presque aussi vicié que la conférence[54]. »

Quasi burlesque, ce document est précieux à plus d'un titre, en ce qu'il dévoile l'atmosphère pesante qui pouvait régner dans le public lors de ces conférences. Il l'est d'autant plus qu'il est de la plume de Vassily Kandinsky. Davantage encore, car il est issu d'une lettre de ce dernier à Franz Marc, signant la nette rupture entre un « Julius l'Apostat » qui cherchait à rétablir le polythéisme des dieux du XIXe siècle et la mystique nouvelle du Cavalier bleu. Visiblement déçu, le destinataire de la lettre communiqua immédiatement ces propos à son frère d'armes, le jeune peintre expressionniste August Macke :

> « Meier-Graefe a donné récemment une conférence à Munich dans laquelle il nous décrit tous comme des affairistes et incite le public à se liguer contre nous, etc. !! Et Cassirer, au fond, pense la même chose. Je ne veux plus avoir à faire avec ce cercle[55]. »

Si Marc se tourna par la suite effectivement plutôt du côté de Walden, cette exécution avait toutes les allures d'un douloureux parricide : l'impulsion des travaux de Meier-Graefe avait été déterminante pour lui et l'ensemble des artistes de sa génération. Le virage réactionnaire de Meier-Graefe survenait à un moment où le monde de l'art traversait à la fois les remous du pamphlet de Carl Vinnen, les luttes intestines de la Sécession berlinoise et les discussions animées sur la validité des nouveaux « ismes », qui peinaient à trouver une reconnaissance critique. L'analyse de son positionnement singulier dans ces débats dénote l'existence d'une modernité à plusieurs régimes, bien loin de se résumer à une lutte simpliste entre deux camps.

Éveiller les esprits

Piper, plus conciliant que Meier-Graefe envers la jeune scène artistique, joua dans plusieurs épisodes de ces conflits un rôle périlleux d'arbitre. Nous avons vu dans un chapitre précédent que Marc, à la demande de l'éditeur, avait déjà réalisé une transposition d'une peinture de *Baigneuses* de Paul Cézanne pour la couverture de la monographie de 1910 que Meier-Graefe lui avait consacrée. Lorsque Piper reprit contact l'année suivante avec le peintre pour lui passer commande d'une seconde jaquette, destinée cette fois-ci à orner la réédition d'un récit autobiographique du critique narrant une croisière au large de la Norvège en compagnie de son père[56], Marc s'exécuta consciencieusement et proposa deux gouaches aquarellées figurant un bateau à la dérive sur une mer tumultueuse (ill. 62). Pour des raisons dont il est difficile de connaître la nature exacte (un motif excessivement stylisé à son goût ?), Meier-Graefe opposa un refus à l'usage de ces illustrations. Marc s'en remit à Piper en ces termes :

> « Le refus de mes esquisses m'a certes surpris – mais il ne m'a pas blessé pour autant. Il m'est pourtant très difficile de le comprendre – d'autant plus que l'auteur du livre s'appelle Meier-Gräfe, celui qui a tenté de porter à la connaissance des Allemands des artistes comme Seurat, Van Gogh et Gauguin. Monsieur Meier-Gräfe serait-il effrayé des récoltes de ses propres semailles ? Serait-ce parce qu'il ne peut plus se débarrasser des "esprits" qu'il a lui-même éveillés[57] ? »

Par-delà la seule question du goût, Marc ressentait à travers ce refus une animosité d'ordre plus général. La plupart des jeunes créateurs se sentaient redevables envers lui, en ce qu'il avait préparé le terrain à leurs explorations

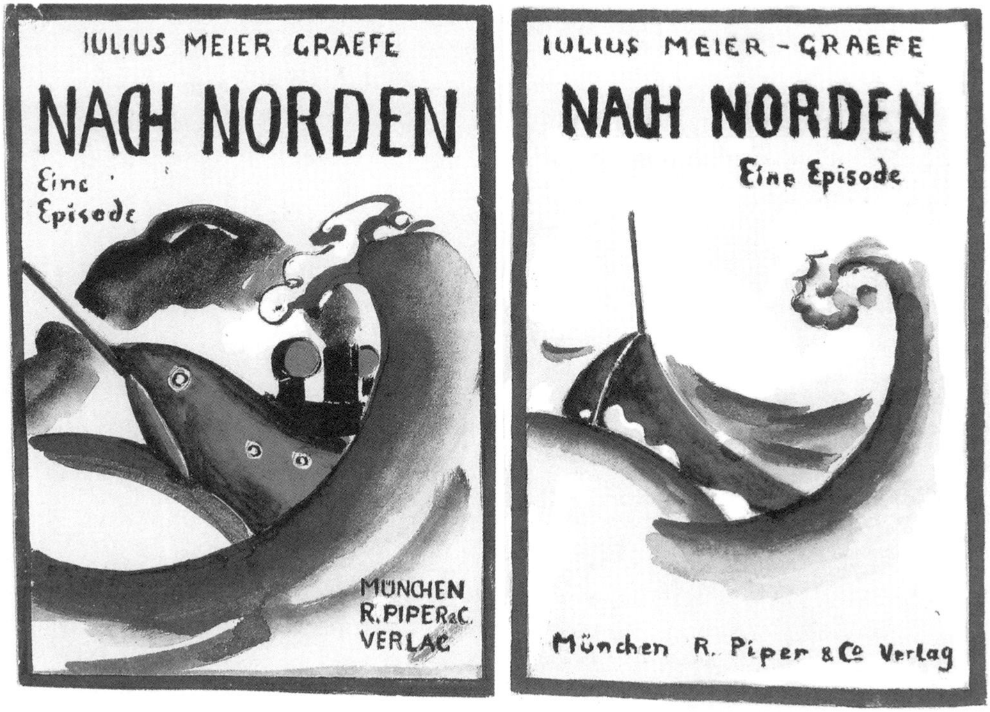

62 Franz Marc, esquisses pour la couverture du livre *Nach Norden. Eine Episode* de Julius Meier-Graefe aux éditions R. Piper & Co., 1911, gouaches aquarellées, 22 × 15,5 cm, collection particulière

plastiques. Moins onéreux que les trois volumes de l'*Entwicklungsgeschichte*, ce sont le recueil *Impressionisten* de 1907 et la salve de monographies à bas coût qui furent les plus diffusés et appréciés des peintres en quête de modèles. Avec une pointe d'ironie, Paul Klee notait quant à lui dans son *Journal* en 1908 : « Avide d'apprendre, je vais à l'école écouter le professeur Meier-Gräfe [...] pour savoir comment je dois faire pour devenir un bon artiste[58]. » Ernst Ludwig Kirchner et Fritz Bleyl s'avouèrent « captivés[59] » par les volumes illustrés du critique glanés dans les librairies. Les carnets de Macke démontrent qu'il copia frénétiquement certaines des reproductions du recueil *Impressionisten*[60], signe de la puissante influence de ces objets, tant par leur fond que par leur forme, sur leurs possesseurs.

Un mois seulement avant le rejet de ses propositions de jaquette de livre, au moment même où il travaillait aux côtés de Piper à la brochure *Im Kampf um die Kunst* en réponse au *Protest* de Carl Vinnen, Marc s'en remit d'ailleurs à ce même Macke en lui demandant de consacrer sa propre contribution aux services que le critique rendait à son pays :

> « Il te sera simplement demandé de défendre un cas précis qui te tient particulièrement à cœur : Meier-Graefe, en répondant à la question : "En quoi les jeunes artistes d'aujourd'hui sont-ils redevables à Meier-Graefe ?" Un vaste et honorable thème, qui doit être traité avec détermination, dans la mesure où M.-Gr. a lui-même refusé d'écrire *pro domo*[61]. »

Dans son essai, Macke exalta effectivement l'« instinct artistique » de l'auteur, un personnage « très controversé » dont le nom ne pouvait être cité dans la haute société allemande « qu'avec précaution[62] ». La brochure *Im Kampf um die Kunst* de 1911 foisonnait ainsi de mentions respectueuses de Meier-Graefe, attribuables à des galeristes, marchands, publicistes et artistes qui feront paradoxalement l'objet d'attaques de sa part.

À l'automne 1912, toujours dans ce contexte de réaction aux gémissements de Vinnen, Gustav Pauli – directeur du musée brêmois d'où était née la polémique à la suite de l'achat d'un tableau de Van Gogh – avait invité Meier-Graefe à donner une conférence publique afin d'infliger aux élites conservatrices une ultime correction. À défaut du coup de grâce attendu avec impatience par les francophiles progressistes, le critique répondit par *Wohin treiben wir?*, dont le contenu se révélait parfois étonnamment proche des propos du camp adverse. Il suffit pour s'en convaincre de lire quelques lignes de la plume du critique conservateur Fritz von Ostini, qui moquait dans l'un de ses articles pro-Vinnen les « M. Dupont » allemands idolâtrant désormais l'« anti-impressionniste » Matisse et le « sur-impressionniste » Picasso. Force est de constater que les termes dépréciatifs dont il usait ressemblaient étrangement à ceux de Meier-Graefe :

> « Demain arrivera celui qui viendra à bout de la forme, de la couleur, des sens et de la raison, composant des figures ternes et stéréométriques, philistines, pédantes, bidouillées, nulles et mensongères ! Mais les snobs allemands l'ingurgiteront de la même manière[63] ! »

Dans sa dépréciation des avant-gardes, Meier-Graefe épousait donc paradoxalement l'argumentaire de ceux qui avaient été ses ennemis lors de la polémique böcklinienne. En refusant de signer lui-même un texte dans la brochure *Im Kampf um die Kunst* publiée par son propre éditeur, le critique n'esquivait pas seulement une implication dans une nouvelle polémique stérile ; il était aussi parfaitement conscient que sa potentielle contribution mêlerait sa voix à celles d'artistes dont il refusait catégoriquement de cautionner la production. En somme, en 1911, poursuivre la lutte contre la gloriole wagnérienne et le nationalisme obtus ne revenait en aucun cas à adhérer aux tendances artistiques émergentes.

Le dernier acte d'hommage notable avant que le wagon Meier-Graefe ne se détache symboliquement du train de la modernité fut la publication d'un document majeur de l'histoire des avant-gardes : l'*Almanach* du Cavalier bleu. Il s'ouvrait sur un texte de Franz Marc intitulé « Biens spirituels », dans lequel il attribuait au critique l'immense mérite d'avoir orienté son lectorat vers de nouveaux horizons visuels :

> « Meier-Graefe eut l'idée d'offrir à ses compatriotes le merveilleux monde des idées d'un grand maître qui leur était totalement inconnu, à savoir le Greco. La grande majorité du public et même des artistes resta dans l'indifférence. Bien plus, elle l'attaqua avec fureur et indignation. Cet acte simple et noble lui rendit la vie presque impossible en Allemagne.
>
> Il est incroyablement difficile de faire des dons spirituels à ses contemporains.
>
> [...] Meier-Graefe et Tschudi ont associé le “père Cézanne” au triomphe de Greco, ce vieux mystique ; les œuvres de ces deux maîtres marquent aujourd'hui en peinture le début d'une nouvelle ère. Ils ressentaient *la construction intérieure mystique* qui est le grand problème de la génération actuelle[64]. »

Meier-Graefe avait effectivement posé les fondements de l'appropriation moderniste de Greco et défendait les principes d'une histoire de l'art transhistorique et comparative, mais il ne pouvait sans doute aucunement cautionner, nous l'avons vu, son instrumentalisation. Quant au cas du père Cézanne, c'était de toute évidence en se fondant sur sa lecture enthousiaste de la monographie de Meier-Graefe de 1910 que Kandinsky, auquel Marc fait ici implicitement référence, avait développé sa vision mystique des *Baigneuses* dans son essai-manifeste *Du spirituel dans l'art*[65]. Ces frictions esthétiques n'empêchèrent pas Piper d'insérer des encarts publicitaires pour les monographies de Meier-Graefe dans les dernières pages de l'almanach, symptomatiques de cette délicate phase de passation.

Du point de vue de Meier-Graefe, le malentendu était donc intégral : il faisait de ses ouvrages une boîte de Pandore esthétique et donnait à ses conférences sur le déclin de l'art contemporain toutes les apparences d'un « hara-kiri intellectuel[66] ». En réalité, certains documents d'archives tendent à montrer que, durant la phase d'élaboration de l'almanach, Meier-Graefe chercha à détourner Piper de Kandinsky au profit de Marc, dont le rapport à la représentation lui semblait moins radical, contribuant à accroître davantage encore les tensions qui existaient déjà entre l'éditeur et les deux artistes. Dès l'année suivante, la rupture avec le groupe de peintres munichois parut néanmoins définitivement consommée. En juin 1912, c'est un Kandinsky excédé par les bâtons sans arrêt placés dans ses roues qui s'adressa à l'illustrateur Alfred Kubin : « Quel type intraitable et borné (Meier-Graefe). On ne peut cesser de s'étonner qu'un cerveau si étroit et sans cœur se consacre à la théorie de l'art[67]. »

Les théories meier-graefiennes étaient pourtant loin d'avoir dit leur dernier mot. Elles furent une des sources d'inspiration des organisateurs de la Sonderbund-Ausstellung de Cologne en 1912 – fédération d'artistes locaux dont Meier-Graefe avait soutenu les balbutiements dès 1907 –, l'une des premières expositions d'envergure offrant une vue d'ensemble du paysage artistique européen contemporain. Cet événement majeur de l'historiographie de l'art moderne, dont la préparation et l'impact sont aujourd'hui bien connus, présentait plus de six cents œuvres brassant plusieurs décennies d'histoire de la sculpture et de la peinture, depuis les piliers comme Van Gogh, Cézanne et Munch jusqu'aux œuvres ultimes de Picasso, Braque, Derain, des artistes du Blaue Reiter et du groupe Die Brücke, tout comme de la jeune scène d'Europe centrale. Malgré l'absence de son nom dans le catalogue, Greco y fut même représenté par deux œuvres stratégiquement placées dans les salles consacrées à Van Gogh et à Picasso, selon un procédé muséographique comparatif mêlant arts ancien et moderne qu'avait déjà expérimenté Meier-Graefe à la Sécession viennoise en 1903. Aucune source ne permet, à notre connaissance, d'affirmer que le critique se rendit spécialement à la halle municipale de la ville rhénane afin d'y observer l'*Improvisation Nr. 21a* de Kandinsky exposée dans la salle 17 : toujours est-il que, quelques mois seulement avant le vernissage de l'exposition, Meier-Graefe fit le choix de se retirer du comité du Sonderbund, dont il était toujours membre, en signe de protestation contre l'influence de plus en plus nette qu'y exerçaient les jeunes expressionnistes. C'est par ailleurs le 2 juin 1912, soit quelques jours seulement après l'ouverture des portes de l'événement, que la *Frankfurter Zeitung* envoya sous presse son article « Kunst-Dämmerung[68] », contenant l'essentiel de ses arguments sur la dérive de la création contemporaine. Malgré l'absence de mentions précises d'œuvres et d'artistes, son feuilleton élégiaque s'intégrait à merveille dans le flux massif de recensions critiques négatives soulevées par ce rendez-vous marqueur de la poussée avant-gardiste. Défendant timidement l'arrière-garde de ses amis intimes Erich Klossowski et Leo von König, représentants tardifs d'un modernisme terni ; concédant à des peintres comme Karl Hofer ou Max Beckmann quelques impulsions prometteuses, Meier-Graefe n'avait plus beaucoup d'options esthétiques vers lesquelles rediriger ses espoirs. Il fut ainsi à la fois le levier déterminant et le spectateur accablé du tournant avant-gardiste du premier XXe siècle.

Bureaucratie des émotions

Au soir du 6 janvier 1913, parmi le public venu assister en masse compacte à la conférence *Wohin treiben wir?* à la galerie Cassirer, se trouvait un irrévérencieux critique d'art alors seulement âgé de vingt-sept ans : Carl Einstein (1885-1940)[69]. Sans nul doute, c'est en grinçant des dents qu'il écouta le prêche rétrograde de Meier-Graefe sur « la barbarie, l'inaptitude absolue et le néant[70] » de l'art contemporain, ainsi que son panégyrique redondant de Delacroix, Renoir et Marées. Le jeune écrivain était pour sa part déjà en contact régulier avec Matisse et allait bientôt célébrer « l'un des artistes actuels les plus puissants[71] » en la personne de Picasso. Actif au sein du périodique *Die Aktion*, théoricien précoce du cubisme, ses admirations se développaient dans une direction diamétralement opposée à celle des publicistes de la génération précédente, qu'il ne manqua pas d'attaquer dans ses articles corrosifs. Il tentait de congédier d'un même geste leur propension aux effusions verbales extatiques. En d'autres termes, Einstein se montrait résolu à enterrer avec eux une *praxis* entière, jugée désuète, de la *Kunstgeschichte*.

Ainsi, en 1914, lorsque son collègue Ludwig Rubiner publia dans *Die Aktion* un texte où il classait Meier-Graefe parmi les critiques d'art germanophones les plus incontournables des cent dernières années[72], Einstein déclencha sans délai les hostilités :

> « Mais pourquoi [prendre position] *pour* Meier-Gräfe ? Le type même de l'écrivain impressionniste ? Pensez-vous réellement qu'il ne comprend simplement rien à Pikasso [*sic*] ? Est-ce bien parler d'art, quand une personne comme Meier-Gräfe voit ses joues enfler d'enthousiasme, propage de mauvais jugements (Greco, Marées, etc.), ou perd la raison ? À mon sens, tout ça n'est que de l'écrivaillage impressionniste, et je trouve cela particulièrement étouffant[73]. »

Einstein, dont le manuel pionnier à venir allait emprunter à la psychanalyse, à l'anthropologie, aux sciences naturelles et aux théories formalistes de Fiedler, s'opposait en tout point à une *Kunstgeschichtsschreibung* faite d'une succession linéaire de héros et de chefs-d'œuvre, bavassée par une poignée d'esthètes aliénés à une amollissante « bureaucratie des émotions[74] ». Ses récits critico-fictionnels des années 1910, notamment ceux publiés dans le périodique radical *Der blutige Ernst* qu'il dirigeait avec le jeune George Grosz, moquaient sans pitié les écrivailleurs obsolètes aux travaux calibrés pour un horizon d'attente bourgeois. Des publicistes comme Meier-Graefe, Hausenstein et Scheffler y étaient parfois nommément accusés, et leur prose dénigrée par de tonitruantes formules dont Einstein avait le secret. Il fallait en finir pour de bon avec une littérature artistique en quête perpétuelle d'orgasmes esthétiques, diffusée par des « grossistes » en « éjaculat spirituel[75] ».

Lancée en 1914 dans sa réponse à Rubiner, la première pique d'Einstein contre le plumitif de l'impressionnisme ne fut que le prélude à une querelle qui opposa les deux personnages pendant plus d'une décennie. Elle connut un second épisode en 1923, peu après la parution dans la *Neue Rundschau* d'un article intitulé « Notre art après la guerre », où Meier-Graefe réaffirma sa conviction selon laquelle l'Allemagne s'était engagée, en ayant prêté un serment d'allégeance aveugle aux dogmes artistiques concoctés à Paris, sur la voie d'un néant artistico-métaphysique :

> « Aujourd'hui encore, Delacroix est en Allemagne un obscur et, en dehors de Slevogt, Leo von König et Klossowski, je ne connais guère de peintre qui tente de se confronter à lui et à son univers. Mais pas un trou perdu en Allemagne où il n'y ait un cubiste. Cette jeunesse s'est réjouie, chez nous comme ailleurs, de la brèche ouverte dans une tradition qu'elle n'avait jamais pu suivre. Elle avait tout à gagner à son effrondrement. Ce n'est pas un hasard si ce sont des étrangers qui ont décrété le cubisme à Paris, où ils ont joué le rôle que jouent les Juifs dans le bolchevisme[76]. »

Le critique reformulait son rejet forfaitaire des tendances actuelles et critiquait leur incapacité à façonner un nouveau monde de représentation, s'autorisant au passage une comparaison politico-ethnique douteuse. L'émergence et la mort soudaine des « ismes », tout comme l'éclectisme furieux de Picasso, étaient d'ailleurs le signe d'une avant-garde elle-même consciente de sa propre invalidité : « Picasso peint des cubes le matin, et des nymphes à la source dans le style de Fontainebleau l'après-midi[77]. » Réitérant ses opinions d'avant-guerre, Meier-Graefe franchissait même un pas de plus dans son révisionnisme de la modernité, en plaçant le XIXe siècle français à l'origine directe de la décrépitude contemporaine : « Impressionnisme, expressionnisme, cubisme, futurisme : ces tendances, si différentes soient-elles, ont toutes une chose en commun : la peur de l'objet[78]. » En pointant du doigt cette peur, l'auteur saisissait avec pertinence le problème central de l'art moderne, à savoir le traitement réservé par ses acteurs à l'objet dans la représentation, voire à la notion plus générale du *Bildhaft*, qui semblait le point fondamental de l'argumentation plastique du premier XXe siècle. Et, d'une manière qui peut sembler de prime abord surprenante, il plaçait à la source de cette cascade de courants artistiques le péché originel de l'impressionnisme.

Voyant ses héros comme Picasso ou Klee malmenés à travers le prisme d'un goût fin-de-siècle, Einstein n'eut d'autre choix que de riposter par un article à charge, condamnant dix ans avant l'avènement du nazisme l'« hitlérisme politico-artistique[79] » de son aîné. Sans véritablement contre-attaquer sur le fond, dans un style sec soutenu par un sarcasme ravageur, il lui fit le procès de son ignorance abyssale des tendances contemporaines et de la superficialité de son approche – avec une violence telle qu'il dut plus tard admettre qu'il aurait lui-même pu « assassiner quelqu'un qui l'aurait traité ainsi[80] ». Mais, au-delà du caractère irréconciliable de leurs goûts respectifs, c'étaient bien deux *Kunstanschauungen* qui se confrontaient ici avec véhémence, comme l'a analysé Uwe Fleckner dans un chapitre de son ouvrage monographique sur Einstein. Il pointe de manière convaincante, en proposant une lecture croisée de la seconde version de l'*Entwicklungsgeschichte* et des pages introductives du manuel *L'Art du XXe siècle* de 1926, un moment clairement identifiable de changement paradigmatique dans l'historiographie de l'art moderne.

En réalité, les deux auteurs partageaient une lecture similaire de la révolution impressionniste, celle de la conquête de la couleur comme acte nécessaire – si ce n'est vital – visant à se libérer des doctrines académiques et du joug de leurs héros pâlis, ayant connu à travers Cézanne et Renoir sa plus glorieuse apothéose[81]. Tous deux voyaient également dans la poursuite *ad absurdum* de la dissolution du motif par Monet et ses suiveurs un signe de crise, de décadence et de destruction. Dans son analyse comparative, Fleckner étale une série d'exemples démontrant la concordance du vocabulaire en usage chez les deux auteurs dans le traitement qu'ils réservent aux grands pilastres de la peinture du XIXe siècle, qui pourrait aisément être élargie : Einstein avait incontestablement lu Meier-Graefe. Mais si leur diagnostic d'un impressionnisme comme point de non-retour semble résonner à l'unisson, c'est dans l'évaluation de ses conséquences que leurs chemins mènent vers deux continents éloignés. Dans la désintégration progressive de l'objet, Meier-Graefe identifiait l'avènement tragique d'un art où les seuls moyens primaient sur le contenu *weltanschaulich* de la représentation, quand Einstein décelait dans les prémices déconstructrices de l'impressionnisme le début nécessaire d'une nouvelle architecture du sensible, un terrain préparé à l'accueil d'une conception altérée de la réalité. Ce nouveau rapport au réel, que la diffraction visuelle du cubisme incarnait idéalement, pouvait ainsi recevoir l'impulsion des sciences et de la philosophie modernes, de l'exploration de l'inconscient et du primitivisme d'un art extra-européen régénérateur. « Toute révolte est faite dans un premier temps de destruction, de critique, de ruine[82] » : voilà une affirmation proprement inconcevable pour un Meier-Graefe, dont le projet discursif portait encore les apparences d'un évolutionnisme linéaire. Einstein, dont les méthodes divergent en tout point de celles de son confrère (l'absence notable d'*ekphrasis* dans ses écrits en est la preuve la plus flagrante), entendait contrer l'idéalisme attardé de Meier-Graefe par une quête perpétuelle d'invariants anthropologiques.

Le décadentisme méthodologique de l'un était donc difficilement conciliable avec les fulgurances hallucinatoires de l'autre. Einstein lâcha le mot dès la première ligne de son accusation de 1923 : Meier-Graefe opérait une « spenglerisation[83] » de l'art. Sa complainte stérile face à la chute de l'idéal de l'individu créateur, sa critique du règne de l'efficacité au détriment du spirituel et sa prophétie d'une mort imminente de la culture rappelaient effectivement les prédictions alarmantes mises en récit par Oswald Spengler (1880-1936) dans l'un des livres les plus influents de l'Europe de l'immédiat après-guerre : *Le Déclin de l'Occident*. Bête noire d'Einstein, le romancier raté, philosophe dilettante et misanthrope complexé venait de proposer à travers les deux tomes de son « esquisse d'une morphologie de l'histoire universelle » une lecture pessimiste du cours de la civilisation européenne, comparant la croissance, la maturité et la mort des sociétés à celles des organismes vivants. Il y opposait à grand renfort d'exemples tentaculaires une âme antique apollinienne, éloignée de toute idée de progrès, à une culture moderne sous l'emprise de pulsions faustiennes, « éprise d'infini, d'invention et de mouvement dynamique[84] ». Publié entre 1918 et 1923, le *Déclin* comprenait dans son premier tome un vaste chapitre consacré à l'histoire des arts visuels, dont la rédaction fut entamée par Spengler dans la solitude et l'anonymat en 1913 – l'année même de la parution de *Wohin treiben wir?* aux éditions Fischer. Tout comme Meier-Graefe, et à l'aide d'analogies spectaculaires qui firent sensation à l'époque, il reconnaissait à l'impressionnisme une gestion majestueuse de l'espace, une « expression large d'un sentiment cosmique », une « mathématique [dépassant] avec force les limites optiques[85] ». Mais l'auteur défendait en contrepartie l'idée que ses acteurs s'étaient par la suite abusivement délestés du poids du motif et avaient ouvert la voie à un dangereux morcellement de la tradition. L'impressionnisme annonçait ainsi le règne d'un éclectisme superficiel dénué d'ancrage dans l'histoire, de surcroît réservé à une élite restreinte. Meier-Graefe ne se prononça jamais explicitement sur les écrits de Spengler : il n'avait finalement que peu en commun avec le philosophe-prophète, qui concentra par la suite tous ses espoirs dans l'ingénierie et le progrès technique.

La courbe déclinante de l'*Entwicklungsgeschichte* et la tectonique nouvelle du manuel d'Einstein n'en représentent pas moins deux jalons essentiels dans la formation des canons de l'art du XIXe et du XXe siècle. Tous deux élaborés face à de puissants courants réactionnaires, ces ouvrages remplirent au moment de leurs parutions respectives une fonction similaire de balisage historiographique. Cette dimension n'allait pas échapper à l'illustrateur et critique Rudolf Großmann :

> « L'*Histoire du développement de l'art moderne* de Julius Meier-Graefe et *L'Art du XXe siècle* de Karl Einstein entendaient apporter des éclaircissements dans la confusion générale. Ces deux ouvrages y sont parvenus, malgré la divergence totale de leur appréciation de l'évolution de l'art et des artistes[86]. »

* * *

Conservées à Hagen, les archives de l'industriel et mécène Karl Ernst Osthaus éclairent avec pertinence le statut chancelant de Meier-Graefe peu avant la guerre. À la fin de l'année 1912, Osthaus et Piper cherchèrent à combiner leurs efforts pour fonder une nouvelle revue, qui devait se vouer entièrement à la jeune création et donner pignon sur rue à la « meilleure littérature artistique moderne[87] ». Parallèlement à cette mission de soutien aux artistes émergents, son objectif était d'encourager une décentralisation culturelle des grands foyers de création vers les périphéries, notamment l'ouest de l'Allemagne, où Osthaus avait fondé en 1902 un musée d'art moderne de première importance. Lorsqu'il fallut trouver un rédacteur en chef adapté aux visées du périodique, le nom de Fritz Wichert, directeur du musée de Mannheim, fut mis sur la table. Quant à Meier-Graefe, consulté par Piper afin d'obtenir quelques conseils, il répondit à l'éditeur par une lettre qui allait de fait le placer en position de hors-jeu :

> « Une revue pourrait signifier beaucoup, si tant est qu'elle ait le courage d'être précisément ce que vous ne voulez pas être : réactionnaire jusqu'au

> bout des ongles. Réactionnaire, non pas à la manière des revues d'art allemandes existantes, qui ne valent absolument rien, mais conservatrice au sens noble, sans rudesse contre la nouveauté, mais avec un engagement conséquent pour les idées, conventions et valeurs dont la conservation est essentielle aux développements à venir[88]. »

Cette missive à la prétention éhontée, dans laquelle Meier-Graefe posait ses conditions intellectuelles et financières drastiques dans l'optique d'une éventuelle collaboration, se situait très clairement dans l'esprit de ses conférences de 1913. Dans le dos du critique, Piper fit part à Osthaus de sa réticence envers l'école de pensée passéiste qu'il incarnait désormais aux yeux de tous :

> « Les craintes de "déconfiture" de l'art de Meier-Graefe sont typiques de l'ancienne génération. Quand Manet est apparu, certains ont pris peur, et quand Van Gogh a fait surface, d'autres encore. Meier-Graefe s'est rangé du côté des peureux. S'il nous faut nous assurer sa précieuse participation, il ne doit en aucun cas devenir le *spiritus rector* de la chose[89]. »

De son côté, Osthaus s'en remit à l'historien de l'art Lothar Mohrenwitz, dont l'avis fut nettement plus tranché. L'Allemagne avait à ses yeux besoin du contraire exact de personnalités comme « Hausenstein, Worringer et Meier-Gr. », avec lesquels il semblait « impossible de commencer quoi que ce soit[90] ». Osthaus n'était plus à convaincre : « À Hagen, on ne peut pas faire de politique meier-graefienne contre l'art moderne[91]. » Essoufflé dans la course, le critique devait maintenant se résoudre à passer le témoin d'une modernité dont il n'était plus le garant.

Mais de quelle modernité la deuxième version de l'*Entwicklungsgeschichte*, alors en pleine phase d'élaboration, allait-elle être le nom ? Un élément de réponse se trouve dans un souvenir de juillet 1916 issu du *Journal* du comte Kessler :

> « Chez les Meier-Graefe à Nikolassee. La dernière fois que je suis allé là-bas, c'était en avril 1914. Ce jour-là, il y avait Alfred Heymel, le pauvre petit Seckendorff, Julius Stern et sa femme. Entre-temps, ils ont tous été balayés les uns par la guerre, les autres par d'autres catastrophes. Aujourd'hui, Lutz Wolde et la fille de Franz Blei étaient là. [...] La maison des Meier-Graefe est un curieux mélange de tableaux les plus modernes d'avant-hier et d'un bric-à-brac relativement sans valeur qu'il achète à prix fort. L'ensemble est agréable, mais ne témoigne pas d'une sûreté de goût bien convaincante[92]. »

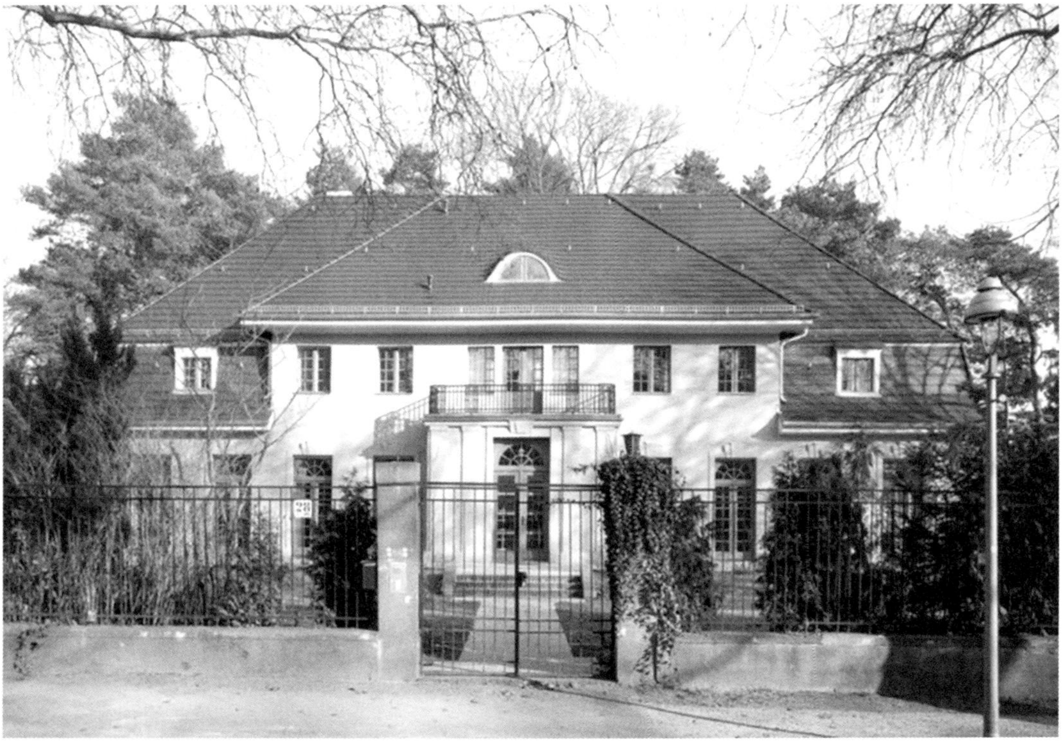

63 Walther Epstein, Villa Meier-Graefe à Berlin-Nikolassee (Kirchweg 28, Im Mittelbusch 35), 1912, Berlin, Landesdenkmalamt, 09075245

La formule est séduisante : alors que les avant-gardes entraient avec fracas dans l'histoire, Meier-Graefe demeurait ce « moderne d'avant-hier », gravitant dans un environnement esthétique dont la villa qu'il venait de se faire construire sur mesure à Nikolassee, dans la banlieue de Berlin, incarnait l'étroitesse (ill. 63). La bâtisse élégante, reflétant le modernisme sage de l'architecte Walther Epstein (1874-1918), posait ses fondations sur un terrain généreusement offert au couple Meier-Graefe par le banquier et collectionneur Julius Stern (dont la *Landhaus* voisine avait été dessinée par Hermann Muthesius). Enthousiaste, le critique confia la décoration intérieure de sa résidence à ses proches amis Rudolf Alexander Schröder et Erich Klossowski. Par son choix de mobilier, le premier déploya l'étendue de son goût Biedermeier, tandis que l'impressionniste tardif réalisa un ensemble de panneaux décoratifs marquant l'apogée de sa carrière inaccomplie. Au mur du cabinet de travail trônait sa

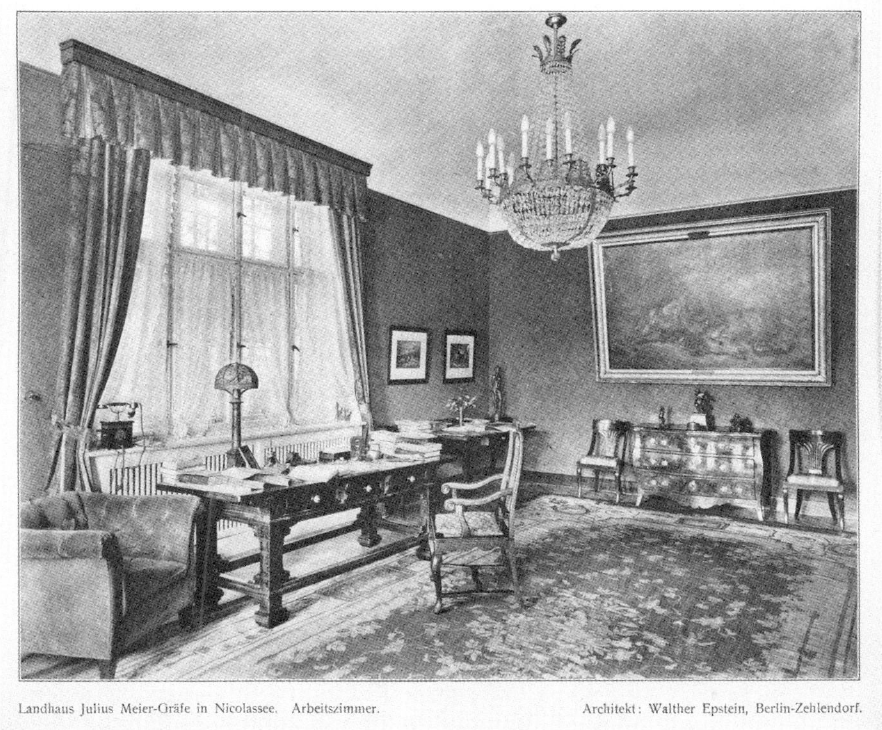

64 Bureau de Meier-Graefe dans sa villa de Berlin-Nikolassee, dans *Profanbau*, vol. 10, n° 16, 1914, p. 454

grisaille d'un *Lion dévorant un cheval* de Delacroix (ill. 64), tandis que furent réparties dans les autres pièces des œuvres graphiques de Géricault, Gauguin, Denis et Slevogt acquises par le critique au gré de ses tribulations. En supervisant la construction d'une telle demeure, Meier-Graefe figeait une conception dorénavant classique de la modernité dont la survivance, à l'ère du dodécaphonisme schönbergien et de l'abstraction, allait progressivement échouer dans l'anachronisme.

C'est dans cet intérieur cossu que Meier-Graefe travailla jour et nuit à la difficile révision de son *Entwicklungsgeschichte*[93]. L'ouvrage était censé combler les insuffisances manifestes de sa première mouture de 1904 (« Mon Dieu, quelle saleté[94] ! »), dont il n'hérita que le nom. Ces séances de travail se déroulaient sous les yeux d'un Piper craintif, cherchant en vain à décourager son auteur de se détourner des jeunes peintres[95]. L'éditeur munichois parvint à publier les deux premiers tomes avant 1916, mais le triptyque interrompu par la Grande Guerre ne fut achevé qu'en 1924 : son ultime volume prenait à nouveau pour cible, cette fois-ci à tête reposée, les dérives décoratives du binôme Matisse-Picasso et les impuissances de l'expressionnisme allemand. Tout en dénonçant le présent, le récit de la seconde *Entwicklungsgeschichte* réajustait vers l'arrière le curseur de ses goûts, et condamnait avec davantage d'insistance encore les manquements et erreurs de la « secte[96] » impressionniste dont Monet avait été le meneur. Célébrés dans la version de 1904, les quatre piliers de la peinture moderne avaient entre-temps changé de fonction architectonique, et furent élevés au pinacle d'une modernité acceptable. Au fronton de ce temple reconfiguré trônaient désormais en majesté deux divinités indépassables : Cézanne le constructeur et Renoir l'artisan.

Wohin treiben wir? fut donc une opération de liquidation des avant-gardes au moins autant qu'un « chant du cygne de l'impressionnisme[97] », comme le remarquait en 1913 un chroniqueur de la *Vossische Zeitung*. Meier-Graefe s'était approprié la vision baudelairienne d'une peinture moderne s'étant tragiquement dotée des outils de son propre anéantissement. Un an avant sa mort, le critique fut même contraint d'effectuer une ultime mise au point :

> « Je n'ai en aucun cas été le premier chantre de l'impressionnisme ; bien au contraire, j'ai été le premier auteur à se manifester *sine ira* à l'encontre de cette tendance. Voilà bien vingt-cinq ans que j'ai dénoncé avec insistance les dangers de l'impressionnisme, une tendance dont Claude Monet peut être considéré comme l'inventeur et le chef de file. La deuxième version de mon *Entwicklungsgeschichte* justifie les fondements de ma critique. Mon ouvrage sur *Édouard Manet* (1912) ne cherche pas à dissimuler les faiblesses de sa période impressionniste. Sa conclusion place la virtuosité de Manet en deçà du monde supérieur de Renoir et de Cézanne. Quand on qualifie d'impressionnistes ces deux maîtres, auxquels je me suis intéressé à maintes reprises, on perpétue une interprétation trop sommaire. Il doit être rendu manifeste qu'ils ont été les sauveurs de l'impressionnisme[98]. »

À relire le ton grave des « Beiträge zu einer modernen Ästhetik » publiés à la fin du XIXe siècle, tout comme certains passages crépusculaires de la toute première *Entwicklungsgeschichte* qui en était issue, force est de constater que la notion de déclin joua un rôle moteur dans l'activité critique de Meier-Graefe, et ce dès le début de sa carrière. Son confrère Karl Scheffler ne s'était d'ailleurs pas étonné de la tournure de sa pensée : « Dans sa conférence [*Wohin treiben wir?*], il demeure finalement celui qu'il a toujours été, et ses conclusions sont en parfait accord avec ses activités passées[99]. » Mais l'inépuisable espoir réformateur du Paris fin-de-siècle, qui contrebalançait la mélancolie de ses jeunes années, avait été balayé par la pesante atmosphère d'une Europe s'élançant vers le drame de 1914.

CHAPITRE VI

· PARIS · RÉVOLU ·

« LA GUERRE N'EST QUE
LA MANIFESTATION DEPUIS
LONGTEMPS ANNONCÉE DE
LA BANQUEROUTE DU MONDE[1]. »

Julius Meier-Graefe

« VOUS PASSIEZ VOTRE TEMPS
À VOUS CHAMAILLER POUR
SAVOIR QUI, DE MEIER-GRAEFE
OU DE BÖCKLIN, AVAIT RAISON.
[…] EN AVANT, ENSEMBLE, VERS
L'ORAGE ET LES ÉCLAIRS, SOUS
LE CANON DES FUSILS[2] ! »

Hugo Heck

À la fin du mois d'août 1914, la première bataille navale décisive de la Grande Guerre fit rage au large de l'île de Heligoland, opposant la flotte anglaise à la puissante marine impériale. En dépit du goût prononcé du Kaiser pour la navigation, la victoire de la *Royal Navy* sur les croiseurs et torpilleurs de son armée fut incontestable. Les pertes de l'Allemagne s'élevèrent à plus de 700 âmes. Loin de pleurer l'horreur de l'hécatombe, Meier-Graefe s'enthousiasma dans une carte adressée au poète Rudolf Alexander Schröder, dont il relisait alors le cycle patriotique des *Deutsche Oden* : « Merveilleux, ces hommes qui tombent sous le chant du drapeau. Pendant ce temps, on est assis confortablement à son bureau, en fumant des cigarettes et en buvant du thé[3]. » Comme pour bon nombre de ses confrères du monde culturel, la fascination qu'exerça le déclenchement de la Grande Guerre sur le critique fut soudaine, intense et pétrie de paradoxes. Cette ferveur, qui prit en l'espace de quelques semaines une connotation esthétique, a effectivement de quoi surprendre lorsque l'on garde en tête le cosmopolitisme traditionnellement associé au critique. Il s'insérait pourtant bien dans l'euphorie générale du moment, qui a été abondamment analysée depuis par les historiens de l'« esprit de 1914 » ayant emporté les intellectuels germanophones dès le mois d'août. Peu avant la profonde désillusion dont il étudia les mécanismes dès 1915 avec les outils psychanalytiques qu'il avait lui-même forgés, Sigmund Freud affirma se sentir autrichien « pour la première fois depuis trente ans[4] ». Pendant ce temps, Worringer partageait frénétiquement ses « nouvelles expériences existentielles[5] » du front Ouest avec l'éditeur Piper. Il n'allait prendre conscience qu'un an plus tard de son erreur, en cherchant par tous les moyens à fuir l'épouvantable et à se faire réformer. De son côté, la corporation des savants et intellectuels allemands s'empressa de signer un « Appel aux nations civilisées » publié le 4 octobre 1914, un texte défensif et patriotique à la mauvaise foi légendaire. Contrairement à ses confrères Richard Dehmel, Gerhart Hauptmann, le peintre Max Liebermann ou encore Wilhelm von Bode, Meier-Graefe ne figura pas parmi les quatre-vingt-treize signataires du célèbre *Aufruf* bâti autour de l'anaphore « *es ist nicht wahr...* ». Il en qualifiera même, *a posteriori*, le contenu de « stupide[6] ».

Si Franz Kafka, feignant l'indifférence dans un passage doux-amer fréquemment cité de son *Journal*, se rendit à la piscine l'après-midi même de la déclaration de guerre de l'Allemagne à la Russie, Meier-Graefe jugea absolument insupportable l'inactivité à laquelle son âge (quarante-sept ans) et son statut le condamnaient. Ses lettres et écrits intimes de l'automne 1914 attestent un évident fourmillement physique et intellectuel, une irrépressible envie d'agir pour la communauté, à tel point que voir son ami Dehmel vêtir l'uniforme et rejoindre les rangs d'un régiment d'infanterie suscita chez lui une intense jalousie[7]. Avant d'en faire l'expérience en gagnant quelque temps plus tard le front de l'Est comme brancardier, Meier-Graefe détourna les yeux des misères de la guerre et de ses pertes humaines, qui se comptaient déjà par dizaines de milliers. Ses publications de septembre 1914 s'obstinaient à entretenir du conflit une vision abstraite et idéalisée, se situant apparemment en dehors de toute préoccupation politique, diplomatique et militaire. « À table, j'avais envie de me mettre debout, de tenir un discours à l'encontre des invités et de lever un verre à la santé du Kaiser[8] », devait-il noter rageusement dans son journal à l'issue d'un dîner entre amis. Voilà que, après s'être âprement battu contre Guillaume II sur le terrain politico-culturel, le critique manifestait le souhait, quand bien même ironique, de rendre à la fonction qu'il servait une forme d'honneur.

L'expérience 1914

Afin d'agir, Meier-Graefe s'adressa dès le 10 août 1914 au grand état-major général en proposant de mettre sa connaissance de la langue et de la culture françaises au service du Reich, dont les troupes progressaient alors rapidement vers l'ouest, violant la neutralité de la nation belge[9]. Habilement argumentée, cette lettre témoigne d'une indiscutable motivation, à laquelle l'état-major demeura insensible. Ne recevant pas de réponse, Meier-Graefe se tourna, en vain, vers l'influent prince et diplomate Karl Max von Lichnowsky pour tenter de se faire recommander directement auprès de hauts gradés en mesure de lui attribuer une fonction quelconque. « Ce serait une bonne chose, estima l'écrivain. J'aimerais bien, avant que les bien-pensants ne viennent ruiner l'enthousiasme, expérimenter concrètement les événements et me mettre à l'épreuve de la situation[10]. » L'automne 1914 fut, pour lui, celui de tous les espoirs. L'orage de la guerre tonnait à l'horizon comme la promesse d'un assainissement intégral de la nation allemande, si ce n'est d'une « *deutsche Weltherrschaft*[11] » : « Après tout, la guerre ne pouvait pas arriver plus tard. Sinon, elle nous aurait été d'autant plus difficile. Par ailleurs, j'ai le sentiment qu'elle apportera beaucoup de bien chez nous. La guerre est arrivée au bon moment[12]. » Cet optimisme montra de premiers signes d'affaissement à l'issue du premier revers de la Marne, à la mi-septembre. Cette retraite marquait le début d'une longue, usante et dévastatrice guerre de tranchées « [dépassant] par ses atrocités l'imagination la plus débridée[13] », fut-il contraint d'admettre dès le mois d'octobre. Au-delà du désastre humain et des pertes patrimoniales qui l'accompagnaient, la guerre allait considérablement fragiliser, sinon réduire à néant, les réseaux culturels européens que les passeurs de son acabit s'étaient employés à tisser depuis la fin du XIXe siècle.

Samaritain de l'art

Les premières requêtes de Meier-Graefe en vue de son enrôlement militaire intervenaient au moment précis où l'inquiétude concernant le sort réservé au patrimoine européen commençait à transparaître dans le discours public. Comme la Convention internationale de La Haye maintenait un certain flou autour de la conduite à adopter face au bâti ancien et aux trésors artistiques, les savants furent nombreux à réclamer la création d'un service de protection patrimoniale agissant directement dans le sillage des troupes armées. On comptait parmi eux Aby Warburg, qui proposa au Reich ses services d'expert[14]. Si certaines personnalités, à l'instar de l'influent directeur des collections royales de Prusse, Wilhelm von Bode, se firent au départ les partisans d'une préservation du patrimoine ennemi *in situ*, d'autres se prononcèrent directement et sans ambiguïté pour une confiscation pure et simple des biens rencontrés sur le territoire franco-belge et pour le transfert de tout objet de valeur vers l'Allemagne.

L'éventail des positionnements des savants allemands vis-à-vis de la politique patrimoniale à adopter fut relativement large, oscillant entre le patriotisme impérialiste et le souhait d'agir pour la sauvegarde de biens universels hors de tout intérêt apparent – deux postures qui n'étaient d'ailleurs pas toujours inconciliables. Dans tous les cas, il fallait, dans l'urgence, prendre des directives : le sac de Louvain le 26 août, qui provoqua l'incendie de sa bibliothèque universitaire, non seulement inaugurait une série d'épouvantables destructions, mais alimentait dangereusement l'image d'une Allemagne insensible aux choses de la culture. Il n'est donc pas étonnant que Meier-Graefe n'ait pu se retenir d'insister, dans ses requêtes d'enrôlement auprès du *Generalstab*, sur ses attaches solides au monde de l'art parisien et sa connaissance du patrimoine français. Comme citoyen allemand, son premier espoir de guerre fut ainsi de pouvoir associer sa participation au conflit armé à son propre domaine d'action. À la fin du mois d'août, il cherchait déjà à savoir, auprès de son ami écrivain et collectionneur Heymel mobilisé à Anvers, si les généraux sous les ordres desquels il se trouvait se souciaient de préserver les toiles de Rubens et d'autres héros flamands croisés lors de leurs percées, soutenues par les rutilantes pièces d'artillerie sorties des usines Krupp. « [Si c'est le cas], occupe-toi de me faire recommander », lui enjoignit Meier-Graefe, avant de donner au poète-soldat cette consigne surprenante : « Mais, pour l'amour de Dieu, ne fusille pas tous les tableaux[15]. »

Cette saillie, destinée à distraire son correspondant du sérieux de la situation (Heymel succomba à une tuberculose en novembre 1914), préfigurait en réalité les intentions véritables du critique. Il les révéla une semaine plus tard dans la libérale *Vossische Zeitung* au travers d'un court article programmatique intitulé « Les Samaritains de l'art[16] ». Suivant la parabole de l'Évangile de Luc, l'idée de Meier-Graefe était de fédérer dans l'urgence une troupe spéciale entièrement dévouée au sauvetage des œuvres mises en péril dans les zones de front. Pressentant à raison l'imminence de nouveaux saccages, il demeurait néanmoins conscient qu'il fallait – publiquement du moins – placer la sauvegarde de simples artefacts au-dessous de celle des soldats tombant pour la patrie. Moins subversif que le célèbre et civilisationniste « Tuez les hommes, mais respectez les œuvres[17] ! » lancé à Hauptmann par un Romain Rolland excédé, Meier-Graefe se faisait lui aussi le héros-défenseur du « patrimoine du genre humain » :

> « L'hécatombe des jeunes hommes qui doivent être sacrifiés ne doit pas être évoquée au même titre que la destruction des œuvres d'art. La cathédrale gothique au style le plus pur auquel l'ennemi confère une valeur stratégique doit s'écrouler, même si elle se trouve sur notre propre territoire. Nous avons une meilleure cathédrale à protéger, celle de notre race. Toutes les autres pourront être reconstruites.
>
> Mais, après les batailles meurtrières, il en est autrement. Tout comme nos infirmiers et la Croix-Rouge viennent en aide aux blessés, il faudra compter sur la présence d'un service de Samaritains pour protéger les œuvres d'art en danger d'une injustice d'un genre tout autre. Les pillages et destructions de la vermine indigène sont souvent plus dévastateurs que les grenades. Il existe des détrousseurs de cadavres de toutes sortes[18]. »

Afin d'accomplir cette mission fondamentale au service de la mémoire des peuples, le critique entendait constituer une équipe sillonnant les territoires conquis pour dissuader toute tentative de pillage. Si la parution de cet article aux évidents accents patriotiques arrivait peu après l'épisode de Louvain et le sauvetage *in extremis* de deux panneaux d'un retable de Dirk Bouts, elle précédait de quelques jours seulement le tragique incendie de la cathédrale de Reims, qui allait contribuer à ruiner davantage encore l'image de l'Allemagne de la *Kultur* auprès de l'Entente et des pays neutres.

Mais quel patrimoine fallait-il au juste sauver de la destruction ? Fidèle à son approche radicalement qualitative de l'histoire des beaux-arts, Meier-Graefe soutenait que seuls les objets transportables qualifiés de chefs-d'œuvre méritaient d'être préservés :

> « Cette protection doit d'emblée se concentrer sur l'essentiel. La surface architecturale ne doit pas être prise en compte, seulement les œuvres de la peinture et de la sculpture – et, parmi celles-ci, les chefs-d'œuvre dont la sauvegarde représente un intérêt pour l'humanité entière. La perte d'un Hobbema ou d'un La Tour, d'une salle entière de Hobbema et de La Tour, n'a aucune importance[19]. »

La nature de cette présélection démontre que Meier-Graefe demeurait parfaitement conscient du lectorat auquel il s'adressait, potentiellement constitué d'esprits animés par les essais empreints de fierté pangermanique d'un Julius Langbehn.

Le projet Meier-Graefe fut rejeté par les services ministériels. Figure publique controversée et sans la moindre fonction officielle ou institutionnelle, le critique ne remplissait aucunement les critères de neutralité requis par le montage d'une telle opération. La réponse apportée par le Reich au problème posé par le patrimoine en temps de guerre – la *Kunstschutz* – se passa en toute logique des services de Meier-Graefe, et allait impliquer des personnalités plus institutionnelles comme Paul Clemen et Wilhelm von Bode. Par son ambiguïté structurelle, la *Kunstschutz* et son équipe de « savants militarisés », magistralement analysée dans une étude de Christina Kott dont nous empruntons ici une partie des conclusions, fit cependant écho au projet de Meier-Graefe, oscillant constamment entre un idéal de désintéressement et une forme plus ou moins prononcée d'impérialisme culturel. Si le critique conférait bien aux objets mentionnés une signification universelle dans le versant public de son discours, sa lettre au ministère évoque pour sa part clairement une mission sous-jacente de « maintien du prestige de la culture allemande[20] », à l'heure où l'Empire se voyait attribuer les pires atrocités patrimoniales.

Coup d'épée dans l'eau, le projet utopique de *Kunstsamariter* ne put donc être mis à exécution. Voyant peu à peu s'évanouir toute probabilité de son engagement pour l'État allemand, Meier-Graefe décida de mettre à profit son

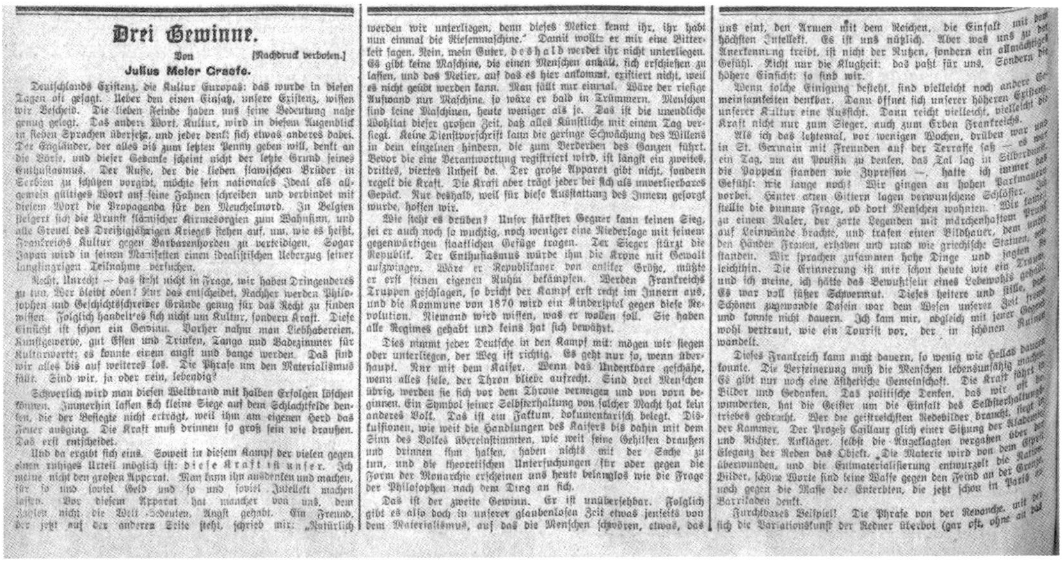

Drei Gewinne.

Von [Nachdruck verboten.]

Julius Meier Graefe.

Deutschlands Existenz, die Kultur Europas: das wurde in diesen Tagen oft gesagt. Ueber den einen Einsatz, unsere Existenz, wissen wir Bescheid. Die lieben Feinde haben uns seine Bedeutung nahe genug gelegt. Das andere Wort, Kultur, wird in diesem Augenblick in sieben Sprachen übersetzt, und jeder denkt sich etwas anderes dabei. Der Engländer, der alles bis zum letzten Penny geben will, denkt an die Börse, und dieser Gedanke scheint nicht der letzte Grund seines Enthusiasmus. Der Russe, der die lieben slawischen Brüder in Serbien zu schützen vorgibt, möchte sein nationales Ideal als allgemein gültiges Wort auf seine Fahnen schreiben und verbindet mit diesem Wort die Propaganda für den Meuchelmord. In Belgien steigert sich die Brunst flämischer Kirmesorgien zum Wahnsinn, und alle Greuel des Dreißigjährigen Krieges stehen auf, um, wie es heißt, Frankreichs Kultur gegen Barbarenhorden zu verteidigen. Sogar Japan wird in seinen Manifesten einen idealistischen Ueberzug seiner langfingrigen Teilnahme versuchen.

Recht, Unrecht — das steht nicht in Frage, wir haben Dringenderes zu tun. Wer bleibt oben? Nur das entscheidet. Nachher werden Philosophen und Geschichtsschreiber Gründe genug für das Recht zu finden wissen. Folglich handelt es sich nicht um Kultur, sondern Kraft. Diese Einsicht ist schon ein Gewinn. Vorher nahm man Liebhabereien, Kunstgewerbe, gut Essen und Trinken, Tango und Badezimmer für Kulturwerte; es konnte einem angst und bange werden. Das sind wir alles bis auf weiteres los. Die Phrase um den Materialismus fällt. Sind wir, ja oder nein, lebendig?

Schwerlich wird man diesen Weltbrand mit halben Erfolgen löschen können. Immerhin lassen sich kleine Siege auf dem Schlachtfelde denken, die der Besiegte nicht erträgt, weil ihm am eigenen Herd das Feuer ausging. Die Kraft muß drinnen so groß sein wie draußen. Das erst entscheidet.

Und da ergibt sich eins. Soweit in diesem Kampf der vielen gegen einen ruhiges Urteil möglich ist: diese Kraft ist unser. Ich meine nicht den großen Apparat. Man kann ihn ausdenken und machen, für so und soviel Geld und so und soviel Intellekt machen lassen. Vor diesem Apparat hat mancher von uns, dem Zahlen nicht die Welt bedeuten, Angst gehabt. Ein Freund, der jetzt auf der anderen Seite steht, schrieb mir: „Natürlich werden wir unterliegen, denn dieses Metier kennt ihr, ihr habt nun einmal die Riesenmaschine." Damit wollte er mir eine Bitterkeit sagen. Nein, mein Guter, deshalb werdet ihr nicht unterliegen. Es gibt keine Maschine, die einen Menschen anhält, sich erschießen zu lassen, und das Metier, auf das es hier ankommt, existiert nicht, weil es nicht geübt werden kann. Man fällt nur einmal. Wäre der riesige Aufwand nur Maschine, so wäre er bald in Trümmern. Menschen sind keine Maschinen, heute weniger als je. Das ist die unendliche Wohltat dieser großen Zeit, daß alles Künstliche mit einem Tag versiegt. Keine Dienstvorschrift kann die geringe Schwächung des Willens in dem einzelnen hindern, die zum Verderben des Ganzen führt. Bevor die eine Verantwortung registriert wird, ist längst ein zweites, drittes, viertes Unheil da. Der große Apparat gibt nicht, sondern regelt die Kraft. Die Kraft aber trägt jeder bei sich als unverlierbares Gepäck. Nur deshalb, weil für diese Ausstattung des Innern gesorgt wurde, hoffen wir.

Wie steht es drüben? Unser stärkster Gegner kann keinen Sieg, sei er auch noch so wuchtig, noch weniger eine Niederlage mit seinem gegenwärtigen staatlichen Gefüge tragen. Der Sieger stürzt die Republik. Der Enthusiasmus würde ihm die Krone mit Gewalt aufzwingen. Wäre er Republikaner von antiker Größe, müßte er erst seinen eigenen Ruhm bekämpfen. Werden Frankreichs Truppen geschlagen, so bricht der Kampf erst recht im Innern aus, und die Kommune von 1870 wird ein Kinderspiel gegen diese Revolution. Niemand wird wissen, was er wollen soll. Sie haben alle Regimes gehabt und keins hat sich bewährt.

Dies nimmt jeder Deutsche in den Kampf mit: mögen wir siegen oder unterliegen, der Weg ist richtig. Es geht nur so, wenn überhaupt. Nur mit dem Kaiser. Wenn das Undenkbare geschähe, wenn alles fiele, der Thron bliebe aufrecht. Sind drei Menschen übrig, werden sie sich vor dem Throne verneigen und von vorn beginnen. Ein Symbol seiner Selbsterhaltung von solcher Macht hat kein anderes Volk. Das ist ein Faktum, dokumentarisch belegt. Diskussionen, wie weit die Handlungen des Kaisers bis dahin mit dem Sinn des Volkes übereinstimmten, wie weit seine Gehilfen draußen und drinnen ihm halfen, haben nichts mit der Sache zu tun, und die theoretischen Untersuchungen für oder gegen die Form der Monarchie erscheinen uns heute belanglos wie die Frage der Philosophen nach dem Ding an sich.

Das ist der zweite Gewinn. Er ist unübersehbar. Folglich gibt es also doch in unserer glaubenlosen Zeit etwas jenseits von dem Materialismus, auf das die Menschen schwören, etwas, das uns eint, den Armen mit dem Reichen, die Einfalt mit dem höchsten Intellekt. Es ist uns nützlich. Aber was uns zu der Anerkennung treibt, ist nicht der Nutzen, sondern ein allmächtiges Gefühl. Nicht nur die Klugheit: das paßt für uns. Sondern die höhere Einsicht: so sind wir.

Wenn solche Einigung besteht, sind vielleicht noch andere Gemeinsamkeiten denkbar. Dann öffnet sich unserer höheren Existenz unserer Kultur eine Aussicht. Dann reicht vielleicht, vielleicht die Kraft nicht nur zum Sieger, auch zum Erben Frankreichs.

Als ich das letztemal, vor wenigen Wochen, drüben war und in St. Germain mit Freunden auf der Terrasse saß — es war ein Tag, um an Poussin zu denken, das Tal lag in Silberdunst, die Pappeln standen wie Zypressen —, hatte ich immer das Gefühl: wie lange noch? Wir gingen an hohen Parkmauern vorbei. Hinter alten Gittern lagen verwunschene Schlösser. Ich stellte die dumme Frage, ob dort Menschen wohnten. Wir kamen zu einem Maler, der zarte Legenden mit märchenhaftem Prunk auf Leinwände brachte, und trafen einen Bildhauer, dem unter den Händen Frauen, erhaben und rund wie griechische Statuen, entstanden. Wir sprachen zusammen hohe Dinge und sagten sie leichthin. Die Erinnerung ist mir schon heute wie ein Traum, und ich meine, ich hätte das Bewußtsein eines Lebewohls gehabt. Es war voll süßer Schwermut. Dieses heitere und stille, dem Schönen zugewandte Dasein war dem Wesen unserer Zeit fremd und konnte nicht dauern. Ich kam mir, obgleich mit jener Gegend wohl vertraut, wie ein Tourist vor, der in schönen Ruinen wandelt.

Dieses Frankreich kann nicht dauern, so wenig wie Hellas dauern konnte. Die Verfeinerung muß die Menschen lebensunfähig machen. Es gibt nur noch eine ästhetische Gemeinschaft. Die Kraft fährt in Bilder und Gedanken. Das politische Denken, das wir oft bewunderten, hat die Geister um die Einfalt des Selbsterhaltungstriebes gebracht. Wer die geistreichsten Redebilder braucht, siegt in der Kammer. Der Prozeß Caillaux glich einer Sitzung der Akademie, und Richter, Ankläger, selbst die Angeklagten vergaßen über der Elegnaz der Reden das Objekt. „Die Materie wird von dem Esprit überwunden, und die Entmaterialisierung entwurzelt die Nation. Bilder, schöne Worte sind keine Waffe gegen den Feind an der Grenze noch gegen die Masse der Enterbten, die jetzt schon in Paris an Barrikaden denkt.

Furchtbares Beispiel! Die Phrase von der Revanche, mit der sich die Variationskunst der Redner überbot (gar oft, ohne an das

65 Julius Meier-Graefe, « Drei Gewinne », *Berliner Tageblatt*, 11 septembre 1914, p. 2 (extrait) et page de titre du journal

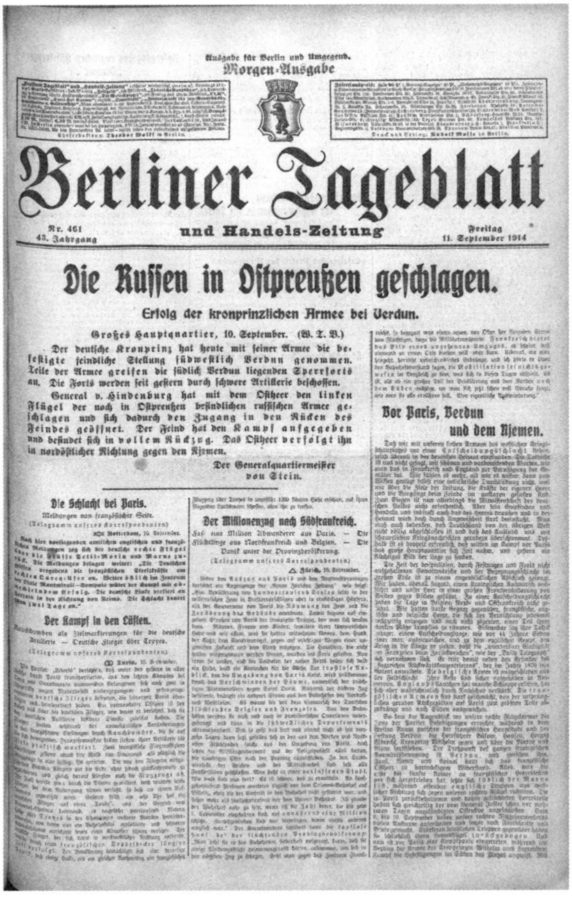

Ausgabe für Berlin und Umgegend.

Morgen-Ausgabe

Berliner Tageblatt

und Handels-Zeitung

Nr. 461 43. Jahrgang — Freitag 11. September 1914

Die Russen in Ostpreußen geschlagen.

Erfolg der kronprinzlichen Armee bei Verdun.

Großes Hauptquartier, 10. September. (W. T. B.)

Der deutsche Kronprinz hat heute mit seiner Armee die befestigte feindliche Stellung südwestlich Verdun genommen. Teile der Armee greifen die südlich Verdun liegenden Sperrforts an. Die Forts werden seit gestern durch schwere Artillerie beschossen.

General v. Hindenburg hat mit dem Ostheer den linken Flügel der noch in Ostpreußen befindlichen russischen Armee geschlagen und sich dadurch den Zugang in den Rücken des Feindes geöffnet. Der Feind hat den Kampf aufgegeben und befindet sich in vollem Rückzug. Das Ostheer verfolgt ihn in nordöstlicher Richtung gegen den Njemen.

Der Generalquartiermeister von Stein.

Vor Paris, Verdun und dem Njemen.

Die Schlacht bei Paris.

Der Millionenzug nach Südfrankreich.

Der Kampf in den Lüften.

enthousiasme sur le plan de la *Kulturkritik*, en publiant dès le 11 septembre un article détonant intitulé « Trois gains[21] » (ill. 65). Un texte fondamental pour la carrière de son auteur : d'une part, il révélait ses sentiments patriotiques avec une force et une clarté jusqu'alors inégalées ; de l'autre, par sa maladresse rhétorique, il contribua à son bannissement partiel de la vie culturelle française.

« Cette France ne peut plus durer »

> « La fois dernière – il n'y a de cela que quelques semaines que j'étais de l'autre côté, avec des amis, sur la terrasse de Saint-Germain[-en-Laye] –, un jour qui faisait rêver à Poussin, la vallée était enveloppée d'un brouillard argenté, les peupliers se dressaient tels des cyprès, cette question me revenait toujours à l'esprit : combien de temps encore ? [...] Cette existence gaie et tranquille, vouée au beau, était étrangère à notre époque et ne pouvait pas durer. Et, malgré ma familiarité avec l'endroit, il me semblait être un touriste en promenade parmi de belles ruines.
>
> Cette France ne peut plus durer, pas plus que la Grèce ancienne ne pouvait durer. Le raffinement doit rendre l'homme impropre à la vie[22]. »

Le 11 septembre 1914, à travers ce *storytelling* narrant une balade artistique en banlieue parisienne, Meier-Graefe posait son regard dominant sur le paysage de la culture française depuis la terrasse de Saint-Germain-en-Laye. Le temps d'un article, il détournait les lecteurs du social-démocrate *Berliner Tageblatt* des nouvelles inquiétantes de la première bataille de la Marne. À ce moment précis du déroulement de la guerre, que l'Allemagne comme l'Entente avaient toujours le tort de prévoir brève, le général Alexander von Kluck et ses troupes se trouvaient bel et bien aux « portes » de Paris, contraignant la France à transférer en urgence son gouvernement vers la ville de Bordeaux.

Le récit de promenade désenchantée de Meier-Graefe se référait en réalité à une excursion dans la vallée de la Seine remontant à juin 1914, dont il avait déjà compilé les impressions quelques jours seulement avant le déclenchement du conflit. Dans l'atmosphère étrange qui entourait la nouvelle de l'assassinat de l'archiduc d'Autriche, le critique était allé à Saint-Germain-en-Laye pour rendre visite à son ami Klossowski. Outre que l'existence de deux versions de ce même récit permet de dévoiler l'identité du peintre de « douces légendes » mentionné (il s'agit de Maurice Denis, déjà installé depuis plusieurs mois dans sa résidence du Prieuré), leur étude comparée est intéressante en ce que la déclaration de guerre les sépare. Si la version de septembre, citée en amorce de notre développement, évoque une culture française essoufflée, celle qui précédait la guerre perpétuait encore clairement l'idée d'un pays enchanté, capable comme nul autre de conjuguer avec harmonie le passé et le présent[23]. Avant la guerre donc, vue de la terrasse dessinée par Le Nôtre, la capitale était toujours considérée par l'écrivain comme une réserve d'oxygène profitable à tout sujet du Reich : « Il faut comparer Paris à la découverte géniale du pneumothorax par la phtisiologie, poursuivait-il. On s'y inhale un maximum d'oxygène, à partir duquel on peut vivre pendant les six mois qui suivent[24]. » En l'espace de quelques semaines à peine, Meier-Graefe passait d'un éloge de Paris à une condamnation sans appel de sa déliquescence. « Voilà un Paris que vous ne verrez plus jamais[25] », affirma-t-il à l'écrivain Gerhart Hauptmann le jour même de la publication des « Trois gains ».

Accompagnée de sa puissante dimension rédemptrice et cathartique, la guerre rebattait subitement les cartes du jeu culturel européen. Les errements de la civilisation voisine ouvraient une brèche suffisamment béante pour que l'Allemagne puisse s'y engouffrer et brandir seule le flambeau du progrès culturel de la civilisation occidentale. « *Macht wahr das Wort: Deutschlands Sein, Europas Kultur*[26]! » : ce double binôme aux accents expansionnistes apparaît ainsi à plusieurs reprises dans ces « Trois gains » de 1914, dont nous allons désormais analyser la nature.

Le premier « gain » identifié par Meier-Graefe dans le surgissement de la guerre peut être interprété comme une mise à l'épreuve de la notion même de culture, dont il déplorait déjà l'affolante paupérisation dans ses essais antérieurs. À travers plusieurs aphorismes percutants qui n'ont rien à envier aux colonnes de journaux conservateurs de notre temps, son article multiplie les charges contre le « tout culturel », dont la conséquence dramatique serait de détourner les masses de la véritable valeur spirituelle des choses :

> « Autrefois, les passe-temps, la bonne chère et les boissons, le tango et les salles de bains passaient pour avoir une certaine valeur culturelle, c'était absolument terrifiant. Mais nous voilà débarrassés de tout cela. La phrase par laquelle on était accusé de matérialisme tombe. Sommes-nous, oui ou non, vivants[27] ? »

Il semble effectivement difficile d'imaginer Meier-Graefe fouler avec légèreté le sol des *milongas* importées d'Argentine qui faisaient alors fureur en Europe. La guerre permettait de recentrer toute l'attention vers l'expérience des valeurs existentielles les plus fondamentales. Ce fantasme vitaliste, cette louange d'un rapport direct, intensifié, accéléré à la vie constitue l'un des truismes de l'« esprit de 1914 » : on en retrouve d'ailleurs la substance sous divers avatars dans les écrits d'artistes, de critiques et de publicistes – tel Max Beckmann qualifiant de « catastrophe magnifique[28] » les événements de 1914. Du reste, il n'est à ce titre pas anodin que l'explosive revue expressionniste de Franz Pfemfert, *Die Aktion*, radicalement opposée aux conceptions traditionalistes de Meier-Graefe, ait moqué les « Trois gains » en reprenant ses paragraphes les plus spectaculaires[29].

Face à la *Zivilisation* incarnée par la France, la *Kultur* allemande se dressait avec tout son héroïsme, celui de la quête de soi et de la vérité philosophique par l'action. Cette dialectique entre culture et civilisation, qui devait offrir à Norbert Elias le matériau nécessaire à l'introduction de sa *Civilisation des mœurs*, fut à ce moment même explorée avec un enthousiasme combatif par Thomas Mann dans ses écrits de guerre. Déplaçant le débat du social vers la sphère du national, il comptait parmi les caractéristiques de la *Kultur* germanique les notions de solidarité, de style, de forme, de goût, une volonté d'« organisation spirituelle du monde », voire un certain penchant pour la « sauvagerie[30] ». Dans une lignée comparable, Meier-Graefe percevait dans la confrontation violente à la matière et aux pulsions de mort un moyen pour la vie spirituelle allemande de liquider une fois pour toutes son trop-plein d'intellectualisme. Dans un court paragraphe qu'il fit parallèlement publier dans le *Kriegszeit* (ill. 66), périodique de guerre édité par Paul Cassirer, il encouragea ainsi directement les créateurs contemporains à la plus grande vivacité sensorielle :

> « Nous avions des couleurs, des lignes, des tableaux, du luxe. Nous avions des théories. Ce qui nous manquait, le contenu, voilà ce que le temps nous met à disposition, mes frères. Montrons-nous-en dignes. [...] Des gueules enflammées, de la misère et du sang, de l'amour et de la haine sacrée, nous récoltons l'expérience. Malheur à l'artiste qui n'éprouve pas aujourd'hui[31] ! »

Ces consignes du critique furent placées sous une lithographie de Max Oppenheimer (1885-1954) figurant une liesse populaire spontanée, le tout au sein d'un périodique artistique conciliant avec la propagande du régime impérial. Frustré de n'avoir pu publier qu'un bref paragraphe dans la revue de Cassirer[32], Meier-Graefe détaillera plus en profondeur sa conception des bienfaits de la guerre sur les pratiques artistiques dans un article de la *Neue Rundschau* significativement intitulé « L'expérience ». Accompagnée de son cortège tragique d'épreuves physiques et psychiques, la vie au front lui semblait apte à faire ressurgir les mécanismes essentiels et inhérents à toute démarche créatrice : « Aucun métier n'est aussi belliqueux que celui d'artiste. La guerre est l'amie des arts[33]. »

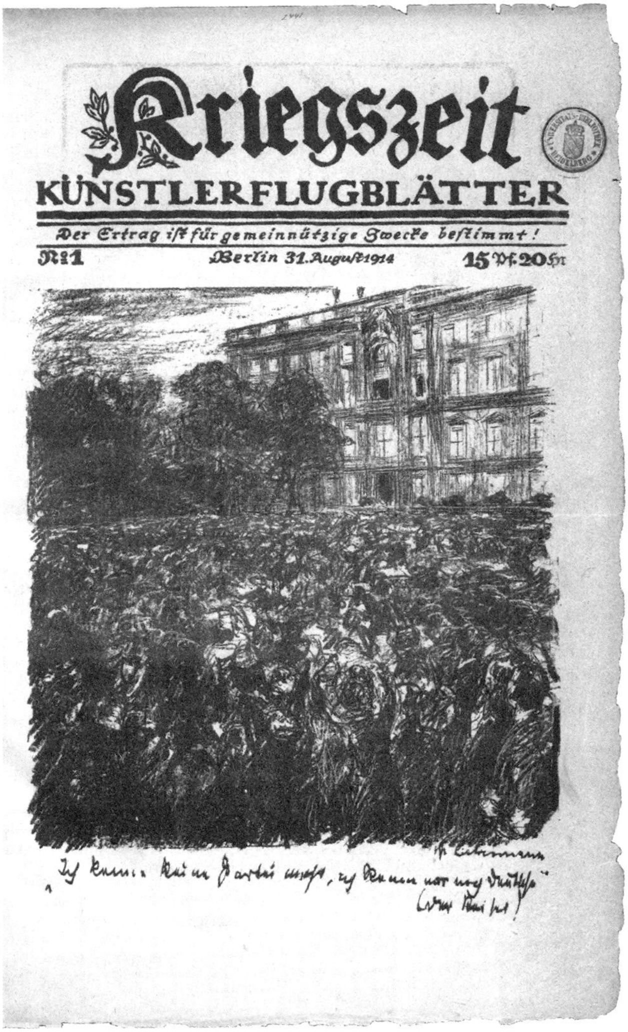

Kriegszeit

KÜNSTLERFLUGBLÄTTER

Der Ertrag ist für gemeinnützige Zwecke bestimmt!

Nr 1 Berlin 31. August 1914 15 Pf. 20 Hr

66a *Kriegszeit. Künstlerflugblätter*, Berlin, Verlag Paul Cassirer, 31 août 1914, première page figurant une œuvre de Max Liebermann associée à une citation de l'empereur Guillaume II : « Je ne connais plus de parti, je ne connais que des Allemands »

Naturellement, l'objectif du critique n'était pas d'inciter les créateurs à peindre la soldatesque en action munie de son attirail pittoresque, dans la droite lignée des *Schlachtenmaler* allemands aux machines pompeuses, ou des « joueurs de polo avec un sabre à la main[34] » (l'attaque visait ostensiblement la production de guerre de Liebermann), mais bien de stimuler leur rapport au réel. C'était paradoxalement la nature morte qui lui semblait un genre idéal à exploiter en temps de conflit armé, à condition qu'il fût traité en gardant à l'es-

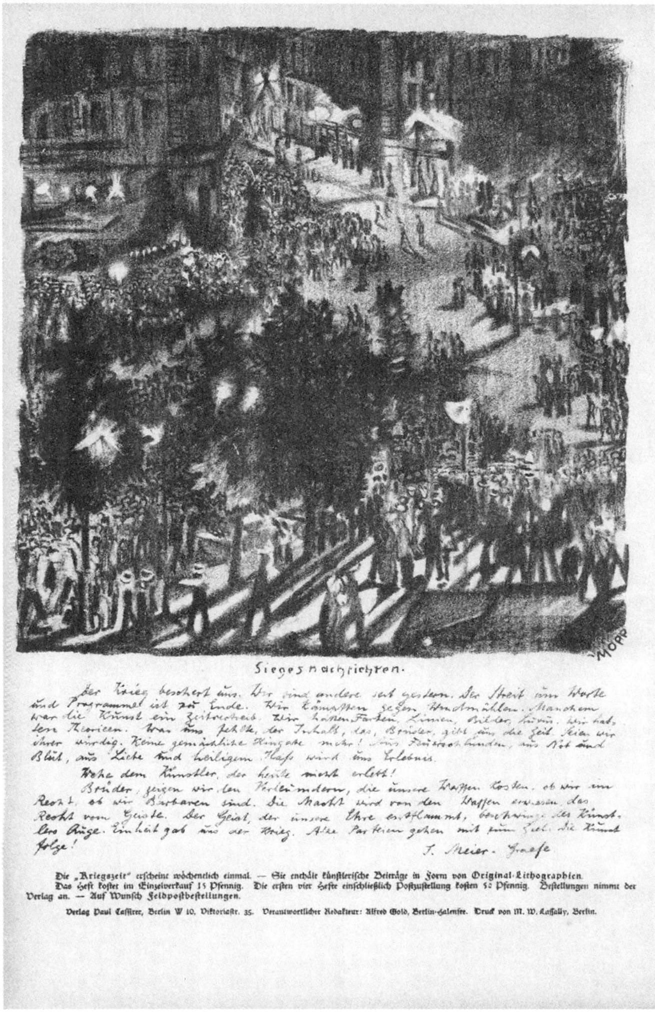

66b *Kriegszeit. Künstlerflugblätter*, Berlin, Verlag Paul Cassirer, 31 août 1914, dernière page présentant une lithographie de Max Oppenheimer, *Siegesnachrichten*, accompagnée d'une citation de Meier-Graefe

prit la remarque de Renoir sur *L'Entrée des Croisés à Constantinople* de Delacroix – deux noms qu'il fallait bien entendu veiller à taire dans le contexte de 1914 :

> « Parmi les motifs qui pourraient être d'actualité, on peut se rappeler ce que disait un peintre ému par une scène de bataille d'un grand maître : il ressemble à un bouquet de fleurs. On peut donc bien peindre des roses aujourd'hui, mais il faut qu'en elles tonne une fanfare[35]. »

Le deuxième « gain » que devait apporter le jaillissement du conflit était celui, tout aussi prévisible, de l'unité du peuple. « Toutes les joies et les douleurs se trouvent embrassées dans une seule et unique idée : la guerre[36] », affirma Meier-Graefe, qui succomba vite à la chimère de l'abstraction sociale prétendument entraînée par le port de l'uniforme. Comme allait rapidement l'observer le jeune et lucide Siegfried Kracauer (1889-1966), la célébration soudaine par les intellectuels libéraux des valeurs de fraternité, de sacrifice de soi, de partage, de courage et d'humilité qui imprégnaient alors les « idées de 1914 » était moins marquée par une pensée militariste que par un désir ardent d'infléchir l'égoïsme régissant les sociétés capitalistes.

Les réflexions de Meier-Graefe semblaient ainsi loin d'être incompatibles avec l'argumentaire de la *Burgfrieden*, avatar impérial de l'Union sacrée française, activement promue par Guillaume II, qui utilisa immédiatement le contexte de la guerre et l'excuse des « agressions étrangères » pour désamorcer les scissions idéologiques internes à l'Empire. À ceci près que Meier-Graefe défendait pour sa part le symbole du trône impérial bien davantage que la personnalité qui y siégeait. C'était l'entité supérieure d'un guide spirituel de la nation qu'il entendait glorifier, brandissant à nouveau la figure tutélaire de Frédéric II. Dans ses considérations sur l'état de la littérature allemande publiées en langue française en 1780, le roi flûtiste tentait justement d'analyser les « causes [l'ayant] empêchée de s'élever[37] » à la hauteur de celle de la France voisine, à savoir le manque d'unité politico-linguistique des contrées germaniques. Conscient du potentiel immense des acteurs culturels d'outre-Rhin, il en était même venu à fantasmer une intervention divinatoire jouant un rôle de déclencheur : « L'Allemagne produit des hommes à recherches laborieuses, des philosophes, des génies, et tout ce que l'on peut désirer ; il ne faut qu'un Prométhée qui dérobe du feu céleste pour les animer[38]. » Les lance-flammes brevetés par l'ingénieur allemand Richard Fiedler, qui semèrent la panique au sein des régiments d'infanterie alliés à Malancourt puis à Verdun, furent en quelque sorte la réponse de la Grande Guerre au prince éclairé.

Le XVIIIe siècle avait vu l'essor de l'« Europe française » et son déploiement jusqu'à Saint-Pétersbourg, tandis que le suivant avait confirmé la domination de Paris comme capitale des arts et lieu d'éclosion de la modernité. Le moment 1914 devait finalement permettre à une Allemagne revivifiée et désormais unitaire de prendre la relève d'une France culturellement agenouillée. Les « Trois gains » de Meier-Graefe se terminent ainsi :

> « Nous sommes déjà aux portes [de Paris]. *Vae victis !* Aucune pitié ne doit ralentir l'action d'où résultera la quiétude. Vous, frères, qui faites face à

> l'ennemi, et vous aussi qui restez à l'arrière, gardez à l'esprit qu'il s'agit de la France, non de la Grèce ! Réalisez ces paroles : l'existence de l'Allemagne, la culture de l'Europe ! Faites honneur à vous-mêmes et épargnez les œuvres qui n'appartiennent pas seulement aux frêles gaillards en pantalons rouges, mais également à nous et au monde entier ! Épargnez la Grèce !
>
> [...] Ne confondons pas l'amour sacré de la patrie avec un nationalisme bon marché, qui met en jeu les acquisitions de connaissances et de biens réalisées pacifiquement. Ne rejetons pas la culture chère au grand Frédéric – gloire à sa mémoire ! Rejetons les phrases qui se jouaient de la culture, rejetons tous les passe-temps ludiques d'amateurs. Mais que viennent à nous toutes les choses de la beauté pouvant être utiles à notre esprit, sans distinction d'origine, qu'elles soient françaises, russes, anglaises. L'Allemagne a une succession incommensurable à assumer. Ce troisième gain sera notre plus grand[39]. »

Ce développement grandiloquent, et plus particulièrement le passage moquant les soldats français et leurs pantalons « garance » inadaptés au combat, fut celui qui choqua le plus la communauté francophone. Il eut par conséquent un impact dévastateur sur la réputation internationale du critique. Son souhait de voir l'Allemagne se faire l'unique héritière de la gloire des nations environnantes fut considéré comme une prise de position au pangermanisme intégral, un encouragement brutal à la spoliation culturelle. Il ne faisait alors plus aucun doute que les activités d'avant-guerre de Meier-Graefe comme galeriste, intermédiaire et agent, mais aussi comme producteur de discours, n'avaient été que le prélude à cet annexionnisme à main armée[40].

Plus concrètement, la question centrale posée par les « Trois gains » était celle de la possibilité d'un dépassement de l'impressionnisme français. Un publiciste comme Karl Scheffler pouvait ainsi écrire en 1915 dans la revue *Kunst und Künstler* : « Nous avons souvent évoqué, au sein même de cette revue, le fait qu'il reviendra probablement à l'Allemagne d'initier les développements ultérieurs de l'impressionnisme. La guerre peut grandement aider à cette tâche[41]. » Malgré les morts et les destructions liées à la catastrophe, Scheffler voyait dans le conflit mondial une « œuvre d'art de la nature », capable d'opérer un « assainissement salutaire » de la nation. On retrouve chez une majeure partie des penseurs libéraux cette dualité d'une guerre signant d'un côté la « banqueroute » spirituelle du monde, mais porteuse de l'autre de l'espoir d'une *renovatio*. Quant à Max Sauerlandt, élève de Wölfflin, il notait dans ses carnets au début de septembre que la guerre « substituera à la quiétude de l'impressionnisme l'énergie de l'expressionnisme[42] », en fournissant à ce dernier de nouvelles munitions. Si Sauerlandt comptait parmi les soutiens actifs de personnalités comme Emil Nolde et Ernst Ludwig Kirchner, Meier-Graefe ne disposait pour sa part d'aucune tendance ou individualité identifiable vers qui rediriger son optimisme. Isolé, il se trouvait ainsi contraint d'espérer un renouvellement total de l'arsenal à disposition des créateurs, une réinitialisation complète du logiciel de la modernité :

> « L'art contemporain dispose de nombreuses armes qui ne frappent pas, de canons qui s'enrayent dès le premier coup, de grandes machines qui n'avancent pas. Je ne pense pas seulement aux vieilles machines qui s'empoussièrent dans les musées, je pense aussi à celles de la dernière mode[43]. »

Nous verrons que la désillusion de Meier-Graefe fut proportionnelle à ses espoirs de 1914. Toujours est-il que, en se remémorant le regard qu'il avait porté sur la vallée de la Seine depuis les hauteurs de Saint-Germain-en-Laye, Meier-Graefe faisait écho à Carl von Clausewitz, qui rappelait dans son traité de guerre l'importance de la « *Phantasie als Geisteskraft* » – c'est-à-dire la puissance imaginative du général parvenant à se construire sa propre image du champ de bataille avant de lancer l'assaut. De cette capacité supérieure dépendait alors la « grandeur morale et spirituelle[44] » de la guerre, cette pratique culturelle malgré tout, dont Meier-Graefe s'imaginait le stratège adapté. En faisant de la critique d'art une continuation de la politique par d'autres moyens, il insufflait au conflit une haute dimension esthétique et en faisait le levier symbolique d'une résurrection nationale à venir.

Captivités

La seule publication de feuilletons ne permit nullement au critique de surmonter le « dégoût[45] » que continuait à lui inspirer son inactivité forcée. Après l'échec de ses différentes requêtes, il consacra toute son énergie au service de ses compatriotes. Dès septembre, le couple Meier-Graefe mit à disposition de quelques artistes « ayant besoin d'être nourris[46] » l'ensemble des chambres inoccupées de sa villa de Nikolassee, tout en apprenant avec épouvante la disparition brutale des jeunes peintres, à l'instar de Götz von Seckendorff (1889-1914)[47]. La grande détermination du critique à « améliorer la situation des troupes sur le front[48] » l'incita finalement à s'engager auprès de la Croix-Rouge pour contribuer à l'acheminement, vers les régiments d'infanterie de *Liebesgaben*, des colis contenant vêtements et denrées. À cet effet, Meier-

Graefe se mit activement en quête d'argent auprès de certaines personnalités fortunées de son entourage, récoltant un certain succès dans son entreprise. Grâce à son comparse Ludwig Wolde, nouvellement en possession d'une automobile avec laquelle l'écrivain se forma à la conduite, il put accomplir une série d'aller-retour entre la capitale et les zones de combat, le coffre chargé à ras bord[49]. À en croire les souvenirs de l'ami brêmois, leur mission prit une tournure sensiblement différente à la suite de la rencontre inattendue, au cours d'un de leurs voyages, d'un médecin-capitaine résolu à intégrer leur colonne motorisée à son corps d'armée pour œuvrer au transport des soldats estropiés vers les lazarets[50]. « Si j'ai de la chance », écrivit Meier-Graefe à Hauptmann à la mi-octobre, « je pourrai récupérer des blessés au front et parvenir à apporter une aide modeste[51] ». Il ne se doutait pas que cette tâche allait le priver de neuf mois de liberté.

L'écrivain d'art au front

Meier-Graefe emprunta le chemin vers l'Est, « malheureusement pas en tant que combattant[52] ». Au début du mois de novembre, il s'installa temporairement à Königsberg, en Prusse-Orientale, avant de se rendre au cours de la première semaine de décembre à Mlava[53] – ville polonaise située à une centaine de kilomètres au nord-ouest de Varsovie, au plus proche des lignes ennemies. La petite cité fortifiée avait été prise par les Allemands en septembre, et Beckmann y fut un temps infirmier avant son transfert vers Courtrai. Dans le sillage de la bataille de la Vistule, qui avait conduit à la retraite des Allemands, Meier-Graefe servit comme brancardier au sein du 17e corps de réserve, sous la direction du lieutenant-général Ernst Zastrow. Ses quelques lettres envoyées du front ne mentionnent pas les scènes de violence dont il fut probablement le témoin régulier. Les mots rassurants (censurés ?) adressés à ses proches s'obstinaient encore à entretenir une forme d'espoir, l'écrivain y ruminant sa fascination pour les « belles et pures expériences » de la guerre, ponctuées de rencontres d'officiers « à la personnalité extraordinaire[54] ».

La réalité fut sans doute moins propice aux actes héroïques. À l'hiver 1914, le front germano-russe connut une série de batailles meurtrières dont l'issue fut souvent incertaine, contraignant les deux camps à alterner retraites démoralisantes et progressions par à-coups. « Si seulement nous avancions, se lamenta Meier-Graefe en janvier 1915. *Tout est là.* À Varsovie, la Grosse Bertha devrait bientôt entrer en action. Si cela est vrai, nous pourrons enfin aller de l'avant[55]. » Cette stagnation fut perturbée dès les premiers jours de février, au cours desquels la colonne sanitaire dut faire face à un afflux particulièrement important de blessés, le tout dans de redoutables conditions climatiques[56]. L'Empire allemand subissait alors de lourdes pertes, qui allaient conduire le maréchal Paul von Hindenburg à planifier par le nord la seconde et sanglante bataille des lacs de Mazurie, qui se solda le 22 février par une victoire en demi-teinte. C'est aux alentours de la ville de Sierpc, vraisemblablement le 10 février – et parce qu'un soldat allemand lui avait donné une mauvaise indication routière –, que le véhicule chargé de blessés dans lequel se trouvaient Meier-Graefe et ses confrères s'embourba dans un fossé en plein territoire ennemi. Dans ces circonstances quelque peu ubuesques, toute l'équipe tomba aux mains d'une poignée de soldats russes, dont le critique ne put se retenir de décrire l'apparition par le truchement d'une référence picturale : « Ils formaient toute une rangée d'un côté à l'autre de la route, chacun portant son fusil à l'épaule, tout comme les Mexicains dans l'*Exécution de Maximilien* de Manet[57]. »

Ainsi commencèrent les neuf mois de captivité russe de Meier-Graefe, dont les péripéties furent diffusées dans les manchettes de journaux européens. Il fut détenu un court moment à Novogeorgievsk, puis à Varsovie (qui demeura sous le contrôle des Russes jusqu'à sa prise par les Allemands en septembre 1915), avant d'être acheminé à Moscou. Malgré son appartenance à la Société de la Croix-Rouge, et quoique certaines personnalités de renom – tel le collectionneur russe Sergueï Chtchoukine (1854-1936) – se fussent démenées pour obtenir sa prompte libération[58], Meier-Graefe fut déporté vers la ville sibérienne d'Omsk, à 2500 kilomètres à l'est de Moscou, où il passa la majeure partie de sa détention. Il y fut retenu dans une cellule du tristement célèbre *Krepost*, la « maison des morts » du bagne de Dostoïevski où Paul Wittgenstein (1887-1961) dut se résoudre à poursuivre sa carrière de pianiste en gaucher contraint. Les conditions de vie dans l'imposante forteresse surpeuplée de prisonniers des Empires centraux, plus tard décrite par le critique comme « une cabane de crottin, un gourbi glacial, un vivier de typhus et autres maladies[59] », furent particulièrement rudes, malgré les vêtements, les livres et le support financier généreusement apportés par Chtchoukine. Alternant les phases de résignation et de lutte physique et morale, Meier-Graefe put y avoir vent des campagnes diffamatoires orchestrées à son encontre en France – notamment par *Le Figaro*, où le critique d'art Arsène Alexandre l'accusa frontalement d'espionnage. Alexeï Plavsky, général cultivé et bienveillant en charge du pénitencier à Omsk, aurait même reçu du ministère de la Guerre à Petrograd l'ordre de lui faire un procès immédiat pour ces agissements suspects[60].

Il n'est pas question ici de s'attarder trop longuement sur le quotidien de l'écrivain en Sibérie – ni sur la pièce de théâtre thérapeutique qu'il y composa

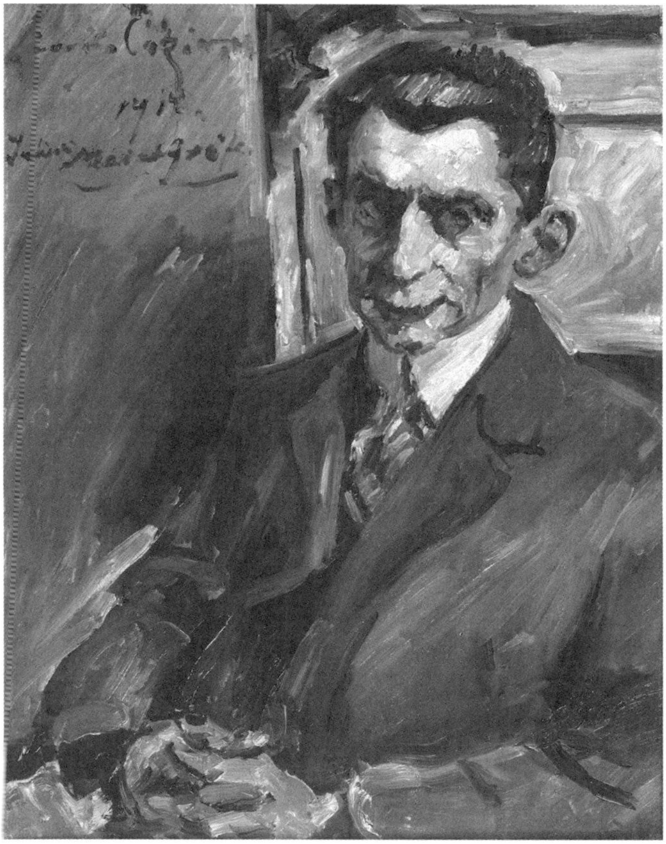

67 Lovis Corinth, *Portrait de Julius Meier-Graefe*, 1917, huile sur toile, 90 × 70 cm, Paris, musée d'Orsay, inv. RF 1977 109

en collaboration avec l'un de ses codétenus. Malgré l'inquiétude de ses amis et de son épouse Anna, qui s'engagea corps et âme pour favoriser sa libération[61], plusieurs documents démontrent qu'il fut relativement bien traité. C'est finalement en novembre 1915 que, grâce à son statut de personnalité publique et à la suite d'un échange avec un haut représentant de la Croix-Rouge russe retenu un temps en Allemagne, Meier-Graefe put regagner, *via* les villes de Krasnoïarsk, Irkoutsk et Stockholm, sa villa de Nikolassee. Physiquement affecté, ses médecins lui diagnostiquèrent un *Flecktyphus* qui lui infligea d'intenses pics de fièvre. « L'homme, auparavant si élégant et énergique, a pris un terrifiant coup de vieux, il est mal en point, le visage couvert d'éruptions », nota dans ses carnets Theodor Wolff, le rédacteur en chef du *Berliner Tageblatt*. Quant à Thilde Hofer, elle décrira ainsi l'état de Meier-Graefe au début de 1916 : une « ruine[62] ». Son portrait de 1917 par Lovis Corinth, nerveux et peu flatteur, porte les stigmates de la guerre (ill. 67).

Dès son retour à Berlin, Meier-Graefe consacra ce qui lui restait d'énergie à mettre en récit son expérience de guerre : entre janvier et avril 1916, il raconta ses péripéties à travers de nombreuses conférences qui le menèrent à Brême, Munich, Berlin, Hambourg, Dresde, ou encore Vienne, Prague et Budapest, décrivant avec « résignation et humour[63] » sa vie de captif. Veillant à se tenir à distance de toute complainte misérabiliste, il se livra en revanche à une critique acerbe des conditions de détention infligées par les Russes à leurs prisonniers allemands et austro-hongrois. Parallèlement à ses conférences, dont les coupures de presse attestent le succès de fréquentation, il s'efforça d'améliorer le sort des soldats encore détenus en Sibérie, en participant aux conférences internationales organisées dans les pays neutres par la Société internationale de la Croix-Rouge, ou en lançant des récoltes de fonds pour entretenir les lazarets. Ponctuellement, il apporta son aide aux familles de soldats allemands retenus en Russie, souvent égarées dans les méandres de la diplomatie européenne[64].

L'article « Aus meiner russischen Gefangenschaft[65] » permet de se faire une idée relativement précise du contenu de ses conférences autobiographiques de 1916, qui serviront de base à un plus ambitieux journal de guerre paru aux éditions Samuel Fischer deux ans plus tard. Son titre, *Der Tscheinik*[66], se réfère à un type de bouilloire russe servant à la confection du thé, et trahit par là même l'orientation générale du récit : déceler et mettre en valeur les survivances – fussent-elles minimes – de la dignité humaine et des rituels sociaux en temps de conflit généralisé. L'ouvrage, qui soulèvera quelques critiques, fut qualifié dans une recension de Kurt Tucholsky de véritable « *Menschenbuch* », rédigé avec « une intelligence d'acier, un don pour la description », « vif comme la lentille d'un appareil photographique », soutenu par une « ironie divine[67] ».

Meier-Graefe contre Meier-Graefe

Entre sa convalescence berlinoise et la signature de l'armistice, conscient de l'improbabilité d'un retour au front, Meier-Graefe reprit tant bien que mal ses activités dans une Europe-cimetière aux frontières culturelles scellées. Fort de ses contacts dans le monde diplomatique, il tenta d'apporter son aide aux artistes et à leurs familles retenues en territoires ennemis, fussent-ils allemands ou français. En retour de la bienveillance dont Rolland avait fait preuve pour mettre fin à l'internement du critique, le couple Meier-Graefe agit ainsi rapidement en faveur du frère d'Henri Matisse, prisonnier à Heidelberg, en lui faisant parvenir des provisions[68]. Mais le *Kriegsgefangene* auquel Meier-Graefe consacra le plus d'énergie fut sans nul doute Karl Hofer (1878-1955). Surpris par la déclaration de guerre alors qu'il voyageait à travers la France, Hofer demeura détenu plusieurs années comme prisonnier civil dans un camp peu accueillant situé sur l'île d'Yeu. Dès le mois de mars 1916, le critique s'adressa à la riche famille Reinhart de Winterthur, principale mécène du peintre, en proposant de mêler au dossier l'influent prince Maximilien de Bade et son vaste réseau[69]. Craignant qu'une action non coordonnée simultanément menée dans deux pays différents ne se révélât contre-productive, Georg Reinhart – dont les efforts diplomatiques auprès des institutions suisses étaient jusqu'alors restés infructueux – ne donna son feu vert à Meier-Graefe qu'en août 1917[70]. Malgré son transfert dans un camp de détention bien moins rudimentaire à Carnac, Hofer sombrait alors dans une inquiétante et intense phase de dépression[71]. L'écrivain chercha également du soutien auprès du comte Kessler, qui travaillait depuis un certain temps aux opérations de propagande culturelle allemande en territoire helvétique et entretenait des liens étroits avec ses homologues français du monde de la culture. C'est seulement en novembre 1917 que Georg Reinhart put enfin annoncer à Meier-Graefe que Karl Hofer était arrivé sur le territoire suisse[72]. S'il est difficile de savoir, à partir des documents d'archives conservés, quels furent les facteurs diplomatiques les plus déterminants de sa libération, celle-ci résulta sans nul doute de l'action combinée de tous les protagonistes du dossier[73].

Concernant son activité de publiciste, la période de 1914-1918 correspondit pour Meier-Graefe à un ralentissement forcé. Malgré ses textes de septembre 1914 prenant le conflit même pour objet, son corpus de guerre se démarque par sa relative maigreur. S'il est évident que la crainte d'un éventuel détournement de ses écrits par la rhétorique propagandiste le rendit particulièrement prudent dans ses stratégies éditoriales, il est intéressant de remarquer que Meier-Graefe contribua en 1916 au quatrième numéro du périodique *Der Belfried*, édité à Leipzig puis à Bruxelles, par un article sur un peintre auquel il n'avait jusqu'alors jamais dédié d'étude monographique : Peter Paul Rubens[74]. En réalité, le choix d'écrire un texte sur le grand Flamand s'explique aisément. Cette revue mensuelle consacrée « au présent et à l'histoire des pays belges », baptisée d'après un élément architectural marqueur de l'identité culturelle vernaculaire (le beffroi), avait été lancée par les éditions Insel pour le compte de la *Pressenzentrale* allemande de Bruxelles. Le périodique prenait ainsi directement part à la « *Flamenpolitik* » pratiquée par l'autorité d'occupation allemande en Belgique, opération massive de propagande destinée à renforcer le poids de la culture flamande et à œuvrer à la germanisation du pays. En faisant appel à l'art et à la littérature, cette entreprise de « pénétration poétique » devait naturellement travailler, en douceur, à améliorer l'image dramatiquement altérée du Reich en Belgique et dans les pays limitrophes. Parallèlement à l'édition du *Belfried*, l'Insel-Verlag avait significativement lancé une « série flamande », collection de traductions offrant davantage de visibilité aux littérateurs néerlandophones auprès du lectorat allemand. Or, plusieurs personnalités proches de Meier-Graefe participèrent activement à ces opérations, parmi lesquelles l'écrivain Rudolf Alexander Schröder, le directeur de l'Insel-Verlag Anton Kippenberg, l'homme de musée Fritz Wichert, plus tard rejoints par l'écrivain d'art et diplomate Wilhelm Hausenstein (meier-graefien convaincu et futur collaborateur de la Marées-Gesellschaft).

La pensée et le feuilletonisme libres de Meier-Graefe étaient pourtant loin de faire de lui un élément facilement récupérable par les orchestrateurs de la *Kulturpropaganda*. À ce titre, sa contribution à une revue aussi idéologiquement orientée que le *Belfried* constitue une exception. La guerre ne le dissuada pas de se consacrer à nouveau aux grands héros de l'art moderne français du XIXe siècle ; autrement dit, à des personnalités que l'imaginaire national allemand liait intimement au camp ennemi. En 1916, reprenant le fil de la rédaction de la deuxième version de son *Entwicklungsgeschichte* interrompue par le déclenchement de la guerre, il fit publier dès 1917 un long article sur la vie et l'œuvre de Renoir, qui servira de socle au chapitre sur ce peintre du livre à venir[75]. Quant à Cézanne, il fit dès l'année suivante l'objet d'une seconde grande monographie, *Cézanne und sein Kreis* (ill. 68). Là encore, si ces deux études se tenaient scrupuleusement à l'écart de toute référence au contexte contemporain, elles n'en célébraient pas moins la gloire de la *Franzosentum* à travers deux facettes magistrales de l'art moderne hexagonal.

Un document conservé au Deutsches Literaturarchiv révèle l'ambivalence inhérente à ces travaux qui demeurent, malgré l'apparente autonomie de leur contenu, inséparables du contexte de leur publication : il s'agit du manuscrit d'une des conférences que Meier-Graefe donna sur Cézanne dans différentes villes d'Allemagne autour de 1917. Sa première page, inédite, trahit l'atmosphère pesante du conflit et sa confrontation au monde prétendument supranational des formes : « À un moment où tout semble tumulte, souffrance et sang, à un moment où seule la haine semble déterminer les rapports entre les peuples, me voici en train de vous parler d'art, de vous parler d'un homme qui, comme le disent certains, appartient au camp ennemi[76]. » Cette phrase d'amorce confère naturellement à l'analyse de la carrière de Cézanne – pas-

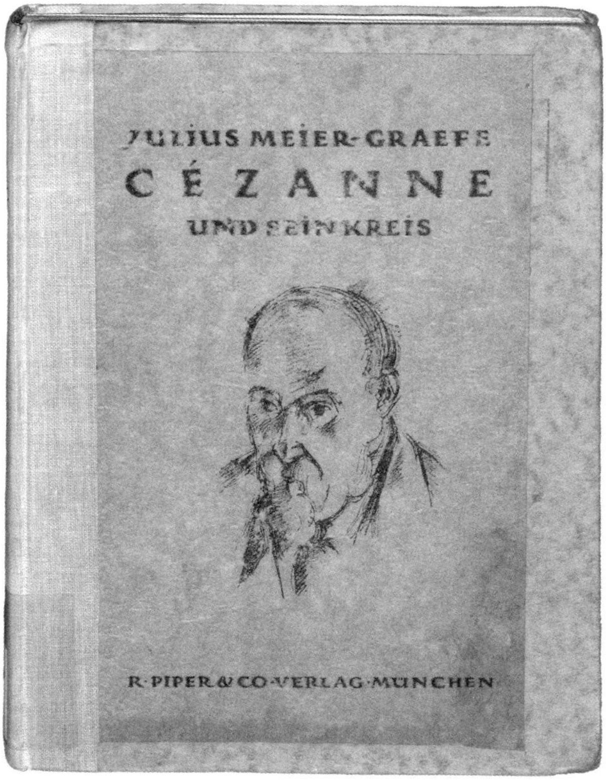

68 Julius Meier-Graefe, *Cézanne und sein Kreis. Ein Beitrag zur Entwicklungsgeschichte*, Munich, R. Piper & Co., 1918, couverture

sant d'un style de jeunesse « baroque », sombre, violent et convulsif à l'économie et à la pureté de ses aquarelles tardives – une connotation sensiblement différente. Du registre oral au livre qui résulta de ces conférences, Meier-Graefe adaptait logiquement son discours aux conditions de sa propagation, conscient qu'un objet imprimé soumis à la censure, pensé dans une temporalité plus longue et potentiellement diffusable à l'étranger, méritait davantage de retenue. Preuve du terrain bancal sur lequel il s'adonnait à la vénération de la peinture française, ses conférences cézanniennes du début de l'année 1917 suscitèrent, en raison de leur simple objet d'étude, des protestations dont le critique ne chercha même pas à atténuer la virulence[77].

De même, réagissant à la reprise berlinoise de cette même allocution au début de février, l'insolente revue d'extrême gauche *Die Aktion* ne prit même pas la peine de justifier outre mesure le bien-fondé de sa haine du critique. Elle dénonça l'opportunisme de celui qui avait, des années durant, « mangé à la gamelle de Paris[78] » avant de retourner sa veste. Le chroniqueur anonyme – probablement Pfemfert – se contenta de renvoyer ironiquement ses lecteurs aux « Trois gains » pro-germaniques de septembre 1914, plaçant Meier-Graefe face à ses propres contradictions[79]. Contrairement au comte Harry Kessler (qui travaillait en Suisse pour le compte du Reich), l'électron libre Meier-Graefe fut en somme condamné à subir une seconde captivité de guerre, cette fois-ci d'ordre discursif.

* * *

Le 3 février 1917, le même comte Kessler rapporta dans les pages de son *Journal* une discussion d'arrière-salle de restaurant bernois avec l'écrivain et essayiste alsacien René Schickele (1883-1940). Ce dernier l'informait d'une « grande exposition impressionniste » que l'État français préparait en territoire suisse. Kessler commente : « Si c'était le cas, toute cette propagande aurait un autre visage et signerait le début d'une toute nouvelle compétition pacifique, d'une nouvelle Europe, que l'Allemagne pourrait encourager après la guerre[80]. » Ce passage ne prouve pas seulement l'existence d'accords clandestins entre les acteurs de la propagande culturelle des nations ennemies pendant la guerre. Il démontre également que, loin d'obéir passivement aux directives officielles, une personnalité astucieuse comme Kessler entendait user des moyens mis à disposition par l'État pour continuer à agir au service d'une communauté européenne des esprits. De son côté, Meier-Graefe n'eut qu'une seule occasion de mettre à profit le dynamisme culturel paradoxalement rendu possible par l'état de guerre. En 1918, le directeur de la Galerie nationale de Stockholm, Richard Bergh, s'en remit en effet à lui pour piloter l'organisation d'une grande exposition suédoise consacrée à Marées. Un symptôme réjouissant, s'enthousiasma le critique auprès de Fritz Wichert, auprès duquel il chercha du soutien[81].

En contactant Wichert, mêlé un temps aux opérations de propagande allemande aux Pays-Bas, Meier-Graefe espérait pouvoir obtenir les faveurs de son supérieur, le secrétaire d'État aux Affaires étrangères, Richard von Kühlmann – et, à travers ce dernier, celles de personnalités haut placées des musées berlinois avec lesquelles ses rapports demeuraient exécrables : Wilhelm von Bode et Friedrich Schmidt-Ott. Leur participation à un tel projet était essentielle, dans la mesure où eux seuls pouvaient autoriser l'envoi à l'étranger d'œuvres issues des collections prussiennes. En dépit de l'insistance amicale des institutions suédoises, mais surtout en raison du manque total d'intérêt dont faisait toujours preuve l'Allemagne envers Marées, le projet ne put voir le jour, au grand regret de Meier-Graefe[82]. Dans ce cas précis impliquant un artiste germanique, le critique se montrait prêt à faire une entorse à sa posture de méfiance. Il espérait ainsi détourner les moyens de l'État pour une propagande positive, plus proche de l'idéal kesslerien d'une compétition amicale des nations que d'un énième geste d'expansionnisme culturel.

Si la page enthousiaste de septembre 1914 fut donc rapidement tournée, une question subsiste : comment faut-il lire et comprendre le Meier-Graefe belliqueux et annexionniste des « Trois gains », celui qui éprouva un « sentiment d'étrangeté[83] » accoudé au garde-corps de Saint-Germain-en-Laye ? Dans un article rédigé en mars 1915, Sigmund Freud analysa les relations des peuples avec la guerre et la mort, parallèlement au manque évident de discernement dont avait fait preuve l'Europe des esprits face au déclenchement du conflit mondial[84]. Si la consubstantialité des sentiments d'amour et de haine était une dualité humaine des plus faciles à appréhender, la vertigineuse chute éthique des penseurs de la culture sembla au Viennois d'une complexité digne de figurer parmi les objets d'étude de la science psychanalytique. Son texte comprend quelques clés de compréhension du Meier-Graefe de septembre 1914, celui qui avait vénéré l'Acropole parisienne si intensément qu'il en avait un temps refoulé le déclin ; avant de se retrancher subitement derrière l'espoir d'une régénération nationale passant par le surpassement du paternalisme esthétique de la capitale française. Pour Freud, les intellectuels s'étaient dangereusement fourvoyés en considérant les choses de la beauté et autres objets de jouissance comme autant de substituts à leur angoisse de mort. Face aux horreurs peu à peu dévoilées, la désillusion de l'intelligentsia européenne fut d'autant plus dramatique. Meier-Graefe dut l'assumer vingt ans plus tard : énumérés dans l'ivresse, ses « Trois gains » n'avaient été qu'une « erreur », une illusion, et son fantasme de renaissance germanique une « fiction intenable[85] ». Il avait été piégé par le leurre d'une guerre d'hygiène culturelle, qui en réalité n'avait fait qu'exalter les tourments civilisationnels que Meier-Graefe ressassait déjà depuis de longues années. Le bilan de la guerre, dressé par lui au début des années 1920, était d'ailleurs sans appel : dans le camp de l'art, on ne comptait « que des vaincus[86] ».

CHAPITRE VII

·PARIS·PERDU·

« ON M'INJURIE EN FRANCE ;
ON M'INJURIE EN ALLEMAGNE.
C'EST BIEN : JE N'AI QUE CE
QUE JE MÉRITE. JE M'ATTENDS,
QUELQUE JOUR, À UN ACTE
D'ACCUSATION[1]. »

Romain Rolland

La diffamation est un exercice facile. Il l'est d'autant plus lorsque la personne qui en fait l'objet ne peut plus se défendre. Dans un article nécrologique particulièrement acide consacré à Meier-Graefe et publié peu après son décès en 1935, l'écrivain d'art Paul Westheim évoqua l'attitude ambiguë de son confrère lors du moment 1914. Remettant en question la francophilie de Meier-Graefe, il note :

> « Meier-Graefe jugeait impensable que quelque chose se passe sans qu'il fût impliqué. [...] C'est ainsi qu'il prit position et publia dans le *Berliner Tageblatt* des articles enflammés contre la France et la culture française. *Clemenceau* les a cités à la Chambre et a dit avec justesse : voilà ce qu'écrit un homme qui a vécu des années chez nous ! C'était le plus sale coup que son tempérament d'égocentrique lui eût joué[2]. »

Aux dires de Westheim, les propos de Meier-Graefe lui auraient valu d'être cité au Parlement par l'un des hommes politiques les plus charismatiques de la France de l'époque : le Tigre. Cette anecdote suscita dès la parution de l'article la curiosité de certains lecteurs, contraignant rapidement Westheim à révéler ses sources. Il assura, dans une lettre au destinataire inconnu, tenir l'information d'un rédacteur de *L'Amour de l'art* et fonctionnaire du Louvre[3]. S'agirait-il d'André Michel (1853-1925), ou de René Huyghe (1906-1997), alors conservateur adjoint au département des peintures du musée parisien et membre fondateur de la revue en question ? Toujours est-il que, afin de clarifier ce point, l'éditeur du *Neue Tage-Buch* s'en remit à la veuve de Meier-Graefe, qui réfuta pour sa part avec énergie l'existence d'un tel discours de Clemenceau, jugeant calomnieuse l'allégation de Westheim[4]. Un examen fastidieux des procès-verbaux des débats parlementaires entre 1914 et 1920 jette effectivement le doute sur la véracité de cette anecdote, la reléguant *de facto* au statut de simple rumeur – vraisemblablement alimentée par le contexte tendu des relations franco-allemandes de l'époque. Dans ses *Réflexions d'un historien sur les fausses nouvelles de la guerre*[5] publiées en 1921, Marc Bloch incitait justement les praticiens de sa discipline à se focaliser moins sur les rumeurs elles-mêmes que sur la conscience collective se trouvant à leur origine – démarche que nous voudrions désormais suivre. Pourquoi semblait-il parfaitement plausible que Meier-Graefe ait été la cible d'un discours diffamatoire au sein des plus hautes institutions politiques de la France – ce même État dont il avait pendant de si longues années défendu avec acharnement l'art et la culture ? Ce chapitre entend analyser les hostilités et les appuis croisés dont le critique fit l'objet des deux côtés du Rhin.

Diffamations

Comme nous avons déjà eu l'occasion de l'observer, la réputation de Meier-Graefe à Paris fut assez tôt marquée par une certaine méfiance qui, lorsqu'elle n'était pas imputable à son seul statut d'Allemand, reposait sur ses goûts. Si les années d'avant-guerre et leur contexte spécifique avaient laissé planer un doute quant aux motivations réelles de son rôle d'intermédiaire au service des collectionneurs et musées allemands, ses textes agressifs de 1914 suscitèrent fatalement une véritable indignation dans la communauté artistique francophone. Stimulée par la rhétorique propagandiste, cette méfiance se transforma rapidement en haine. Les accusations dont Meier-Graefe fit l'objet pendant les années de guerre révèlent avec une extraordinaire clarté les diverses activités de médiateur qu'il mena dans l'arène publique.

« Herr doctor Meyer-Graeffe »

C'est autour des « Trois gains », article analysé plus haut, que s'articulèrent en France la plupart des attaques envers Meier-Graefe. L'un de ses premiers échos se trouve dans *Le Temps* du 23 septembre 1914[6], soit une dizaine de jours après sa parution. La graphie du nom du critique légèrement altérée (« Meïer Graefe ») inaugure un carnage onomastique perpétré par la presse française dans les années à venir, qu'il faut attribuer à la méconnaissance du personnage au moins autant qu'à une volonté explicite de discrédit. Ce court article, qui mentionne l'engagement de l'historien de l'art pour la défense du patrimoine universel, est tourné d'une telle manière que Meier-Graefe y apparaît comme une personnalité belliqueuse aux yeux de laquelle la victoire imminente de l'Allemagne ne semblait faire aucun doute. Le ton varie sensiblement dans le *Journal des débats*, qui fait aussi partie des tout premiers périodiques à traiter du surprenant « tournant » idéologique du critique – nous sommes le 26 septembre 1914. Un journaliste anonyme y rapporte ironiquement les « conseils d'un intellectuel » : Meier-Graefe passe ici du statut d'historien de l'art à celui de « critique d'art allemand », s'étant acquis une « certaine réputation en France, surtout comme marchand[7] ». Sarcastique, cette notice parle là encore d'un personnage à la mentalité de conquérant, désireux « d'exterminer sans pitié les gens, mais de ménager les trésors d'art accumulés dans la capitale française » afin que son pays puisse les saisir. Quelques jours plus tard, *L'Écho d'Alger* reprit l'information sous le titre « Ce bon monsieur Meyer Greffe », tout comme *La Semaine religieuse de l'archidiocèse d'Albi*, qui consacrera à l'Allemand une courte note dans laquelle il est curieusement décrit comme un « professeur d'histoire des Beaux-Arts[8] » actif à Berlin. À partir de ces quelques sources éparses, nombreux furent les journaux nationaux et locaux à relayer l'information et à céder à l'espionnite ambiante, faisant progressivement de l'écrivain d'art un « brigand » à la francophilie de façade et à l'égoïsme insupportable, issu d'une nation barbare. Gorgée de truismes et autres préjugés nationalistes, la rhétorique propagandiste s'adaptait ainsi peu à peu au monde intellectuel.

L'un des tout premiers textes spécifiquement consacrés à déprécier la personne de Meier-Graefe fut publié le 27 septembre dans le *Journal des débats* et porte la signature d'André Michel. Historien de l'art, conservateur au musée du Louvre, fasciné par l'Allemagne pendant sa jeunesse avant de s'en détourner brutalement (son gendre et son fils tombèrent dans les premiers mois du conflit), Michel titra significativement son article « Herr doctor Meyer-Graeffe » afin de le rattacher à une sphère savante à laquelle il demeurait pourtant toujours étranger. Le Français y décrit le « type le plus insupportable – et le plus accompli – du cuistre moderne ou moderniste, de l'esthète allemand "avancé"[9] », un intrus prétentieux ayant toujours cherché à s'imposer, sans aucune gêne ni humilité, dans le monde de l'art parisien.

Parmi les plus virulentes attaques des premiers mois de guerre, il faut citer celle de *La Renaissance politique, littéraire et artistique*, perpétrée par un certain Jean Revoul. Ce dernier publie en mai 1915 « Le coup de pied de l'âne Meïer Graef », récit où l'Allemand est d'emblée présenté comme un ancien galeriste qui a « déshonoré Paris » en y important le « style munichois », tentant par là même d'y imposer sa « vulgarité boche » ; un homme « sans aucun goût, mal élevé, grossier, buveur de bière, naturellement[10] », conjuguant lâcheté et fourberie. Revoul incite dès lors tous ses compatriotes qui lui ont autrefois ouvert leurs portes à éprouver regrets et culpabilité. Un long extrait du texte « Drei Gewinne » est donné dans une traduction française approximative, plus précisément le passage où Meier-Graefe décrit sa journée passée sur la terrasse de Saint-Germain-en-Laye, peu avant la déclaration de guerre. À cette source, Revoul en adjoint une seconde : un extrait des souvenirs publiés par le peintre Jacques-Émile Blanche évoquant le monde des arts en 1914-1915. Dans le passage choisi, Blanche rapporte des propos qu'aurait supposément tenus « Meier Graef [...], auteur d'un livre sur Renoir », lors d'un dîner, s'adressant à un peintre français dont le nom n'est pas révélé :

> « Vous saurez un jour ce qui compte dans l'art français du XIXe siècle ; nous autres Allemands, nous vous l'apprendrons. Vous saurez cela quand nous aurons emporté chez nous ce qui en vaut la peine. Quant au reste, si nous ne l'avons pas brûlé, gardez-le pour vous. Vos génies ne produisent que pour les vainqueurs[11]. »

Après cette citation dont le degré de véracité est difficile à évaluer, Revoul conclut son article par une franche menace : « Il était absolument nécessaire de verser ces deux pièces-là au dossier des représailles futures. Le nommé Harry Kessler aura son compte réglé ; mais quelqu'un à qui nous espérons bien qu'on réglera le sien avec la même énergie, c'est le Meïer Graef. » Nous aurons bientôt l'occasion d'observer que cette chasse aux sorcières se poursuivra bien après la signature du traité de Versailles en 1919, condamnant la carrière française de Meier-Graefe à une relative précarité.

L'une des astuces rhétoriques qu'on retrouve dans de nombreux textes de la presse hexagonale traitant du cas Meier-Graefe révèle la grande méconnaissance des goûts et des activités du critique chez les intellectuels francophones. André Michel décrit ainsi un défenseur acharné des tendances artistiques les plus récentes – précisément celles que l'Allemand rejetait en bloc et combattait avec entêtement au moins depuis le début des années 1910. Non content de s'enrichir sur le dos du patrimoine national, Meier-Graefe représentait aux yeux de Michel le promoteur aveugle d'un art ultra-moderne, « faisandé » et décadent, défendu à l'aide d'un appareillage critique brumeux, naturellement identifié comme typiquement germanique :

> « [Meier-Graefe] n'est pas seulement de la critique d'avant-garde, mais de l'extrême pointe. Les marchands de peinture, et principalement d'une certaine peinture, recueillaient pieusement sa littérature – et au besoin la suscitaient – pour exciter les bonnes gens à acheter très cher leur marchandise – et de préférence la plus amorphe et la plus faisandée. Il fournissait, au besoin, de philosophie et de métaphysique les amateurs novices embarras-

sés pour appliquer leur esthétique. Il paraissait comme le représentant en goût allemand et international moderne - *echt Deutsch* - aux expositions[12]. »

Ces arguments se retrouvent également dans les publications de guerre de l'écrivain d'art Camille Mauclair (1872-1945). Il fut l'auteur d'un article violemment diffamatoire à l'encontre de Meier-Graefe, l'incluant dans une catégorie spécifique de pseudo-passeurs culturels, en réalité orchestrateurs d'une vaste opération d'escroquerie. Il identifie le critique allemand au sein d'une bande de « courtiers louches qui servaient d'intermédiaires entre les marchands de tableaux parisiens et berlinois trafiquant des Cézanne, des cubistes et autres insanités », profitant « de la naïveté de nos béjaunes "indépendants" pour faire des coups de Bourse et préparer [...] l'intrusion boche[13] ». Une attaque d'autant plus paradoxale que, en matière d'arts visuels, les limites des goûts d'un Mauclair semblaient superposables à celles de Meier-Graefe. Se réjouissant avec malveillance de sa capture par l'armée russe, le Parisien fait même du critique (engagé volontaire dans la Croix-Rouge pour le transport des blessés) un « officier de la landwehr ». De manière encore plus surprenante, Mauclair finit par accuser frontalement Meier-Graefe d'avoir plagié sa propre histoire de l'impressionnisme dans l'*Entwicklungsgeschichte*, en veillant simplement à l'agrémenter de sa « niaiserie[14] » germanique.

En somme, à partir de 1914, Meier-Graefe voyait brutalement dévoilée la pluralité de ses agissements comme médiateur culturel. Dans ces rapports d'activités à l'orientation idéologiquement conditionnée, l'accent fut par conséquent placé avec une insistance particulière sur le rôle de Meier-Graefe dans la circulation internationale des œuvres d'art. Jamais mentionnée, si ce n'est à l'occasion d'une accusation absurde de plagiat, l'*Entwicklungsgeschichte* - et sa célébration des « piliers » français de la peinture moderne - semblait inexistante. Meier-Graefe devenait un « courtier en tableaux[15] », un « marchand de meubles[16] », un « marchand mué en critique d'art, se délectant, quelques mois avant la guerre, à la pensée des rapines prochaines[17] », le tenancier d'une « boutique d'art décoratif moderne[18] », ou encore un « trafiquant[19] ». En filigrane, toutes ces appellations visaient à souiller son prétendu désintéressement pour mettre en évidence sa seule implication dans des tractations financières, elles-mêmes animées par un fantasme pangermanique de domination culturelle.

Du passeur à l'anti-médiateur

Dès les premiers mois de la guerre, les esprits s'échauffèrent au point qu'Arsène Alexandre fit de l'anéantissement de son confrère une véritable mission. Collaborateur de la revue *Pan* au milieu des années 1890, auteur d'un catalogue de la collection Rouart où était mentionnée l'*Entwicklungsgeschichte*, il ne fait aucun doute que l'historien et critique d'art français connaissait les travaux de Meier-Graefe depuis une décennie au moins. Il fut toutefois l'initiateur d'une opération systématique de diffamation à son encontre qui s'étala sur plusieurs années et sur différents fronts. En hiver 1915, il inaugura dans *Le Figaro* une série d'articles intitulée « Espions & déménageurs », où il entendait mettre au grand jour l'implication des critiques et hommes de musées allemands dans la destruction des trésors culturels européens. Publié le 5 janvier, un premier article évoque ainsi la nomination suspecte de Paul Clemen (1866-1947) au titre d'« inspecteur des beaux-arts », ou encore les agissements du critique d'art Otto Grautoff (1876-1937), « obséquieux personnage à crâne rasé » ayant cherché coûte que coûte à être introduit chez « monsieur Rôtin[20] ». Dans ces articles au ton perfide, l'objectif d'Alexandre est clairement assumé : révéler les intentions véritables de tout un groupe d'esthètes feignant le désintéressement propre aux nobles amateurs d'art afin de mieux s'assurer la domination future de la *Kultur* sur la culture. Le passage suivant résume à lui seul comment étaient soudainement perçus en temps de guerre ces personnages que la théorie des transferts culturels allait baptiser « médiateurs » :

> « Peu à peu, d'admirateurs bénévoles, les envahisseurs artistiques se transformaient en importateurs encombrants, voire en régents tyranniques. Ils étaient arrivés à empoisonner partiellement le goût des bons snobs, à occuper beaucoup de place dans nos expositions "nationales", qui durent même, malgré leur bon caractère, se fâcher et réagir[21]. »

La présence seule de ces Allemands en France avait contribué, comme l'exprimera Jean Revoul en 1917, à « empoisonner » le goût des artistes, des collectionneurs et des marchands. Alexandre dévoile ainsi le vrai visage du comte Kessler (dont est mentionné le légendaire coup de téléphone passé à Maillol à l'été 1914 pour inciter le sculpteur à « enterrer ses statues et ses moules dans [son] jardin[22] » avant l'arrivée des troupes allemandes), mais surtout de « Mayer-Graeffe », qui cherchait depuis plusieurs années déjà à exercer son « despotisme pacifique » dans les milieux artistiques parisiens. Le deuxième volet de l'article « Espions & déménageurs[23] » (ill. 69), entièrement consacré

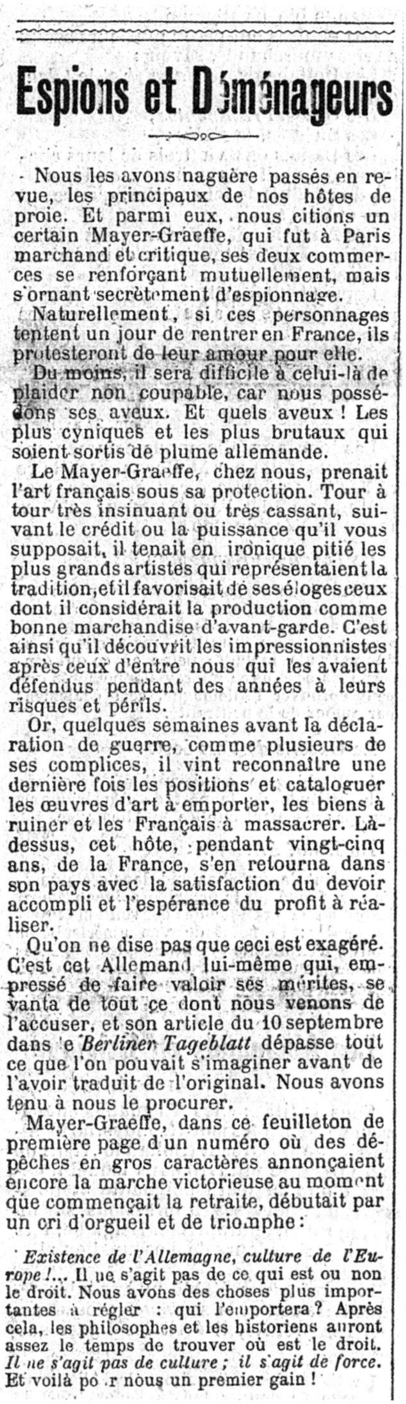

Espions et Déménageurs

Nous les avons naguère passés en revue, les principaux de nos hôtes de proie. Et parmi eux, nous citions un certain Mayer-Graeffe, qui fut à Paris marchand et critique, ses deux commerces se renforçant mutuellement, mais s'ornant secrètement d'espionnage.

Naturellement, si ces personnages tentent un jour de rentrer en France, ils protesteront de leur amour pour elle.

Du moins, il sera difficile à celui-là de plaider non coupable, car nous possédons ses aveux. Et quels aveux ! Les plus cyniques et les plus brutaux qui soient sortis de plume allemande.

Le Mayer-Graeffe, chez nous, prenait l'art français sous sa protection. Tour à tour très insinuant ou très cassant, suivant le crédit ou la puissance qu'il vous supposait, il tenait en ironique pitié les plus grands artistes qui représentaient la tradition, et il favorisait de ses éloges ceux dont il considérait la production comme bonne marchandise d'avant-garde. C'est ainsi qu'il découvrit les impressionnistes après ceux d'entre nous qui les avaient défendus pendant des années à leurs risques et périls.

Or, quelques semaines avant la déclaration de guerre, comme plusieurs de ses complices, il vint reconnaître une dernière fois les positions et cataloguer les œuvres d'art à emporter, les biens à ruiner et les Français à massacrer. Là-dessus, cet hôte, pendant vingt-cinq ans, de la France, s'en retourna dans son pays avec la satisfaction du devoir accompli et l'espérance du profit à réaliser.

Qu'on ne dise pas que ceci est exagéré. C'est cet Allemand lui-même qui, empressé de faire valoir ses mérites, se vanta de tout ce dont nous venons de l'accuser, et son article du 10 septembre dans le *Berliner Tageblatt* dépasse tout ce que l'on pouvait s'imaginer avant de l'avoir traduit de l'original. Nous avons tenu à nous le procurer.

Mayer-Graeffe, dans ce feuilleton de première page d'un numéro où des dépêches en gros caractères annonçaient encore la marche victorieuse au moment que commençait la retraite, débutait par un cri d'orgueil et de triomphe :

> *Existence de l'Allemagne, culture de l'Europe !...* Il ne s'agit pas de ce qui est ou non le droit. Nous avons des choses plus importantes à régler : qui l'emportera ? Après cela, les philosophes et les historiens auront assez le temps de trouver où est le droit. *Il ne s'agit pas de culture ; il s'agit de force.* Et voilà pour nous un premier gain !

69 Arsène Alexandre, « Espions et déménageurs », *Le Figaro*, 24 avril 1915, p. 1 (extrait)

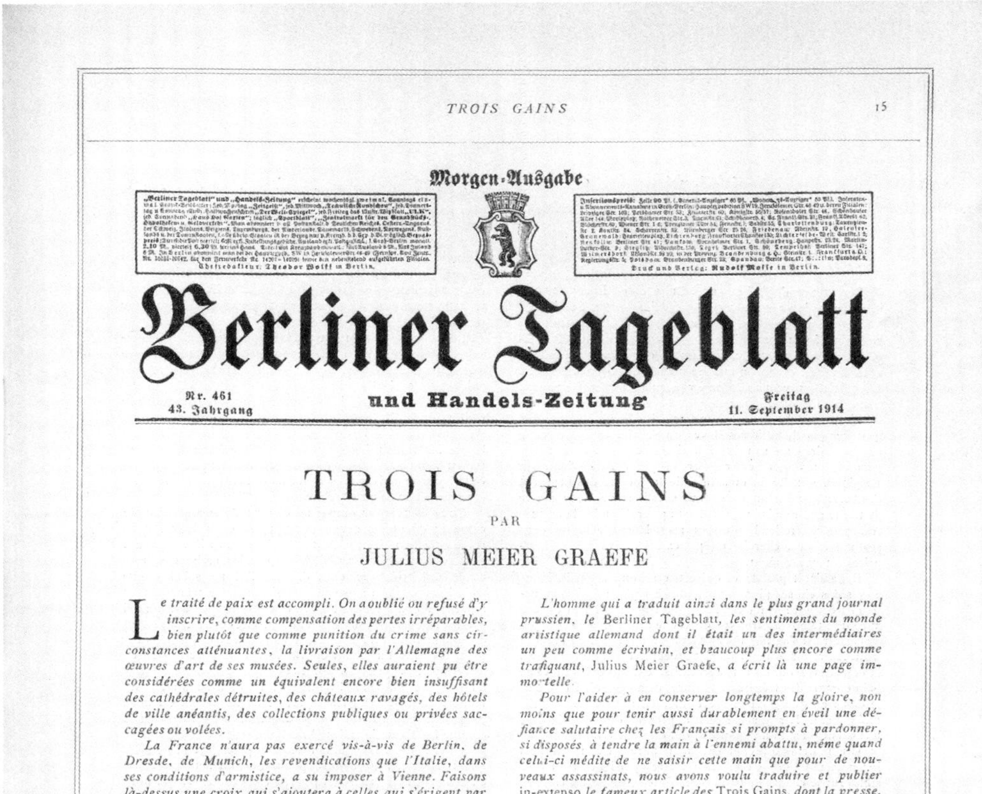

TROIS GAINS 15

Morgen-Ausgabe

Berliner Tageblatt

Nr. 461
43. Jahrgang

und Handels-Zeitung

Freitag
11. September 1914

TROIS GAINS

PAR

JULIUS MEIER GRAEFE

Le traité de paix est accompli. On a oublié ou refusé d'y inscrire, comme compensation des pertes irréparables, bien plutôt que comme punition du crime sans circonstances atténuantes, la livraison par l'Allemagne des œuvres d'art de ses musées. Seules, elles auraient pu être considérées comme un équivalent encore bien insuffisant des cathédrales détruites, des châteaux ravagés, des hôtels de ville anéantis, des collections publiques ou privées saccagées ou volées.

La France n'aura pas exercé vis-à-vis de Berlin, de Dresde, de Munich, les revendications que l'Italie, dans ses conditions d'armistice, a su imposer à Vienne. Faisons là-dessus une croix qui s'ajoutera à celles qui s'érigent par milliers sur nos champs stérilisés par la guerre.

Nous ne reviendrons plus sur la campagne que Les Arts *avaient commencée, on s'en souvient, d'une façon si éloquente et si documentée, par notre éminent collaborateur Pierre de Nolhac. Mais, du moins, que demeure toujours inscrit en regard des légitimes compensations que la France a été empêchée d'exiger, le souvenir, non plus seulement des séculaires beautés anéanties par les Allemands, mais aussi des larcins formidables par lesquels ils se proposaient de couronner, s'ils avaient été vainqueurs, l'entreprise de brigandage en tous genres montée par le kaiser, ses généraux, ses philosophes, ses savants, ses artistes même, à l'effet de ne laisser à notre Patrie, comme disent les bonnes gens, que ses beaux yeux pour pleurer.*

« A nous tout ce qui est beau !... L'Allemagne a devant elle un héritage immense... Voilà notre plus grand gain ». *Il faut que jamais ne soit oubliés ces cris enivrés de détrousseurs à main armée, aveux à la fois candides et cyniques d'un homme qui, pendant des années, à Paris, accueilli avec empressement, s'était installé moins pour représenter la fameuse Culture allemande, que pour essayer de s'approprier la nôtre.*

L'homme qui a traduit ainsi dans le plus grand journal prussien, le Berliner Tageblatt, *les sentiments du monde artistique allemand dont il était un des intermédiaires un peu comme écrivain, et beaucoup plus encore comme trafiquant,* Julius Meier Graefe, *a écrit là une page immortelle.*

Pour l'aider à en conserver longtemps la gloire, non moins que pour tenir aussi durablement en éveil une défiance salutaire chez les Français si prompts à pardonner, si disposés à tendre la main à l'ennemi abattu, même quand celui-ci médite de ne saisir cette main que pour de nouveaux assassinats, nous avons voulu traduire et publier in-extenso *le fameux article des* Trois Gains, *dont la presse, en septembre 1914, n'avait donné que des fragments.*

Septembre 1914 ! Alors, les Allemands étaient, comme le dit ce Tyrtée du déménagement, « aux portes de Paris ». Mêlant la cruauté à l'outrage et le sens pratique à la fureur, il engageait en même temps les troupes de pillage, les Beutentruppen, *à se garder de toute pitié, mais à sauver les marchandises ; à mépriser les « chétifs polissons en pantalon rouge » tout en épargnant « les biens qui appartenaient », à la culture de l'Europe, c'est-à-dire à celle de l'Allemagne. Nous ne relèverons pas toutes les prophéties de l'étrange représentant de cette culture.*

Le porte-parole de la culture berlinoise envisageait « trois gains » dont les lecteurs évalueront l'importance. En relisant cet écrit sur quelque point que ce soit de nos riches campagnes qui n'offre pas le tableau de « belles ruines » qu'il rêvait, et même, hélas ! dans nos villes anéanties qui s'apprêtent à renaître, — ils penseront que nos gains de Liberté, de Justice et d'Honneur sont encore plus beaux, et qu'ils peuvent nous consoler de laisser à l'Allemagne les œuvres d'art qui continueront à faire chez elle des taches de beauté.

ARSÈNE ALEXANDRE.

70 Arsène Alexandre, « Trois Gains par Julius Meier Graefe », *Les Arts. Revue mensuelle des musées, collections, expositions*, vol. 15, nº 176, 1919, p. 15

à Meier-Graefe et daté du 24 avril 1915, tourne en ridicule les actions d'un « boche » illuminé qui prétendait comprendre les héros de l'art moderne français mieux que les Français eux-mêmes. Alexandre y propose pour la première fois une analyse commentée de plusieurs longs extraits traduits des « Drei Gewinne » – texte résumant selon lui « toute l'âme germanique, avec son mélange de cupidité, de prétention, et de rêvasserie ». Cet article concourut largement à atomiser la réputation hexagonale de l'Allemand.

Non content de propager de fausses nouvelles[24], Alexandre poursuivit son action diffamatoire jusqu'à l'après-guerre, en faisant notamment paraître pour la première fois dans le périodique *Les Arts* une traduction *in extenso* des « Trois gains[25] », dans une mise en scène éditoriale particulièrement aguicheuse (ill. 70). Reprenant l'en-tête du *Berliner Tageblatt* et les premières lignes en fac-similé de l'article incriminé en caractères *fraktur*, le texte est rehaussé d'une eau-forte figurant les ruines du salon de Mars du château de Saint-Cloud en octobre 1870. Ce procédé rhétorique ne laisse aucun doute sur la teneur générale de l'opération, supposée faire de la barbarie germanique une véritable constante historique. Dans son texte introductif, Alexandre regrettait que le traité de Versailles récemment signé n'intégrât pas à ses clauses la saisie d'œuvres d'art des musées allemands comme compensations de guerre, à une époque où les débats sur les « réparations » alimentaient la presse mondiale. Dans ce cadre, la publication française de l'intégralité des « Trois gains », cinq années après leur parution dans le *Berliner Tageblatt*, devait initier un plus vaste devoir de mémoire :

> « Il faut que jamais ne soit [*sic*] oubliés ces cris enivrés de détrousseurs à main armée, aveux à la fois candides et cyniques d'un homme qui, pendant des années à Paris, accueilli avec empressement, s'était installé moins pour représenter la fameuse Culture allemande que pour essayer de s'approprier la nôtre[26]. »

La traduction, livrée sans aucun contexte et douteuse par endroits, ne laisse aucune chance à la dimension symbolique du texte. Si elle montre à nouveau la difficulté de rendre la prose meier-graefienne dans une autre langue, force est de constater qu'Alexandre n'était toutefois pas loin d'une certaine forme de vérité lorsqu'il qualifiait l'article, résolument ambigu, de « candide » et « cynique ». Catherine Krahmer a également identifié l'existence d'une seconde traduction des « Drei Gewinne », radicalement différente, aujourd'hui dans le fonds bruxellois du peintre impressionniste belge Georges Morren, sous le titre « Trois avantages[27] ». Si cette seconde version ne semble pas avoir donné lieu à une publication, elle atteste la large diffusion du texte dans la sphère de l'art francophone, où Meier-Graefe perdit dès lors toute espèce de crédibilité. Ironie de l'histoire, c'était probablement le critique lui-même qui avait fait parvenir un exemplaire de l'article incriminé aux feuilletonistes français autour de 1920, convaincu qu'une confrontation à la source brute aurait pu le préserver des accusations en traîtrise dont il faisait l'objet[28]. En réalité, comme nous allons l'observer, ses « Trois gains » aux sonorités pro-germaniques le discréditeront non seulement en France, mais aussi dans son propre pays.

Tirs croisés

Par un fascinant et complexe jeu d'aller-retour des nouvelles de guerre, la campagne de diffamation orchestrée à Paris à l'encontre de Meier-Graefe trouva à son tour un écho rapide en Allemagne et suscita des querelles par feuilletons interposés, scindant à nouveau l'opinion en deux camps distincts. Frère d'armes du critique, l'écrivain d'art hambourgeois Karl Scheffler fut parmi les premiers à s'indigner du procès dont son collègue était la victime outre-Rhin. Jouant sur le nom du journal parisien, il publia en octobre 1915 dans la libérale *Vossische Zeitung* un texte défensif dénonçant une « farce » du *Figaro*. La ligne de Scheffler était claire : le Reich allemand devait tout faire pour mettre un terme à la détention russe de l'un de ses intellectuels les plus remarquables, dont la qualité des écrits sur l'art était internationalement reconnue. Un écrivain qui avait en outre affirmé publiquement sa position pro-allemande dès le début du conflit, Scheffler évoquant le « patriotisme libre » et l'« idéalisme enthousiaste[29] » de l'auteur. De quoi déclencher l'ire des adversaires les plus forcenés de l'intrusion de l'art moderne français en Allemagne, qui voyaient en Meier-Graefe, au moins depuis la parution de l'*Entwicklungsgeschichte* en 1904, un indiscutable ennemi de l'art national et de la *Kultur*.

La rançon du *Kunstapostel*

Parmi ces détracteurs résolument conservateurs figurait le Brêmois August Piening, dont le seul ouvrage jamais publié fut entièrement consacré, dans le sillage de la controverse Vinnen de 1911, à combattre les opinions de l'« apôtre des arts » Meier-Graefe sur la peinture allemande[30]. Réagissant à la défense de Scheffler, Piening fit paraître au mois d'août dans la conservatrice *Deutsche Tageszeitung* un texte ironiquement intitulé « Les honneurs de la France à ses admirateurs étrangers[31] ». L'exercice semblait à bien des égards délicat : il fallait pour Piening rendre un hommage subtil et détourné aux attaques perpétrées par un Français (Arsène Alexandre) contre l'un de ses compatriotes allemands (Meier-Graefe), tout en ne laissant aucun doute sur sa condamnation sans équivoque de la nation ennemie. Pour ce faire, le polémiste excluait toute éventualité de patriotisme chez Meier-Graefe, en s'appuyant sur ses charges répétées contre l'art national et sur son admiration cosmopolite démesurée pour l'impressionnisme français – tendance artistique traitée ici comme une pathologie. Son article mentionne par conséquent les formules les plus sensationnelles de l'*Entwicklungsgeschichte* et du *Fall Böcklin*, l'auteur prenant soin de les décontextualiser, voire de les falsifier, afin d'en dramatiser la teneur. C'est le sort qui est ainsi réservé, pour ne citer qu'un exemple, aux derniers paragraphes du pamphlet antiböcklinien de 1905. Par une citation largement remodelée, Piening prête à Meier-Graefe des propos sur l'« anthropomorphisme barbare » de « Böcklin, Thoma, Klinger, etc.[32] », établissant ainsi en temps de guerre un lien direct entre le vocabulaire du critique et celui de la propagande anti-allemande des Alliés. Par conséquent, il est peu surprenant que cette pseudo-citation de Meier-Graefe ait été reprise et placardée vingt ans plus tard sur l'une des cimaises de l'exposition « Art dégénéré » à Munich[33]. Dans leur traque brutale des ennemis de l'art germanique, les nazis voyaient dans le corpus de publications antifrançaises des années 1910 (comme celles de Piening, Vinnen et consorts) un ensemble idéal de sources à exploiter.

Dans la suite de son article, Piening estime ridicule et disproportionnée la comparaison établie par Meier-Graefe entre la France et la Grèce ancienne, métaphore centrale des « Drei Gewinne » : en aucun cas la culture française ne pouvait être élevée au rang d'une civilisation antique si prestigieuse. Le fantasme de régénération nationale de Meier-Graefe, en ce qu'il devait s'adapter à la normativité des révolutions picturales opérées dans le Paris du XIXe siècle, était absolument irrecevable pour les nationalistes de la trempe de Piening. Ce dernier s'empressa pour sa part de brandir les noms de Dürer, Holbein, Goethe, Keller, Leibl, Menzel et Böcklin, évoquant une Allemagne capable d'engendrer et d'entretenir elle-même ses propres génies. Finalement, en subissant les foudres d'Arsène Alexandre et de la communauté artistique francophone, Meier-Graefe récoltait en toute logique les fruits de son cosmopolitisme funambulesque[34].

Probablement loin de se douter qu'il était l'objet de telles insultes dans la presse de sa propre patrie, le principal intéressé, toujours captif en Russie, put tout de même compter sur la bienveillance courageuse de quelques-uns de ses proches. Choqués par la double peine que subissait leur ami, le peintre Leo von König, l'écrivain Rudolf Alexander Schröder et l'architecte Walther Epstein décidèrent de riposter dès le mois de septembre 1915 en rédigeant une déclaration publique de soutien à Meier-Graefe, qui réunit au moment de sa publication une trentaine de signataires. Ils firent ainsi parvenir à de nombreux directeurs de musées, historiens de l'art et intellectuels de renom une petite documentation résumant la situation, en leur proposant de se joindre à eux pour sauver l'honneur injustement sali du critique. Par la combinaison de plusieurs archives, notamment celles de Karl Ernst Osthaus à Hagen, ou encore la correspondance de Georg Swarzenski conservée au Städel-Museum de Francfort-sur-le-Main, il est possible de retracer les étapes de cette riposte. Les signataires potentiels reçurent chacun trois documents : une copie de l'article à charge d'August Piening, une première ébauche de la déclaration publique, ainsi qu'une brève lettre explicative cosignée par ses trois initiateurs.

L'argumentaire de Schröder, Epstein et König, qui espéraient se tenir à l'écart de tout débat « politico-artistique[35] », présente naturellement le critique sous un angle radicalement différent. Ils rappellent en premier lieu que Meier-Graefe s'était, malgré son âge avancé, engagé volontairement pour le sauvetage des blessés de guerre – un acte patriotique inattaquable. Dans la première version de leur déclaration, il est également fait allusion à son rôle dans la Jahrhundertausstellung de 1906 ainsi que dans la redécouverte de Hans von Marées, afin de nuancer l'idée reçue de la francophilie aveugle de l'intéressé et de sa négligence de la culture germanique. Ces deux exemples disparaîtront dans la version publiée du texte, probablement en raison des débats cinglants qu'avait provoqués en son temps la Centennale de l'art allemand, et du relatif mépris dont faisait toujours l'objet Marées dans la communauté artistique allemande. Il était nécessaire, pour les trois amis, d'éviter tout risque de polémique – tâche décidément difficile dès lors qu'il s'agit d'évoquer la figure éternellement controversée de Meier-Graefe.

Cette déclaration de soutien, dont Krahmer a repéré l'une des parutions publiques dans un quotidien bavarois daté du 30 septembre 1915[36], est par conséquent d'une teneur relativement neutre, mais intéressante en ce qu'elle entendait défendre l'idée qu'entre un nationalisme traditionaliste et un cosmopolitisme suspect se trouvait une voie alternative : un patriotisme de progrès et d'ouverture, qui n'avait rien de commun avec la célébration d'une *Deutschtum* nuisible à laquelle l'ensemble des signataires acceptait de s'opposer publiquement « avec une grande fermeté ». Parmi la trentaine de personnalités ayant donné leur accord pour révéler publiquement leur soutien à Meier-Graefe figuraient de nombreux artistes, architectes, écrivains, critiques et éditeurs germanophones plus ou moins âgés, dont l'Européen convaincu Wölfflin, qui demanda toutefois à atténuer l'enthousiasme du texte de peur qu'il ne puisse laisser entendre qu'il adhérait complètement au contenu et aux méthodes des ouvrages de Meier-Graefe[37]. Nouvelle preuve, s'il en fallait encore une, de l'indéfectible méfiance du monde savant envers ses travaux – mais qui n'empêcha pourtant pas ici de regrouper une multitude d'érudits sous une bannière commune : un noble amour pour l'art et la patrie, se tenant à distance de la mêlée. Lorsque fut découverte cette opération de soutien, à laquelle étaient associés les noms de Schröder, Hildebrand et Hofmannsthal, le Brêmois Piening fut même contraint de publier un court texte précisant que ses attaques de la *Deutsche Tageszeitung* ne visaient « en aucun cas Meier-Graefe comme personne », dont le « destin malheureux[38] » était à déplorer, mais bien davantage Scheffler et la vision faussée du critique qu'il contribuait à propager. Il était après tout bien question, au-delà de conceptions esthétiques divergentes, d'un camarade allemand retenu prisonnier.

« Un large et vivant esprit » : Romain Rolland à la rescousse

> « mon mari julius meier-graefe, écrivain d'art exempt d'obligations militaires, a été capturé en russie près de sierpt le 10 février alors qu'il était chauffeur pour une colonne de sanitaires et infirmiers volontaires[,] et a été conduit à moscou[.] j'imagine que vous pourriez obtenir des informations sur sa localisation par vos relations en russie, voire parvenir à sa libération par vos efforts[39]. »

Ce télégramme conservé à la Bibliothèque nationale de France, émis de Berlin le 22 février 1915, ne documente pas seulement l'engagement intense de son autrice – Anna Meier-Graefe, née Baurath – pour la libération de son mari, mais vaut aussi comme prélude à celui de son destinataire, Romain Rolland (1866-1944). Déjà célèbre à l'échelle internationale pour ses prises de position et pamphlets pacifistes, l'écrivain était alors actif à Genève, où il travaillait à l'Agence internationale des prisonniers de guerre. Rolland se trouvait donc en position idéale pour obtenir des renseignements fiables sur le lieu de détention de Meier-Graefe et lui venir en aide. Ce télégramme n'est en réalité que le premier envoi d'une série d'échanges qui couvrent la totalité de la période de captivité du critique, jusqu'à sa libération.

Seulement trois jours après la réception de cette requête, Rolland note dans son journal : « Je fais recommander Meier-Graefe à la Croix-Rouge de Petrograd par télégramme du Dr Ferrière, et j'écris à la fille aînée de Tolstoy[40]. »

Sont ici mentionnés Frédéric Ferrière, médecin suisse et vice-président du Comité international de la Croix-Rouge (où il avait lui-même fondé l'Agence internationale des prisonniers de guerre au cours de l'année 1914), et la fille de Léon Tolstoï, figure tutélaire pour Rolland. Il fit parvenir à Tatiana Soukhotine-Tolstoï une lettre visant à adoucir le sort d'un critique d'art dont la carrière était vouée à l'amitié entre les peuples, avec l'argument suivant : « C'est un large et vivant esprit, qui a beaucoup contribué à défendre et répandre l'art français en Allemagne[41]. »

Remerciant l'écrivain pour son geste confraternel, Anna lui assura alors que son mari avait « toujours défendu [...] les artistes et les littérateurs français[42] », et qu'il comptait parmi ses admirateurs. Elle joignit à ses envois plusieurs coupures de presse dont la première, issue d'un quotidien allemand non identifiable, comporte même un portrait photographique du captif. Si une entrée du *Journal* de Meier-Graefe remontant à mars 1914 rapporte de manière laconique sa lecture enthousiaste des deux tomes de *Jean-Christophe*, roman qu'il estimait intéressant du point de vue de l'« histoire culturelle[43] », il est en revanche difficile d'affirmer sources à l'appui que Rolland appréciait en retour les ouvrages de son confrère, ni même qu'il en connaissait l'existence. C'est, semble-t-il, en se fondant sur son intuition et sa conception d'un monde des esprits appartenant à une sphère plus élevée que celle des conflits politiques qu'il décida de multiplier ses efforts en vue de la libération du critique.

En vain, probablement. Les premières informations reçues par Rolland de la part de Tatiana Soukhotine-Tolstoï remontent au mois de mai 1915 et mentionnent, sans toutefois le nommer, la bienveillance de Chtchoukine envers l'auteur de l'*Entwicklungsgeschichte* : « Viens de recevoir le renseignement suivant : "Meier-Gr. se trouve à Omsk. Sa position n'est pas mauvaise, parce qu'il a trouvé des connaissances qui ne lui refusent pas leur aide et lui fournissent de l'argent. Un de ces derniers jours il lui a été envoyé 300 roubles[44]." » Des informations dont Anna Meier-Graefe avait déjà eu vent par d'autres sources. Il est difficile de retracer avec certitude par quels rouages fut obtenue la libération du critique, et si Rolland y joua un rôle déterminant (Anna apprit à Rolland son échange prochain avec un représentant de la Croix-Rouge russe à la mi-juin 1915[45]). Toujours est-il que, au moment de recouvrer sa liberté, Meier-Graefe prit le temps de remercier Rolland par une lettre, qui est aujourd'hui l'un des plus beaux documents franco-allemands de la Bibliothèque nationale :

> « L'acte généreux tant en me touchant profondément ne m'a pas étonné venant de l'auteur de *Jean-Christophe*. Avec un métier bien plus modeste, j'ai essayé pendant vingt ans de rapprocher les deux peuples qui me semblent

> destinés à se compléter. En lisant vos livres j'ai senti l'envie d'entrer en relation avec vous. Ça s'est fait et si vous voulez je continuerai avec plaisir cette relation doublement précieuse[46]. »

Malgré sa célébration d'une amitié naissante, cette lettre est le dernier envoi du critique conservé dans le fonds Rolland. En retour, Meier-Graefe s'engagea immédiatement en faveur des prisonniers français en Allemagne auprès de la Croix-Rouge, où il poursuivit ses activités pendant la guerre.

Dans ce moment particulièrement délicat de l'histoire des relations franco-allemandes, la bienveillance de Rolland fait figure d'exception. Elle n'étonne d'ailleurs guère : l'auteur d'*Au-dessus de la mêlée* se montrait singulièrement résilient face aux attaques publiques et agissait au sein d'un pays neutre, tentant de préserver coûte que coûte une communauté supranationale des esprits. Ce soutien n'avait finalement été rendu possible que parce que Rolland méconnaissait très probablement les éléments du dossier et avait la conviction qu'un écrivain d'art « passeur » de la trempe d'un Meier-Graefe se situait par définition en dehors de préoccupations géopolitiques et nationales. Le reste de la carrière de Meier-Graefe fut néanmoins marqué par l'hostilité inflexible d'une grande partie de la communauté des intellectuels francophones à son égard, qui rendit sa présence à Paris impensable, au moins jusqu'au début des années 1920. Il se concentra par conséquent sur d'autres projets, à l'instar de la Marées-Gesellschaft, qui ne le contraignait pas à une périlleuse traversée du Rhin.

Rancœurs

> « Ces jours derniers, deux messieurs très importants, très importants de corpulence et de manières, entrent chez un des plus grands marchands de tableaux de Paris – de qui la célèbre collection s'ouvre hospitalièrement aux vrais connaisseurs des Deux Mondes, collection sans doute soigneusement cataloguée par l'auteur des *Trois gains* pour le jour du pillage de Paris.
>
> Ils demandent à voir les salles d'expositions – qui demeurent poliment fermées. Ils insistent, ils ont aussi une lettre d'introduction pour visiter la collection particulière, lettre signée d'un nom qui fera lever toutes les consignes. Intrigué, le chef de la maison se présente. Alors les deux messieurs très importants de manières, de manières allemandes, tirent une lettre sur grand papier, commençant par ces mots :

> MON CHER AMI
> et finissant par ce nom :
> Mayer-Graeffe
> M. X… répondit aussitôt qu'il ne connaissait pas ce signataire, et que sa collection n'était pas visible. Les deux messieurs allemands, devant le ton péremptoirement poli, et beaucoup plus significatif que s'il eût été irrité, ne jugèrent pas à propos d'insister. Il serait inutile de commenter ce petit incident, illustratif de la façon dont ils rentrent ou préparent leur rentrée. Mais puisque nous sommes sur le chapitre des *Trois gains*, il y aura encore d'assez jolis règlements de comptes[47]. »

Signée Arsène Alexandre, cette attaque de 1920 démontre que la campagne anti-allemande de la presse artistique francophone ne s'arrêta pas avec le traité de Versailles conclu l'année précédente, dont l'application entraîna de longs débats. En flattant ici les « vrais connaisseurs des Deux Mondes », Alexandre célébrait la fraternité culturelle quelque peu soudaine entre les nations alliées face à l'insistance éhontée des cambrioleurs allemands qui tentaient de revenir faire leur commerce à Paris. Pourtant, parmi les rares traces archivistiques de reprises de contact entre des personnalités du monde de l'art hexagonal et Meier-Graefe dans les années d'après-guerre, on trouve celles de critiques, collectionneurs et marchands, à l'instar de Théodore Duret (1838-1927). Ayant eu vent du retour du critique à Paris en 1922, celui qui avait posé pour Édouard Manet se déclara prêt, dans une brève lettre amicale, à renouer avec lui des « rapports personnels[48] ». Un propos qu'il dut cependant nuancer, mesurant auprès de ses confrères parisiens l'extrême impopularité du critique :

> « Notre ami [Otto] Aeckermann [*sic*] étant venu me voir, nous avons parlé de vous et nous avons été d'accord pour penser qu'il vaudrait mieux pour vous de ne pas venir en ce moment à Paris. Mais son opinion, sur ce point, a été beaucoup plus *affirmative* que la mienne[49]. »

Si un tel document ne doit pas forcément inciter à considérer Duret – ou le marchand suisse Otto Ackermann ici mentionné – comme un ennemi du critique (Meier-Graefe demeura reconnaissant envers la loyauté germanophile de Duret, auquel il consacrera une nécrologie particulièrement émouvante en 1927[50]), il atteste bien la méfiance dominante du monde artistique parisien. Il fallait néanmoins, pour les galeristes, reprendre les affaires, au sens propre comme au sens figuré, et ne pas se couper des opportunités offertes par le marché d'outre-Rhin. Ambroise Vollard regretta ainsi de ne pas avoir eu l'occasion de croiser Meier-Graefe lors de sa halte parisienne de 1922, et lui écrivit pour s'en excuser et faire recommander son amie Marie Dormoy auprès des collectionneurs allemands[51]. Quant au critique Claude Roger-Marx, il demanda à son confrère de le tenir au courant de ses publications afin qu'il puisse en rendre compte pour le quotidien du soir *Paris*, dont il dirigeait la rubrique artistique[52]. Ces quelques gestes confraternels épars n'empêchèrent pas l'Allemand, installé à Dresde dès 1917, de se sentir abattu par la « morsure tenace des calomnies [l'empêchant] de reprendre pied à Paris ». Il menait dès lors, aux dires de l'un de ses rares défenseurs francophones, « une existence féconde et active, mais dépourvue de joie, [...] dont le ressort était brisé[53] ».

« Rien n'y fait. Ils me haïssent »

Meier-Graefe entreprit son premier voyage parisien d'après-guerre à « l'invitation d'un cercle d'intellectuels[54] » français. Il fut en partie consacré au rassemblement d'œuvres graphiques contemporaines pour l'une des publications internationales de la Marées-Gesellschaft. S'il y fréquenta le critique Waldemar-George (1893-1970), avec qui il se rendit notamment dans l'atelier de Georges Braque[55], il rentra probablement en contact avec l'éditeur Georges Crès (1875-1935) afin d'optimiser le développement européen de sa société, qu'il pilotait entre Dresde, Munich et Berlin avec Reinhard Piper. Ses interactions avec un personnage comme Crès, qui fut actif en Suisse dès 1916 pour le ministère français des Affaires étrangères et les opérations de propagande en pays neutres, ne pouvaient naturellement que susciter les soupçons des Parisiens[56]. La nouvelle de cette collaboration fuita dans un *Figaro* décidément bien informé en mai 1922, avant que le critique d'art et conservateur du Petit Palais Henry Lapauze ne signe un article particulièrement agressif dans sa revue *La Renaissance*, évoquant les insupportables intrusions répétées d'un « indésirable[57] » – terme en accord avec le vocabulaire alors en usage dans la campagne d'expulsions d'Allemands dans l'Alsace reconquise. La une de *L'Homme libre* du 31 mai amplifia la rumeur de cette « infiltration » sournoise par un article lourdement intitulé « Ainsi parlait Meier Graefe. Un agresseur de la France au service de la propagande[58] ? » (ill. 71), dont l'ultime paragraphe s'adressait directement au critique dans sa langue natale :

> « Nous saisissons le gouvernement français de ces virulentes polissonneries d'un Prussien qui jeta bas le masque et à qui nos services de propagande ne doivent pas permettre de le reprendre. Qu'on l'expulse, qu'on le rejette à sa

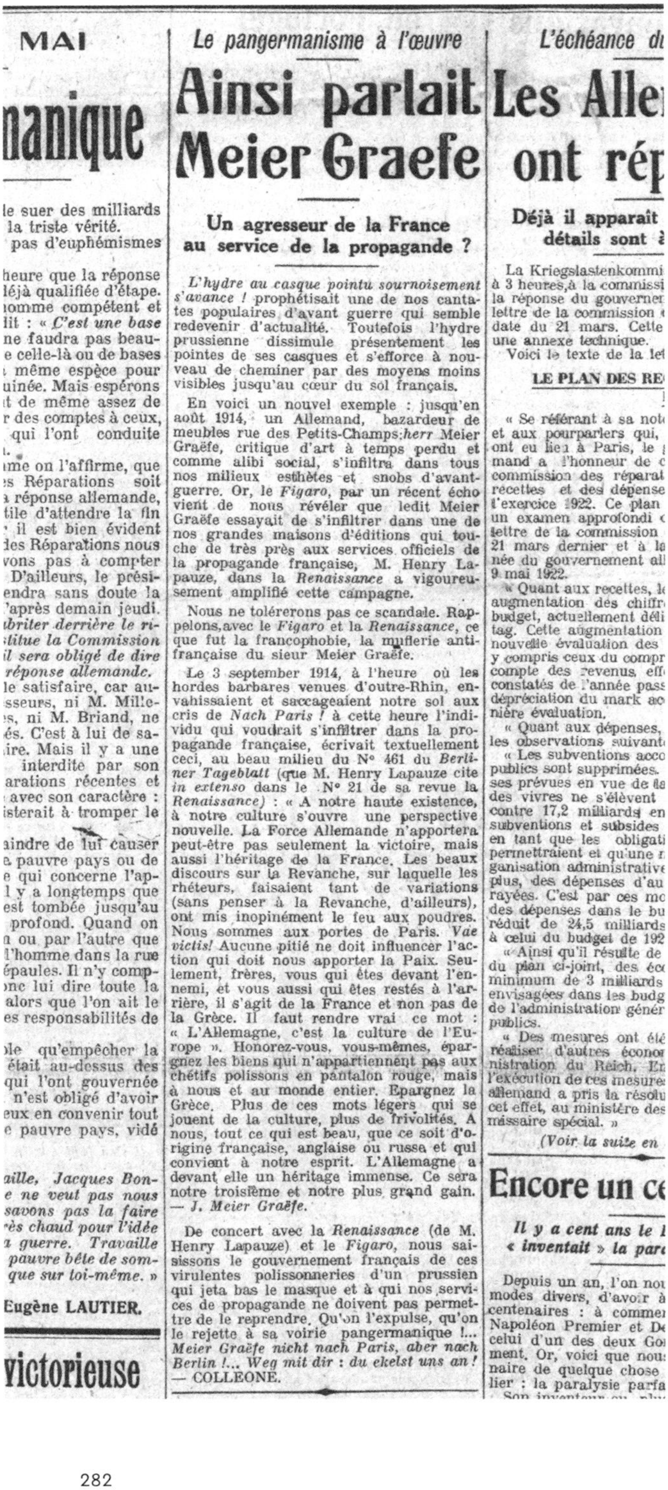

Le pangermanisme à l'œuvre

Ainsi parlait Meier Graefe

Un agresseur de la France au service de la propagande ?

L'hydre au casque pointu sournoisement s'avance ! prophétisait une de nos cantates populaires d'avant guerre qui semble redevenir d'actualité. Toutefois l'hydre prussienne dissimule présentement les pointes de ses casques et s'efforce à nouveau de cheminer par des moyens moins visibles jusqu'au cœur du sol français.

En voici un nouvel exemple : jusqu'en août 1914, un Allemand, bazardeur de meubles rue des Petits-Champs:*herr* Meier Graëfe, critique d'art à temps perdu et comme alibi social, s'infiltra dans tous nos milieux esthètes et snobs d'avant-guerre. Or, le *Figaro*, par un récent écho vient de nous révéler que ledit Meier Graëfe essayait de s'infiltrer dans une de nos grandes maisons d'éditions qui touche de très près aux services officiels de la propagande française, M. Henry Lapauze, dans la *Renaissance* a vigoureusement amplifié cette campagne.

Nous ne tolérerons pas ce scandale. Rappelons, avec le *Figaro* et la *Renaissance*, ce que fut la francophobie, la mufflerie anti-française du sieur Meier Graëfe.

Le 3 september 1914, à l'heure où les hordes barbares venues d'outre-Rhin, envahissaient et saccageaient notre sol aux cris de *Nach Paris !* à cette heure l'individu qui voudrait s'infiltrer dans la propagande française, écrivait textuellement ceci, au beau milieu du N° 461 du *Berliner Tageblatt* (que M. Henry Lapauze cite *in extenso* dans le N° 21 de sa revue la *Renaissance)* : « A notre haute existence, à notre culture s'ouvre une perspective nouvelle. La Force Allemande n'apportera peut-être pas seulement la victoire, mais aussi l'héritage de la France. Les beaux discours sur la Revanche, sur laquelle les rhéteurs, faisaient tant de variations (sans penser à la Revanche, d'ailleurs), ont mis inopinément le feu aux poudres. Nous sommes aux portes de Paris. *Vae victis!* Aucune pitié ne doit influencer l'action qui doit nous apporter la Paix. Seulement, frères, vous qui êtes devant l'ennemi, et vous aussi qui êtes restés à l'arrière, il s'agit de la France et non pas de la Grèce. Il faut rendre vrai ce mot : « L'Allemagne, c'est la culture de l'Europe ». Honorez-vous, vous-mêmes, épargnez les biens qui n'appartiennent pas aux chétifs polissons en pantalon rouge, mais à nous et au monde entier. Epargnez la Grèce. Plus de ces mots légers qui se jouent de la culture, plus de frivolités. A nous, tout ce qui est beau, que ce soit d'origine française, anglaise ou russe et qui convient à notre esprit. L'Allemagne a devant elle un héritage immense. Ce sera notre troisième et notre plus grand gain. — *J. Meier Graëfe.*

De concert avec la *Renaissance* (de M. Henry Lapauze) et le *Figaro*, nous saisissons le gouvernement français de ces virulentes polissonneries d'un prussien qui jeta bas le masque et à qui nos services de propagande ne doivent pas permettre de le reprendre. Qu'on l'expulse, qu'on le rejette à sa voirie pangermanique !... *Meier Graëfe nicht nach Paris, aber nach Berlin !... Weg mit dir : du ekelst uns an !* — COLLEONE.

71 Colleone, « Le pangermanisme à l'œuvre. Ainsi parlait Meier Graefe. Un agresseur de la France au service de la propagande ? », *L'Homme libre*, 31 mai 1922, p. 1 (détail de l'article) voirie pangermanique !... *Meier Gräefe nicht nach Paris, aber nach Berlin!... Weg mit dir: du ekelst uns an!* [Nous ne voulons pas Meier Gräefe à Paris, qu'il retourne à Berlin ! Va-t'en : tu nous dégoûtes !][59] »

Malgré toute l'énergie que Meier-Graefe dépensait à ce moment en vue de retisser les liens entre les cultures européennes, malgré ses essais monographiques sur *Cézanne* et *Degas* respectivement publiés en 1918 et 1920, la presse française s'obstinait à commenter négativement chacun de ses gestes binationaux. Naturellement tue dans ses publications, la détresse de Meier-Graefe affleure clairement dans ses écrits et lettres intimes – plus particulièrement celles envoyées à sa dernière épouse, Annemarie Epstein, lors de ses séjours parisiens des années 1920. De son hôtel du quartier de l'Opéra où il résidait en 1924, il se désola ainsi des nombreuses manifestations de haine qu'il subissait, d'un côté du Rhin comme de l'autre :

> « On m'a dit que j'étais toujours aussi étonnamment détesté à Paris. Ça m'a complètement déprimé. Je n'ai jamais fait de mal à personne, j'ai toujours travaillé et vécu à mon compte, malgré cette haine insensée. Et chez nous, c'est finalement exactement pareil[60]. »

Très symptomatique de cette marginalisation est la pseudo-polémique interne soulevée par la simple éventualité de l'implication du critique dans une importante exposition d'art français organisée à la Sécession viennoise en 1925. Cette manifestation, intitulée « Die führenden Meister der französischen Kunst im Neunzehnten Jahrhundert » et organisée par la Verein der Museumsfreunde de la capitale autrichienne, fut imaginée et mise en place par le peintre et homme de musée Carl Moll (1861-1945), proche ami de Meier-Graefe. Elle permit de rassembler à Vienne de grandes œuvres des collections publiques et privées européennes et bénéficia de prêts particulièrement généreux des musées du Louvre et du Luxembourg. Une lettre de Moll volontairement flatteuse conservée aux Archives des musées nationaux donne clairement la tonalité de l'exposition projetée : « une manifestation de la gloire [et] de la supériorité de la peinture française[61] », de David aux néo-impressionnistes. Dans le climat de détente du milieu des années 1920, il n'est dès lors pas étonnant que l'exposition ait bénéficié des faveurs et du budget du ministère français des Affaires étrangères, où les opérations de propagande culturelle étaient devenues un enjeu central.

À l'heure des préparatifs de son exposition, Moll s'était en conséquence rendu à Paris pour s'assurer la collaboration d'institutions françaises de prestige, dont le Louvre, qui traita du projet pour la première fois dans une réunion du Conservatoire du 18 décembre 1924[62]. Convaincu de pouvoir contribuer à l'entreprise par sa connaissance du monde francophone, Meier-Graefe écrivit à son ami Moll avec un enthousiasme naïf : « Il me semble que je pourrais être d'une grande aide pour toi si j'étais à Paris[63]. » C'est effectivement dans la capitale française que les deux personnages se retrouvèrent fin décembre 1924, sans se douter des conséquences dramatiques de leurs flâneries publiques. Lorsque Moll prit part, quelques jours plus tard, aux ultimes négociations en présence des administrateurs de la Réunion des musées nationaux et des représentants diplomatiques français, les choses ne se déroulèrent pas exactement comme prévu. Pour preuve, cette lettre d'un Meier-Graefe abasourdi, toujours à la jeune Annemarie, du 20 décembre 1924 :

> « Le brave Moll, je ne l'ai absolument pas aidé. Il avait tous les accords et l'administration française dans sa poche pour l'exposition, qui promet d'être splendide. [...] Aujourd'hui avait lieu la dernière réunion officielle à ce sujet. Et, tout d'un coup, le directeur du Louvre lui dit que la chose va être impossible, parce qu'on a entendu que j'étais derrière tout ça. Moll lui a expliqué sans détour que je n'avais rien à voir avec cette exposition et qu'elle aurait eu lieu sans moi (ce que confirment les faits). Cela ne fait rien, on m'a vu avec Moll et cela suffit.
>
> Ces gens sont incroyables. Du temps où je vivais ici, je n'ai jamais rien fait à personne, jamais eu de différends ou trafiqué avec quiconque, j'ai écrit pendant vingt ans sur l'art français et posé les fondements de l'étude de l'art français. Rien n'y fait. Ils me haïssent[64]. »

Si Moll put tout de même mener son projet à bien, bénéficiant du soutien puissant des Affaires étrangères qui voyaient de toute évidence dans ce type d'événement un outil « clé en main » de rayonnement international, Meier-Graefe fut contraint, côté français, de faire profil bas. Il conseilla bien à Moll de s'en remettre à Moreau-Nélaton, le mettant néanmoins en garde sur sa personnalité de « *Deutschenfresser*[65] ». Sa contribution concrète à l'organisation de l'exposition viennoise dut dès lors se limiter à un rôle d'intermédiaire pour les collectionneurs et galeristes allemands qui, à l'image de Cassirer, se montrèrent parfois réticents devant la dimension politique de la manifestation. Il assista par ailleurs Moll dans la rédaction de la préface du catalogue, en l'incitant à brider son éloge du « génie français » – non par rancœur, mais afin de neutraliser à la source les accusations éventuelles de collaboration aux discours de propagande français[66]. C'est cette crainte qui incita les musées berlinois à refuser des envois. Les galeristes s'inquiétaient également, et il fallut toute la force de persuasion de Meier-Graefe pour convaincre Cassirer des bonnes intentions de Moll comme de l'État français. Il était bien difficile pour le critique de défendre l'apolitisme et l'optique européenne de la manifestation, qui n'aurait été possible sans l'implication de Paul Painlevé et l'intervention du ministre des Affaires étrangères, Édouard Herriot.

Malgré l'animosité que lui vouaient les institutions parisiennes, Meier-Graefe fit de l'exposition de Vienne deux recensions critiques particulièrement élogieuses, dans lesquelles transparaissait son goût impérissable pour le XIXe siècle français – plus particulièrement pour Daumier et Delacroix, dont la *Chasse au tigre* du legs Chauchard fut présentée[67]. Sans aucune haine palpable, il tentait à nouveau de tenir la création à distance de la dimension pourtant clairement diplomatique de l'événement. L'accueil critique que la presse française réserva à l'exposition fut quant à lui généralement positif, et célébra le dialogue culturel entre Paris et Vienne, deux grandes capitales d'art et d'esprit. Le correspondant viennois du *Journal des débats*, Marcel Dunan, écrivit : « Depuis une exposition destinée, il y a quelque vingt ans, à faire connaître au public autrichien notre révolution "impressionniste", aucune manifestation française de cette envergure n'avait été tentée dans la capitale danubienne[68]. » Ironie de l'histoire, l'exposition passée à laquelle le chroniqueur se réfère ici est bel et bien « Entwicklung des Impressionismus in Malerei und Plastik », organisée à la Sécession viennoise en 1903 par Meier-Graefe lui-même, qui mettait alors les principales idées de son *Entwicklungsgeschichte* à l'épreuve de la monstration. En l'espace de vingt ans, le passeur franco-allemand, initiateur autoproclamé de la recherche sur l'art français, était devenu l'anti-médiateur culturel par excellence, et mettait par sa seule présence des bâtons dans les rouages des échanges transnationaux.

Réparation(s)

Dans une Europe traumatisée par les lourdes pertes de la Grande Guerre et une Allemagne en pleins troubles révolutionnaires, Meier-Graefe mit un certain temps à apporter des éclaircissements publics en réponse aux « insinuations ridicules et odieuses » dues à la « fausse interprétation d'un article anodin, qu'il avait publié en juillet [*sic*, septembre] 1914 dans le *Berliner Tageblatt*[69] » – ces propos sont ceux du critique belge converti au rollandisme Paul Colin, qui avait rendu visite à Meier-Graefe à Dresde en 1920. S'il fit le choix d'attendre aussi tard que 1922 pour œuvrer à sa réhabilitation, c'est pour la simple raison qu'il s'était laissé convaincre qu'un *mea culpa* trop immédiat, coïncidant avec la capitulation de l'Empire, aurait fait très mauvais effet. « Si nous rédigeons en préalable un "*Pater peccavi*", nous allons passer pour des défaitistes et nous faire cracher dessus[70] », lui écrivait un Richard Dehmel inquiet en octobre 1918. À l'issue du conflit, du côté des vaincus, les deux amis se concentrèrent davantage sur leur projet d'« Appel pour une nouvelle Allemagne[71] », rapidement abandonné, dont la ferveur projective semblait mieux adaptée à l'esprit de renouveau de l'immédiat après-guerre.

Le retour de Meier-Graefe à Paris en mai 1922, qui mettait un terme à presque dix ans d'absence française, lui servit de prétexte pour publier un long feuilleton dans la *Neue Rundschau* intitulé « Reparation » – d'abord « Revision », selon le tapuscrit conservé aux archives de Marbach (ill. 72). Ce titre se référait explicitement aux débats animés sur les réparations de guerre à infliger à l'Allemagne, dont les divers rebondissements occupaient alors les « unes » de toutes les gazettes mondiales, mais aussi, sur un plan plus personnel, à une entreprise périlleuse d'autoréhabilitation. Bien que ce texte ait été publié dans la prestigieuse revue de Samuel Fischer, il semble parfois s'adresser directement au lectorat français et laisse transparaître l'espoir d'une traduction rapide. En France, l'article fut brièvement cité dans certains bulletins de presse, sans pouvoir contribuer à l'amélioration de la réputation du critique (en revanche, il parut vite en anglais[72]). Liant les débats économiques, politiques et diplomatiques à des questions culturelles, « Reparation » est avant tout un texte où l'auteur réaffirme son amour inaltérable pour la France et la ville de Paris, qui lui avait « offert les moments les plus heureux de [son] existence[73] ». Paris, seule capitale capable d'éveiller les sens à l'art et à la beauté, centre névralgique du pays du camembert et de la chartreuse – victuailles enfin retrouvées que le critique célèbre avec une passion enfantine et une pointe d'humour.

L'un des objectifs de Meier-Graefe était de mettre un terme définitif à la rumeur de son prétendu bellicisme : ce texte lui donnait l'occasion de rappeler son aversion fondamentale de toute violence, du militarisme et de la guerre – une pratique qu'il estime contraire à l'idée même de culture. Il s'efforce ensuite de replacer les « Drei Gewinne », qui lui faisaient tant de tort, dans l'atmosphère spécifique de l'été 1914 : celle du fantasme partagé par bon nombre de ses confrères de l'unité possible d'un peuple par l'uniforme, puis rapidement contrebalancé par la prise de conscience désenchantée des horreurs de la guerre, des effroyables exactions commises par tous les belligérants et des désastreuses pertes patrimoniales. Citant son propre texte – auquel il semble, huit années après, ne plus accorder qu'un mince crédit –, Meier-Graefe observe, à froid, tout ce que ses écrits de l'époque avaient de naïf et d'intenable :

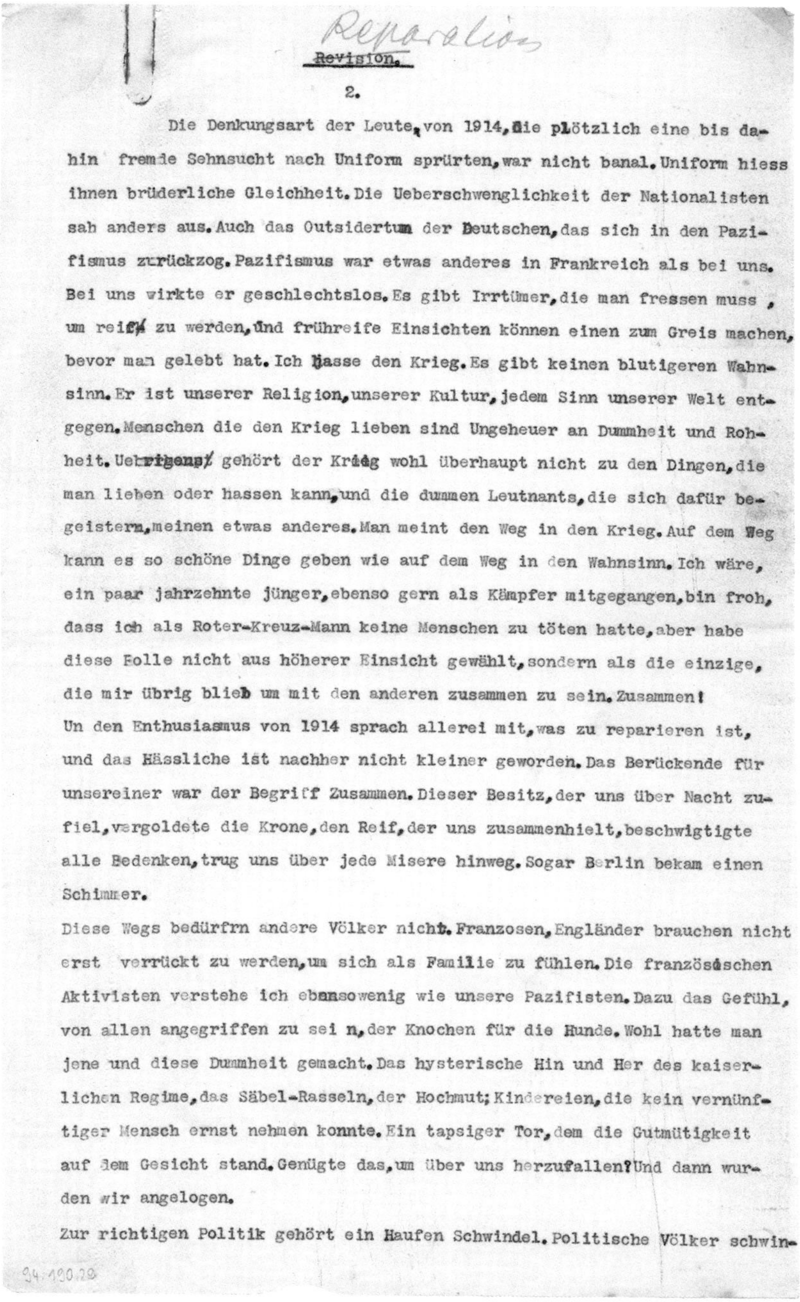

Reparation
~~Revision.~~

2.

Die Denkungsart der Leute, von 1914, die plötzlich eine bis dahin fremde Sehnsucht nach Uniform sprürten, war nicht banal. Uniform hiess ihnen brüderliche Gleichheit. Die Ueberschwenglichkeit der Nationalisten sah anders aus. Auch das Outsidertum der Deutschen, das sich in den Pazifismus zurückzog. Pazifismus war etwas anderes in Frankreich als bei uns. Bei uns wirkte er geschlechtslos. Es gibt Irrtümer, die man fressen muss, um reif zu werden, und frühreife Einsichten können einen zum Greis machen, bevor man gelebt hat. Ich hasse den Krieg. Es gibt keinen blutigeren Wahnsinn. Er ist unserer Religion, unserer Kultur, jedem Sinn unserer Welt entgegen. Menschen die den Krieg lieben sind Ungeheuer an Dummheit und Rohheit. Uebrigens gehört der Krieg wohl überhaupt nicht zu den Dingen, die man lieben oder hassen kann, und die dummen Leutnants, die sich dafür begeistern, meinen etwas anderes. Man meint den Weg in den Krieg. Auf dem Weg kann es so schöne Dinge geben wie auf dem Weg in den Wahnsinn. Ich wäre, ein paar jahrzehnte jünger, ebenso gern als Kämpfer mitgegangen, bin froh, dass ich als Roter-Kreuz-Mann keine Menschen zu töten hatte, aber habe diese Rolle nicht aus höherer Einsicht gewählt, sondern als die einzige, die mir übrig blieb um mit den anderen zusammen zu sein. Zusammen!
Un den Enthusiasmus von 1914 sprach allerei mit, was zu reparieren ist, und das Hässliche ist nachher nicht kleiner geworden. Das Berückende für unsereiner war der Begriff Zusammen. Dieser Besitz, der uns über Nacht zufiel, vergoldete die Krone, den Reif, der uns zusammenhielt, beschwigtigte alle Bedenken, trug uns über jede Misere hinweg. Sogar Berlin bekam einen Schimmer.
Diese Wegs bedürfrn andere Völker nicht. Franzosen, Engländer brauchen nicht erst verrückt zu werden, um sich als Familie zu fühlen. Die französischen Aktivisten verstehe ich ebensowenig wie unsere Pazifisten. Dazu das Gefühl, von allen angegriffen zu sei n, der Knochen für die Hunde. Wohl hatte man jene und diese Dummheit gemacht. Das hysterische Hin und Her des kaiserlichen Regime, das Säbel-Rasseln, der Hochmut; Kindereien, die kein vernünftiger Mensch ernst nehmen konnte. Ein tapsiger Tor, dem die Gutmütigkeit auf dem Gesicht stand. Genügte das, um über uns herzufallen? Und dann wurden wir angelogen.
Zur richtigen Politik gehört ein Haufen Schwindel. Politische Völker schwin-

94.190.29

72 Julius Meier-Graefe, tapuscrit de l'article « Reparation », publié dans *Neue Rundschau*, vol. 33, nº 9, 1922, p. 865-887, Marbach, Deutsches Literaturarchiv, succession Julius Meier-Graefe, 94.190.29

« *Ja, man hat damals allerlei geschrieben* » [oui, on écrivait tout et n'importe quoi à l'époque], répète-t-il comme un *leitmotiv* coupable. Il lève finalement le voile sur la signification véritable des « trois gains » identifiés au moment du conflit naissant : d'une part, le passage à l'*action* et l'expérience vitaliste de la guerre ; de l'autre, la conviction que le « faire ensemble » de la soldatesque pourrait unir un peuple fragmenté ; enfin, la conviction que l'Allemagne allait bientôt être en mesure d'assumer l'héritage culturel européen. C'était la dimension purement symbolique de son texte que le critique tentait alors de mettre en valeur, le tenant à distance du pangermanisme vulgaire dans lequel essayaient de l'enfermer ses détracteurs. D'un même geste, il insiste en revanche sur son net rejet du pacifisme en tant que doctrine, affirmant que les amis français auprès desquels il se retrouvait attablé lors de son retour à Paris en 1922 s'étaient montrés compréhensifs et respectueux de son engagement patriotique. « Les pacifistes sont [...] comme les cubistes dans l'art, compare malicieusement Meier-Graefe : ils ont fait banqueroute depuis longtemps déjà[74]. »

C'est cependant bien la question débattue à l'échelle mondiale des réparations de guerre qui est au cœur du propos de l'article, un problème de « physique théorique » qu'il avoue d'ailleurs ne pas être capable de saisir entièrement, commentant drolatiquement sa détresse intellectuelle : « Je me suis efforcé d'essayer de comprendre au moins les grandes lignes de la question [des réparations de guerre], mais il en va pour moi comme des théories d'Einstein. Le problème commence précisément là où l'on n'est plus capable de comprendre[75]. »

La position défendue par Meier-Graefe sur le débat des réparations était celle d'un scepticisme inquiet, difficilement recevable par une opinion publique française résolue à mettre à genoux la nation allemande ; une position qui pourrait être grossièrement rapprochée de celle de John Maynard Keynes, qui publiait en 1919 *The Economic Consequences of the Peace*, célèbre et polémique traité dont il avait tiré la matière de son rôle concret dans la politique économique de la Grande-Bretagne. Après son échappée parisienne de mai 1922, Meier-Graefe s'était d'ailleurs significativement rendu à Londres où, bien qu'il ne pût à son grand regret rencontrer en personne l'économiste, amateur d'art et membre du groupe de Bloomsbury, il fut agréablement surpris d'apprendre que celui-ci possédait dans sa collection des dessins de Degas. Tout comme Keynes (mais sans pouvoir rivaliser avec l'ampleur de son expertise) qui parlait de « paix carthaginoise », Meier-Graefe s'inquiétait des conséquences potentiellement dramatiques de l'asservissement économique de l'Allemagne souhaité par une partie des Alliés et certains hommes de pouvoir français – notamment Raymond Poincaré, dont l'action politique est ici condamnée avec virulence. Sa pique la plus directe à l'encontre du ministre des Affaires étrangères – « Il faut en finir avec la maladie Poincaré[76] » – fut logiquement l'un des rares passages de son article à se frayer un chemin dans la presse conservatrice française[77]. Pour Meier-Graefe, ni l'usage de la force (qui allait très vite conduire à l'occupation militaire de la Ruhr et exacerber toutes les rancœurs), ni l'absurdité des 132 millions de marks-or réclamés à l'Allemagne par la commission interalliée n'allaient dans le sens de la réparation d'une Europe laminée.

Dans ce contexte, il n'est pas étonnant que Meier-Graefe ait accueilli avec stupéfaction la proposition, émanant de certaines élites françaises, de saisir purement et simplement des objets d'art à titre de compensations financières et symboliques. Si la Belgique avait pu obtenir, par l'article 247 du traité de Versailles, la remise des panneaux du retable de *L'Agneau mystique* de Van Eyck (pourtant acquis légalement par la Prusse au XIXe siècle), la France fut quant à elle laissée pour compte. Certains organes de la presse artistique menèrent ainsi campagne pour la confiscation immédiate des œuvres françaises se trouvant en territoire germanique, qu'elles fussent ou non le fruit d'acquisitions légales. Une conférence donnée par Meier-Graefe à l'Académie des beaux-arts de Dresde en avril 1919, et intitulée « Gegen die Kunstansprüche der Entente[78] ! », fut entièrement consacrée à cette option jugée scandaleuse. Sur un ton extrêmement sec, l'auteur cherchait à défendre la légitimité des possessions allemandes de biens artistiques étrangers, particulièrement celles obtenues par sa propre action et celle de ses confrères durant l'ère wilhelmienne, qu'il qualifiait d'« acquisitions spirituelles » :

> « L'impressionnisme français a aidé à la victoire universelle de l'Allemagne. Quand les tableaux de Manet, Renoir, Cézanne étaient encore moqués à Paris, ils se trouvaient déjà sur les cimaises des collections privées et publiques d'Allemagne. Chez nous aussi, ils furent l'objet de combats virulents. Contre l'hégémonie du régime, face au rejet de l'empereur, la liberté nouvelle des représentations des maîtres impressionnistes a été introduite chez nous. Leur esprit a pénétré les ateliers, a inspiré nos poètes, cet esprit est devenu allemand : il y a simultanément perdu et gagné[79]. »

De manière surprenante, Meier-Graefe brandit alors la trajectoire européenne de Hans von Marées comme un instrument justifiant le droit inaliénable de l'Allemagne à sa part de beauté universelle : « Marées a été le dernier grand voyageur romain. Sa synthèse du Nord et du Sud, sa persévérance unique, son dévouement et son génie légitiment à eux seuls notre droit à nos Raphaël et à nos Titien[80]. » Ces propos coïncident avec le lancement d'un des grands projets du Meier-Graefe d'après-guerre, celui d'une réparation historiographique, c'est-à-dire d'une réécriture de l'ensemble de l'histoire de l'art allemand, qu'il poursuivra pendant une décennie à travers ses longues études sur la « Contribution de l'Allemagne à l'art européen ».

Dans sa crainte d'un monde dévoré par le matérialisme et le militarisme, Meier-Graefe jugeait que les débats économiques et financiers, qui ne pouvaient que précariser la situation de la jeune République de Weimar au sein de l'Europe, détournaient les regards de la seule question véritable : la (re)formation d'une communauté des esprits et la fécondation artistique et intellectuelle mutuelle des nations voisines. Il posait ainsi autrement le problème des *Kriegsschulden*. La question n'était pas comment réparer, ni dans quels délais ou dans quelles proportions, mais : que fallait-il, au juste, réparer ?

* * *

Les diffamations dont le critique fit l'objet en France comme en Allemagne semblent résulter du mélange ambigu de cosmopolitisme et de patriotisme qui caractérisait sa pensée et ses actes. Sa célébration de l'art français perdait toute crédibilité et devenait, en des temps troublés, un insupportable projet d'annexion culturelle. L'épisode de la Grande Guerre est également une clé essentielle pour comprendre la non-réception française de Meier-Graefe. S'il fut si peu traduit et ignoré dans le pays qu'il admirait, c'est pour une multiplicité de facteurs parmi lesquels les « Trois gains » jouent un rôle cardinal. Jusqu'aux dernières années de sa vie, il fut perpétuellement renvoyé à ses propos de guerre, et ne bénéficia que d'une timide défense de la part de ses rares amis français. En 1932, et malgré sa bienveillance, l'éditeur de la revue *Formes*, Waldemar-George, ne put ainsi parvenir à faire publier ses textes dans la *Gazette des beaux-arts*, car l'homme qui y était aux commandes, Georges Wildenstein, gardait en mémoire ses textes de 1914[81]. Une longue lettre de Meier-Graefe à Waldemar-George constitue l'ultime tentative de justification d'un homme visiblement fatigué de subir les conséquences d'un faux-pas. Désabusé, il accompagnait néanmoins son analyse d'une interprétation alternative du mépris dont il faisait l'objet en France :

> « Excusez, cher ami, cette longue tartine. Il serait même possible que je vous ai[e] déjà dit tout cela. Alors encore une fois pardon. Je ne demande pas mieux que de m'expliquer ouvertement et publiquement si l'occasion

> se présente. À vous dire franchement je crois que les représentants plus ou moins officiels de l'art à Paris se retranchent derrière cette vieille histoire parce que mes idées de critique d'art les ennuient. Mais ceci est une supposition[82]. »

Étant donné l'absence de clarification publique cohérente de la part du principal intéressé, il n'est finalement pas surprenant que l'ensemble des rumeurs autour de Meier-Graefe aient survécu non seulement à la Première, mais à la Seconde Guerre mondiale. En 1951, lors de l'inauguration de la grande exposition de tableaux impressionnistes et romantiques français dans les collections allemandes organisée au musée de l'Orangerie, le co-commissaire de l'événement et conservateur du Louvre Germain Bazin rendit à Meier-Graefe et à ses alliés un hommage en demi-teinte :

> « Cette profession de foi européenne fait la grande valeur de l'action entreprise par les conservateurs, critiques et collectionneurs allemands ; elle n'est pas inconciliable avec une position de nationalisme germanique, comme l'indique l'attitude de Meier Graefe. Dès 1912 [*sic*, 1902], celui-ci écrivait un livre sur *Manet et son école*, que suivaient, en 1903, *L'Impressionnisme moderne*, en 1904, *Le Développement de l'art moderne* et, en 1907, *Les Impressionnistes* ; il était, dans les premières années du siècle, une figure populaire fêtée par les artistes à Montmartre et à Montparnasse ; cependant, il n'hésitait pas, en 1914, à signer le fameux "Manifeste des 93 intellectuels", déclaration de guerre du *Kulturkampf* à la culture française[83]. »

Bazin perpétuait ici une légende. Meier-Graefe, rappelons-le, ne signa pas le très maladroit « Appel des intellectuels allemands aux nations civilisées ». Malgré le rôle prépondérant qu'il avait joué dans l'inflexion gallophile du goût allemand et le transit des œuvres exposées à l'Orangerie en 1951, il semblait à bien des égards délicat d'ériger Meier-Graefe en figure fédératrice des transferts culturels franco-allemands – rôle pour lequel il fut bien plus tard célébré.

CHAPITRE VIII

·RÉIMAGINER· ·L'EUROPE·

« S'IL FAUT DANS LA PAIX PRÉPARER LA GUERRE, COMME DIT LA SAGESSE DES NATIONS, IL FAUT AUSSI DANS LA GUERRE PRÉPARER LA PAIX[1]. »

Romain Rolland

L'histoire de l'Allemagne contemporaine s'écrit, lit-on parfois, à travers ses 9 novembre. Lorsque ce jour arriva au calendrier en 1918, Meier-Graefe fut le témoin simultané de deux événements importants. La mort politique de Guillaume II d'abord, dont le prince Maximilien de Bade annonça l'abdication à la mi-journée ; et, à peine quelques heures plus tard, la naissance de son fils, Tyll (1918-1943 ?, ill. 73). « Mon petit n'a pas pu se retenir quand le Kaiser a décampé[2] », s'amusa le critique dans un mot adressé à l'écrivain Richard Dehmel, célébrant par son inaltérable *Witz* la synchronie des deux événements. Traitant succinctement des joies de la paternité, cette même lettre évoque également pêle-mêle un autre accouchement, celui d'une *Republik*, les troubles révolutionnaires qui en tourmentaient les premières journées d'existence, et l'espoir d'une politique culturelle à venir en rupture complète avec celle de l'ancienne Allemagne. À la suite de la

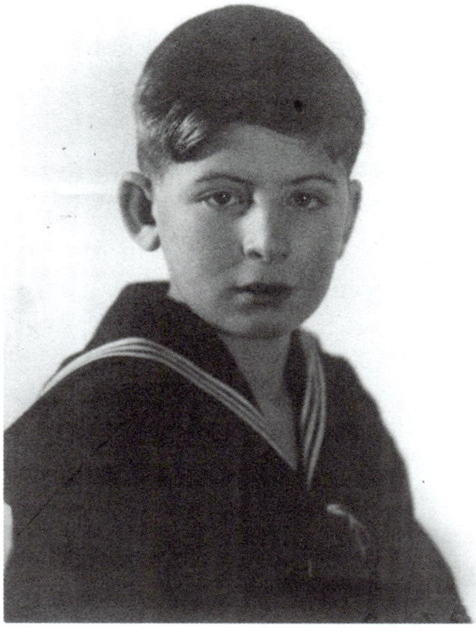

73 Tyll Meier-Graefe, vers 1930, photographie, Marbach, Deutsches Literaturarchiv, succession Julius Meier-Graefe, B 2007.0010

longue et délicate procédure de divorce l'ayant séparé d'Anna Baurath en 1917, dont le récit occupe de nombreuses pages de la partie demeurée inédite de son *Journal*, Meier-Graefe s'était installé dans la ville de Dresde avec sa nouvelle compagne, Helene « Wicki » Lienhardt (1886-1957). Cette période est à bien des égards un moment charnière dans le parcours du critique, celui de toutes les complications affectives, intellectuelles et financières. « Je m'arrange une nouvelle vie, j'espère que ça va marcher[3] », confessait-il peu avant à Piper : l'auteur et son éditeur fidèle travaillaient alors déjà ensemble d'arrache-pied au développement de la Marées-Gesellschaft, étonnant « musée de papier » dont ce chapitre analysera la création, l'essor et les objectifs.

Cette société outrepassa rapidement la mission initiale de défense et de promotion de l'artiste à laquelle elle devait son nom. En la baptisant ainsi, le critique faisait du peintre des *Hespérides* un symbole, l'outil d'une nécessaire réconciliation nationale et européenne. La question centrale de l'éducation par le monde des formes, héritée de l'idéalisme du XVIIIe siècle et omniprésente dans les écrits et la pensée de Meier-Graefe, redoublait d'importance en 1918, au moment précis où il fallait réhabiliter l'Allemagne dans tous les domaines. Sans se limiter au seul champ théorique, ses lettres à Dehmel abordent ces problèmes de manière extrêmement pragmatique. « Nous devons agir sur les écoles, et nommer des ministres de la Culture qui ne soient pas de simples fonctionnaires, mais des créateurs[4] », écrivait-il au poète, mais il fallait surtout décrasser l'Allemagne des scories de l'ancien régime : « Ma foi, cher ami, comparé à cette besogne, le nettoyage des écuries d'Augias n'est rien[5]. »

C'est justement cette tâche herculéenne que s'imposa la Marées-Gesellschaft. Il fallait réalimenter les fleuves culturels européens asséchés et en réorienter les cours, afin d'irriguer le peuple de la beauté d'un patrimoine dont il s'était déconnecté. L'activité principale de la société fut donc la création et la diffusion de recueils de reproductions d'œuvres d'art, pour les rendre plus accessibles au peuple. Entendant extirper des ténèbres de la guerre « l'existence de l'art comme valeur[6] », elle publia entre 1917 et 1929 quarante-sept luxueux portfolios, regroupant chacun des fac-similés d'après des dessins, aquarelles et pastels d'art ancien, parallèlement à des estampes de créateurs contemporains (ill. 74). Dans son riche et surprenant catalogue, les copies d'aquarelles de Dürer et de Cézanne voisinent avec des dessins et gravures de Fragonard, Rembrandt, Rubens, Marées, Slevogt, Corinth, Beckmann – et bien d'autres encore. Si la *Kunstreproduktion* était bel et bien son activité première, la « M-G » fut en outre flanquée, dès 1919, d'une revue annuelle internationale et pluridisciplinaire intitulée *Ganymed* (ill. 75), en référence à l'œuvre ultime de Marées où Zeus enlève le plus beau des mortels et l'emporte vers les cieux.

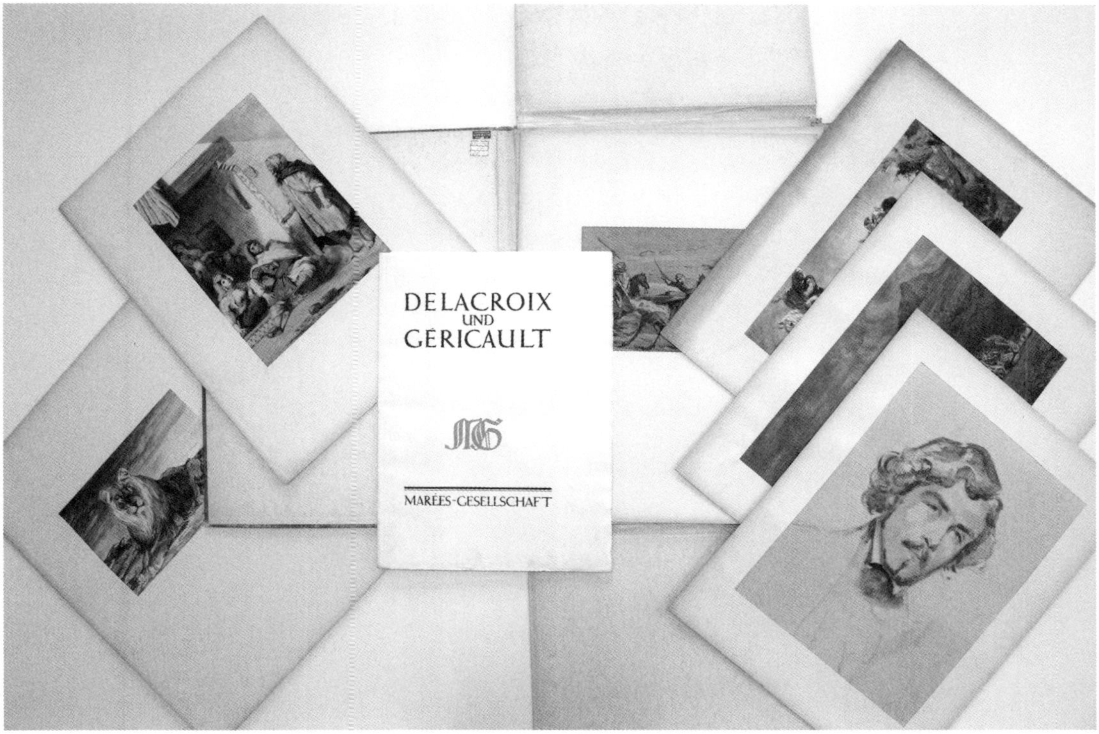

74 *Delacroix und Géricault. Faksimiles nach Werken der beiden Meister. Mit einer Einleitung von Julius Meier-Graefe*, Munich, R. Piper & Co., 1919, 3e série, 14e publication de la Marées-Gesellschaft

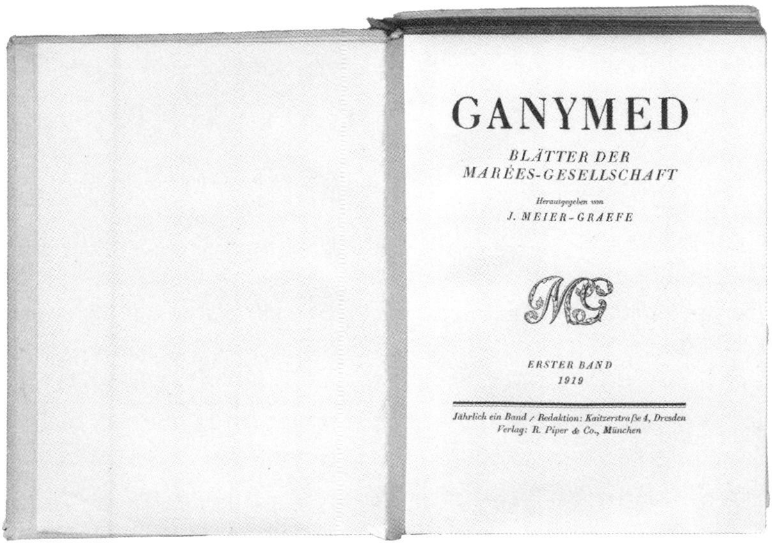

75 Julius Meier-Graefe (éd.), *Ganymed. Blätter der Marées-Gesellschaft*, vol. 1, Munich, R. Piper & Co., 1919

Il n'est pas facile de recomposer l'histoire de la Marées-Gesellschaft. Ses nombreuses publications demeurent certes accessibles et se révèlent, par leur extraordinaire raffinement, d'agréables objets d'étude ayant entre-temps trouvé leur chemin vers les grandes bibliothèques mondiales, les musées et les salles de ventes. En revanche, le fonctionnement de cette entreprise « sans statuts ni membres[7] » ne peut être mis au clair que par un recoupement complexe de correspondances éparses avec ses clients et ses acteurs – corpus au sein duquel les lettres entre le critique et Piper occupent une place centrale. Une fois rassemblés, ces documents constituent un saisissant chapitre de l'histoire de la reproduction d'œuvres d'art au premier XXe siècle.

Pan réinsufflé

La Marées-Gesellschaft permettait à Meier-Graefe de poursuivre, en contexte de guerre, son action au service de l'art. « Je suis parti au front pour sauver quelques âmes », affirma-t-il en 1916 à Franz Werfel pour lui faire part de son projet. « J'y suis parvenu. Il doit bien exister un moyen d'y parvenir de l'extérieur du conflit[8]. » Une occupation délicate à bien des égards : les circuits de communication entre les pays étaient coupés et, hormis pour les manifestations organisées en pays neutres dans le cadre strict d'une propagande d'État, les lignes de front figeaient inéluctablement les personnes, les idées et les œuvres dans d'étroites tranchées culturelles. C'est justement à cette période, soit près de deux ans avant la victoire des Alliés, que Meier-Graefe et Piper décidèrent de concrétiser un projet entièrement dédié à la jouissance esthétique, en germe depuis plusieurs années déjà.

MG/M-G

De l'aveu de ses propres initiateurs, les origines de la Marées-Gesellschaft remontent à la période d'avant-guerre où Meier-Graefe, profitant de l'inertie de ses travaux sur Marées, avait cherché par tous les moyens à fédérer une communauté autour de son héros. Après l'abandon d'un projet de musée entièrement dévoué à un artiste méprisé, il s'appliqua à rassembler des mécènes afin de permettre l'acquisition des œuvres disponibles sur le marché. Malgré ses efforts et à son grand désespoir, cette seconde entreprise se solda, elle aussi, par un échec. À un moment de l'histoire de l'Allemagne où surgissaient de nombreuses sociétés dédiées aux génies nationaux, à l'instar de la

Schopenhauer-Gesellschaft, il fallait veiller à intégrer les arts visuels à ce panthéon associatif d'un nouveau genre, plus naturellement enclin à célébrer les figures tutélaires de la science, de la littérature et de la philosophie que les peintres. Si ces structures recevaient souvent le soutien d'une bourgeoisie conservatrice cherchant à perpétuer la mémoire glorifiée des représentants de la *Deutschtum*, les plans de Meier-Graefe étaient sensiblement différents. Tout comme jadis la revue *Pan* – du moins telle que le jeune critique avait essayé de la développer avant d'en être brutalement écarté –, la Marées-Gesellschaft fut pensée dès l'origine comme une structure résolument contemporaine visant à intensifier les dialogues culturels transnationaux.

L'analogie avec le luxueux périodique *Pan* revient d'ailleurs régulièrement sous la plume de Meier-Graefe autour de 1918. La Marées-Gesellschaft devait perpétuer l'esprit de « *Pan* [dans un] registre supérieur[9] », reformuler son idée sur de « meilleures bases[10] », le critique restant convaincu que les principes paneuropéens qu'il défendait déjà avec enthousiasme à la fin du XIXe siècle n'avaient rien perdu de leur pertinence. Meier-Graefe et Piper étaient en revanche persuadés que le mode de fonctionnement de leur propre association devait rendre structurellement impossibles les querelles qui avaient animé *Pan*. En refusant de créer un conseil d'administration pour leur propre organisation, les deux collaborateurs limitaient les risques de frictions politico-esthétiques, s'épargnant d'un même geste quelques lourdeurs bureaucratiques. Mais la charge de travail qui reposa sur leurs épaules fut colossale : c'était le prix à payer pour une indépendance absolue et la liberté totale de leurs choix éditoriaux.

La première note d'intention établissant les missions et les principes fondamentaux de la Marées-Gesellschaft aurait été établie au cours de l'année 1914, avant que la déclaration de guerre et la fermeture des frontières ne viennent en freiner l'élan. Cette ébauche de projet, telle que Piper la décrivit dans ses souvenirs, incluait tout d'abord la publication d'un périodique annuel destiné à être accompagné, dans un second temps, de recueils de reproductions – l'ordre des priorités sera inversé dès le lancement de l'entreprise en 1917[11]. Sans doute, les mémoires de Piper surévaluent quelque peu son propre rôle dans la genèse de la « M-G ». Chaque objet qui en est issu trahit l'esprit de Meier-Graefe, dont les initiales du patronyme font écho à celles de la société. « Quel beau et troublant hasard que le logo de la Marées-Gesellschaft reprenne les initiales de ton nom[12] », écrira Bodenhausen – mais l'apparente naïveté de la remarque peine à masquer l'ironie de l'auteur envers la tendance de Meier-Graefe à la mégalomanie.

Fort de sa sémillante carrière d'éditeur, Piper n'en demeurait pas moins le maître d'œuvre idoine d'un projet qui nécessitait une coordination logistique complexe. Plus pragmatique que Meier-Graefe, lui seul pouvait tempérer ses ardeurs et lui offrir un cadre de travail idéal, permettant à leurs aptitudes et réseaux respectifs de se compléter. Les directions cardinales de la Marées-Gesellschaft furent quant à elles indiquées par le critique, qui agissait comme un chef d'orchestre veillant à l'harmonie parfaite de son ensemble. Ces activités simultanées lui firent ainsi écrire à Hofmannsthal, au début de l'année 1920 : « Je passe ma vie actuelle d'écrivain dans un combat permanent contre les éditeurs, imprimeurs et rédacteurs, que j'essaie de condenser en une seule et même personne[13]. » Sur tous les fronts, en recherche constante d'idées, de nouveaux collaborateurs, de papier et d'argent, Meier-Graefe vivait comme à son habitude son projet professionnel comme une lutte existentielle.

Prospections

Le lancement d'une entreprise de production de fac-similés et multiples de haute qualité requit une collecte importante de fonds, supposée couvrir l'usage de moyens techniques de pointe. Le binôme Piper/Meier-Graefe, avec son expérience passée dans l'élaboration de la coûteuse monographie

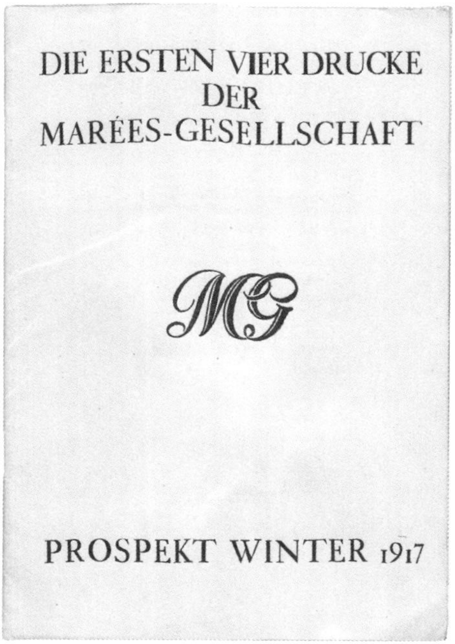

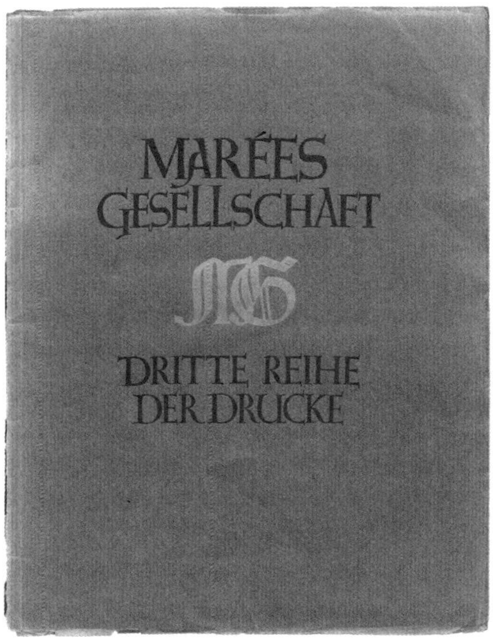

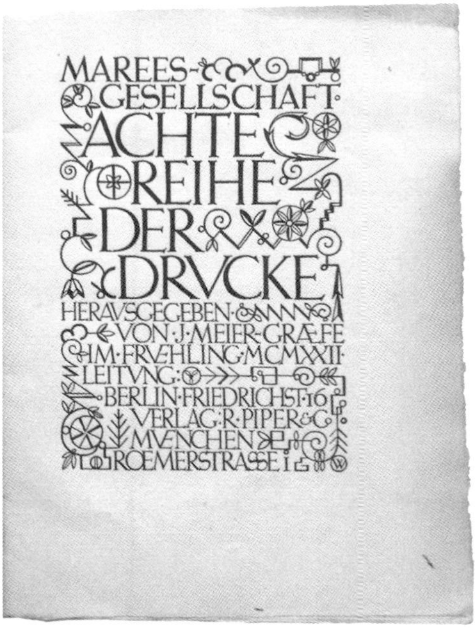

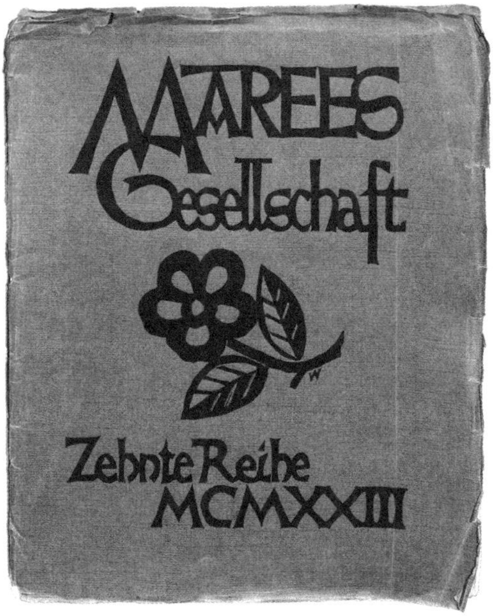

76 Prospectus publicitaires de la Marées-Gesellschaft, 1917-1925, conception graphique par Emil Rudolf Weiß (couvertures ou pages de titre de la première, troisième, huitième, dixième et onzième série)

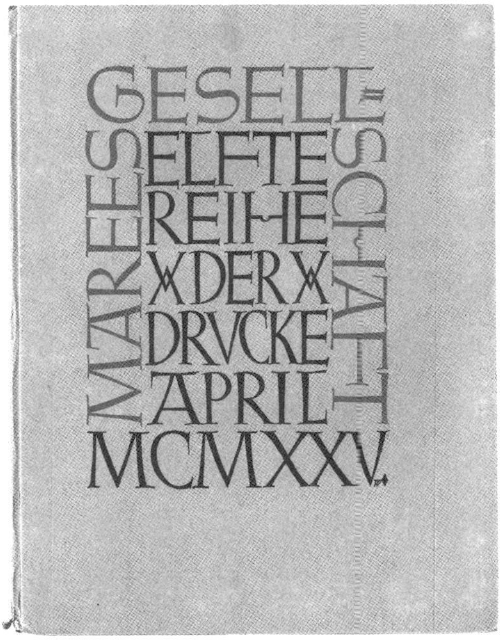

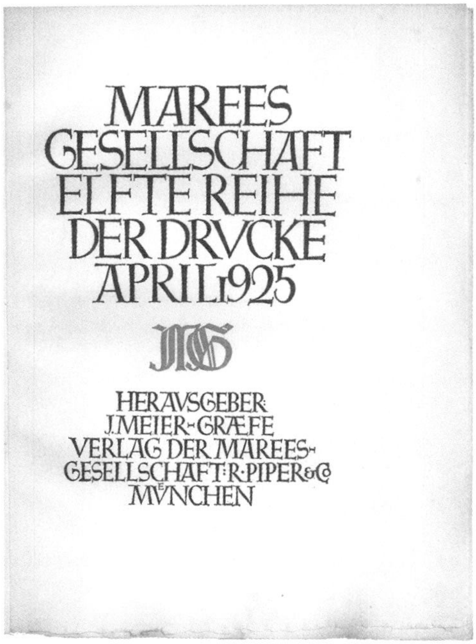

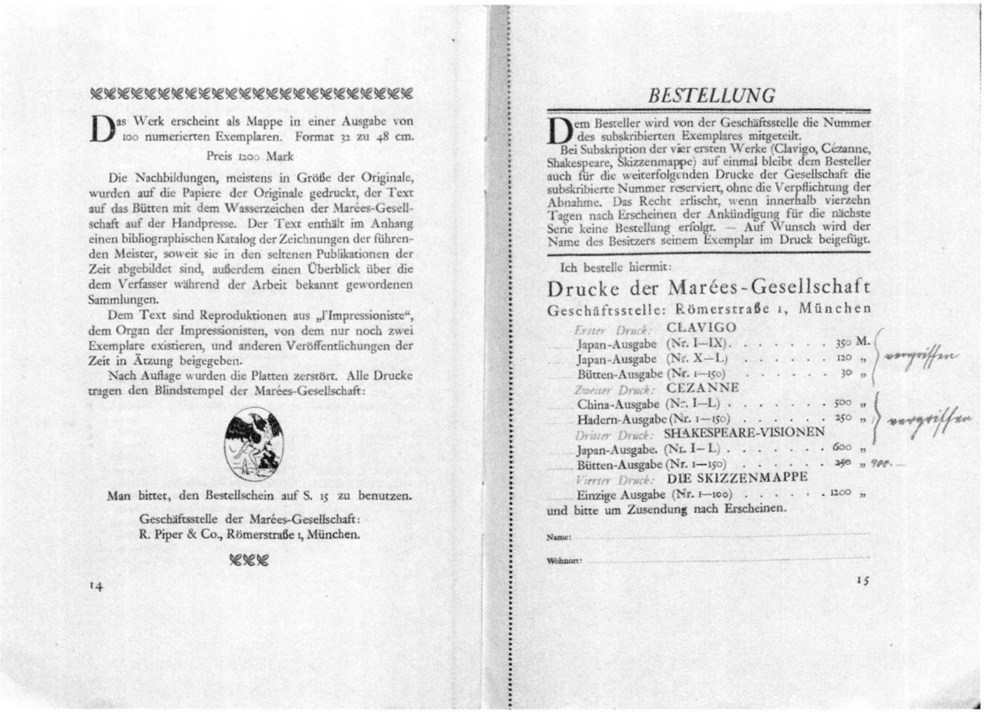

Das Werk erscheint als Mappe in einer Ausgabe von 100 numerierten Exemplaren. Format 32 zu 48 cm.

Preis 1200 Mark

Die Nachbildungen, meistens in Größe der Originale, wurden auf die Papiere der Originale gedruckt, der Text auf das Bütten mit dem Wasserzeichen der Marées-Gesellschaft auf der Handpresse. Der Text enthält im Anhang einen bibliographischen Katalog der Zeichnungen der führenden Meister, soweit sie in den seltenen Publikationen der Zeit abgebildet sind, außerdem einen Überblick über die dem Verfasser während der Arbeit bekannt gewordenen Sammlungen.

Dem Text sind Reproduktionen aus „l'Impressioniste", dem Organ der Impressionisten, von dem nur noch zwei Exemplare existieren, und anderen Veröffentlichungen der Zeit in Ätzung beigegeben.

Nach Auflage wurden die Platten zerstört. Alle Drucke tragen den Blindstempel der Marées-Gesellschaft:

Man bittet, den Bestellschein auf S. 15 zu benutzen.

Geschäftsstelle der Marées-Gesellschaft:
R. Piper & Co., Römerstraße 1, München.

14

BESTELLUNG

Dem Besteller wird von der Geschäftsstelle die Nummer des subskribierten Exemplares mitgeteilt.

Bei Subskription der vier ersten Werke (Clavigo, Cézanne, Shakespeare, Skizzenmappe) auf einmal bleibt dem Besteller auch für die weiterfolgenden Drucke der Gesellschaft die subskribierte Nummer reserviert, ohne die Verpflichtung der Abnahme. Das Recht erlischt, wenn innerhalb vierzehn Tagen nach Erscheinen der Ankündigung für die nächste Serie keine Bestellung erfolgt. — Auf Wunsch wird der Name des Besitzers seinem Exemplar im Druck beigefügt.

Ich bestelle hiermit:

Drucke der Marées-Gesellschaft
Geschäftsstelle: Römerstraße 1, München

Erster Druck: CLAVIGO
Japan-Ausgabe (Nr. I–IX) . . . . 350 M.
Japan-Ausgabe (Nr. X–L) . . . . 120 „
Bütten-Ausgabe (Nr. 1–150) . . . . 30 „
vergriffen

Zweiter Druck: CEZANNE
China-Ausgabe (Nr. I–L) . . . . 500 „
Hadern-Ausgabe (Nr. 1–150) . . . . 250 „
vergriffen

Dritter Druck: SHAKESPEARE-VISIONEN
Japan-Ausgabe. (Nr. I–L) . . . . 600 „
Bütten-Ausgabe (Nr. 1–150) . . . . 250 „ 900.–

Vierter Druck: DIE SKIZZENMAPPE
Einzige Ausgabe (Nr. 1–100) . . . . . . 1200 „

und bitte um Zusendung nach Erscheinen.

Name:

Wohnort:

15

77a Formulaire de commande pour les publications de la Marées-Gesellschaft, avec dans la marge la mention manuscrite « épuisé », 1917

sur Marées, mobilisa une nouvelle fois toute son ingéniosité. Le modèle économique adopté fut ici sensiblement le même que celui imaginé pour le livre de 1910 : le budget nécessaire à la production des recueils fut rassemblé en amont de leur réalisation, en sollicitant des souscripteurs fortunés disposés à acheter « sur catalogue ». Pour ce faire, en prévision des « séries » annuelles contenant chacune entre un et six portfolios ou recueils, la Marées-Gesellschaft publiait une brochure exposant sa ligne éditoriale et détaillant les œuvres au programme pour l'année à venir (ill. 76). Sous la forme d'élégants livrets publicitaires, dont la réalisation était confiée à des graphistes et imprimeurs de talent, ces prospectus comprenaient des textes explicatifs certes anonymes, mais qui trahissaient la plume de Meier-Graefe. Ces livrets incluaient pour la plupart un feuillet détachable qui permettait aux clients de commander par avance, en adressant un courrier aux bureaux munichois de la société, les recueils dont ils désiraient faire l'acquisition (ill. 77a). Par

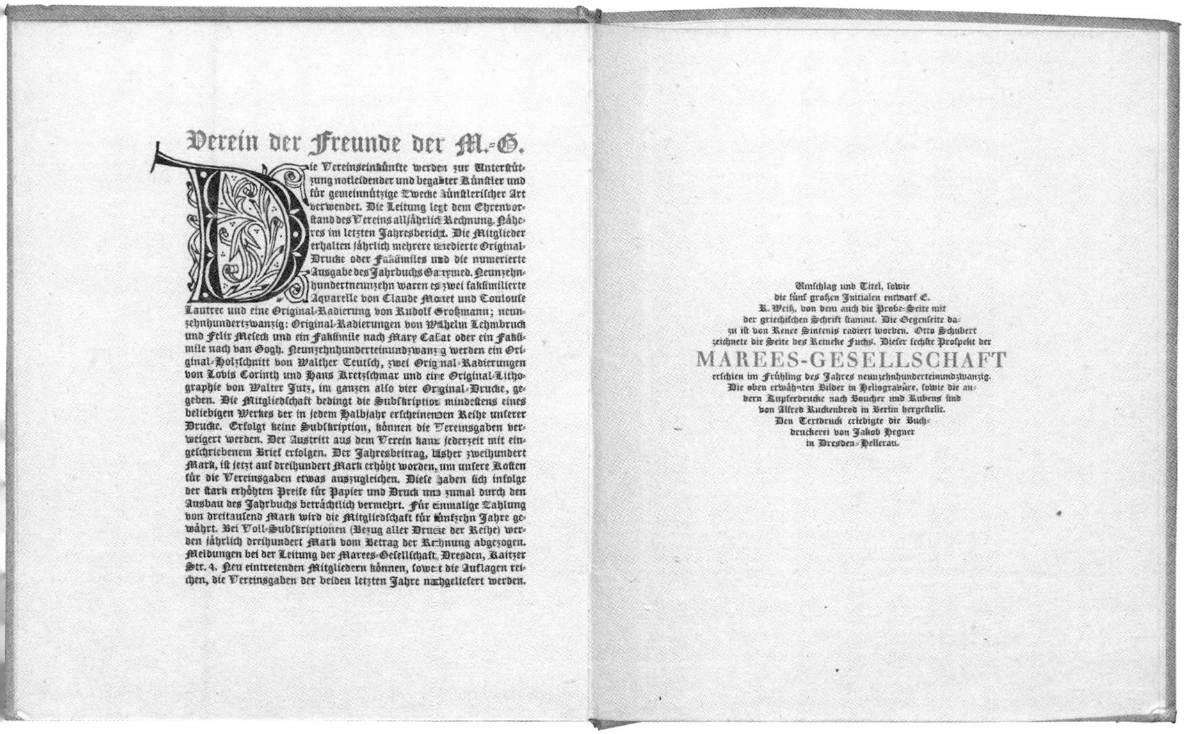

Verein der Freunde der M.-G.

Die Vereinseinkünfte werden zur Unterstützung notleidender und begabter Künstler und für gemeinnützige Zwecke künstlerischer Art verwendet. Die Leitung legt dem Ehrenvorstand des Vereins alljährlich Rechnung. Näheres im letzten Jahresbericht. Die Mitglieder erhalten jährlich mehrere unedierte Original-Drucke oder Faksimiles und die numerierte Ausgabe des Jahrbuchs Ganymed. Neunzehnhundertneunzehn waren es zwei faksimilierte Aquarelle von Claude Monet und Toulouse Lautrec und eine Original-Radierung von Rudolf Großmann; neunzehnhundertzwanzig: Original-Radierungen von Wilhelm Lehmbruck und Felix Meseck und ein Faksimile nach Mary Cassat oder ein Faksimile nach van Gogh. Neunzehnhunderteinundzwanzig werden ein Original-Holzschnitt von Walther Teutsch, zwei Original-Radierungen von Lovis Corinth und Hans Kretzschmar und eine Original-Lithographie von Walter Jutz, im ganzen also vier Original-Drucke, gegeben. Die Mitgliedschaft bedingt die Subskription mindestens eines beliebigen Werkes der in jedem Halbjahr erscheinenden Reihe unserer Drucke. Erfolgt keine Subskription, können die Vereinsgaben verweigert werden. Der Austritt aus dem Verein kann jederzeit mit eingeschriebenem Brief erfolgen. Der Jahresbeitrag, bisher zweihundert Mark, ist jetzt auf dreihundert Mark erhöht worden, um unsere Kosten für die Vereinsgaben etwas auszugleichen. Diese haben sich infolge der stark erhöhten Preise für Papier und Druck und zumal durch den Ausbau des Jahrbuchs beträchtlich vermehrt. Für einmalige Zahlung von dreitausend Mark wird die Mitgliedschaft für fünfzehn Jahre gewährt. Bei Voll-Subskriptionen (Bezug aller Drucke der Reihe) werden jährlich dreihundert Mark vom Betrag der Rechnung abgezogen. Meldungen bei der Leitung der Marees-Gesellschaft, Dresden, Kaitzer Str. 4. Neu eintretenden Mitgliedern können, soweit die Auflagen reichen, die Vereinsgaben der beiden letzten Jahre nachgeliefert werden.

Umschlag und Titel, sowie die fünf großen Initialen entwarf E. R. Weiß, von dem auch die Probe-Seite mit der griechischen Schrift stammt. Die Gegenseite dazu ist von Renee Sintenis radiert worden. Otto Schubert zeichnete die Seite des Reineke Fuchs. Dieser sechste Prospekt der

MAREES-GESELLSCHAFT

erschien im Frühling des Jahres neunzehnhunderteinundzwanzig. Die oben erwähnten Bilder in Heliogravüre, sowie die andern Kupferdrucke nach Boucher und Rubens sind von Alfred Ruckenbrod in Berlin hergestellt. Den Textdruck erledigte die Buchdruckerei von Jakob Hegner in Dresden-Hellerau.

77b Présentation de l'« Association des amis de la Marées-Gesellschaft », 1921

leurs audacieux jeux typographiques dus à Emil Rudolf Weiß (1874-1942), ces outils promotionnels atteignirent dans les années 1920 un degré étonnant de raffinement.

Les recueils de la Marées-Gesellschaft, dont le nombre d'exemplaires était restreint (entre 200 et 400), étaient par conséquent d'un prix élevé. La plupart d'entre eux faisaient l'objet de trois ou quatre tirages, du plus basique aux onéreuses *Luxusausgaben*, en fonction de la qualité du papier utilisé. Ce matériau était d'ailleurs le nerf de la guerre éditoriale autour de 1917 : Piper en avait heureusement constitué un stock avant 1914, sur la base duquel la Marées-Gesellschaft put démarrer confortablement ses activités. Le prospectus assurant la promotion de la série inaugurale, imprimé à l'automne 1917, présentait les quatre premiers recueils. Ils comprenaient une édition du *Clavigo* de Goethe illustrée par Götz von Seckendorff (1889-1914), un recueil d'aquarelles de Cézanne, les *Shakespeare-Visionen* (mises en images par plusieurs dizaines de jeunes artistes allemands contemporains), ainsi qu'un ambitieux coffret de 70 fac-similés d'œuvres françaises – la *Skizzenmappe* –, établie en collaboration avec le collectionneur Julius Elias. Pour cette première série, les tarifs des recueils variaient d'une à plusieurs centaines de marks ; mais, pour les publications suivantes, ils s'envolèrent vers les milliers de marks, en partie à cause de la dévaluation monétaire qui frappa l'Allemagne des années 1920. Les couches populaires étaient donc exclues de la clientèle directe de la Marées-Gesellschaft, qui misait avant tout sur les souscriptions de riches philanthropes et d'institutions muséales jouant le rôle d'intermédiaires.

Agacé par la jeune bourgeoisie lors de ses recherches de souscripteurs, Meier-Graefe écrivit à Hofmannsthal : « Depuis que Robby Mendelssohn et mon bon vieux [Julius] Stern ne sont plus, les temps sont durs. Les nouveaux mécènes sont puants[14]. » Inodore, leur argent n'en demeurait pas moins indispensable. Le critique veilla autant que possible à entretenir un réseau de souscripteurs en accord avec les principes esthétiques et intellectuels de la Marées-Gesellschaft. Ses échanges avec le collectionneur suisse Oskar Reinhart, qui contribua au développement de la société (au point d'éponger une partie de ses dettes en 1920[15]), attestent les craintes de Meier-Graefe concernant les qualités humaines de ses souscripteurs. « Les personnes intéressées [par la Marées-Gesellschaft] ne sont pas des amateurs d'art convaincus…, s'inquiétait-il en août 1918. Je voudrais vraiment améliorer notre cercle[16]. » C'est dans cette optique, et afin d'assurer une certaine stabilité à leur réseau de clients, que Piper et Meier-Graefe décidèrent de créer dès 1919 une « Association des amis de la Marées-Gesellschaft » (ill. 77b). Les adhérents bénéficiaient de tarifs préférentiels sur les recueils tirés en nombre limité, qu'ils pouvaient réserver en priorité. En avril 1919, la *Verein* compte un certain nombre de personnalités importantes du monde de la culture comme Kessler, le banquier Paul von Mendelssohn-Bartholdy, les entrepreneurs-mécènes-collectionneurs Eduard Arnhold, Theodor Behrens et Rudolf von Simolin, le directeur du musée de Brême, Gustav Pauli, ou encore Hofmannsthal.

La condition *sine qua non* de la survie d'une telle société, à la fois comme organisation commerciale et comme projet culturel, était toutefois l'implication d'un second cercle de riches bibliophiles prêts à acheter « chat en poche[17] » de beaux objets destinés à faire la fierté de leur bibliothèque. Bien qu'elle suscitât le mécontentement et les railleries incessantes de Meier-Graefe, cette bourgeoisie pointilleuse était en effet, sur le papier, la clientèle dominante de la Marées-Gesellschaft. Mais les destinataires véritables en étaient les artistes et les musées – et, à travers ces derniers, le peuple.

Du bon usage des snobs

Les débuts de la Marées-Gesellschaft connurent un intense et étonnant succès, néanmoins largement contrebalancé par une perpétuelle instabilité financière. Dans ses souvenirs, Piper estime que les premières campagnes de souscription avaient rapporté non moins de 40 000 marks à la jeune entreprise[18]. Avant même leur réalisation par l'atelier de reproduction, les recueils des premières séries furent rapidement épuisés. « Les choses partent comme des petits pains[19] », s'étonna Meier-Graefe dans une lettre à Gustav Pauli, qui fit plusieurs acquisitions pour le musée de Brême. Quelques jours plus tard, Meier-Graefe manifesta un enthousiasme similaire dans un mot à Reinhart, auquel il réserva des exemplaires et demanda de faire sa propagande dans les galeries publiques suisses[20]. Une excitation teintée d'inquiétude : qu'adviendrait-il de son idéal – rendre le patrimoine artistique plus accessible aux masses – si les seules personnes susceptibles d'en profiter étaient une élite pour laquelle la confrontation à la beauté figurait déjà dans les *habitus* culturels ? La Marées-Gesellschaft voyait fatalement sa mission de *Verallgemeinerung* du patrimoine visuel se transformer en une opération commerciale, auréolée du prestige des codes de la délectation bourgeoise. Très vite, le critique jugea dangereuse la collectionnite qui touchait ses recueils de fac-similés, et dans laquelle il voyait une conséquence malheureuse de l'intérêt défaillant des galeries publiques pour son projet.

Les échanges de Meier-Graefe avec les conservateurs montrent que ces derniers avaient vite perçu le paradoxe des objets produits par la Marées-Gesellschaft, dont les tarifs étaient de toute évidence incompatibles avec les idéaux de popularisation artistique qu'ils étaient censés défendre. Le fait que certains musées aient envisagé d'acheter des recueils de la Marées-Gesellschaft sur le compte du budget de leur bibliothèque, quand d'autres les soumettaient aux comités d'acquisition de leur cabinet d'art graphique, est le symptôme criant de leur nature profondément ambiguë. C'est précisément cette ambivalence que Meier-Graefe tenta de mettre à profit dans sa stratégie entrepreneuriale : le capital obtenu par la vente de versions haut de gamme des recueils, imprimés sur du papier japonais et dotés de reliures en cuir de bonne facture, devait théoriquement être réinjecté dans la production de recueils moins onéreux réalisés à un plus grand tirage, tout en ne faisant absolument aucune concession sur la qualité des fac-similés. Voici comment Meier-Graefe s'adressait au directeur de musée brêmois Gustav Pauli, qui observait avec attention le développement de la société :

> « Naturellement, il faut se servir des snobs. Sans eux ni les Juifs, nous n'arriverions à rien. Ce qu'il y a de beau dans leur utilisation, c'est qu'elle profite au grand public, et c'est le principal. Au mieux, je fais la chose à 2000 marks pour les bibliophiles, à 3 marks pour les autres[21]. »

C'est de la *Mappe* d'aquarelles de Cézanne, publiée dans la série inaugurale de la Marées-Gesellschaft de 1917-1918, qu'il est ici question : le prix abordable de son tirage le plus économique n'était rendu possible que par l'implication enthousiaste de « 50 personnes prêtes à offrir le double[22] » pour sa version de luxe. Auprès de Pauli, visiblement intrigué par le modèle économique de la société, Meier-Graefe devait redoubler d'efforts afin de tenir les idéaux de son projet à distance des seules attentes d'amateurs fortunés : « Malheureusement, nos prochaines publications vont, elles aussi, emprunter le chemin bien connu vers les collectionneurs et les snobs, et non celui de l'endroit véritable où elles pourraient réjouir ceux dont le portefeuille est moins garni[23]. » Des œuvres aisément accessibles aux collections publiques, donc, du moins au regard des sommes importantes que pouvaient à l'époque atteindre les pièces de Cézanne. Le conservateur du musée de Mannheim, par exemple, en était parfaitement conscient : « l'ère de divine abondance », où l'« on pouvait aller à Paris et acheter des chefs-d'œuvre pour une bouchée de pain[24] », était révolue. Confrontés à l'explosion et à l'internationalisation du commerce de l'art moderne, les musées figuraient en conséquence parmi les clients privilégiés de Meier-Graefe qui, parallèlement au plaisir procuré par ses fac-similés, défendait leur valeur « scientifique[25] ».

Les archives de la Kunsthalle de Mannheim documentent justement bien les rapports que pouvait entretenir la Marées-Gesellschaft avec les institutions muséales. Si son premier directeur, Wichert, l'avait délaissée dès 1915 pour occuper pendant la guerre un poste diplomatique à La Haye, c'est néanmoins vers lui que le critique se tourna deux ans plus tard pour promouvoir son projet. Non seulement Meier-Graefe avait déjà été actif comme expert et intermédiaire pour Wichert autour de 1910, mais en outre il savait pertinemment que la question de l'éducation artistique occupait une place centrale dans ses directives culturelles. « J'essaie de penser à d'autres choses qu'à cette fâcheuse guerre. Je vous serais très reconnaissant de bien vouloir contribuer à faire parvenir ces recueils entre de bonnes mains[26] », lui écrivit Meier-Graefe en 1917 ; stratège, il cherchait également à obtenir par son entremise les faveurs de l'influent secrétaire d'État aux Affaires étrangères, Richard von Kühlmann, impliqué dans les opérations de propagande culturelle allemande en Belgique et aux Pays-Bas[27].

Entre 1917 et le retour de Wichert à la direction de la Kunsthalle de Mannheim en 1919, c'est avec Willy F. Storck (1889-1927), directeur du cabinet d'art graphique du musée, que le critique assura la promotion de la Marées-Gesellschaft. L'institution lui manifesta un grand intérêt et réserva rapidement ses premières publications. Les factures conservées attestent des achats nombreux et réguliers de portfolios, au moins une dizaine, s'étalant sur plusieurs années. Réalisée sur le budget de la ville de Mannheim, chaque acquisition de la Kunsthalle devait systématiquement être discutée au sein du conseil municipal d'une part, et d'une commission d'acquisition *ad hoc* de l'autre, qui ne semblèrent pas s'opposer au paiement de notes atteignant parfois plusieurs milliers de marks. En 1918, Storck défendit l'achat des *Shakespeare-Visionen* auprès des services municipaux en affirmant qu'un tel objet enrichissait l'« intérêt scientifique » et favorisait la « mission de service public[28] » de la bibliothèque du musée.

Soucieux de voir leurs publications intégrer en priorité les institutions publiques, Meier-Graefe et Piper s'adaptèrent aux contraintes que subissaient leurs confrères conservateurs. Ainsi, face aux restrictions budgétaires imposées par la ville de Mannheim, ils accordèrent des facilités de paiement à la Kunsthalle. Lorsque le musée manifestait de l'intérêt pour l'une de leurs publications, Meier-Graefe veillait à ce que des exemplaires lui soient réservés, jusqu'à ce que l'administration puisse assurer le déblocage de l'argent nécessaire à leur acquisition. Et quand la galerie voulut compter parmi ses collections les recueils d'aquarelles de Dürer et de Constantin Guys déjà épuisés, le critique fit en sorte de leur faire parvenir des *Belegexemplaren*, qui n'étaient initialement pas destinés à être commercialisés. En retour, l'équipe du musée de Mannheim contribua à la propagande de la société à l'échelle locale en tentant d'y faire adhérer des personnalités influentes, ou en faisant publier des encarts promotionnels dans les gazettes régionales – dont le lectorat comprenait de riches industriels du Bade-Wurtemberg potentiellement disposés à investir dans les choses de l'art. Le *Mannheimer Tageblatt* fit ainsi paraître une courte note décrivant les activités de la Marées-Gesellschaft en avril 1919, louant l'admirable mission sociale qu'elle s'imposait auprès du peuple et des artistes allemands[29].

Les musées tiraient ainsi un profit symbolique, économique et scientifique de leur collaboration avec la Marées-Gesellschaft, dans la mesure où elle leur permettait non seulement d'enrichir leurs collections à moindre coût, mais aussi de les valoriser par leur diffusion. Certains collectionneurs privés perçurent d'ailleurs la plus-value symbolique et économique que pouvait leur apporter cette démarche et proposèrent à Meier-Graefe de faire fac-similer des spécimens de leurs propres collections par la société – il déclina leurs propositions. Il fallait certes maintenir le *standing* de l'entreprise, mais se cantonner aussi strictement que possible au programme socio-éducatif qu'elle s'était imposé.

L'aura à l'épreuve

À bien des égards, la Marées-Gesellschaft illustre le rapport ambigu que Meier-Graefe entretenait avec les notions de luxe et de raffinement. Tout en méprisant d'un côté les snobs bibliophiles, il infligea de l'autre un perfectionnisme absolu à ses éditeurs successifs pour la fabrication de ses ouvrages. Sans surprise, son intransigeance redoubla dans sa gestion de la société, en ce qu'elle manipulait des objets d'art auxquels il conférait une incommensurable dignité. C'est contre son mépris du principe même de reproduction des œuvres d'art que le critique dut lutter en premier lieu, en raison des dommages évidents que ce procédé causait aux propriétés les plus fondamentales des images. Sa méfiance envers la reproduction mécanisée s'étendait même à la photographie comme médium : en 1931 encore, en baudelairien égaré dans le siècle de László Moholy-Nagy, il lui semblait impensable de l'élever au rang d'art, n'y voyant qu'un outil mnémotechnique à l'usage des historiens[30].

Comment dès lors accepter d'infliger cette simplification du motif aux aquarelles de Cézanne et à leur auscultation minutieuse de « la mathématique latente de la nature[31] » ? Pouvait-on seulement admettre que la photographie, qui devait « une bonne part de son prestige à la brutalité barbare[32] » de son procédé, se mêle des sublimes affaires colorées de Delacroix ? Si une vulgaire copie pouvait prétendre transmettre ne serait-ce qu'un indice de l'aura émanant d'une œuvre autographe, il fallait qu'elle soit d'une qualité irréprochable. Après une série d'essais concluants, Meier-Graefe reconnut finalement dans le procédé mixte de la *Farbenlichtdruck*, fondée sur le cliché photographique, une technique de reproduction adaptée à son projet de musée de papier. « La perfection légitime à elle seule toute notre entreprise[33] », martelait-il à ses collaborateurs vers 1918 : au prix de beaucoup d'efforts, force est de constater qu'elle fut au rendez-vous.

Vers le fac-similé absolu

Piper aurait été, selon ses dires, le premier à avoir proposé à Meier-Graefe de se lancer dans la production de multiples. Pessimiste de nature, ce dernier (qui avait déjà produit le portfolio *Germinal* autour de 1900[34]) jugeait la tâche techniquement impossible sans le concours de l'atelier parisien d'Auguste Clot, avec lequel la guerre empêchait tout espoir de partenariat. Si le critique pensait encore au procédé de la photolithographie, c'est Piper qui mit sur la table celui de la chromophototypie, qui parvenait à des résultats beaucoup plus convaincants. Le duo s'offrit les services des firmes les plus renommées de l'Allemagne de l'époque : l'atelier d'Albert Frisch, basé à Berlin, et la maison Hanfstaengl de Munich, qui connaissait un vif succès dans le commerce de fac-similés d'art depuis le milieu du XIXe siècle. Comme ces entreprises devaient leur réussite à la production de copies à un rythme industriel et ne pouvaient se permettre de s'adonner entièrement au travail minutieux exigé par Piper et Meier-Graefe, la question d'un atelier indépendant se posa rapidement. À la fin de l'année 1920, la Marées-Gesellschaft fit l'acquisition d'un atelier de phototypie berlinois situé sur la Potsdamer Strasse : baptisé *Graphische Anstalt Ganymed*, il fut dès lors en charge de la majorité des fac-similés. Sa direction fut confiée au talentueux Bruno Deja, transfuge de l'atelier d'Albert Frisch[35]. Meier-Graefe développa une affection particulière pour ce lieu, en ce qu'il perpétuait une « tradition artisanale[36] », impliquant une quarantaine de personnes au plus fort de son activité. Il s'attrista d'en voir l'existence mise en péril par les troubles économiques qui malmenaient le monde éditorial dans les années 1920[37].

La décision d'exclure la reproduction de tableaux fut prise dès le début du projet. « Il est impossible de parvenir à un fac-similé *absolu* de *peintures*[38] », insista le critique auprès d'Edvard Munch en 1922 : toute tentative de rendre les effets de matière, les volumes et la brillance propres aux huiles sur toile semblait vaine. La planéité relative des dessins, aquarelles et œuvres graphiques anciennes permettait en revanche d'arriver, grâce au procédé phototypique, à des résultats saisissants. Le choix des œuvres à fac-similer était donc opéré en fonction de leur valeur artistique d'une part, et de leur prédisposition à être reproduites de l'autre. Les feuilles étaient copiées à partir de leur état réel du moment, redonnant les taches et autres signes de vieillissement du papier, ce qui les distinguait d'autres entreprises de copies comme les *Reichsdrucke* éditées à Berlin, qui remportèrent un certain succès dans l'Allemagne de Weimar. La technique de la phototypie utilisée par la Marées-Gesellschaft fut initialement mise au point par Alphonse Poitevin autour de 1860, avant de connaître au fil du XIXe siècle divers perfectionnements, notamment grâce aux expérimentations du photographe allemand Joseph Albert, suivant un échange franco-germanique de compétences qui ne pouvait que réjouir Meier-Graefe. Ce procédé de reproduction hybride, mêlant à la fois l'œil mécanique et la main humaine, semblait doublement satisfaisant : au-delà de la perfection du rendu, il mettait physiquement à contribution des artistes peintres, auxquels était généralement confiée la supervision du travail réalisé en atelier[39].

Une lettre de Meier-Graefe à l'atelier Hanfstaengl, en charge de l'exécution du premier recueil d'aquarelles de Cézanne en 1917, documente son degré d'implication dans la réalisation des feuilles. Il y est notamment question de

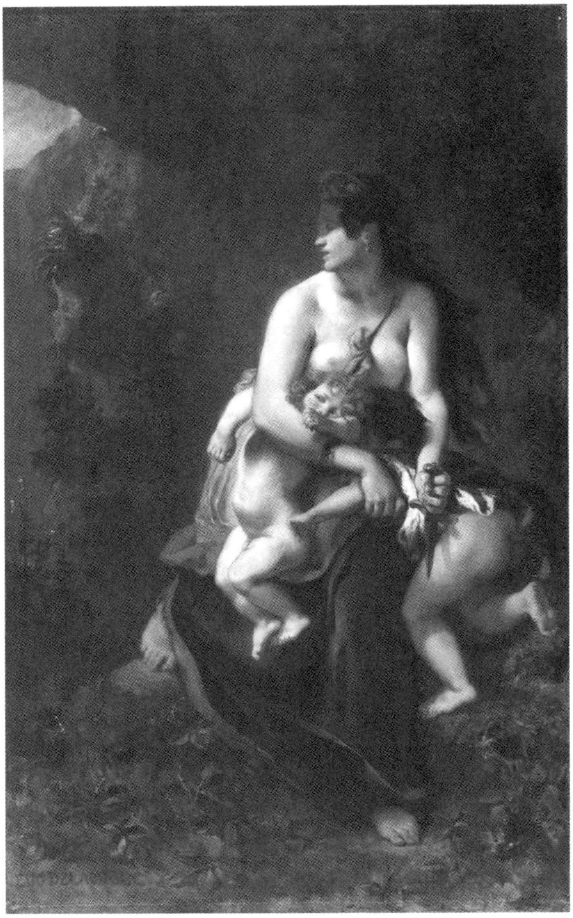

78 Eugène Delacroix, *Médée*, 1838, huile sur toile, 260 × 165 cm, Lille, Palais des Beaux-Arts, inv. P.542

la pièce la plus prestigieuse du coffret, à savoir la copie par l'Aixois de la *Médée furieuse* de Delacroix – une copie de copie, en quelque sorte (ill. 78, 79 et 80). Cette « paraphrase » aquarellée, comme il aimait à l'appeler, fut mise à la disposition de la société par Cassirer. En présence de l'œuvre originale et des deux premiers tirages d'essai de Hanfstaengl, qu'il jugea trop « crasseux », le critique fit une nouvelle démonstration de sa capacité à percevoir les plus subtiles nuances colorées :

« Le coin à gauche est trop gris-violet. La partie droite du corps de Médée manque de jaune. Le vert à gauche au milieu du groupe, très prononcé dans l'œuvre originale, fait complètement défaut dans les deux copies.

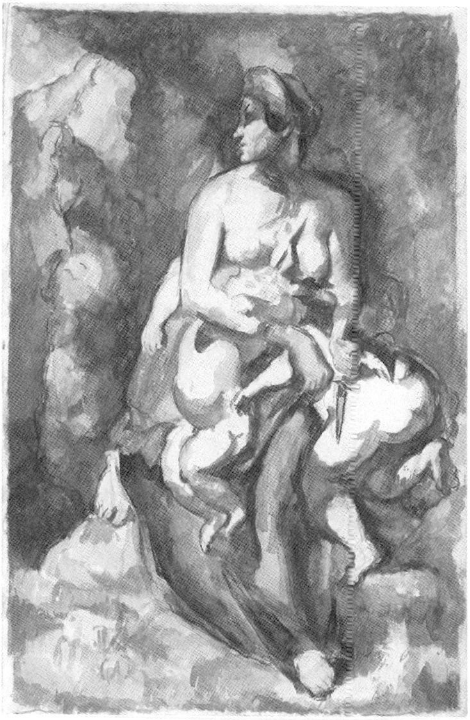

79 Paul Cézanne, *Médée (d'après Delacroix)*, vers 1880, crayon et aquarelle sur papier, 39,6 × 26 cm, Zurich, Kunsthaus, inv. 2371

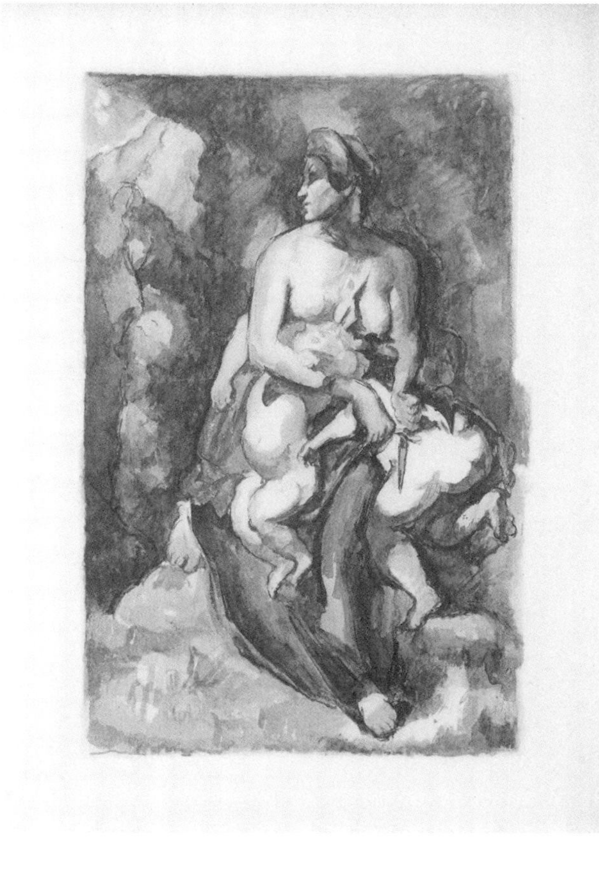

80 Paul Cézanne, *Médée (d'après Delacroix)*, vers 1880, fac-similé, dans *Paul Cézanne. Aquarelle. Mit einer Vorrede von J. Meier-Graefe*, Munich, R. Piper & Co., 1917, 1re série, 2e publication de la Marées-Gesellschaft

> De manière générale, le vert manque. Les bleus sont également trop en retrait à beaucoup d'endroits, par exemple dans la dague, plus encore dans la partie jaune pâle de la falaise à gauche, à hauteur du coude, où les deux traits ondoyants, bleus sur l'œuvre originale, me semblent encore d'une couleur trop composite sur la copie[40]. »

Réagissant à l'idée soumise par Piper d'établir d'abord une copie matrice satisfaisante, puis de travailler d'après elle pour produire le reste des fac-similés, le critique répondit avec fermeté : « Nous devons travailler à partir de l'*original*[41]. » Il fallait se prémunir contre toute fausse note visuelle susceptible de décrédibiliser l'entreprise auprès des connaisseurs de Cézanne, auxquels s'adressait le recueil.

Afin de maintenir une fidélité optimale à tout point de vue, chaque fac-similé était réalisé dans le format original de l'œuvre. Poussant à son maximum l'attention au détail, chaque copie devait par ailleurs être imprimée sur le même type de papier que la pièce originale. En composant le portfolio de dessins de Marées en 1917, Meier-Graefe fit ainsi appel à Georg Reinhart pour qu'il parvienne, de Suisse, à se procurer plusieurs milliers de feuilles d'une célèbre firme de papier italienne[42]. Si mettre la main sur une telle marchandise semblait déjà, en temps de guerre, une mission délicate, la faire exporter de Suisse vers l'Allemagne aurait à son tour entraîné toutes sortes de complications douanières. La prise de risque, qui aurait pu retarder la parution du recueil, conduira finalement le critique à se rabattre sur un *ersatz* acceptable.

Papier, encre, pigments, retouches, pochoirs, matières, travail d'atelier : l'un des grands mérites de la Marées-Gesellschaft et de sa production de copies était bel et bien de remettre le « faire » au centre de l'attention. Meier-Graefe se réjouissait de voir ses employés s'accomplir dans les « joies de l'artisanat », cette *Freude am Handwerk* à laquelle il était sensible et qu'il admirait chez Renoir en premier lieu. Autrement dit, sa société constituait une nouvelle facette de sa lutte éternelle pour la sensibilité, la matière, l'œil et le geste de l'artiste. Meier-Graefe fit d'ailleurs en sorte que les livrets introductifs insérés dans les recueils, confiés à des poètes et à des écrivains d'art davantage qu'à des savants, n'empiètent pas abusivement sur le monde des images. Il incita logiquement Wichert, en charge de la préface des illustrations de Max Slevogt d'après *La Flûte enchantée*, à écrire en mozartien davantage qu'en historien de l'art[43].

Chahuter les Muses

Dans le contexte d'un jeune XXe siècle marqué par un essor sans précédent de la diffusion des images, Meier-Graefe s'inquiétait de voir le kitsch gagner dangereusement du terrain dans la culture visuelle populaire et concourir à sa paupérisation. Par la sélection rigoureuse, en amont, de pièces de haute valeur, et grâce au travail intense accompli en atelier, les planches de la Marées-Gesellschaft firent grande impression. Elles furent d'une précision telle que les deux éditeurs pouvaient craindre de voir leurs fac-similés circuler comme autographes sur le marché peu scrupuleux des faussaires. Le cachet sec de la société, réalisé à la demande de Meier-Graefe d'après le motif du *Ganymède* de Marées et appliqué sur chacune des planches, devait contribuer à lutter contre de potentiels abus et permettre d'exercer un contrôle sur leur diffusion (ill. 81). Par ailleurs, les plaques de verre et les négatifs étaient systématiquement détruits une fois atteint le nombre de tirages désiré.

L'important était de parvenir, par le procédé assumé de la simulation, à ce que les copies provoquent un plaisir analogue à celui qui pouvait naître d'une confrontation aux originaux – Erwin Panofsky parlera pour sa part, dans une tournure qui n'était pas forcément péjorative, de « falsification de la prestation artistique[44] ». La « valeur de délectation » est un terme qui revient fréquemment sous la plume de Meier-Graefe lorsqu'il évoquait ses fac-similés. Leur pertinence culturelle reposait sur la conviction intime selon laquelle une excellente copie d'un chef-d'œuvre détenait infiniment plus de valeur qu'un original de moindre qualité. Son potentiel éducateur était par définition supérieur :

> « J'ai ainsi rompu avec la tradition de l'amateur d'art, en partant du principe qu'une reproduction parfaite d'un chef-d'œuvre, quand bien même obtenue par des moyens mécaniques, se révèle infiniment plus utile et incroyablement plus belle qu'une œuvre graphique originale d'un artiste de second rang[45]. »

En somme, Meier-Graefe réactivait un débat déjà ancien sur l'usage social de l'art, qui opposait déjà au XIXe siècle le camp de Wilhelm von Humboldt à celui de Gustav Waagen au sujet de la politique curatoriale à adopter à l'Altes Museum de Berlin. Si Waagen se prononçait pour un accrochage chronologique, méthodique et par écoles des spécimens artistiques, dans un souci d'objectivité hérité de la science taxinomique, Humboldt plaidait pour une présentation des œuvres en accord avec son *Bildungsideal*, fondée avant tout sur la prédominance de la qualité et de l'effet sur un historicisme aride. Sans

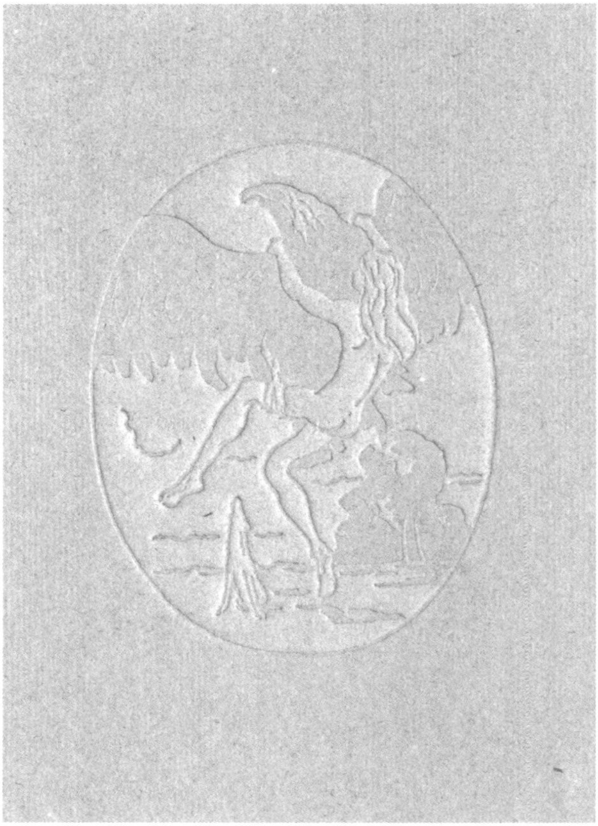

81 Emil Rudolf Weiß, cachet à sec de la Marées-Gesellschaft, réalisé d'après le *Ganymède* de Hans von Marées

nul doute, par sa volonté permanente de tenir les masses à l'écart des œuvres « mineures » de l'histoire de l'art dans les lieux publics de délectation, Meier-Graefe rejoignait le camp du néo-humaniste de Potsdam. En 1929, il définissait encore les recueils de la Marées-Gesellschaft comme « une sorte de Tribune des Offices mobile » à l'usage des « bons Européens[46] ».

Par son entreprise, Meier-Graefe contribuait également à la « querelle de Hambourg[47] » qui faisait alors rage autour de 1930. Le débat portait précisément sur la question de la valeur esthétique et culturelle des fac-similés qui envahissaient le marché et l'espace public, ainsi que du danger potentiel qu'ils représentaient pour les masses. L'exposition spectaculaire de copies organisée en 1929 à la Kestner-Gesellschaft de Hanovre n'atténua pas la vigueur de ces débats : ses insolents organisateurs avaient décidé de glisser, sans désignation spécifique, trente-six œuvres originales parmi une sélection de cent quatre fac-similés. Un concours intitulé « Quel est l'original ? » fut même proposé aux visiteurs, et démontra qu'un très faible pourcentage d'entre eux avait été en mesure de faire la différence entre originaux et copies – pourcentage au sein duquel les savants brillaient par leur absence. La controverse fut en grande partie alimentée par le directeur du musée de Hambourg, Max Sauerlandt, qui rédigea un article à charge visant la technophilie naïve de certains de ses confrères. Définissant l'œuvre d'art comme l'existence combinée d'une « matérialité saisissable » et d'une « vitalité spirituelle[48] », il critiquait le populisme candide des propagateurs de fac-similés et se prononçait pour un meilleur travail de médiation dans les galeries publiques. Les réponses et réactions à cet article se comptèrent par dizaines, scindant l'opinion en deux camps. Dans un texte qui allait marquer la clôture du débat, Erwin Panofsky renvoya dos à dos les « fanatiques de l'original » et les « fac-similistes[49] », en développant des réflexions finalement assez proches de celles de Meier-Graefe, mais d'une teneur conceptuelle beaucoup plus puissante. Il décentrait la question de la valeur des copies vers celle des historiens qui les observaient et des sociétés qui les produisaient, en rappelant simplement qu'un fac-similé, même d'excellente facture, ne pouvait communiquer de son modèle qu'une intention. La ligne de Meier-Graefe était, pour sa part, claire depuis 1917 : sa société produisait bien des copies, présentées et assumées comme telles, ne prétendant nullement faire concurrence aux originaux.

La jouissance esthétique que suscitaient ses publications n'en demeurait pas moins légitime, car authentique. En présence d'une grande œuvre, admirons-nous le fétiche d'un nom à travers un objet, ou la force d'une image ? Voilà l'une des nombreuses questions dérangeantes que soulevait Meier-Graefe avec sa Marées-Gesellschaft. Il se désolait de voir les collectionneurs-spéculateurs se faire soudainement les chevaliers blancs d'une « sainte unicité » de l'œuvre d'art, alors qu'ils ne visaient qu'à maintenir le prestige de leur capital privé. « L'unicité de l'œuvre d'art – hum ! – vaste question ! [...] Je me dis souvent que nous sommes trop craintifs en ce qui concerne [le principe de la copie][50] », soupira-t-il face aux inquiétudes de Hofmannsthal. Pour le critique, la sacralisation artificielle de l'*Einmaligkeit* était aisément relativisable par un simple regard englobant sur l'histoire multimillénaire des développements artistiques, de l'Égypte ancienne aux variantes de Renoir sur un même motif. Meier-Graefe entendait donner le dernier mot à l'individu-créateur : « L'artiste seul est en droit de revendiquer l'unicité de ses œuvres d'art. [...] Pour nous récepteurs, il ne reste qu'une seule occupation raisonnable : celle de dupliquer l'œuvre

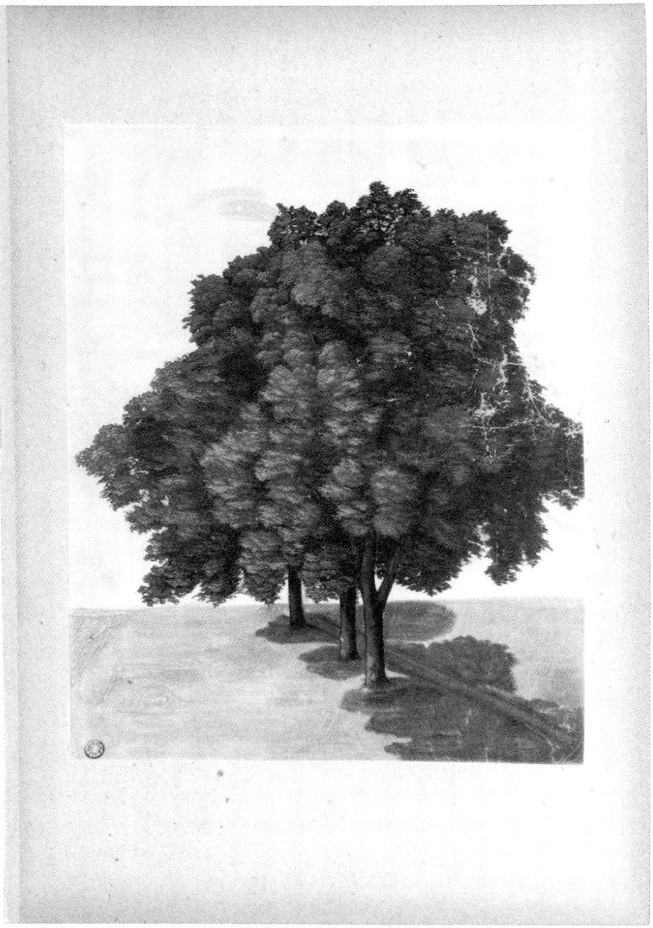

82 Albrecht Dürer, *Trois arbres*, vers 1526 (disparu en 1945), fac-similé, dans *Albrecht Dürer. Die Landschaften der Jugend. Zehn Aquarelle, Text von Emil Waldmann*, Munich, R. Piper & Co., 1920, 4e série, 17e publication de la Marées-Gesellschaft

unique *en* nous, à travers nous[51]. » De son côté, Walter Benjamin s'apprêtait à renverser le débat. Bien plus qu'à la valeur des copies, il commençait à réfléchir aux conséquences vertigineuses du flux massif des images sur la survivance symbolique des originaux eux-mêmes.

Il faut enfin mentionner l'un des mérites inattendus de la Marées-Gesellschaft. Son dix-septième recueil proposait dix copies des célèbres aquarelles de Dürer, en majorité issues des collections du musée de Brême (ill. 82

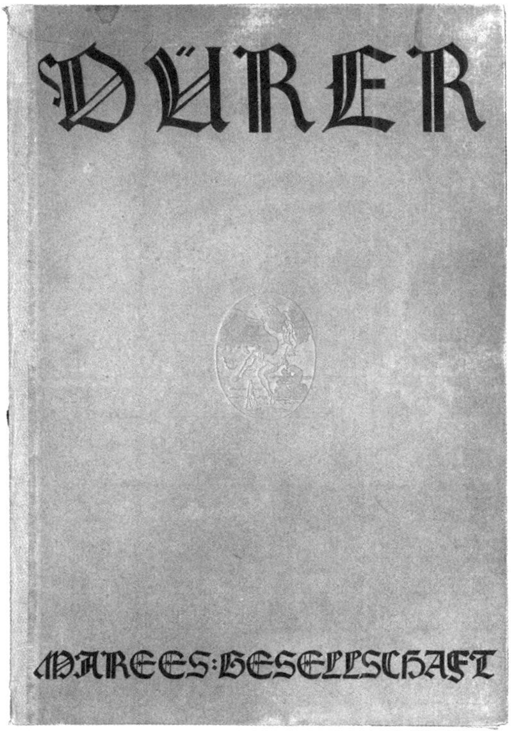

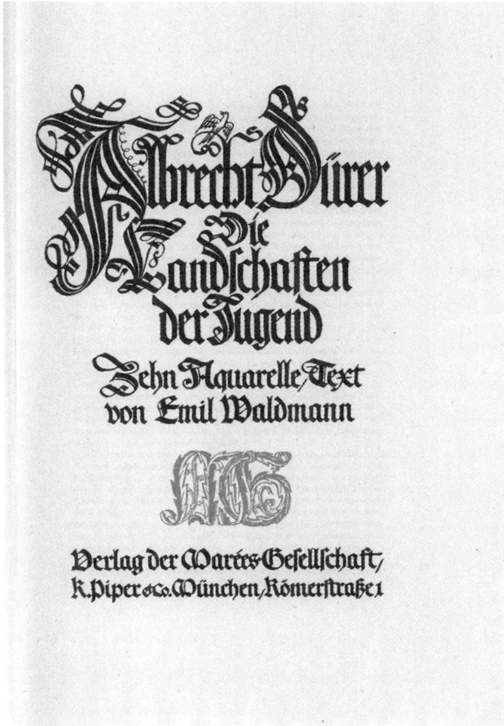

83 *Albrecht Dürer. Die Landschaften der Jugend. Zehn Aquarelle, Text von Emil Waldmann*, Munich, R. Piper & Co., 1920, 4e série, 17e publication de la Marées-Gesellschaft, couverture et page de titre

et 83). Meier-Graefe voyait dans cet ensemble de paysages aux « tonalités simples » et aux « mélodies pures[52] » l'autoportrait le plus accompli du grand Allemand. La délicatesse de ces fac-similés n'empêchera toutefois pas certains savants de s'insurger face à des objets faussant l'impression, inaptes à rendre l'inoubliable qualité des couleurs et la blancheur immaculée du papier qu'avait manipulé le maître de Nuremberg. L'histoire du XXe siècle plaidera pourtant en faveur de ces *ersatz* : les feuilles originales, malmenées pendant la Seconde Guerre mondiale, demeurent depuis introuvables. Ce corpus majeur de la Renaissance allemande ne survit aujourd'hui qu'à travers l'extraordinaire *Dürer-Mappe* de la Marées-Gesellschaft, tirée à 400 exemplaires par les soins de l'atelier Albert Frisch au printemps 1920. Nul ne contestera que ce recueil peut, depuis lors, s'enorgueillir d'une indiscutable valeur patrimoniale.

La cuisine des images

En 1919, alors que se posait la question de la succession de Woldemar von Seidlitz à la direction des collections publiques de Dresde, le bruit courut que Meier-Graefe briguait le poste. « J'ai à peu près autant envie [de devenir conservateur] que de devenir nettoyeur d'égouts[53] », écrivait-il pourtant à Wichert en écartant cette option. En réalité, la Marées-Gesellschaft lui permit d'agir comme conservateur permanent d'un musée sans murs, dégagé de toute lourdeur administrative. L'usage et la manipulation de fac-similés rendaient de surcroît son champ d'action curatorial quasi infini : la métaphore muséale sera d'ailleurs fréquemment adoptée par le critique quand il évoquera ses projets éditoriaux. Sur le fond, la Marées-Gesellschaft lui permettait de mettre à l'épreuve, à travers l'expérience des images, un ensemble de problématiques abordées par le seul verbe dans ses publications. La question des polarités culturelles, celle d'une rigidité trompeuse des styles nationaux, le potentiel critique de l'anachronisme constituaient autant de thématiques auxquelles se confrontait son programme. Grâce aux images et en évitant autant que possible l'appel aux béquilles de la théorie, il poursuivait le développement tentaculaire de son histoire évolutive de l'art tout en lui insufflant une dimension appliquée. Dans un mot à Hofmannsthal, il résuma ainsi son intention : « Pour cette série, j'essaie de parvenir à une forme qui soit lisible comme un livre de cuisine[54]. » L'écrivain autrichien de la Révolution conservatrice, qui lui répondit par une considération sur l'usage nécessaire du langage comme « véhicule "social"[55] », s'appropria immédiatement la formule : comme romancier, poète et librettiste de Richard Strauss, Hofmannsthal cherchait lui aussi à recuire à feu doux les légendes anciennes afin de les resservir à ses contemporains.

Faire voir, faire faire

Les publications de la Marées-Gesellschaft peuvent être divisées en quatre catégories. Les éditions de beaux livres tout d'abord, tels le *Clavigo* inaugural de Goethe, la *Lucinde* de Schlegel ou encore la traduction de la *Sale histoire* de Dostoïevski – dont les textes étaient rehaussés d'illustrations de jeunes créateurs. L'ornementation de la *Légende de saint Julien l'Hospitalier* de Flaubert, publiée en 1918 et pour laquelle Meier-Graefe éprouvait une intense fascination, fut ainsi confiée à Max Unold, qui réalisa un inquiétant bestiaire gravé répondant à la dimension surnaturelle et tragique du récit. Ensuite, les publications qui constituaient le poumon de l'activité de la Marées-Gesellschaft,

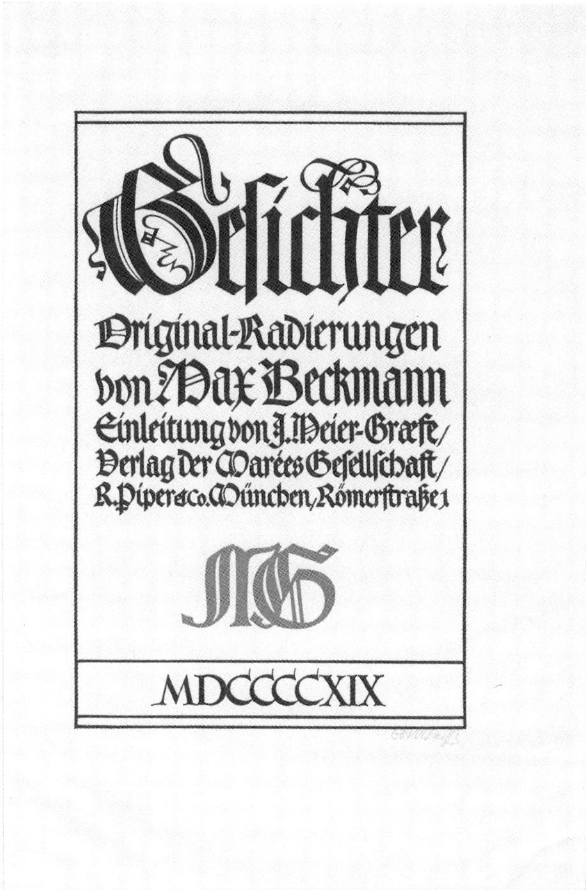
Gesichter
Original-Radierungen
von Max Beckmann
Einleitung von J. Meier-Graefe/
Verlag der Marées Gesellschaft/
R. Piper & Co. München, Römerstraße 1
MG
MDCCCCXIX

84 *Gesichter. Original-Radierungen von Max Beckmann. Einleitung von J. Meier-Graefe*, Munich, R. Piper & Co., 1919, 3e série, 13e publication de la Marées-Gesellschaft, page de titre

destinées à la fois aux créateurs, aux amateurs et à l'« étude » : les recueils de fac-similés. Ils retracent plusieurs siècles d'histoire transnationale de l'art, de la Chine du XVIIIe siècle aux grands maîtres modernes comme Cézanne et Van Gogh, en passant par Michel-Ange, Holbein, le Lorrain, Rembrandt et Rubens. Une troisième catégorie, de nature hybride, comprend des portfolios pour lesquels il était demandé à des artistes contemporains de se confronter à un thème ou à des modèles imposés, comme les *Visions de Shakespeare* ou les *Légendes religieuses de Rembrandt*. Enfin, la Marées-Gesellschaft publia des recueils regroupant des commandes d'œuvres graphiques originales, de la main de créateurs jugés trop peu représentés sur la scène artistique contemporaine. Dans ce dernier ensemble, il faut compter *Mappe der Gegenwart*

(42 planches incluant des œuvres de Franz Marc, Oskar Kokoschka, Pierre Bonnard ou encore Henri Matisse), ainsi que les deux séries gravées majeures de Max Beckmann : *Gesichter* et *Jahrmarkt* (ill. 84), publiés respectivement en 1919 et 1922. La coexistence d'art ancien avec des œuvres modernes et contemporaines de premier plan témoigne de l'« entre-deux » esthétique dans lequel se situait la Marées-Gesellschaft, partagée entre sa volonté de sauvegarder le passé et ses espoirs de régénération artistique.

À travers ses commandes, Meier-Graefe pouvait appliquer à grande échelle sa conception de la transposition créatrice, en incitant les artistes contemporains à se mesurer sans intermédiaire au patrimoine visuel du passé. « Les artistes doivent se voir attribuer des tâches qui les contraignent, sans aucune pédanterie, à s'en remettre à la grande tradition[56] », affirmait-il en 1917. Si ces tâches incluaient parfois la simple répétition d'œuvres anciennes, comme dans le recueil de *Fresques antiques* napolitaines et romaines dont la transposition fut confiée à son ami Eugen Spiro, elles pouvaient également prendre une tournure beaucoup plus informelle. C'est notamment le cas de *Rembrandt: Religiöse Legenden*, portfolio constitué de fac-similés de dessins du maître hollandais conservés dans les cabinets d'art graphique allemands. Son livret introductif, dû à l'historien de l'art Kurt Pfister et à Richard Dehmel, fut complété de gravures originales de Max Beckmann, Lovis Corinth, Edwin Scharff et Adolf Schinnerer s'inspirant de l'imagerie religieuse du peintre de Leyde. Meier-Graefe cherchait ici à exercer un contrôle sur les développements artistiques actuels en usant de la tradition comme garde-fou esthétique. Il s'en expliqua ainsi :

> « Naturellement, les gravures sont des transpositions extrêmement libres. En principe, je préférerais qu'elles ne soient pas complètement débridées, mais réalisées dans l'esprit avec lequel Cézanne a transposé Delacroix, Rubens et Raphaël ; car les interprétations strictes donneront des résultats beaucoup plus amusants. Mais il faut naturellement laisser faire les artistes[57]. »

La gravure à la pointe sèche livrée par Beckmann semble effectivement une irrévérencieuse interprétation de *La Lutte de Jacob avec l'ange* de Rembrandt conservée au musée de Berlin (ill. 85). Elle diffère essentiellement par sa composition, Beckmann faisant de la douce érotique des protagonistes de l'œuvre originale une étreinte ambiguë, traduite par des formes anguleuses. Peu à peu reconverti à Beckmann à travers l'admiration que lui portait Piper, Meier-Graefe tentera de rabattre sur le peintre la couverture de la tradition, s'obstinant à le rattacher aux héros de l'art nordique à l'instar de Matthias Grünewald. Les textes qu'il lui consacra agacèrent parfois même l'artiste – qui n'avait d'ailleurs

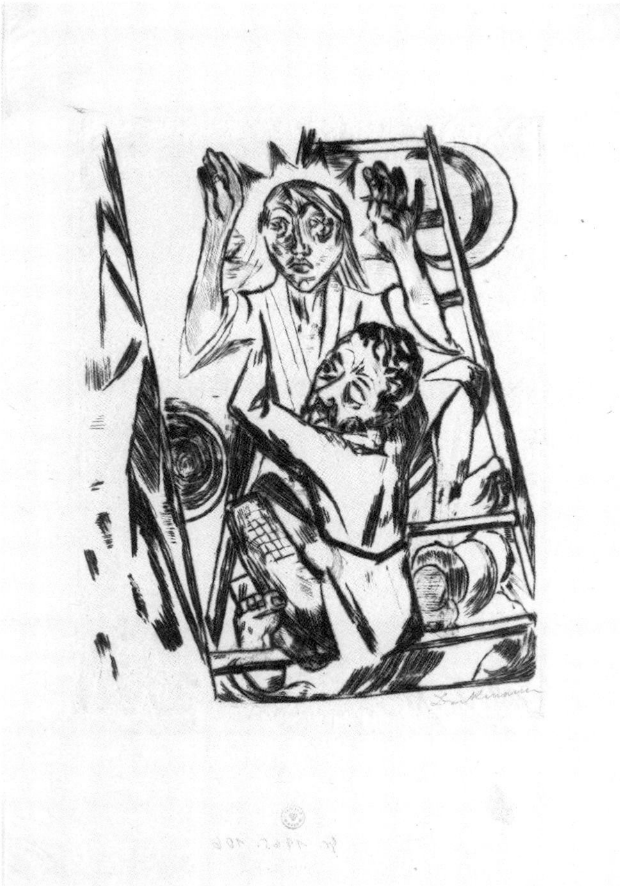

85 Max Beckmann, *La Lutte de Jacob avec l'ange*, 1920, gravure à la pointe sèche, 28,7 × 22,2 cm, réalisée pour *Rembrandt. Religiœse Legenden. Vorrede von Richard Dehmel. Text von Kurt Pfister*, Munich, R. Piper & Co., 1920, 4e série, 18e publication de la Marées-Gesellschaft

pas attendu les instructions de Meier-Graefe pour observer et s'inspirer de l'art hollandais du XVIIe siècle.

Si la *Rembrandt-Mappe* confrontait ses collaborateurs à une série de modèles concrets issus de la tradition picturale européenne, le recueil des *Shakespeare-Visionen* incitait pour sa part une trentaine d'artistes à s'inspirer en toute liberté de l'univers du dramaturge anglais. Sous-titré *Un hommage d'artistes allemands* et élaboré l'année même où les troupes allemandes affrontaient les tanks britanniques à Cambrai, ce portfolio devait dresser, par un jeu de regards croisés, une sorte d'état des lieux de la pratique artistique en Allemagne. Les relations exécrables entre Meier-Graefe et Cassirer n'aidèrent pas à obtenir les contributions initialement souhaitées d'artistes de renom comme Liebermann et

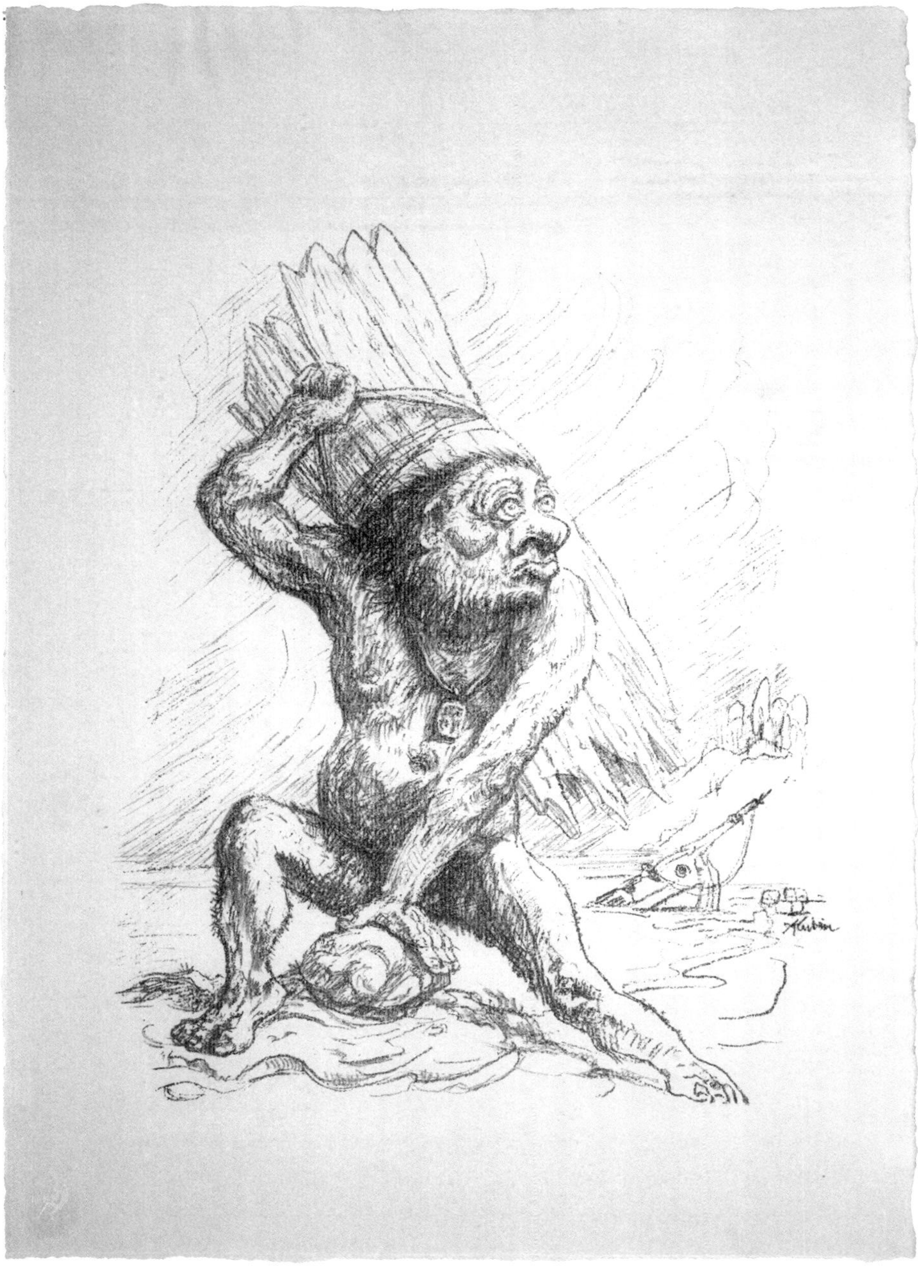

86 Alfred Kubin, *Caliban*, 1918, lithographie, 45,7 × 33,7 cm, réalisée pour *Shakespeare-Visionen. Eine Huldigung deutscher Künstler. Radierungen, Steindrucke, Holzschnitte. Vorrede von Gerhart Hauptmann*, Munich, R. Piper & Co., 1917-1918, 1re série, 3e publication de la Marées-Gesellschaft

Slevogt (qui ne pardonnait toujours pas au critique de l'avoir malmené dans son *Entwicklungsgeschichte*[58]) ; mais, sur accord du galeriste berlinois, Oskar Kokoschka fut toutefois associé au projet. Ce dernier reçut, pour la production d'une planche, un cachet de 200 marks ainsi que la consigne suivante : « Je ne pense naturellement pas à une illustration, mais plutôt à l'interprétation d'une représentation shakespearienne, à la mise en forme créatrice d'une scène – ou quelque chose de ce genre –, voire à la paraphrase d'un motif de l'écrivain[59]. »

Sauf pour les dimensions de leurs planches, Meier-Graefe laissait donc aux artistes qui collaboraient à ses projets une grande marge de manœuvre dans l'iconographie et le choix du médium. L'amant désespéré d'Alma Mahler mit ainsi en scène une rêverie tumultueuse, flanquée d'une citation de *La Tempête* par le Barde immortel. Signe de la rigueur somme toute relative des contraintes imposées pour leurs publications, Piper et Meier-Graefe intégrèrent aux *Shakespeare-Visionen* une gravure de Beckmann élaborée bien des années auparavant, en 1914. *La Nuit*, en ce qu'elle figurait le cadavre sanglant d'un homme entouré de deux personnages dans l'espace exigu d'une chambre sens dessus dessous, semblait parfaitement adhérer au tragique de l'univers shakespearien, tout en lui injectant une dose inquiétante de contemporanéité.

Lorsqu'on parcourt la trentaine de feuilles des *Shakespeare-Visionen*, où les lignes claires de l'aquatinte de Thomas Theodor Heine (une *Macbeth*) précèdent le terrifiant brouhaha visuel du *Caliban* lithographié d'Alfred Kubin (ill. 86), l'impression est celle d'un spectaculaire éclatement stylistique. Cette hétérogénéité répondait à la volonté de Meier-Graefe, qui entendait démontrer par ce recueil la disparité de l'état spirituel de l'Allemagne contemporaine :

> « Avec les *Shakespeare-Visionen*, nous souhaitions rassembler les forces éparses de notre paysage artistique sous l'égide d'un thème particulier. Nous partions du constat que toutes les périodes de floraison artistique devaient leurs stimulations profondes à un nombre restreint de motifs, et que l'une des raisons qui font que notre art d'aujourd'hui est décousu réside dans l'absence de contraintes externes et légitimes, capables d'encadrer les pulsions dans la largeur et la profondeur[60]. »

Le principe d'« assujettissement » fut sensiblement le même dans l'élaboration des *Légendes antiques* de 1920, recueil monographique regroupant une suite de douze gravures de Lovis Corinth (1858-1925). L'artiste fit le choix de représenter les dieux grecs sous les traits de corps décharnés, gravitant au sein d'un vaste théâtre cynique et atemporel où se rejouaient, transpercés par la mémoire vive du conflit mondial, les grands récits de l'Antiquité. Dans sa

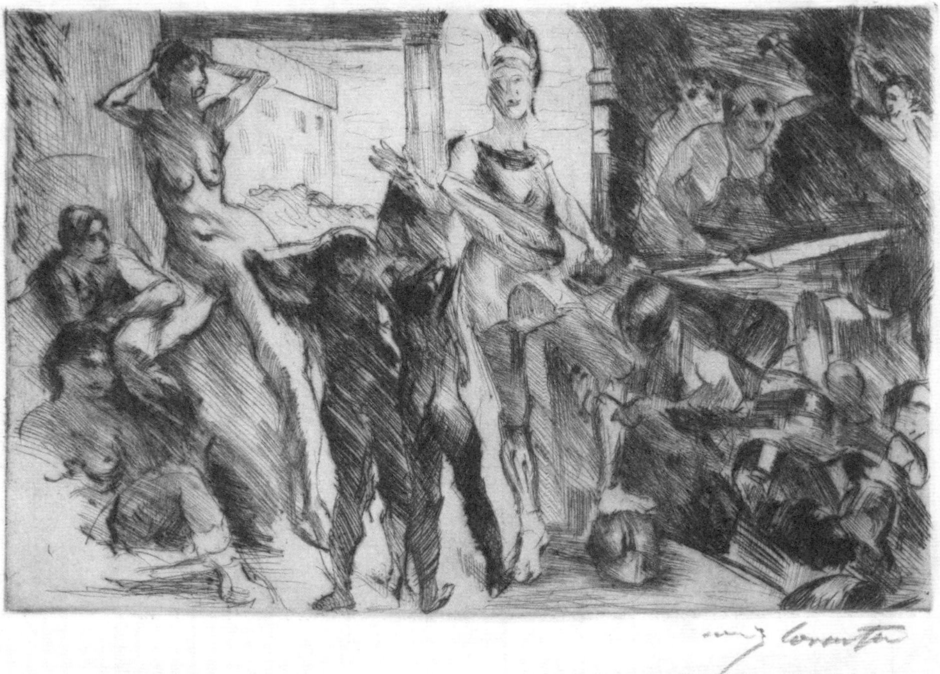

87 Lovis Corinth, *La Forge de Vulcain*, 1919, pointe sèche sur papier japonais, 31,9 × 20,6 cm, réalisée pour *Antike Legenden. Zwölf Radierungen. Text von J. Meier-Graefe*, Munich, R. Piper & Co., 1920, 4e série, 20e publication de la Marées-Gesellschaft

présentation de la série, Meier-Graefe compara Corinth à « un metteur en scène voulant monter l'*Odyssée* avec des personnages dénudés et à l'anatomie sommaire, comme déchirée par les années de guerre[61] ». Le casque au sol représenté dans l'épisode de *La Forge de Vulcain* (ill. 87), symbole littéral de la défaite du Reich, plaçait effectivement le recueil sous le signe de la violence et du pessimisme. Saisissante par son mélange de volupté et de sauvagerie, la suite de Corinth se conclut par une magistrale réinterprétation du *Persée et Andromède* de Rubens, qui posait la double question de la validité des légendes anciennes et de la grande tradition de la peinture européenne à l'ère des guerres sous-marines. Les commandes de Meier-Graefe jouaient donc un rôle à la fois social – elles offraient du travail rémunéré aux artistes – et quasi thérapeutique, en ce qu'elles permettaient aux créateurs d'extérioriser le traumatisme des misères de la guerre. En réalisant ses *Masques* pour le recueil *Shakespeare-Visionen* en

1917, depuis la cellule où il était toujours interné en France, Karl Hofer trouvait une échappatoire idéale à sa profonde mélancolie[62].

Cet effort «régénérateur» de la Marées-Gesellschaft, qui bombardait les artistes allemands de références visuelles et littéraires à exploiter, prenait également, à l'autre bout de sa chaîne de production, une dimension beaucoup plus pragmatique. Meier-Graefe veilla dès 1918 à ce que les impressions d'essai et autres tirages ratés sortis de ses ateliers de phototypie ne partent pas au pilon, mais soient mis à la disposition des étudiants des académies et des écoles d'art. Ces feuilles, estampillées comme *Fehldrucke*, étaient toutefois de qualité suffisante pour exercer une influence bénéfique sur les artistes en devenir.

La Marées-Gesellschaft se battait donc simultanément sur deux lignes de front culturelles. Elle luttait d'abord contre le sentiment d'ultra-sécularisation des cultures européennes, qui sombraient, déconnectées de leurs mythes fondateurs, dans la mécanique du monde capitaliste. «Les églises sont glaciales, et les autres lieux où jadis les communautés se rassemblaient ont les fenêtres brisées[63]», écrivait Meier-Graefe dans l'un de ses prospectus : loin de militer en faveur d'un renouveau de la foi chrétienne ou d'un retour aux cultes païens, il diagnostiquait surtout dans la perte de toute espèce de relation au sacré le grand mal des sociétés occidentales. Si, comme remède, l'expérience de la Grande Guerre s'était révélée chimérique, le monde des images semblait être un recours ultime, le seul coagulant socioculturel efficace. La Marées-Gesellschaft devait initier – et, à défaut, simuler d'une manière aussi convaincante que possible – la possibilité d'une union des esprits : «L'objectif de notre société : faire comme si nous étions ensemble[64].» Le second grand combat, qui sera amplement analysé dans le chapitre suivant, consistait – sans surprise – à s'opposer à la dérive des développements artistiques contemporains. «Décrépitude de l'art de notre temps[65]», «déchéance effroyable de l'art actuel[66]» : Meier-Graefe ressassait obstinément l'éventail de son déclinisme par d'innombrables et sidérantes formules. Elles documentent le positionnement inconfortable d'un défenseur de la tradition contraint à errer, hagard, dans le siècle du *ready-made* et des coups d'État dadaïstes.

Réconciliations

En inaugurant les publications de la Marées-Gesellschaft par une édition du *Clavigo* de Goethe illustrée par un artiste martyr de la guerre, Götz von Seckendorff (mort au front en 1914 à l'âge de vingt-cinq ans), Meier-Graefe plaçait d'emblée son entreprise sous le signe de la mémoire nationale. Force est de le constater : sur les quarante-sept publications de sa société, la majorité est consacrée à des artistes, illustrateurs et écrivains liés à la culture germanique. Novalis, Schlegel, édition de contes et légendes populaires compilés par Runge, fac-similés de dessins de maîtres allemands de la Renaissance : c'est bien « la contribution de l'Allemagne à l'art européen », pour reprendre l'intitulé d'un grand projet d'exposition itinérante imaginé par Meier-Graefe dans les années 1920, qui était au centre de ses préoccupations. L'analyse quantitative des objets produits par la Marées-Gesellschaft révèle en revanche que la création française occupe la deuxième place de son programme. Venait enfin un ensemble minoritaire de recueils consacrés à d'autres pays d'Europe, à l'Antiquité et au Moyen Âge, ainsi qu'aux cultures extra-occidentales.

L'attention portée à l'Allemagne, due en partie à l'exploitation de son patrimoine muséal et à la mise à contribution directe de sa scène artistique, ne doit donc pas inciter à négliger l'européanisme latent de l'ensemble du projet. Les arts de la culture germanique y étaient non seulement célébrés sans gloriole, mais constamment chahutés par le contrepoint d'autres foyers de création. Confrontations des styles et des périodes, choc des traditions artistiques et des cultures visuelles : Meier-Graefe envisageait sa société comme un moyen de « rétablir les liaisons culturelles avec les pays étrangers auparavant ennemis[67] », un outil « au service des rapports entre les peuples[68] » ; tandis que Piper conférait au principe même des recueils de fac-similés une « valeur universelle[69] ». « C'est de fleurs que nous avons besoin. [...] Mais pas de celles qui poussent sur un terreau gorgé de sang[70] », peut-on lire en 1920 dans le quatrième *Prospekt*, pour lequel Emil Rudolf Weiß réalisa un ensemble chamarré d'ornements floraux et animaliers.

Le cosmopolitisme salvateur de la Marées-Gesellschaft s'observe en premier lieu dans son développement structurel. Une fois les frontières européennes rouvertes, elle initia rapidement une série de partenariats avec des éditeurs étrangers afin de diffuser plus largement ses recueils, dont les préfaces donnaient parfois lieu à des traductions. À Paris, c'est l'éditeur Georges Crès qui prit en charge le relais commercial de la société, assuré à Londres par Constable & Co., ou encore en Norvège par la maison Hudtwalker & Co. En évoquant en 1919 ses partenariats éditoriaux suédois, le critique rappelait que ce développement à l'international obéissait moins à des problématiques mercantiles qu'à une volonté d'améliorer la « réputation ternie de la culture allemande à l'étranger[71] ».

Cette floraison européenne apparaît également dans les orientations éditoriales de la société. Sur la requête d'un diplomate suisse en poste à La Haye, qui percevait vraisemblablement les possibles bienfaits politiques de l'en-

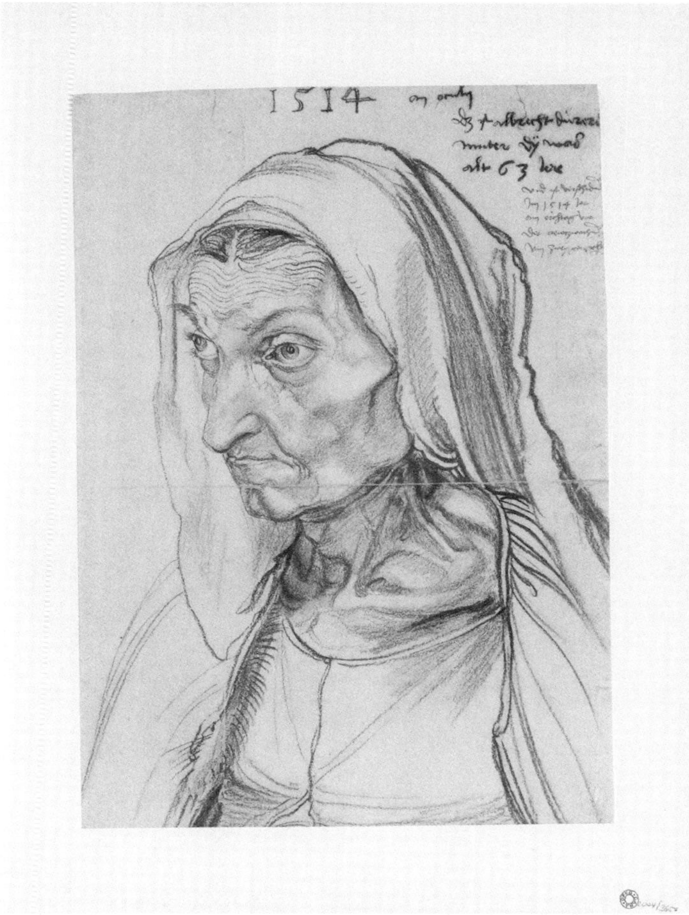

88 Albrecht Dürer, *Portrait de Barbara Dürer, mère de l'artiste*, 1514, fac-similé, dans *Von Schongauer zu Holbein. Zeichnungen deutscher Meister des 16. Jahrhunderts aus dem Berliner Kabinett. Einleitung von Max J. Friedländer*, Munich, R. Piper & Co., 1925, 11e série, 44e publication de la Marées-Gesellschaft

treprise, Meier-Graefe travailla un temps à un projet de recueil incluant plusieurs siècles de création helvétique, d'Urs Graf à Ferdinand Hodler, y compris Böcklin – l'œuvre de jeunesse, naturellement. Ce projet fut abandonné, mais la massive *Deutsche Skizzenmappe*, avec ses quatre-vingts fac-similés de maîtres germaniques, absorbera finalement une partie de ses intentions. En 1921, c'est l'idée d'une *Nordische Mappe* qui fut mise sur la table, devant rassembler des

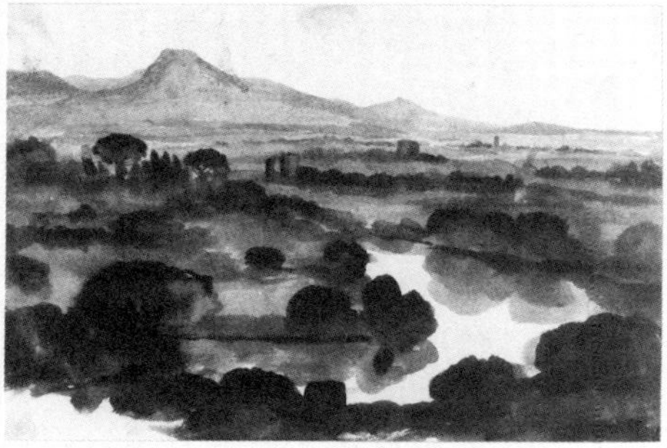

89 Claude Lorrain, *Lever du jour sur le Tibre*, 1640, fac-similé, dans *Claude Lorrain. Tuschzeichnungen aus dem Berliner Kabinett und aus dem British Museum in London. Einleitung von Kurt Gerstenberg*, Munich, R. Piper & Co., 1925, 11e série, 43e publication de la Marées-Gesellschaft

contributions des meilleurs artistes modernes des pays scandinaves. Meier-Graefe s'en remit ainsi à nouveau à Edvard Munch, mais le scepticisme imperturbable de ce dernier envers le principe même du fac-similé n'encouragea pas la réalisation du projet[72]. Surmontant toutes sortes d'obstacles et de difficultés logistiques et financières, le critique parvint toutefois à lancer des ponts entre les nations et à stimuler les dialogues culturels, plus particulièrement entre les deux rives du Rhin. Ne croyant guère aux opérations de propagande d'État,

Meier-Graefe entendait reconnecter les peuples par la mise au jour de leurs dissemblances.

Les historiens s'accordent généralement à voir dans l'année 1925 un moment de détente dans les relations franco-allemandes, jusque-là fragilisées par le traité de Versailles et l'occupation de la Rhénanie. Cette période coïncide avec la publication, au mois d'avril, de la onzième série de la Marées-Gesellschaft, qui était loin de vouloir célébrer une quelconque contiguïté culturelle. Il s'agissait, bien au contraire, d'exacerber les puissantes divergences artistiques entre les deux voisins. Ses deux recueils de fac-similés furent ainsi respectivement consacrés à un ensemble d'œuvres graphiques allemandes de la Renaissance (sous le titre *Von Schongauer zu Holbein*) et à un corpus de lavis arcadiens de Claude Lorrain (ill. 88 et 89). Introduits par des textes de Max Friedländer et de Kurt Gerstenberg, les originaux reproduits étaient principalement issus des collections du cabinet d'art graphique du musée de Berlin. Le texte de présentation que Meier-Graefe rédigea pour la promotion de ces deux ensembles antithétiques exprime son espoir d'une entente des peuples européens fondée sur l'acceptation et la reconnaissance mutuelles de leurs spécificités :

> « Il est impossible d'exposer de manière plus puissante, plus drastique, et peut-être pourrions-nous dire tragique, tout ce qui sépare l'Allemagne de la France qu'avec les deux publications de cette série. Les deux peuples y paraissent encore plus étrangers l'un à l'autre que par leurs singularités culturelles, leurs visions du monde, leurs mœurs et leurs coutumes, ou leurs caractéristiques physiques. [...] Ce n'est pas un quelconque attrait pour le sensationnalisme qui a determiné notre choix, mais le souhait de présenter, avec autant de clarté, autant de dignité que possible, le moment précis où ces deux peuples exprimaient leurs singularités respectives[73]. »

Le spectateur demeure effectivement frappé par la précision incisive et le réalisme brutal du recueil nordique (incluant le visage sec et osseux de la mère d'Albrecht Dürer ainsi que la décapitation imminente de sainte Barbe par Hans Baldung Grien), face aux douceurs vaporeuses des *vedute* du Lorrain, menant tout droit aux brumes de Camille Corot.

Par de telles confrontations, Meier-Graefe poursuivait son investigation de toujours sur les erreurs originelles ayant conditionné les développements artistiques de son pays, au premier rang desquelles il identifiait l'inaptitude à toute approche *malerisch* de la forme. « Le dessin représente la défaite de l'objectivité des Allemands[74] », affirma-t-il, évoquant des artistes condamnés, une fois le pinceau en main, à devenir « lourdauds ». À l'inverse, les Français « dessinaient en peintres » avec un naturel déconcertant, faisant de chacune de leurs feuilles l'instantané embryonnaire d'un tableau en devenir. Consacrées par définition aux œuvres graphiques, les publications de la Marées-Gesellschaft permettaient, d'un recueil à l'autre, de faire la démonstration saisissante de cette divergence fondamentale. Dans son approche rétrospective de l'histoire de la création européenne, le critique continuait à appliquer le filtre normatif d'un impressionnisme dénationalisé, considéré non comme un mouvement ou un style, mais comme une véritable philosophie de la vision :

> « Dans la peinture, nous [les Allemands] sommes souvent devenus des impressionnistes sans jamais parvenir à la forme juste de notre impressionnisme, et nous avons sombré dans la dépendance, car nous n'avons jamais trouvé suffisamment d'assurance pour suivre notre propre voie. [...] Nos peintres, qui semblent si souvent misérables auprès des Français, deviennent en revanche inépuisables une fois qu'on leur met un livre entre les mains[75]. »

Idéalement, la onzième série de la Marées-Gesellschaft devait donc offrir aux deux « pôles » français et allemand l'occasion d'une rencontre. Cette réunion au sommet fut même explicitement envisagée comme un indispensable complément spirituel à la Conférence intergouvernementale de Londres et au plan Dawes signé en 1924, qui assouplissait l'application du traité de Versailles et donnait à l'Allemagne, en l'intégrant à l'Occident libéral, les moyens de lutter contre l'hyperinflation désastreuse qui pénalisait son économie. La réunion du monde de Grünewald et de celui du Lorrain était ainsi rendue possible, par les images seules, sans le truchement d'un quelconque traité.

L'ultime mission réconciliatrice de la Marées-Gesellschaft dépassait le simple contexte de l'après-guerre européen, et trouve peut-être son accomplissement dans le recueil *Cézanne und seine Ahnen* publié au cours de l'année 1921. Par la qualité extraordinaire des fac-similés réalisés par l'atelier Ganymed, il fut l'une des réussites techniques les plus convaincantes de la société, qui sut profiter de prêts généreux de nombreux collectionneurs européens. Comme l'indique son titre, l'idée de cette *Mappe* était de mettre au jour la généalogie de Cézanne, dont Meier-Graefe repérait les racines dans le XVIe siècle italien. Le recueil s'ouvre par un *Gondolier* de Tintoret et par une fragmentaire *Tête d'ange* de Greco, suivis d'un lavis de Poussin figurant *Médor et Angelica* et d'un paysage de Corot. Deux pièces de Delacroix sont magistralement reproduites, dont le fougueux *Cheval effrayé par l'orage* (ill. 90 et 91), anciennement dans la collection hongroise de Pál Majovszky. Les seize aquarelles et dessins de

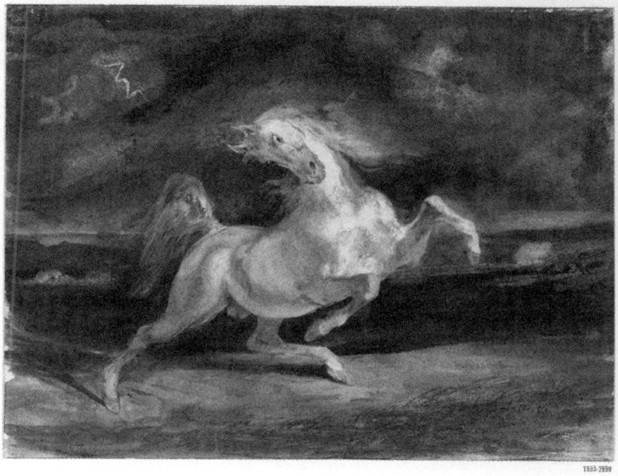

90 Eugène Delacroix, *Cheval effrayé par l'orage*, 1825-1829, aquarelle, 23,5 × 32 cm, Budapest, Szépmüvészeti Múzeum, inv. 1935-2698

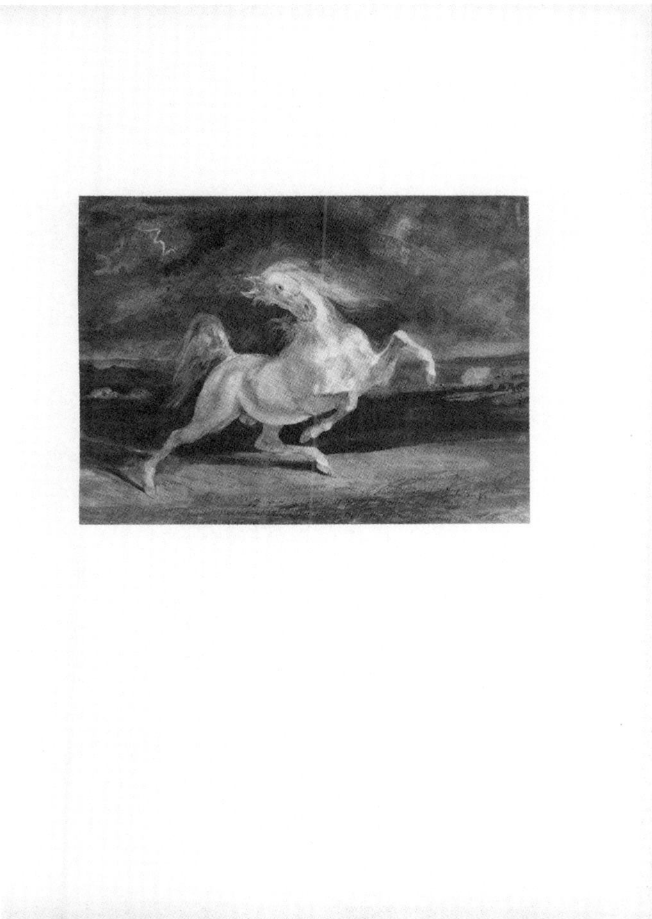

91 Eugène Delacroix, *Cheval effrayé par l'orage*, 1825-1829, fac-similé, dans *Cézanne und seine Ahnen. Faksimiles nach Aquarellen, Feder- und anderen Zeichnungen von Tintoretto, Greco, Poussin, Corot, Delacroix, Cézanne. Mit einer Vorrede von J. Meier-Graefe*, Munich, R. Piper & Co., 1921, 7e série, 33e publication de la Marées-Gesellschaft

Cézanne qui constituent le cœur de l'ensemble déploient le talent de l'Aixois sous une grande variété d'angles, depuis son rapport étroit aux maîtres du passé jusqu'aux impressions à peine suggérées de la montagne Sainte-Victoire.

D'un ton grave, profondément libre, le texte introductif livre les plus belles pages jamais consacrées par Meier-Graefe non seulement à Cézanne et à l'impressionnisme, mais à sa conception dynastique de l'histoire de l'art. Il offrait également l'occasion à l'écrivain d'extirper l'héritage cézannien de la geôle des avant-gardes et de ses impardonnables détournements : le peintre d'Aix s'y révèle comme un puissant administrateur du patrimoine visuel européen, un noble passeur de la tradition, un conquérant, un bâtisseur – un être collectif, pour reprendre la terminologie de Goethe :

> « L'artiste est un fait passager, une étoile filante, une explosion, un *fatum*. En réalité, l'originalité est une invention résolument moderne, en définitive invisible, inutile, inconcevable, tout comme la chose en soi. La merveille de l'art égale celle de la nature ; ce n'est pas la nouveauté, mais le renouvellement de l'ancien, le développement organique, la continuation, l'immortalisation. La nouveauté, c'est la rupture, la fin.
>
> [...] L'épigone n'exploite que l'épiderme de son modèle, il en est le faussaire. Le véritable héritier est pour sa part capable de déceler les traits qui font l'essence, la profondeur et le potentiel de l'art de ses ancêtres, dont il se fait le frère de sang. Il ne se farde pas du modèle, mais lui dérobe les matériaux dont il a besoin pour bâtir son propre édifice. Son âme résulte d'une synthèse. [...] L'artiste ne vient pas au monde avec ses ancêtres, mais les recompose à partir de sa propre expérience, en vertu de son enthousiasme. Ils sont les trophées d'un amour conquérant[76]. »

La réconciliation est intégrale. Avec *Cézanne und seine Ahnen*, le passé proche tend la main au passé lointain, l'Italie et les Flandres entament un dialogue sur le territoire français, les brumes du romantisme parisien viennent voiler le ciel d'Aix-en-Provence. En compilant des images que séparaient l'espace et les siècles, Meier-Graefe contribuait à les émanciper de la tyrannie de l'histoire.

* * *

Entreprise de « distribution de Réalité Sensible à domicile[77] », machine à stimuler la *praxis* et laboratoire visuel, la Marées-Gesellschaft oscillait entre tradition et modernité. Si la formule est essorée par l'usage, elle désigne pourtant bien l'impression éprouvée par quiconque observe ses recueils. La politique graphique d'Emil Rudolf Weiß, fondée sur les effets de surprise sémiologiques et le contre-emploi typographique, capture à elle seule l'ambivalence culturelle de la société : ses publications jouent sur une alternance de polices de caractères *fraktur* ou néogothiques, de lettrines florales irrégulières et d'*antiqua* épurées. Signes d'un modernisme contrôlé, les fontes de Weiß circonscrivent ainsi l'étendue de l'espace esthétique dans lequel Meier-Graefe gravitait et demeura prisonnier. C'est logiquement ce même Weiß qui, après plus de trente ans de collaboration avec le critique, allait dessiner sa pierre tombale de Saint-Cyr-sur-Mer.

CHAPITRE IX

·OSTINATO·

« MAIS IL N'EUT PAS LA FORCE DE SE PLAINDRE, LA COUPE D'AMERTUME ÉTAIT REMPLIE[1]. »

Gustave Flaubert

Un ciel lourd et maussade ; des mains suppliantes qui émergeaient d'un amas de corps déchiquetés, toujours fumants ; des visages en lambeaux, décomposés, chair gluante et entrailles à vif... : c'est bien un « chef-d'œuvre à l'horreur indicible[2] » – les termes sont ceux de l'Américain Alfred H. Barr Jr (1902-1981) – qui fut imposé au regard des visiteurs du musée Wallraf-Richartz de la ville de Cologne dès la fin de l'année 1923 (ill. 92). L'acquisition pour une dizaine de milliers de marks de l'insoutenable *Tranchée* d'Otto Dix par l'institution déclencha l'une des polémiques artistiques les plus marquantes de la brève République de Weimar[3]. Pudiquement accrochée derrière un épais rideau, l'huile sur toile fut immédiatement prise pour cible par les chroniqueurs de la presse locale : à leurs yeux, cette représentation vériste et cruelle des horreurs d'une guerre dont l'Allemagne était sortie vaincue ne traduisait en aucun cas la justification éthique du conflit. La *Kölnische Zeitung* s'offusqua de la présence de cet objet qui nuisait à l'image de la nation et plaida logiquement pour un prompt décrochage. Afin d'apaiser la controverse, le tableau fut déplacé à l'occasion de l'exposition annuelle de l'Académie des beaux-arts de Berlin au printemps 1924 sur l'initiative du peintre Liebermann, qui en avait pris la direction après la chute de l'ancien régime. Cette délocalisation éphémère inspira à Meier-Graefe un article à charge, publié le 2 juillet dans les colonnes de la *Deutsche Allgemeine Zeitung*, le plus conservateur des titres libéraux :

> « Cette *Tranchée* n'est pas seulement mauvaise, elle est peinte d'une manière infâme, avec un plaisir pénétrant du détail ; non pas de la sensualité du détail, mais de sa représentation concrète. Le cerveau, le sang, les entrailles peuvent être dépeints de telle sorte que l'eau vous monte à la bouche. Le jeune Max Liebermann l'a prouvé avec d'immortels tableaux. La deuxième anatomie de Rembrandt, avec son ventre ouvert, vous donnerait envie de le couvrir de baisers. Ce Dix – pardonnez-moi la brutalité du terme – est à vomir [...].

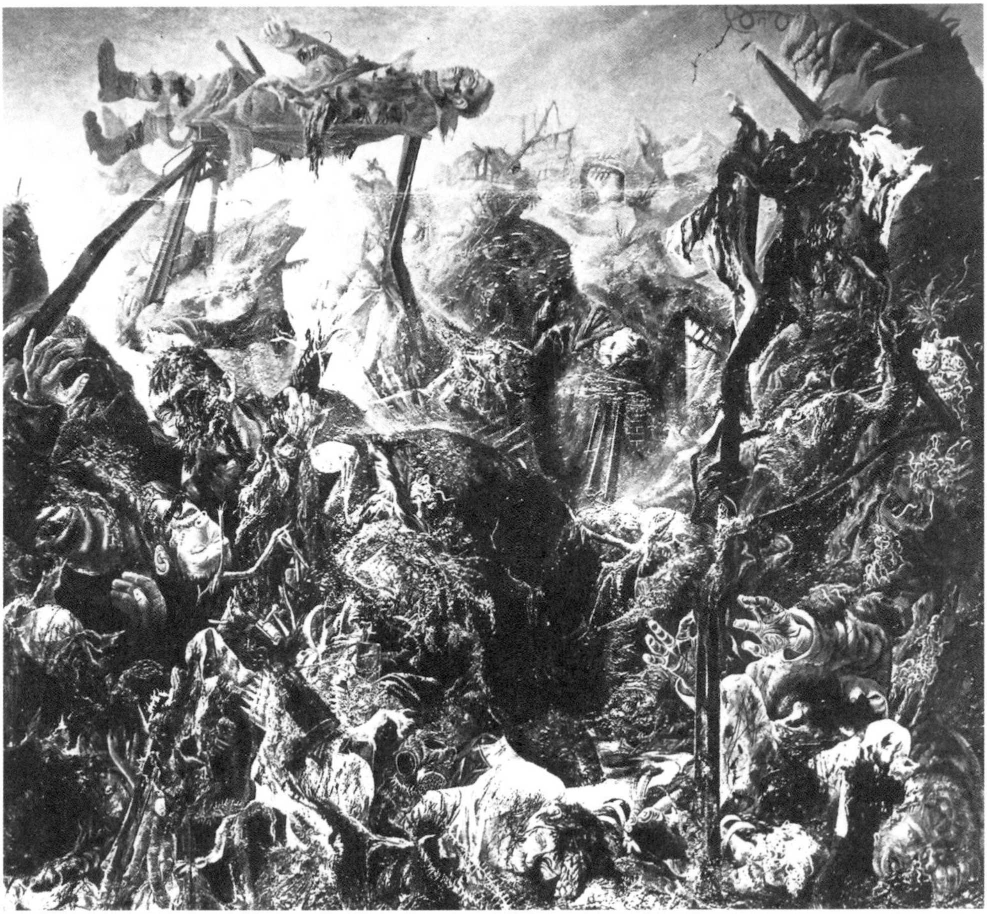

92 Otto Dix, *La Tranchée*, 1923, huile sur toile, œuvre détruite ?

> Le tableau, ainsi exposé au public, devient un document culturel allemand. Voilà le problème. J'ai vu à Cologne quelques officiers [français] se tenir devant cette monstruosité, et j'ai dû filer en douce pour ne pas m'infliger leurs commentaires experts. [...] Ainsi, tant que les instances colonaises ne se seront pas prononcées pour l'éloignement du monstre, on a de quoi être réactionnaire comme Mathusalem[4]. »

Pour le critique, il ne s'agissait donc pas seulement de dénoncer une mauvaise peinture, mais de remettre en cause le bien-fondé moral et culturel de son exhibition publique sur le territoire d'une Rhénanie-Palatinat depuis peu investie par les militaires français. Quant au choix de Liebermann de montrer l'œuvre à Berlin, il n'avait été selon lui motivé que par un sensationnalisme douteux. Ce texte contribua à donner une envergure nationale aux vifs débats entourant le tableau et contraignit la corporation des critiques les plus progressistes, qui interprétait l'ignominie volontaire de la *Tranchée* comme une dénonciation des atrocités de la guerre, à une riposte groupée.

C'est le critique d'art Paul Westheim (1886-1963) qui s'attela le plus systématiquement à la tâche. Il commença par adresser une lettre à la rédaction de la *Deutsche Allgemeine Zeitung*, publiée le 8 juillet 1924, mais flanquée d'une contre-argumentation du chroniqueur Paul Fechter, qui doutait lui aussi de la valeur artistique de l'objet incriminé[5]. Tournant en ridicule les goûts passéistes de Meier-Graefe, Westheim et ses alliés l'accusèrent d'endosser le rôle de censeur rétrograde des galeries publiques allemandes. Le publiciste poursuivit sa fronde en ouvrant les colonnes de son propre périodique, l'avant-gardiste *Kunstblatt*, à ses frères d'armes défenseurs de l'expressionnisme et à des piliers d'une « Nouvelle Objectivité » sur le point de trouver son appellation. Dans un texte cosigné par plusieurs acteurs radicaux du groupe des « Progressistes de Cologne », on protesta vivement contre Meier-Graefe et ses « râleries de vieille dame », lui qui s'était pourtant empressé de célébrer les bienfaits de l'expérience du front en septembre 1914 : « Puisse Meier-Graefe continuer à embrasser le ventre écorché de la *Leçon d'anatomie* de Rembrandt et se sentir à l'aise auprès des chaussures bien cirées d'Anton von Werner[6]. »

Cité et discuté par bon nombre de gazettes nationales et locales, glané auprès de la rédaction de la *Deutsche Allgemeine Zeitung* par le maire de Cologne en personne, Konrad Adenauer, le brûlot de Meier-Graefe infléchit considérablement le sort de la *Tranchée*. Acculé, le « dixifié[7] » directeur du Wallraf-Richartz-Museum fut contraint de restituer l'œuvre à la galerie Nierendorf qui lui en avait assuré la vente, incitant même le marchand et son artiste, indignés par ce rétropédalage de la municipalité, à porter l'affaire en justice. Difficile à replacer sur le marché, montrée à l'occasion de manifestations pacifistes dans les années qui suivirent, la toile dut attendre 1928 pour rejoindre à nouveau les cimaises d'un musée, celui de Dresde cette fois-ci. La suite de l'histoire est bien connue : l'œuvre fut saisie par les petites mains du Troisième Reich afin d'être exhibée à l'exposition « Entartete Kunst » de 1937, non loin d'une liste d'écrivains d'art présumés anti-allemands où se côtoyaient, malgré leurs esthétiques inconciliables, les noms de Meier-Graefe et de Westheim. Vraisemblablement incendiée en 1940, la *Tranchée* ne survit aujourd'hui qu'à travers l'histoire chaotique de sa réception, quelques photographies en noir et blanc, et la reprise de son motif dans le panneau central du triptyque de *La Guerre* pour lequel Dix enrichit sa composition de références explicites à Grünewald et à Rembrandt.

Le *Dix-Streit* de 1924 eut, dans la carrière de Paul Westheim, de singulières et accablantes conséquences[8]. Dans la foulée du scandale, le nouveau directeur des pages culturelles de la *Frankfurter Zeitung* mit sèchement un terme à l'activité de feuilletoniste qu'il y exerçait depuis 1912. « Nous estimons [...] que vous cultivez, dans votre traitement des choses relatives à l'art moderne, une certaine radicalité qui n'est assurément pas insignifiante pour le développement de la vie artistique allemande[9] », concédait l'éditorialiste dans sa missive de licenciement. Il considérait en revanche que Westheim disposait, avec son propre *Kunstblatt*, d'un organe de presse beaucoup mieux adapté à ses saillies avant-gardistes. Sur les conseils du publiciste Wilhelm Hausenstein, c'est à Meier-Graefe que Benno Reifenberg (nouveau directeur des pages culturelles du journal) proposa le poste désormais vacant de la *Frankfurter Zeitung*, vantant son « européanisme » et la « plus grande variabilité[10] » de ses propos. Fou de rage, Westheim protesta publiquement contre l'indélicatesse de cette éviction, jugeant les avis esthétiques de Meier-Graefe non seulement obsolètes, mais opportunistes.

« *Typisch für Deutschland*[11] » : ainsi Meier-Graefe qualifia-t-il, au début de l'année 1925, l'émoi général causé par sa nomination comme correspondant libre de la *Frankfurter Zeitung*, en charge des actualités artistiques berlinoises. S'il ne se prononça jamais publiquement sur la controverse, il traita sans détour Westheim, dans sa correspondance intime, de « petit margoulin » et de « mouche à merde[12] », prenant soin de dénigrer l'ensemble de son activité : « Il relate toutes les saloperies, il est unilatéralement moderne et édite parallèlement un journal artistique ultra-moderne dans lequel on lit beaucoup de sottises[13]. » En somme, les discussions autour de la *Tranchée* d'Otto Dix et ses conséquences dans la vie culturelle publique allemande n'étaient que le symptôme d'une fracture définitive entre les avant-gardistes les plus radicaux et le camp des modernistes modérés, représenté par Meier-Graefe.

Malgré sa réticence assumée envers la culture du feuilletonisme, Meier-Graefe accepta l'offre de Reifenberg, tentant de se persuader que cette activité pourrait éventuellement contribuer au rapiècement d'une culture nationale trop dispersée et « faire barrage à toutes sortes d'incommensurables idioties ». Comparant avec une humilité toute relative sa nouvelle modalité d'action culturelle à celle d'un Dostoïevski, il évoqua également un argument de taille dans un billet à sa future troisième épouse, Annemarie : « Il s'agit en outre d'un revenu supplémentaire[14]. » Son nouveau contrat avec la *Frankfurter Zeitung* fut honoré pour la première fois en décembre 1924 par une chronique

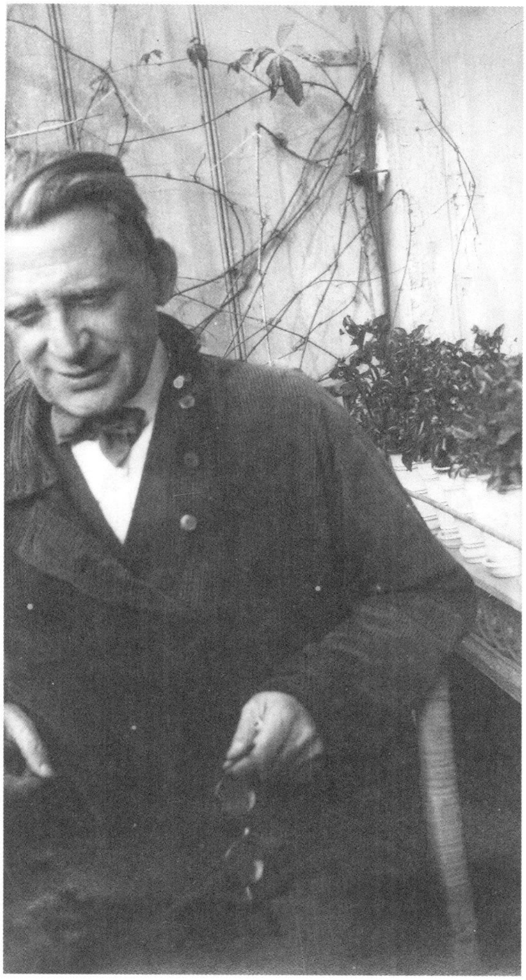

93 Portrait de Meier-Graefe dans son appartement de la Hohenzollernstraße 15 à Berlin en 1928, photographie, Marbach, Deutsches Literaturarchiv, B 1996.D 1

consacrée aux actualités de la Sécession berlinoise. Elle fut le premier envoi d'une série de plus de deux cents articles publiés pendant près d'une décennie dans le journal francfortois, à raison d'une trentaine par an au plus fort de son activité. À partir de 1928 et pour deux saisons consécutives, l'écrivain occupa une fonction parallèle de critique dans un autre grand quotidien libéral de l'époque, le *Berliner Tageblatt*. Il y fit paraître jusqu'en 1930 une cinquantaine de papiers, activité qui le contraignit à ralentir un temps son partenariat avec la gazette concurrente[15]. Conservée au Bundesarchiv de la ville de Coblence, une lettre au rédacteur en chef de ce journal et pilier fondateur du Parti démocrate allemand, Theodor Wolff (1868-1943), atteste la stature impériale dont jouissait à cette époque le sexagénaire Meier-Graefe, toujours perçu comme un critique de référence. Une réputation dont il sut profiter habilement en imposant les conditions de sa collaboration : selon des clauses qu'il dicta lui-même à son nouvel employeur, il s'engageait à fournir au journal trente-six articles par an pour un salaire mensuel fixé à 1 200 marks. Le critique d'art « le plus cher d'Allemagne » s'assura en outre une absolue liberté dans la périodicité de ses envois et le choix des faits relatés, tout comme l'exclusivité du traitement des événements les plus prestigieux de la vie culturelle de la capitale[16].

L'entre-deux-guerres est à ce titre l'âge d'or du Meier-Graefe feuilletoniste, dont les nombreux articles occupent une place singulière dans son corpus d'écrits. Peut-être davantage encore que dans ses ouvrages monographiques et autres études livrés durant cette période (notamment pour le *Querschnitt* d'Alfred Flechtheim, le *Neue Merkur* de Hausenstein et d'Ephraim Frisch, ou encore sa propre revue *Ganymed*), le critique y révèle un style libre, maîtrisant avec agilité la forme courte, proposant des instantanés culturels percutants. Marquées par leur *Witz* impertinent, ces chroniques informaient le lectorat allemand d'expositions en cours d'art ancien, moderne et contemporain, ainsi que des parutions récentes, évoquant parfois au sein d'un même texte deux manifestations culturelles résolument antinomiques en s'efforçant de les confronter. Au fil des années, ses articles prirent un ton de plus en plus rétrospectif, l'auteur puisant dans ses souvenirs de quarante années d'activité au service des arts. Écrivant aux côtés des jeunes intellectuels les plus raffinés du moment tels Walter Benjamin ou Siegfried Kracauer, ce voisinage contribua fatalement à enraciner Meier-Graefe dans son statut de représentant d'une arrière-garde cultivée, attentive aux actualités sans pour autant les cautionner (ill. 93).

L'ordre du retour

Le 15 janvier 1919, les spartakistes Karl Liebknecht et Rosa Luxemburg furent assassinés à Berlin. Quelques jours plus tard, à la veille des élections nationales du 19 janvier destinées à former une assemblée constituante et dont le Parti social-démocrate allemand sortit vainqueur, Meier-Graefe fit paraître dans la presse « Das politische Geständnis des Künstlers[17] », article où il entendait établir le positionnement idéologique des créateurs vis-à-vis des soulèvements en cours. Ce texte, qui prend les apparences d'un manifeste apolitique, se conclut ainsi :

> « Les tableaux et les idées, voilà nos biens. Le devenir, notre affaire. Nous [les artistes] sommes des révolutionnaires, parce que nous nous heurtons à toutes les barrières qui font obstacle au monde des sensations. [...] Nous sommes des réactionnaires, dès lors qu'une révolution abroge les différences natives parmi nos rangs, ou communautarise la personnalité. Nous sommes des aristocrates, car nous vénérons des rois sacrés et sécurisons notre statut à l'aide des affinités électives et génétiques qui nous lient avec eux. [...] Nous sommes des socialistes, non pas parce que nous souhaitons remplacer les masques usés par de nouveaux, mais parce que notre naïveté espère le retour d'une sainte communauté ; elle doit espérer, afin d'assurer notre subsistance[18]. »

Dans ses réponses aux questions fondamentales posées au nom des artistes[19], Meier-Graefe bottait donc en touche, en attribuant aux créateurs la liberté de se mouvoir dans un cosmos idéologique situé au-delà des mêlées partisanes. L'artiste, créature de noblesse, demeurait le seul et unique rédempteur civilisationnel d'une Europe meurtrie et en proie au chaos.

L'histoire infinie de l'art moderne

C'est dans ce contexte de tension culturelle que Meier-Graefe entama en 1921 la rédaction du troisième et dernier tome de la seconde version toujours inachevée de l'*Entwicklungsgeschichte*. Il fut publié en 1924, soit près de six ans après la parution des deux premiers volumes. Au départ imaginée comme une simple révision de la mouture initiale de l'ouvrage, force est de constater que la seconde version n'avait plus rien à voir avec celle de 1904 – à tel point que l'auteur et l'éditeur regrettèrent de n'en avoir abandonné que le sous-titre. L'existence de ces deux versions fut d'ailleurs à la source d'une certaine confusion bibliographique chez ses interprètes, qui perdure aujourd'hui encore fréquemment. Si Meier-Graefe semblait définitivement convaincu que l'*Entwicklungsgeschichte* de 1904 n'était que le fruit décati d'un « geste spontané », il estimait à l'inverse que sa version révisée était le résultat d'un « travail systématique[20] ». Sa structure gagnait certes en clarté, mais l'ensemble n'en restait pas moins le produit d'un conglomérat de publications variées.

Le retard de la livraison du troisième tome s'explique en premier lieu par le surgissement de la Grande Guerre. Le volume comprend les quatre derniers des dix chapitres constituant l'armature de l'ensemble, eux-mêmes subdivisés en essais monographiques. Il s'ouvre sur un passage consacré à la sculpture du XIXe siècle, largement dominée par la figure de Rodin, et se poursuit par un développement sur le thème de la « Composition française », d'Ingres à Cézanne, *via* Renoir et Bonnard. Intitulé « Le nouveau rationalisme », le neuvième chapitre guide le lecteur de Van Gogh et Gauguin jusqu'à Matisse et Picasso, narrant les dérives décoratives du postimpressionnisme et ses conséquences sur le XXe siècle naissant. Le dixième et dernier chapitre retrace l'essor des arts visuels au nord de l'Europe et dans le monde germanophone, de la fin-de-siècle à l'immédiat après-guerre. Se refusant à toute conclusion, Meier-Graefe fit le choix d'achever sa seconde *Entwicklungsgeschichte* par une étrange « Morale », faisant de l'entièreté de son récit une fable aux accents tragiques.

Si c'est bien un drame en dix actes qui semble se jouer au travers des 700 pages de ce Nouveau Testament de l'art moderne, son récit n'en demeurait pas moins éloigné de toute approche téléologique. Dans leurs travaux, des historiens comme Sabine Schneider ou Hans Belting ont bien analysé les modalités discursives mises en œuvre dans le livre, où le passé dialogue sans cesse avec le présent et où la cartographie artistique de l'Europe voit ses frontières diluées. Dans une recension de l'historien de l'art Walter Pach (1884-1958), à qui Meier-Graefe avait personnellement expédié un exemplaire, l'Américain célébra la liberté souveraine de son collègue dans le ton et l'approche, avant de traduire en anglais ses passages les plus saisissants[21]. En reprochant de son côté aux manuels d'histoire de l'art moderne de Pach, dans une lettre qu'il lui adressa en retour, de délaisser Maillol au profit de Raymond Duchamp-Villon et Constantin Brancusi (« Dieu vous le pardonnera[22]... »), Meier-Graefe révélait à nouveau son intransigeance face à la « fumisterie » avant-gardiste.

À la vue de son sommaire, le traitement réservé à la création contemporaine au sein de la seconde *Entwicklungsgeschichte* frappe aujourd'hui par ses indéniables carences. Seules quelques personnalités clés des avant-gardes historiques timidement défendues par l'auteur y trouvent leur place, Meier-Graefe se refusant à historiciser des tendances qu'il ne soutenait pas. Son analyse des actualités fut par conséquent loin de satisfaire les premiers concernés. Dans une missive adressée à Piper, Kirchner se montra sceptique quant à la capacité de l'auteur à se repérer parmi la scène contemporaine :

> « Malgré mon admiration pour le style élégant, percutant et spirituel de l'écrivain d'art Meyer-Gräfe [*sic*], je dois avouer que je regrette qu'il ne se soit pas renseigné davantage sur l'évolution du jeune art allemand avant d'écrire à son sujet. Il en arrive à des conclusions quasi humoristiques, et présente à tort des suiveurs comme des initiateurs[23]. »

Un agacement d'autant plus légitime que, à la page 561, la légende d'une œuvre de facture expressionniste représentant un nu féminin allongé attribuait par erreur à Max Pechstein un tableau de Kirchner lui-même. Ce dernier interpréta cette coquille comme un signe évident d'amateurisme – sans omettre de saisir l'occasion pour s'enquérir de ses légitimes arriérés de droits de reproduction auprès de l'éditeur. De leur côté, les critiques et historiens de l'art plus aventureux ne manquèrent pas de partager leur scepticisme face à la frilosité générale du récit et à ses tonalités élégiaques. Worringer exprima de profondes réserves. Il félicita Piper pour la qualité éditoriale de l'objet produit, avant de poursuivre :

> « Je me suis cependant franchement demandé, lors de ma nouvelle lecture, si le texte méritait un tel investissement. Je ne voudrais pas déprécier les services rendus naguère par M. Gr., mais le ton, les jugements et les observations de cette *Entwicklungsgeschichte* me paraissent incroyablement obsolètes. L'appendice sur l'art allemand, avec son pseudo-spiritualisme, m'a été d'une lecture particulierement pénible. Je ne pense pas être le seul à émettre un tel jugement[24]. »

Il voyait juste : un Karl Scheffler, par exemple, émit une appréciation semblable. Il célébra également le style légendaire de l'auteur, auquel le lectorat allemand cherchait à s'accoutumer depuis plus de trente ans, mais ne pouvait nullement cautionner ses écarts déclinistes et son « systématisme[25] » défaillant. On ne distinguait finalement dans la bâtisse discursive de Meier-Graefe qu'un *pathos* sans *ethos*, un amalgame de phrases brumeuses, une tentative bancale de récit historique où se trouvaient encensés, au milieu d'honorables artistes, une foule de créateurs mineurs représentant un modernisme fané. Faute d'avoir conservé sa teneur subversive, l'*ostinato* lancinant de Meier-Graefe ne provoquait plus qu'une lassitude dans le monde des arts. Les ébauches de traduction de l'ouvrage, en français d'abord, grâce à l'implication de l'éditeur Georges Crès, puis en anglais, avec le concours de John Holroyd-Reece, échoueront toutes deux. L'accueil réservé à la seconde *Entwicklungsgeschichte* resta tiède, la critique ne sachant que faire de ses longues doléances.

En dépit de ce pessimisme, le Meier-Graefe de l'entre-deux-guerres fréquenta assidûment les lieux d'exposition publics et privés, en Allemagne comme en France. Ayant quitté Dresde pour retrouver la capitale en 1921, où il prit ses quartiers dans un appartement de la Hohenzollernstraße, c'est en voisin qu'il se rendait dans les galeries berlinoises du quartier de Tiergarten. On le trouvait régulièrement chez Cassirer, Heinrich Thannhauser, Viktor Hartberg ou encore Ferdinand Möller, voire à la galerie Der Sturm – dont le livre d'or atteste sa présence le 20 février 1920[26]. Dès que la France lui fut à nouveau accessible, il se rendit souvent chez Paul Guillaume, Bonjean, Hugo Perls ou encore Bernheim-Jeune afin de se tenir au fait de la nouvelle scène parisienne. Mais le galeriste dont l'attitude et les goûts semblaient le plus en accord avec sa personnalité et ses aspirations demeura Alfred Flechtheim (1878-1937). Il reconnaissait en lui certains traits de caractère des plus nobles marchands parisiens des décennies passées[27].

Réinstaurer les choses

Les années Weimar furent pour Meier-Graefe celles de la confirmation de ses intuitions d'avant-guerre sur l'invalidité des poussées avant-gardistes de la première décennie du siècle. Fort du recul historique dont il disposait dorénavant, il n'avait plus aucun doute : des groupes comme Die Brücke ou le Blaue Reiter n'avaient fait qu'aggraver les faiblesses de la peinture allemande. En 1926, à l'occasion de l'Internationale Kunst-Ausstellung de Dresde qui jetait un regard rétrospectif sur la carrière de la plupart des hérauts de l'expressionnisme, l'auteur condamna d'un bloc « la garde rancie de Nolde, Kirchner, Rohlfs, Schmidt-Rottluff » et leur « dilettantisme effarant[28] ». Lapidairement mentionné dans l'*Entwicklungsgeschichte* pour la « banalité de son interprétation de la symbolique des couleurs[29] », le colérique et futur sympathisant nazi Emil Nolde (1867-1956) narra dans ses *Souvenirs* de 1934 de houleuses chamailleries téléphoniques avec celui qu'il considérait toujours comme un « ennemi de l'art allemand[30] ». La question du cubisme et de ses conséquences constitua en revanche l'un des sujets de prédilection des écrits tardifs de Meier-Graefe. L'affaissement de cette tendance à la suite de son abandon progressif par ses initiateurs mêmes semblait, là aussi, légitimer son scepticisme d'antan. Le critique s'obstina néanmoins à fustiger l'avalanche d'épigones au talent inégal qui envahissaient alors les salons de peinture une fois appliquée la « recette Picasso », tout comme leur importation par les marchands d'outre-Rhin. « On devient désormais expressionniste ou cubiste comme on devient *Herr Doktor*[31] », pouvait-il écrire en 1922, avant de mettre au point cette formule polissonne : « Comparées à l'orthodoxie des académiciens du cubisme, les règles de David semblent du petit-lait[32]. » Il ne faut d'ailleurs qu'une demi-page au dernier tome de la seconde *Entwicklungsgeschichte* pour expédier les fondements de la *doxa* cubiste, finalement interprétée comme une tentative de réenchanter l'espace dans la représentation. Issu d'une récupération erronée de l'enseignement cézannien, le cubisme, péché originel du nouveau siècle, devenait la réaction sectaire d'une Europe en crise de cohésion socioculturelle[33].

Matisse et Picasso étaient « les derniers acteurs d'une tragi-comédie[34] », et leurs productions respectives le fruit des dérives autoréflexives d'un phénomène d'emballement de l'art moderne. Représentant du pôle « décoratif » des développements artistiques contemporains, générateur de rouleaux de papier peint au kilomètre où le rapport au réel n'était qu'un « faute-de-mieux[35] », Matisse ne brillait qu'en épicurien de la forme : « Je ne suis là que pour être avalé, [nous disent] les tableaux de ce Brillat-Savarin, mais je vous force à faire de cette nourriture un art[36]. » Quant à son concurrent espagnol, il incarnait le « geste » pictural, la volonté de reconquérir la structure et le volume, mais au prix d'une dissolution du rapport à la nature et à la tradition. « L'historien du futur s'arrêtera au nom de Picasso et déclarera : c'est ici que tout s'achève[37] », peut-on lire au détour d'une analyse. Vue d'aujourd'hui, cette formulation séduisante peut donner lieu à deux interprétations. L'une, réductrice, y décèlerait une énième et vaine variation sur le thème de la fin de l'art. L'autre, à laquelle il semble préférable d'adhérer, dénote une prise de conscience par l'auteur de la césure opérée dans l'histoire de la représentation par les avant-gardes historiques et leur redéfinition de la visualité. Ces reproches n'empêcheront d'ailleurs pas Meier-Graefe, fasciné, de continuer à reconnaître chez Picasso, cet « *Alles-Könner* » dérangeant, une dextérité et une aisance indéniables.

Si ce rejet du cubisme semblait définitif, quelques exceptions doivent ici être relevées. Le peintre Georges Braque (1882-1963) retint notamment l'attention du critique. Lors de son premier voyage parisien d'après-guerre, il se rendit à son atelier de la rue Caulaincourt et considéra cette visite comme la « plus grande surprise[38] » de son séjour. Consolidateur pragmatique du style de Bonnard, Braque lui paraissait détenir un tempérament suffisamment prononcé pour pouvoir s'extraire de tout dogmatisme. Son principal mérite était d'avoir redonné une statique aux procédés cubistes, ce dont Picasso, sujet à de graves crises d'hystérie esthétique, était absolument incapable. Montré à l'occasion de la grande Exposition internationale de Dresde de 1926, où se déployait un large éventail des avant-gardes mondiales des années 1920, le *Manteau de cheminée* (ill. 94) subjugua Meier-Graefe. Lisible malgré sa représentation diffractée de l'espace, l'œuvre – alors en la possession du collectionneur Reber – marquait une phase de transition entre un cubisme synthétique finissant et les aspirations néoclassiques qui lui succédèrent. La série d'œuvres dans laquelle s'insère cette cheminée monumentale et disloquée atteste effectivement une volonté ambitieuse chez Braque d'aborder en toute franchise le problème de l'enchevêtrement des plans, tout comme son aptitude à le

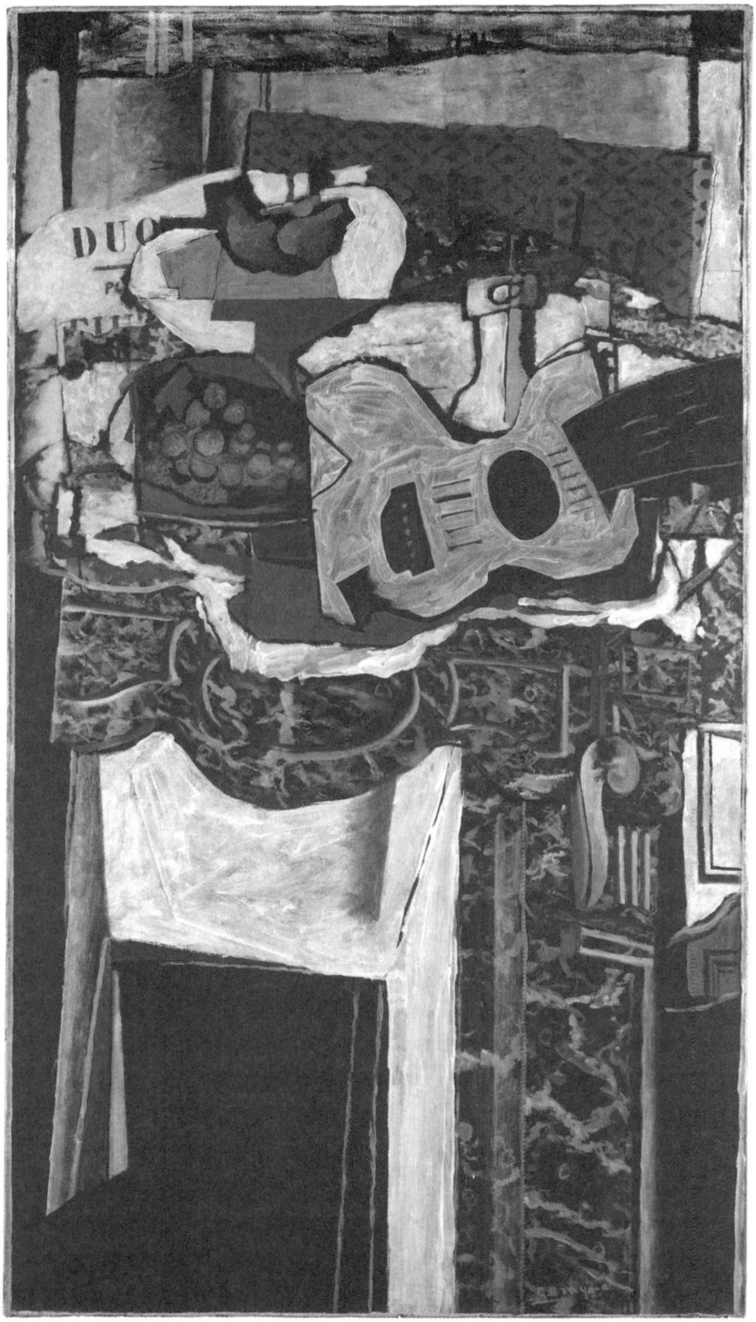

94 Georges Braque, *Le Manteau de cheminée*, 1921, huile sur toile, 130,5 × 74,3 cm, New York, Metropolitan Museum of Art, inv. 1996.403.11

résoudre avec autorité. Séduit, le critique ne parvenait pas pour autant à masquer son sentiment de culpabilité, celui de capituler face aux charmes irrésistibles d'une image :

> « Une cheminée parisienne, sur laquelle se trouvent des segments de vases, des coupes de fruits et d'autres choses, sans oublier la mandoline récalcitrante ; le tout représenté dans un ordre (ou désordre) cubistique. [...] L'harmonie des tons de malachite du marbre avec l'ocre, le rouge brûlé et les riches nuances de blanc, le jeu des couleurs avec les lignes et surfaces rompues – on succombe sans pouvoir résister. On pourrait dire de ce tableau, comme de bien d'autres d'ailleurs, qu'il est une décoration basée sur des lois géométriques, le fruit d'un compromis entre le cube et la couleur, un non-sens absolu. On peut le dire à bon droit, ici plus encore qu'au sujet d'autres tableaux, avec une légitimité telle que cela ne signifie plus rien. La routine qui se ressent chez d'autres s'intensifie chez Braque, jusqu'à ce qu'elle atteigne paradoxalement une forme de hardiesse. Quand le goût seul devient l'unique support tangible de cet art, et que l'on méprise ce genre de colifichet du haut de son âme allemande, cela n'aide en rien : il me faut ce tableau[39]. »

C'est donc un Français qui reprenait la main sur les effets de mode assaillant Paris, ville-incubateur des avant-gardes internationales. Tout comme Braque, André Derain représentait pour Meier-Graefe une catégorie minoritaire d'artistes résolus à « réinstaurer les *choses* ». Chez lui, « les pommes sont désencombrées, le vase redevient vase, et les étoffes retrouvent leur texture. [...] Derain a comme immense mérite de nous faire quitter le monde des nègres et les mers du Sud pour nous ramener en Europe[40] ». Singulière, la production d'après-guerre de Derain semble effectivement celle d'un gardien de la tradition européenne, exhibant sur ses toiles les ambivalences de ses aspirations : celles d'un artiste de métier, pensant en *peintre*. Ses paysages des années 1920 à la facture lisse et homogène, ses natures mortes contrastées et classicisantes faisaient de lui l'artiste « régulateur » par excellence.

Le feuilletonisme antimoderne de Meier-Graefe s'intégrait finalement bien dans une certaine frange du paysage critique franco-allemand de l'époque, où se propageaient de semblables réticences envers l'éclatement du rapport à la tradition, la spéculation reine et le patois nouveau de la critique. Parmi les rares auteurs contemporains explicitement mentionnés par l'Allemand, on retrouve significativement le marchand-critique franco-polonais Adolphe Basler (1878-1949), dont les textes dénonçaient avec sarcasme une beauté s'évanouissant

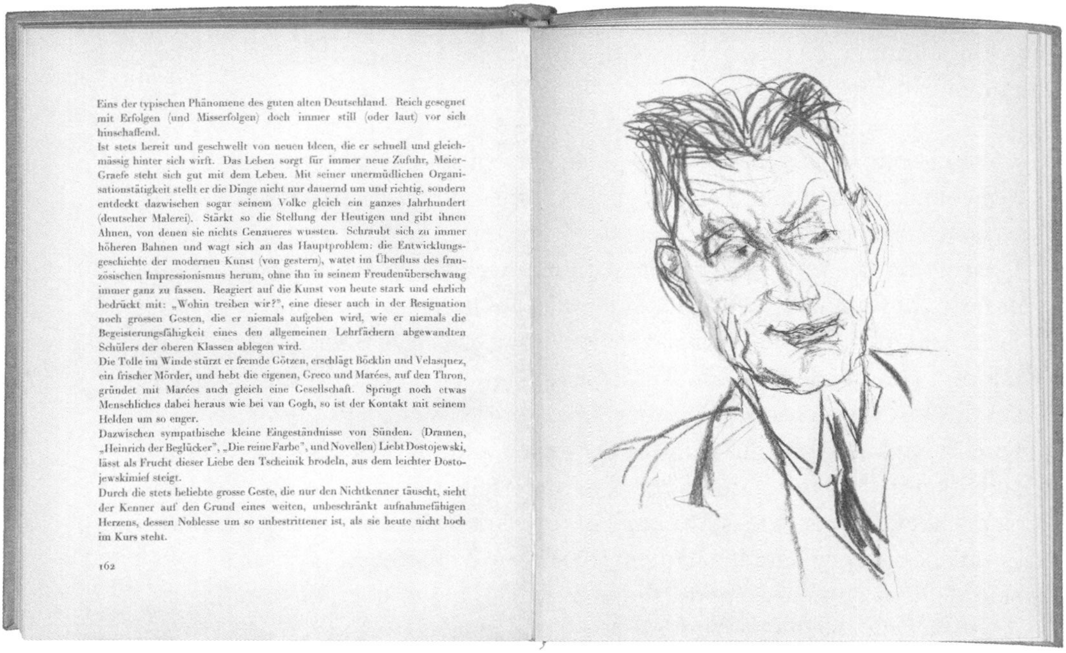

Eins der typischen Phänomene des guten alten Deutschland. Reich gesegnet mit Erfolgen (und Misserfolgen) doch immer still (oder laut) vor sich hinschaffend.
Ist stets bereit und geschwellt von neuen Ideen, die er schnell und gleichmässig hinter sich wirft. Das Leben sorgt für immer neue Zufuhr, Meier-Graefe steht sich gut mit dem Leben. Mit seiner unermüdlichen Organisationstätigkeit stellt er die Dinge nicht nur dauernd um und richtig, sondern entdeckt dazwischen sogar seinem Volke gleich ein ganzes Jahrhundert (deutscher Malerei). Stärkt so die Stellung der Heutigen und gibt ihnen Ahnen, von denen sie nichts Genaueres wussten. Schraubt sich zu immer höheren Bahnen und wagt sich an das Hauptproblem: die Entwicklungsgeschichte der modernen Kunst (von gestern), watet im Überfluss des französischen Impressionismus herum, ohne ihn in seinem Freudenüberschwang immer ganz zu fassen. Reagiert auf die Kunst von heute stark und ehrlich bedrückt mit: „Wohin treiben wir?", eine dieser auch in der Resignation noch grossen Gesten, die er niemals aufgeben wird, wie er niemals die Begeisterungsfähigkeit eines den allgemeinen Lehrfächern abgewandten Schülers der oberen Klassen ablegen wird.
Die Tolle im Winde stürzt er fremde Götzen, erschlägt Böcklin und Velasquez, ein frischer Mörder, und hebt die eigenen, Greco und Marées, auf den Thron, gründet mit Marées auch gleich eine Gesellschaft. Springt noch etwas Menschliches dabei heraus wie bei van Gogh, so ist der Kontakt mit seinem Helden um so enger.
Dazwischen sympathische kleine Eingeständnisse von Sünden. (Dramen, „Heinrich der Beglücker", „Die reine Farbe", und Novellen) Liebt Dostojewski, lässt als Frucht dieser Liebe den Tscheinik brodeln, aus dem leichter Dostojewskimief steigt.
Durch die stets beliebte grosse Geste, die nur den Nichtkenner täuscht, sieht der Kenner auf den Grund eines weiten, unbeschränkt aufnahmefähigen Herzens, dessen Noblesse um so unbestrittener ist, als sie heute nicht hoch im Kurs steht.

162

95 Rudolf Großmann, *Julius Meier-Graefe*, dans *Fünfzig Köpfe der Zeit*, Berlin, Mosse, 1926, p. 162-163

« dans un mysticisme sadique, dans les trappes de l'occulte, dans les trucs de prestidigitateurs aux poses de mages, qui voulaient tirer encore d'un art dégénéré des formules incantatoires capables d'ensorceler » ; ou les artistes à l'éclectisme maladif ayant absorbé « les philtres de tous les arts majeurs et mineurs, [...] étudié les religions antiques et modernes » afin de mener leurs esthétiques « au sabbat de l'abstrait[41] ».

Une caricature publiée en 1931 dans l'indémodable *Simplicissimus* par l'illustrateur Rudolf Großmann (1882-1941), collaborateur occasionnel et portraitiste de Meier-Graefe (ill. 95), résume la position de ce dernier vis-à-vis non seulement des avant-gardes historiques, mais surtout des récits qu'elles pouvaient alors susciter (ill. 96). On y aperçoit un théoricien s'exprimant avec brio devant un nu allongé féminin de Picasso aisément identifiable. Le dessin figure l'auditoire assoupi, s'abreuvant passivement de l'ennuyeuse faconde de l'expert, dont la légende suggère la teneur : « – et c'est ainsi que l'on arrive à cette conclusion évidente : là où l'intuition du transcendantal au travers d'un vouloir de la forme primaire parvient à sa transsubstantiation jusqu'à la *Gestaltung*, l'art devient une expérience irrationnelle et limpide[42]. »

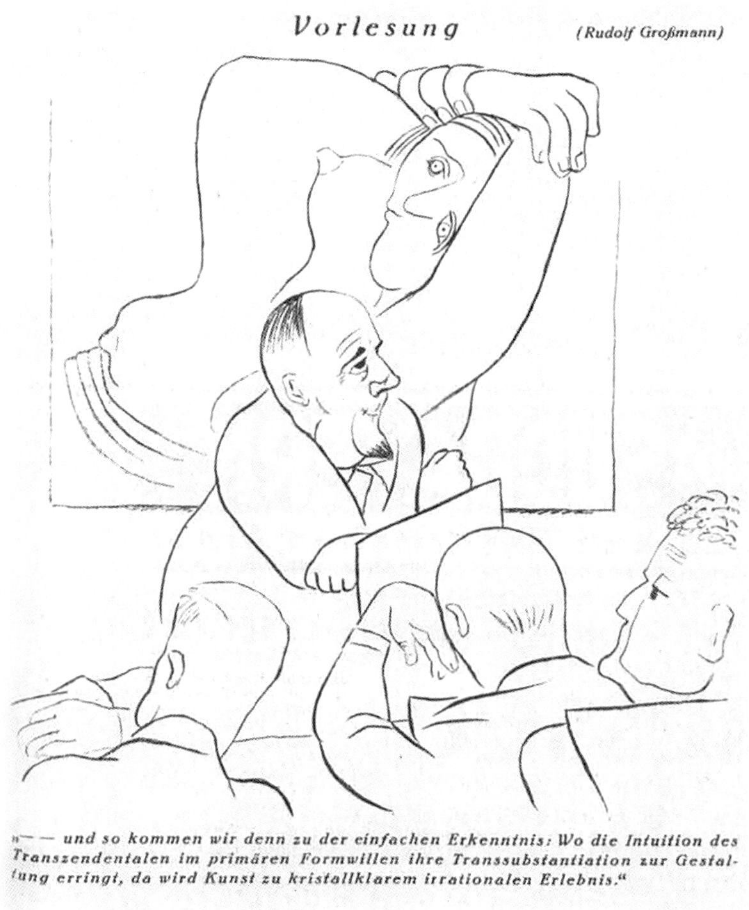

96 Rudolf Großmann, « Vorlesung », *Simplicissimus*, vol. 36, n° 10, 8 juin 1931, p. 115

Envisager l'art allemand

En juin 1926, Meier-Graefe s'adressa ainsi à Gustav Friedrich Hartlaub (1884-1963), successeur de Wichert à la direction du musée de Mannheim : « Connaissez-vous [Erich] Klossowski ? [...] Le Bonnard allemand[43]. » Fidèle en amitié, le critique tentait inlassablement d'apporter son aide à « Klo » en essayant de forcer l'entrée de ses œuvres dans des collections. Cette défense du postimpressionniste tardif – auquel il dédia, avec une excessive générosité, un passage de son *Entwicklungsgeschichte* – symbolisait la stagnation de son goût au milieu des années 1920. De son côté, Hartlaub avait organisé l'année précédente à Mannheim une exposition-manifeste à l'impact historiographique considérable, sous le titre « Die neue Sachlichkeit ». Une mouvance prééminente de l'art national contemporain pour laquelle Meier-Graefe n'eut jamais un seul mot de soutien. Le « *Dix-Komplex* » qu'il se diagnostiquait volontiers lui-même ne connut en effet aucune accalmie : observant à nouveau les provocations véristes du peintre, qui présentait notamment une épouvantable scène d'*Émeute* à la Sécession berlinoise de 1930, il s'obstina à comparer ses représentations de femmes à des « boudins » aux organes « irrigués comme une vessie de porc pleine[44] ». Dix demeura pour lui un puissant vomitif, surpassant « les pires écarts de Böcklin et de Thoma ». « S'il s'agit là de l'art vivant allemand, ajoutait-il, il devrait se faire enterrer[45]. » Quant à George Grosz, qui présentait à cette même occasion sa grande toile rugissante de satire sociale *Drinnen und draussen*, Meier-Graefe se bornait à voir en lui un « gribouilleur nonchalant[46] », réduisant son talent à celui d'un caricaturiste, mais incapable de se rendre compte qu'il « manqu[ait] un ennemi à son opposition sociale[47] ».

Parmi les quelques artistes vivants abordés avec un enthousiasme relatif par Meier-Graefe dans les années 1920, on retrouve l'illustrateur et typographe Emil Rudolf Weiß (1875-1942), l'impressionniste Erich Hartmann (1886-1974), le peintre Paul Kleinschmidt (1883-1949) et ses héroïnes plantureuses, ou encore l'expressionniste Werner Scholz (1898-1982), stylistiquement proche d'un Georges Rouault. Il reconnut en outre à Oskar Kokoschka un certain courage, celui d'avoir liquidé son statut de « peintre pour psychiatres[48] » issu de la Vienne 1900, et célébra mollement ses paysages et portraits de l'après-guerre[49]. À l'opposé des empâtements de l'ancien amant éploré d'Alma Mahler, Meier-Graefe pouvait apprécier le Suisse Paul Klee pour l'élégance de ses « toiles d'araignées », le peintre restant toutefois trop porté sur la bidimensionnalité et la décoration pure. L'art allemand, éclaté, n'avait plus aucun profil à ses yeux.

Toxines

C'est autour de Max Beckmann que Meier-Graefe fédéra ses derniers espoirs[50]. Nous avons eu l'occasion d'évoquer les points de contact réguliers entre les deux personnages avant la guerre : ils marquent le premier épisode d'une amitié cordiale qui s'étendit sur près de vingt-cinq ans. Le peintre incarnait aux yeux du critique l'ardent dynamisme cosmopolite de la capitale allemande. « *Beckmann ist das neue Berlin*[51] », écrivit Meier-Graefe dans sa belle contribution à la monographie dédiée à l'artiste par Reinhard Piper en 1924. Si la métropole subissait jour après jour les assauts furieux de la globalisation culturelle, Beckmann se démarquait du reste de ses contemporains en ce qu'il paraissait adéquatement caparaçonné pour rejeter les effets de mode et ne pas se laisser contaminer par le bacille létal de la modernité nouvelle : « Beckmann cultive [les toxines] avec habileté et prudence. […] Il est immunisé. Un éleveur consciencieux, maniant l'épée et le fouet. Les microbes gagnent en tenue, restent dans le rang et défilent en parade. C'est un genre de militarisme qui les discipline[52]. »

Le peintre agissait donc en éboueur de la culture contemporaine, tout en réactivant au travers de ses iconographies christiques les forces archaïques de l'Allemagne médiévale : « un Grünewald décharné, certes décharné, mais dont l'âme demeure intacte[53] ». Depuis ses années de jeunesse, sa peinture avait par ailleurs gagné en solidité, l'artiste ayant abandonné le « style de caisse » des années d'avant-guerre. « Beckmann, en tant qu'expressionniste, est un réactionnaire, notait à ce propos Meier-Graefe. Il ne se contente pas de [produire des] tapis[54]. » Comme le démontrent les deux recueils d'œuvres graphiques qu'il fit publier par la Marées-Gesellschaft, sa figuration puissante mettait en scène la grande foire du contemporain, l'assourdissante kermesse des métropoles modernes, le carnaval lugubre d'une société corrompue peuplée de bourgeois bedonnants et de mutilés de guerre : « S'il cherche à prouver quelque chose, c'est bien l'existence de réalités nouvelles, ou plutôt l'existence nouvelle de réalités. […] Personne ne peint la retombée de la catastrophe aussi brutalement que Beckmann[55]. »

Au-delà de ce seul soutien discursif, Meier-Graefe joua un rôle important dans la quête de légitimation institutionnelle de l'artiste, qui disposait lui aussi de ses propres ennemis dans le monde de l'art. Beckmann s'était ainsi réjoui de voir son allié remplacer Paul Westheim au feuilleton de la *Frankfurter Zeitung*, ce dernier ne masquant pas sa préférence pour les acteurs de la Nouvelle Objectivité. Pour des raisons semblables, le peintre se sentait en outre délaissé par la Nationalgalerie de Berlin, toujours pilotée par un Ludwig Justi cramponné à son poste depuis sa nomination par Guillaume II. C'est à la fois pour soutenir Beckmann et narguer ses opposants que Meier-Graefe fit en sorte que, pour son soixantième anniversaire, en 1927, un consortium d'amis des arts mené par Alfred Flechtheim offrît à la Nationalgalerie une œuvre récemment peinte par l'artiste : *La Barque* (ill. 97). Ce tableau – que le peintre se plaisait à surnommer ironiquement *Spiel der Wellen*, en référence à Böcklin dont on fêtait

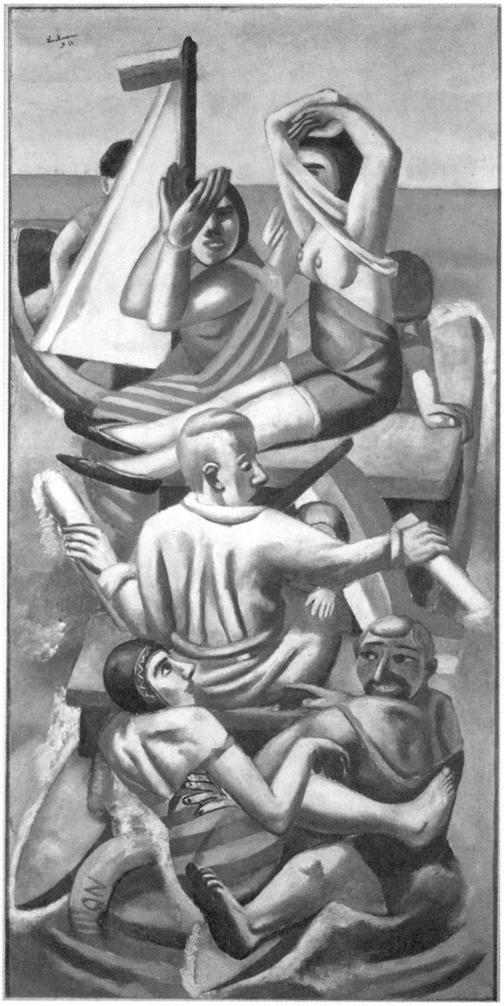

97 Max Beckmann, *La Barque*, 1928, huile sur toile, 177,8 × 88,9 cm, collection particulière

alors le centenaire – dénotait « un progrès remarquable vers une conception moins tendancieuse, vers un assouplissement de la rigidité des formes, vers la couleur, le ton et des pulsions plus douces[56] ».

C'est ainsi que, se servant du critique comme d'un « bélier institutionnel[57] », Beckmann put accéder pour la première fois aux cimaises d'une galerie publique. « Il serait bien que nous connections nos antennes plus souvent[58] », écrivit Beckmann à Meier-Graefe à l'été 1926. Ce dernier posséda un temps, à titre privé, le célèbre *Autoportrait en smoking* passé depuis dans une collection

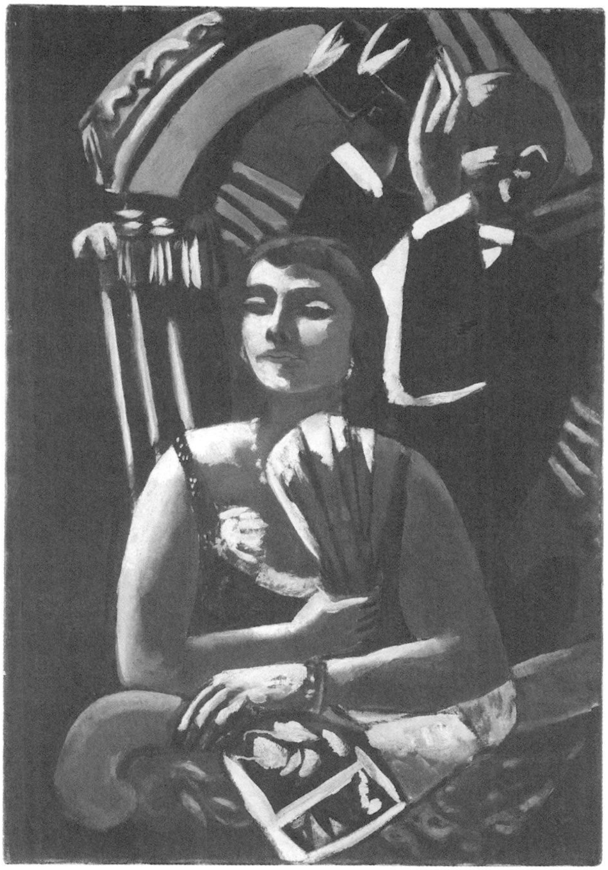

98 Max Beckmann, *La Loge*, 1928, huile sur toile, 121,2 × 84,8 cm, Stuttgart, Staatsgalerie, inv. 2809

américaine, et qui figure sans conteste parmi les œuvres les plus importantes du Beckmann de l'entre-deux-guerres. Plus tard, Meier-Graefe chercha même à vendre un petit paysage d'Alfred Sisley de sa propre collection pour acquérir une autre œuvre de Beckmann, *La Loge* (ill. 98), dont le seul sujet rappelait au critique les impressionnistes. Il chercherait donc à se séparer d'une toile d'un Français du XIXe siècle pour la remplacer par un tableau d'un Allemand du XXe – une démarche trop rare pour ne pas être signalée ici.

Car c'était bien un nouveau héros germanique que l'auteur de l'*Entwicklungsgeschichte* entendait célébrer. Évoquant son parcours, Meier-Graefe écrivait :

> « On discerne toujours dans les absurdités apocalyptiques [de Beckmann] le *Sturm und Drang* d'un homme en quête de lui-même, un Allemand guidé par un attrait dangereux pour les forces teutoniques primitives, toujours méfiant envers le goût et la mesure[59]. »

Ce désir ardent d'une renaissance allemande de l'art moderne, tout comme la tendance à associer les jeunes artistes aux grands héros du passé, joua des tours fatals à Meier-Graefe. Ses relations avec le fils de son ami Erich, Balthasar Klossowski – dit « Balthus » –, en sont un exemple probant. Au début des années 1930, le peintre à peine sorti de l'adolescence rencontra un début de succès. À la suite de sa séparation de Baladine, qui entama une liaison avec Rilke à la fin des années 1910, Erich le tenait régulièrement au courant des progrès de Balthus, de ses coups de cœur italiens, de ses fantasmes de fresquiste, ou encore de son service militaire passé au Maroc. C'est vers 1933 que Meier-Graefe se rendit compte que le fils allait connaître une carrière bien plus heureuse que celle de son géniteur. Il notait, après une visite de son atelier à Paris au printemps 1933 : « Chez Balthus Kl[ossowski]. Dans son atelier, un très beau tableau de rue, lumineux, gigantesque » – il s'agit bien entendu de *La Rue* (ill. 99), sa plus grande composition de jeunesse. Le critique songea alors immédiatement aux grandes scènes de Seurat, et prédit un « grand avenir[60] » au peintre. Quelques jours plus tard, sur l'invitation de Jean Cassou, Balthus convoya deux toiles à la galerie Bernheim dans le cadre du Grand Prix de la jeune peinture. À l'occasion, Meier-Graefe proposa à la *Frankfurter Zeitung* une version romancée de sa récente visite de l'atelier de la place Furstenberg. Après avoir longuement décrit le tableau et son curieux théâtre de personnages rondelets, il termine ainsi son paragraphe : « Je me retire et félicite le peintre en allemand. Monsieur Balthus me répond, en allemand également. Il est né ici. Ses parents sont des émigrés allemands. De la fenêtre de l'atelier, on peut apercevoir l'entrée de la maison de Delacroix[61]. »

Avec Balthus, tous les paramètres semblaient réunis pour réjouir le critique : une peinture figurative affrontant sans crainte ni complexe la représentation des choses, en autarcie totale, loin des effets de mode contemporains, cultivant une relation intime, à la fois spirituelle et concrète, à l'art du passé, et, enfin, un soupçon d'inquiétude. Le tout émanait en outre d'un « Allemand » ayant élu domicile en France, à Paris, à proximité immédiate de chez Delacroix. Mais la réaction du peintre à ces éloges ne fut probablement pas celle à laquelle aurait pu s'attendre le critique. Né en 1908, l'artiste aux ascendances russes et polonaises, de culture allemande, ayant vécu une partie de sa vie en Suisse et à Berlin, puis installé à Paris, entretenait un rapport lâche avec le concept même

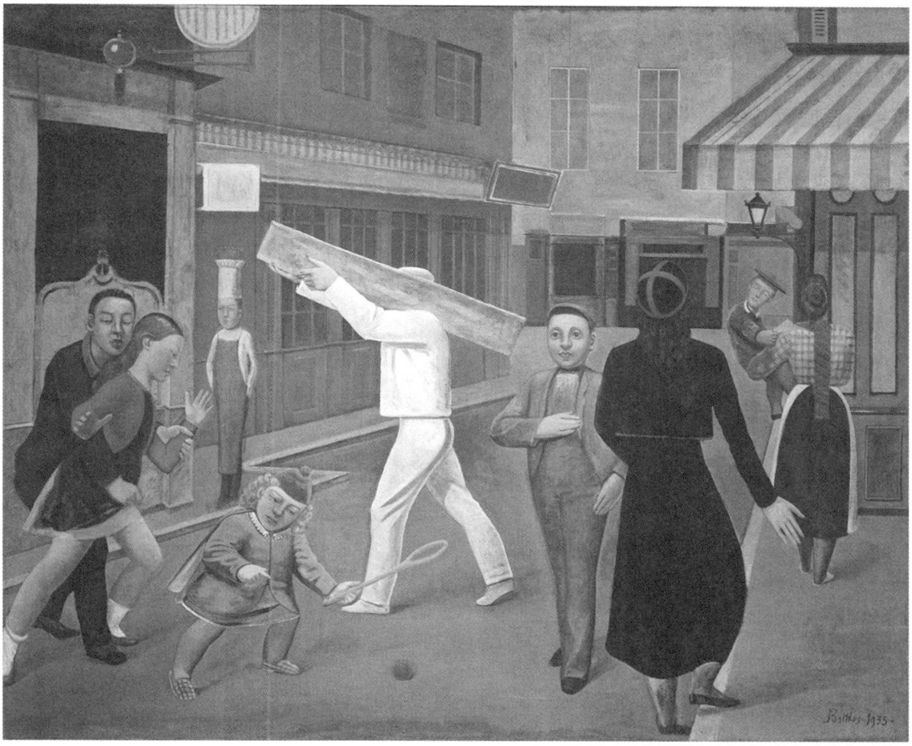

99 Balthasar Klossowski de Rola, dit Balthus, *La Rue*, 1933, huile sur toile, 195 × 240 cm, New York, Museum of Modern Art, inv. 1200.1979

de nationalité. Dans une lettre bilingue adressée à Meier-Graefe en guise de remerciement, il rejeta poliment les tentatives d'annexion culturelle de son laudateur vieillissant :

> « Je voudrais à nouveau te remercier très chaleureusement pour la chronique que tu as écrite sur mon tableau, elle m'a profondément touché et réjoui. [En français :] *On ne m'encourage pas trop souvent. Mais je suis assez sûr de moi maintenant pour me passer d'éloges. Mais quand* [ils] *viennent d'un homme comme* toi*, c'est bien émouvant !* Cependant, il y a bien quelque chose que je dois réfuter dans ton texte : "et pourtant, il s'agit bien d'un Allemand", dis-tu. En effet, cela est vrai, il y a en moi quelques composantes allemandes dont je suis pleinement conscient (allemandes, ou tout du moins nordiques). Mais on est fait du pays où on est né et où on a grandi,

> du pays où on a recueilli et façonné ses premières impressions. Si bien que même par le plus intense effort intellectuel, par la recherche la plus appliquée en moi-même, je ne vois rien qui puisse me faire croire à une origine allemande, de manière intuitive ou autre. Mes pensées, mes réactions, mes souvenirs sont tout autant français que mes sentiments. Ainsi, je me sens bien davantage français qu'allemand. En effet, je ne crois pas aux différences de races, je crois simplement à l'éducation de l'esprit, qui est capable d'absorber différents éléments. Mes pensées et mes sentiments appartiennent pleinement au *mouvement de la jeunesse française* (*surréalistes*, etc.), nous sommes tous des marxistes et admirons les philosophes allemands, le romantisme allemand. Vois-tu le paradoxe ! [...]
>
> Pardonne-moi, cher Ju, ces rectifications ; elles sont quelque peu lourdes, car je ne m'exprime pas très bien en allemand[62]. »

Ces derniers aveux linguistiques sont révélateurs d'un moment de surpassement du complexe d'appartenance nationale par une partie des jeunes artistes – notion pleine d'ornières avec laquelle Meier-Graefe s'obstinait à envisager les individualités.

Profilage

Pour se convaincre qu'un complexe de la germanité survivait chez Meier-Graefe, il suffit de parcourir le manuscrit de la monographie qu'il entendait consacrer au sécessionniste Lovis Corinth autour de 1920. Le document d'une dizaine de pages, qui semble correspondre à l'introduction du livre projeté, ne comporte pourtant strictement aucune mention de Corinth lui-même. Il définit, à grands traits, les spécificités de l'art allemand. Or, le diagnostic était toujours aussi douloureux : si une géographie de sa littérature à travers les âges était tout à fait envisageable, établir une topographie de ses arts plastiques revenait à arpenter un long « désert[63] ». Cette amorce de réflexion visant à redéfinir l'école nationale trouva son accomplissement théorique dans un projet qui occupa Meier-Graefe pendant près d'une décennie à partir de 1922 : organiser une grande exposition rétrospective itinérante sur « L'apport de l'Allemagne à l'art européen[64] » (ill. 100), du Moyen Âge à l'ère contemporaine. Cette entreprise devait impliquer un nombre restreint de collaborateurs et honorer la qualité des œuvres concernées davantage que la *Kunstwissenschaft*. Loin de vouloir réactiver le modèle de la Centennale de 1906, l'idée était ici de réduire l'exposition à une sélection très serrée de spécimens de l'art ger-

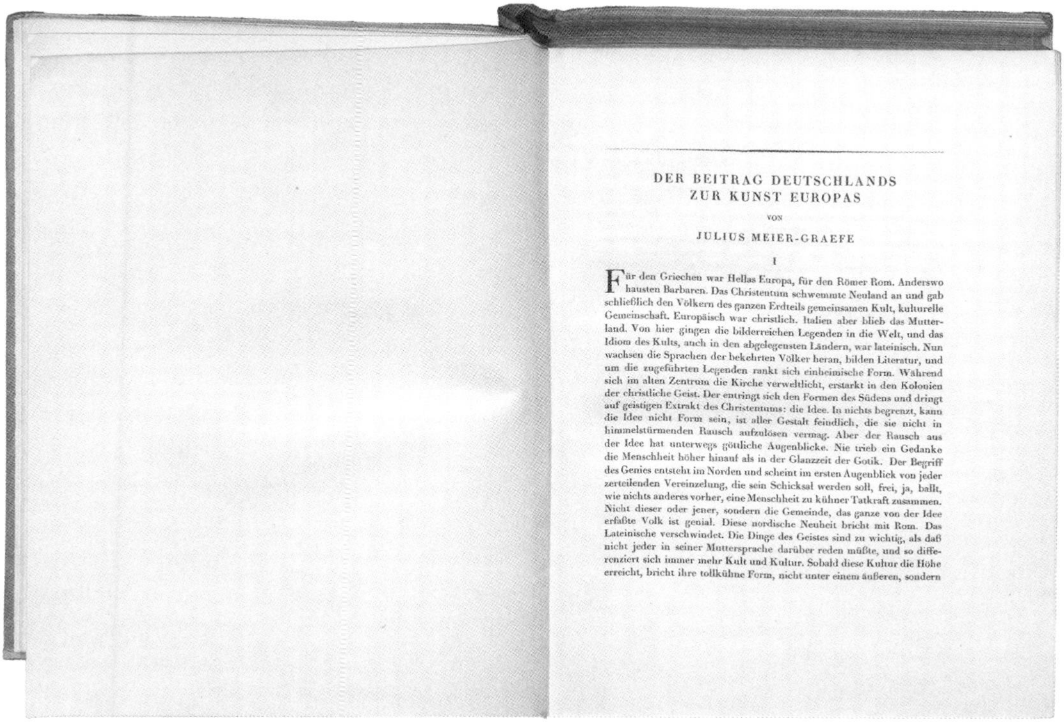

DER BEITRAG DEUTSCHLANDS ZUR KUNST EUROPAS

VON

JULIUS MEIER-GRAEFE

I

Für den Griechen war Hellas Europa, für den Römer Rom. Anderswo hausten Barbaren. Das Christentum schwemmte Neuland an und gab schließlich den Völkern des ganzen Erdteils gemeinsamen Kult, kulturelle Gemeinschaft. Europäisch war christlich. Italien aber blieb das Mutterland. Von hier gingen die bilderreichen Legenden in die Welt, und das Idiom des Kults, auch in den abgelegensten Ländern, war lateinisch. Nun wachsen die Sprachen der bekehrten Völker heran, bilden Literatur, und um die zugeführten Legenden rankt sich einheimische Form. Während sich im alten Zentrum die Kirche verweltlicht, erstarkt in den Kolonien der christliche Geist. Der entringt sich den Formen des Südens und dringt auf geistigen Extrakt des Christentums: die Idee. In nichts begrenzt, kann die Idee nicht Form sein, ist aller Gestalt feindlich, die sie nicht in himmelstürmenden Rausch aufzulösen vermag. Aber der Rausch aus der Idee hat unterwegs göttliche Augenblicke. Nie trieb ein Gedanke die Menschheit höher hinauf als in der Glanzzeit der Gotik. Der Begriff des Genies entsteht im Norden und scheint im ersten Augenblick von jeder zerteilenden Vereinzelung, die sein Schicksal werden soll, frei, ja, ballt, wie nichts anderes vorher, eine Menschheit zu kühner Tatkraft zusammen. Nicht dieser oder jener, sondern die Gemeinde, das ganze von der Idee erfaßte Volk ist genial. Diese nordische Neuheit bricht mit Rom. Das Lateinische verschwindet. Die Dinge des Geistes sind zu wichtig, als daß nicht jeder in seiner Muttersprache darüber reden müßte, und so differenziert sich immer mehr Kult und Kultur. Sobald diese Kultur die Höhe erreicht, bricht ihre tollkühne Form, nicht unter einem äußeren, sondern

100 Julius Meier-Graefe, « Der Beitrag Deutschlands zur Kunst Europas », *Ganymed*, vol. 4, 1922, p. 3

manique : une centaine de peintures, une trentaine de sculptures et une poignée de dessins tout au plus. « Notre maison brûle. Que nous faut-il absolument sauver[65] ? » : telle fut l'unique ligne méthodologique de ce projet.

L'objectif parallèle du critique était de réserver à l'art allemand une place de marque dans le canon en reformulation de l'historiographie de la peinture européenne. À son grand désespoir, un publiciste comme Élie Faure, auteur d'une *Histoire de l'art* mondialement connue, passait sous silence l'Allemagne contemporaine : Meier-Graefe estimait que, en dépit de leurs mérites, ses manuels étaient rédigés avec les « œillères[66] » de la science de l'art francophone. Son exposition devait pouvoir enfin placer en vis-à-vis le Nord et le Sud dans toutes leurs spécificités – une gageure d'autant plus périlleuse que l'art allemand, contrairement à celui des écoles françaises, se démarquait par son irrégularité. « D'où la difficulté d'exposer l'art allemand. Notre peinture n'a pas le profil pour cela[67] », écrivit-il dans un article programmatique de 1927.

Tels qu'il pouvait les imaginer, les premiers espaces devaient s'ouvrir par des individualités puissantes de l'Allemagne pré-renaissante, à l'instar de Lochner et de Grünewald, représentants de « la réaction gothique contre Phidias », ou de l'éternelle quête du Sud par le Nord. Dans sa confrontation de la germanité à la latinité, Meier-Graefe n'échappait pas à un certain degré d'essentialisme, dont témoignent ces propos : « Le gothique démonique au Nord, l'existence apollinienne au Sud ; ici l'abstraction, qui dévore les sens jusqu'au triomphe de l'esprit ; là-bas, une joie de vivre spiritualisée épurant les sens : voilà les deux grands pôles de l'art moderne[68]. » Par-delà l'insistance sur la solidité du dessin allemand, l'exposition devait mettre l'accent sur l'apport le plus singulier de l'art germanique au reste de l'Europe, ayant agi à la fois comme force purificatrice et comme danger mortel : la propension à l'« épanchement personnel », l'existence remarquable d'un *Ich* de l'artiste. Sans fard, l'exposition imaginaire de Meier-Graefe devait ainsi révéler à la fois le potentiel et les déficiences d'une *Kultur* au sein de laquelle les masses vivaient trop souvent déconnectés de leurs créateurs. En France, même les adeptes les plus stricts du courant néoclassique avaient « du sang dans les veines », constatait-il ; les Allemands, quant à eux, n'ont eu « ni Révolution, ni Napoléon, mais Winckelmann[69] ».

Alors que la Troisième République organisait aux quatre coins du monde de nombreuses expositions destinées à ancrer la normativité de ses écoles de peinture, Meier-Graefe ne trouva jamais de soutien institutionnel en Allemagne. La jeune République et ses conservateurs de musée demeuraient assis sur leurs chefs-d'œuvre « comme une grand-mère sur un matelas bourré d'argent[70] ». Il tenta d'exporter son projet vers Londres – dans le cadre de la série de grandes rétrospectives d'arts nationaux organisées à la Royal Academy of Art autour de 1930[71] –, après avoir échoué à le mener à bien aux États-Unis, à l'occasion de son voyage américain de la fin des années 1920[72].

Rester dans le rang

C'est précisément depuis l'Amérique du Nord, où il fut reçu comme le chantre du modernisme par Alfred Stieglitz, Georgia O'Keeffe et le monde de l'art lors de sa tournée de 1928 (ill. 101 et 102), que le critique ressentit le besoin de se prononcer à nouveau sur une figure comme Renoir, près de vingt ans après la parution de la monographie d'avant-guerre qu'il lui avait consacrée. Les cent soixante-quinze œuvres du maître de la collection Barnes, observées à Merion en compagnie de leur propriétaire, jouèrent un rôle de déclencheur. À l'heure d'un prétendu retour à l'ordre de la peinture européenne, il sem-

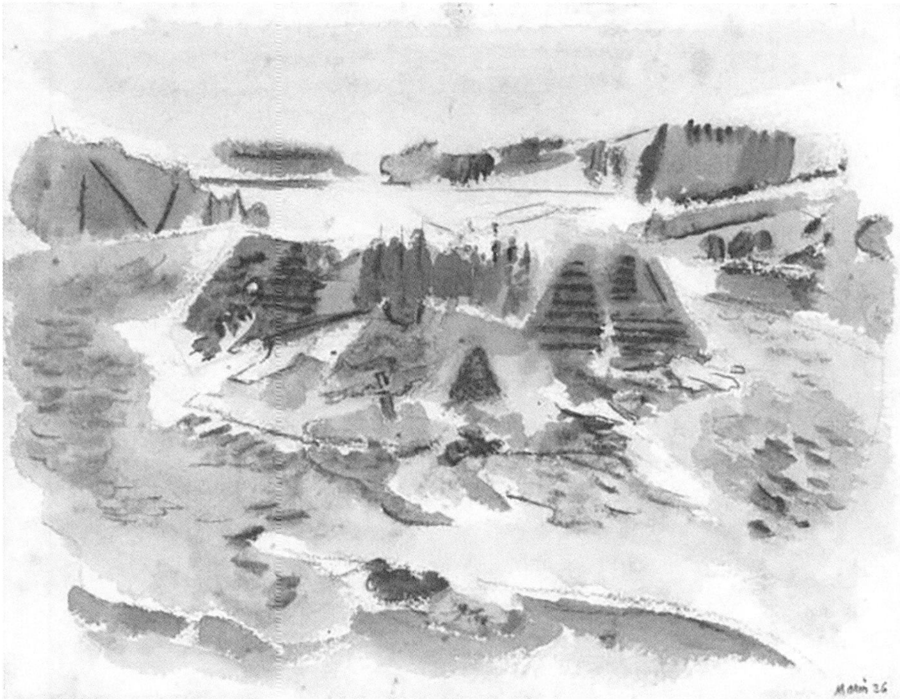

101 John Marin, *Marin Island No. 1, Small Point-Maine*, 1926, aquarelle sur papier, 35,6 × 46,4 cm, collection particulière. Œuvre offerte à Meier-Graefe par Alfred Stieglitz à New York en 1928. On lit, au dos : « To J. Meier-Graefe, Esq. with cordial greetings from John Marin, Georgia O'Keeffe, Alfred Stieglitz / as a souvenir of the first American trip / Alfred Stieglitz / March 5, 1928, New York, Room 303 »

blait plus que jamais nécessaire de réhabiliter un grand régulateur classicisant, celui-là même dont la signature du traité de Versailles avait en France quelque peu occulté le décès. C'était un génie de la francité que la nouvelle monographie de Meier-Graefe, publiée en 1929 par Klinkhardt & Biermann, entendait défendre pour la dernière fois (ill. 103)[73]. Le dernier *Renoir* est une monographie virtuose, gorgée de flamboyantes descriptions, mais qui laissera sur sa faim l'historien en quête de faits. Elle paraît presque improvisée, tant l'auteur s'y promène avec aisance au travers des trois mille œuvres du catalogue du peintre. La légitimité du livre réside en partie dans le fait que Meier-Graefe avait pu rencontrer, à plusieurs reprises dans sa carrière, le « Raphaël sans mains », affecté d'une polyarthrite particulièrement handicapante.

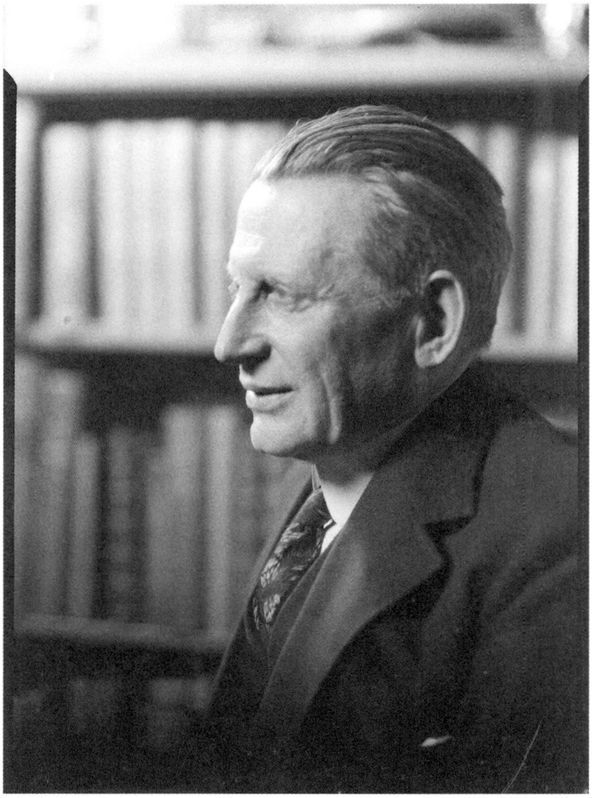

102 Portrait de Meier-Graefe à New York, février 1928, photographie par Arnold Genthe, Washington, D.C., Library of Congress, Prints and Photographs Division, LC-G412-T-5324-005

La première entrevue remontait aux années 1890 ; la deuxième eut lieu à Cagnes autour de 1900, et l'ultime à Paris peu après l'assassinat de l'archiduc d'Autriche. Mais ce qui marqua de façon indélébile l'esprit de Meier-Graefe, au point de devenir pour lui une sorte de mantra, ce fut la réponse de l'artiste à une question du critique sur son rapport à la nature et à la lumière : « "Avec la lumière, me dit un jour [Renoir] vers 1900, on fait ce que l'on veut. Personne n'a jamais arraché un tableau à la nature." Il lança alors le mot suivant : "Moi, je reste dans le rang[74]." »

La formule, relativement vague, fut interprétée comme suit par l'auteur : « Rester dans le rang, cela signifiait : le rejet de l'autoritarisme sans bornes du

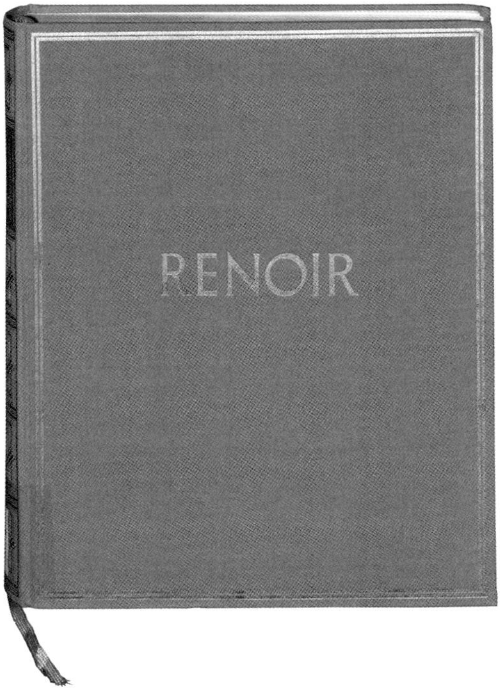

103 Julius Meier-Graefe, *Renoir*, Leipzig, Klinkhardt & Biermann, 1929, couverture et page de titre

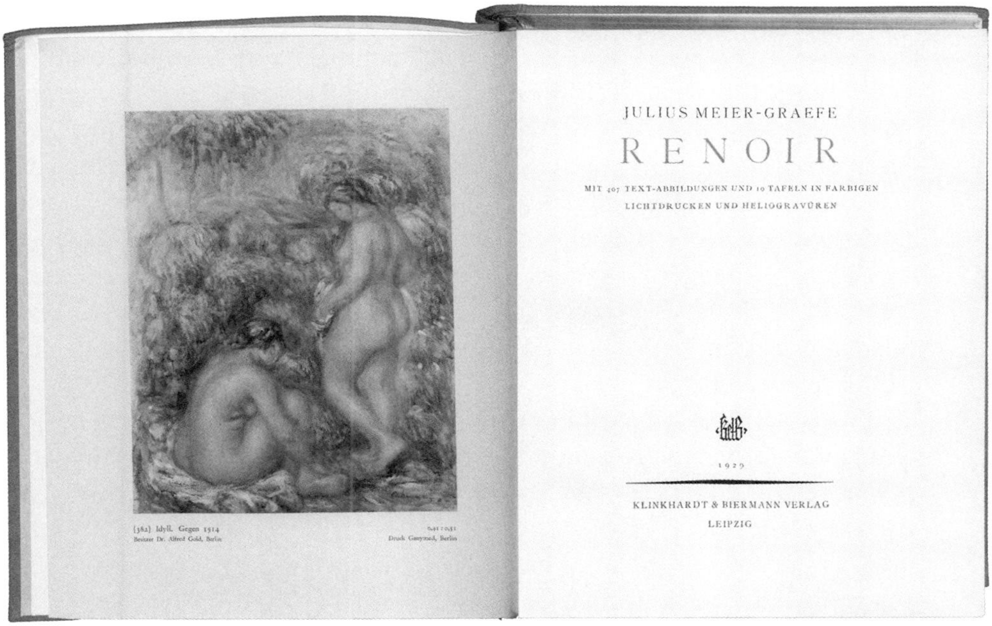

génie qui, en vertu de la loi du plus fort, rompt tous les rangs[75]. » Meier-Graefe admirait chez le peintre une aptitude à l'auto-contrainte, celle qui lui permit d'éviter les écueils des dérives esthétiques de son temps. Où apprenait-il donc à peindre ? « "Au musée, parbleu !" [...] Ce "parbleu" voulait dire : toi, l'Allemand stupide avec ta sauce, ralentis ta respiration, et ouvre les yeux[76]. » Au même titre que Marées en Allemagne, qui apparaît régulièrement tout au long du livre, Renoir avait été en France un éducateur du voir.

La monographie de Meier-Graefe s'attache à dépeindre l'artiste comme un travailleur inlassable, garant des connaissances du métier : « [Renoir,] un peintre ? Molière n'était-il qu'un comédien, Voltaire un littérateur, Napoléon un soldat ? – Renoir était un ouvrier, un homme de main de son peuple[77]. » Ce trait de caractère lui permit d'échapper à l'hygiénisme impressionniste qui emportait le Monet des années 1870, mais il restait nécessaire à la poursuite de ses aspirations. « L'influence de Monet était comme un remède qu'il lui fallait ingurgiter[78] », note Meier-Graefe : Renoir n'avait gardé du pleinairisme qu'une propension à l'improvisation, avant de stabiliser l'impressionnisme par son ancrage permanent dans la tradition. Le grand Delacroix, Ingres, le naturalisme de Courbet, le XVIIIe siècle français, et enfin, à rebours, l'Antiquité : l'œuvre de Renoir attestait une extraordinaire faculté d'absorption et de réenchantement du passé. Un Français pur, dont l'appartenance culturelle « déterminait toutes les impulsions », demeurant insensible aux apports japonais, évoluant dans la seule latinité : « Ce qu'il dit, et la manière de le dire, est français ; chaque trait de son écriture est français[79]. » Il est finalement peu surprenant que la seule monographie de Meier-Graefe traduite de son vivant à Paris ait été son *Renoir* de 1911, qui déjà, en son temps, semblait une ode à la francité. L'accueil réservé à la seconde version de son livre par ses quelques lecteurs germanophiles fut par conséquent enthousiaste[80]. L'auteur belge François Monod (qui chercha à acquérir les droits de l'ouvrage pour en réaliser lui-même une transposition française) contribua probablement à faire figurer son confrère allemand au comité d'honneur de la grande rétrospective consacrée au peintre à l'Orangerie en 1933[81].

En expirant le 3 décembre 1919, Renoir avait abandonné l'Europe. « Aujourd'hui, on croit pouvoir trouver sa vision dans les collections ethnographiques et travailler sa technique au bistrot[82] », notait Meier-Graefe, désabusé, dans sa nécrologie. C'est précisément la raison pour laquelle il se concentra, après la guerre, sur des artistes comme Renoir, voire Degas (il lui consacra son premier livre en 1920[83]), deux représentants d'un ingrisme régénéré, mais tombé en discrédit. En témoigne cette lettre au collectionneur Oskar Reinhart, envoyée de Suisse en avril 1923 :

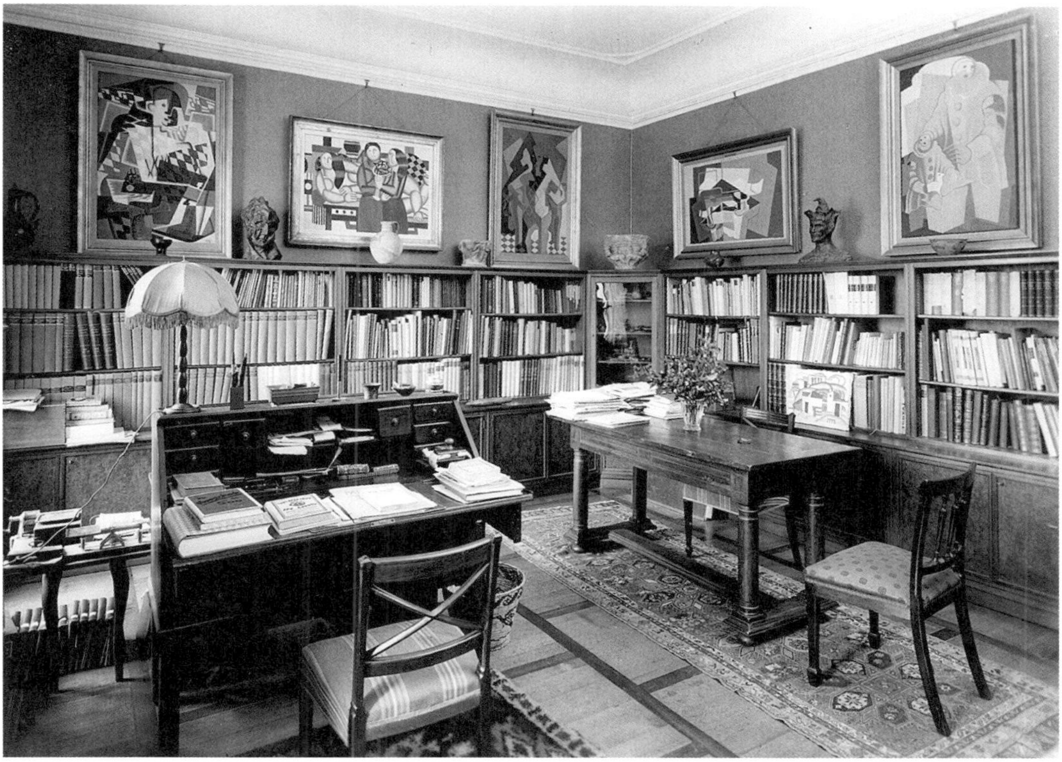

104 Le bureau de Gottlieb Friedrich Reber à Béthusy autour de 1930, photographie, Cologne, ZADIK / collection particulière

> « Je suis revenu de Paris la semaine dernière. J'ai vu un nombre incalculable de tableaux, chez les marchands et les collectionneurs privés. [...] Les grands acheteurs américains jettent leur dévolu sur les pièces modernes les plus déjantées, et les beaux Renoir, etc., sont rejetés sous prétexte que c'est "trop classique". On refourgue les choses invendables aux Japonais, parce qu'ils sont conseillés par des Français ignorants[84]. »

Pour comprendre ce qui unissait Meier-Graefe à Reinhart, il suffit de passer une seule et unique minute dans la villa *Am Römerholz*, sur les hauteurs de Winterthur. Par sa dimension intime et la qualité irréprochable de tous les Manet, Corot, Renoir, Cézanne, Degas, mais aussi Frans Hals ou Greco qui y sont exposés, la collection offre un instantané précis du goût d'une certaine grande bourgeoisie du premier XXe siècle. Un goût aux limites intelligibles, allant de la fougue colorée de Delacroix aux Picasso de jeunesse encore considérés comme acceptables. Parce qu'il se trouvait aux côtés de Reinhart dans ce modernisme assagi, Meier-Graefe joua régulièrement pour lui un rôle de courtier, de conseiller et d'intermédiaire dans les années 1920.

C'est un rôle semblable que joua pour sa part Carl Einstein, durant ces mêmes années, pour un autre grand collectionneur d'art moderne lié à la Suisse, légèrement moins jeune que Reinhart, mais autrement aventureux : Gottlieb Friedrich Reber (1880-1959). Autour de 1930, Einstein et Meier-Graefe se rendirent à quelques semaines d'intervalle au château de Béthusy, sur les hauteurs de Lausanne, pour visiter la collection du richissime industriel (ill. 104). Tous deux allaient partager leurs impressions dans la presse. La mise en vis-à-vis de leurs réflexions respectives constitue le dernier *round* du conflit ayant opposé les deux personnages. Inconsciemment warburgien, Einstein évoqua dans son texte les objets extra-occidentaux que possédait Reber, disserta sur le croisement des civilisations et leurs invariants anthropologiques, tout en se réjouissant de l'extraordinaire profusion d'images cubistes qui tapissaient l'intérieur du château[85]. Reber, indéniablement, était pour lui un allié. Le son de cloche fut radicalement différent chez Meier-Graefe. Impulsif et raffiné, l'industriel représentait à ses yeux « un nouveau type de collectionneur », et avait déserté depuis longtemps les rangs désuets d'un Reinhart. Tout comme l'amateur Auguste Pellerin avait jadis troqué ses Manet pour tout miser sur Cézanne, Reber se séparait progressivement de ses tableaux de l'Aixois au profit d'ensembles de Picasso. Ce ne sont pas moins de soixante-dix œuvres de l'Espagnol, depuis sa période de jeunesse jusqu'à ses toutes dernières expérimentations post-cubistes, qui transitèrent dans sa collection, réunie avec un goût acéré et sans logique spéculative.

À Béthusy, Meier-Graefe déambula ainsi à travers le non-sens des toiles qui l'environnaient – des représentations frôlant l'absurde, certes, mais d'un absurde de la plus haute volée, finalement ensorceleur et déstabilisant. « Quelle arnaque, pensais-je autrefois. Voilà un moment que j'ai retiré mes propos. Depuis, Picasso a exploré encore plus de manières, et chacune d'entre elles laisse place à des choses d'un goût ravissant. Je serais heureux de les avoir sur mes murs[86]. » La description de la collection Reber contient certainement les déclarations les plus saisissantes de Meier-Graefe sur le cas Picasso, le critique narrant sa confrontation à l'éclectisme de l'Espagnol jusqu'au malaise optique : « Parfois, c'était un soulagement de sortir dans le joli parc pour me laisser neutraliser par la surface verte de la pelouse[87]. » Dans l'ivresse des kaléidoscopes de Picasso surgit devant lui un fameux portrait de Cézanne figurant un *Garçon au gilet rouge* attablé à sa propre mélancolie (ill. 105). Le malaise

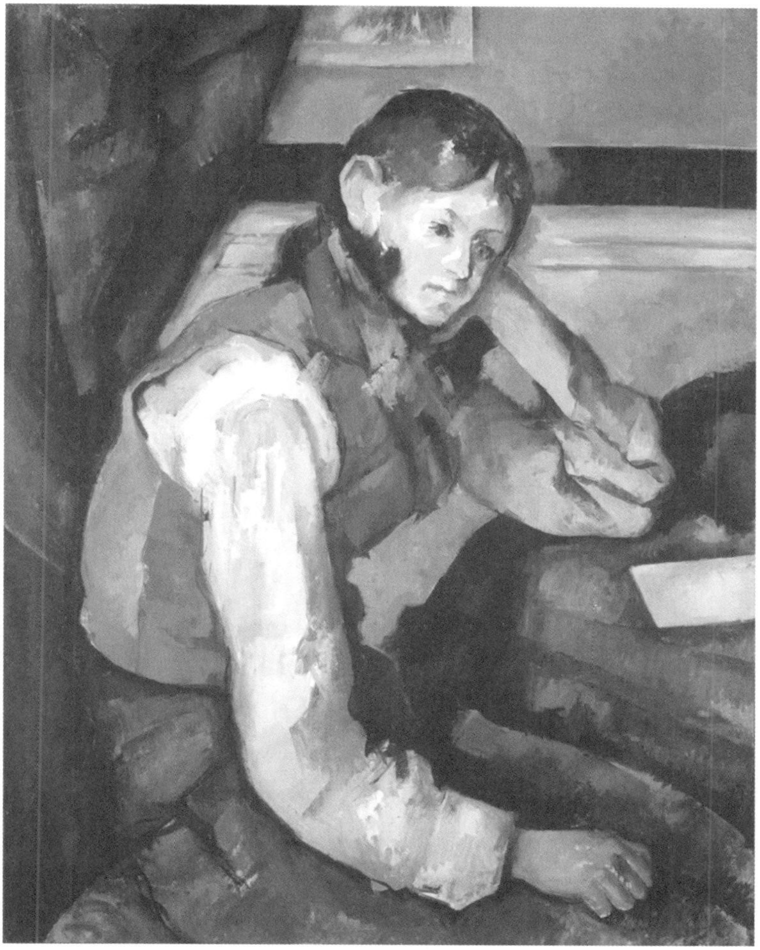

105 Paul Cézanne, *Le Garçon au gilet rouge*, 1890-1892, huile sur toile, 79,5 × 64 cm, Zurich, Kunsthaus, prêt permanent de la collection E. G. Bührle, inv. BU 0018

n'était plus seulement d'ordre optique, mais culturel. Comme infectées par les images avoisinantes, les valeurs de l'art d'antan voyaient se dissoudre leurs potentialités expressives. C'était finalement tout l'empire esthétique de Meier-Graefe qui se désagrégeait avec elles :

> « Près des compositions de fresquistes, face au tableau de corbeille abstrait [de Picasso] se trouve un Cézanne, le célèbre *Garçon au gilet rouge*.

Combien de fois ce tableau m'a-t-il déjà fasciné. Il devrait normalement à lui seul balayer toutes les abstractions et tous les peinturlurages fanfaronesques qui sont à ses côtés. Mais je m'en vais et allume le moteur. Peut-être est-ce en raison d'un éclairage déficient, me dis-je. Les couleurs se sont-elles assombries ? Pourquoi les taches sur les manches, sur le visage, où une surface, une ligne suffirait ? Ces effets picturaux satisfaisaient-ils jadis un goût désormais obsolète ? J'ai besoin de sortir dans le jardin[88]. »

* * *

Été 1928, soleil cézannien : embarquée seule à bord d'un taxi, une peintre juive allemande âgée de vingt-trois ans scrute avec attention les paysages arcadiens de la Riviera, à la recherche d'un environnement accueillant. C'est parmi les pêcheurs du port des Lecques, à proximité immédiate de Saint-Cyr-sur-Mer, qu'Annemarie « Busch » Meier-Graefe succombe finalement à la douceur de l'atmosphère ambiante. Alors en villégiature chez une amie à Cassis, Julius rejoint sa compagne à l'hôtellerie de la Plage, où le couple passe plusieurs mois dans le calme, au seul rythme de la plume et du pinceau[89]. Ils font alors ensemble le choix de s'installer durablement dans la région, déjà prisée en raison de ses charmes topographiques et de ses conditions de vie abordables par de nombreux écrivains et artistes venus de l'Europe entière. Dans la région résidaient déjà Mathilde von König, sa fille et son gendre le peintre Walter Becker, ou encore l'écrivain Aldous Huxley. Fauché et vulnérable, Klossowski avait quant à lui trouvé refuge chez un marchand de glaces de Sanary avec sa compagne Hilde Stieler. Dès l'accession au pouvoir d'Adolf Hitler, c'est par vagues successives que les intellectuels allemands émigrèrent dans les environs, en quête de sécurité. Parmi eux, Lion Feuchtwanger, Ludwig Marcuse et bien d'autres. La température clémente tout au long de l'année, le climat sec et l'isolement relatif ne pouvaient en outre qu'être bénéfiques aux nerfs tourmentés de Meier-Graefe, dont l'organisme fragile subissait toujours les séquelles d'un typhus contracté en 1915 lors de sa déportation en Sibérie. Dès l'année 1930, le couple prit définitivement ses quartiers à Saint-Cyr, dans une propriété à deux étages autrefois connue sous le nom de *La Banette*.

L'histoire de la retraite varoise de Meier-Graefe avait donc, au départ, tout d'une idylle. Elle impliquait du soleil, du calme, une communauté d'intellectuels germanophones, et même une rutilante Ford décapotable dont il fit l'heureuse acquisition au début des années 1930 (ill. 106). Cette voiture mena régulièrement le couple et ses invités vers la ville voisine de Sanary, à

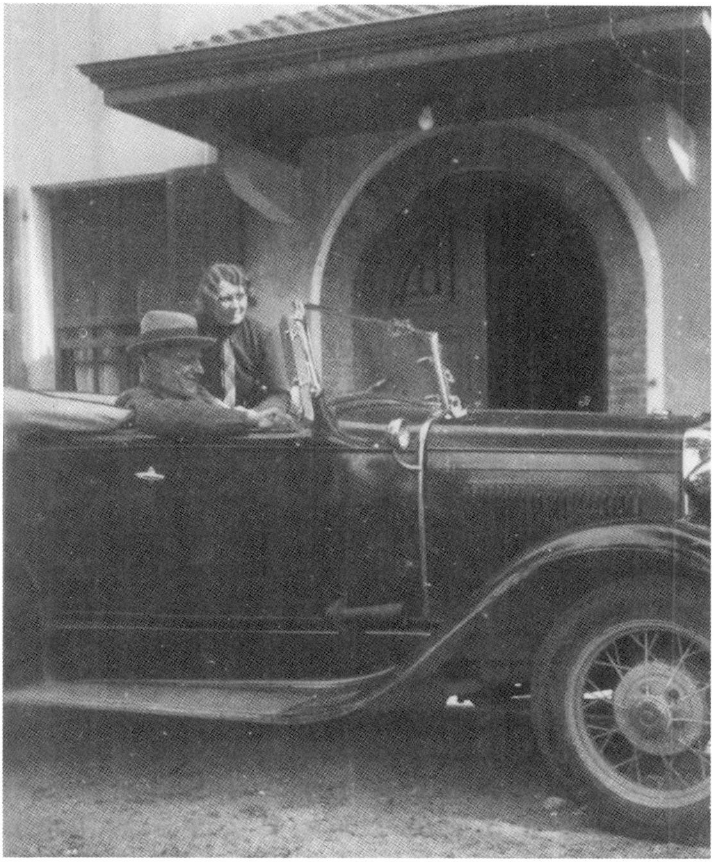

106 Meier-Graefe à bord de sa Ford décapotable à Sanary-sur-Mer, autour de 1930, photographie, Marbach, Deutsches Literaturarchiv, B 2001.0177

Nice, à Marseille ou sur les sites arpentés par Van Gogh et Cézanne. Les derniers feuillets du journal intime du critique, où alternent légèreté, nostalgie et une forme d'inquiétude en rapide crescendo, donnent une idée relativement précise de son quotidien à ce stade ultime de son existence, entre petits plaisirs, lectures incessantes et désillusion généralisée. « Un gamin presque septuagénaire, [...] élancé, svelte, en aucun cas un vieillard[90] », pouvait noter Marcuse au sujet de son compagnon d'infortune, quelques mois à peine avant l'affolante et brusque dégradation de sa condition physique. S'invitant chez les uns et les autres, les membres de la colonie allemande de la Riviera révélaient leurs manuscrits en cours à l'occasion de salons littéraires improvisés, la plupart du temps suivis de discussions agitées sur l'agonie de la République de Weimar. Thomas Mann y dévoilait ainsi des extraits de ses *Histoires de*

Jacob, tandis que Meier-Graefe égrenait pour ses convives quelques-unes de ses *Geschichten neben der Kunst*, recueil d'historiettes anecdotiques et pittoresques sur le monde des arts, compilées d'après ses souvenirs[91]. À la pesante sensation d'arrachement culturel et à l'incertitude ambiante succédaient de temps à autre des instants d'insouciante gaieté, dont le salonnier Meier-Graefe n'était pas le dernier responsable.

L'arrivée au pouvoir du parti nazi en janvier 1933 avait entre-temps considérablement modifié le statut de la communauté et transforma l'idylle thérapeutique de départ en situation d'exil. Tenant inflexible et idéaliste d'une *Sozialdemokratie*, Meier-Graefe ne développa naturellement aucune espèce de sympathie envers la brutalité de Hitler, encore moins pour la ligne idéologique de son régime. S'il hésita longuement sur le positionnement public qu'il devait adopter – il fallait avant tout se donner les moyens d'une survie financière –, ses lettres et écrits privés condamnent la *Hitlerei* sans ambiguïté. Il assista impuissant à la dégradation, à la diffamation et à la mise en péril de ses proches, en premier lieu de son épouse Annemarie, née Epstein. Dès le mois d'avril 1932, au moment de l'élection présidentielle allemande dont Paul von Hindenburg sortit en tête, Meier-Graefe chercha à persuader son ami peintre Leo von König, séduit par la rhétorique totalitaire, de ne pas contribuer par son vote à la poussée du NSDAP. Peine perdue : les nazis réunirent au second tour plus de 13 millions de bulletins, et poursuivirent leur ascension en remportant les élections fédérales. Courant 1935, ce même König réalisa à Saint-Cyr-sur-Mer un touchant portrait de Meier-Graefe coiffé d'un béret français, le regard lourd et les joues creusées par la douleur, de toute évidence à l'article de la mort (ill. 107). À quelques semaines d'intervalle, c'est le ministre de la Propagande du Troisième Reich, Joseph Goebbels, que le peintre sécessionniste eut l'honneur de faire poser derrière son chevalet. Il ne se doutait alors pas qu'il allait se trouver lui-même catalogué, deux ans plus tard à peine, dans la classe des dégénérés.

Malgré ses erreurs de diagnostic (« Une chute des nazis semble peu probable, mais je pense que, avec le temps, ils vont s'adoucir[92] »), Meier-Graefe prit vite conscience de la violence haineuse caractérisant le nouvel Empire – qui le traita en retour avec tout le mépris auquel il pouvait s'attendre. En février 1933, à la suite de la funeste éviction de Heinrich Mann (1871-1950) de son poste de président de la section de poésie de l'Académie des beaux-arts de Berlin, c'est un Meier-Graefe outré qui s'adressa sèchement à la sommité Gerhart Hauptmann, l'exhortant à s'indigner[93]. L'auteur internationalement célébré des *Tisserands*, dont le carriérisme patriotique était un trait de caractère, ne se risqua à aucune déclaration publique et maquilla son inaction par

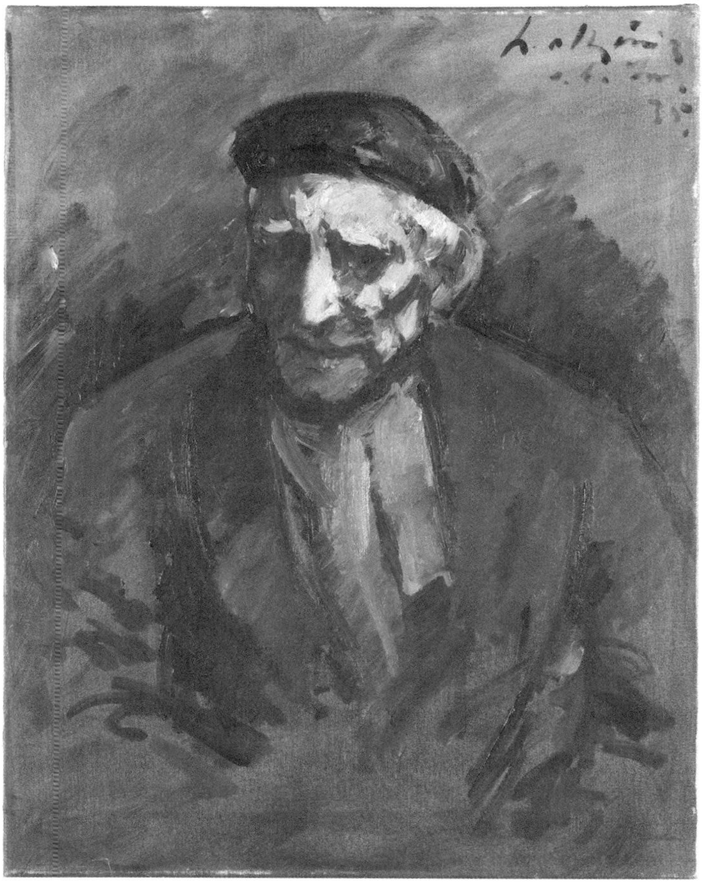

107 Leo von König, *Portrait de Meier-Graefe*, 1935, huile sur toile, 88 × 70 cm, Kaiserslautern, Museum Pfalzgalerie, inv. 74/5

quelques banalités enrobées de fausse modestie. L'été venu, il fit parvenir au NSDAP un bulletin d'adhésion soigneusement signé, sous les huées lointaines des intellectuels en exil qui cherchaient à combattre, avec les moyens du bord, la maladie totalitaire. « On ne sait pas ce qui est le plus désastreux : l'embarras des hommes de lettres ou l'entêtement des métaphysiciens, nota le critique dans son *Journal*. Cela montre à nouveau à quel point la maladie du nazisme est en train de gangrener le monde[94]. » En 1934, Meier-Graefe foula pour la toute dernière fois, à reculons, le sol de son pays. Il s'y était rendu auparavant, en 1932, lorsqu'il y avait été entendu comme « expert » (faillible) au tribunal

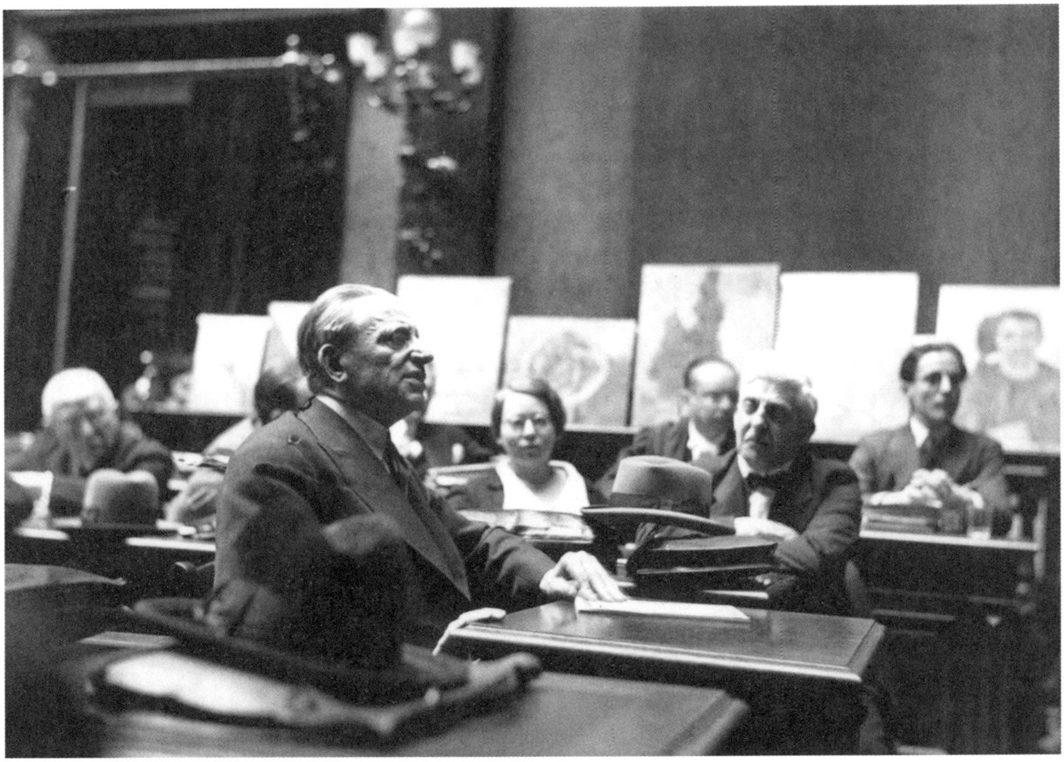

108 Audition de Meier-Graefe pendant le procès d'Otto Wacker au tribunal d'Alt Moabit à Berlin, avril 1932, photographie par Leo Rosenthal, Berlin, Landesarchiv, F Rep. 290-02-06 Nr. 117/1-51

d'Alt Moabit, dans le cadre de la rocambolesque affaire des faux Van Gogh disséminés par Otto Wacker (ill. 108 et 109).

Refusant de s'inscrire au *Reichsverband deutscher Schrifsteller*, chargé d'orchestrer la purge des institutions culturelles allemandes par leur germanisation, Meier-Graefe dut lutter pour poursuivre ses activités de publiciste[95]. Avec l'aide de Thomas Mann, il chercha à publier des chroniques régulières dans des quotidiens suisses et multiplia ses efforts pour la traduction et la diffusion de ses essais. De son côté, le département de recherche raciale mis en place au sein du ministère de l'Intérieur allemand dès 1933 lança une enquête sur les origines juives du critique, cette « vieille légende colportée par les plus médiocres opposants à [s]es idées artistiques[96] ». Parfois mentionné par erreur dans certains dictionnaires regroupant des personnalités « sémites » de l'époque, son

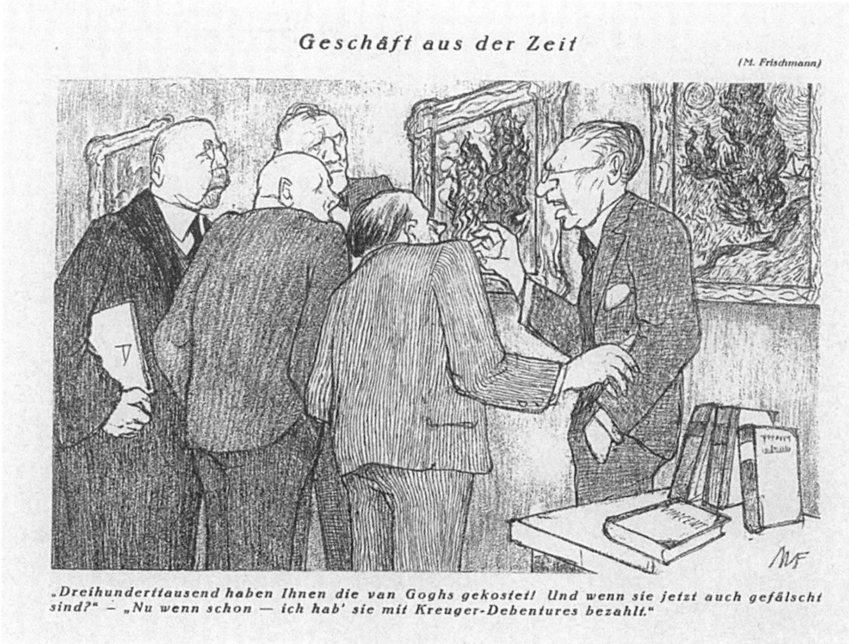

109 Marcel Frischmann, « Geschäft aus der Zeit », *Simplicissimus*, vol. 37, nº 6, 8 mai 1932, p. 70. Meier-Graefe est identifiable à droite, tout comme son livre sur Van Gogh, mis en évidence sur la table. Le dialogue fait référence aux déboires financiers, puis au suicide présumé du riche industriel Ivan Kreuger (1880-1932) à la suite du krach de 1929 : « “Les Van Gogh vous ont coûté 300 000 ? Quand bien même faux ?” – “Peu importe, je les ai payés avec des obligations Kreuger.” »

portrait de « quart-juif » de surcroît « marié à une Juive » fut plus tard placé en vis-à-vis de celui du galeriste Alfred Flechtheim dans le recueil diffamatoire *Der ewige Jude* (ill. 110). Alors que la *Frankfurter Zeitung* mit un terme définitif à sa collaboration avec le critique en 1934 et que les rééditions de ses ouvrages furent rendues impossibles par le régime, c'est un Meier-Graefe résigné qui consacra ses dernières forces à rédiger son livre ultime, un roman : *La Lutte pour le château*. Les tapuscrits de cet ouvrage autofictionnel, que le critique voulut au départ – et bien avant W. G. Sebald – intituler *Les Émigrants*, sont conservés à Marbach et demeurent inédits. Ce récit à clé évoque, sous divers pseudonymes, les fréquentations vernaculaires du couple à Saint-Cyr-sur-Mer. Les conditions mêmes d'écriture de ce roman, sa teneur idéaliste et parfois insolente en faisaient un objet trop sensible pour le climat culturel allemand.

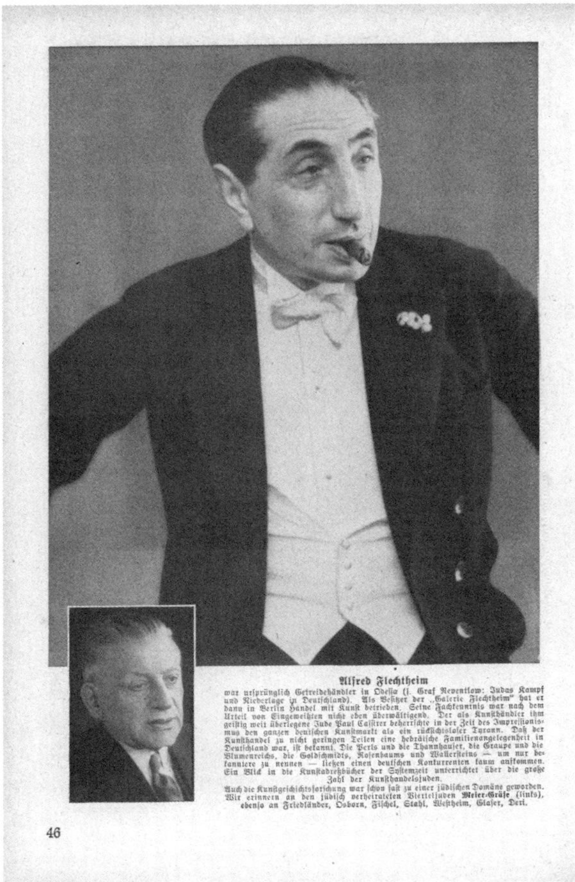

Alfred Flechtheim

war ursprünglich Getreidehändler in Odessa (s. Graf Reventlow: Judas Kampf und Niederlage in Deutschland). Als Besitzer der „Galerie Flechtheim" hat er dann in Berlin Handel mit Kunst betrieben. Seine Fachkenntnis war nach dem Urteil von Eingeweihten nicht eben überwältigend. Der als Kunsthändler ihm geistig weit überlegene Jude Paul Cassirer beherrschte in der Zeit des Impressionismus den ganzen deutschen Kunstmarkt als ein rücksichtsloser Tyrann. Daß der Kunsthandel zu nicht geringen Teilen eine hebräische Familienangelegenheit in Deutschland war, ist bekannt. Die Perls und die Thannhauser, die Graupe und die Blumenreichs, die Goldschmidts, Rosenbaums und Wallersteins — um nur bekanntere zu nennen — ließen einen deutschen Konkurrenten kaum aufkommen. Ein Blick in die Kunstadreßbücher der Systemzeit unterrichtet über die große Zahl der Kunsthandelsjuden.

Auch die Kunstgeschichtsforschung war schon fast zu einer jüdischen Domäne geworden. Wir erinnern an den jüdisch verheirateten Vierteljuden **Meier-Gräfe** (links), ebenso an Friedländer, Osborn, Fischel, Stahl, Westheim, Glaser, Deri.

46

110 Hans Diebow, *Der ewige Jude: 265 Bilddokumente*, Munich/Berlin, Eher, 1937, p. 46

L'auteur cherchait à rendre compte, comme il l'indiqua à Siegfried Kracauer – lui aussi exilé dans la précarité à Paris, et avec lequel il entretint une correspondance d'entraide –, d'un « autre genre d'émigration[97] ».

Peu avant la mort du critique, Julius et Annemarie entamèrent des démarches administratives en vue de leur naturalisation française (ill. 111). Dans sa quête de recommandations destinées à appuyer son dossier, Meier-Graefe se tourna vers le diplomate Roland de Margerie (1889-1990), ancien ambassadeur de France en Allemagne, alors en poste à Londres. Amateur d'art raffiné, Margerie avait largement contribué aux opérations de propagande culturelle de l'État français durant les années Locarno, profitant du terrain favorable que lui avaient préparé en Allemagne les écrits de Meier-

Graefe. Il répondit à sa requête avec bienveillance[98]. Parallèlement, l'Allemand s'adressa au fils d'Henri Matisse ; dans ce cas précis, l'absence de traduction de son *Entwicklungsgeschichte* semblait une aubaine, tant l'ouvrage dépréciait le peintre de la *Joie de vivre*. La lettre, composée dans un français fébrile, tente d'atténuer le caractère dramatique de la situation de Meier-Graefe – c'est l'une des toutes dernières rédigées de sa main :

> « Excusez que je vienne vous demander un service. Vivant depuis six ans ici je voudrais me faire naturaliser français. Pour y arriver j'ai besoin de quelques "références". Me permettriez vous de vous nommer dans ma demande ? Nous nous sommes trés peu vus dans le temps a Berlin et j'ai eu l'honneur de rencontrer plus souvent Monsieur votre père. C'est donc bien indiscret de m'adresser a vous. Peut être connaissez vous quelques livres de moi sur

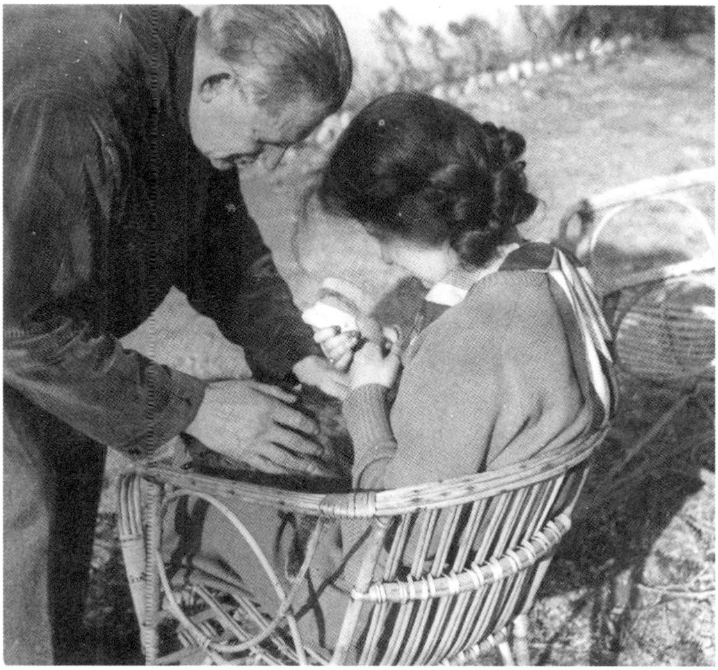

111 Julius et Annemarie Meier-Graefe en compagnie d'un chat chez Emil et Elga Ludwig Villa Suvrettina, Saint-Moritz, vers 1930, photographie, Marbach, Deutsches Literaturarchiv, B 1996.D 1

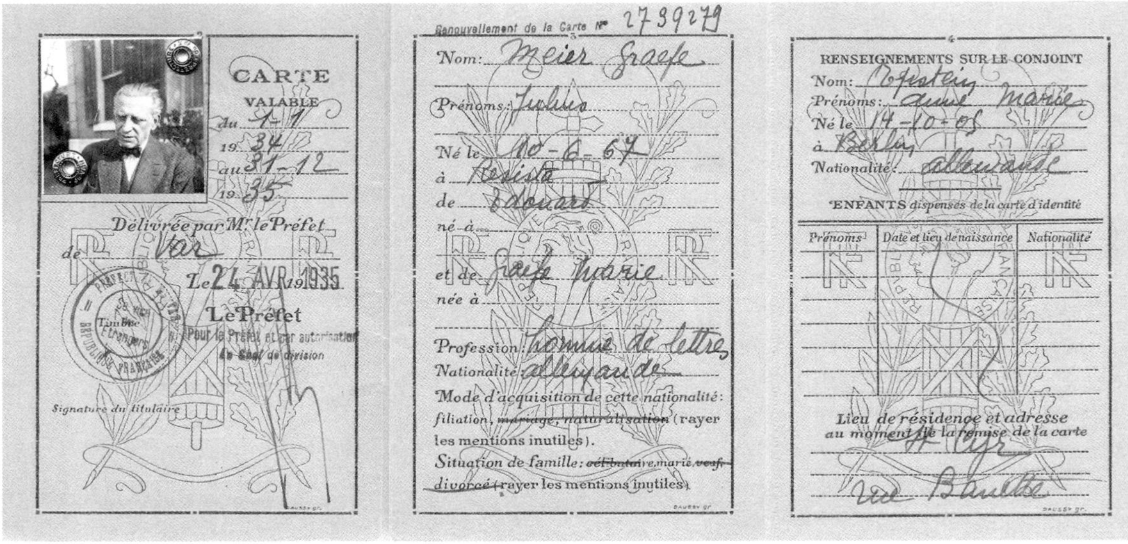

CARTE
VALABLE
du 1-1
1934
au 31-12
1935
Délivrée par Mr le Préfet
du Var
Le 24 AVR 1935
Le Préfet
Pour le Préfet et par autorisation
Le Chef de division
Signature du titulaire

Renouvellement de la Carte No 2739279
Nom: Meier Graefe
Prénoms: Julius
Né le 10-6-67
à Resista
de Edouard
né à
et de Graefe Marie
née à
Profession: homme de lettres
Nationalité: allemande
Mode d'acquisition de cette nationalité: filiation, mariage, naturalisation (rayer les mentions inutiles).
Situation de famille: célibataire, marié, veuf, divorcé (rayer les mentions inutiles)

RENSEIGNEMENTS SUR LE CONJOINT
Nom: Epstein
Prénoms: Anne Marie
Né le 14-10-05
à Berlin
Nationalité: allemande
ENFANTS dispensés de la carte d'identité

Prénoms	Date et lieu de naissance	Nationalité

Lieu de résidence et adresse au moment de la remise de la carte

112 Carte de résident étranger en France de Meier-Graefe, 1935, Marbach, Deutsches Literaturarchiv, succession Julius Meier-Graefe, 94.190.387

> l'art francais qui pourraient d'une facon modeste légitimer ma demande. Ne m'occupant pas de la politique je n'ai point de difficultés avec le gouvernement de mon pays mais je voudrais y retourner et je possêde un petit capital me permettant de finir mes jours ici. Je voudrais aussi solliciter Monsieur votre père et vous serais trés obligé si vous vouliez m'indiquer son adresse[99]. »

À sa mort, Meier-Graefe n'était toujours pas devenu citoyen français. Le couple dut se résigner, sous la pression exercée dès 1934 par les préfectures sur les ressortissants d'autres pays, à se faire attribuer une « carte de résident étranger » (ill. 112). Ce document administratif, sur lequel le critique s'était déclaré homme de lettres, incarne à lui seul toute une vie d'incertitude identitaire et d'insécurité sociale. C'est comme « sous-Allemand » en Allemagne et citoyen de « seconde catégorie » en France qu'il dut se résoudre à terminer sa vie.

L'état de santé de Meier-Graefe se dégrada dans les premiers mois de l'année 1935. Parce qu'il refusa de se rendre dans un sanatorium situé en territoire allemand, il alla dans la ville suisse de Vevey en mai 1935. Les analyses médicales décelèrent une infection au bacille de Koch. La plus touchante des lettres est sans aucun doute l'amère complainte de René Schickele adressée à l'écrivaine Annette Kolb, rédigée le 3 juin 1935, deux jours avant la mort du critique (ill. 113). À travers l'agonie de son ami, c'était bien le destin d'une nation et d'une génération qui semblait se jouer :

> « En ce qui concerne Ju, c'est (*tout à fait entre nous*) sans espoir. À l'hôpital de Vevey, où il se trouve actuellement, on lui a immédiatement diagnostiqué une tuberculose aux *deux* poumons, et c'est sans compter ses vieux problèmes nerveux... Ses forces s'amenuisent de jour en jour. Je crois que ça ne va pas durer longtemps. Parfois, je l'envie.
>
> Mais je ne crois pas qu'il lutte véritablement.
>
> Je t'embrasse.
>
> Ton René[100]. »

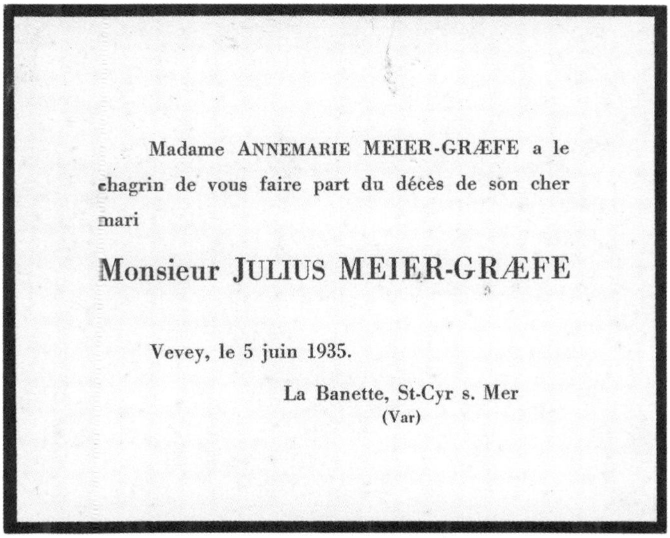

Madame ANNEMARIE MEIER-GRÆFE a le chagrin de vous faire part du décès de son cher mari

Monsieur JULIUS MEIER-GRÆFE

Vevey, le 5 juin 1935.

La Banette, St-Cyr s. Mer
(Var)

113 Annemarie Meier-Graefe-Broch, avis de décès de Meier-Graefe, 1935, Marbach, Deutsches Literaturarchiv, succession Harry Kessler, HS.1992.0007

CONCLUSION

·MOTS·
·DE·PASSE·

« NON. L'ŒUVRE N'A BESOIN
DE PERSONNE. [...] M. STEINER
A QUASIMENT JOUR ET NUIT
BESOIN DE RACINE, MAIS
RACINE N'A AUCUN BESOIN
DE M. STEINER. OUBLIER
UNE SEULE SECONDE CETTE
DISTINCTION, C'EST CELA
LA VRAIE TRAHISON
DES CLERCS[1]. »

George Steiner

En pleine débâcle de juin 1940, lors de sa fuite vers la ville de Saint-Amour, animé d'une hargne réprimée avec toute la noblesse d'un humaniste européen, Léon Werth écrivait *33 jours*, un récit limpide, probe et percutant :

> « J'ai connu le Weimar d'avant 1914. [...] Le comte Kessler m'y invite. On n'y parlait que de *Kultur* et de *Bildung*. [...] Le grand-duc avait des idées "modernes". Sur le conseil du comte Kessler, il avait appelé Henri Van de Velde, qui, quittant Bruxelles et renonçant à la peinture néo-impressionniste, se voua à la régénération de l'architecture et des "arts mineurs". "Nous ne nous habillons pas comme du temps de Voltaire ou de Frédéric II. Nous ne voulons pas habiter le passé comme un bernard-l'ermite. Nos maisons et meubles doivent être les nôtres." Docilité germanique : il dessina des têtes de clous et les industriels de Saxe adoptèrent ses modèles.
>
> Kessler et ses amis ne mentaient pas. Nietzsche n'était pas pour eux l'éveilleur d'une plus grande Allemagne, mais un nouveau maître du moi, d'un moi dionysiaque, comme il s'entend, d'un moi aristocratique et gorgé de culture. Renoir, Cézanne, Monet, Seurat, Van Gogh étaient leurs mots de passe. Ils constituaient, à l'image du passé, une sorte de cour, où les artistes rencontraient les grands de la Terre.
>
> Avaient-ils l'arrière-pensée de dominer le monde ? [...] La France était pour eux la Grèce. Mais, assez naïfs au fond, ils ne voyaient en la France que ses écrivains classiques et ses peintres depuis Watteau. Ils rêvaient d'un monde où les seules valeurs seraient la connaissance des arts et l'élégance des mœurs. En vérité, ils ne le rêvaient pas tout à fait. Ils l'avaient en partie créé. Mais pour eux seuls. Un îlot artificiel[2]. »

Dégoûté à jamais de la guerre par son expérience des tranchées, Werth revenait dans ce contexte sur ses interactions d'antan avec l'Allemagne de Guillaume II et ses élites cosmopolites. Il sut en saisir les ambivalences, précisément celles rencontrées tout au long de notre ouvrage. Il aurait très bien pu intégrer à son précis d'histoire culturelle le nom de Meier-Graefe, pour lequel il avait entrepris, autour de 1906, une traduction de l'*Entwicklungsgeschichte*. Sans nul doute, l'aboutissement de ce projet aurait infléchi la trajectoire européenne de l'Allemand et nous aimons à penser que le destin du critique fut, pour un court moment, entre les mains de l'écrivain pacifiste et anticolonialiste, dédicataire du *Petit Prince* de Saint-Exupéry.

Cet îlot artificiel peuplé de grands génies évoqué par Werth semble légitimer la métaphore du « château », cette zone de quarantaine esthético-culturelle dont Meier-Graefe fut l'architecte enthousiaste et le captif esseulé, et qui donna son titre à son ultime roman d'exil (ill. 114). Une fois levé le pont-levis de sa forteresse, son univers tenait à distance, par de larges douves, les fantassins de la science, les grondements des foules patriotiques et la pandémie de kitsch qui infestaient alors l'Occident. Reclus dans sa bastille, l'Allemand déployait en orchestrateur omniscient ses cercles d'individualités illustres, les séparant, les regroupant et les classifiant tel un marionnettiste, en accord avec ses généalogies associatives. Hypnotisé par son propre jeu, il recomposait artificiellement chaque domaine d'une société humaine dont il espérait dévier la destinée. Au sein du royaume de Meier-Graefe, dont les ouvrages balisent l'étendue, les géants se dérobent aux contingences de l'histoire. Delacroix règne en monarque éclairé, entreprenant de nobles pourparlers avec Goethe à l'est, Shakespeare au nord. Autour de lui, Manet, représentant raffiné de la haute société, administre le passé européen. En pasteur dévoué, Van Gogh s'affaire à sauver la communauté des affres de l'incroyance, tandis que Cézanne, en mystique solitaire, grommelle, édifiant des temples pour une époque qui les a délaissés. Non loin, l'infatigable Marées accomplit dans la solitude sa besogne fédératrice. Renoir, l'ouvrier, peint. Le jeune Picasso amuse la galerie, en bouffon hystérique. Balai en main, Beckmann nettoie derrière lui. Au-dessus d'eux plane l'esprit des titans de la tradition : les Vénitiens, Greco, Rubens, Rembrandt. Tous restent à portée de main, disposés à apporter leur aide aux plus dignes de leurs successeurs. Quant à Meier-Graefe, il veille en conciliateur -diplomate à l'hygiène et à l'organisation du domaine, tout en observant depuis son chemin de ronde la chute inexorable de la civilisation extérieure. En dépit d'une existence entière passée sur le champ de bataille de l'art, ses génies et ses chefs-d'œuvre n'étaient finalement que des mots de passe d'accès à une Tribune des Offices fantasmée. Une activité quelconque d'enseignement ou un poste dans une galerie publique auraient éventuellement pu donner aux idéaux du critique une forme alternative de pérennité, mais son indépendance absolue lui semblait d'un bien plus grand prix.

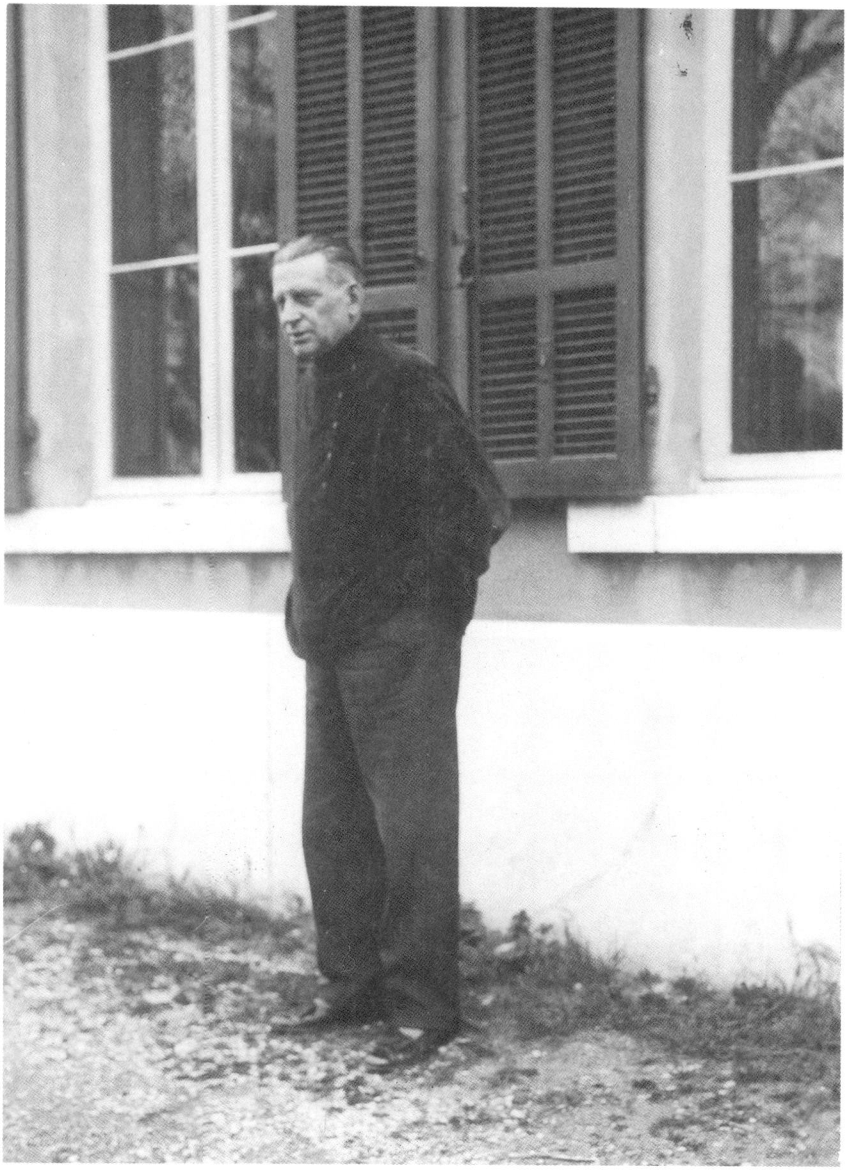

114 Meier-Graefe vers 1930, photographie, Marbach, Deutsches Literaturarchiv, B 1996.D 1

« Meier-Graefe était un homme du XIXe siècle ayant fait son entrée en scène au XXe, où il demeura néanmoins toujours trop moderne[3] » : le paradoxe a déjà été relevé par Hans Belting. L'Allemand perpétuait en effet une pratique de la critique d'art vouée à tomber en désuétude, à une époque où les artistes se passaient désormais de porte-parole avec lesquels ils luttaient naguère en intime harmonie. Si Manet avait eu besoin de Baudelaire, Zola ou Mallarmé pour opérer sa révolution symbolique, puis de Cassirer, Tschudi et Meier-Graefe lors de sa détonation à retardement dans l'Allemagne wilhelmienne, Picasso ou De Chirico débarquaient sur la scène internationalisée des avant-gardes munis d'un arsenal critique propre. Obsolète au regard des modalités de ses discours, Meier-Graefe n'en restait pas moins visionnaire dans sa manière d'aborder les variations du rôle de l'art dans les sociétés. Soutenu par la sincérité d'une profonde mélancolie, son pessimisme productif lui permit de saisir et de pointer avec lucidité certaines déviations de la culture occidentale. Ses réflexions sur les rapports entre valeurs esthétique et marchande des objets d'art, ses observations désespérées sur la consommation de la beauté comme *ersatz* de son expérience, sa mise en exergue de la dimension arbitraire des styles nationaux et des dangers de l'instrumentalisation idéologique des biens culturels, semblent d'actualité. Et, plus encore peut-être, son utopie goethéenne d'une Europe des lettres et des arts aux nations respectueuses de leurs apports respectifs, dont il ne put promulguer l'avènement. C'est dans cet humanisme weimarien lointain, mais aussi dans la noirceur pénétrante de la critique baudelairienne, que les sources intellectuelles de Meier-Graefe sont à repérer. Et dans les lamentations alter-modernistes d'un Jean Clair, par exemple, un héritier naturel.

De Goethe, Meier-Graefe perpétuait la posture d'indépendance et l'aversion naturelle envers les formes de pensée systématiques. À cet égard, il eut le malheur, tout comme son aîné weimarien, de vivre en contemporain de grandes figures qui allaient permettre à sa discipline de connaître une phase décisive d'épanouissement institutionnel et méthodologique. Pour la plupart, ces personnalités pensaient justement l'histoire de l'art par concepts et catégories, ou à travers l'élaboration de systèmes qui semblent aujourd'hui fort éloignés des coulées intuitives et parfois contradictoires de Meier-Graefe. Du côté du « sentiment vivant des situations[4] », pour citer une lettre de Goethe à Eckermann de 1825, se situant très exactement entre le *mythos* et le *logos*, il ne cherchait pas à mettre le concret et l'abstrait dos à dos, mais bien à tailler une voie médiane, par laquelle l'expérience esthétique pourrait établir d'elle-même, organiquement, son assise théorique. « Qu'on ne cherche rien derrière les phénomènes, ils sont déjà eux-mêmes de la théorie[5] », aphorisait d'ailleurs l'auteur du *Werther*.

Quant aux écrits de Baudelaire, auxquels il ne se référa que de manière anecdotique, Meier-Graefe semblait vouloir en perpétuer la conception d'une modernité constituée d'une alternance permanente entre *antiquitas* et présentisme. Le critique demandait à l'œuvre d'art de préserver l'immanence de l'ancien tout en lui imprimant l'estampille de l'actuel. Proche des idéaux baudelairiens, le projet de Meier-Graefe récusait ainsi logiquement toute adhésion au culte militarisé de la nouveauté ou du progrès, ce « paganisme des imbéciles[6] », pour citer le poète. D'où sa nette distinction entre une modernité transcendantale, à l'essence et aux valeurs supérieures, et les diffractions optiques et mentales des avant-gardes historiques. Ces dernières avaient finalement corrompu le projet moderniste en négligeant cette autre moitié de l'art : l'immuable. La machine préréglée de l'avant-gardisme confinait dès lors la fabrique des images au domaine de la propagande et de la communication.

C'est ce double héritage qui fait l'inactualité de la pensée de Meier-Graefe. Trop occupées à restructurer le chantier désolé des relations internationales, les années qui suivirent la Seconde Guerre mondiale précipitèrent ses écrits – déjà molestés par le nazisme – dans un relatif oubli. L'auteur fut dès lors condamné à errer dans les marges de sa famille disciplinaire, en raison d'écrits jugés triviaux, trop empathiques et sentimentaux. « C'est seulement en tant que fanatisme que l'intérêt pour l'art dispose d'un droit à l'existence[7] », écrivait-il d'ailleurs dans un texte-manifeste tardif qui explicitait les fondements de sa pratique. Dans les années 1950, les directeurs de galeries publiques français et allemands qui se souvenaient de son nom doutaient de la « compétence scientifique[8] » de leur devancier, tandis qu'un historien comme John Rewald chercha à minorer l'impact historiographique de ses ouvrages à « l'approche fondamentalement littéraire », fruits d'un « phraseur ivre du son de ses propres mots ». Évoquant la réception américaine de Cézanne, le catalographe ne voulait pas cautionner une frange germanophone de sa discipline davantage orientée vers l'alimentation des légendes que vers la scientificité : « Ce qu'il avait à dire n'était ni digeste, ni très convaincant[9]. »

L'émigré allemand, né Gustav Rewald en 1912, commettait pourtant un parricide, lui qui confessait devoir aux livres de Meier-Graefe son « initiation[10] » à l'impressionnisme. La nature de ces reproches démontre qu'il n'estimait nullement nécessaire de rappeler le contexte social, politique et culturel spécifique dans lequel Meier-Graefe avait bricolé sa *praxis* historienne. Ses cascades métaphoriques, son ironie acide et son cynisme radical étaient avant tout les instruments d'une guerre d'observation à laquelle le langage fournissait un arsenal redoutable. Par son style buissonnier et la dissidence de ses anachronismes, Meier-Graefe optimisait considérablement son impact critique, et transformait la simple poétique du mot d'esprit en une véritable politique du *Witz*. Cette « capacité à établir, à l'aide de liaisons ou de transpositions fulgurantes, des similitudes entre des choses apparemment disparates[11] » doit elle aussi être perçue comme un héritage des Lumières. Par son esprit combinatoire, il s'attaquait au philistinisme ambiant et délogeait les banalités installées, ancrant son corpus dans l'histoire avec d'autant plus de fermeté. Dans une recension enthousiaste de son *Delacroix*, Hofmannsthal écrivait :

> « En Allemagne, personne n'a accompli autant d'efforts que Meier-Graefe pour confectionner, à partir d'une esthétique, un volant d'inertie pour la vie globale de l'esprit. Dans un monde où l'on s'obstine à "écrire" ou à "pérorer" sur la politique, ce sont plutôt ses livres auxquels devrait être conférée une dimension politique véritable, c'est-à-dire d'un sens supérieur : elle pénètre progressivement la vie de la nation, afin d'en transformer des domaines particuliers[12]. »

Il est à ce titre frappant que cette politisation alternative des discours artistiques ait été opérée durant les années mêmes de la dépolitisation active des grandes figures de la modernité par la Troisième République, suivant des mécanismes de légitimation officielle auxquels l'historienne de l'art Linda Nochlin a consacré de remarquables travaux. Aérien et prétendument situé hors de l'histoire, le formalisme analytique de Meier-Graefe contribuait en réalité bien à recharger les batteries idéologiques des artefacts migrateurs qu'il prenait pour objet. S'il existe une politique de l'impressionnisme, l'étude de la réception de ce courant en Allemagne et du rôle repoussoir qu'il y joua en constitue la démonstration éclatante.

Mais pour quelle Allemagne un personnage tel que Meier-Graefe se battait-il au juste ? Comme le montre l'extrait cité en amorce de notre conclusion, Werth, fuyant en 1940 l'avancée de la Wehrmacht, envisageait l'échec cuisant de cette forme de lutte politico-culturelle. En se remémorant la période entourant 1900, il se demandait même à demi-mot si l'expansionnisme du Troisième Reich n'avait pas connu ses sources indirectes dans ces mécaniques cosmopolites d'import-export. Comme à son habitude, Werth, proche de l'historien Lucien Febvre, eut l'intelligence de s'autoriser le doute. En restant toutefois sidéré qu'une Allemagne capable d'un tel raffinement, d'un tel enthousiasme, d'une telle ouverture, puisse, par deux fois, contribuer à susciter des conflits armés d'envergure planétaire. Et, par symétrie, qu'un pays au patrimoine si majestueux que la France puisse se vautrer dans la mouchardise crasse, le patriotisme pantouflard et la pleutrerie détestable qui marquèrent ses années de collaboration. La responsabilité du naufrage totalitaire revenait à ses yeux aux peuples de l'Europe entière et à leurs patriotismes de bastringue, au moins autant qu'à une chimérique sagesse des nations. En dépit des chamailleries personnelles ayant marqué leurs brefs moments de contact, les critiques culturelles de Werth et de Meier-Graefe, qui cherchaient toutes deux à assécher les « abstractions nationales[13] », paraissent entrer en dialogue.

Perçu à juste titre comme l'un des chantres précoces de l'autonomie de la peinture, Meier-Graefe n'en demeure pas moins un cas d'étude idéal pour s'adonner à une découpe transversale d'un système des arts hétéronome, dont il fut lui-même l'opérateur. Car l'histoire de l'art est également celle d'objets assujettis consciemment ou non par ses récepteurs et manipulateurs à de plus larges constructions symboliques. Une histoire traitant d'un ensemble de biens qui, plus que tout autre, se trouve apte à susciter de vigoureuses émotions. Ce récit est certes celui d'artistes, d'œuvres et d'images, mais se doit d'englober dans son élan l'histoire du marché et des lieux de monstration, du face-à-face entre l'empirisme des savants et le subjectivisme feuilletonistique, des médiateurs, traducteurs, éditeurs ainsi que de tout dispositif vecteur de discours. L'une des lignes de force de ce livre a été de démontrer que les protagonistes de ce monde des arts, tiraillés entre les récits normatifs et les caprices du goût, agissent sous l'impulsion d'un contexte social au moins autant que de leurs idéaux et tourments individuels. Symptôme d'une crise pour certains et de santé pour d'autres, l'histoire de l'art doit dans tous les cas poursuivre ce processus autoréflexif : un questionnement perpétuel des moyens qui se trouvent à sa disposition depuis le tournant du XXe siècle, en ce que nombre de ses outils et concepts ont été forgés de part et d'autre du Rhin dans ces décennies cruciales. Une histoire culturelle, pluridisciplinaire et transnationale des usages de l'art et des « attentes collectives[14] » qui l'enrobent nous semble, dans ce cadre, une piste engageante.

* * *

À l'automne 2013 s'ouvrait au musée du Louvre l'exposition « De l'Allemagne. De Friedrich à Beckmann, 1800-1939 », offrant au public la possibilité, trop rare en France, d'un trajet à travers un siècle et demi de peinture germanique. Inauguré en grande pompe, l'événement binational était placé sous le patronage symbolique de Goethe (dont on déplaça de Francfort le célèbre portrait par Tischbein) et fut labellisé par le comité en charge des célébrations officielles du cinquantenaire du traité de l'Élysée. Une querelle éclata pourtant :

on reprocha à l'exposition une vision trop téléologique du cours de la culture allemande, qui y paraissait condamnée à aboutir au totalitarisme et à la guerre. Son récit quelque peu dramatisé, qui faisait appel à l'opposition des esthétiques apollinienne et dionysiaque sans pour autant réactiver la puissance dialectique du binôme nietzschéen, semblait entretenir les préjugés que le catalogue d'exposition s'affairait paradoxalement à démanteler. Enfonçant le clou, l'œuvre monumentale d'Anselm Kiefer installée dans la rotonde d'entrée ruminait les mythologies et les légendes sempiternellement associées au « peuple de rêveurs », tel que raillé dans le *Dictionnaire des idées reçues*. Au programme des imposants panneaux gravés en noir et blanc d'un artiste allemand particulièrement choyé par l'État français : Rhin, *Urwald*, Valhalla, métaphysique et ligne Maginot. Par son positionnement dans le hall Napoléon, l'œuvre inaugurait et clôturait l'exposition d'une note grave, matérialisant pour ses détracteurs l'interminable spirale des clichés. Ceux-là mêmes que des décennies entières de travaux sur les transferts culturels et les communautés imaginaires étaient parvenus à déconstruire[15]. En dépit d'une presse cherchant à faire des virulents débats suscités par « De l'Allemagne » un énième face-à-face franco-allemand, la polémique révélait en réalité deux conceptions de l'écriture de l'histoire de l'art, et rejouait dans son contexte propre certains débats du premier XXe siècle[16].

Malgré sa présence discrète dans les collections françaises depuis 1936 – il fut offert au musée du Jeu de paume par le collectionneur juif allemand Erich Goeritz –, le broussailleux *Portrait de Meier-Graefe* de Lovis Corinth ne fut pas déplacé du musée d'Orsay voisin. Le sourire narquois du critique aurait sans nul doute pu aider à tailler quelques sentiers de réflexion alternatifs sur les essentialismes culturels, l'impermanence des identités, et inviter à partir en quête, chez les créateurs ou penseurs d'outre-Rhin, d'un désir de lumière et d'européanité. Une démarche nécessitant une mise en exergue de la mobilité permanente des artistes, des modèles et des concepts, face à des stéréotypes structurellement voués à l'enracinement. Au regard des débats contemporains, il paraît aujourd'hui encore vital de parvenir à un essoufflement définitif du paradigme national et de poursuivre la voie d'une cartographie renouvelée des choses de la culture – non seulement en Europe, dont il a été ici majoritairement question, mais bien au-delà. Une géographie remaniée qui, sans nier les spécificités relatives à chaque aire culturelle, aiderait à envisager les étrangetés, les paradoxes, les écarts et les hybridations, les rapports de domination comme les joies partagées qui marquent leur histoire. Loin de se dégager comme un modèle à suivre pour l'accomplissement de ce programme, Meier-Graefe nous apprend de ses enthousiasmes et autres fourvoiements, qui firent de lui l'artisan inconscient de sa propre obsolescence. Greco, Marées, Cézanne auraient probablement pu se passer de lui. Mais les amateurs et les historiens de l'art, les savants et les universitaires d'hier et de demain vivent dans le besoin permanent de figures telles que la sienne, en ce qu'elles seules peuvent les déséquilibrer.

NOTES

ABRÉVIATIONS

AMN	Archives des musées nationaux
BNF	Bibliothèque nationale de France
BSBM	Bayerische Staatsbibliothek München (Leviana II.3)
BT	*Berliner Tageblatt*
DK	Meier-Graefe, *Die doppelte Kurve*, Berlin, 1924
DLA	Deutsches Literaturarchiv, Marbach am Neckar
EG	Meier-Graefe, *Entwicklungsgeschichte der modernen Kunst*, 3 t., Stuttgart, 1904
EG 2	Meier-Graefe, *Entwicklungsgeschichte der modernen Kunst*, 3 t., Munich, 1914-1915/1924
FB	Meier-Graefe, *Der Fall Böcklin*, Stuttgart, 1905
FZ	*Frankfurter Zeitung*
GSA	Goethe- und Schiller-Archiv, Weimar
HvM	Meier-Graefe, *Hans von Marées*, Munich, 1909-1910
KEOA	Karl Ernst Osthaus-Archiv, Hagen
KHM	Archives de la Kunsthalle de Mannheim
KuK	*Kunst und Künstler*
Ma-Ge	Marées-Gesellschaft
MG	Julius Meier-Graefe
MG 2001	Meier-Graefe, *Kunst ist nicht für Kunstgeschichte da*, Göttingen, 2001
MG 2009	Meier-Graefe, *Tagebuch 1903-1917 und weitere Dokumente*, Göttingen, 2009
Moffett 1973	Kenworth Moffett, *Meier-Graefe as Art Critic*, Munich, 1973
NR	*Die neue Rundschau*
ORAW	Oskar Reinhart-Archiv, Winterthur
Piper 1979	Reinhard Piper, *Briefwechsel mit Autoren und Künstlern 1903-1953*, Munich, 1979
SBB	Staatsbibliothek, Berlin
SR	Meier-Graefe, *Spanische Reise*, Berlin, 1910
STAM	Stadtarchiv, Mannheim (fonds Fritz Wichert)
STMF	Städel Museum, Francfort-sur-le-Main
STBW	Studienbibliothek, Winterthur
SUBH	Staats- und Universitätsbibliothek, Hambourg (fonds Richard Dehmel)
TB	*Tagebuch* [Journal intime] de MG (cahier inédit, DLA)
WtW	Meier-Graefe, *Wohin treiben wir?*, Berlin, 1913

Notes de l'introduction

1. Léon Werth, *Déposition. Journal de guerre 1940-1944*, Paris, Viviane Hamy, 1992, p. 352.
2. Achille Lepinoux, « Des camions transportent à la gare du Nord une partie des richesses du Louvre qui figureront à l'Exposition d'art français de Londres », *Paris-Soir*, 15 décembre 1931.
3. MG, « Franzosen in England », *NR*, vol. 43, nº 2, février 1932, p. 396.
4. *Ibid.* « Um dieselbe Zeit und noch wesentlich später stehen französische Maler den Niederländern so nahe, daß die Unterscheidung schwer fällt. »
5. *Ibid.*, p. 399. « Wo bleibt der Nationalismus? Und wem entginge, daß gerade auf diesem Vermögen, fremde Werte aufzunehmen, die Größe der französischen Kunst beruht? »
6. Les complaintes de MG, partiellement traduites en français sous la forme d'un « réquisitoire » dans la revue d'art internationale *Formes* en 1932, furent flanquées par son rédacteur en chef Waldemar-George d'une « plaidoirie » défensive de René Huyghe lui-même. Voir « Le procès de l'Exposition d'art français de Londres », *Formes*, nº 23, mars 1932, p. 230-232.
7. MG, « Franzosen in England » (note 3), p. 400. « Wahl und Anordnung lag in den Händen von Kunsthistorikern jener älteren Schule, die mehr lesen als sehen, und der Künstler hatte nichts zu sagen. »
8. Andreas Beyer, « Nachwort », dans MG, *Auguste Renoir*, Francfort-sur-le-Main, Insel Verlag, 1986, p. 233.
9. *EG*, p. 12. « Wie beim Kaviar sucht jeder, auch der, dem die Kunst nicht schmeckt, sie zu haben. »
10. Ingeborg Becker et Stephanie Marchal (éd.), *Julius Meier-Graefe (1867-1935): Grenzgänger der Künste*, Berlin, Akademie Verlag, 2017.
11. Voir Johann Georg Prinz von Hohenzollern et Peter-Klaus Schuster (éd.), *Manet bis Van Gogh: Hugo von Tschudi und der Kampf um die Moderne*, cat. exp. Berlin, Nationalgalerie, New York/Munich, Prestel, 1996.
12. France Nerlich, *La Réception de la peinture française en Allemagne, 1815-1870*, Paris, Éd. de la Maison des sciences de l'homme (MSH), coll. « Passages » du Centre allemand d'histoire de l'art (DFK Paris), 2009.
13. Cité dans Barbara Paul, *Hugo von Tschudi und die moderne französische Kunst im Deutschen Kaiserreich*, Mayence, Von Zabern, 1993, p. 25.
14. Cité dans MG, *Édouard Manet*, trad. Victor Claass, Paris, Klincksieck, 2013, s. p.
15. Cité dans Pascal Griener, *L'Esthétique de la traduction. Winckelmann, les langues et l'histoire de l'art (1755-1784)*, Paris, Droz, 1998, p. 41.
16. Kenworth Moffett, *Meier-Graefe as Art Critic*, Munich, Prestel, 1973.
17. Clement Greenberg, « State of Art Criticism », *Partisan Review*, vol. 48, 1981, p. 38.
18. Catherine Krahmer, *Julius Meier-Graefe: Ein Leben für die Kunst*, Göttingen, Wallstein, 2021. Sa parution est postérieure à la rédaction du présent livre. Au sujet de cet ouvrage, voir Victor Claass, « Meier-Graefe en son domaine », *Kunstchronik*, vol. 75, nº 8, août 2022, p. 438-444 ; Christian Lenz, « Ein besonderer Blick auf Julius Meier-Graefe », *Études germaniques*, nº 305, 2022/1, p. 85-89.
19. MG, *Kunst ist nicht für Kunstgeschichte da: Briefe und Dokumente*, éd. par Catherine Krahmer et Ingrid Grüninger, Göttingen, Wallstein, 2001.
20. MG, *Tagebuch 1903-1917 und weitere Dokumente*,

éd. par Catherine Krahmer, Ingrid Grüninger et Jeanne Heisbourg, Göttingen, Wallstein, 2009.

21. Harry Graf Kessler, *Das Tagebuch (1880-1937)*, 9 t., Stuttgart, Cotta, 2004-2018 ; voir aussi l'éd. française : *id.*, *Journal. Regards sur l'art et les artistes contemporains, 1889-1937*, trad. Jean Torrent, Paris, Éditions de la MSH, coll. « Passages » du Centre allemand d'histoire de l'art, 2017, en ligne : books.openedition.org/editionsmsh/10902.
22. Nés sous l'impulsion des travaux en études germaniques menés par Michael Werner et Michel Espagne, les transferts culturels ont depuis dépassé le seul cadre franco-allemand et nourri de nombreuses recherches relatives à d'autres époques et géographies. Voir Pierre Vaisse, « Sur les rapports artistiques franco-allemands au XIXe siècle », *Romantisme*, n° 73, 1991, p. 93-102 ; Michel Espagne, *Les Transferts culturels franco-allemands*, Paris, PUF, 1999. Pour une approche générale des transferts, voir le précis de Béatrice Joyeux-Prunel, « Les transferts culturels. Un discours de la méthode », *Hypothèses*, vol. 1, n° 6, 2003, p. 149-162 ; ainsi que le numéro spécial « Interactions et transferts artistiques » de la revue *Histoire de l'art*, n° 64, 2009, édité sous la direction de France Nerlich.
23. Alexandre Kostka et Françoise Lucbert, « Pour une théorie de la médiation. Réflexions sur les médiateurs artistiques entre la France et l'Allemagne », dans Coll., *Distanz und Aneignung. Relations artistiques entre la France et l'Allemagne 1870-1945*, Berlin, Akademie Verlag, coll. « Passages » du Centre allemand d'histoire de l'art, 2004, p. 13-28. Voir également Alexandre Kostka, « Die Karriere von Julius Meier-Graefe zwischen Paris und Berlin: "Proto-Vermittler", "organischer Vermittler" und "kanonischer Vermittler" », dans *Akten des XI. Internationalen Germanistenkongresses Paris 2015*, t. 11, Berne, Peter Lang, 2005, p. 143-154.
24. Voir Béatrice Joyeux-Prunel, *Nul n'est prophète en son pays ? L'internationalisation de la peinture des avant-gardes parisiennes, 1855-1914*, Paris, musée d'Orsay/Nicolas Chaudun, 2009 ; ainsi que sa recension critique par Pierre Vaisse, en ligne : http://histara.sorbonne.fr/cr.php?cr=907 (article mis en ligne le 20 septembre 2010).
25. Claude Lévi-Strauss, *Anthropologie structurale II*, Paris, Pocket, 2003.
26. L'autrice s'attaque ainsi à la notion de « malentendu productif » (*produktives Missverständnis*), à laquelle il a souvent été fait appel pour expliquer le succès ou les répercussions inattendues de certains artistes à l'étranger. Voir Sophie Goetzmann, *« Et les grands cris de l'Est ». Robert Delaunay à Berlin, 1912-1914*, Paris, Éd. de la MSH, coll. « Passages » du Centre allemand d'histoire de l'art, 2021, en ligne : books.openedition.org/editionsmsh/25184.
27. Michela Passini, *La Fabrique de l'art national. Le nationalisme et les origines de l'histoire de l'art en France et en Allemagne (1870-1933)*, Paris, Éd. de la MSH, coll. « Passages » du Centre allemand d'histoire de l'art, 2012.
28. Reinhard Piper, *Mein Leben als Verleger. Vormittag, Nachmittag*, Munich, Piper, 1964, p. 255. « Er war zeitlebens ein selbstloser Diener der Kunst. »
29. MG 2009, p. 161. « [Ein] Forscher mit dem Kunsthändlerherzen. » Le propos est à attribuer au peintre zurichois Albert Welti (1862-1912).
30. MG 2001, p. 125, lettre de MG à Richard Dehmel du 26 avril 1905. « Es war eine Dummheit hierherzugehen, ich hätte Commis bei irgend einem Kunsthändler werden u[nd] in Paris bleiben sollen. »
31. DLA, lettre de MG à John Holroyd-Reece du 8 mai 1934. « Die richtige Domäne für die Übersetzung meiner Bücher wäre natürlich Frankreich, wo noch nichts von mir erschienen ist, aber hier ist das tragikomische Schicksal gegen mich. »
32. Pierre Vaisse, « Du rôle de la réception dans l'histoire de l'art », *Histoire de l'art*, n° 35-36, octobre 1996, p. 6.
33. *EG*, p. v : « Was nicht Kunst ist, erscheint selbstverständlich [...]. »
34. MG, « Manets Schwarz », *FZ*, 10 juillet 1932.
35. MG, *Pyramide und Tempel*, Berlin, Rowohlt, 1927, p. 363. « Die dringenste Aufgabe wäre eine Kampagne gegen die Wissenschaft, Feststellung ihrer Verehrungen in allen Kulturen, Denunzierung des frevelhaften Konkubinats mit der Kunst, das zum öffentlichen Ärgernis werden müßte; zeigen, was hinter der Kontinuität und der Vollständigkeit steckt: die Manie, alle er-

reichbaren Löwenmaulornamente zu sammeln und die Summe der Löwenmäuler als Antike auszugeben. Man teilt ein Land, ein Volk, einen schöpferischen Komplex in möglichst winzige Partikel und überschwemmt ihn dann so lange mit den Partikeln, bis der Komplex als Volk, als Land, als Lebewesen verschwindet. Sie halten sich an das Kapitäl statt an die Säule, an die Säule statt an den Tempel, an den Tempel statt an die Kunst, an die Kunst statt an die Menschheit. »

36. *FB*, p. 2. « So lange die Menschen gesund waren, gab es keine Doktoren. »

Notes du chapitre I

1. Hugo von Hofmannsthal, « Das Gespräch über Gedichte », *Gesammelte Werke in zehn Einzelbänden*, éd. par Bernd Schoeller, vol. 7, Francfort-sur-le-Main, Fischer, 1978, p. 497. « Wollen wir uns finden, so dürfen wir nicht in unser Inneres hinabsteigen: draussen sind wir zu finden, draussen. »
2. Sur ce premier voyage parisien, voir MG, « Meine erste Pariser Reise », *Almanach des Verlages R. Piper & Co. 1904-1914*, Munich, R. Piper & Co., 1914, p. 1-29.
3. Voir Andreas Beyer, « Herman Grimm (1828-1901) », dans Michel Espagne et Bénédicte Savoy (dir.), *Dictionnaire des historiens d'art allemands*, Paris, Éd. du CNRS, 2010, p. 89-97 ; *id.*, « Lichtbild und Essay: Kunstgeschichte als Versuch », dans Wolfgang Braungart et Kai Kauffmann (éd.), *Essayismus um 1900*, Heidelberg, Universitätsverlag Winter, 2006, p. 37-48.
4. Voir Catherine Krahmer, « Die Zeitschrift *Pan* und das Ausland (1894-1895) », *Jahrbuch der deutschen Schiller-Gesellschaft*, vol. 39, 1995, p. 267-292.
5. Sur l'histoire de la revue *Pan*, voir Max Koss, *The Art of the Periodical. Pan, Print Culture and the Birth of Modern Design in Germany, 1890-1900*, thèse de doctorat sous la direction de Christine Mehring et Ralph Ubl, août 2018, université de Chicago.
6. DLA, fonds Bodenhausen, lettre de MG à Eberhard von Bodenhausen du 6 août 1895. « Der Lautrec ist justement das, was wir brauchen jetzt in diesem Moment, ich halte ihn für ausgezeichnet. Glauben Sie mir's! ich weiss, wo wir hin müssen, wir können uns unseren Weg nicht machen, sondern er ist da, fix und fertig. [...] Dieser Fall ist bedeutungsvoller für uns, als sie glauben. »
7. Voir Catherine Krahmer, « Meier-Graefe et les arts décoratifs : un rédacteur à deux têtes », dans Coll., *Distanz und Aneignung* (note 23, Introduction), p. 231-254.
8. MG 2001, p. 15. « Ein unreifer Sozialismus, der von den Ideen des William Morris eingegeben war, entfernte mich für kurze Zeit von der Malerei. »
9. Voir Moffett, *Meier-Graefe as Art Critic* (note 16, Introduction), p. 40.
10. Cité dans Catherine Krahmer, « Meier-Graefe et Delacroix », *Revue de l'art*, n° 99, 1993, p. 61.
11. John Rewald, *History of Impressionism*, New York, Museum of Modern Art, 1946, p. 448.
12. Anonyme [MG], « Vorwort », dans *Entwicklung des Impressionismus in Malerei und Plastik*, cat. exp. Vienne, 1903, p. 14. « Heute ist der Impressionismus etwas Selbstverständliches – Historisches. »
13. *EG*, p. 52. « Mit Rubens und Velasquez kann man die ganze moderne Kunst machen. »
14. Voir MG 2009, p. 339-354.
15. Voir MG, « Der Impressionismus in Malerei und Skulptur », *Neue Freie Presse*, 19 janvier 1903 ; « Von Poussin zu Maurice Denis », *Zeit*, n° 435, 31 janvier 1903, p. 57-59, ainsi que « Französische Kunst », *Die Zukunft*, vol. 11, t. 43, 20 juin 1903, p. 446-460.
16. Gottfried Boehm, « Die Krise der Repräsentation », dans Lorenz Dittmann (éd.), *Kategorien und Methoden der deutschen Kunstgeschichte 1900-1930*, Wiesbaden, Steiner, 1985, p. 114-115.
17. MG, *Édouard Manet und sein Kreis*, Berlin, Bard/Marquardt & Co., 1902 ; *Der moderne Impressionismus*, Berlin, Bard/Marquardt & Co., 1902.
18. *EG* 2, t. 1, 1914, s. p.
19. BSBM, lettre de MG à Mary Balling du 12 novembre [1908]. « Ich habe einen gewissen Horror vor den *Formen* der Philosophie, bin viel mehr ein primitiver Vorarbeiter und Agitator

für eine Weltanschauung menschenwürdiger Art und schrecke vor dem Systematisieren einer Theorie zurück, weil ich zu oft bemerke, wie wenig solche Formulierung geeignet ist, *die* Geister unserer Zeit zu gewinnen, von denen der Fortschritt unserer Kultur abhängt. »

20. *EG*, p. 4. « Daraus muss eine neue Kunstgeschichte werden, die mehr von Aesthetik handelt, als von Kunst, mehr nach Kultur trachtet, als nach Malwissenschaft, die den Sehwinkel weiter fasst als bisher. »
21. DLA, fonds Bodenhausen, lettre de MG à Eberhard von Bodenhausen du 2 septembre 1904. « Was ich gern ausgedruckt sehe, wäre die Andeutung einer neuen natürlichen Basis für die Kunstgeschichte, die ich anstrebe, die mehr auf der Entwicklung der wesentlichen Momente, also der Formeln, fusst, als auf den Zufallsereignissen der persönlichen Schicksale, die sich mit gewissen grossen Komplexen der Kunstgeschichte, die diesen Leistungen günstiges Material bieten, beschäftigt und zur Klärung der Grundbegriffe auf natürlich-sinnlichen, nicht philosophischen Deduktionswegen beiträgt. »
22. *EG*, p. v. « Wir Deutschen aber leiden an dem Irrtum, Kunst zu denken, statt zu betrachten. »
23. Sur l'influence de Konrad Fiedler, voir Roberto Salvini, *Pure visibilité et formalisme dans la critique d'art au début du XXe siècle*, Paris, Klincksieck, 1988.
24. Pour une approche générale de l'esthétique de Fiedler, voir Danièle Cohn, « L'artiste, le réel et les formes. Konrad Fiedler et le projet d'une esthétique de la création », dans Konrad Fiedler, *Sur l'origine de l'activité artistique*, trad. Inès Rotermund, Sarah Schmidt, Werner Uwer et Sacha Zilberfarb, dir. par Danièle Cohn et Ileana Parvu, Paris, Éd. Rue d'Ulm, 2008, p. 115-143.
25. *EG*, p. 17. « Das Museum hat vielleicht in geradezu idealer Form die früheren Kunstträger ersetzt, es könnte sie wenigstens ersetzen. Es ist der ganz neutrale Raum, der nur der Schönheit dient – dienen könnte – gar keine anderen Zwecke kennt – zu kennen brauchte. »
26. Patricia Grey Berman, « The Invention of History: Julius Meier-Graefe, German Modernism, and the Genealogy of Genius », *Studies in the History of Art*, no 53, 1996, p. 92.
27. Eberhard von Bodenhausen, *Die Kunst für alle*, vol. 20, 1905, p. 128. « Es gehört Mut dazu, in deutscher Sprache ein Buch über die Malerei des neunzehnten Jahrhunderts zu schreiben und dann mehr als die Hälfte auf Frankreich, nicht mehr als ein Viertel auf Deutschland zu verwenden. »
28. DLA, fonds Bodenhausen, lettre de MG à Bodenhausen du 6 août 1895. « Man darf sich gar nicht mehr ernst darum streiten, ob eine Kunst national oder nicht national sein muss; die Kunst mit irgendwelchen anderen Augen als denen des Künstlers ansehen, mögen es nun Sentiments oder patriotische oder moralische Brillen sein, ist immer Dilettantismus und davor bewahre uns Gott. »
29. *EG*, p. 25. « Wir möchten nicht etwa dem Aberglauben huldigen, daß uns Frankreich an Kultur überlegen sei. »
30. *Ibid.*, p. 704. « Deutschlands Kunstgeschichte dagegen ist eine Kette von Zufällen. Alle Versuche, eine Schule zu bilden, versagten an dem Mangel an unzweideutigen Zwecken; sie hingen von persönlichen Suggestionen ab und scheiterten, sobald die Persönlichkeiten abtraten. »
31. MG, *Impressionisten. Guys – Manet – Van Gogh – Pissarro – Cézanne*, Munich/Leipzig, R. Piper & Co., 1907, p. 26. « Mehr als alles das fand man. Nicht die Fülle des tatsächlich Gegebenen, sondern das Bewusstsein von einer treibenden Kraft. »
32. Hermann Hesse, « Meier-Graefe's *Entwicklungsgeschichte* », *März. Eine Wochenschrift*, vol. 8, t. 2, 1914, p. 756. « Das war schade, denn von den vielen Büchern über die moderne Kunst ist dieses mir stets als das wertvollste und lebendigste erschienen. »
33. Emil Schaeffer, « Bücher Besprechungen: *Entwicklungsgeschichte der modernen Kunst* von Julius Meier-Graefe », *KuK*, vol. 3, 1905, p. 271. « All' diese Fehler entstammen Meier-Graefes stark ausgeprägtem Subjektivismus, aber wären ihrer noch viel mehr, sie könnten dem Werke seine Bedeutung für die Kunstgeschichte nicht rauben. »
34. Bruxelles, Bibliothèque royale de Belgique, Archives et musée de la littérature, fonds Van de Velde, FSX 576/14, lettre de MG à Mme Van de Velde du 3 octobre 1904.

35. Willy Pastor, « Zwei deutsche Ausstellungen », *Der Kunstwart*, vol. 19, nº 2, octobre 1905, p. 113. « Alle Kunst ist schließlich Ausdruck der Kultur, und alle Kultur nur Ausdruck der Rasse: solange das künstlerische Urteil bei uns von Romanen oder gar Orientalen diktiert wird, können wir uns nicht wundern, wenn man Böcklin immer wieder als eine Art Barbaren schildert. »
36. *Ibid.*, p. 11. « Man nennt französische Kunst eo ipso das, was der deutschen entgegengesetzt ist, und es fehlt nicht an Patrioten, die den Anhänger dieser Kunst für einen Feind des Landes halten. [...] Ich will also die Notwendigkeit zeigen, sich mit dem wesentlichsten Kulturprodukt unserer Nachbarn zu beschäftigen und dabei im Vorübergehen andeuten, was der Patriotismus damit zu tun hat. »
37. Charles Du Bos, « Histoire du développement de l'art moderne par Julius Meier-Graefe », *Gazette des beaux-arts*, vol. 586, avril 1906, p. 348.
38. Gaston Varenne, « Entwicklungsgeschichte der modernen Kunst », *Revue germanique*, vol. 1, nº 4, 1905, p. 463.
39. *Ibid.*, p. 468.
40. Octave Maus, « Les grandes publications d'art », *L'Art moderne*, vol. 24, nº 39, 25 septembre 1904, p. 314-315.
41. Bruxelles, Bibliothèque royale de Belgique, Archives et musée de la littérature, fonds Van de Velde, FSX 576/6.
42. Kessler, *Das Tagebuch* (note 21, Introduction), t. 4, p. 265. « Werth über seine Überstzung von Meier Graefes *Entwicklungs Geschichte*: er sei darüber ganz nervenkrank geworden, weil die Metaphern so nichtssagend und "enflé" seien, dass man sie garnicht wörtlich ins Französische übersetzen könne, Alles sei "vague, mal construit", unmöglich. Il faudrait une adaptation, réécrire tout le livre. »
43. MG 2001, p. 50-51, lettre de MG à Harry Graf Kessler du 1er mai 1907. « Léon Werth ein Hochstapler gewöhnlichster Sorte ist. Auf sein dringendes Verlangen willigte ich ein und zwar entgegen dem Willen meines Verlegers, der einen Übersetzer hatte, ihm die Arbeit zu übertragen. Nachdem er mir eine kleine Probe geschickt hatte, die die Hoffnung erlaubte, seine Arbeit würde acceptabel werden. Nachdem er den Kontrakt hatte, ging die Bummelei los. »
44. *Ibid.*, p. 52. « Ich hätte anfangs auf einer wörtlichen Übersetzung bestanden, ihm dann freigestellt, sich weniger genau an den Text zu halten und er wisse nun nicht, was er machen solle. Alles das ist reiner Schwindel. Ich habe ihm von vornherein gesagt, daß ich kein Kleinigkeits-Krämer bin und mir nur an einer genauen Fassung des Sinnes liegt. »
45. DLA, fonds Bodenhausen, lettre de MG à Bodenhausen du 7 avril [1905]. « Ich revidiere die *Entw. Geschichte*, füge ein Buch zu und ein großes Kapitel Corot-Courbet, das dem ganzen Buch peinlich fehlt. Courbet ist in der *E. G.* nicht annähernd richtig platziert. »
46. MG, *Impressionisten* (note 31).
47. Voir Peter Paret, « The Tschudi Affair », *The Journal of Modern History*, vol. 53, nº 4, décembre 1981, p. 589-618 ; Prinz von Hohenzollern et Schuster (éd.), *Manet bis Van Gogh* (note 11, Introduction).
48. Voir MG, « Hugo von Tschudi », *In Memoriam Hugo von Tschudi: die Reden bei der Bestattung in Stuttgart am 27. November 1911*, Leipzig, Insel-Verlag, 1911. Voir également MG, « Das Museum. Dem Andenken Tschudis », *NR*, vol. 24, nº 1, 1913, p. 29-49. L'article vaut en outre comme manifeste de la conception meier-graefienne des musées.
49. Henri Guilbeaux, « À la mémoire de H. von Tschudi », *Gil Blas*, 9 janvier 1913. « M. Julius Meier-Graefe est l'un des écrivains d'art les plus intelligents et les plus avertis d'outre-Rhin. Il a fait connaître les maîtres de l'impressionnisme, et il a fait paraître sur eux une série de monographies, aujourd'hui classiques en Allemagne et en France. »
50. Voir Josef Kern, *Impressionismus im Wilhelminischen Deutschland: Studien zur Kunst- und Kulturgeschichte des Kaiserreichs*, Wurtzbourg, Königshausen & Neumann, 1989 ; Andrea Pophanken et Felix Billeter (éd.), *Die Moderne und ihre Sammler. Französische Kunst in deutschem Privatbesitz vom Kaiserreich zur Weimarer Republik*, Berlin, Akademie Verlag, coll. « Passages » du Centre allemand d'histoire de l'art, 2001.
51. Voir STAM, lettre de MG à Fritz Wichert du 26 décembre 1909. « La Grotte von Courbet, wenn es die ist, die ich kenne (sehr breit ge-

fleckte Felsen) wäre sehr zu empfehlen. Sonst habe ich neulich eine recht gute Landschaft [...] bei Tschudi gesehen, die Gurlitt gehört u[nd] die Gurlitt jetzt dem Leipziger Museum angeboten hat, das sie aber (nach Gurlitts Ansicht) kaum kaufen dürfen. Derselbe Preis. Vielleicht lassen sie sich schicken. Kreuzfahrerskizze Delacroix durchaus vernünftig. Auch mir ist der Löwe von C[assirer] lieber, aber ich kann mir denken, Sie drücken die Kreuzfahrer leichter durch und es ist immerhin eine schöne Vorstufe für ein beruhendes Bild und recht gute Qualität. Tschudi hat sie auch schon mal kaufen wollen. Angler Manets recht ordentlich. Weib-Akt Renoirs kenne ich nicht, also weiß nicht, welchen Sie meinen. [...] Ich sah vor einigen Wochen einen wunderbaren Renoir bei den Bernheims und einen anderen, nicht weniger schönen bei Romanelli (einem Privatmann). Der von Bernheims ist, glaube ich, von Miethke gekauft worden. Wäre zu 20-25 000 francs zu empfehlen. »

52. MG 2001, p. 223, lettre de MG à Wichert du 26 octobre 1909. « Die Marktfrage ist immer die geringere Schwierigkeit. »
53. *Ibid.* « Das müssen wir mündlich zusammen thun, und dann werden wir in einem Nachmittag mehr erreichen als Sie allein in vielen Tagen. Wollen Sie es doch versuchen, so will ich Ihnen gern für Durand Ruel, Bernheim u[nd] Vollard Briefe geben. »
54. MG 2001, p. 224, lettre de MG à Wichert du 31 décembre 1909.
55. *Ibid.*, p. 226. « Mit 200 000 Mk können Sie auf einen Schlag ein paar europäische Bilder bekommen und sind sofort obenan. Sehr wichtig für die ganze Zukunft! So etwas markiert sowohl für Ihre eigene Zukunft, für Ihre Leute und für die Mitwelt in Paris u[nd] in Deutschland. [...] Ich warnte Sie. All dieser Landschaftskram, Sisley u[nd] Konsorten hält nicht. Manet, Renoir, Cezanne, Degas! Le reste ne vaut pas le mot de C. »
56. Voir STAM, lettre de MG à Wichert du 31 mars [1910]. L'œuvre était alors en la possession de la veuve de Victor Desfossés. Le Louvre avait échoué à rassembler les 60 000 francs nécessaires à son achat lorsqu'elle fut proposée à la vente en 1899.
57. Malgré les incitations de MG, l'achat à Otto Ackermann ne sera pas réalisé (STAM, carte de MG à Wichert des 5-6 janvier 1910). Il s'agit vraisemblablement des *Poissons* (Stockholm, Nationalmuseum), dont le critique louait la « grande perfection ». Tenue pour authentique par MG et Duret qui l'avaient expertisée ensemble à Paris, l'œuvre n'est aujourd'hui généralement plus attribuée à Manet.
58. STAM, lettre de MG à Wichert du 26 décembre [1909]. « Der *Buveur d'abs.* ist natürlich besser als mancher und bleibt ein großer Manet, weil Sie nie kompromittieren, aber so recht von Herzen zuraten kann ich nicht. »
59. *Ibid.* « Warum nicht die Skizze zur Ermörderung des Kaisers Maximilian, die vor kurzem noch zu haben war u[nd] wohl noch ist? Das Hauptbild ist auch zu haben, Tschudi soll sich dafür interessieren, sehr theuer, aber über alle Begriffe schön. Man sprach mir von 200 000 fr, kann aber nicht für den Preis anstehen. Immer wird das Bild sehr theuer sein. »
60. MG 2001, p. 227, lettre de MG à Wichert du 22 janvier 1910. « Hoffentlich bekommen Sie die Erschießung. Gehen Sie ruhig zur Not bis 100 000 fr. Es ist eine herrliche Qualität. »
61. Voir Barbara Lange, « "...Eine neue Art von Kunstgeschichte. Eine neue Art von Geschichte...": *Die Erschießung Kaiser Maximilians* von Édouard Manet in der Diskussion um Moderne in Deutschland », dans *Manet: Augenblicke der Geschichte*, cat. exp. Mannheim, Städtische Kunsthalle, Munich, Prestel, 1992, p. 173.
62. Cité dans Prinz von Hohenzollern et Schuster (éd.), *Manet bis Van Gogh* (note 11, Introduction), p. 317.
63. STAM, lettre de MG à Wichert du 4 mars [1910]. « Sie wissen nicht was Sie mir mit Ihrer Bitte um den Artikel anthun. Denn abgesehen von weitgehender Abneigung gegen alle Zeitungsschreiberei, sitze ich jetzt so in Arbeit, daß ich nicht wohl [illisible]. »
64. MG, « Manets *Erschießung Kaiser Maximilians* in der Mannheimer Kunsthalle », *FZ*, 23 mars 1910. « Das Bild war in *Paris* nicht besonders geschätzt. Der französische Sammler mag keine großen Formate. [...] Auch das Motiv mag zur Unterschätzung des Bildes beigetragen haben.

[...] Man kennt nur dies eine Historienbild des Künstlers. [...] Und so kam die *Mannheimer* Kunsthalle dank der Initiative ihres neuen Direktors Fritz Wichert und dem ebenso vertrauensvollen, wie opferwilligen Enthusiasmus einiger Mannheimer Kunstfreunde billig zu einem glänzenden Debut. »

65. *Ibid.* « Die *Erschießung* ist an Umfang der größte Manet [...]. In den letzten Wochen ist dank der Entschlossenheit deutscher Kunstfreunde die größere Hälfte der Hauptwerke in deutschen Besitz gelangt. [...] Wir können, wenn wir das dazu rechnen, was schon vorher über die Grenze gekommen ist, nahezu sagen: Manet gehört uns. Und es bleibt uns noch übrig, den materiellen Besitz in den geistigen zu verwandeln. »
66. Voir *L'Art et les artistes*, t. 11, 1910, p. 141.
67. Pour une étude détaillée du rôle de MG dans la réception allemande de Manet, voir Victor Claass, « Manet en observation », dans MG, *Édouard Manet* (note 14, Introduction), p. XI-LVIII.
68. Voir Wulf Herzogenrath, « "Ein Schaukelpferd von einem Berserker geritten": Gustav Pauli, Carl Vinnen und der "Protest deutscher Künstler" », dans Prinz von Hohenzollern et Schuster (éd.), *Manet bis Van Gogh* (note 11, Introduction), p. 264-273 ; Dorothee Hanson et Wulf Herzogenrath (éd.), *Van Gogh: Fields. The Field with Poppies and the Artists' Dispute*, Ostfildern-Ruit, Hatje Cantz, 2002 ; Maria Stavrinaki, « Préface », dans Franz Marc, *Écrits et correspondances*, Paris, Éd. de l'ENSBA, 2007, p. 9-57.
69. Carl Vinnen, « Quousque tandem », dans *Ein Protest deutscher Künstler*, Iéna, Eugen Diederichs, 1911, p. 2. « Angesichts der großen Invasion französischer Kunst, die sich seit einigen Jahren in den sogenannten fortgeschrittenen deutschen Kunstkreisen vollzieht, scheint es mir ein Gebot der Notwendigkeit zu sein, daß deutsche Künstler ihre warnende Stimme erheben, und daß sie vor dem Einwande, sie triebe dazu nur der Neid, nicht zurückschrecken. »
70. Voir « Übersicht über die Ankäufe von Werken moderner Kunst in einigen deutschen Sammlungen », *Museumskunde*, vol. 7, n° 4, 1911, p. 237-238.
71. Dans une lettre de Wichert à Max Sauerlandt du 10 décembre 1913 (SUBH), le conservateur joint une liste précise des prix d'acquisitions de peintures allemandes par son institution, pour un total de 204950 marks. L'œuvre la plus chère avait été une nature morte de Wilhelm Trübner (30000 marks).
72. KEOA, lettre d'Oskar Hagen à Karl Koetschau du 17 mai 1911. « Es wird Ihnen bekannt sein, das meine Gallerie relativ mehr französische Bilder umfasst, wie irgend eine andere in Deutschland. Trotzdem war das Ergebnis für mich selbst verblüffend. Ich habe 22 französische Bilder mit 55000/- Mk. bezahlt, genau dieselbe Zahl deutsche mit 79000/- Mk. und 9 andere mit 26500/- Mk. Dass sich bei einem etwaigen Verkaufe der Wert der deutschen Bilder kaum gesteigert, der der französischen aber vermehrfacht erweisen würde, darf als ziemlich sicher bezeichnet werden. Ich habe bereits in der *Frankfurter Zeitung* auf den merkwürdigen Umstand hingewiesen, dass die Summe, die ich für sämtliche französische Bilder gezahlt habe, ungefähr erreicht wird durch den Preis der beiden wichtigsten deutschen Bilder der Sammlung. »
73. MG, « Auguste Renoir », Munich, R. Piper, 1911, p. 12. L'auteur retrace le pedigree mouvementé du tableau dans une note de bas de page (p. 10-12).
74. Coll., *Im Kampf um die Kunst*, Munich, R. Piper & Co., 1911.
75. STAM, lettre de Reinhard Piper à Wichert du 20 mai 1911. « Wir planen eine Gegenbroschüre als Antwort auf den sogenannten Vinnenschen *Protest deutscher Künstler*, die alles zusammenfassen soll, was bisher öffentlich gegen Vinnen vorgebracht worden ist und darüber hinaus einer großen Reihe von Künstlern, Sammlern und Publizisten das Wort erteilt, die bisher noch nicht gesprochen haben [...]. An Ihrer Äusserung wäre uns besonders gelegen, da Sie ja wegen des großen Manet in Ihrer Galerie lebhaft angefeindet worden sind. »
76. DLA, fonds Heymel, lettre d'Alfred W. Heymel à Wichert du 3 juin 1911. « Täglich treffen neue wertvolle Artikel ein. Sie dürfen nicht fehlen, mein Bester, da Sie ja auch einer der indirekt tückisch angefallenen sind. [...] Jetzt wollen wir alle geistigen Truppen mobil machen und in

der Broschüre aufmarschieren lassen. Das einzige, was mich stört, ist der Gedanke, dass wir eigentlich mit Kanonen auf Spatzen schiessen. Trotzdem fordere ich Sie aber dringlich bittend auf, auch Ihre geistige Batterie abprotzen und feuern zu lassen. »

77. DLA, fonds Heymel, lettre de Heymel à Gustav Keyssner du 1er juin 1911. « Der Fall Meier-Graefe und seine nach günstiger und ungünstiger Seite hin übertriebene Beurteilung ist für mich durch Jahre hindurch eine wichtige Sache geworden, zu der ich mich eines Tages, wenn mir der Zeitpunkt gekommen zu sein scheint, unzweideutig äussern werde. Mit ein paar Sätzen lassen sich die grossen Wirkungen, die der Mann gehabt hat, nicht abtun. Er war wirklich der Hecht im Karpfenteich und hat uns alle gezwungen uns seriöser mit der bildenden Kunst auseinander zu setzen. »
78. Alfred Glötze, « Was ist deutsch? », dans *Ein Protest deutscher Künstler* (note 69), p. 56. « Daß eine solche Kunst, die nur mit den Elementen einer femininen Sensibilität rechnet, zu Unfruchtbarkeit führen muß und den Todeskeim in sich trägt, ist klar. »
79. MG, « Handel und Händler » (3 parties), *KuK*, vol. 11, 1913, nº 1, p. 27-34 ; nº 2, p. 104-109 ; nº 4, p. 196-212, p. 306-312.
80. *Ibid.*, p. 31. « Es ist die Frage, beweisen die Zahlen etwas ausser der billigen Wahrheit, dass alles teurer wird. Das ist ein eigenes Kapitel. »
81. Eugène Delacroix, *Literarische Werke*, traduction et préface par MG, Leipzig, Insel-Verlag, 1912.
82. Lettre de Franz Marc à Piper du 22 novembre 1910, citée dans Reinhard Piper, *Briefwechsel mit Autoren und Künstlern 1903-1953*, Munich, 1979, p. 121-122. « Beifolgend [...] die Frucht einer wirklich sauren Bemühung. Sie wundern sich sicher, wenn ich Ihnen gestehe, daß ich nicht weniger als 18 Versuche gemacht habe, das Cezanne'sche Bild zu fassen. Ich bin dabei zu ganzen Kompositionsanalysen gekommen; aber die Hauptschwierigkeit lag noch darin, daß es ein *Titelblatt* zieren sollte, rein für den flüchtigen "Blick" bestimmt, - hoffentlich sind Sie mit meinem Endresultat zufrieden. »
83. *EG*, p. 66-67.
84. *Ibid.*, p. 82.
85. *Ibid.*, p. 110.
86. *Ibid.*, p. 169-170. « Der Instinkt, der ihn immer geleitet, gab ihm auch hier die unendliche Fülle, und mit einer Art physischen Instinktes genießt man die Bilder. »
87. MG, *Cézanne und sein Kreis. Ein Beitrag zur Entwicklungsgeschichte der Malerei*, Munich, R. Piper & Co., 1918, p. 16.
88. MG, *Paul Cézanne*, Munich, R. Piper & Co., 1910, p. 9. « Er könnte ein Primitiver sein, und wirklich hat die Wucht seiner Vitalität etwas von den Gotikern, zu deren Rasse er sich nicht ohne Stolz rechnet. »
89. Cette définition du « gothique » est celle proposée par MG dans son article « El Greco, peintre baroque », *L'Art décoratif*, trad. Pierre Godet, vol. 14, nº 28, 20 octobre 1912, p. 245.
90. *EG* 2, t. 3, 1924, p. 558.
91. Cité dans Coll., *Conversations avec Cézanne*, Paris, Macula, 1978, p. 126.
92. André Salmon, « La captivité de Cézanne », *L'Homme libre*, 13 juillet 1914.
93. Voir Peter Kropmanns et Uwe Fleckner, « Von kontinentaler Bedeutung. Gottlieb Friedrich Reber und seine Sammlungen », dans Pophanken et Billeter (éd.), *Die Moderne und ihre Sammler* (note 50), p. 347-407.
94. Salmon, « La captivité de Cézanne » (note 92).
95. Élie Faure, *La Sainte Face*, Paris, Georges Crès, 1919, p. 208-209.

Notes du chapitre II

1. MG, « Arnold Böcklin », *FZ*, 16 octobre 1927. « Wenn man wollte, hatte man eine deutsche Kunst. »
2. MG 2001, p. 113, lettre de MG à Richard Dehmel du 26 février 1905.
3. *Ibid.*
4. SUBH, lettre de MG à Dehmel du 3 mars 1905.
5. SUBH, lettre de Dehmel à MG du 1er mars 1905.
6. SUBH, lettre de MG à Dehmel du 3 mars 1905.
7. MG 2001, p. 113, lettre de MG à Dehmel du 26 février 1905.
8. *Ibid.*, p. 117-119. « 1. Sind die Formen der Kultur stabil? Wenn nicht, was bildet den

stärkeren Entwicklungsfaktor: der natürliche *Rassencharakter* jeder Nation oder die international humanen, kosmopolitischen Ideale? [...] 4. Wie verhält sich die nationale zur kosmopolitischen Kultur? Ist eine der anderen hinderlich? Ist eine ohne die andere denkbar? [...] 8. Giebt es in der Gegenwart eine typisch deutsche Kultur? »

9. *Ibid.*, p. 120, lettre de Dehmel à MG du 25 avril 1905.
10. *Ibid.*, p. 119, lettre de Dehmel à Gerhart Hauptmann du 21 mars 1905.
11. *Ibid.*, p. 123, lettre de MG à Dehmel du 26 avril 1905. « Ich bin so angeekelt von der ungeheuerlichen feigen Gemeinheit, mit der man mich hier behandelt, daß mir das deutsche Kulturniveau langsam so gleichgültig wird wie die Nasenlöcher Gerhart Hauptmanns. »
12. *EG* 2, t. 2, rajout de 1927, p. 360. « Der Fall Böcklin wird eine Gewissensfrage der Nation. Wenn es einmal dem Kunsthistoriker einfallen sollte, die Merkmale im Geistesleben Deutschlands festzustellen, die den verstiegenen all-deutschen Weltmachtsgedanken bezeichnen und die Katastrophe voraussagen, wird er an Böcklin nicht vorübergehen. »
13. Dieter Honisch, « Der Fall Böcklin », dans *A. Böcklin (1827-1901). Ausstellung zum 150. Geburtstag veranstaltet vom Magistrat der Stadt Darmstadt*, vol. 1, cat. exp. Darmstadt, Mathildenhöhe, 1977, p. 19. « Es ist, glaube ich, gar nicht möglich, Arnold Böcklin heute außerhalb der Rezeption seiner Kunst zu sehen oder neu werten zu wollen. » Sur Böcklin et ses réceptions, voir Katharina Schmidt, Bernd Lindemann et Christian Lenz (éd.), *Arnold Böcklin (1827-1901)*, cat. exp. Bâle, Kunstmuseum, Paris, musée d'Orsay, Munich, Neue Pinakothek, Heidelberg, Edition Braus im Wachter Verlag / Paris, Réunion des musées nationaux, 2001 ; Thomas W. Gaehtgens, « *Le Cas Böcklin* de Julius Meier-Graefe et les débats sur l'art moderne dans l'Empire allemand », dans Sébastien Allard et Danièle Cohn (éd.), *De l'Allemagne 1800-1939. De Friedrich à Beckmann*, cat. exp. Paris, musée du Louvre, Paris, Hazan/Éd. du Louvre, 2013, p. 210-221 ; Kerstin Borchhardt, *Böcklins Bestiarium, Mischwesen in der modernen Malerei*, Berlin, Reimer, 2017.
14. Heinrich Wölfflin, « Arnold Böcklin, Festrede gehalten am 23. Oktober 1897 », dans *Kleine Schriften*, Bâle, Schwabe, 1946, p. 109-118.
15. Félix Vallotton, « Exposition Bœcklin à Bâle », *La Revue blanche*, vol. 14, 1897, p. 280.
16. Joseph Simko, *Böcklin-Fieber*, Budapest, Buschmann, 1898.
17. MG, « Arnold Böcklin » (note 1).
18. Richard Muther, *Geschichte der Malerei im XIX. Jahrhundert*, t. 3, Munich, G. Hirt, 1894, p. 603.
19. Cité dans Jürgen Wißmann, « Zum Nachleben der Malerei Arnold Böcklins », *Arnold Böcklin (1827-1901)*, cat. exp. Düsseldorf, Kunstmuseum Düsseldorf, 1974, p. 31.
20. Jacques Le Rider, « Arnold Böcklin ou le retour à l'antique de la modernité », *48/14. La Revue du musée d'Orsay*, n° 13, 2001, p. 50-57.
21. Hofmannsthal, « La Mort du Titien », *48/14. La Revue du musée d'Orsay*, n° 13, 2001, p. 102.
22. Fritz Stern, *The Politics of Cultural Despair: A Study in the Rise of the Germanic Ideology*, Berkeley/Los Angeles, University of California Press, 1974, p. 165.
23. MG, « Arnold Böcklin » (note 1). « Die Wirkung Böcklin interessiert den Soziologen. Was die Menge anzog, war ein legitimes gesellschaftliches Bedürfnis. Man fand sich in seiner Welt zusammen. »
24. *Ibid.* « Wenn man wollte, hatte man eine deutsche Kunst. »
25. Voir Angelika Wesenberg, « Böcklin und die Reichshauptstadt », dans Katharina Schmidt, Bernd Lindemann et Christian Lenz (éd.), *Arnold Böcklin (1827-1901)*, cat. exp. Bâle/Paris/Munich, Heidelberg, Edition Braus im Wachter Verlag, 2001, p. 75-87 ; Christopher B. With, *The Prussian Landeskunstkommission (1862-1911). A Study in State Subvention of the Arts*, Berlin, Gebr. Mann Verlag, 1986.
26. *Ibid.*, p. 84-85.
27. MG, « Zwischen Böcklin und Picasso », *FZ*, 9 novembre 1927. « Das Teuflische war, daß die Gegner, die nichts von ihm wissen wollten, nicht recht, sondern erst recht unrecht hatten, weil sie dem Maler der *Toteninsel* nicht etwa Leibi oder Liebermann, sondern Grützner oder Defregger vorzogen. Die Verwirrung war groß. »

28. Julius Langbehn, *Rembrandt als Erzieher*, Leipzig, Hirschfeld, 1890.
29. Ferdinand Avenarius, « Zu Böcklins Heimgang », *Kunstwart*, vol. 14, nº 9, 1901, p. 396. « Bei [Böcklin] ist es, als bräche aus den dunkelsten Tiefen der indogermanischen Rasse noch einmal die alte mythenbildende Kraft herauf. »
30. Carl Neumann, *Der Kampf um die neue Kunst*, Berlin, H. Walter, 1897, p. 129. « Böcklins Wurzeln gehen tief bis in die Schicht unseres Bodens, wo die tiefsten Rasseeigentümlichkeiten lagern. »
31. Cité dans Peter Paret, *The Berlin Secession. Modernism and its Enemies in Imperial Germany*, Cambridge/Londres, Harvard University Press, 1980, p. 53-54.
32. Gustav Floerke, *Zehn Jahre mit Böcklin. Aufzeichungen und Entwürfe*, Munich, F. Bruckmann, 1901.
33. Fritz von Ostini, *Böcklin*, Bielefeld/Leipzig, Velhagen & Klasing, 1904, p. 123.
34. Henry Thode, *Böcklin und Thoma: Acht Vorträge über neudeutsche Malerei*, Heidelberg, Carl Winters Universitätsbuchhandlung, 1905, p. 17.
35. MG 2001, p. 34, lettre de MG à Eberhard von Bodenhausen du 18 octobre 1904. « Wagner Nietzsche ist das ganze Elend unserer Kultur, trotzdem der eine ein Künstler war. [...] Wie Wagner in seinem schlimmsten Blödsinn dachte, so denkt heute jeder ernste Fachmann "über" moderne Kunst. »
36. Ludwig Justi, *Arnold Böcklin: ein Führer zur Böcklin-Sammlung der National-Galerie*, Berlin, Bard, 1921, p. 22.
37. Avenarius, « Zu Böcklins Heimgang » (note 29), p. 396. « Was Böcklin anrührte das war Geist, Kunst in diesem Sinne, nordische, germanische, deutsche Kunst ist alles was er geschaffen hat; wieviele immer seiner Anregungen er im Süden holte, auch in dieser stofflichen Beziehung war er nur rein Eroberer für deutschen Besitz. Wenn unsere Kunst den Kampf mit fremden Mächten zu bestehen hat, mit Fremdlingen jenseits unserer Grenzen und innerhalb ihrer, so wird sie nirgends stärkere Waffen finden als in Böcklins unvergänglichem Werk. »
38. Ostini, *Böcklin* (note 33), p. 4.
39. Hans Henrik Brummer, « Noch einmal: *Der Fall Böcklin* », dans Ingrid Ehrhardt et Simon Reynolds (éd.), *SeelenReich. Die Entwicklung des deutschen Symbolismus 1870-1920*, cat. exp. Francfort-sur-le-Main, Schirn Kunsthalle, Munich/Londres/New York, Prestel, 2000, p. 29-41.
40. Louis Gillet, « Arnold Böcklin », dans Eryck de Rubercy (éd.), *Essais et conférences sur l'art. De Giotto à Matisse*, Paris, Klincksieck, 2012, p. 790.
41. Thomas W. Gaehtgens, « Böcklin und Frankreich », dans Schmidt, Lindemann et Lenz (éd.), *Arnold Böcklin*, cat. exp. Bâle/Paris/Munich (note 25), p. 89-111.
42. Thomas W. Gaehtgens, « Les rapports de l'histoire de l'art et de l'art contemporain en Allemagne à l'époque de Wölfflin et de Meier-Graefe », *Revue de l'art*, nº 88, 1990, p. 32.
43. MG 2001, p. 58, lettre de MG à Otto Julius Bierbaum [fin 1899 ?]. « Böcklin gehört in das alte Deutschland, das nicht wußte, was es wollte. »
44. DLA, fonds Kessler, lettre de MG à Harry Graf Kessler du 23 novembre [1904]. « Es ist grässlich hier, noch viel schlimmer als vor 10 Jahren. »
45. Bruxelles, Bibliothèque royale de Belgique, Archives et musée de la littérature, fonds Van de Velde, FSX 576/6, lettre de MG à Van de Velde du 14 avril 1905. « [...] ami, je voudrais bien avoir des jeunes gens, je sais trop peu pour leur faire apprendre beaucoup mais je leur donnerai un peu de cette résistance contre le cas allemand[,] contre cette monstrueuse maladie, le matérialisme qui mange tout ici et dont Böcklin est la vraie expression. Je vous assure que l'autre jour à Paris j'étais tellement ahuri de la différence que je me suis donné la parole de ne jamais rester ici, j'ai peur de la contagion. »
46. DLA, fonds Bodenhausen, lettre de MG à Eberhard von Bodenhausen du 7 avril [1905]. « In Paris hätte ich's nie geschrieben. »
47. Louis Réau, « Notes, questions et discussions », *Revue de synthèse historique*, vol. 14, 1907, p. 227.
48. Cité dans Catherine Krahmer, « Die Zeitschrift *Pan* und das Ausland (1894-1895) », *Jahrbuch der deutschen Schiller-Gesellschaft*, vol. 39, 1995, p. 280.
49. Kessler, *Das Tagebuch* (note 21, Introduction), t. 2, p. 350. « Abends Bodenhausen mir wegen

einer Böcklin Ausstellung in Paris telephoniert. Anscheinend soll ich durch Moltke den Kaiser dafür zu gewinnen suchen. » Plus tard, le 27 avril 1895. « Abends nach Tisch bei Bodenhausen, wo noch Meier Graefe; wegen der Böcklin Ausstellung in Paris. Ich soll mit Moltke sprechen; vedremo. »

50. MG 2001, p. 30, lettre de MG à Bodenhausen [mi-juin 1895]. MG rendit en outre visite à Böcklin, à Fiesole, au début de l'année 1897. Pour un récit enthousiaste de cette rencontre, voir « Neues im alten Florenz », *Die Zukunft*, vol. 5, t. 18, 20 février 1897, p. 361-367, p. 366-367.
51. Henri Albert, « Der Fall Bœcklin », *Mercure de France*, t. 58, n° 201, novembre 1905, p. 142.
52. MG, « Beitrag zu einer modernen Ästhetik » [VI], *Die Insel*, vol. 1, t. 2, mars 1900, p. 351.
53. *Ibid.*, p. 354.
54. *Ibid.*, p. 360. « Es ist ein entfernt ähnliches Gefühl wie bei Wagner. Man unterliegt ihm, man stürzt sich jauchzend in alle seine Geheimnisse, die Welt scheint aufzuhören, man fängt an, nur wie er zu empfinden. »
55. *Ibid.*, p. 168. « Diese Schule stellt im Guten und im Schlechten etwa das vor, was dem naiven Ausländer als deutsche Eigentümlichkeit erscheint. Sie unterscheidet sich am schärfsten von allen anderen. Was sie auszeichnet, ist das spezifisch Unmoderne. »
56. *EG*, p. 74. « Die französische Malerei ist zwar etwas jünger, aber doch noch alt genug, und warum haftet ihrer Tradition so gar nichts Rumpelkammerhaftes an? Warum ist französisch immer modern, deutsch immer altmodisch? »
57. *Ibid.*, p. 152. « Es gilt, festzustellen, daß Manet Malerei ist und Böcklin etwas Anderes. Dieses Andere mag erhabener, mag uns Germanen germanischer erscheinen, mag den Dichtern das Dichten erleichtern; es mag auch künstlerisch für die Anregung des Dekorativen seinen Wert haben: mit der typischen Kunst, die wir als Malerei verehren, nicht nur weil sie schön, sondern weil sie ein lebendes Glied von uns ist, hat es unmittelbar nichts zu tun. »
58. *Ibid.*, p. 452. « Los von Böcklin! Nicht weil er deutsch ist! es gibt deutschere Deutsche! – Nicht weil er Gemüt hat! es gibt gemütvollere Leute! – Nicht weil er dichtet! es gibt größere Dichter! »
59. Voir Benedikt Momme Nissen, « Die mittlere Linie. Zur heutigen deutschen Kunstlage » (2e partie), *Der Kunstwart und Kulturwart*, vol. 18, n° 10, février 1905, p. 662. « Kunsthändler wie Meyer-Gräfe – mit seiner Parole: "los von Böcklin" – wollen wir nicht als Führer unserer Kunst. » Pour un point de vue plus conciliant, voir Franz Servaes, « "Los von Böcklin" », *Neue Freie Presse*, 8 octobre 1904.
60. *FB*, p. 3. « Jeder Versuch, mit abstrakten Konstruktionen an den Einfall des Genies heranreichen zu wollen, ist Unsinn. Man kann nicht mit Wissenschaft Kunst machen. »
61. *Ibid.*, p. 231. « Das ganze Buch Floerkes besteht aus solchen für die Psychologie der Kunstbetrachtung unserer Zeit bemerkenswerten Dokumenten, denen man stets anhört, daß sie die törichte Antwort auf noch dümmere Fragen waren. »
62. *Ibid.*, p. 56-57. « Formulieren wir nun im Zusammenhang, so finden wir für die Malerei: das Kunstwerk ist das letzte Resultat einer gesetzmäßigen Wirkung besonderer Einheiten, um eine Erscheinung bildlich darzustellen. Das Gesetz der Wirkung dieser Einheiten folgt aus dem Material, die Wahl der Einheit aus der Persönlichkeit des Künstlers. »
63. *Ibid.*, p. 42-43. « Der frühe Böcklin beginnt [...] mit einem sehr zarten, kaum wahrnehmbaren Ton, der langsam an Wärme zunimmt, sich andere, durchaus gleichgestimmte Töne angliedert und zu einer weichen, duftigen Harmonie wächst. »
64. *Ibid.*, p. 165.
65. *Ibid.*, p. 82. « Hier springt das Ungeordnete ganz roh in die Augen. [...] Man hat das Gefühl, in ein unaufgeräumtes Gemach zu treten, in dem kostbare Stücke halb zertrümmert am Boden liegen. »
66. *Ibid.*, p. 146.
67. *Ibid.*, p. 171. « Das heißt mit einem Satz nicht nur die ganze Konvention des Staffeleibildes streichen, sondern für das Staffeleibild die Konvention der Monumentalmalerei im Sinne der Fresken anwenden. Mit anderen Worten bedeutet es nichts anderes als den Versuch, mit einer Leiter irgendwo hinaufsteigen zu wollen, ohne sie anzulehnen. »
68. *Ibid.*, p. 183. « [Dekorative Malerei] hat mit der

Malerei als solcher so viel zu tun, wie der Salat, den man auch am besten mit Öl zubereitet. »
69. *Ibid.*, p. 208.
70. *Ibid.*, p. 223.
71. *Ibid.*, p. 262. « Als die Deutschen nicht mehr wußten, was Kunst war, nannten Sie dieses Theater deutsche Kunst. »
72. *Ibid.*, p. 179. « In so vielen verschiedenen und noch in viel anderen mehr, die nichts von einander wußten, bereitet sich jenseits der natürlichen Verschiedenheit von Ort und Rasse ein Gemeinschaftliches vor. Aus dem Idiom der einzelnen wird eine Sprache für die Masse. Eine Weltsprache. Sie entsteht wie alle großen, lebendigen Organisationen entstehen: natürlich. »
73. *Ibid.*, p. 254-255. « Vielleicht liegt hier der einzig wirkliche Wert, der ob als Art groß oder gering, von der Zukunft geschätzt werden wird. »
74. Voir Winfried Ranke, « Le *Cas Bœcklin*. Un épisode toujours actuel de l'art en Allemagne », *Revue de l'art*, n° 45, 1979, p. 37-49.
75. *FB*, p. 258. « Illustration ohne Buch, Mosaik ohne Wand, Theater ohne Bühne. »
76. *Ibid.*, p. 197. « Böcklin vereint in seiner Person alte Sünden der Deutschen gegen die Logik der Kunst. Er ist das Resultat der Rasse anhaftender, langgeübter Irrtümer und wurde zur Veranlassung neuer Trugschlüsse. »
77. *Ibid.*, p. 265. « Ohne den Alkoholdunst deutscher Kommersstimmung ist Böcklin undenkbar. »
78. MG 2001, p. 125, lettre de MG à Richard Dehmel du 26 avril 1905. « Seine [Böcklins] ureigentliche Sache ist der Unsinn, der Erfolg ist eine namenlose Zerrüttung. Bei alledem interessiert er mich nur als Symptom. Ich halte die Kultur, die solche Leute auf den Schild hebt, für Zero. »
79. *FB*, p. 279-270. « Ein wenig Nachdenken! dann gelangt man vielleicht zu der Erkenntnis, dass alle mißlichen Wahrnehmungen so verschiedener Art in unserem Vaterlande nur Symptome für ein und dieselbe Erscheinung darstellen [...]. Es ist das Unvermögen, mit diesen Einheiten allein, und seien sie auch noch so mächtig, zu dem Ziel zu gelangen, das wir in unserer Lehre von der Kunst Harmonie nannten. Hier in diesem größeren Bilde heißt es Kultur. Was Böckling abging, was diesem Deutschtum fehlt, ist in letzter Hinsicht dasselbe. Der Fall Böcklin ist der Fall Deutschland. »
80. DLA, fonds Bodenhausen, lettre de MG à Bodenhausen du 7 avril 1905. « Das wird eine schöne Schweinerei werden. [...] Den Idealismus in dem B[öcklin] Buch wird natürlich keiner sehen. »
81. MG, « Der Fall Böcklin », *Die Zukunft*, vol. 14, t. 52, 22 juillet 1905, p. 137-148.
82. Franz Blei, « Der Fall Böcklin », *Freistatt: süddeutsche Wochenschrift für Politik, Literatur und Kunst*, vol. 7, 1905, p. 546-547.
83. Bruxelles, Bibliothèque royale de Belgique, Archives et musée de la littérature, fonds Van de Velde, FSX 576/7, lettre de MG à Henry Van de Velde du 14 avril 1905.
84. Anonyme, « "Der Fall Böcklin" », *Hohe Warte*, vol. 2, 1905, p. 28.
85. Georg Berlinger, « Der "Fall Böcklin" », *Schweizerische Rundschau: Monatsschrift für Geistesleben und Kultur*, vol. 6, 1905, p. 64-65. « [...] In ihm sehen wir den typischen Cliquenkritiker der 70er und 80er Jahre. »
86. Ernst Schur, *Der Fall Meier-Gräfe. Betrachtungen über die deutsche Kunst und Kultur der Gegenwart*, Berlin, 1905, p. 48.
87. *Ibid.*, p. 58.
88. Oskar Bie, « Die Böcklinfrage », *NR*, vol. 16, t. 1, 1905, p. 1148. Sur la réaction de Bierbaum face aux écrits de MG sur Böcklin, voir MG 2001, p. 361.
89. Kessler, *Das Tagebuch* (note 21, Introduction), t. 3, p. 807. « Meier Graefes Buch nochmal. Sein Verdienst ist sein Mut; aber er ist und bleibt ein Halbgebildeter, d. h. jemand, der das Gebiet, über das er belehren will, nur halb beherrscht. »
90. Hermann Uhde-Bernays, « Anti-Böcklin », *Beilage zur allgemeinen Zeitung*, vol. 22, n° 124, 28 mai 1905, p. 380.
91. Réau, « Notes, questions et discussions » (note 47), p. 227.
92. Voir Gaston Varenne, « Der Fall Böcklin und die Lehre von den Einheiten », *Revue germanique*, vol. 1, n° 4, 1905, p. 468-472.
93. Gaston Varenne, « Ernst Schur: Der Fall Meier-Gräfe », *Revue germanique*, vol. 2, n° 5, 1906, p. 592-596.
94. Schur, *Der Fall Meier-Gräfe* (note 86), p. 98. « Allerdings könnte man sagen, ist die in

Berlin beliebte Kunstübung speziell jüdischen Gepräges. Dieses bereitwillige Nachahmen, schnelle Annehmen fremden Wesens (hier des französischen) ist jüdisch. »

95. Voir Friedrich Seesselberg, « Meier-Graefetum », *Wertung*, vol. 10, n° 1, 1909, p. 6-10.
96. Voir MG, « Der Fall Böcklin », *FZ*, 25 juillet 1905.
97. Henry Thode, *Böcklin und Thoma: Acht Vorträge über neudeutsche Malerei*, Heidelberg, Carl Winter's Universitätsbuchhandlung, 1905, p. 3. « Diese Vorträge sind das Bekenntniß meiner Ansichten über die moderne Malerei und zugleich ein Protest gegen jene einseitige, das Fremde proklamirende Kunstauffassung, die vornehmlich von Berlin aus Deutschland aufgezwungen werden soll. »
98. *Ibid.* « Mußten wir "die Moderne" eine unkünstlerische Richtung nennen, so haben wir jetzt hinzuzufügen: sie ist in Sonderheit dazu auch noch durchaus undeutsch, ja antideutsch! »
99. Cité dans *KuK*, vol. 3, 1905, p. 486. « Wenn aber ein Professor an einer der ersten Universitäten Deutschlands in einer reinkünstlerischen Angelegenheit mit persönlichen Insinuationen, wie "Mangel an nationalem Empfinden", "Nachahmen der Franzosen", "Poesielosigkeit" und andern aus der Rüstkammer der Antisemiten entnommenen, bereits ziemlich verrosteten Waffen den Feind zur Strecke zu bringen versucht, so beweist das nur, daß er seinen Gegner mit sachlichen Gründen nicht zu widerlegen vermag. »
100. Cité dans *KuK*, vol. 3, 1905, p. 488. « Dass die Abwehr, die Thode unternimmt, sich nicht gegen die französische Kunst richtet, das wird auch der dümmste Franzose begreifen. Die französische Kunst in allen Ehren! aber es handelt sich nur um Aufrechterhaltung unserer deutschen Kunst und Art, um Bejahung deutschen Wesens. »
101. Karl Storck, « Im Streit um die moderne Kunst », *Der Türmer. Monatsschrift für Gemüt und Geist*, vol. 8, t. 1, 1905, p. 281-286.
102. BSBM, lettre de MG à Balling du 24 avril [1908]. « [Thode] hat vielleicht auch nur in dem Buch geblättert und im Übrigen nur das wie die meisten gelesen, was andere über das Buch geschrieben haben. »
103. MG, « Der Fall Böcklin » (note 81). « Ich habe im *Fall Böcklin* kein Schlagwort formuliert, sondern mit ausschliesslich wissenschaftlichen Mitteln versucht, die Behauptung zu erweisen, dass Böcklins Bilder nicht zu den Werken gerechnet werden können, die wir als Kunst schätzen. »
104. *Ibid.* « Denn es handelt sich hier wirklich nicht um eine Doktorfrage, sondern in letzter Instanz um zwei *Weltanschauungen*, die sich so gegenüberstehen, wie der Glaube an die Unterscheidung des Menschlichen nach Religionen und die Aufklärung, die uns seit einigen hundert Jahren die Früchte der Kultur beschert. Die Klärung des Falles Böcklin könnte zu einer Entscheidung des Kampfes beitragen. Der nicht alleinstehende Versuch Thodes und Thomas, die Klärung zu verhindern, dient einer begrenzten Glaubenssache und persönlichem Vorteil und ist daher verständlich, scheint mir aber im Interesse keines Standpunktes allgemeinen Nutzens zu liegen. »
105. Voir MG, « Die Kiste », *Die Weltbühne*, vol. 16, n° 1, p. 40-44.
106. Anonyme, « "Der Fall Böcklin" » (note 84), p. 27. « Es ist doch seltsam, daß alle Widersacher Meier-Graefes (er hat fast nur Widersacher gefunden) sich als schlechte Verteidiger Böcklins erwiesen haben. Sie bestreiten Meier-Graefe, aber sie widerlegen ihn nicht. Ganz einfach, weil er gar nicht zu widerlegen ist. »
107. Voir P. F. Schmidt, « *Der Fall Böcklin* und die Presse », *Kritik der Kritik*, vol. 1, 1906, p. 285-288, ainsi que Heinrich Alfred Schmid, « Meier-Graefe contra Böcklin », *Die Kunst für alle*, vol. 20, n° 4, p. 432-436 ; Ferdinand Avenarius, « Worauf kommt's an? », *Kunstwart und Kulturwart*, vol. 19, n° 1, octobre 1905, p. 1-5. Voir également Adolf Grabowsky, *Der Kampf um Böcklin*, Berlin, Siegfried Cronbach, 1906, ainsi que la longue et savante recension croisée de Max Déri, « *Der Fall Böcklin* von Julius Meier-Graefe, *Der Kampf um Böcklin* von Adolf Grabowsky », *Zeitschrift für Ästhetik und allgemeine Kunstwissenschaft*, t. 2, 1907, p. 128-142.

108. Kessler, *Das Tagebuch* (note 21, Introduction), t. 3, p. 807. « Er gehört durchaus zum Typus Schwarmgeist. Immerhin, mit allen seinen Fehlern ist sein *Fall Böcklin* ein Ereignis, ein historisches Buch. Es hat die Böcklin Frage mit einem Schlage zur Reife gebracht. Wir Alle giengen drum herum, weil wir glaubten, dass eine Erörterung noch verfrüht sei. M. G. hat gezeigt, dass man sehr wohl einen Masstab anlegen kann; und kein Mensch, der Böcklin einschätzen will, wird fortan um sein Buch herumkönnen. Da er im Wesentlichen Recht hat und nicht zu widerlegen ist, ist dieser ganze Strang der Aftermalerei in Deutschland damit zum Absterben verurteilt; über kurz oder lang ganz sicher. Das Buch hat ihm den Lebensfaden durchschnitten. »
109. MG 2001, p. 495.
110. Paret, *The Berlin Secession* (note 31), p. 156-199.
111. Paul Klee, *Briefe an die Familie 1893-1940*, éd. par Felix Klee, Cologne, DuMont, 1979, p. 556. « Alles, was ich mir an Hand meiner künstlerischen Instinkte und Erfahrungen im Lauf der Jahre gedacht habe, finde ich hier in glänzender Form gebracht und wohl motiviert dargestellt [...]. »
112. MG, « Arnold Böcklin », *FZ*, 16 octobre 1927. Pour une étude de la rétrospective Böcklin de 1927, qui cherchait à désamorcer les polémiques d'antan, voir Andrea Meyer, « Eine "denkwürdige" Ausstellung. Justis Böcklin-Retrospektive 1927 », *Jahrbuch der Berliner Museen*, vol. 52, 2010, p. 73-80.
113. MG 2001, p. 94, lettre de MG à Maximilian Harden du 6 octobre 1905. « *À propos*: er [Walter Rathenau] sagt, es sei jetzt mode, Böcklin zu enthronen. Wo denn? Unter den über 250 Kritiken über mein Buch sind 3 zustimmende, halt 4, davon 1 Holländer, ein Franzose, 2 Deutsche. 10 anerkennende Ablehnungen oder mit Reserven formulierte Zustimmungen. Der Rest nennt mich Idiot, Schweinehund etc. »

Notes du chapitre III

1. José Ortega y Gasset, « Viaje de España » [juin 1910], *Obras completas. 1902-1916*, t. 1, Madrid, Revista de Occidente, 1966, p. 529. « El *yo* no adquiere su perfil genuino sin un *tú* que lo limite y un *nosotros* que le sirva de fondo. »
2. MG 2009, copie d'une lettre de MG à Hofmannsthal d'avril 1908, p. 82. « Was uns fehlt, ist nicht die Perfektion der Form, das Wissen und wer weiß was noch, sondern die starke Empfindung, die große Politiker ebensosehr wie große Dichter auszeichnet. »
3. *SR*, p. 4. « Ich habe das Gefühl, im rechten Moment abgereist zu sein; bilde mir ein, daß ich mich binnen den nächsten acht Tagen mit allen Bekannten verzankt hätte, und zwar endgültig. »
4. Ortega y Gasset, *Obras completas* (note 1), p. 527. « Un viaje a países extraños [...] es un artificio espiritual por el cual se hace posible un renacimiento de nuestra personalidad ; por tanto, una nueva niñez, una nueva juventud, una renovada madurez, una nueva vida con su ciclo completo. »
5. MG 2001, p. 165, lettre de MG à Hofmannsthal du 31 décembre 1907.
6. MG, *Spanische Reise*, Berlin, E. Rowohlt, 1923.
7. MG, *The Spanish Journey*, trad. John Holroyd-Reece, illustrations par Joseph Sima, New York, Harcourt, Brace & Co., 1926.
8. Ortega y Gasset, *Obras completas* (note 1), p. 529. « Sus páginas atestiguan que la impertinencia puede considerarse como género literario. »
9. Sur l'identification des personnages, voir Moffett, *Meier-Graefe as Art Critic* (note 16, Introduction), p. 173, note 355. Krahmer a affiné ces suppositions, en précisant que le *Journal* du critique évoque à plusieurs reprises l'industriel et mécène Viktor von Mutzenbecher sous le nom de Mynherr. Une lettre de Paul Cassirer à Fritz Wichert du 9 juillet 1910 (STAM) confirme cette interprétation. Comme dans tout récit à clé, une certaine souplesse d'interprétation semble ici de rigueur. Il faut envisager les protagonistes du livre comme autant d'archétypes

de postures intellectuelles relatives à l'Allemagne de 1900.

10. Veronika Schroeder, « Meier-Graefes Greco. Der Künstler als Erlösergestalt im Chaos der frühen Moderne », dans Beate Wiesmer et Michael Scholz-Hänsel (éd.), *El Greco und die Moderne*, cat. exp. Düsseldorf, Museum Kunstpalast, Ostfildern, Hantje Cantz, 2012, p. 367.
11. Johannes Rößler, « Rhythmus, Symbol des Lebens: Die deutsche El-Greco-Rezeption von den Anfängen bis zu Julius Meier-Graefes *Spanischer Reise* (1910) », *Marburger Jahrbuch für Kunstwissenschaft*, vol. 36, 2009, p. 411.
12. Manuel B. Cossío, *El Greco*, 2 vol., Madrid, Victoriano Suárez, 1908.
13. Voir Geneviève Lacambre et Gary Tinterow (éd.), *Manet/Velázquez. La manière espagnole au XIXe siècle*, cat. exp. Paris, musée d'Orsay, Réunion des musées nationaux, 2002.
14. Lettre de Manet à Henri Fantin-Latour, citée *ibid.*, p. 70.
15. Carl Justi, *Diego Velázquez und sein Jahrhundert*, 2 vol., Bonn, Cohen, 1888.
16. *SR*, p. 21. « In unserem lichten Wohnzimmer hängt eine Photographie an der Wand, die ich heute früh beim Einzug kaum gesehen, das Reiterbild des Olivares von Velasquez. Ich habe sie auch in Berlin hängen. Es ist, als setzte sich die Bewegung des Pferdes in einen Rhythmus meines Blutes um, ich kann kaum mehr stillhalten. »
17. John Holroyd-Reece, « Translator's Preface », dans MG, *The Spanish Journey* (note 7), p. 7.
18. *SR*, p. 22. « Gleich im ersten Augenblick im Velasquezsaal habe ich das Gefühl, daß etwas entsetzlich Peinliches und Lächerliches passiert. Es kommt nicht mal ganz unerwartet. Es trifft mit tödlicher Richtigkeit ein, wie der Eisenbahnzug im Bahnhof. Ich gehe von Bild zu Bild, erst sehr schnell, wie man Banknoten zählt, dann langsam, immer langsamer. Was passiert, ist eigentlich ganz natürlich. Wie sollen die Bilder denn sein? »
19. *Ibid.*, p. 23.
20. *Ibid.*, p. 90. « Es ist so unfruchtbar, über eine Sache viel Worte zu machen, die ein einziger Blick sofort klarstellt. Das Problem ist zu simpel und bedarf keines Scharfsinns. »
21. *Ibid.*, p. 27-28. « Vor den *Meninas*. Mynherr: "Aber sehen Sie denn nicht das da? und das da und das da?" - "Gewiß, sehr schön." - "Grandios ist es! Das Blond! Nehmen Sie doch nur das Blond! Und das Grün und das Rosa! Wie die Figuren zueinanderstehen! Die Kleider! Das von der Prinzessin und das der anderen!" - "Mynherr, ich könnte Ihnen noch viel mehr solcher Das-da's zeigen, z. B. die Zwergin." - "Nun, also!" - "Gewiss, sehr schön!" - "Aber?" - "Wieso aber? Es ist ja sehr schön, Donnerwetter!" / Wenn sie einen nur erstmal in Ruhe ließen! Man ist doch keine Bewunderungsmaschine. [...] Ich werde mir die Erlaubnis geben lassen, vor den Museumsstunden zu kommen. Es liegt vielleicht nur an den Menschen. Morgen früh werde ich hergehen, wenn ich ganz frisch bin. »
22. *Ibid.*, p. 29. « Der Mann in der Tür ist ein Loch im Dunkel, ohne alle Valeurs. Der Spiegel daneben eine banale Zutat post festum. Nun sehe ich überhaupt nur noch Löcher. »
23. *Ibid.*, p. 34. « Man lernt sicher weit mehr von Velasquez, weil man seine Beziehung zur Außenwelt zu wiederholen vermag. Er ist vielmehr Rechenexempel; nicht organischer, ganz im Gegenteil, mich stört nichts so sehr, als das Unorganische seiner Bilder; aber der angestrebte Organismus ist durchsichtig. »
24. *Ibid.*, p. 91. « Velázquez war ein winziger Mensch von großer Geschicklichkeit. »
25. MG 2001, p. 66, lettre de MG à Paul Fechter du 2 mars 1909. « Man hat einen Helden der Menschheit mit einem geschickten Friseur verwechselt. »
26. *SR*, p. 264. « Die Freiheit ist nur die Unabhängigkeit vom alten Repräsentationsbild. »
27. *Ibid.*, p. 263-288.
28. *Ibid.*, p. 151. « Es ist vollständig lächerlich, wenn unsereins unternimmt, sie von außen her zu korrigieren mit Büchern über Kunst und dergleichen. Eine gewaltige Purge wäre notwendig, ein Revolutiönchen nicht unserer Anschauung über Velasquez, sondern alles Schauens. »
29. André Suarès, *Le Voyage du condottière*, Paris, Le Livre de Poche, 1996, p. 9.
30. SUBH, carte postale de MG à Richard Dehmel de 1908.
31. *SR*, p. 48-49. « Die *Vertreibung* Greco hätte Delacroix entzückt. Man kann sich nicht satt

sehen. Das Auge schlürft jedes Detail, und wenn man alles hat, bleibt alles übrig. Das Rätsel liegt im Fluß der Farben. Sie flammen frei wie feurige Erscheinungen und füllen trotzdem eine Zeichnung, die sich wie eine Miniature betrachten läßt. Von weitem zieht der rauschende Klang der Dominanten an, dem man verfällt, bevor etwas Näheres erkannt wird. [...] Und tritt man näher, zeigen sich Köpfe, Hände, Brüste, die man gelockt ist, mit der Lupe zu betrachten. Vorn links der Mann, der sich bückt, in der roten Jacke mit gelber Beleuchtung (der rote Lack über das Gelb lasiert) ist von erstaunlicher Wirklichkeit; nicht weniger das Weib hinter ihm, das die Hand wie geblendet über die Augen hält. Zwischen Christus und der Frau steht ein wunderbarer Kerl mit einem Zitronaten Tuch um die Hüfte. Die Gebärde ist enorm. Die abgewandte Hand des Heilands scheint mit nichts als dem Luftzug dieser Bewegung den Arm der renitenten Burschen zu einem unmöglichen Winkel zusammenzuflicken. Darin steckt schon der Ganze Greco. Die Geste liegt nicht in dem Arm oder in der Kopfhaltung oder im Faltenwurf, sondern in jedem Teil und Teilchen des Körpers bis in den Schatten und ist selbst Teil einer größeren Welle, von der alle Beteiligten getragen werden. Die Welle hat ihre Höhe in dem mehr schwebenden als gehenden Heiland. Hier ist sie gewaltige Woge. Nach rechts ebbt sie sich breit über Gewänder zu den Köpfen der rechten Seite, die die schaumige Brandung krönen. Nach links kommt eine schmale quirlende Tiefe, in der es von Köpfen, Händen, Falten wimmelt. [...] Der Rhythmus vervielfacht; man glaubt Hunderte von Menschen um den Heiland zu sehen. Ungeheuer ist die Kraft dieses Gottes. Nicht auf Grund einer der Religion entnommenen Konvention, sondern von Greco Gnaden. Sichtbar ist, was er schafft. Weil er da in der Mitte steht, in prangendem Rot, Blau und Weiß, die einzige ganz ausschwingende Linie, die einzige ungebrochene Fläche der Schräge, die Summe aller Farben. Weil er die Kraft ist, von der nach rechts und nach links, nach vorn und nach hinten – nicht der Nimbus, sondern die Bewegung ausstrahlt, und weil das so sein muß kraft des von Greco errichteten Gebäudes. Ein religiöser Mystiker als Mensch – vielleicht, vielleicht auch nicht, das interessiert heute niemanden. Meinetwegen ein Mystiker als Künstler insofern, als er uns unmöglich macht, die Formen an der Wirklichkeit mit Sicherheit zu kontrollieren. »

32. *Ibid.*, p. 32.
33. *Ibid.*, p. 250 et p. 348.
34. *Ibid.*, p. 340. « Das Gebäude eines kühnen Baumeisters, der das Unmögliche will. »
35. *Ibid.*, p. 347. « Der Gegensatz zwischen Plastizität und Fläche existiert so gut wie nicht mehr in dem Mauritius. »
36. MG, « El Greco, peintre baroque » (note 89, chap. I), p. 237.
37. *SR*, p. 341. « Die Schönheit wurde immer größer, gewaltiger, zu einem Ozean, auf dem ich, ein Schiff ohne Masten, widerstandslos trieb. »
38. *Ibid.*, p. 104. « Greco aber kommt wie der Blitz. In dem Moment, wo die großen Erlebnisse, ich will nicht sagen zu Ende, aber eingetroffen sind. [...] Da kommt er und schlägt wie eine Bombe ein. »
39. *Ibid.*, p. 88. « Das Griechentum ist bei ihm Blut, nicht Form. »
40. *Ibid.*, p. 109. « Dieser Grieche, der aus Italien kam und in Spanien malte, ohne Spanier zu werden – daran ließe sich eine erbauliche Studie über das beliebte Thema "Kunst und Nationalität" knüpfen – wirkt europäisch. »
41. MG, « El Greco, peintre baroque » (note 89, chap. I), p. 247-248.
42. *SR*, p. 102. « Cossío sagt nein, ich sage ja, dreimal unterstrichen. Primitive Schinken, die nur gerade dekorativ genug sind, um eine finstere Nische auszufüllen, soll man ruhig da lassen. Das Wesen der Leute vom Schlage Grecos beruht gerade auf dem Transportablen ihrer Werke. [...] Ich finde, man sollte solche Bilder in Räume mit allen Apparaten der Neuzeit, die die Sichtbarkeit vergrößern können, ausstellen. Die Räume nüchtern und hell wie Operationssäle. Möglichst unter Ausschluß des Mobs. »
43. Ortega y Gasset, *Obras completas* (note 1), p. 529. « En las pupilas de los otros hallamos el logaritmo de nuestras virtudes y nuestros vicios. Tropezando con el prójimo aprendemos nuestro puesto en el mundo. »
44. Cité dans Daniel-Henri Pageaux, « La culture

allemande dans quelques *juvenilia* d'Ortega y Gasset », *Neohelicon*, vol. 29, nº 1, 2002, p. 235.
45. Ortega y Gasset, « Meier-Graefe » (*El Imparcial*, 19 juillet 1908), repris dans Ortega y Gasset, *Obras completas* (note 1), p. 97-98.
46. *Ibid.*, p. 97. « Véase de qué manera este inocente ejercicio de pintar unas manzanas o unas patatas según Dios las crió – como hizo Cézanne treinta años seguidos un día tras otro – puede abrir la primera brecha en la muralla de falsificaciones, dentro de la cual se ha hecho fuerte el más fuerte Imperio actual. »
47. Ortega y Gasset, *Obras completas* (note 1), p. 137.
48. *Ibid.*, p. 527. « Otros, que ejercitan un patriotismo más complicado y conforme a mi paladar, para quienes la patria no es nunca una cosa hecha, cumplida, histórica, hieratizada y perfecta, sino un perpetuo problema, una tarea nunca acabada, una futura realidad, un conflicto entre posibilidades presentes [...]. »
49. *Ibid.*, p. 138. « España es una posibilidad europea. Sólo mirada desde Europa es posible España. »
50. *Ibid.*, p. 530. « Este señor necesita de España como de un ancho hipódromo para sus pensamientos, que en Alemania viven comprimidos ; por eso suprime todo lo español y amuebla el espacio vacío – la abstracción España – con sus meditaciones. »
51. MG 2001, p. 62, lettre d'Alfred W. Heymel à MG du 5 août 1909. « [Ich] war wieder von Grund auf ergriffen durch die Intensität Ihrer Art aufzufassen, durch die Lebendigkeit Ihrer Darstellung und den sublimen Ernst Ihres ganzen Verhältnisses zur Malerei. »
52. *Ibid.*, p. 363-364.
53. MG, « El Greco, peintre baroque » (note 89, chap. I), p. 213.
54. Rößler, « Rhythmus, Symbol des Lebens » (note 11), p. 395.
55. Carl Justi, *Diego Velázquez und sein Jahrhundert*, t. 1, Bonn, Cohen, 1903, p. 51. « Seine amorphe Malerei kann als Spiegel und Compendium malerischer Entartungserscheinungen studiert werden. In schweren Traumes Banden scheint er den Pinsel zu führen, den verzerrten Incubus seines erhitzten Gehirns als Offenbarung darbietend. Mit fiebernden Fingern dreht er Modellfigürchen wie Kautschuk, [...] und in rasendem Gefuchtel, ohne Modellierung und Umriße [...] auf die Leinwand säbelt. Daß hierbei eine Erkrankung des Sehorgans im Spiel gewesen sei (wie bei Turner in seinem Greisenalter) ist glaublich. [...] In dem verfallenden Felsennest Toledo, künstlerisch vereinsamt, sank er. »
56. *SR*, p. 73. « Ein Genie aber, das seit dreihundert Jahren tot und daher nicht in der Lage ist, Ihnen in der nächsten Nummer der *Kunstchronik* zu antworten, das nennen Sie mit derselben Gelassenheit pathologisch, mit der Sie irgendeines Ihrer Daten darlegen. [...] Wo ist die Methode in Ihrer Entdeckung des pathologischen Greco? Was wissen Sie von ihm? »
57. MG, « El Greco, peintre baroque » (note 89, chap. I), p. 223.
58. *SR*, p. 110. « Je mehr ich von dem Mann sehe, desto weniger interessiert mich das Detail seines Lebens. »
59. *Ibid.*, p. 157.
60. August L. Mayer, *El Greco. Eine Einführung in das Leben und Wirken des Domenico Theotocopuli, genannt El Greco*, Munich, Delphin-Verlag, 1911.
61. MG 2009, p. 182, lettre de MG à August L. Mayer non envoyée de décembre 1911. « Denn es hat mir nicht gefallen. Ich bedaure, daß bei uns immer noch Bücher über Kunst geschrieben werden wie man Kochrezepte oder Wörterbücher schreibt und daß ein junger Mensch wie Sie einem so hervorragenden Menschen wie Greco mit so wenig Verständnis und, was schlimmer ist, mit so geringem Distanzgefühl gegenüber zu treten wagt. [...] Fast könnte man nach Ihrem Buche bedauern, daß er entdeckt worden ist. »
62. *SR*, p. 158. « Schließlich kann man Bilder nicht nach dem Kalender prüfen. »
63. MG, « El Greco, peintre baroque » (note 89, chap. I), p. 223.
64. Rößler, « Rhythmus, Symbol des Lebens » (note 11), p. 399.
65. Justi, *Diego Velázquez und sein Jahrhundert* (note 15), p. 52. « [Greco] hat in unsrer Ära der Rettungen seine Rehabilitation erlebt: Zeugnisse hierfür aus dem Munde von Künstlern und Laien sind Legion. Er ist in der That ein Prophet der Modernen. »
66. *SR*, p. 418. « In Toledo, im Prado und im Escorial waren es Renoir und Cézanne zumal, die uns

die Erfassung Grecos erleichtert hatten. Und jetzt war es wieder Greco, der uns die Modernen teuer machte. Wohl erkennt man den Wurm, der ihre Nachfolger zerstört. »

67. *Ibid.*, p. 303. « Das Auge badet sich in dem Schmelz Grecoscher Details. Die Farbe ist da am reichsten, wo die Form am einfachsten erscheint. Der Vereinfachung gelingt die Verewigung. Solches Geschehen wird mit dem zweideutigen, heute fast schändenden Beiwort dekorativ nicht gerecht bezeichnet. Wir können es immer nur monumental nennen. »

68. MG, *Impressionisten* (note 31, chap. I). « Es ist das typische Schicksal des modernen Künstlers, der mit der Aussenwelt nur noch durch Zufallsverbindungen materieller Art zusammenhängt, [...] das typische Schicksal eines Mystikers. »

69. Wilhelm Worringer, *L'Art gothique*, Paris, Gallimard, 1945 [1911], p. 10.

70. DLA, fonds Piper, lettre de Wilhelm Worringer à Piper du 15 avril [1919 ?]. « Ich habe den umgekehrten Weg wie Meier-Graefe gemacht: ging aus, um Greco zu finden und fand Velasquez. »

71. *SR*, p. 419-420. « Bei Vollard sah ich das Bild einer Frau mit einem Kopftuch von Cézanne. Es ist uns, als ob wir es schon im Prado gesehen hätten. Es erinnert mich nicht an Greco, sondern ist ein Stück von ihm. »

72. John Rewald, « Une copie par Cézanne d'après le Greco », *Gazette des beaux-arts*, vol. 6, n° 14, février 1936, p. 118-121.

73. Paul Schmitz, « Fäkulius Meier-Graefe », *Der Samstag*, vol. 6, 25 février 1911, p. 62-63. « Im letzten Sommer saß ich einmal unter spanischen Künstlern in einem Madrider Café [...]. Sie [erzählten mir], daß vor einiger Zeit ein kleiner französisch sprechender Berliner an ihrem Tische gesessen sei, der Velasquez "un petit cochon" geschimpft habe. Meier nennt sich der Mann mit noch einem Namen hinterdrein, Graffe oder Affe oder so ähnlich, und ein Buch über den Greco habe er geschrieben. [...] Ein Amalgam von moderner Großstadthysterie, Berliner Schnoddrigkeit, preußischem Schneit [...] und jüdischer Fäkalfantasie. / Jawohl: Fäkalfantasie. »

74. Alfred Lichtwark, *Reisebriefe*, éd. par Gustav Pauli, vol. 22, Hambourg, Georg Westermann, 1924, p. 251-252. « Also auch, daß er jetzt bestimmt ist, den Velasquez umzubringen wie er Böcklin getötet und Menzel in der Blüthe seiner Jugend ein Gnadenstoß gegeben hat. »

75. Voir MG 2001, p. 366-367, ainsi que la lettre de MG au directeur de l'Insel-Verlag, Anton Kippenberg, du 6 avril 1907 (GSA), par lequel il chercha à entrer en contact avec un traducteur plus expérimenté : « Wissen Sie vielleicht einen gewissenhaften, mit der kunstwissenschaftlichen Terminologie gut vertrauten Autor, den das Greco-Werk von Cossío, den ich herausgebe, übersetzen könnte? » MG se remémore cet échec dans « Der Greco-Katalog », *FZ*, 19 septembre 1926.

76. Il s'agit d'Eduard Arnhold, de Robert von Mendelssohn et de Paul von Mendelssohn-Bartholdy, qui comptaient déjà parmi les principaux soutiens francophiles de Tschudi lors de son mandat berlinois. À la suite du décès de ce dernier, la somme d'argent ne put être collectée et le tableau retourna sur le marché en 1913. Il se trouve aujourd'hui au musée de Washington D.C.

77. En 1912, la ville de Düsseldorf convoita l'ensemble de la collection qui y était alors exposée. Wilhelm von Bode contribua à saboter ce projet, qui aurait impliqué la dépense de plus de 2 millions de marks.

78. Pierre du Colombier, « Un collectionneur nouveau style », *Revue critique des idées et des livres*, t. 22, 1913, p. 234. L'article du *Cicerone* incriminé est dû à la plume de Georg Biermann, « Die Sammlung Marczell von Nemes », *Der Cicerone*, mai 1913, p. 376.

79. *Ibid.*, p. 237.

80. Le salaire reçu par MG pour cette mission à Budapest s'éleva à 2000 marks. Voir la fiche d'honoraires conservée au STAM, fonds Wichert, 22/1980, n° 35.

81. STAM, lettre de MG à Wichert du 29 décembre 1910. « Es tut mir leid, daß ich Ihren Erwartungen nicht entsprochen habe, aber ich habe gewissenhaft *und liberal* meine Meinung gesagt. »

82. *Ibid.* « Wir können uns nicht auf den Standpunkt ästhetischen Vergleichens stellen, sondern müssen uns an den Marktwert halten. »

83. Greco, *Le Christ au jardin des Oliviers*, 1610-

1612, Budapest, musée des Beaux-Arts. Au départ niée par Marczell von Nemes l'intuition du critique au sujet de ces repeints lui fut confirmée par l'expertise d'un restaurateur de la galerie de Budapest.

84. MG, « Der Greco Sammler », *FZ*, 2 septembre 1934. « Mit meiner Liste in der Hand, hat er alle die Dinge erworben, die ich als nicht empfehlenswert zurückgestellt hatte. » Karl Lanz fit l'acquisition de plusieurs toiles de maîtres anciens de la collection Nemes effectivement éloignées des goûts de MG. Voir *Ausstellung der Sammlung Dr. Karl Lanz*, cat. exp. Darmstadt, 1913.
85. MG incita Wichert à profiter de l'occasion pour faire offrir à son musée les peintures impressionnistes possédées par de Nemes. Voir STAM, lettre de MG à Fritz Wichert du 31 décembre 1910.
86. Corrigée par Félix Fénéon, la préface de MG fut finalement écartée du catalogue. Le texte était probablement une variante d'un article sur Nemes paru le 7 juin 1913 dans la revue *Die Zukunft*. Voir MG 2009, p. 229.
87. Eugène Delacroix, *Lion dévorant un cheval*, vers 1844, esquisse en grisaille, Wuppertal, Von der Heydt Museum. L'œuvre n'est pas attribuée au maître par tous les spécialistes.
88. MG, « Der Sammler Nemes », *Die Zukunft*, vol. 21, t. 83, 7 juin 1913, p. 323. « Der Familienvater legt heute sein Erbe besser in Cézanne an als in Staatsrenten. »
89. *Ibid.*, p. 335. « Mich dünkt es wahrscheinlicher, so phantastisch es klingt, als die Vermuthung, er habe um Geld gespielt. Wer in hohen Werken der Menschheit dieses ewige Leben findet, verdoppelt das seine. Was wäre Besseres mit Geld zu erreichen? »
90. André Salmon, cité dans Pascal Rousseau, « La ville de Paris », dans Coll., *Robert Delaunay, 1906-1914. De l'impressionnisme à l'abstraction*, cat. exp. Paris, Centre Georges Pompidou, 1999, p. 159.
91. Herwarth Walden, « Café Grössenwahn », *Der Sturm*, vol. 2, n° 82, 21 octobre 1911, p. 652 (non signé, cet article peut être attribué avec certitude à Walden). « Aber anstatt zu essen schreien sie unaufhörlich *Greco, Greco – à bas Velasquez!* Und Minderjährige bringen Hochs auf Munch und Meier-Grafe. Und dann spreizt der Wahnsinn der Moderne seine Fangarme aus: lange Arme, viel länger als anatomisch denkbar und erweislich wahr ist, mit Flederhänden, die es so wenig gibt als das Wort selbst. »
92. Herwarth Walden, « Der behandelte Greco », *Der Sturm*, vol. 7, n° 4, 15 juillet 1916, p. 38.
93. Herwarth Walden, « El Greco », *Der Sturm*, vol. 2, n° 86, 18 novembre 1911, p. 688.
94. *Ibid.* « Man soll nicht zuviel über Maler lesen, sondern Bilder sehen. Es ist daher sehr lobenswert, daß die Grecobiographie ein Verzeichnis der Hauptwerke Grecos mit Ortsangabe enthält. »
95. *SR*, p. 417. « Diese Jungen, die sich als seine Nachfolger gebärden, kämpfen überhaupt nicht mehr. Sie werden zu Tapezierern. Die Dekoration ist das größte Unglück unseres Zeitalters. »
96. *Ibid.*, p. 339. « Als ob Greco dazu da sei, unsere kümmerlichen Aktualitäten zu legitimieren. »
97. Franz Marc, « Biens spirituels » [1912], repris dans *Écrits et correspondances*, trad. Thomas de Kayser, Paris, Éd. de l'ENSBA, 2006, p. 209-210.
98. Max Beckmann, *Écrits*, Paris, Éd. de l'ENSBA, 2002, p. 99.
99. *Ibid.*, p. 101. Les deux œuvres mentionnées sont *Le Déluge* (1908, coll. part.) et *La Résurrection* (1909, Stuttgart, Staatsgalerie).
100. Une petite étude en vue de la réalisation de la *Résurrection* (huile sur toile, 89 × 67,5 cm, 1907, coll. part.), avec ses étages de personnages superposés, dénote plus clairement encore l'impact sur Beckmann des grandes compositions de Greco.
101. Cité dans Thomas W. Gaehtgens, « Max Beckmann, peintre d'histoires », dans Coll., *Beckmann*, cat. exp. Paris, Centre Pompidou, 2002, p. 74.
102. Wilhelm Hausenstein, *Über Expressionismus in der Malerei*, Berlin, Reiß, 1919, p. 30-31.
103. *SR*, p. 167. « Ich meine oft, es müßte besser mit uns werden, nicht nur in der Kunst, sondern überall, *auch im politischen Dasein*, wenn jeder verstände, was in solchen Menschen steckt. » Le passage en italique fut inséré par MG dans la seconde édition du *Spanische Reise* publiée en 1923.

104. MG, « El Greco, peintre baroque » (note 89, chap. I), p. 226.
105. BSBM, Leviana II, 3, lettre de MG à Balling du 24 avril 1908. « Alle Erwartungen übertrifft Greco, in dem ich eine verblüffend merkwürdige Parallel Anschauung zu Marées entdeckt habe. »
106. MG 2001, p. 205, lettre de MG à Balling du 6 mai 1908. « Denken Sie, daß eins der größten Genies der Menschheit, Greco, seit 4 Jahrhunderten tot ist und heute noch in der Zeit der Jahrhundert-Ausstellungen und Briefmarkensammler von Leuten wie Bode und Justi für annähernd verrückt erklärt wird, trotzdem ihn Velasquez für die "Bibel der Kunst" hielt. Genau der Fall von Marées. Ich finde hier [in Toledo] täglich in Kirchen und Klöstern seine Bilder in genau dem Zustand, in dem die Marées waren, als ich nach San Francesco kam. »
107. *SR*, p. 89. « Übereinstimmend ist der Glaube beider Heimatlosen an eine innere Heimat. » Certains critiques reconnurent également cette filiation. Voir Wilhelm Schäfer, « Der Fall Greco », *Die Rheinlande*, vol. 11, 1911, p. 383.

Notes du chapitre IV

1. MG 2001, p. 161, lettre de MG à Franz Servaes du 30 juin 1904. « Ich bin so guter Deutscher wie Goethe, nicht besser. »
2. Adaptation de propos rapportés le 16 juillet 1916 par Kessler, *Das Tagebuch* (note 21, Introduction), t. 6. « Es sei unmöglich, dass Jemand gleichzeitig Manet und Marées liebte. Meier Graefe habe auf 50 Jahre hinaus die Entwicklung der deutschen Kunst ruiniert. »
3. Sabine Beneke, *Im Blick der Moderne. Die « Jahrhundertausstellung deutscher Kunst (1775-1875) » in der Berliner Nationalgalerie 1906*, Berlin, Boestelmann & Siebenhaar, 1999.
4. *Ibid.*, p. 76-77.
5. Si Beneke minimise trop, aux yeux de Krahmer, le rôle de MG dans la Jahrhundertausstellung, une nouvelle exploration des archives permettrait de tirer au clair la nature de son rôle. Voir Beneke, *Im Blick der Moderne* (note 3), p. 252-253. Voir également MG, « Das Museum. Dem Andenken Tschudis » (note 48, chap. I).
6. MG 2001, p. 45, lettre de Tschudi à Alfred Lichtwark du 25 juillet 1904.
7. Propos cité dans Beneke, *Im Blick der Moderne* (note 3), p. 65. « Ohne einen Blick auf das Ausland wird ein tiefergehendes Verständnis auch der deutschen Kunst der neueren Zeit nicht möglich sein. »
8. Pour la période s'étendant de janvier 1905 à juillet 1906, MG reçut 12 000 marks de la part de l'administration prussienne. Beneke, *Im Blick der Moderne* (note 3), p. 94.
9. Georg Galland, cité *ibid.*, p. 93.
10. DLA, lettre de MG à John Holroyd-Reece du 21 novembre 1933. « Infolgedessen habe ich nicht erreichen können, dass Böcklin ausgeschlossen wurde. Ich habe das auch nicht beabsichtigt, wollte uns aber auf den jungen Böcklin beschränken, der seine Meriten hat, und nur den eigentlichen Böcklin, das nationale Übel, weglassen. Auch das konnte ich nicht trotz heisser Kämpfe durchsetzen. B[öcklin] bekam ein ebenso grosses Kabinett wie Marées. »
11. MG 2001, p. 238, lettre de MG à Julius Elias du 3 décembre 1917. « Als ich die Jahrhundertausstellung machte, die schließlich die ganze Forschung in der neueren deutschen Kunst orientiert hat, standen sie in der Ecke und maulten, und als ich Marées, den größten deutschen Meister der Neuzeit, aus dem Dreck herauszog, behielten sie die Hände in den Hosentaschen. »
12. *HvM*, 3 t. Les tomes 1 et 3 du livre parurent en 1910. Le tome 2 (incluant le catalogue raisonné) fut publié plus tôt, en 1909, en accompagnement aux rétrospectives Marées organisées par MG.
13. MG 2001, p. 368, lettre de MG à Rudolf A. Schröder du 7 août 1909. « Ich möchte mit dem Marées-Werk einen wirklich anständigen Abschluß meiner Kunstschreiberei geben. »
14. Sur la réception de Marées, voir Anne-Sibylle Domm, « Hans von Marées in der Kunstkritik », dans Hans von Marées, *Briefe*, Munich, Piper, 1987, p. 329-381 ; *id.*, « Die "Väter" der Marées-Rezeption. Konrad Fiedler und Julius Meier-Graefe », dans *Hans von Marées und die Moderne*

in Deutschland, cat. exp. Bielefeld, Kunsthalle, 1988, p. 45-56.

15. Konrad Fiedler, *Hans von Marées*, Munich, Bruckmann, 1889. Sur Fiedler, voir Stefan Majetschak (éd.), *Auge und Hand. Konrad Fiedlers Kunsttheorie im Kontext*, Munich, Fink, 1997 ; Jacques Morizot, « Fiedler, Konrad. 1841-1895 », dans Carole Talon-Hugon (éd.), *Les Théoriciens de l'art*, Paris, PUF, « Hors collection », 2017, p. 221-224, en ligne : doi.org/10.3917/puf.talon.2017.03.0221.
16. Domm, « Hans von Marées in der Kunstkritik » (note 14), p. 356.
17. *EG*, p. 432.
18. *Ibid.*, p. 435. « Das Manko ist bei Marees ebenso groß wie sein Wert. »
19. Seulement six exemplaires de la *Museumsausgabe* intégrèrent le fonds de galeries publiques (Vienne, Elberfeld, Hambourg, Berlin, Munich et Leipzig). Elle fut principalement convoitée par des collectionneurs, comme l'indique la liste établie par l'éditeur (*HvM*, t. 3 p. 400). L'exemplaire jadis en la possession de Heymel se trouve aujourd'hui à la bibliothèque du Centre allemand d'histoire de l'art à Paris (Rara 4° / 29-1 | Rara 4 / 5 et Rara 2° / 95-1 | Rara 18 / 1).
20. Krefeld, Kaiser-Wilhelm Museum Archiv, lettre de Friedrich Deneken à MG du 30 mars [1909]. « Les livres ne se *voient* pas. »
21. BSBM, lettre de MG à un conservateur du musée de Leipzig du 3 juin [1909].
22. DLA, lettre de MG à Franz Blei du 2 septembre [1909]. « Ich habe vergeblich versucht, sie vor Privathänden zu schützen, aber die Museen haben nicht reagiert. » Les dessins furent finalement proposés à la vente par le marchand Eduard Arnhold à Dresde.
23. L'institut Städel déclina l'offre. Voir STMF, lettre de MG à Georg Swarzenski du 23 avril 1909.
24. GSA, fonds Insel-Verlag, 50/2313, lettre de MG à Anton Kippenberg du 23 mars [1910]. « Marées frißt mich auf u[nd] ich habe kein Geld mehr [...]. »
25. MG 2001, p. 199, lettre de MG à Balling du 17 février 1907. « Ich bin deshalb genötigt, in der objektiven Forschung bis an die Grenze des Erreichbaren zu gehen und alle Persönlichkeiten, die beitragen können, zu konsultieren. »
26. *Ibid.*, p. 201, lettre de MG à Balling du 20 février 1907. « Sicher würde sich Marées im Grabe umdrehen, wenn er wüßte, daß ich aus seiner Münchener Zeit 40 Bilder ans Licht bringe. »
27. *Ibid.*, p. 198-199, lettre de MG à Balling du 17 février 1907. « Ich versuche mit meinem Werk über Marées nicht eine deplazierte Kunstpolitik zu treiben und irgend eine einseitige Anschauung damit zu illustrieren, sondern habe mir die Aufgabe gestellt, diesen, einen der merkwürdigsten Menschen und Künstler, in dessen Schicksal sich unendlich viel Probleme unserer Zeit und zumal unseres Volkes treffen, getreu darzustellen. »
28. Lettre de MG à Loris [Hofmannsthal] du 18 juin 1908, publiée pour la première fois dans *SR*, p. 206-212. Nous la citons d'après sa réédition dans Hugo von Hofmannsthal, *Briefwechsel mit Julius Meier-Graefe*, éd. par Ursula Renner, Fribourg-en-Brisgau, Rombach, 1998, p. 92. « Die *Salambo* [*sic*] ist nichts anderes als die Flucht vor der Dichtung. Deshalb plagte er sich mit den tausend Details historischer Forschung mit dem Fleiß des Sitzgelehrten, er, Flaubert. »
29. MG 2001, p. 203, lettre de MG à Balling du 28 février [1908].
30. *Ibid.* « Marées geht langsam vorwärts, ich tröste mich, daß es bei Marées selber auch nicht schneller ging. »
31. *Ibid.*, p. 128, lettre de MG à Richard Dehmel du 19 décembre 1910. « Ich habe die fünf Jahre lang eigentlich nicht gearbeitet, sondern gelebt [...]. »
32. *HvM*, t. 1, p. 327. « Marées' Entwicklung beginnt als Rinnsal, wird Bach, wird Fluß, den Nebenflüsse speisen, wird Strom. »
33. *Ibid.*, p. 6. « Was uns fehlt, so hört man auf allen Gebieten öffentlichen Lebens, sind grosse Menschen. »
34. MG 2001, p. 200, lettre de MG à Balling du 20 février 1907. « Was an ihm nützlich für uns ist, beschränkt sich keineswegs auf das Œuvre. »
35. *Ibid.*, p. 211, lettre de MG à Balling du 25 août 1908.
36. BSBM, lettre de MG à Balling du 12 novembre [1908].
37. MG, « Hans von Marées. Zur Ausstellung seiner Werke in der Münchner Sezession », *Die Kunst für alle*, vol. 24, 1908, p. 261. « Grosse Künstler erkennt man an der Grösse ihrer Ziele, an der Spannkraft, mit der sie den Weg, den

sie durchlaufen haben, stets in neue, höhere Gefilde verlängern. Die Frage, ob sie ihr Ziel erreichen, kommt nur denjenigen in den Sinn, die von der Grösse zu gering denken. »

38. *HvM*, t. 1, p. 486. Sur la technique de Marées et la conservation problématique de certaines de ses œuvres, voir Christian Lenz (éd.), *Hans von Marées*, Munich, Prestel, 1987, p. 105-125.
39. *Ibid.*, p. 188. « Grosse Menschen sind Wanderer. Sie bleiben nie an derselben Stelle, auch wenn sie nicht den Ort ihres Schaffens verlassen, und behalten, was sie sind, auch wenn sie sich tausend Meilen fortbewegen. Die Reise trieb Marées in einem grossen Bogen von Italien über Spanien, Frenkreich zu sich selbst zurück. Er brachte vieles mit. Das beste war eine gesteigerte Selbsterkenntnis. [...] Grosse Menschen sind heisse Sehnsüchtige. Die Lust an der Fremde ist die Lust an der eigenen Seele, und sie reisen um sich selbst herum, indem sie die Welt durchmessen. »
40. *EG* 2, t. 1, 1914, p. 368.
41. *HvM*, t. 1, p. 170-172.
42. MG 2001, p. 203-204, lettre de MG à Balling du 28 février 1908. « Das *Moderne* ist nicht nur ein Modebegriff, sondern etwas ganz Herrliches, Fortschritt, Vollendung, Leben. Wie wunderbar, daß nie in Marées der leiseste Archaismus, das geringste Zurückgleiten in alte Formen zu spüren ist. Trotzdem er besser als irgend einer die Alten verstanden hat. / Und das liebe ich auch bei Manet: die intellektuelle Sicherheit den Alten gegenüber, eine Kultur, die alles von den Alten kennt und nimmt und dabei sprühend neu und vital ist. »
43. *HvM*, t. 1, p. 183.
44. *Ibid.*, p. 184-185. « [...] auf die Verhältnisse einer anderen Kultur, zumal auf die deutsche, am wenigsten auf die Möglichkeit eines Marées, des trotz all seines Universalismus und gerade infolge seines Universalismus reinsten Repräsentanten unserer Rasse in der Kunst. »
45. *Ibid.*, p. 468. « Das Postulat der Helligkeit gilt als Errungenschaft der zeitgenössischen Malerei und hat für bestimmte Aufgaben Bedeutung. Seine Generalisierung läuft auf eine Modesache hinaus, wenn wir nicht etwa die Rücksicht auf Hygiene u. dgl. zu ästhetischen Forderungen der Kunst machen wollen. »
46. *Ibid.*, p. 470.
47. MG 2001, p. 206-207, lettre de MG à Balling du 25 mai 1908. « Wie wunderbar ist das Beispiel von Marées! Der Mann, der in der Jugend nur mit der Hand zu zucken brauchte, um ein glänzender Impressionist zu sein, zwang sich und seine Schüler im Alter, mit der linken Hand zu malen, um ja nicht geschickt zu sein. Das ganze Problem der modernen Kunst steckt da drin. »
48. *Ibid.*, p. 162, lettre de MG à Franz Servaes du 16 avril 1910. « Nehmen Sie ganz allein die Thatsache, daß Marées von der Form ausgeht, um Symbole zu finden, während Böcklin vom Gedanken ausgeht. »
49. *Ibid.*, p. 176-177, lettre de MG à Rudolf Pannwitz du 21 juillet 1918. « Das ist das ganz Phantastische an dem Menschen, sich so reinigen, vereinfachen zu können, so vergeistigen, und dabei Improvisiertes in jedem Pinselstrich, Kind [...]. Das ist noch *nie* in der Welt gesehen worden. Die Franzosen haben das Himmlische, als Kinder zu wachsen. Wir können das fast nie, werden dick und schwer, doktrinär, verworren aber geben dafür etwas Ernstes, dass die Franzosen nicht erreichen. Marées hat beides. Seine Kombination von Rembrandt und Antike ist eben Wirklichkeit. »
50. *Ibid.*, p. 468. « Sie krönen nicht nur organisch das Werk eines Menschen, sondern stellen in einer noch näher zu bezeichnenden Hinsicht eine Norm künstlerischen Schaffens dar. »
51. *Ibid.*, p. 489. « Die Äpfel der *Hesperiden* sind nicht zum Essen da. »
52. *Ibid.*, p. 412-413.
53. *Ibid.*, p. 525. « Er besass die Heimat in der Macht des eigenen Gefühls, gründete sich da, wo er war, sein Deutschland. Er ist weder Französling noch Römling geworden, ruhte nicht, bis er durch die Flut mächtigster Erregungen – von anderer Art, als sie je ein deutscher Maler in der Fremde erlebte – zum festen Land gedrungen war, das ihm allein gehörte. »
54. Voir *HvM*, t. 1, p. 522-523 ; BSBM, lettre de MG à Balling du 9 avril [1909].
55. MG 2001, p. 206-207, lettre de MG à Balling du 25 avril 1908. « Ich finde unsere ganze Nation politisch, moralisch und geistig im allgemeinen Sinne in einem hurtigen Bergab-Tempo mit dem Mann mit dem Helm an der Spitze und da un-

sereins anders nicht kann oder nicht will, setzt man an solchen Symptomen zu scharf ein. »

56. *HvM*, t. 1, p. 526. « Kein anderes Volk hat einen Marées geschaffen. Das Haus auf dem Berge stähle das Vertrauen auf unsere Rasse, die zuweilen lange zum Schweigen verdammt ist, um dann plötzlich durch den Mund eines Auserwählten, den die Masse steinigt, ein Pathos ohnegleichen zu äussern. Hören wir es mit Ehrfurcht. »
57. *Ibid.*, p. 522. « Mir scheint aber dieser ganze, gar zu praktische Standpunkt, der den Nutzen eines Kunstwerks nach der Zahl der Betrachter berechnet, ein wenig eng. »
58. Paul Fechter, « Meier-Graefes Maréeswerk », *NR*, t. 1, p. 415-416. « Ein Museum [...] würde an Bedeutung für die Konsolidierung unserer Kultursehnsucht die Möglichkeiten allgemeiner Institute weit hinter sich lassen. »
59. MG, « Marées-Museum », *FZ*, 27 juin 1912. « Wo ist das Projekt geblieben? Die Zeit geht schnell, es scheint fast, Marées ist schon nicht mehr aktuell. Die Pariser Kubisten und dergleichen muntere Leute haben das Wort. »
60. Voir Victor Claass, *Julius Meier-Graefe contre l'impressionnisme*, thèse de doctorat sous la direction de Barthélemy Jobert, soutenue à Sorbonne Université le 1er juillet 2017, p. 267-276.
61. Wilhelm Worringer, « Besprechungen », *Zeitschrift für Ästhetik und allgemeine Kunstwissenschaft*, vol. 6, 1911, p. 3[illegible]7.
62. *Ibid.*, p. 320. « Denn an minutiöser Genauigkeit der Registrierung gibt hier der vielgeschmähte Feuilletonist keinem Wissenschaftler etwas nach. »
63. *Ibid.* « Die Subjektivität der Interpretation wird durch die Intimität von Autor und Interpreten fast zur Objektivität. »
64. Anonyme, « Neue Bücher. Hans von Marées von Julius Meier-Graefe », *KuK*, vol. 9, n° 1, 1911, p. 64-65.
65. Karl Scheffler, « Neue Bücher. Hans von Marées von Julius Meier-Graefe », *KuK*, vol. 10, 1912, p. 374. « Primaschreiberei ist nur den ganz disziplinierten Köpfen zu raten; Meier-Graefe aber ist nicht literarisch diszipliniert. »
66. DLA, fonds Blei, lettre de MG à Franz Blei du 3 avril 1911.
67. MG 2001, p. 74, lettre de MG à Rudolf A. Schröder du 4 janvier [1911].
68. *Ibid.*, p. 127-128, lettre de Richard Dehmel à MG, Noël 1910.
69. *Ibid.*, p. 71, lettre de MG à Rudolf A. Schröder du 4 janvier 1911. « Mein Marées-Werk bleibt recht unverstanden von den Lobern und von den Tadlern. Man macht es sich recht billig. Lies den inliegenden Dreck aus der Kölnischen, ziemlich typisch. »
70. Anonyme, « Die Marées-Ausstellung im Kölner Kunstverein », *Kölnischer Stadtanzeiger*, 1er mars 1910.
71. Voir Avenarius, « Marées als Mode », *Der Kunstwart*, vol. 22, juin 1909, p. 371-372.
72. Max Nordau, « Der Herbstsalon », *Neue Freie Presse*, 7 octobre 1909.
73. MG 2009, p. 184. « Abends Vortrag über Marées bei Thannhauser. Saal so überfüllt, daß 3 Menschen ohnmächtig wurden. Ich war sehr gut disponiert. » Krahmer ne résiste pas à la tentation de citer en note le passage correspondant du *Journal* de l'écrivaine Thea Sternheim qui, présente à cette conférence, éprouva pour sa part un « ennui mortel ». Pour une recension plus enthousiaste, voir *Der Cicerone*, vol. 4, 1912, p. 32.
74. Voir MG, « Hans von Marées », *Die Kunst für alle*, vol. 24, 1908, p. 249-264; « Hans von Marées », *Volné směry*, t. 12, 1908, p. 109-120; « Von Marées » (2 parties), *Nord und Süd*, avril 1909, p. 86-101, mai 1909, p. 271-278, ainsi que la version réduite de sa monographie.
75. MG 2009, p. 187. « Ich arbeite an dem populären Marées-Buch, zu dem ich mich nach langem Zögern, angesichts der geringen Popularität des Marées-Werkes entschlossen habe. Auch aus materiellen Gründen. Piper hofft, mit dem kleinen Buch das große Werk gangbarer zu machen. »
76. Worringer, « Die Marées-Ausstellung der Münchner Sezession », *KuK*, vol. 7, 1909, p. 231-232. « Wer um sein Deutschtum Bescheid weiss – ich meine nicht die Werdandibündler – der fühlt vor diesen Trümmern: *tua res agitur* und scheidet von diesem männlichen und unpathetischen Kämpfer mit einem stillen *nulla crux nulla corona*. »
77. Pour le déroulement de la *Marées-Fest* qui se ter-

mina au petit matin, voir SBB, lettre de MG à Gerhart Hauptmann du 7 mars [1909] ; BSBM, lettre de MG à Balling du 22 mars [1909] ; et MG 2009, p. 92. Voir également Anonyme, « Marées-Feier », *BT*, 9 mars 1909.

78. BSBM, lettre de MG à Balling du 22 mars [1909]. « Man kann Marées erst hier wirklich sehen. »
79. MG 2001, p. 370, lettre de MG au *Kultusminister* de Bavière du 21 mars [1909]. « Euere Exzellenz wollen mir gütigst verzeihen, wenn ich so dreist bin, die Frage anzuregen, ob nicht im Interesse einer zukünftig rationelleren Ausstellung der Marées'schen Bilder eine Inspektion der hiesigen Marées-Ausstellung opportun wäre. [...] Die Dreiflügelbilder sind hier in die Architektur eines großen Saales eingelassen und machen einen ganz neuen, früher kaum geahnten Eindruck. [...] In wenigen Jahren wird die heute schon glücklicherweise immer weiter gehende Anerkennung der Marées'schen Kunst sich besonders auf die Dreiflügelbilder richten, den kostbaren Besitz des bayerischen Staates [...]. »
80. Voir DLA, fonds Kessler, lettre de MG à Kessler du 25 mai [1909]. « Sie können sich nicht denken, wie leid mir das oft ist, daß wir so wenig *d'accord* in dieser Sache sind. »
81. MG 2009, p. 93. « O Deutschland! Die schlimmsten sind die sogenannten "Aufgeklärten". »
82. BSBM, lettre de MG à Balling du 22 mars [1909]. « Täuschen Sie sich nicht über den großen Erfolg von Marées. Bisher ist 2/3 des Erfolges Modesache, Sache der Snobs Berlins, die eben alles mitmachen und nur in der Zustimmung fast noch widerlicher sind, als in ihrer gewohnten Opposition. »
83. August Geigenberger, « Die Malweiber in der Marées-Ausstellung », *Jugend*, nº 12, mars 1909, p. 268. On reconnaît sur la partie droite du dessin les *Drei Jünglinge unter Orangenbäumen* de 1875-1880, œuvre aujourd'hui conservée à la Nouvelle Pinacothèque de Munich.
84. BSBM, lettre de MG à Balling du 22 mars [1909]. « Ich finde, man soll den Siegeszug Marées' nicht hemmen [...]. »
85. Voir Victor Claass, « Enjeux et impasses d'une réhabilitation. Swarzenski et Meier-Graefe exposent Hans von Marées », dans Valérie Kobi, Alexander Linke et Stephanie Marchal (éd.), *Spannungsfeld Museum. Akteure, Narrative und Politik in Deutschland und Frankreich um 1900*, Berlin, De Gruyter, 2019, p. 252-267.
86. STMF, lettre de Georg Swarzenski à Franz Adickes (*Oberbürgermeister* de Francfort) de mars 1909. « Es ist traurig, dass man über der Pflege von Kunst und Wissenschaft bei uns so gerne übersieht, dass man auch Pflichten hat, die über die blauweissen Grenzpfähle hinausgehen. »
87. BSBM, lettre de MG à Balling du 22 mars [1909].
88. Anonyme, « Nouvelles », *Chronique des arts et de la curiosité*, nº 21, 22 mai 1909, p. 166. Voir également Anonyme, « Les œuvres de Hans von Marées », *L'Aurore*, 23 mars 1909.
89. Paris, archives du musée Rodin, lettre d'Otto Grautoff à Auguste Rodin du 3 octobre 1909, GRA-2794.
90. MG 2009, p. 107. « Installation der Marées Ausstellung unten neben dem Eingang von den Champs-Elysées aus. Primitiver aber großer Raum mit gutem Seitenlicht. » Voir également STMF, lettre de MG à Georg Swarzenski du 26 septembre 1909.
91. BSBM, lettres de MG à Balling des 14 avril et 4 juin 1909. MG élabora les formulaires de prêt en compagnie de Rodin lui-même, alors président d'honneur du Salon.
92. MG, « Hans von Marées », dans *7e exposition du Salon d'automne au Grand Palais des Champs-Élysées*, cat. exp. Paris, 1909, p. 217-224.
93. MG, « Artistes contemporains : Hans von Marées », *Gazette des beaux-arts*, vol. 51, t. 2, octobre 1909, p. 286.
94. *Ibid.*, p. 290.
95. *Ibid.*, p. 299-300.
96. *Ibid.*, p. 300.
97. Abel Rémois, « Hans von Marées au Salon d'automne », *La Société nouvelle*, vol. 15, t. 2, octobre 1909, p. 107-109.
98. Baron de Bermingham, « Au Salon d'automne », *Revue illustrée*, vol. 24, nº 21, 10 novembre 1909, p. 676.
99. Yvanhoé Rambosson, « Le Salon d'automne », *L'Art décoratif*, vol. 11, nº 21, p. 101-103.
100. Henri Chervet, « Le Salon d'automne », *La Nouvelle Revue*, vol. 3, t. 11, 1909, p. 563.
101. Léon de Saint-Valéry [Julia Pilore], « Au Salon d'automne. Hans von Marées », *Revue des beaux-arts*, vol. 3, nº 124, 17 octobre 1909.

102. Habert, « Le Salon dont il faut parler », *La Revue des beaux-arts*, vol. 3, n° 122, p. 3.
103. François Thiébault-Sisson, « Le Salon d'automne », *Le Temps*, 30 septembre 1909.
104. Jean Chantavoine, « Hans von Marées (1837-1887) », *La Revue politique et littéraire*, n° 17, 23 octobre 1909, p. 523.
105. Arsène Alexandre, « Le Salon d'automne », *Le Figaro*, 30 septembre 1909.
106. Guillaume Apollinaire, « Salon d'automne » [1909], *Œuvres en prose complètes*, t. 2, Paris, Gallimard, « Bibliothèque de la Pléiade », 1991, p. 119.
107. *Ibid.*, « La peinture moderne » [1913], p. 501. Le poète évoque le « grand rôle » joué par Constable, Turner, Marées et Van Gogh dans « l'impressionnisme [...], qui n'est pas tant une manifestation du génie français que de la culture universelle ».
108. Grautoff, « Der Pariser Herbstsalon », *Der Cicerone*, vol. 1, n° 21, 1909, p. 261-262. Si Grautoff rapporta des propos élogieux de Rodin sur Marées (« Avec la persévérance tout allemande, il s'est immergé dans l'Antiquité, et l'a ressentie et recréée comme peu de nos grands artistes français », *Allgemeine Zeitung*, 9 octobre 1909), une lettre de ce même Grautoff au sculpteur du 4 novembre 1909 (Archives du musée Rodin) prouve que, en dépit de ses demandes répétées, le sculpteur n'avait toujours pas visité l'exposition en sa compagnie.
109. René Chavance, « Le Salon d'automne », *L'Autorité*, 30 septembre 1909.
110. Léandre Vaillat, « Le Salon d'automne. Les rétrospectives », *L'Écho de Paris*, 30 septembre 1909.
111. Chantavoine, « Hans von Marées (1837-1887) » (note 104), p. 326.
112. Louis Vauxcelles, « Au Grand Palais. Le Salon d'automne », *Gil Blas*, 1er octobre 1909.
113. Jacques Copeau, « Hans von Marées », *La Nouvelle Revue française*, n° 10, 1er novembre 1909, p. 326-328.
114. Lettre d'André Gide à Jacques Copeau du 6 octobre 1909, *Cahiers André Gide. Correspondance André Gide – Jacques Copeau*, éd. par Jean Claude, n° 12, 1987, p. 341.
115. Voir André Gide et Jean Schlumberger, *Correspondance (1901-1950)*, éd. par Peter Fawcett, Paris, Gallimard, 1993, et plus spécifiquement la lettre de Gide à Schlumberger du 7 octobre 1909.
116. DLA, fonds Blei, lettre d'André Gide à Franz Blei du 4 novembre 1909. « Je m'occupe passionnément de votre affaire. Je pense que Meier-Graefe aura toutes vos instructions de sorte que je compte beaucoup sur la conversation que je pourrai avoir avec lui pour achever de me renseigner. Il lui sera plus facile qu'à moi d'entrer en rapport avec quelques éditeurs français (ou plus précisément *libraires*), qui pourraient s'intéresser à l'entreprise au lieu de s'y opposer. J'ai été parler ce matin à *Floury*, le plus intelligent de ceux-ci, je ne crois pas difficile de l'attirer, surtout si Meier-Graefe y aide. C'est je crois par son canal (de Floury) qu'on attirerait les capitaux français. »
117. Louis Réau, « Hans von Marées (1837-1887) », *Revue de l'art ancien et moderne*, vol. 26, octobre 1909, p. 267-295.
118. Emil Schutz, « Marées und die Pariser Kritik », *Allgemeine Zeitung*, 9 octobre 1909, p. 921. « Mit dieser Pariser Marées-Ausstellung ist also [...] nicht viel erreicht worden. Sie hat die französischen Ansichten über deutsche Kunst weder erweitert noch berichtigt. [...] Es müssen weit stärkere Truppen heran, um die starke dicke Mauer der Vorurteile und Abneigungen in Frankreich einzurennen. »
119. Piper, *Mein Leben als Verleger* (note 28, Introduction), p. 261. « Der *Völkische Beobachter* verstieg sich überdies zu der Verleumdung, Meier-Graefe habe sich für Hans von Marées nur deshalb eingesetzt, weil der Großteil von dessen Bildern in seinem Besitz gewesen sei! (Er hatte in Wirklichkeit zwei, oder drei frühe Bilder erworben, die durch seine Nachforschungen zutage gekommen waren.) Was Marées selbst anbelangt, so erließ das Propagandaministerium eine geheime Order an die Presse, daß sein Name weder lobend noch tadelnd genannt werden dürfe. Einer der edelsten, ritterlichsten deutschen Künstler sollte also nach Möglichkeit der Vergessenheit ausgeliefert werden, weil er, der Sohn des Koblenzer Kammerpräsidenten Adolf von Marées, eine Jüdin zur

Mutter hatte. » L'article mentionné est celui de Robert Scholz, « Eine kunstbiographische Fälschung. Zum Fall Meier-Graefe », *Völkischer Beobachter*, nº 179, 28 juin 1935, p. 9.

120. Voir DLA, fonds Schröder, lettre de MG à Rudolf A. Schröder du 27 février [1910], ainsi que la longue lettre défensive du 29 avril 1910 dans MG 2001, p. 72. Par l'intermédiaire de Schröder, MG vendit son *Autoportrait* au mécène Leopold Biermann, espérant un don consécutif à la Kunsthalle de Brême. Le montant de cette transaction est inconnu.
121. STAM, note manuscrite de Wichert en marge d'une lettre d'Alfred Walter von Heymel du 27 décembre 1910. « Am 29.12. beantwortet. Bilder zu Ansicht wenden. Bei Meier-Graefe Auskunft über ihren Wert anbeten. »
122. STAM, lettre de MG à Fritz Wichert du 31 décembre 1910. « Unbedingt sollten Sie Marées kaufen und zwar die *Erinnerung an Rubens*, ein ganz [illisible] Bild, und eins der Selbstbildnisse und zwar das im japanischen Mantel. Bieten Sie Heymel 30 000 Mk für diese beiden Bilder, sagen Sie aber nicht, daß ich Ihnen diesen bescheidenen Preis geraten habe. Will er nur die Bildnisse hergeben, so würde ich für das im japanischen Mantel und das Bildnis des Dresdner Lustspielschreibers 20 000 Mk ruhig zahlen. Von Marées ist nichts zu bekommen, und man kann froh sein, irgendeinen zu haben. Beide Bilder sind immerhin sehr merkwürdige Zeugnisse, gehören durchaus in ein Museum. Das Rubensbild ist natürlich viel wertvoller. »
123. En janvier 1911, Heymel fit une nouvelle proposition à 30 000 marks chacun pour le *Souvenir de Rubens* et l'*Autoportrait en manteau japonais*, soit le double du montant que MG avait suggéré à Wichert pour l'ensemble (DLA 62.1238/6).
124. Anonyme, « Versteigerung des Nachlasses A. W. von Heymel, der Sammlung Pickenpack u. a. », *Der Kunstmarkt*, vol. 14, nº 25, 16 mars 1917, p. 141-143.
125. Propos du peintre et membre du parti national-socialiste Hermann Burte, cité dans Klaus Gallwitz (éd.), *Kunst in Karlsruhe 1900-1950*, cat. exp. Karlsruhe, Staatliche Kunsthalle / Badischer Kunstverein, Karlsruhe, Müller, 1981, p. 105.
126. Voir Stephanie Barron (éd.), *Degenerate Art: The Fate of the Avant-garde in Nazi Germany*, cat. exp. Los Angeles, LACMA, 1991, p. 101.
127. *EG* 2, t. 2, 1915, p. 384-385.
128. Gerd Blum, « Hans von Marées: Der Maler als Modell. Werk und Wirkung zwischen Moltke und Duchamp », dans Angelika Wesenberg (éd.), *Hans von Marées: Sehnsucht nach Gemeinschaft*, cat. exp. Berlin, Nationalgalerie, 2008, p. 17-25.
129. *HvM*, t. 1, p. 526. « Wer dem Aufstieg dieses Menschen zu folgen vermag, der wird sich selbst zur Höhe gehoben fühlen wie jener Ganymed in Marées' letztem Bilde. »

Notes du chapitre V

1. Lettre de Gustave Flaubert à Ernest Chevalier du 21 septembre 1841, dans Gustave Flaubert, *Correspondance*, t. 1, Paris, Gallimard, « Bibliothèque de la Pléiade », 1980, p. 84.
2. Sur cette enquête et son contexte, voir Victor Claass, « Efforts vains ? Julius Meier-Graefe répond à Jean-Richard Bloch (ou la culture à l'hôtel de la *Kultur*) », *Cahiers Jean-Richard Bloch*, nº 18, 2012, p. 63-79.
3. MG, « L'Allemagne en face de la Culture française », *L'Effort*, vol. 2, nº 19, 1er avril 1911.
4. *Ibid.*
5. Gustave Sauvebois, « Au fil des revues littéraires », *Les Droits de l'homme*, 21 mai 1911.
6. Voir la lettre de Paul Amann à Bloch du 15 janvier 1912, dans Claudine Delphis (éd.), *Survies d'un Juif européen. Correspondance de Paul Amann avec Romain Rolland et Jean-Richard Bloch*, Leipzig, Leipziger Uni-Vlg, 2009, p. 371. « Ce qui fait défaut en Allemagne, c'est, M. Meier-Gräfe l'a très bien dit, la faculté d'absorber. » Voir également Jean-Richard Bloch, « Deux romanciers allemands : E. Straus et Thomas Mann », *L'Effort libre*, nº 15-18, mai-juin 1912, p. 540. « Rappelez-vous l'article si spirituel de M. Meier-Graefe sur l'influence française en Allemagne : la crise de la civilisation de la nouvelle Allemagne est, avant tout, une crise provoquée par l'impossibilité d'assimiler. C'est une crise d'indigestion [...]. »
7. Félix Bertaux, « La nouvelle Allemagne et

la culture française », *L'Effort*, n° 24-25, 1er juillet 1911, p. 98.
8. Lettre de Paul Amann à Jean-Richard Bloch du 15 janvier 1912 (note 6).
9. BNF, fonds Jean-Richard Bloch, carton d'archives relatives à la revue *L'Effort*.
10. DLA, fonds Levin, lettre de MG à Julius Levin du 21 juin 1911. « Es geht bei mir mit der Arbeit auch längst nicht mehr wie früher. »
11. MG 2009, p. 361-380.
12. Le texte de cette conférence fut également publié sous le titre « Kultur! », *NR*, vol. 23, n° 6, 1911, p. 845-860.
13. Sous le titre *Wohin treiben wir?*, la conférence fut donnée le 6 janvier 1913 à Berlin, puis le 8 mars 1913 à Munich.
14. *WtW*, p. 9. « Kultur ist so ein Wort. Es gleicht dem Zylinderhute Goethes im Goethehaus zu Weimar, bekanntlich ein Ungeheuer von Umfang, den sich ein flinkes Kerlchen scherzweise aufsetzt und der ihm bis an den Hals geht, so daß vom Kopf überhaupt nichts mehr übrig bleibt. »
15. *Ibid.*, p. 10.
16. Laurence Bertrand Dorléac, *Contre-déclin. Monet et Spengler dans les jardins de l'histoire*, Paris, Gallimard, 2012.
17. *WtW*, p. 28. « Man denkt in Ägypten nicht anders als in Neuyork oder in Japan oder in Berlin. »
18. *Ibid.*, p. 29. « Der Weg in ihre neue Kultur ist eine Reise auf dem Luftschiff. Man darf kein Gepäck mitnehmen. »
19. *Ibid.*, p. 30. « Wir haben einen gutgewillten Kaiser, der zuweilen wie ein Barbarossa spricht und wie ein Amerikaner handeln möchte. Er trägt das, was ihm Kultur ist, wie eine Last [...]. »
20. MG, « Correspondance d'Allemagne. L'exposition d'art français du XVIIIe siècle à Berlin », *Gazette des beaux-arts*, vol. 52, n° 1, mars 1910, p. 262-272.
21. *WtW*, p. 43. « Wir verstehen uns allen Erscheinungen anzupassen, mit biegsamer Empfindung in alles, auch das Fremdeste, einzufühlen, weil wir nur oberflächlich, nur mit der Haut empfinden. »
22. Félix Bertaux, « *Wohin treiben wir?* (*Où allons-nous ?*), par Julius Meier-Graefe (S. Fischer) », *La Nouvelle Revue française*, vol. 5, n° 60, décembre 1913, p. 989.
23. MG 2009, p. 183. « Niederschmetternd. »
24. *WtW*, p. 50. « Laßt uns nur erst einmal Soldaten und Schiffe genug haben und Geld, vor allem Geld. Dann kaufen wir uns Bilder, Statuen, Ideale und eine funkelnagelneue Kultur. »
25. *Ibid.*, p. 37. « Dafür gibt es keinen Ersatz. Die Kunst erscheint wie der letzte unserer Götter, die letzte Möglichkeit, dem Mechanismus zu entrinnen und ein allen sichtbares geistiges Heldentum zu offenbaren. Und da es dafür keinen Ersatz gibt, wird tatsächlich das immer deutlichere Nachlassen der Kunst in unserer Zeit zu einem bösen Symptom des Niedergangs unserer Gesittung. »
26. MG 2009, p. 228-229, lettre de MG à Karl Kuebler du 24 mars 1913. « Sie haben hoffentlich Besseres zu tun. Die prinzipielle Stellungnahme gegen einen Künstler dieser Generation wäre wenig ergiebig und recht unerquicklich. Man kann nur mit einiger Hoffnung auf positive Resultate die Zeit kritisieren, die solche Dinge hervorbringt. »
27. Propos de Renoir rapportés par MG 2009, p. 146.
28. MG 2009, p. 140. « Im Herbstsalon nur die fabelhaft feinen Dekorationen Bonnards. » L'année suivante, MG visita l'atelier de Bonnard en compagnie du comte Kessler.
29. *WtW*, p. 106. « Sie kämpfen gegen den Bourgeois wie gegen Windmühlen und sind gar oft müde Entsager sich selbst gegenüber. »
30. *Ibid.*, p. 75. « Die Zeit ist nicht fern, wo jeder Droschkenkutscher seinen Kubisten oder Futuristen über dem Sofa hängen hat und uns jeder Kommis über den Unterschied zwischen Impressionismus und Expressionismus aufklärt. »
31. MG, *Cézanne und sein Kreis* (note 87, chap. I), p. 48. « Das beweist nichts. Wäre es allein entscheidend, so könnte man einen Futuristen über Michelangelo stellen. »
32. *Ibid.* « Cézanne erweist die Gültigkeit seiner Neuheit. »
33. *WtW*, p. 106. « Ich sehe nur Rezepte, wenn ich durch die Pariser Ausstellungen gehe, Schulen ohne Lehrer, Herden ohne Kopf. » Nous précisons ici que le même passage de la version antérieure du texte, publiée dans la *FZ* le 2 juin 1912, ne mentionne pas la ville de Paris.
34. *Ibid.*, p. 106-107. « Routine ist das Vergessen

des Zwecks über dem Mittel. Sie ist nicht weniger blöde, ob sie einem erhabenen oder einem niedrigen Vorbild entlehnt wird, bleibt dasselbe, ob sie eine flaue Apotheose Kaiser Wilhelms, ein gelecktes nacktes Frauenzimmer oder einen taumelnden Eiffelturm, ein aus Dreiecken konstruiertes Gesicht darstellt. »

35. Voir Goetzmann, *« Et les grands cris de l'Est »* (note 26, Introduction).
36. Walden invita MG à plusieurs reprises pour donner des conférences sur l'art français dans le cadre de la polémique autour de Böcklin, propositions qu'il déclina. Voir SBB, fonds Walden/Der Sturm, lettres de MG à Walden de septembre 1905 et du 19 janvier 1906.
37. *WtW*, p. 108-109. « Sie haben herausbekommen, daß sich alle Formen mehr oder weniger in mathematische Verhältnisse bringen lassen, und wissen, was berühmte Leute über die Beine als Säulen, die Köpfe als Kugeln gesagt haben. Was liegt näher, als das, was einen Körper von Säulen und Kugeln unterscheidet, zu unterdrücken? Der Körper sieht wie ein Prisma aus, sagen andere. Man denkt an die göttliche Blague Hamlets. Doch scheinen mir die gemalten Prismen immer noch nicht prismatisch genug. Ich sehe immer noch durch den Kubus hindurch auf den Kubisten, erkenne eine öde Philistervisage, die trotzalledem akademische Nase, das treue Auge, die geschwungene Locke. »
38. *Ibid.*, p. 66. « Sie begannen nicht mit Proklamationen, verbrannten nicht voreilig die Brücken hinter sich, banden sich nicht, solange sie nicht die Route vor sich sahen. »
39. *Ibid.*, p. 81.
40. MG, « Pariser Reaktionen », *KuK*, vol. 10, n° 9, 1912, p. 445. « Man kann der gegenwärtigen Pariser Kunst nicht ein gewisses Niveau des Geschmacks, große Geschicklichkeit und einen nicht geringen Sinn für dekorative Werte absprechen [...]. Aber eines fehlt durchaus den allermeisten dieser wirren Spiele: der Eindruck, daß sie notwendig so sein müssen, daß es sich hier um unumgängliche Auseinandersetzungen des Individuums mit der Welt, um Visionen handelt. »
41. *WtW*, p. 107. « Sie sind Flächenkünstler in jeder Beziehung, flach als Menschen. »
42. André Salmon [La Palette], « L'art français en Allemagne », *Gil Blas*, 28 janvier 1913. L'auteur remercie Sophie Goetzmann pour l'avoir éclairé sur cet article.
43. Le texte (probablement réduit) de la conférence d'Apollinaire fut publié dans *Der Sturm*. Voir la traduction française dans Apollinaire, « La peinture moderne » [1913], dans *Œuvres en prose complètes* (note 106, chap. IV), p. 502-505.
44. *Ibid.*, p. 505.
45. Goetzmann, *« Et les grands cris de l'Est »* (note 26, Introduction), p. 60.
46. *EG* 2, t. 3, 1924, p. 627.
47. DLA, fonds Levin, lettre de MG à Julius Levin du 15 novembre 1912. « Ich halte am 2. Dezember bei Paul Cassirer einen Vortrag: "Wohin treiben wir?" Ein Blick auf die heutige Kunst. [...]. Es käme nur sehr darauf an, dass die rechten Leute einkämen. »
48. Arthur Roessler, « Wohin treiben wir? Also sprach Meier-Graefe », *Die Aktion*, vol. 3, n° 4, 22 janvier 1913, p. 105-106. « Auf den eineinhalbstündigen Vortrag näher einzugehen, wäre ein vergebliches Bemühen, denn er bestand aus einem Sammelsurium kritikloser Verdächtigungen wahrsagerinnenmässiger Prophezeiungen, stöhnender Jammeriaden über den unaufhaltsamen Einbruch der Barbarei in das untergehende Reich der Schönheit. »
49. Franz Pfemfert, « Julius Meier-Graefe gegen Julius Meier-Graefe », *Die Aktion*, vol. 3, n° 4, 22 janvier 1913, p. 106.
50. MG 2009, p. 224. « Nach den Echantillons der Presse über meine Vorträge ist wieder mal ein artiges Geschimpfe in dem *doux pays* los. Der "Zahnlose Geiferer" ist mir am nächsten gegangen. Ich gehe heute gleich zu meinem Zahnarzt Dubois, um meine in der Tat merkbaren Lücken zu füllen. »
51. Alfred Kerr, « Vortrag über neue Malerei », *Pan*, vol. 3, n° 15, 10 janvier 1913, p. 343-344.
52. Robert Breuer, « Grosspapa Meier-Graefe », *Vorwärts*, 8 janvier 1913.
53. Theodor Heuss, « Auch ein Bußprediger », *Süddeutsche Monatshefte*, vol. 10, n° 2, 1913, p. 755. « Meier-Gräfe, der "Besonnene", erhebt Anklagen gegen Paris, gegen die letzte "Entwicklung" der französischen Kunst, und er, der noch vor zehn Jahren die Parole der Zukunft ausgab, einer Zukunft, die auf den

"vier Säulen" des modernen Frankreichs ruhte, stimmt seine Leier auf dunkle Töne, und statt der scherzend-flieghaften Taufreden, die dem Lob der Väter und Ahnen galten, schreibt er sozusagen einen Nekrolog. »

54. Lettre de Vassily Kandinsky à Franz Marc du 8 mars 1913, dans Vassily Kandinsky et Franz Marc, *Briefwechsel*, éd. par Klaus Lankheit, Munich, Piper, 1983, p. 211-212. « Gestern waren wir alle im Vortrag bei Herrn Dr. Julius Meyer-Graefe, der jetzt *Julianus Apostata* heißt, weil er zum Schluß dem Publikum empfahl, sich an diesem Kaiser Beispiel zu nehmen. Die neue Kunst wäre Geschäftsmacherei, ohne Seele und Geist und man solle sich gegen sie vereinigen. Es war ein bodenloses Geschimpf und überraschte im Mangel der Gedanken, des Verstandes. [...] Der Saal war so vollgestopft, daß man kaum atmen konnte. Und die Luft!! Beinahe so schlecht wie der Vortrag. »
55. August Macke et Franz Marc, *Briefwechsel*, Cologne, DuMont, 1964, lettre de Franz Marc à August Macke du 12 mars 1913, p. 152-153. « Meier-Graefe hielt letzthin in München einen Vortrag, in dem er uns alle als Geschäftsmacher bezeichnete und das Publikum aufforderte, es solle sich gegen uns verbinden etc.!! Und Cassirer denkt im Grunde genau so. Mit diesem Kreis will ich nichts zu tun haben. »
56. MG, *Nach Norden. Eine Episode*, Berlin, S. Fischer, 1893 ; rééd. Munich, Piper, 1912.
57. Piper, *Briefwechsel mit Autoren und Künstlern* (note 82, chap. I), p. 123, lettre de Marc à Piper du 13 juin 1911. « [...] die Ablehnung meiner Entwürfe hat mich zwar überrascht, – aber keineswegs gekränkt. Verstehen kann ich es freilich schwer, – gerade weil Meier-Gräfe der Autor des Buches ist, der Mann, der u. a. Seurat, van Gogh u. Gauguin den Deutschen nahe zu bringen versucht hat. Sollte Herr Meier-Gräfe mit Schrecken die Ernte seiner guten Saat aufsprißen sehn? Er wird wohl "die Geister", die er rief, nun nicht mehr los? »
58. Cité dans Annie Bourneuf, *Paul Klee: The Visible and the Legible*, Chicago, The University of Chicago Press, 2015, p. 201.
59. Cité dans Hans Wentzel, « Fritz Bleyl: Gründungsmitlied der "Brücke" », *Kunst in Hessen und am Mittelrhein*, vol. 8, 1968, p. 24.
60. Pour le cas spécifique de Macke, qui lut avec ferveur les ouvrages de MG, voir les souvenirs d'Elisabeth Erdmann-Macke, *Erinnerung an August Macke*, Stuttgart, W. Kohlhammer Verlag, 1962, p. 78, ainsi qu'Ernst-Gerhard Güse (dir.), *August Macke. Gemälde, Aquarelle, Zeichnung*, cat. exp. Münster, Westfälisches Landesmuseum für Kunst und Kulturgeschichte, Bonn, Städtisches Kunstmuseum, Munich, Städtische Galerie im Lenbachhaus, Munich, Bruckmann, 1986, p. 23-37. Macke copia plusieurs œuvres de Manet d'après les reproductions du volume *Impressionisten* de 1907.
61. Macke et Marc, *Briefwechsel* (note 55), lettre de Marc à Macke du 23 avril 1911, p. 53-54. « Du wirst nun gebeten, mit Deiner Stimme ein bestimmtes Ressort zu vertreten, das Dir nahe liegt: Meier-Graefe, "Was verdanken die jungen Künstler von heute Meier-Graefe?". Das Thema ist sehr weit und dankbar und muß von irgend jemande mit Entschlossenheit vertreten werden, nachdem M.-Gr. selbst nicht schreiben will, *pro domo*. »
62. Macke, dans Coll., *Im Kampf um die Kunst* (note 74, chap. I), p. 83.
63. Fritz von Ostini, *ibid.*, p. 110. « Morgen kommt der Mann, der Form, Farbe, Sinn und Verstand überwunden hat und die Dinge aus farblosen, stereometrischen Figuren aufbaut, philisterhaft, pedantisch, tüftelnd, öde und verlogen! Aber der deutsche Snob wird auch das schlucken! »
64. Marc, « Biens spirituels » (note 97, chap. III), p. 209-210.
65. *Ibid.*, p. 210. Sur les apports de MG aux théories de Kandinsky, voir Nadia Podzemskaia, *Colore simbolo immagine. Origine della teoria di Kandinsky*, Florence, Alinea Editrice, 2000, p. 73-75.
66. Roessler, « Wohin treiben wir? Also sprach Meier-Graefe » (note 78), p. 105.
67. Cité dans Andreas Meier, « L'influence d'un éditeur. Reinhard Piper et le "Blaue Reiter" », dans Hans Christoph von Tavel (éd.), *Le Cavalier bleu*, cat. exp. Berne, Musée des beaux-arts de Berne, 1986, p. 238.
68. MG, « Kunst-Dämmerung », *FZ*, 2 juin 1912.
69. Sur Carl Einstein, voir Liliane Meffre, *Carl Einstein, 1885-1940 : itinéraires d'une pensée mo-*

derne, Paris, Presses de l'université de Paris-Sorbonne, 2002 ; Uwe Fleckner, *Carl Einstein und sein Jahrhundert. Fragmente einer intellektuellen Biographie*, Berlin, Akademie Verlag, 2006 ; et plus récemment Maria Stavrinaki, *Contraindre à la liberté. Carl Einstein, les avant-gardes, l'histoire*, Dijon, Les Presses du réel / Paris, Centre allemand d'histoire de l'art, 2018.

70. Anonyme, « Meier-Graefe über die Zukunft der Kunst », *Berliner Börsen-Courier*, 7 janvier 1913.
71. Cité dans Fleckner, *Carl Einstein und sein Jahrhundert* (note 69), p. 170.
72. Ludwig Rubiner, « Maler bauen Barrikaden », *Die Aktion*, vol. 4, 25 avril 1914, p. 363.
73. Carl Einstein, « Brief an Ludwig Rubiner », *Die Aktion*, vol. 4, nº 18, 1914, p. 382-383. « Aber warum *für* Meier-Gräfe [*sic*]? Diesen Typ des impressionistischen Schreibers? Glauben Sie wirklich, er verstehe nur von Pikasso [*sic*] nichts? Es heißt doch nicht unbedingt zur Kunst sprechen, wenn man, wie dieser Meier-Gräfe, vor Begeisterung geschwollene Backen bekommt, falsch wertet (Greco, Marées usw.), und die Besinnung verliert. Das ist mir peinlich[e] Impressionistenschreiberei, die mir im Einzelfall ertrinkt. »
74. Einstein, cité dans Georges Didi-Huberman, *L'Album de l'art à l'époque du « Musée imaginaire »*, Paris, Éd. du Louvre/Hazan, 2013, p. 17.
75. Einstein, « Schulze », *Der blutige Ernst*, vol. 1, nº 6, décembre 1919, p. 3. « Geistiges Sperma fluktuiert *en gros*. »
76. MG, « Unsere Kunst nach dem Kriege », *NR*, vol. 34, nº 5, 1923, p. 400.
77. *Ibid.*, p. 401. « Picasso malt morgens Kuben, nachmittags Quell-Nymphen im Stil von Fontainebleau. » L'auteur se réfère vraisemblablement aux œuvres relatives à l'intermède bellifontain du peintre espagnol de 1921, inaugurant son retour au classicisme.
78. *Ibid.*, p. 398. « Impressionismus, Expressionismus, Kubismus, Futurismus, so verschieden alle diese Richtungen sein mögen, haben eins gemein: die Angst vor dem Gegenstand. »
79. Carl Einstein, « Meier-Gräfe und die Kunst nach dem Krieg », *Das Kunstblatt*, vol. 7, 1923, p. 185.
80. Lettre d'Einstein à Will Grohmann du 21 mars 1931, citée par Fleckner, *Carl Einstein und sein Jahrhundert* (note 69), p. 174. « Ich habe Meier-Graefe in einem Kunstblatt von [19]23 dermassen auf den Kopf gegeben, ich hätte einen Menschen erschossen, wenn er mich so behandelte. »
81. Carl Einstein, *L'Art du XXe siècle*, trad. Liliane Meffre et Maryse Staiber, Nîmes, Jacqueline Chambon, 2011, p. 19.
82. *Ibid.*, p. 22.
83. Einstein, « Meier-Gräfe und die Kunst nach dem Krieg » (note 79), p. 197. Le dadaïste berlinois Raoul Haussmann évoqua lui aussi un MG « complètement spenglerisé ». Voir Andreas Neufert, *Wolfgang Paalen. Im Inneren des Wals*, Berlin, Springer, 1999, p. 29.
84. Cité dans Bertrand Dorléac, *Contre-déclin* (note 16), p. 17.
85. *Ibid.*, p. 57.
86. Rudolf Großmann, « Vor- und Rückblick im deutschen Kunstbetrieb », *KuK*, vol. 26, nº 6, 1928, p. 227-228. « Die *Entwicklungsgeschichte der modernen Kunst* Julius Meier-Graefes und Karl Einsteins *Kunst des zwanzigsten Jahrhunderts* wollten in die allgemeine Verwirrung Klärung bringen. Sie tun dieses vor allem, indem sie in bezug auf Beurteilung der Entwicklung und der Künstler fast in allen Punkten voneinander abweichen. »
87. KEOA, NAC2 52/1-5, lettre de Karl Ernst Osthaus à MG du 27 juin 1911. « [...] die beste moderne Kunstliteratur. »
88. KEOA, NAC2 52/1-5, lettre de MG à Piper, citée *in extenso* par ce dernier dans une lettre à Osthaus du 5 décembre 1912. « Eine Zeitschrift könnte viel bedeuten, die den Mut hätte, gerade das zu sein, was Sie nicht sein wollen, reaktionär bis in die Knochen. Freilich nicht so wie die existierenden deutschen Kunstzeitschriften, die überhaupt nichts sind, sondern konservativ in einem edlen Sinn ohne Härte gegen das Neue, aber mit absolut konsequentem Eintreten für die Ideen, Konventionen und Werte, von deren Erhaltung jede weitere Entwicklung abhängt. »
89. KEOA, NAC2 52/1-5, lettre de Piper à Osthaus du 5 décembre 1912. « Meier-Graefe's Angst, daß die Kunst "abwirtschafte", ist die typische Angst der älteren Generation. Als Manet aufkam, hatten andere Leute Angst und als van Gogh

aufkam wieder andere. Jetzt ist Meier-Graefe mit dem Angsthaben an der Reihe. Wir werden uns trotzdem Meier-Graefe als wertvollen Mitarbeiter sichern können. Der Spiritus rector der Sache kann er allerdings nicht werden. »

90. KEOA, P446/2, lettre de Lothar Mohrenwitz à Osthaus du 3 décembre 1912.
91. KEOA, P446/6, lettre d'Osthaus à Mohrenwitz du 9 décembre 1912. « Er [Piper] wird zum mindesten klug genug sein, sich zu sagen, dass man in Hagen keine Meier-Graef'sche Politik gegen eine moderne Kunst machen kann. »
92. Kessler, *Journal* (note 21, Introduction), p. 228.
93. DLA, fonds Heymel, lettre de MG à Alfred W. Heymel du 26 avril 1914. « Ich arbeite ungefähr so wie du in der Nacht oder in dem Morgen [...]. Es kommt mir auch nichts, leider, leider. Diese Entwicklungsgeschichte N° II ist eine wahre Marter. »
94. DLA, fonds Heymel, lettre de MG à Heymel du 13 mai [1914]. « Der Vorwurf, den Du und andere mit tausendfältigem Recht der alten Fassung (o Gott, was für ein Dreck.) gemacht haben, wird überlegt. Es wird ganz ordentlich, aber ich gehe mit Volldampf in der Geschichte fort. »
95. Piper, *Briefwechsel mit Autoren und Künstlern* (note 82, chap. I), p. 145, lettre de Piper à MG du 14 décembre 1912.
96. *EG* 2, t. 2, 1915, p. 402. « Monet war der Gründer der Sekte. »
97. Anonyme, « Schwanengesang des Impressionismus », *Vossische Zeitung*, 7 janvier 1913.
98. MG, « Die Brücke zur lebendigen Kunst », *Deutsche Rundschau*, vol. 60, février 1934, p. 115. « Ich bin keineswegs der erste Verkünder des Impressionismus, aber der erste Autor, der sine ira gegen ihn aufgetreten ist. Vor reichlich fünfundzwanzig Jahren habe ich auf die Gefahren des Impressionismus, denen Claude Monet, der Erfinder und Führer der Richtung unterlag, eindringlich hingewiesen und dann in der zweiten Fassung meiner *Entwicklungsgeschichte* diese Kritik in Zusammenhang begründet. Mein Buch über *Édouard Manet* (1912) verschweigt nicht die Schwächen der impressionistischen Periode des Künstlers und stellt im Schlußwort sein Virtuosentum unter die höhere Welt der Renoir und Cézanne. Wenn man diese beiden Meister, mit denen ich mich wiederholt beschäftigt habe, Impressionisten nennt, folgt man einem summarischen Brauch, aber muß sich klar sein, daß sie in Wirklichkeit als Retter aus dem Impressionismus zu gelten haben. »
99. Karl Scheffler, « Neue Bücher. *Wohin treiben wir?* von Julius Meier-Graefe », *KuK*, n° 3, vol. 12, 1914, p. 185. « Er ist in diesem Vortrag aber derselbe, der er immer war, seine Schlußfolgerungen stimmen genau mit den Taten seiner Vergangenheit überein. »

Notes du chapitre VI

1. MG 2001, p. 237, lettre de MG à Franz Werfel du 14 novembre 1916. « Der Krieg ist der offen gewordene längst vorhandene Bankrott der Welt. »
2. Cité dans Joe Segal, « Krieg als erlösende Perspektive für die Kunst », dans Wolfgang Mommsen (éd.), *Kultur und Krieg. Die Rolle der Intellektuellen, Künstler und Schriftsteller im Ersten Weltkrieg*, Schriften des Historischen Kollegs. Kolloquien, vol. 34, Munich, Oldenbourg Verlag, 1996, p. 167. « Ihr habt zu viel Zeit und Langeweile und zankt euch tagelang, ob Meier-Graefe oder Böcklin das Rechte sei. [...] Hinaus mit euch in Wetter und Blitz, vor die Mündungen der Gewehre! »
3. DLA, fonds Schröder, carte postale de MG à Rudolf A. Schröder du 31 août 1914. « Prunkvoll die Menschen, die mit dem Fahnenlied untergehen. Dabei sitzt man gemütlich am Schreibtisch, raucht Zigaretten und trinkt Thee. »
4. Cité par Alain Rauzy dans Sigmund Freud, *Actuelles sur la guerre et la mort*, Paris, PUF, 2012, p. V.
5. Piper, *Briefwechsel mit Autoren und Künstlern* (note 82, chap. I), p. 155, lettre de Worringer à Piper du 25 avril 1915.
6. DLA, 94.190.64, lettre de MG à Waldemar-George du [28 août] 1932.
7. SUBH, carte postale de MG à Richard Dehmel du 29 août 1914.
8. MG 2009, p. 259-260. « Scheffler, der hartlei-

bige Idealist, begreift nicht, daß man überhaupt noch etwas anderes als patriotisch in dieser Zeit sein kann. [...] Ich wollte bei Tisch mal aufstehen und eine Rede gegen die Gäste halten und auf den Kaiser trinken. »

9. Voir *ibid.*, p. 254-255. « Ich habe mich bisher vergeblich bemüht, als Soldat genommen zu werden und erlaube mir, mich an den großen Generalstab mit der ergebensten Anfrage zu wenden, ob ich mich in irgend einer Form nützlich machen kann. Ich bin 47 Jahre, habe nicht gedient, bin auf Grund eines an sich ganz harmlosen Leidens vom Militärdienst befreit worden, bin im übrigen gesund und kräftig und allen Strapazen gewachsen. Ich habe circa zwanzig Jahre in Paris gelebt, spreche französisch wie deutsch, habe einige meiner Bücher selbst ins Französische übersetzt, beherrsche auch das Patois. Ich bin eng vertraut mit französischen Verhältnissen, habe oft komplizierte Verhandlungen in Paris geführt, kenne genau den Kunstbesitz Frankreichs und habe drüben viele Freunde namentlich in der Kunstwelt. »
10. *Ibid.*, p. 257. « Es wäre gut. Ich möchte, bevor einem die Spießerei den Enthusiasmus verleidet, einmal die Sache gründlich erleben und mich selbst in der Situation ausprobieren. »
11. Propos rapportés dans Piper, *Mein Leben als Verleger* (note 28, Introduction), p. 398.
12. DLA, fonds Schröder, lettre de MG à Rudolf A. Schröder du 20 octobre [1914].
13. *Ibid.* « Grauenhafte Nachrichten von allen Seiten. Der Krieg übersteigt an Schrecklichkeit die kühnste Phantasie. Aber es scheint, wir kommen langsam über die Anderen. Bodenhausen war neulich hier und gab mir schlimme Details über die Luderei. »
14. Christina Kott, *Préserver l'art de l'ennemi : le patrimoine artistique en Belgique et en France occupées (1914-1918)*, Bruxelles, Peter Lang, 2006, p. 66.
15. DLA, fonds Heymel, carte de MG à Alfred W. Heymel du 24 août 1914. « Wenn Du einen verständigen General hast und einen brauchst, der die wichtigen Rubens und dergl. aus Antwerpen herausfischen kann, so besorge meine Berufung. Schiessen kann ich auch, reiten auch, wenn der Gaul nicht zu dumm ist. Krupp soll für Festungen einige Kanönchen gemacht haben. [...] Schießt nur um Gottes willen nicht alle Bilder Kaput[t]. »
16. MG, « Samariter für die Kunst », *Vossische Zeitung*, 3 septembre 1914.
17. Voir Christophe Prochasson et Anne Rasmussen, *Au nom de la patrie. Les intellectuels et la Première Guerre mondiale (1910-1919)*, Paris, La Découverte, 1996, p. 146.
18. MG, « Samariter für die Kunst » (note 16). « Bei den Hekatomben von blühenden Menschen, die geopfert werden müssen, soll man von zerstörten Werken der Kunst nicht im gleichen Atem reden. Der gotische Dom reinsten Stils, der dem Feinde einen strategischen Vorteil gibt, muß fallen, selbst wenn er auf unserem eigenen Boden steht. Wir haben einen besseren Dom, unsere Rasse, zu schützen. Alles andere läßt sich wieder aufbauen. Nachher aber, nach der mörderischen Schlacht, ist es anders. Wie unsere Ärzte und das Rote Kreuz den Verwundeten helfen, so sollte nachher ein bescheidener Samariterdienst für die gefährdete Kunst da sein, um die Werke gegen andere Unbill zu schützen. Die Räubereien und Zerstörungen durch eingeborenes Gesindel sind oft schlimmer als die Granaten. Es gibt Leichenfledderer jeglicher Art. »
19. *Ibid.* « Der Schutz muß sich von vornherein auf das notwendigste beschränken. Das Äußere der Gebäude kommt nicht in Betracht, nur die Werke der Malerei und Plastik, und unter diesen wiederum nur die Hauptsachen, an deren Erhaltung die ganze Menschheit interessiert ist. Es muß gleichgültig sein, ob ein Hobbema, ein La Tour, ganze Säle von Hobbemas und La Tours draufgehen. »
20. Kott, *Préserver l'art de l'ennemi* (note 14), p. 68.
21. MG, « Drei Gewinne », *BT*, 11 septembre 1914. Sur ce texte, voir également Alexandre Kostka, « Julius Meier-Graefes "Drei Gewinne" (1914). Liberaler Fortschrittsglaube und Nationalismus », dans Becker et Marchal (éd.), *Julius Meier-Graefe (1867-1935): Grenzgänger der Künste* (note 10, Introduction), p. 228-239.
22. *Ibid.* « Als ich das letzemal, vor wenigen Wochen, drüben war und in Saint Germain mit Freunden auf der Terasse saß – es war ein Tag, um an Poussin zu denken, das Tal lag in Silberdunst, die Pappeln standen wie

Zypressen –, hatte ich immer das Gefühl: wie lange noch? [...] Dieses heitere und stille, dem Schönen zugewandte Dasein war dem Wesen unserer Zeit fremd und konnte nicht dauern. Ich kam mir, obgleich mit jener Gegend wohl vertraut, wie ein Tourist vor, der in schönen Ruinen wandelt. / Dieses Frankreich kann nicht dauern, so wenig wie Hellas dauern konnte. Die Verfeinerung muß die Menschen lebensunfähig machen. »

23. MG, « Kunstbummel » [1914], dans MG 2009, p. 373. « Zuweilen könnte man an Fiesole denken. Die Pappeln sind die Zypressen. Aber es ist schöner, weil immer noch Gegenwart, frei von Archäologie. Der Instinkt, der dies alles geschaffen hat, ist immer noch irgendwie lebendig, und das empfindet unsereiner wie ein unerklärliches Wunder. Man wird eher mit der phantastischen Vergangenheit fertig als mit dieser Gegenwart. »
24. *Ibid.* « Paris ist der genialen Erfindung des Pneumo-Thorax der Lungenheilkunde zu vergleichen. Man pumpt sich das Maximum von Sauerstoff ein und lebt davon sechs Monate. »
25. MG 2001, p. 180, lettre de MG à Gerhart Hauptmann du 11 septembre 1914. « Dies Paris werden Sie nie mehr sehen. Sie finden in der N° des *Tageblatts* von heute etwas darüber. »
26. MG, « Drei Gewinne » (note 21). « Réalisons ces paroles : l'existence de l'Allemagne, la culture de l'Europe ! »
27. *Ibid.* « Vorher nahm man Liebhabereien, Kunstgewerbe, gut Essen und Trinken, Tango und Badezimmer für Kulturwerte; es konnte einem angst und bange werden. Das sind wir alles bis auf weiteres los. Die Phrase um den Materialismus fällt. Sind wir, ja oder nein, lebendig? »
28. Voir Christian Lenz, « Kirchner – Meidner – Beckmann. Drei deutsche Künstler im Ersten Weltkrieg », dans Mommsen (éd.), *Kultur und Krieg* (note 2), p. 171-179.
29. Voir *Die Aktion*, vol. 5, n° 18-19, 1er mai 1915, p. 237-238.
30. Cité dans Eckart Koester, « "Kultur" versus "Zivilisation": Thomas Manns Kriegspublizistik als weltanschaulich-ästhetische Standortsuche », dans Mommsen (éd.), *Kultur und Krieg* (note 2), p. 252.
31. MG, « Siegesnachrichten », *Kriegszeit. Künstlerflugblätter*, Berlin, Verlag Paul Cassirer, 31 août 1914. « Wir hatten Farben, Linien, Bilder, Luxus. Wir hatten Theorien. Was uns fehlte, der Inhalt, das, Brüder, gibt uns die Zeit. Seien wir ihrer würdig. Keine gemächliche Hingabe mehr! Aus Feuerschlünden, aus Not und Blut, aus Liebe und heiligem Haß wird uns Erlebnis. / Wehe dem Künstler, der heute nicht erlebt! »
32. Paul Cassirer rogna le texte de MG, ce qui ne contribua pas à améliorer les relations précaires entre les deux personnages. Voir SUBH, carte postale de MG à Richard Dehmel du 29 août 1914.
33. MG, « Das Erlebnis », *NR*, vol. 25, n° 11, 1914, p. 1576. « Kriegsbereit heißt für den Künstler Wachsein, Sehen, Empfinden, Gestalten. [...] Krieg ist der Freund der Kunst. »
34. *Ibid.*, p. 1577. « Einer malt in seine öde Landschaft ein paar Soldaten und etwas, das wie ein Mörser aussieht, und meint, es sei ein Schlachtfeld. Ein anderer kommt auf den Einfall, seinem Polospieler einen Säbel in die Hand zu geben, und bildet sich ein, so schaffe man einen Sieger. Impressionisten machen ein Gewimmel auf der Straße. Früher hieß es Rückkehr vom Rennen oder Blick auf die Linden. Heute heißt es Rede an mein Volk. »
35. *Ibid.*, p. 1578. « Für das Motiv, das heute aktuell wäre, gilt das, was einmal ein Maler bewundernd vor dem Schlachtenbilde eines großen Meisters sagte: es gleiche einem Blumenstrauß. So darf heute einer wohl Rosen malen, nur muß in ihnen die Fanfare sein. »
36. *Ibid.*, p. 1576. « Allen Schmerz, alle Freude umschlingt ein einziger Gedanke: der Krieg. »
37. Frédéric II de Prusse, *De la littérature allemande*, Paris, Gallimard, 1994, p. 28.
38. *Ibid.*, p. 72.
39. MG, « Drei Gewinne » (note 21). « Schon stehen wir vor den Toren. Vae victis! Kein Erbarmen darf unsere Tat verkürzen, die Ruhe schaffen soll. Nur, Brüder, ihr, die draußen vor dem Feinde steht, und nicht weniger ihr anderen im Lande, es gilt Frankreich, nicht Hellas! Macht wahr das Wort: Deutschlands Sein, Europas Kultur! Ehret euch selbst, schont die Güter, die nicht den schmächtigen Kerlen in den roten Hufen, die auch uns und der ganzen Welt gehö-

ren! Schont Hellas! [...] / Verwechseln wir nicht die heilige Liebe zu der Nation mit dem billigen Nationalismus, der friedlich erworbene Erkenntnisse und Besitztümer aufs Spiel setzt. Nicht fort mit der Kultur, die der große Friedrich - Heil seinem Andenken! - liebte! Fort mit der Phrase, die mit ihr tandelte, fort mit aller spielerischen Liebhaberei! Aber her mit allem Schönen, sei es französischen, russischen, englischen Ursprungs, das unseren Geiste frommt. Deutschland hat eine unermeßliche Erbfolge anzutreten. Dieser Dritte Gewinn wird unser größter sein. »

40. Bertaux, « Wohin treiben wir? » (note 22, chap. V), p. 989. « Meier-Graefe n'est si sévère pour la culture du Reich que parce qu'il la voudrait digne d'hériter de notre passé et de s'imposer au reste du monde. »
41. Karl Scheffler, « Der Krieg », *KuK*, vol. 13, 1915, p. 3. « Es ist in diesen Blättern schon des öfteren angedeutet worden, daß es wahrscheinlich die Aufgabe Deutschlands sein wird, die Kunst des Impressionismus fortzuentwickeln. Der Krieg kann diese Aufgabe gewaltig fördern. »
42. Max Sauerlandt, *Im Kampf um die moderne Kunst. Briefe 1902-1933*, Munich, Albert Langen/Georg Müller, 1957, p. 63. « Ich überlege mir, wie der Krieg auf das deutsche geistige Leben wirken wird. Ich könnte mir denken, daß er der neuen Kunst mit einem Schlag zum Siege verhelfen, an die Stelle des quietistischen Impressionismus die Energie des Expressionismus setzen wird. »
43. MG, « Das Erlebnis » (note 33), p. 1557. « Die Kunst der Gegenwart hat viele Waffen, die nicht schlagen, Kanonen, die beim ersten Schusse bersten, große Maschinen, die nicht vorwärts gehen. Ich denke nicht nur an die alten Maschinen, die verstaubt in den Museen hängen, auch an die neumodischen. »
44. Carl von Clausewitz, *De la guerre*, Paris, Rivages poche, 2006.
45. SUBH, lettre de MG à Dehmel du 17 octobre 1914.
46. MG 2001, p. 179, lettre de MG à Gerhart Hauptmann du 11 septembre [1914]. « Meine Frau hat alle Hände voll zu tun, da wir die disponiblen Räume bis zum Dach mit armen Künstlern besetzt haben, die gefüttert werden wollen. »
47. DLA, fonds Schröder, carte postale de MG à Rudolf A. Schröder du 14 septembre 1914. « Der kleine nette Seckendorff ist gefallen, sein Bruder auch. Es ist entsetzlich, das junge Blut. » La première publication de la Ma-Ge en 1917 fut une édition du *Clavigo* de Goethe illustrée par l'artiste.
48. SBB, lettre de MG à Gerhart Hauptmann du 17 novembre 1914.
49. SUBH, lettre de MG à Dehmel du 17 octobre 1914.
50. Voir les souvenirs de Ludwig Wolde, dans Coll., *Julius Meier-Graefe: Widmungen zu seinem sechzigsten Geburtstage*, Berlin, E. Rowohlt / Munich, R. Piper & Co. / Vienne, P. Zsolnay, 1937, p. 40-42.
51. SUBH, lettre de MG à Dehmel du 17 octobre 1914. « Habe ich Glück, so kann ich wenn ich draußen bin, Verwundete von der Front holen und so ein bisschen helfen. Ich war schon ganz Abend von *dégoût*, nichts Ordentliches machen zu können. »
52. MG 2009, p. 262.
53. SBB, télégramme de MG à Margarete Hauptmann du 3 décembre 1914.
54. DLA, fonds Bodenhausen, lettre de MG à Eberhard von Bodenhausen du 27 janvier 1915.
55. *Ibid.* « Wenn wir nur vorwärts gehen. Tout est là. In Warschau soll die dicke Bertha nächstens losgehen. Wenn es wahr ist, rücken wir auch endlich weiter. »
56. *Ibid.*, lettre de MG à Bodenhausen du 4 février 1915.
57. MG, *Der Tscheinik*, Berlin, S. Fischer, 1918, p. 11. « Sie standen in einer Reihe auf der Straße von einem Graben zum anderen und hatten die Schießprügel an der Schulter wie die Mexikaner auf der *Erschießung Maximilians* von Manet. »
58. Anonyme, « Schriftsteller Meier-Gräfe in russischer Gefangenschaft », *Neue Freie Presse*, 26 mars 1915. « Durch Vermittlung der amerikanischen Botschaft hatte man sich bemüht, diese Verschickung nach Sibirien zu verhindern, leider ohne Erfolg. » Anonyme, « Julius Meier-Gräfe in Sibirien », *Neues Wiener Journal*, 16 mars 1915. « [MG] hat, wie es scheint, das Glück gehabt, unter den russischen Offizieren, die ihn transportiert hatten, einige zu finden, denen sein schriftstellerisches Wirken nicht fremd war. Für Meier-Gräfes Freilassung

sind einige Diplomaten neutraler Staaten tätig. Auch Romain Rolland hat sich aus freien Stücken dazu erboten, durch Vermittlung der französischen Regierung dem deutschen Kunstschriftsteller dienlich zu sein. »

59. MG, *Der Tscheinik* (note 57), p. 48.
60. DLA, lettre de MG à Waldemar-George du 28 août 1932. « Quand les Russes m'ont pris et que j'étais prisonnier de guerre en Sibérie, on a publié en France (Arsène Alexandre au *Figaro* et d'autres) des mensonges infâmes contre moi dont le résultat était que le général Plafsky, gouverneur du camp de prisonniers à Omsk, recevait du ministère de guerre à Petrograd l'ordre de me faire le procès. Heureusement ce général était un homme honnête et m'a protégé. »
61. Voir BNF, fonds Rolland, lettre d'Anna MG à Romain Rolland du 15 avril 1915.
62. Ursula Feist (éd.), *Karl Hofer - Theodor Reinhart. Maler und Mäzen. Ein Briefwechsel in Auswahl*, Berlin, Henschelverlag, 1989, lettre de Thilde Hofer à Theodor Reinhart du 23 février 1916, p. 452. « M-Graefe hat sehr gelitten und ist für Leute, die ihn kannten, eine Ruine. »
63. Anonyme, « Kriegsgefangen in Sibiren », *BT*, 15 mars 1916.
64. Voir DLA, 94.190.105 (Briefkopierbuch), lettre de MG à [nom illisible] du 12 mai [1917].
65. MG, « Aus meiner russischen Gefangenschaft », *NR*, vol. 29, nº 2, 1918, p. 177-239.
66. MG, *Der Tscheinik* (note 57).
67. Kurt Tucholsky, *Gesamtausgabe. Texte und Briefe. Band 2. Texte 1914-1918*, Berlin, Rowohlt, 2003, p. 358.
68. Voir la lettre de Rolland à sa mère du 6 novembre 1915, dans Romain Rolland, *Je commence à devenir dangereux. Choix de lettres de Romain Rolland à sa mère (1914-1916). Cahiers Romain Rolland*, nº 20, Paris, Albin Michel, 1971, p. 205. « Meier-Graefe était à la tête d'une colonne sanitaire, et avait été fait prisonnier par les Russes. On vient de l'échanger contre un médecin russe ; et, à peine revenu de Sibérie à Berlin, il m'écrit pour me remercier et me dire qu'il s'est aussitôt employé en faveur d'un Français prisonnier dont je m'occupais aussi, le frère du peintre Matisse. Sa femme lui a envoyé des paquets de provisions ; lui-même va aller le voir à son camp, aussitôt qu'il pourra marcher, et il se met à ma disposition pour tout ce que je lui demanderai en faveur de tel ou tel prisonnier français. - Morale : "Un bienfait n'est jamais perdu." »
69. STBW, MS GR 68/1, lettre de MG à Georg Reinhart du 1er mars 1916.
70. STBW, lettre de Reinhart à MG du 27 août 1917.
71. Karl Hofer, *Erinnerungen eines Malers*, Berlin, Paul List Verlag, 1963, p. 207-209.
72. STBW, lettre de Reinhart à MG du 28 novembre 1917.
73. Voir Feist (éd.), *Karl Hofer - Theodor Reinhart* (note 62), p. 456.
74. MG, « Notizen über Rubens », *Der Belfried. Eine Monatsschrift für Geschichte und Gegenwart der belgischen Lande*, vol. 1, nº 4, octobre 1916, p. 179-188.
75. MG, « Renoir » (2 parties), *KuK*, vol. 15, 1917, p. 37-51, p. 68-85.
76. DLA, 94.190.5/1, « Paul Cézanne ». « In einem Augenblick, wo alles Tumult, Leiden, Blut ist, wo zwischen den Völkern der haß entscheidet, soll ich Ihnen von Kunst reden, von einem Menschen, der, so sagt man, zu den Feinde gehört. »
77. Voir Karl Storck, « Meier-Graefe geht um », *Der Türmer*, vol. 19, nº 7, 1917, p. 500.
78. Franz Pfemfert, « Kleiner Briefkasten », *Die Aktion*, vol. 8, nº 42-44, 2 novembre 1918, p. 564. « Der Wackere, der das fürs *Tageblatt* schrieb, Meier-Graefe, hat alles, was er ist, Frankreich zu danken. Paris war sein Futternapf. »
79. Anonyme, « Kleiner Briefkasten », *Die Aktion*, vol. 7, nº 11-12, 17 mars 1917, p. 156.
80. Kessler, *Das Tagebuch* (note 21, Introduction), t. 6, p. 143.
81. STAM, lettre de MG à Fritz Wichert du 12 mai [1918 ?]. « Es ist, glaube ich, das erste Mal, daß eine fremde Nation einen Deutschen haben will. Die Leute werden von einem sehr weitgehenden Verständnis für die Bedeutung von Marées getrieben. Der Erfolg wäre sicher. Für den Staat stellt sich die Ausstellung als eine Propaganda dar, die vernünftig und auffallig wäre, was nicht von allen propagandistischen Versuchen während des Kriegs gesagt werden kann. »
82. MG, « Eine Marées-Ausstellung in Stockholm », *Ganymed*, vol. 1, 1919, p. 87.

83. Freud, *Un trouble de mémoire sur l'Acropole*, Paris, L'Herne, 2015, p. 20.
84. Freud, *Actuelles sur la guerre et la mort* (note 4), p. 6.
85. DLA, lettre de MG à Waldemar-George du 28 août 1932.
86. MG, « Unsere Kunst nach dem Krieg » (note 76, chap. V), p. 395.

Notes du chapitre VII

1. BNF, fonds Rolland, lettre de Rolland à Jacques Copeau du 20 octobre 1914.
2. Paul Westheim, « Meier-Graefe », *Das Neue Tage-Buch*, vol. 3, 1935, p. 573. « Meier-Gräfe kann sich nicht vorstellen, dass etwas geschieht, bei dem er nicht mitbeteiligt ist. [...] So setzt er sich hin und schreibt im *Berliner Tageblatt* aufgeregte Aufsätze gegen Frankreich und französische Kultur. *Clemenceau* hat sie in der Kammer zitiert und mit Recht gesagt: das schreibt ein Mann, der Jahre lang bei uns gelebt hat! Es war der übelste Streich, den diese egozentrische Veranlagung ihm gespielt hat. »
3. DLA, 94.190.426, lettre de Paul Westheim à ? [*Doktor*] du 7 août 1935, jointe à une lettre d'Annemarie Meier-Graefe-Broch à Leopold Schwarzschild du 17 août 1935.
4. DLA, lettre d'Annemarie Meier-Graefe-Broch à Leopold Schwarzschild du 17 août 1935.
5. Marc Bloch, *Réflexions d'un historien sur les fausses nouvelles de la guerre*, Paris, Allia, 1999.
6. Voir la notice datée du 21 septembre d'un correspondant anonyme de Copenhague dans *Le Temps*, 23 septembre 1914.
7. Anonyme [André Michel ?], « Les conseils d'un intellectuel », *Journal des débats politiques et littéraires*, vol. 126, n° 267, 26 septembre 1914.
8. Anonyme, « Notes d'actualité », *La Semaine religieuse de l'archidiocèse d'Albi*, vol. 41, n° 40, 3 octobre 1914, p. 516.
9. André Michel, « Herr doctor Meyer-Graeffe », *Journal des débats politiques et littéraires*, vol. 126, n° 268, 27 septembre 1914.
10. Jean Revoul, « Le coup de pied de l'âne Meïer-Graef », *La Renaissance politique, littéraire et artistique*, vol. 3, n° 7, 1er mai 1915, p. 19.
11. Jacques-Émile Blanche, « Lettres d'un artiste (1914-1915) – III », *Revue de Paris*, vol. 22, t. 2, 15 avril 1915, p. 886-887.
12. Michel, « Herr doctor Meyer-Graeffe » (note 9).
13. Camille Mauclair, « Historiette édifiante », *Le Petit Niçois*, 28 juin 1915.
14. *Ibid.*
15. Anonyme, « M. Meier-Graefe prisonnier », *Journal des débats politiques et littéraires*, 20 février 1915.
16. Revoul, « Le coup de pied de l'âne Meïer-Graef » (note 10), p. 19.
17. Auguste Marguillier, « Die Kunstverwaltung in Frankreich und Deutschland », *Mercure de France*, 1er février 1917, p. 535-540.
18. Pinturrichio, « Le carnet des ateliers », *Le Carnet de la semaine*, vol. 3, n° 127, 11 novembre 1917.
19. Arsène Alexandre, « Trois Gains par Julius Meier Graefe », *Les Arts. Revue mensuelle des musées, collections, expositions*, vol. 15, n° 176, 1919, p. 15.
20. Arsène Alexandre, « Leurs artistes. Espions & déménageurs », *Le Figaro*, 5 janvier 1915.
21. *Ibid.*
22. L'anecdote, d'abord narrée par Bernheim, est rapportée par Blanche, « Lettres d'un artiste » (note 11), p. 886.
23. Arsène Alexandre, « Espions & déménageurs », *Le Figaro*, 24 avril 1915.
24. Arsène Alexandre, « Pris au piège », *Le Figaro*, 17 mai 1915. Dans ce récit calomnieux, Alexandre déforme (au détriment du critique) l'action menée par le collectionneur Chtchoukine pour améliorer les conditions de détention de Meier-Graefe.
25. Alexandre, « Trois Gains par Julius Meier Graefe » (note 19), p. 15.
26. *Ibid.*
27. Bruxelles, Bibliothèque royale de Belgique, Archives et musée de la littérature, fonds Georges Morren, AC 47731.
28. DLA, lettre de MG à Waldemar-George du [28 août] 1932. « Personne n'a lu l'original et tout le monde s'est contenté des on-dit. Lorsque après la guerre j'ai appris ce qu'on racontait sur mon compte, j'ai envoyé l'article en question à toutes les personnes intéressées. »

29. Karl Scheffler, « Ein Schelmenstück Figaros », *Vossische Zeitung*, 2 octobre 1915.
30. August Piening, *Der Kunstapostel Meier-Graefe und der Bremer Kunststreit: eine tatsächliche Feststellung*, Brême, Melchers, 1914 ; rééd. *Der Kunstapostel Julius Meier-Graefe und seine Parteigänger*, Brême, Brinkmann & Hallancy, 1918.
31. August Piening, « Wie Frankreich seine ausländischen Bewunderer ehrt! », *Deutsche Tageszeitung*, 14 août 1915.
32. *Ibid.* Piening attribue faussement à MG le propos suivant : « Böcklin hat das Gift in sich, das zum Verfall drängt. Sie alle Böcklin, Klinger, Thoma usw. mit ihrem billigen barbarischen "Anthropomorphismus" zeigen nur, dass der Fall Böcklin der Fall Deutschlands ist. Was diesen Männern fehlt, ist Kultur, Kultur fehlt auch Deutschland. » Il s'agit en réalité d'un raccourci des derniers paragraphes du *Cas Böcklin*.
33. Cette citation fut reproduite – d'après Ernst Holzinger, le successeur de Swarzenski à la direction du Städel-Museum de Francfort – dans la pièce « G2 » de l'exposition. Voir Barron (éd.), *Degenerate Art* (note 126, chap. IV), p. 76.
34. Piening, « Wie Frankreich seine ausländischen Bewunderer ehrt! » (note 31). « Nicht den "Figaro" soll man einen Schelmen heißen, sondern Meier-Graefe und Genossen soll man zurufen: "Hier habt ihr die Quittung von eurem angebeteten Hellas!" Jeder hat das Recht, sich an Dostojewsky, Gauguin oder d'Annunzio zu ergötzen, wenn seine "innere Kultur" zu höheren Aufgaben ihn nicht treibt, aber zum Hundsfott wird der, welcher sein Vaterland über dieser "Hellaskultur" vergißt. »
35. KEOA, NAC2 56/7-8, lettre de Leo von König, Rudolf Alexander Schröder et Walther Epstein du 1er septembre 1915. « Wir sind der Ansicht, dass Meier-Graefe, trotzdem diese Angriffe sich selber richten, die Genugtuung haben muss, dass seine Freunde in seiner Abwesenheit für ihn eintreten. / Wir haben absichtlich jede kunstpolitische Auseinandersetzung vermieden. Die Unterzeichneten richten an Sie die Bitte, beifolgende Erklärung zu unterschreiben und ihnen möglichst umgehend eine Antwort zukommen zu lassen. »
36. *Ibid.*, p. 427. « [...] Diese Gelegenheit wird von verschiedenen Gegnern seiner künstlerischen Anschauung benutzt, ihn öffentlich in einer Weise anzugreifen, die seinen Ruf im Vaterland schädigen soll. / Wir Unterzeichneten halten einen solchen Angriff auf einen geistig Schaffenden, der seine vaterländische Gesinnung auch durch die körperliche Tat bewährt hat und sich jetzt nicht verteidigen kann, für so ungehörig und unwürdig, daß wir gegen diese Art "Deutschtum" mit aller Entschiedenheit Einspruch erheben. »
37. Voir le commentaire de Wölfflin dans MG 2001, p. 185.
38. August Piening, « Erklärung », *Politisch-Anthropologische Monatsschrift*, vol. 14, 1915, p. 441.
39. BNF, fonds Rolland, télégramme d'Anna MG à Romain Rolland du 22 février 1915. « mein mann julius meier-graefe kunstschriftsteller militaerfrei wurde in russland 10 februar bei sierpt als fuehrer einer freiwilligen sanitaetskolonne gefangen angeblich nach moskau gebracht nehme an dass sie durch ihre beziehungen in russland seinen aufenthaltsort erfahren koennen durch bemuehungen ihrerseits seine freigabe erreichen da auf staatlichem wege schwieriger tausend dank voraus ».
40. Romain Rolland et Léon Tolstoï, *Monsieur le comte – Romain Rolland et Léon Tolstoï – Textes*, Paris, Albin Michel, « Cahiers Romain Rolland », n° 24, 2012, p. 116.
41. *Ibid.*, p. 117.
42. BNF, fonds Rolland, lettre d'Anna MG à Rolland du 2 mars 1915.
43. MG 2009, p. 249.
44. BNF, fonds Rolland, carte de Tatiana Soukhotine à Rolland du 13 avril 1915.
45. *Ibid.*, lettre d'Anna MG à Rolland du 15 juin 1915.
46. *Ibid.*, lettre de MG à Rolland du 30 octobre 1915.
47. Arsène Alexandre, « Le retour des cambrioleurs », *Le Figaro*, 15 août 1920.
48. DLA, lettre de Théodore Duret à MG du 4 avril 1922.
49. DLA, lettre de Duret à MG du 2 septembre 1922.
50. MG, « Théodore Duret », *FZ*, 19 janvier 1927.
51. DLA, lettre d'Ambroise Vollard à MG du 24 août 1922.
52. DLA, lettre de Claude Roger-Marx à MG du 7 janvier 1923.

53. Ces mots peuvent être attribués au critique belge Paul Colin, l'un des rares défenseurs francophones de MG dans l'après-guerre. Voir Anonyme [Paul Colin ?], « À propos d'une accusation », *L'Art libre*, vol. 2, nº 11, 1920, p. 139.
54. MG, « Reparation », *NR*, vol. 33, nº 9, 1922, p. 866.
55. DLA, lettre de Waldemar-George à MG du 25 février 1932.
56. Georges Crès entra plus tard en contact avec MG dans le cadre d'un projet de revue franco-allemande. Voir la lettre de MG à Crès du 22 octobre 1926 (IMEC, fonds Georges Crès, CRE14-2-6).
57. Le Masque de Fer, « Échos. Invraisemblable », *Le Figaro*, 6 mai 1922 ; Henry Lapauze, « Un indésirable : M. Meier-Graefe », *La Renaissance politique, littéraire et artistique*, 27 mai 1922.
58. Colleone, « Le pangermanisme à l'œuvre. Ainsi parlait Meier Graefe. Un agresseur de la France au service de la propagande ? », *L'Homme libre*, 31 mai 1922.
59. *Ibid.*
60. DLA, lettre de MG à Annemarie Epstein [décembre 1924]. « Man sagte mir, ich sei erstaunlich verhasst in Paris, immer noch. Es hat mich recht deprimiert. Ich habe nie einem Menschen hier das geringste Geleid getan, habe immer für mich gelebt und gearbeitet, trotzdem der unsinnige Haß. Bei uns ist es schließlich geradeso. »
61. Paris, Archives nationales, AMN, X-Expositions, Carton 1, 1925 – Peinture française, Vienne (Autriche), lettre de Carl Moll à ? du 20 décembre 1924.
62. AMN, Procès-verbaux du Conservatoire, 10 janvier 1924-25 octobre 1928, 1BB40, séance du 18 décembre 1924, p. 72-73.
63. MG 2001, p. 254-255, lettre de MG à Carl Moll du 1er décembre 1924. « Ich könnte Dir, glaube ich, manches helfen, wenn ich in Paris wäre. »
64. DLA, lettre de MG à Annemarie MG du 20 décembre 1924. « Dem guten Moll habe ich nicht geholfen. Er hatte alle Zusagen der französischen Behörden in der Tasche für die Ausstll[un]g [...]. Heute war die letzte offizielle Sitzung in der Sache. Da sagt ihm plötzlich der Direktor des Louvre, die Sache sei unmöglich, da man erfahren habe, daß ich dahinter stehe. Sofort erklärt Moll, ich hätte nichts damit zu tun, die Ausstell[un]g sei ganz ohne mich zustande gekommen (was der Warhheit entspricht). Hilft nichts, man hat Moll mit mir zusammen gesehen, das genügt / [...] Diese Menschen sind wahnsinnig. Ich hab solange ich hier lebte, nie einem Menschen etwas getan, habe nie eine Differenz mit irgend einem gehabt, habe nie mit einem verkehrt, habe zwanzig Jahre lang über franz. Kunst geschrieben und die Grundlagen für das Studium der franz. Kunst geschaffen. Hilft nichts. Sie hassen mich. »
65. MG 2001, p. 254-255, lettre de MG à Moll du 1er décembre 1924.
66. DLA, lettre de MG à Moll du 17 janvier 1925.
67. MG, « Die französische Ausstellung in der Wiener Sezession », *FZ*, 25 mars 1925 ; « Die französische Ausstellung in der Wiener Sezession », *KuK*, vol. 23, nº 8, 1925, p. 316-320.
68. Marcel Dunan, « La propagande de l'art français à Vienne », *Journal des débats politiques et littéraires*, 15 avril 1925.
69. Anonyme, « À propos d'une accusation » (note 53), p. 139.
70. SUBH, lettre de Richard Dehmel à MG du 19 octobre 1918.
71. Voir MG 2001, p. 134-137.
72. MG, « Reparations », *The Living Age*, vol. 315, 1922, p. 149-156.
73. MG, « Reparation » (note 54), p. 886. « Paris, wo ich Jahrzehnte lang lebte und immer fremd blieb [...], hat mir doch die glücklichsten Momente meines Lebens geschenkt. »
74. *Ibid.*, p. 869. « Die Pazifisten sind [...] so etwas wie in der Kunst die Kubisten, die längst abgewirtschaftet haben. »
75. *Ibid.* « Ich habe mich bemüht, wenigstens die großen Umrisse des Problems zu begreifen, und es geht mir wie mit der Theorie Einsteins. Das Problem fängt da an, wo man zu verstehen aufhört. »
76. *Ibid.*, p. 867. « Poincaré ist eine Krankheit, die zu Ende gehen muß. »
77. R. L., « Encore Meier-Grafe », *Le Gaulois*, 18 octobre 1922.
78. Nous citons cette conférence d'après son manuscrit conservé au DLA (94.190.16). Elle donna lieu à une publication réduite dans la *BT* du 20 avril 1919.

79. *Ibid.*, p. 3. « Dem französischen Impressionismus hat Deutschland zum universellen Siege geholfen. Als die Bilder der Manet, Renoir, Cézanne in Paris noch verlacht wurden, hingen sie bereits in öffentlichen und privaten Sammlungen Deutschlands. Auch bei uns waren sie Gegenstand harter Kämpfe. Gegen das herrschende Regime, zumal gegen den Widerstand des Kaisers wurde die neue freiheitliche Gestaltung dieser Meister bei uns eingeführt. Ihr Geist drang in die Ateliers, beschwingte die Dichter, wurde deutsch, verlor dabei und gewann. »
80. *Ibid.*, p. 4. « Hans von Marées ist der letzte große Romfahrer gewesen, und allein die Synthese aus Norden und Süden, die seiner unvergleichlichen Beharrlichkeit, seinem Opfermut, seinem Genius gelang, bestätigt unser Recht auf unsere Raffael und unsere Tizian. »
81. DLA, lettre de Waldemar-George à MG du 21 août 1932. « Je n'ai pas le droit de vous cacher qu'on vous reproche de nouveau votre attitude du début de la guerre à l'égard de la France. Le mieux serait paraît-il (ce n'est pas moi qui parle), si vous désirez travailler à Paris, de vous expliquer en public et d'infliger un démenti à vos calomniateurs. »
82. DLA, lettre de MG à Waldemar-George du 28 août 1932.
83. Germain Bazin, « Les chefs-d'œuvre impressionnistes des collections allemandes au musée de l'Orangerie », *Arts*, 19 octobre 1951. L'auteur se réfère à l'« Appel des intellectuels allemands aux nations civilisées », dit « Manifeste des 93 », publié le 4 octobre 1914. Ce document de propagande fédérait quatre-vingt-treize savants, mais aussi des artistes et des littérateurs comme Richard Dehmel, Max Liebermann, Hans Thoma ou Franz von Stuck, qui entendaient protester contre les accusations d'exactions et de destructions du patrimoine en territoire belge. Voir Jürgen von Ungern-Sternberg, Wolfgang von Ungern-Sternberg, *Der Aufruf « An die Kulturwelt! » Das Manifest der 93 und die Anfänge der Kriegspropaganda im Ersten Weltkrieg, mit einem Beitrag von Trude Maurer*, Francfort-sur-le-Main, Peter Lang, coll. « Menschen und Strukturen. Historisch-sozialwissenschaftliche Studien », vol. 21, 2013.

Notes du chapitre VIII

1. Romain Rolland, *Au-dessus de la mêlée*, Paris, Éd. Payot & Rivages, 2013, p. 126.
2. MG 2001, p. 139, lettre de MG à Dehmel du 13 novembre 1918. « Mein Junge hat es, als der Kaiser verschwand, nicht mehr ausgehalten. »
3. DLA, 94.190.104, lettre de MG à Reinhard Piper du 16 mars [1917]. « Ich mache mir ein neues Leben zurecht und hoffe, es wird klappen. »
4. MG 2001, p. 133-134, lettre de MG à Dehmel du 15 octobre 1918. « Wir müssen auf die Schule wirken, auch Kultur-Ministerien bestehen, die keine Beamten, sondern Schöpfer sind. »
5. *Ibid.* « Na, mein Guter, ein Augias-Stall ist nichts dagegen. »
6. MG 2009, p. 380. « [...] das Dasein der Kunst als Wert. »
7. *Ibid.*
8. MG 2001, p. 237, lettre de MG à Franz Werfel du 14 novembre 1916. « Ich bin in den Krieg mitgegangen, um ein paar Leute zu retten. Dies ist mir gelungen. Dasselbe kann einem außerhalb des Kriegs gelingen. »
9. *Ibid.*, p. 239, lettre de MG à Julius Elias du 3 décembre 1917. « [...] ein weiterer höherer *Pan*. »
10. SUBH, lettre de MG à Dehmel du 29 septembre 1916. « Ich möchte die alte PAN-Idee auf bessere Grundlage wiederbringen. Es kann gut werden. »
11. Piper, *Briefwechsel mit Autoren und Künstlern* (note 82, chap. I), p. 256. « Sie müßte der Marées-Forschung dienen, aber darüber hinaus für alle große Kunst eintreten. Für ihre Mitglieder müßte sie ein Jahrbuch, dazu illustrierte Bücher und Mappenwerke mit Originalgraphik und Faksimiles herausgeben. – Als ich diese Idee Meier-Graefe skizzierte, war er sofort Feuer und Flamme. »
12. DLA, fonds Bodenhausen, lettre d'Eberhard von Bodenhausen à MG du 14 novembre 1917. « Es ist gewiss ein merkwürdiges und schönes Zusammentreffen, dass das Wahrzeichen der Marées-Gesellschaft gleichzeitig Deinen Namenszug wiedergibt. »

13. Hofmannsthal, *Briefwechsel mit Julius Meier-Graefe* (note 28, chap. IV), lettre de MG à Hofmannsthal du 26 février [1920], p. 138. « [Ich] verbringe mein gegenwärtiges Leben in dem Kampf des Schriftstellers mit dem Verleger, Drucker, Redakteur, die ich alle in einer Person zu vereinen habe. »
14. *Ibid.*, lettre de MG à Hofmannsthal du 4 juillet 1918, p. 113. « Seit Robby Mendelssohn und mein guter Stern nicht mehr da sind, schwer. Die neuen Mäzenen stinken. »
15. Voir ORAW, lettre de MG à Oskar Reinhart du 27 janvier 1920.
16. ORAW, lettre de MG à Reinhart du 23 août 1918. « Die Reflektander sind nicht immer sehr überzeugte Kunstfreunde... Ich möchte den Kreis recht verbessern. »
17. MG 2009, p. 402, lettre de MG à Gustav Pauli du 21 novembre 1917.
18. Piper, *Mein Leben als Verleger* (note 28, Introduction), p. 371.
19. MG 2001, p. 221, lettre de MG à Pauli du 24 novembre 1917. « Die Sachen gehen ab wie warme Semmel. »
20. STBW, lettre de MG à Reinhart du 28 novembre 1917.
21. MG 2001, p. 221-222, lettre de MG à Pauli du 24 novembre 1917. « Natürlich müssen wir den Snob benutzen. Ohne den geht bei uns nichts, so wenig wie ohne die Juden. Die Hauptsache [ist], daß durch diese Benutzung etwas Schönes zustande kommt, das der Allgemeinheit nutzt. Am liebsten mache ich die Sachen 2000 Mk für die Bibliophilen, 3 Mk für die anderen. »
22. *Ibid.*, p. 222. « Aber schon wenn man so eine Mappe Cézanne für 250 Mk herausbringt (nur möglich, weil sich 50 Leute finden, die über das doppelte zahlen) nutzt man. »
23. MG 2009, p. 402, lettre de MG à Pauli du 21 novembre 1917. « Leider werden auch unsere nächsten Drucke den bekannten Weg zum Sammler oder Snob gehen, anstatt an der einzigen Stelle zu sein, wo sie Leuten ohne großen Geldbeutel Freude machen würden und könnten. »
24. KHM, lettre de Wichert à MG du 7 octobre 1919.
25. MG 2009, p. 402, lettre de MG à Pauli du 21 novembre 1917. « Abgesehen von dem Genußwert: sollte es nicht im Interesse der Wissenschaft sein, der auch die Museen dienen, ein solches *Material* zu besitzen? »
26. STAM, lettre de MG à Wichert du 20 novembre 1917. « Ich versuche an andere Dinge, als an den leidigen Krieg, zu denken. Ich wäre Ihnen sehr dankbar, wenn Sie beitragen würden, die Drucke in die richtigen Hände zu bringen. »
27. STAM, lettre de MG à Wichert du 28 décembre 1917.
28. KHM, lettre de Willy F. Storck à l'*Umsatz-Steueramt* du 27 février 1919.
29. Anonyme, « Bildende Künste. Die Marées-gesellschaft », *Mannheimer Tageblatt*, 2 avril 1919.
30. Voir MG, « Diskussion über Fotografie », *Die Kunst für Alle*, vol. 46, 1931, p. 72.
31. MG, « Einführung », *Cézanne. Zehn Faksimiles nach Aquarellen*, 1re série, recueil no 2, Munich, Marées-Gesellschaft, 1918, s. p.
32. MG, « Ersatz in der Sezession », *BT*, 17 septembre 1929. « Barbarische Brutalitäten verdanken der Photographie einen guten Teil ihres Prestige. »
33. MG 2009, p. 397, lettre de MG à Julius Elias du 14 janvier 1918. « Nur die Perfection aber legitimiert unser ganzes Unternehmen. »
34. Réalisé en partenariat avec l'imprimeur Auguste Clot, *Germinal* fut tiré à 100 exemplaires et comprenait une série de gravures sur bois et à la pointe sèche, ainsi que des lithographies d'artistes contemporains européens, dont Peter Behrens, Pierre Bonnard, Edgar Degas, Jan Toorop, Félix Vallotton ou encore Ignacio Zuloaga.
35. Sur la rencontre entre Bruno Deja et MG, voir Bernhard Baer, « Ganymed Berlin/Ganymed London », *Librarium: Zeitschrift der schweizerischen Bibliophilen-Gesellschaft*, no 25, 1982, p. 176.
36. SBB, lettre de MG à Gerhart Hauptmann du 28 septembre 1923. « Diese Anstalt hat sich trotz aller Unbill der Zeiten zu einem Muster-Institut entwickelt, in dem noch gute handwerkliche Tradition gepflegt wird. »
37. GSA, lettre de MG à Anton Kippenberg du 9 avril 1921.
38. MG 2009, p. 405, lettre de MG à Edvard Munch du 17 février 1922. « *Absolute* Faksimiles aber werden nach *Ölbildern* nie gelingen. »
39. Voir MG, « Faksimile-Drucke », *Ganymed*, vol. 1,

1919, p. 144. Les peintres Hermann Rothballer et Karl Caspar furent engagés pour contrôler le travail réalisé en atelier.

40. MG 2009, p. 387, lettre de MG à l'atelier Hanfstaengl du 28 août 1917. « Links Ecke zu violett grau. In dem Teil rechts vom Körper der Medea fehlt gelb. Das Grün links vom mittleren Teil der Gruppe, auf dem Original ganz ausgesprochen, fehlt auf beiden Drucken fast ganz. Überhaupt fehlt das Grün an vielen Stellen. Ebenso sind die Blaus an vielen Stellen zurückgeblieben, z. B. in dem Dolch, noch mehr in der hellgelben Felsenpartie links in der Höhe des Ellbogens da giebt es zwei Striche die auf dem Original blau sind, auf dem Druck nur Mischfarbe zeigen. Der daran anstoßende hohe Schacht ist in der ganzen Höhe im Druck viel zu violett, wodurch die ganze farbige Wirkung beeinflußt wird. »
41. *Ibid.* « Wir müssen nach dem *Original* arbeiten. »
42. STBW, lettre de MG à Reinhart du 28 novembre 1917.
43. KHM, lettre de MG à Fritz Wichert du 6 janvier 1920.
44. Erwin Panofsky, « Original et reproduction en fac-similé » [1930], *Questions d'histoire de l'art*, Paris, Éd. du Centre Pompidou, 2011, p. 83.
45. MG 2001, p. 239-240, lettre de MG à Elias du 3 décembre 1917. « Ich habe dabei mit der Liebhaber-Tradition gebrochen, davon ausgehend, daß eine vollkommene Reproduktion eines Meisterwerkes, auch wenn sie mechanisch erzielt wird, unendlich nützlicher und glatterdings schöner ist, als eine Original-Graphik eines zweifelhaften Künstler. »
46. MG, « Reproduktionen », *BT*, 28 juin 1929.
47. Voir Michael Diers, « Kunst und Reproduktion: Der Hamburger Faksimile-Streit », *Idea. Jahrbuch der Hamburger Kunsthalle*, vol. 5, 1986, p. 125-137.
48. Max Sauerlandt, « Original und Faksimilereproduktion » [1929], *Ausgewählte Schriften. Aufsätze und Referate*, t. 2, Hambourg, Christians Verlag, 1974, p. 320. « Was ist denn überhaupt ein Kunstwerk? Eine greifbar körperhafte und zugleich eine geistig lebendige Existenz. »
49. Panofsky, « Original et reproduction en fac-similé » (note 44).
50. Hofmannsthal, *Briefwechsel mit Julius Meier-Graefe* (note 28, chap. IV), lettre de MG à Hofmannsthal du 9 décembre 1923, p. 161. « Die Einzigkeit des Kunstwerks – hm! langes Kapitel! Dieser Einwand würde sich auch gegen die Marées-Drucke wenden. Gelänge es, den Poussin ganz wörtlich wiederzugeben fände ich es eine Wohltat für die Menschheit. [...] Aber ich sage mir oft, daß wir vielleicht viel zu ängstlich in dieser Sache sind [...]. Auch über die Einzigkeit dachten die Alten ganz anders. »
51. MG, « Reproduktionen » (note 46). « Immer kann die Forderung der Einmaligkeit mit einigem Recht nur vom Künstler an sich selbst gestellt werden. [...] Für uns Empfänger gibt es nur einzig vernünftige Aufgabe, das einmalige Werk *in* uns, durch uns zu vervielfachen. »
52. MG, « Die Landschaften des jungen Dürers », *Drucke der Marées-Gesellschaft: vierte Reihe*, Munich, R. Piper & Co., p. 12.
53. KHM, lettre de MG à Wichert du 5 octobre 1919. « Natürlich bildet sich der gute Seidlitz ein, ich suche für mich einen Posten, was mir ungefähr so fern liegt wie Kloakenreiniger zu werden. »
54. Hofmannsthal, *Briefwechsel mit Julius Meier-Graefe* (note 28, chap. IV), lettre de MG à Hofmannsthal du 11 septembre 1918, p. 122. « Ich komme immer mehr dahin, die Reihe in einer Form zu sehen, die leserlich wie ein Kochbuch ist. »
55. *Ibid.*, lettre de Hofmannsthal à MG du 25 septembre 1918, p. 123.
56. MG 2001, p. 239, lettre de MG à Elias du 3 décembre 1917. « Den Künstlern sollen Aufgaben gegeben werden, die sie ohne Pedanterie zwingen, auf breitere Überlieferungen zurückzugehen [...]. »
57. *Ibid.*, p. 143, lettre de MG à Dehmel du 30 septembre 1919. « Natürlich handelt es sich bei den Radierungen um vollkommen freie Übertragungen. Mir wäre im Prinzip lieb, wenn die Übertragung nicht zu ungehemmt wäre, sondern wie Cézanne Delacroix, Delacroix Rubens u[nd] Raffael übertragen hat, weil bei der engeren Interpretation das Resultat viel amüsanter wird. Aber das muß man natürlich den Leuten überlassen. »
58. Piper, *Briefwechsel mit Autoren und Künstlern* (note 82, chap. I), p. 153, lettre de Piper à Alfred

Kubin du 14 avril 1917. « [...] er fühlt sich als Maler von Meier-Graefe in der *Entwicklungs-Geschichte* nicht gut genug behandelt. Als Illustrator wird er dort sehr gerühmt, als Maler ziemlich stark abgelehnt. »

59. DLA, lettre de MG à Oskar Kokoschka non datée [été 1917]. « Ich denke natürlich nicht an eine Illustration, sondern an die Interpretation einer Shakespeareschen Vorstellung, den schöpferischen Gehalt einer Szene oder dergl. oder die Paraphrase einer Gestalt des Dichters. »
60. MG, « Die Drucke der Marées-Gesellschaft », *Ganymed*, vol. 1, 1919, p. 140-141. « Zu den *Shakespeare-Visionen* bestimmte uns der Wunsch, die zerstreuten Kräfte unserer Künstlerschaft durch Vorschrift eines besonderen Themas zu sammeln. Wir gingen dabei von der Erkenntnis aus, daß alle Blütezeiten der Kunst aus der beschränkten Anzahl der Motive wesentliche Vorteile gewonnen haben, und daß einer der wesentlichsten Anlässe der Zerfahrenheit unserer Kunst in dem Mangel an äußerlichen Zwangsmitteln legitimer Art steckt, die geeignet sind, die Kräfte statt in die Breite, in die Tiefe zu locken. »
61. Cité dans Sabine Fehlemann (éd.), *Lovis Corinth. Aus der Graphischen Sammlung des Von der Heydt-Museums*, Wuppertal, Von der Heydt-Museum, 2004, p. 149. « Ein Regisseur, der mit nackten Menschen von summarischer Anatomie – abgerissene Menschen aus den Kriegsjahren – die *Odyssee* geben will. »
62. MG 2001, p. 189, lettre de MG à Oskar Reinhart du 4 août 1917.
63. DLA, fonds Levin, 61.342, prospectus publicitaire non daté de la Ma-Ge : « Die Kirche ist kalt geworden, und die anderen Stätten, wo sich früher die Gemeinde sammelte, haben zerschlagene Fenster. »
64. Cité dans MG 2001, p. 448. « Ziel des Vereins: So tun, als ob wir beisammen wären. »
65. MG, « Shakespeare-Visionen. Eine Huldigung deutscher Künstler », *Die ersten vier Drucke der Marées-Gesellschaft. Prospekt Winter 1917*, Munich, Piper & Co., p. 9.
66. MG, « Die Drucke der Marées-Gesellschaft », *Almanach des Verlags R. Piper & Co. 1904-1924*, Munich, R. Piper & Co., 1923, p. 97. « Wir glaubten, in dem kausalen Zusammenhang jener Nachgiebigkeit mit dieser mangelhaften Wertung einen greifbaren Teil der Mißstände zu erkennen, die in allen Ländern den erschreckenden Verfall der zeitgenössischen Kunst bewirkt haben. »
67. MG, « Die Vierte Reihe », *Drucke der Marées-Gesellschaft: vierte Reihe*, Munich, R. Piper & Co., 1920, p. 5. « Unsere Drucke sollen beitragen, die kulturellen Beziehungen mit dem früher feindlichen Ausland wiederanzuknüpfen. »
68. MG, « Die Drucke der Marées-Gesellschaft » (note 60), p. 97. « [...] ein Mittel, die geistigen Beziehungen zwischen den Völkern zu pflegen. »
69. Piper, *Briefwechsel mit Autoren und Künstlern* (note 82, chap. I), p. 374.
70. MG, « Die Vierte Reihe » (note 67), p. 4. « Nach Blumen dürstet uns. [...] Blumen, die nicht aus dem mit Blut getränkten Boden wachsen. »
71. New York, Leo Baeck Institute, Center for Jewish History, AR 7141, *Der Neue Merkur* Collection, lettre de MG à Wilhelm Hausenstein du 22 octobre 1919. « Dagegen läge mir sehr viel daran, die Marées-Gesellschaft auch im Ausland bekannt zu machen. Lucius, unser Gesandter in Stockholm, schrieb mir über eine dort stattgefundene Ausstellung, die sehr großen Erfolg hatte, daß gerade unsere Drucke geeignet sind, das ramponierte Ansehen des kulturellen Deutschland im Ausland wieder herzustellen, und ich glaube, er hat nicht ganz unrecht. »
72. MG 2009, p. 403, lettre d'Edvard Munch à MG du 8 octobre 1921.
73. MG, « Elfte Reihe », *Marées-Gesellschaft. Elfte Reihe der Drucke. April 1925*, Munich, Verlag der Marées-Gesellschaft, R. Piper & Co., 1925, p. 3. « Es ist kaum möglich, den Gegensatz zwischen Deutschland und Frankreich schärfer, drastischer, ja man könnte fast sagen, tragischer darzustellen, als mit den beiden Werken dieser Reihe. Die beiden Völker stehen sich in dieser Form fremder gegenüber als mit dem Gegensatz zwischen ihren andern Rasseeigentümlichkeiten, ihren Weltanschauungen, ihren Sitten und Bräuchen, ihren körperlichen Merkmalen. [...] Keine Sensationslust bestimmte uns zu dieser Disposition, sondern der Wunsch, beide Völker an der Stelle zu fassen, wo sich ihre Eigenart

nicht nur augenscheinlich, sondern auch so würdig wie möglich darstellt. »

74. MG, « Von Schongauer bis Holbein », *ibid.*, p. 12.
75. MG, « Illustration und Graphik », *Marées-Gesellschaft. Dritte Reihe der Drucke*, Munich, R. Piper & Co., 1919, p. 4. « Wir sind als Maler oft Impressionisten geworden, ohne die rechte Form unseres Impressionismus zu besitzen, und gerieten in Abhängigkeit, weil wir uns nicht trauten, unserem eigenen Hang zu folgen. [...] Unsere Maler, die neben den Franzosen so oft bettelarm erscheinen, werden unerschöpflich, sobald man ihnen ein Buch in die Hand gibt. »
76. MG, « Cézanne und seine Ahnen », *Cézanne und seine Ahnen. Sechzehn Faksimiles nach Zeichnungen und Aquarellen*, Munich, Verlag der Marées-Gesellschaft, 1921, p. 6-7. « Der Künstler gilt für ein in sich begrenztes Faktum, eine Sternschnuppe, eine Explosion, ein Fatum. In Wirklichkeit ist die Originalität, eine höchst moderne Erfindung, in letzter Instanz unsichtbar, unbrauchbar, undenkbar, wie das Ding an sich. Das Wunder der Kunst gleicht dem Wunder in der Natur; es ist nicht das Neue, sondern Erneuerung des Alten, Wachstum, Fortsetzung, Verewigung. Neuheit ist Bruch und Ende. / Der Epigone exploitiert die Haut des Vorbilds und fälscht. Der Erbe entdeckt entwicklungsfähige, tief innerliche Wesenszüge des Ahnen und vollbringt vergleichsweise eine Blutmischung. Er schminkt sich nicht mit dem Vorbild, sondern gewinnt aus ihm Material für einen Neubau. Sein Wesen ist Synthese. [...]. Er kommt nicht mit seinen Ahnen zur Welt, sondern schafft sie sich mit seiner Erkenntnis, kraft seines Enthusiasmus. Sie sind Trophäen erobernder Liebe. »
77. Paul Valéry, « La conquête de l'ubiquité », *Œuvres*, t. 2, Paris, Gallimard, « Bibliothèque de la Pléiade », 1957, p. 1285.

Notes du chapitre IX

1. Gustave Flaubert, *Bouvard et Pécuchet*, Paris, Gallimard, coll. « Folio Classique », 2010, p. 70.
2. Cité dans Dennis Crockett, « The Most Famous Painting of the "Golden Twenties"? Otto Dix and the *Trench* Affair », *Art Journal*, vol. 51, nº 1, 1992, p. 77.
3. Voir Dietrich Schubert, « Ein Schützengraben von 1916-1918: Julius Meier-Graefe und Otto Dix 1924 », *Marburger Jahrbuch für Kunstwissenschaft*, 45/2018, p. 275-304.
4. MG, « Die Ausstellung in der Akademie », *Deutsche Allgemeine Zeitung*, 2 juillet 1924. « Dieser *Schützengraben* ist nicht nur schlecht, sondern infam gemalt, mit einer penetranten Freude am Detail, aber bitte schön, nicht am sinnlichen Detail, sondern am begrifflichen. Gehirn, Blut, Gedärm können so gemalt werden, daß einem das Wasser im Munde zusammenläuft. Das hat der junge Max Liebermann mit unsterblichen Bildern bewiesen. Die zweite Anatomie Rembrandts mit dem offenen Bauch ist zum Küssen. Dieser Dix ist – verzeihen Sie das harte Wort – zum Kotzen. [...] Das Bild, an öffentliche Stelle gerückt, wird deutsches Kulturdokument. Das ist der Haken. Ich sah in Köln ein paar Offiziere von drüben vor dem Monstrum stehen und machte mich dünne, um nicht ihre sachberechtigte Kritik mitzunehmen. [...] Denn bis sich die Kölner Stadtväter zur Entfernung des Monstrums entschließen, kann man vermutlich reaktionär wie Mathusalem werden. »
5. Voir Coll., « Der Kölner Dix. Eine Zuschrift und ein paar Anmerkungen », *Deutsche Allgemeine Zeitung*, 8 juillet 1924, et Paul Fechter, « Dix, Meier-Graefe, Stinnes und Westheim (Stinnes auf Seiten Meier-Graefes) », *Der Querschnitt*, vol. 4, 1924, p. 261-262.
6. Coll., « Zu dem Artikel von Meier-Graefe: "Die Ausstellung in der Akademie" », *Das Kunstblatt*, vol. 8, 1924, p. 317-318. « Möge Meier-Graefe den offenen Bauch der Anatomie Rembrandts weiter küssen und sich bei den gut gewichsten Stiebeln Anton von Werners wohlfühlen. »
7. Le néologisme est à attribuer à MG, qui ne se refusait d'ailleurs aucun jeu de mots autour du nom du peintre. Voir MG, « Ausstellung der Sezession », *FZ*, 20 novembre 1930.
8. Sur la carrière de Westheim, voir Lutz Windhöfel, *Paul Westheim und Das Kunstblatt. Eine Zeitschrift und ihr Herausgeber in der Weimarer Republik*, Cologne, Böhlau Verlag, 1995, p. 312-330.

9. Lettre de Benno Reifenberg à Paul Westheim, citée dans l'article-dossier « Musterbeispiel produktiver Kritik », *Das Kunstblatt*, vol. 9, 1925, p. 25. « Wir glauben [...], daß Sie in den Dingen der modernen Kunst eine Radikalität pflegten, die gewiß für die Entwicklung des modernen deutschen Kunstlebens nicht unwesentlich geblieben ist. »
10. *Ibid.*, p. 25-26. « Die größere Variabilität Meier-Gräfes leuchtet ohne weiteres ein, und daß *rein journalistisch* der Name Meier-Gräefe als verantwortungsvoller Referent der Zeitung für Berliner Kunstereignisse dem Ihren nicht nachsteht, werden Sie ebensfalls anerkennen müssen. »
11. DLA, 94.190.80/10, lettre de MG à Annemarie MG du 18 janvier [1925].
12. *Ibid.* Les termes utilisés étant respectivement « *Schmeißflieger* » et « *kleiner Jobber* ».
13. *Ibid.* « Er berichtete über allen Mist, ganz einseitig modern, gleichzeitig Herausgeber eines sehr modernen *Kunstblattes*, in dem viel Blödsinn steht. »
14. *Ibid.* « Ich habe so etwas immer abgelehnt, weil es natürlich ein bisschen verlorene Arbeit ist. [...] Dostojewski hat so etwas immer gemacht. [...] Es kann hier und da Dummheiten allzugrober Art verhindern. Außerdem ist es ein Einnehmen. »
15. MG disposait ainsi de sa propre tribune dans les deux plus importants quotidiens libéraux allemands à grand tirage. Voir DLA, fonds Levin, lettre de MG à Julius Levin du 25 janvier 1921. « Ich brauche Dir nicht zu sagen, dass er eine sehr grosse Wichtigkeit für uns hat, dann die *Frankfurter [Zeitung]* ist neben der *B[erliner] T[ageblatt] das* Organ. »
16. Coblence, Bundesarchiv, fonds Wolff, lettre de MG à Theodor Wolff du 24 septembre 1928.
17. MG, « Das politische Geständnis des Künstlers » (2 parties), *Deutsche Allgemeine Zeitung*, 18 et 21 janvier 1919. Remanié, le texte fut choisi pour ouvrir le premier numéro de la revue de la MaGe (*Ganymed*, vol. 1, 1919, p. 1-11). Ce choix fut à l'origine d'un vif désaccord avec Piper. L'éditeur en jugeait la teneur indélicate, à un moment où l'apaisement national était nécessaire.
18. Nous citons le texte d'après sa réédition sous le titre « Politik des Künstlers. Ein Wort zur deutschen Revolution von 1918 », dans *DK*, p. 109. « Bilder und Begriff sind unsere Güter. Werden ist unser Geschäft. Wir sind Revolutionäre, weil wir gegen alle Schranken anrennen, die das Empfinden fesseln. [...] Wir sind Reaktionäre, sobald eine Revolution den geborenen Unterschied in unseren Reihen aufheben und die Persönlichkeit vergesellschaften will. Wir sind Aristokraten, weil wir heimliche Könige haben und auf die Blut- und Wahlverwandtschaft mit ihnen unsere Stände stützen. [...] Wir sind Sozialisten, nicht weil wir an Stelle abgebrauchter Larven neue wünschen, sondern weil unsere Einfalt auf Wiederkehr der heiligen Gemeinde hofft, hoffen muß, damit wir bestehen können. »
19. *Ibid.*, p. 97. « Was sind wir? Sozialisten, Demokraten, Royalisten? Wo stehen wir? »
20. MG 2001, p. 143, lettre de MG à Richard Dehmel du 6 novembre 1919. « Das erste Werk war eine spontane Gebärde, das 2., ob richtig oder falsch, eine systematische Arbeit. »
21. Walter Pach, « Modern Art Expounded in Terms of Evolution. Even Picasso and Matisse are Children of the Renaissance and of the Greeks », *The New York Times Book Review*, 27 décembre 1925.
22. Washington, D.C., Archives of American Art, Walter Pach Papers, lettre de MG à Walter Pach du 2 juillet 1924.
23. Piper, *Briefwechsel mit Autoren und Künstlern* (note 82, chap. I), p. 142, lettre d'Ernst Ludwig Kirchner à Reinhard Piper du 3 décembre 1924. « So sehr ich immer wieder den eleganten, schlagenden geistreichen Stil des Meyer-Gräfeschen Kunstschreibens bewundere, so sehr muss ich es bedauern, dass er sich über die Entwicklung der jüngeren deutschen Kunst nicht besser unterrichtet hat, bevor er darüber schrieb. So kommt er zu heute fast humoristisch aussehenden Schlüssen und stellt Nachahmer als Erfinder hin. »
24. Piper, *Briefwechsel mit Autoren und Künstlern* (note 82, chap. I), p. 156, lettre de Worringer à Piper du 2 janvier 1924. « Obwohl ich bei erneuter Lektüre mich lebhaft frug, ob der Text heute noch einen solchen Aufwand lohne. Ich will gewiss M. Gr.'s vergangene Verdienste nicht schmälern, aber Ton, Betrachtungs- und

Wertungsweise dieser *Entwicklungsgeschichte* erschienen mir doch arg gestrig. Besonders die deutschen Anhängsel waren mir in ihrer Geistreichelei peinlich zu lesen. Ich glaube nicht, dass ich in diesem Urteil allein stehe. »

25. Karl Scheffler, « Bücher zur Kunstgeschichte », *KuK*, vol. 22, 1924, p. 386. « Die zweite umgearbeitete und ergänzte Auflage der *Entwicklungsgeschichte* soll eine Verbesserung sein [...]; sie ist aber eine Verschlechterung. [...] Leider fehlen Meier-Graefe die Fähigkeiten überlegenen Ordnens, er ist kein architektonisch denkender Geist. [...] Er kann nicht Geschichte schreiben. Der Anreger, der Verliebte, kann nicht Historiker sein. »
26. SBB, fonds Walden/Der Sturm, « Gästebuch ». Walden présentait à ce moment des œuvres de Jacoba van Heemskerck, Vassily Kandinsky et Fernand Léger.
27. Voir MG, « Die neuen Räume der Galerie Flechtheim in Berlin », *FZ*, 29 mai 1927.
28. MG, « Dresden », *FZ*, 7 septembre 1926. « Die Garde Nolde, Kirchner, Rohlfs, Schmitt-Rottluff, diese abgestandene Garde, die nur unsere Schwächen repräsentiert. »
29. *EG* 2, t. 3, 1924, p. 665.
30. Emil Nolde, *Jahre der Kämpfe. 1902-1914*, Flensburg, Christian Wolff Verlag, 1934, p. 219. « Julius Meier-Gräfe, der Feind deutscher Kunst, rief an, um für seine Piperdrucke eines meiner Aquarelle zu erhalten. »
31. MG, « Ein deutscher Verwandter van Goghs: Otto Schubert », *Der Querschnitt*, vol. 2, nº 1, 1922, p. 16. « Auch Kubist, Expressionist ist ein Beruf wie Herr Doktor. »
32. *EG* 2, t. 3, 1924, p. 634. « Neben der Orthodoxie der kubistischen Akademiker werden alle Gesetze David zu Honig. »
33. *Ibid.*, p. 633-634.
34. *Ibid.*, p. 621. « Sie sind letzte Akteure der großen Tragikomödie. »
35. *Ibid.*, p. 623.
36. MG, « Henri Matisse. Zum 60. Geburtstag am 31. Dezember », *BT*, 30 décembre 1929. « Ich bin nur da, um gegessen zu werden, sagt das Bild dieses Brillat-Savarin, aber ich nötige euch, aus Essen eine Kunst zu machen. »
37. *EG* 2, t. 3, 1924, p. 634. « Bei dem Namen Picasso wird der Historiker der Zukunft stillhalten und feststellen: Hier hörte es auf. »
38. MG, « Reparation » (note 54, chap. VII), p. 882.
39. MG, « Dresden » (note 28). « Ein Pariser Kamin, auf dem in kubistischer Ordnung oder Unordnung Segmente von Vasen, Fruchtschalen und dergleichen, nicht zu vergessen die animöse Mandoline, stattfinden. [...] Die Harmonie der Malachit-Töne des Marmors mit dem Ocker, dem gebrannten Rot und dem reich gestuften Weiß, das Zusammenspiel der Farben mit den gebrochenen Linien und Flächen, – man unterliegt ohne Widerspruch. Es läßt sich von diesem Bild dasselbe wie von hundert anderen sagen: eine Dekoration auf geometrischer Basis, Kompromiß zwischen Kubus und Farbe, höherer Unfug. Man kann es mit mehr Recht als von allen anderen sagen, mit so viel Recht, daß es gar nichts besagt. Die Routine der anderen steigert sich in Braque zu einer paradoxen Kühnheit, und wenn man als greifbaren Erweger oder als plausiblen Halter dieser Kunst nur den Geschmack findet und als seelenvoller Deutscher dergleichen Tand verachtet, hilft alles nichts: ich möchte es haben. »
40. *Ibid.* « Derain stellt die Dinge wieder her. Der Apfel wird entlastet, der Topf wird wieder ein Topf, und die Serviette erhält den Stoff zurück. [...] Derain hat das Verdienst, uns aus Negerland und Südsee nach Europa zurückzugeleiten. »
41. Adolphe Basler, *La Peinture... religion nouvelle*, Paris, Bibliothèque des Marges, 1926, p. 37.
42. Rudolf Großmann, « Vorlesung », *Simplicissimus*, vol. 36, nº 10, 8 juin 1931, p. 115.
43. KHM, lettre de MG à Gustav Friedrich Hartlaub du 19 juin 1926. « Kennen Sie Klossowski? [...] Der deutsche Bonnard. »
44. MG, « Ausstellung der Sezession », *FZ*, 20 novembre 1930. « [...] durchblutet wie eine gefüllte Schweinsblase. »
45. MG, « Zwei Ausstellungen deutscher Kunst. Bei der Berliner Sezession », *FZ*, 22 décembre 1932. « Die beiden Bilder von Dix überbieten die schlimmsten Entgleisungen der Böcklin und Thoma, und wenn dies lebendige deutsche Kunst ist, so soll sie sich begraben lassen. »
46. *EG* 2, t. 3, 1924, p. 670.
47. MG, « Berliner Kunstchronik », *FZ*, 16 octobre 1931. « Vielleicht hat Grosz eingesehen, daß seiner sozialen Opposition der Gegner fehlt. »

48. *EG* 2, t. 3, 1924, p. 662.
49. MG, « Die Landschaften von Kokoschka », *FZ*, 22 novembre 1925.
50. Sur les rapports entre MG et Beckmann, voir Oliver Kase, « "Es wäre schön, wenn wir uns da öfter mit unseren Antennen berühren würden": Max Beckmann und Julius Meier-Graefe », dans Becker et Marchal (éd.), *Julius Meier-Graefe (1867-1935). Grenzgänger der Künste* (note 10, Introduction), p. 161-179.
51. MG, « Beckmann und Berlin », dans Coll., *Max Beckmann*, Munich, R. Piper & Co., 1924 ; cité d'après la réédition du texte dans *Stationen. Piper-Almanach, 1904-1964*, Munich, R. Piper & Co., 1964, p. 350.
52. *Ibid.*, p. 351. « Beckmann züchtet sie mit Geschick und Umsicht. [...] Beckmann ist immun. Ein konsequenter Züchter, mit Sporen und Peitsche. Die Mikroben nehmen Haltung an, rücken in Reih und Glied, marschieren Parademarsch. Eine Art Militarismus diszipliniert sie. »
53. MG, « Gesichter », rééd. dans Coll., *Blick auf Beckmann. Dokumente und Vorträge*, Munich, Piper & Co., 1962, p. 55. « Ein entfleischter Grünewald, entfleischt, nicht entseelt. »
54. *Ibid.* « Beckmann, der Expressionist, ist reaktionär. Er begnügt sich nicht mit dem Teppich. »
55. *EG* 2, t. 3, 1924, p. 678-679. « Wenn er etwas beweisen will, ist es die Existenz neuer Tatsachen oder vielmehr die neue Existenz von Tatsachen. [...] Nichts malt brutaler als Beckmann den Niederschalg der Katastrophe. »
56. MG, « Maler aus vier Ländern oder: Der Herr aus Mexiko », *FZ*, 8 août 1926. « Die Kahnfahrer bedeuten einen merkbaren Fortschritt nach einer weniger voreingenommenen Anschauung, nach einer Lösung verhärteter Formen, nach Farbe, Ton, und leichterer Regung. »
57. Voir Ursula Harter et Stephan von Wiese (éd.), *Max Beckmann und J. B. Neumann: der Künstler und sein Händler in Briefen und Dokumenten 1917-1950*, Cologne, König, 2011.
58. MG 2001, p. 248, lettre de Max Beckmann à MG de juillet 1926. « Es wäre schön, wenn wir uns da öfter mit unseren Antennen berühren würden. »
59. MG, « Gesichter » (note 53), p. 53. « Immer merkte man in diesen apokalyptischen Ungereimtheiten den Sturm und Drang eines Menschen, der sich sucht, eines Deutschen mit der gefährlichen Leidenschaft für teutonische Urkraft, mit dem unbegrenzten Argwohn gegen Geschmack und Maß. »
60. *TB*, 15-17 mai [1933]. « Bei Balthus Kl. im Atelier, das sehr schöne Straßenbild, blond, groß [...]. Sehr schön, große Zukunft. »
61. MG, « Die Pariser Kunstsaison », *FZ*, 17 juin 1933. « Ich vergesse mich und gratuliere dem Maler auf deutsch. *Monsieur* Balthus antwortet ebenso. Er ist hier geboren. Seine Eltern sind eingewanderte Deutsche. Vom Fenster des Ateliers sieht man den Eingang in die Wohnung Delacroix. »
62. DLA, lettre de Balthus à MG du 7 juin [1933]. « Ich danke dir noch sehr herzlich für dieser Brief den du mir über meine Bild geschrieben hast, es hat mir tief gerührt und sehr gefreut. *On ne m'encourage pas trop souvent. Mais je suis assez sûr de moi maintenant pour me passer d'éloges. Mais quand [ils] viennent d'un homme comme* toi, *c'est bien émouvant !* War eines muss ich widerlegen in deinem Briefe: "und schliesslich doch aus Deutschland" schreibst du. Es sind wohl in der Tat, einige deutsche Elemente in mir denen ich mir sogar vollkommen bewusst bin (deutsch oder uberhaupt nordisch). Aber man ist aus dem Lande wo man geboren ist, wo man aufgewachsen ist, wo die erster Eindrücke einer geformt und gepresst haben. So dass ich mit der grössten gehirn anstrengung mit dem eifrigsten Suchen in mir selbst nichts aber auch nichts finden kann dass mich Gefühlsmässig oder anders an eine deutsche Abstammung glauben machen könnte, oder mich an Deutschland bindet. Mein denken, meine Reaktionen, meine Erinnerungen sind ebenso französisch wie meine Empfindungen. Dafür fühlte ich mich nicht einmal besonders mehr französisch als deutsch. Ich glaube nämlich nicht an Rassen Unterschiede, ich glaube nur an eine Erziehung des Geistes die die verschiedensten Elemente absorbieren kann. Meine denken und meine sentiments gehören wohl ganz zum *mouvement de la jeunesse française* (surréalistes und so weiter) wie sind alle marxisten und verehren deutsche Philosopher und die deutsche Romantik. Siehst

du wie Paradoxal! [...] / Entschuldige mir, lieber Ju, diese Berichtigungen, sie sind wohl etwas schwerfällig weil ich mich nicht sehr gut auf deutsch ausdrücke. »

63. DLA, 94.190.7.
64. MG exposa son projet pour la première fois dans un article de sa revue *Ganymed* (vol. 4, 1922, p. 3-32), publié par la suite en brochure (*Der Beitrag Deutschlands zur Kunst Europas: eine Ausstellung*, Munich, R. Piper & Co., 1922), puis dans le recueil *DK*. Le critique revint à la charge en 1927, puis en 1931 avec un long article en sept volets dans la *FZ*. Ce dernier, qui inclut une liste provisionnelle d'œuvres à exposer, fut traduit en anglais cette même année (« The Contribution of Germany to European Art », *Creative Art*, vol. 8, avril-juillet 1931, p. 246-254, p. 345-352, p. 416-423, vol. 9, p. 24-31) ainsi qu'en suédois dans la revue *Ord Och Bild*. Une traduction française de la version des années 1920 existe à l'état de manuscrit au DLA, mais n'a, à notre connaissance, jamais été publiée.
65. MG, « Der Beitrag Deutschlands zur Kunst Europas » (note 64), p. 29. « Unser Haus brennt. Was müssen wir unbedingt retten? »
66. DLA, lettre de MG à Bernath du 8 avril 1934.
67. MG, « Ausstellungsgesicht der Deutschen Kunst », *FZ*, 7 juillet 1927. « Daher die Schwierigkeit, deutsche Kunst auszustellen. Unsere Malerei hat nicht das Gesicht dafür. »
68. *Ibid.*, p. 172. « Dämonie der Gotik im Norden, apollinisches Dasein im Süden, hier Abstraktion, die den Sinn zu Ehren des Geistes verzehrt, dort vergeistigte Lebensfreude, die den Sinn läutert, sind die beiden großen Pole neuerer Kunst. »
69. MG, « Der Beitrag Deutschlands zur Kunst Europas » (note 64), p. 13. « [Die Deutschen] hatten keine Revolution, keinen Napoleon, aber Winckelmann. »
70. MG, « Ausstellungsgesicht der deutschen Kunst » (note 67).
71. Voir DLA, lettre de MG à Annemarie MG du 9 janvier 1932.
72. MG 2009, p. 408, lettre de MG à Friedrich von Prittwitz und Gaffron du 16 février 1928.
73. MG, *Renoir*, Leipzig, Klinkhardt & Biermann, 1929.
74. *Ibid.*, p. 34. « Mit dem Licht, sagte er mir einmal, um 1900, mache man es wie man wolle. Aus der Natur habe sich noch keiner die Malerei geholt. Damals fiel das Wort: "Moi, je reste dans le rang." » Nous citons également ici la version alternative de ce même propos, rapportée dans la monographie *Auguste Renoir* publiée en 1911. « Avec la nature, me disait-il une fois, on ne fait rien. Avec la nature, on fait ce qu'on veut et on aboutit nécessairement à l'isolement. Moi, je reste dans le rang. »
75. *Ibid.*, p. 37. « Rester dans le rang bedeutet die Absage an die schrankenlose Selbstherrlichkeit des Genies, das mit dem Recht des Stärkeren jede Reihe vernichtet. »
76. *Ibid.* « Parbleu hieß gewöhnlich: dummer Deutscher mit deiner Sauce, kürze den Atem ab, mach die Augen auf! »
77. *Ibid.*, p. 422. « Ein Maler? Also war Molière ein Komödiant, Voltaire ein Literat, Napoléon ein Soldat? – Lieber noch ein Handwerker, Handlanger seines Volkes. »
78. *Ibid.*, p. 99. « Der Einfluß Monets war eine Medizin, die er schlucken mußte. »
79. *Ibid.*, p. 16. « Französisch ist, was er sagt und wie er es sagt, französisch jeder Strich der Handschrift. »
80. DLA, lettre de François Monod à MG du 17 novembre 1928. « Rien d'aussi capital n'a été publié, touchant l'histoire de l'art français moderne, depuis le *Manet* de Moreau-Nélaton [...]. Vous restez l'historien de Renoir, en même temps que le critique le plus pénétrant et le plus éloquent de l'œuvre de ce merveilleux génie de peintre. »
81. L'implication de MG dans l'organisation de l'exposition elle-même fut probablement très faible. Une lettre de Pierre Renoir à MG du 4 août 1932 (DLA) atteste le mécontentement de la famille, tenue à l'écart de cette organisation.
82. MG, « Renoir », *Die Weltbühne*, vol. 16, n° 1, 1920, p. 18. « Heute glaubt man die Vision in ethnographischen Sammlungen finden zu können, und macht sich die Technick im Kaffeehaus. »
83. MG, *Degas: ein Beitrag zur Entwicklungsgeschichte der modernen Malerei*, Munich, R. Piper & Co., 1920.
84. ORAW, lettre d'Oskar Reinhart à MG du 19 avril 1923. « Ich bin letzte Woche aus Paris

zurückgekehrt. Habe eine Unmenge Bilder gesehen, im Handel und bei Privaten. [...]. Die grössten amerikanischen Käufer sollen nur ganz verrücktes modernstes Zeug kaufen und die schönen Renoirs etc. überlegen mit der Bemerkung "trop classique" ablehnen. Den Japanern hat man die Ladenhüter angehängt, da sie von ganz unfähigen Franzosen beraten werden. »

85. Carl Einstein, « La collection Reber », *L'Intransigeant*, 21 avril 1930.
86. MG, « Vertreibung des Menschen aus der Kunst », *FZ*, 24 octobre 1931. « So ein Schwindel, dachte ich mir damals. Das habe ich längst zurückgenommen. Seitdem hat Picasso noch mehrere andere Arten zugefügt, und in jeder gibt es Dinge von berückendem Geschmack. Ich wäre glücklich, sie an meinen Wänden zu haben. »
87. MG, « Die Sammlung Reber », *FZ*, 22 octobre 1931. « Manchmal tut es gut, in den schönen Park zu gehen und sich an den Rasenflächen zu neutralisieren. »
88. *Ibid.* « In der Nähe der freskenhaften Gestalten und gegenüber dem abstrakten Korbbild hängt ein Cézanne, der berühmte *Junge mit der roten Weste*. Wie oft hat mich das Bild begeistert. Es müßte ganz allein genügen, um all das abstrakte Gebilde und das tuschhafte Freskengepinsel wegzufegen, aber vergeblich drehe ich den Motor an. Es liegt wahrscheinlich an der mangelhaften Beleuchtung. Haben die Farben nachgedunkelt? Warum die Flecken im Ärmel, im Gesicht, wo es eine Fläche, eine Linie täte? War es etwa veraltete Liebhaberei, der diese malerischen Effekte gefielen? Ich möchte in den Garten. »
89. Voir Jacques Grandjonc et Thérèse Grundtner, *Zone d'ombres (1933-1944). Exil et internement d'Allemands dans le sud-est de la France*, Aix-en-Provence, Alinéa, 1990, p. 34-40 ; Magali Laure Nieradka, *Die Hauptstadt der deutschen Literatur: Sanary-sur-Mer als Ort des Exils deutschsprachiger Schriftsteller*, Göttingen, V&R unipress, 2010.
90. Cité dans Nieradka, *Die Hauptstadt der deutschen Literatur* (note 89), p. 82. « Ein fast siebzigjähriger Gamin, [...] schlank, hoch, jeder Zoll kein würdiger Greis. »
91. MG, *Geschichten neben der Kunst*, Berlin, S. Fischer, 1933. Ces « nouvelles » furent publiées au fur et à mesure de leur rédaction dans la *Frankfurter Zeitung*. L'ouvrage comprend des vignettes illustrées d'Annemarie MG.
92. *TB*, s. d.
93. SBB, fonds Hauptmann, lettre de MG à Gerhart Hauptmann du 24 février 1933. « Lieber Herr Hauptmann, / Viele von uns warten auf das Wort des größten deutschen Repräsentanten zu dem Unheil in der Heimat. Sie allein haben die Stimme. »
94. *TB*, 23 mars 1934. « Man weiss nicht, was fataler ist, die Verlegenheit des Literaten oder die Verbohrtheit des Metaphysikers. Wieder mal ein Beweis, wie tief die Nazi-Krankheit die Welt verpestet. »
95. Le document d'inscription, demeuré vierge dans les archives du DLA, fut qualifié de « torchon nazi » par MG (*TB*, 31 décembre 1933).
96. MG 2001, p. 278, lettre de MG à Friedrich T. Gubler du 7 septembre 1933. « Mein Judentum ist eine alte Legende, von subalternen Gegnern meiner künstlerischen Ideen aufgebracht. »
97. DLA, fonds Kracauer, lettre de MG à Siegfried Kracauer du 23 novembre [1934]. « Eine andere Art von Emigration. »
98. DLA, 94.190.194, lettre de Roland de Margerie à MG du 25 mars 1935.
99. DLA, 94.190.76, lettre de MG à Pierre Matisse du 22 mars 1935.
100. Annette Kolb et René Schickele, *Briefe im Exil 1933-1940*, Mayence, Hase & Koehler, 1987, p. 224, lettre de Schickele à Kolb du 3 juin 1935. « Mit Ju steht es (*unter uns gesagt*) hoffnungslos. Im Spital in Vevey, wo er jetzt ist, hat man sofort *TB* auf *beiden* Lungen festgestellt, und vermutlich war seine alte Nierengeschichte auch schon das gleiche... Seine Kräfte schwinden täglich dahin. Ich glaube, es dauert nicht mehr lange. Manchmal beneide ich ihn. / Ich glaube auch nicht, dass er sich ernstlich wehrt. / Ich umarme Dich. / Dein René. »

Notes de la conclusion

1. George Steiner, entretien avec Nicolas Weill, *Le Monde*, 10 mai 2013.
2. Léon Werth, *33 jours*, Paris, Viviane Hamy, 1992, p. 79-80.
3. Hans Belting, « Nachwort des Herausgebers », dans MG, *Entwicklungsgeschichte der modernen Kunst*, t. 2, Piper, Munich, 1987, p. 733. « Meier-Graefe war ein Mensch des 19. Jahrhunderts, der seine Auftritte im 20. Jahrhundert hatte und dennoch auch dann immer zu modern war. »
4. Cité par Tzvetan Todorov dans Goethe, *Écrits sur l'art*, Paris, GF Flammarion, 1995, p. 11.
5. *Ibid.*, p. 15.
6. Lettre de Charles Baudelaire à Narcisse Ancelle du 18 février 1866, citée dans Jean Clair, *Considérations sur l'état des beaux-arts*, Paris, Gallimard, 1983, p. 65.
7. MG, « Kunstschreiberei », *BT*, 6 juillet 1929. « Nur als Fanatismus hat Kunstinteresse Existenzrecht. »
8. Paris, Archives nationales, AMN, X-Expositions, carton 62, « Exposition des impressionnistes des collections allemandes à l'Orangerie », lettre du directeur de la Kunsthalle de Brême à Germain Bazin du 29 septembre 1951. « Über die wissenschaftliche Kompetenz von Meier-Graefe bin ich mit Ihnen durchaus der gleichen Ansicht, wenn auch auf der anderen Seite immer wieder mit Nachdruck betont werden muß, welche unvergänglichen Verdienste sich Meier-Graefe um die Schätzung der französischen Kunst in Deutschland erworben hat. »
9. John Rewald, *Cézanne and America: Dealers, Collectors, Artists and Critics. 1891-1921*, Londres, Thames & Hudson, 1989, p. 116-117. « It may not be altogether fair to excerpt such passages, since in the original version they do not sound quite as trivial or inept. Nevertheless, the prose is still torrential, the contradictions are there, and – above all – there is the essentially literary approach of the facile phrasemaker drunk with the sound of his words. Whereas in England one does find references to Meier-Graefe, notably from the pen of Roger Fry, American art literature is practically devoid of them. This probably was not so much because the author championed a still little-known painter [...], but rather because what he had to say was neither easily digested nor very convincing. »
10. John Rewald (éd.), *The Paintings of Paul Cézanne. A Catalogue Raisonné*, vol. 1, New York, Harry N. Abrams, 1996, p. 252.
11. Andreas B. Kilcher, *Poétique et politique du mot d'esprit chez Heinrich Heine*, Paris, L'Éclat, 2014, p. 7.
12. Hofmannsthal, « Delacroix von Julius Meier-Graefe », *Gesammelte Schriften*, vol. 8, Berlin, Bermann-Fischer, 1955, p. 502. « In Deutschland wüßte ich nicht, wer mehr dafür getan hätte als Meier-Graefe, aus dem Ästhetischen ein wahres neues Schwungrad für das gesamte geistige Leben zu schaffen. Innerhalb einer Welt wo sehr vieles politisch Gemeinte eben nur "geschrieben" oder "geredet" ist, sind seine Bücher als wahrhaft politische zu erkennen und in einem sehr hohen Sinn: als solche, die in ihrer Wirksamkeit das Leben der Nation allmählich durchdringen und in gewissen Punkten es verändern werden. »
13. Werth, *Déposition* (note 1, Introduction), p. 552.
14. Éric Michaud, *L'Histoire de l'art : une discipline à ses frontières*, Paris, Hazan, 2005, p. 9.
15. Pour le cas de l'Allemagne, voir Hans Belting, *Die Deutschen und ihre Kunst: ein schwieriges Erbe*, Munich, C. H. Beck, 1992.
16. Voir Christian Joschke, « Une exposition douteuse sur l'"art allemand" », *Le Monde*, 19 avril 2013 ; Denis Thouard, « De l'Allemagne au Louvre : pour et contre », *Esprit*, 3 mai 2013 ; et Patrice Neau, « "De l'Allemagne", mais de quelle Allemagne ? Réflexions sur une exposition controversée », *Allemagne d'aujourd'hui*, n° 204, 2013, p. 7-17 ; Éric Michaud et Maria Stavrinaki, « De l'Allemagne, 1800-1939 », *Artforum*, octobre 2013, p. 288-289.

BIBLIOGRAPHIE

Archives consultées

Berlin, Landesarchiv : F Rep. 290-02-06, Sammlung Leo Rosenthal, I. Num. 117/1-41.

Berlin, Staatsbibliothek zu Berlin, Handschriftenabteilung (SBB) : Sturm-Archiv I, fonds Gerhart Hauptmann.

Bruxelles, Bibliothèque royale de Belgique, Archives et musée de la littérature : fonds Henry Van de Velde (FSX), fonds Georges Morren (AC 47731).

Coblence, Bundesarchiv : fonds Maximilian Harden, fonds Theodor Wolff.

Francfort-sur-le-Main, Städelsches Kunstinstitut : dossier d'exposition « Hans von Marées » (1909-1910), correspondance de Georg Swarzenski.

Hagen, Karl Ernst Osthaus-Archiv (KEOA) : correspondances variées (Kü/226, P446, NAC2 52, NAC2 56, P2/227, P329, F1/61).

Hambourg, Staats- und Universitätsbibliothek Hamburg (SUBH), Handschriftenabteilung : Dehmel-Archiv (Briefe: M, 112).

Krefeld, Kunstmuseen Krefeld : fonds Friedrich Deneken (correspondance de Julius Meier-Graefe XII.1/1-105).

Lausanne, Archives nationales suisses : fonds William Ritter.

Mannheim, Kunsthalle (KHM) : archives administratives.

Mannheim, Stadtarchiv (STAM) : fonds Fritz Wichert.

Marbach-sur-le-Neckar, Deutsches Literaturarchiv (DLA) : fonds Eberhard von Bodenhausen (57.6420), fonds Rudolf Großmann (97.94), fonds Alfred Walter von Heymel (62.1002), fonds partiel Meier-Graefe (94.160), fonds Annemarie Meier-Graefe-Broch (A: Meier-Graefe-Broch), fonds Harry Graf Kessler (A: Kessler), fonds Siegfried Kracauer (72.2706), fonds Julius Levin (61.342), fonds Piper Verlag (HS. 1998.0005), fonds René Schickele (69.1332), fonds Rudolf Alexander Schröder (62.1626), fonds Friedrich Sieburg (98.88).

Munich, Bayerische Staatsbibliothek München (BSBM) : Leviana II.3 (correspondance de Mary Balling), Rosenhageniana II.1 (correspondance de Hans Rosenhagen).

Munich, Stadtbibliothek München – Monacensia : fonds Klaus Mann (KM B 192 822), fonds Paul Block, fonds Otto Julius Bierbaum (OJB B 48), fonds Annette Kolb (AK B 311).

New York, Leo Baeck Institute – Center for Jewish History : fonds Neue Merkur (AR 7141).

Paris, Archives du musée Rodin : correspondances (MEI 4303).

Paris, Archives nationales : Archives des musées nationaux (AMN).

Paris, Bibliothèque littéraire Jacques Doucet : fonds Pierre Klossowski.

Paris, Bibliothèque nationale de France (BNF) : fonds Jean-Richard Bloch (NAF 28222), fonds Romain Rolland (NAF 28400).

Washington, D.C., Archives of American Art : fonds Walter Pach.

Weimar, Goethe- und Schiller-Archiv : fonds Insel-Verlag (GSA 50/2313).

Winterthur, Oskar Reinhart Museum « Am Römerholz » (ORAW) : correspondance d'Oskar Reinhart.
Winterthur, Studienbibliothek Winterthur (STBW) : fonds Oskar Reinhart (MS GR 68/1).

Écrits de Julius Meier-Graefe (sélection)

Génétique de l'*Entwicklungsgeschichte der modernen Kunst*

D'octobre 1899 à mai 1900, MG publie dans la revue *Die Insel* une série d'articles qui forme la base de la première version de l'*Entwicklungsgeschichte der modernen Kunst* de 1904. L'ensemble constitue une grande partie de son premier chapitre – ou « livre » (*Buch*). Des similitudes et emprunts aux deux petits volumes *Édouard Manet und sein Kreis* et *Der moderne Impressionismus* (Berlin, 1902) sont également à prendre en compte :

« Beitrag zu einer modernen Ästhetik », *Die Insel*, vol. 1, t. 1, octobre 1899, p. 65-91 [*EG*, p. 1-15] ; novembre 1899, p. 181-204 [*EG*, p. 16-27] ; décembre 1899, p. 257-273 [*EG*, p. 31-38] ; janvier 1900, p. 93-105 [*EG*, p. 39-45] ; février 1900, p. 203-227 [*EG*, p. 49-52, p. 61-74] ; mars 1900, p. 351-374 [*EG*, p. 75] ; mai 1900, p. 199-223 [*EG*, p. 109-134].

Initialement prévue aux éditions Insel, l'*EG* paraît chez Julius Hoffmann en mai 1904. Le livre n'a jamais fait l'objet d'une réédition à ce jour :

Entwickelungsgeschichte der modernen Kunst: vergleichende Betrachtung der bildenden Künste, als Beitrag zu einer neuen Ästhetik, 3 t., Stuttgart, J. Hoffmann, 1904.

De brefs extraits du livre consacrés à Medardo Rosso, Camille Pissarro et Auguste Rodin ont fait l'objet de traductions françaises depuis les années 2000 :

Medardo Rosso : le Méphisto de la sculpture, trad. Catherine Krahmer, Paris, L'Échoppe, 2001.
La Place de Pissarro : regard d'un Allemand en 1904, trad. Jeanne Heisbourg et Catherine Krahmer, Paris, L'Échoppe, 2001.
Auguste Rodin, trad. Jean Torrent, présenté et annoté par Victor Claass et Sophie Biass-Fabiani, Paris, Éd. du musée Rodin, 2020.

La traduction anglaise parue en 1908 diffère sensiblement de la publication originale. Le DLA conserve un exemplaire allemand de l'*EG* annoté de la main même de l'auteur en vue de son adaptation. Des développements sur l'art anglais sont ajoutés au récit. Ces réflexions sont publiées en allemand dans deux volumes indépendants (*William Hogarth* et *Die grossen Engländer*) chez Piper entre 1907 et 1908. Une traduction française, à laquelle travaille notamment l'écrivain Léon Werth pour le compte des éditions Hachette autour de 1906, est abandonnée.

Modern Art. Being a Contribution to a New System of Æsthetics, trad. Florence Simmonds et George W. Chrystal, 2 t., New York, Putnam's Sons/Londres, William Heinemann, 1908.

La seconde version de l'*Entwicklungsgeschichte der modernen Kunst* (sans sous-titre) diffère de celle de 1904. Ses deux premiers tomes sont publiés en 1914 et 1915, puis réédités, sans modifications majeures, en 1920. L'auteur ne complète son triptyque qu'en 1924, année de la parution du troisième tome consacré à l'art le plus contemporain :

Entwicklungsgeschichte der modernen Kunst, t. 1, Munich, R. Piper & Co., 1914, p. 1-226, rééd. 1920 ; t. 2, Munich, R. Piper & Co., 1915, p. 227-390, rééd. 1920 ; t. 3, Munich, R. Piper & Co., 1924, p. 391-715.

Ces trois volumes, légèrement augmentés et flanqués de sous-titres, sont réédités une toute dernière fois du vivant de l'auteur, en 1927. Les deux rééditions posthumes de 1966 et 1987 reprennent, condensée en deux tomes, l'intégralité de cette version :

Entwicklungsgeschichte der modernen Kunst, t. 1, « Die Entstehung der Malerei, von den Mosaiken zu Courbet », Munich, R. Piper & Co., 1927, p. 1-226 ; t. 2, « Traum und Wirklichkeit um Marées und Manet », Munich, R. Piper & Co., 1927, p. 227-390 ; t. 3, « Die Kunst unserer Tage von Cézanne bis heute », Munich, R. Piper & Co., 1927, p. 391-715.

Entwicklungsgeschichte der modernen Kunst, éd. par Benno Reifenberg et Annemarie Meier-Graefe-Broch, 2 t., Munich, Piper, 1966.

Entwicklungsgeschichte der modernen Kunst, postface par Hans Belting, 2 t., Munich/Zurich, Piper, 1987.

Ouvrages

Der moderne Impressionismus, coll. « Die Kunst: Sammlung illustrierter Monographien », Berlin, Bard/Marquardt & Co., 1902.

Édouard Manet und sein Kreis, coll. « Die Kunst: Sammlung illustrierter Monographien », Berlin, Bard/Marquardt & Co., 1902.

Der Fall Böcklin und die Lehre von den Einheiten, Stuttgart, Julius Hoffmann, 1905.

Corot und Courbet: ein Beitrag zur Entwicklungsgeschichte der modernen Malerei, Leipzig, Insel-Verlag, 1905.

Der junge Menzel: ein Problem der Kunstökonomie Deutschlands, Leipzig, Insel-Verlag, 1906 ; rééd. Munich, R. Piper & Co., 1914.

Impressionisten. Guys – Manet – Van Gogh – Pissarro – Cézanne. Mit einer Einleitung über den Wert der französischen Kunst, Munich/Leipzig, R. Piper & Co., 1907.

La Collection Chéramy. Catalogue raisonné précédé d'études sur les maîtres principaux de la collection, avec Erich Klossowski, Munich, R. Piper & Co., 1908.

Hans von Marées. Sein Leben und sein Werk, 3 t., 1909 (t. 2), 1910 (t. 1 et 3), Munich, R. Piper & Co., 1909-1910 ; rééd. Insel-Verlag, 1987.

Spanische Reise, Berlin, S. Fischer, 1910 ; rééd. Berlin, Rowohlt, 1923 ; trad. *The Spanish Journey*, trad. John Holroyd-Reece, illustrations par Joseph Sima, New York, Harcourt, Brace & Co., 1926.

Paul Cézanne, Munich, R. Piper & Co., 1910 ; rééd. 1913, 1923.

Vincent van Gogh, Munich, R. Piper & Co., 1910 ; rééd. 1912, 1918.

Auguste Renoir, Munich, R. Piper & Co., 1911 ; rééd. 1920 ; trad. A. S. Maillet, Paris, Floury, 1912.

Édouard Manet, Munich, R. Piper & Co., 1912 ; trad. Victor Claass, Paris, Klincksieck, 2013.
Hans von Marées, Munich, R. Piper & Co., 1912 ; rééd. 1920.
Eugène Delacroix. Literarische Werke, traduction et préface par Meier-Graefe, Leipzig, Insel-Verlag, 1912.
Wohin treiben wir? Zwei Reden über Kultur und Kunst, Berlin, S. Fischer, 1913.
Eugène Delacroix: Beiträge zu einer Analyse, Munich, R. Piper & Co., 1913.
Der Tscheinik, Berlin, S. Fischer, 1918 ; rééd. *Die weiße Straße*, Berlin, Klinkhardt & Biermann, 1929.
Cézanne und sein Kreis: ein Beitrag zur Entwicklungsgeschichte, Munich, R. Piper & Co., 1918 ; rééd. 1920, 1922.
Degas: ein Beitrag zur Entwicklungsgeschichte der modernen Malerei, Munich, R. Piper & Co., 1920 ; rééd. 1924 ; trad. John Holroyd-Reece, Londres, E. Benn, 1923.
Vincent, 2 t., Munich, R. Piper & Co., 1921 ; rééd. 1925 ; trad. *Vincent van Gogh. A Biographical Study*, trad. John Holroyd-Reece, 2 vol., Londres/Boston, The Medici Society, 1922 ; rééd. New York, Payson & Clarke Ltd, 1928 ; New York, Harcourt/Brace, 1933 ; Westport, Connecticut, Greenwood Press, 1970.
Courbet, Munich, R. Piper & Co., 1921 ; rééd. 1924.
Der Beitrag Deutschlands zur Kunst Europas: eine Ausstellung, Munich, R. Piper & Co., 1922 ; trad. « The Contribution of Germany to European Art », *Creative Art*, vol. 8, avril-juillet 1931, p. 246-254, p. 345-352, p. 416-423 ; vol. 9, p. 24-31.
Die doppelte Kurve. Essays, Berlin/Vienne/Leipzig, P. Zsolnay, 1924.
Pyramide und Tempel. Notizen während einer Reise nach Ägypten, Palästina, Griechenland und Stambul, Berlin, Rowohlt, 1927.
Renoir, Leipzig, Klinkhardt & Biermann, 1929 ; rééd. avec une postface par Andreas Beyer, Francfort-sur-le-Main, Insel-Verlag, 1986.
Corot, Berlin, Cassirer/Klinkhardt & Biermann, 1930.
Vincent van Gogh. Der Roman eines Gottsuchers, Berlin, P. Zsolnay, 1932.
Geschichten neben der Kunst, S. Fischer, Berlin, 1933.

Articles cités

« Vorwort », dans *Entwicklung des Impressionismus in Malerei und Plastik*, cat. exp. Vienne, 1903.
« Der Impressionismus in Malerei und Skulptur », *Neue Freie Presse*, 19 janvier 1903.
« Von Poussin zu Maurice Denis », *Zeit*, n° 435, 31 janvier 1903, p. 57-59.
« Französische Kunst », *Die Zukunft*, vol. 11, t. 43, 20 juin 1903, p. 446-460.
« Die Kiste », *Die Weltbühne*, vol. 16, n° 1, 1905, p. 40-44.
« Der Fall Böcklin », *FZ*, 25 juillet 1905.
« Hans von Marées », *Die Kunst für alle*, vol. 24, 1908, p. 249-264.
« Hans von Marées », *Volné směry*, t. 12, 1908, p. 109-120.
« Hans von Marées », dans *7e exposition du Salon d'automne au Grand Palais des Champs-Élysées*, cat. exp. Paris, 1909, p. 217-224.
« Hans von Marées. Zur Ausstellung seiner Werke in der Münchner Sezession », *Die Kunst für alle*, vol. 24, n° 11, 1er mars 1909, p. 249-264.
« Von Marées » (2 parties), *Nord und Süd*, avril 1909, p. 86-101, mai 1909, p. 271-278.
« Artistes contemporains : Hans von Marées », *Gazette des beaux-arts*, vol. 51, t. 2, octobre 1909, p. 286-300.

« Correspondance d'Allemagne. L'exposition d'art français du XVIIIe siècle à Berlin », *Gazette des beaux-arts*, vol. 52, nº 1, mars 1910, p. 262-272.
« Manets *Erschießung Kaiser Maximilians* in der Mannheimer Kunsthalle », *FZ*, 23 mars 1910.
« L'Allemagne en face de la Culture française », *L'Effort*, vol. 2, nº 19, 1er avril 1911.
« Hugo von Tschudi », dans *In Memoriam Hugo von Tschudi: die Reden bei der Bestattung in Stuttgart am 27. November 1911*, Leipzig, Insel-Verlag, 1911.
« Pariser Reaktionen », *KuK*, vol. 10, nº 9, 1912, p. 444-448.
« Kunst-Dämmerung », *FZ*, 2 juin 1912.
« El Greco, peintre baroque », trad. Pierre Godet, *L'Art décoratif*, vol. 14, nº 28, 20 octobre 1912, p. 213-248.
« Handel und Händler » (4 parties), *KuK*, vol. 11, 1913, nº 1, p. 27-34 ; nº 2, p. 104-109 ; nº 4, p. 196-212, p. 306-312.
« Das Museum. Dem Andenken Tschudis », *NR*, vol. 24, nº 1, 1913, p. 29-49.
« Der Sammler Nemes », *Die Zukunft*, vol. 21, t. 83, 7 juin 1913, p. 322-335.
« Das Erlebnis », *NR*, vol. 25, nº 11, 1914, p. 1576-1578.
« Siegesnachrichten », *Kriegszeit. Künstlerflugblätter*, Berlin, Verlag Paul Cassirer, 31 août 1914.
« Notizen über Rubens », *Der Belfried. Eine Monatsschrift für Geschichte und Gegenwart der belgischen Lande*, vol. 1, nº 4, octobre 1916, p. 179-188.
« Renoir » (2 parties), *KuK*, vol. 15, 1917, p. 37-51, p. 68-85.
« Shakespeare-Visionen. Eine Huldigung deutscher Künstler », dans *Die ersten vier Drucke der Marées-Gesellschaft. Prospekt Winter 1917*, Munich, Piper & Co., 1917.
« Aus meiner russischen Gefangenschaft », *NR*, vol. 29, nº 2, 1918, p. 177-239.
« Einführung », dans *Cézanne. Zehn Faksimiles nach Aquarellen*, 1re série, recueil nº 2, Munich, Marées-Gesellschaft, 1918.
« Illustration und Graphik », dans *Marées-Gesellschaft. Dritte Reihe der Drucke*, Munich, R. Piper & Co., 1919.
« Die Drucke der Marées-Gesellschaft », *Ganymed*, vol. 1, 1919, p. 140-141.
« Eine Marées-Ausstellung in Stockholm », *Ganymed*, vol. 1, 1919, p. 87-89.
« Faksimile-Drucke », *Ganymed*, vol. 1, 1919, p. 142-148.
« Das politische Geständnis des Künstlers » (2 parties), *Deutsche Allgemeine Zeitung*, 18 et 21 janvier 1919.
« Renoir », *Die Weltbühne*, vol. 16, nº 1, 1920, p. 16-19.
« Die Vierte Reihe », dans *Drucke der Marées-Gesellschaft: vierte Reihe*, Munich, R. Piper & Co., 1920.
« Die Landschaften des jungen Dürers », dans *Drucke der Marées-Gesellschaft: vierte Reihe*, Munich, R. Piper & Co., 1920.
« Cézanne und seine Ahnen », dans *Cézanne und seine Ahnen. Sechzehn Faksimiles nach Zeichnungen und Aquarellen*, Munich, Verlag der Marées-Gesellschaft, 1921.
« Ein deutscher Verwandter van Goghs: Otto Schubert », *Der Querschnitt*, vol. 2, nº 1, 1922.
« Reparation », *NR*, vol. 33, nº 9, 1922, p. 865-887 ; trad. « Reparations », *The Living Age*, vol. 315, 1922, p. 149-156.
« Unsere Kunst nach dem Kriege », *NR*, vol. 34, nº 5, 1923, p. 394-406.
« Die Drucke der Marées-Gesellschaft », dans *Almanach des Verlags R. Piper & Co. 1904-1924*, Munich, R. Piper & Co., 1923, p. 48-59.
« Die Ausstellung in der Akademie », *Deutsche Allgemeine Zeitung*, 2 juillet 1924.
« Von Schongauer bis Holbein », dans *Marées-Gesellschaft. Elfte Reihe der Drucke. April 1925*, Munich, Verlag der Marées-Gesellschaft, R. Piper & Co., 1925, p. 12-13.

« Elfte Reihe », dans *Marées-Gesellschaft. Elfte Reihe der Drucke. April 1925*, Munich, Verlag der Marées-Gesellschaft, R. Piper & Co., 1925.
« Die Landschaften von Kokoschka », *FZ*, 22 novembre 1925.
« Maler aus vier Ländern oder: Der Herr aus Mexiko », *FZ*, 8 août 1926.
« Dresden », *FZ*, 7 septembre 1926.
« Théodore Duret », *FZ*, 19 janvier 1927.
« Die neuen Räume der Galerie Flechtheim in Berlin », *FZ*, 29 mai 1927.
« Ausstellungsgesicht der Deutschen Kunst », *FZ*, 7 juillet 1927.
« Arnold Böcklin », *FZ*, 16 octobre 1927.
« Zwischen Böcklin und Picasso », *FZ*, 9 novembre 1927.
« Derain », *BT*, 10 avril 1929.
« Reproduktionen », *BT*, 28 juin 1929.
« Kunstschreiberei », *BT*, 6 juillet 1929.
« Ersatz in der Sezession », *BT*, 17 septembre 1929.
« Henri Matisse. Zum 60. Geburtstag am 31. Dezember », *BT*, 30 décembre 1929.
« Ausstellung der Sezession », *FZ*, 20 novembre 1930.
« Diskussion über Fotografie », *Die Kunst für Alle*, vol. 46, 1931, p. 72.
« Berliner Kunstchronik », *FZ*, 16 octobre 1931.
« Die Sammlung Reber », *FZ*, 22 octobre 1931.
« Vertreibung des Menschen aus der Kunst », *FZ*, 24 octobre 1931.
« Franzosen in England », *NR*, vol. 43, nº 2, février 1932.
« Zwei Ausstellungen deutscher Kunst. Bei der Berliner Sezession », *FZ*, 22 décembre 1932.
« Die Pariser Kunstsaison », *FZ*, 17 juin 1933.
« Die Brücke zur lebendigen Kunst », *Deutsche Rundschau*, vol. 60, février 1934.
« Der Greco Sammler », *FZ*, 2 septembre 1934.

Correspondances, journaux intimes, recueils posthumes

Grundstoff der Bilder: ausgewählte Schriften, éd. par Carl Linfert, Munich, Piper, 1959.
Das Fest der Farben: über Maler und Malerei von Delacroix bis Van Gogh, Wiesbaden, Fourier, 1986.
Kunst-Schreiberei: Essays und Kunstkritik, éd. par Henry Schumann, Leipzig/Weimar, Kiepenheuer, 1987.
HOFMANNSTHAL, Hugo VON, *Briefwechsel mit Julius Meier-Graefe*, éd. par Ursula Renner, Fribourg-en-Brisgau, Rombach, 1998.
Kunst ist nicht für Kunstgeschichte da: Briefe und Dokumente, éd. par Catherine Krahmer et Ingrid Grüninger, Göttingen, Wallstein, 2001.
Tagebuch 1903-1917 und weitere Dokumente, éd. par Catherine Krahmer, Ingrid Grüninger et Jeanne Heisbourg, Göttingen, Wallstein, 2009.
Auguste Rodin, traduit de l'allemand par Jean Torrent, présenté et annoté par Victor Claass et Sophie Biass-Fabiani, Paris, Éd. du musée Rodin, 2020 (en annexe, ce volume comprend l'ensemble des lettres de MG à Auguste Rodin).
Kunst Kulissen Ketzereien. Denkwürdigkeiten eines Enthusiasten, éd. par Bernhard Echte, Wädenswil, Nimbus, 2022.

Sources imprimées

ALBERT, Henri, « Der Fall Bœcklin », *Mercure de France*, t. 58, nº 201, novembre 1905.
ALEXANDRE, Arsène, « Le Salon d'automne », *Le Figaro*, 30 septembre 1909.
ALEXANDRE, Arsène, « Leurs artistes. Espions & déménageurs », *Le Figaro*, 5 janvier 1915.
ALEXANDRE, Arsène, « Pris au piège », *Le Figaro*, 17 mai 1915.
ALEXANDRE, Arsène, « Trois Gains par Julius Meier Graefe », *Les Arts. Revue mensuelle des musées, collections, expositions*, vol. 15, nº 176, 1919, p. 15.
ALEXANDRE, Arsène, « Le retour des cambrioleurs », *Le Figaro*, 15 août 1920.
ANONYME, « "Der Fall Böcklin" », *Hohe Warte*, vol. 2, 1905, p. 28.
ANONYME [Karl Scheffler ?], « Neue Bücher. *Hans von Marées* von Julius Meier-Graefe », *Kunst und Künstler*, vol. 9, nº 1, 1911, p. 64-65.
ANONYME, « Meier-Graefe über die Zukunft der Kunst », *Berliner Börsen-Courier*, 7 janvier 1913.
ANONYME [André Michel ?], « Les conseils d'un intellectuel », *Journal des débats politiques et littéraires*, vol. 126, nº 267, 26 septembre 1914.
ANONYME, « Notes d'actualité », *La Semaine religieuse de l'archidiocèse d'Albi*, vol. 41, nº 40, 3 octobre 1914, p. 516.
ANONYME, « M. Meier-Graefe prisonnier », *Journal des débats politiques et littéraires*, 20 février 1915.
ANONYME, « Versteigerung des Nachlasses A. W. von Heymel, der Sammlung Pickenpack u. a. », *Der Kunstmarkt*, vol. 14, nº 25, 16 mars 1917, p. 141-143.
ANONYME, « Kleiner Briefkasten », *Die Aktion*, vol. 7, nº 11-12, 17 mars 1917, p. 156.
ANONYME [Paul Colin ?], « À propos d'une accusation », *L'Art libre*, vol. 2, nº 11, 1920, p. 139.
AVENARIUS, Ferdinand, « Zu Böcklins Heimgang », *Der Kunstwart*, vol. 14, nº 9, 1er février 1901, p. 393-396.
AVENARIUS, Ferdinand, « Worauf kommt's an? », *Kunstwart und Kulturwart*, vol. 19, nº 1, octobre 1905, p. 1-5.
AVENARIUS, Ferdinand, « Marées als Mode », *Kunstwart und Kulturwart*, vol. 22, juin 1909, p. 371-372.
BASLER, Adolphe, *La Peinture... religion nouvelle*, Paris, Bibliothèque des Marges, 1926.
BAZIN, Germain, « Les chefs-d'œuvre impressionnistes des collections allemandes au musée de l'Orangerie », *Arts*, 19 octobre 1951.
BERLINGER, Georg, « Der "Fall Böcklin" », *Schweizerische Rundschau: Monatsschrift für Geistesleben und Kultur*, vol. 6, 1905, p. 64-65.
BERMINGHAM, Baron DE, « Au Salon d'automne », *Revue illustrée*, vol. 24, nº 21, 10 novembre 1909, p. 675-682.
BERTAUX, Félix, « La nouvelle Allemagne et la culture française », *L'Effort*, nº 24-25, 1er juillet 1911, p. 98.
BERTAUX, Félix, « Wohin treiben wir? (Où allons-nous ?), par Julius Meier-Graefe (S. Fischer) », *La Nouvelle Revue française*, vol. 5, nº 60, décembre 1913, p. 988-991.
BIE, Oskar, « Die Böcklinfrage », *Neue Rundschau*, vol. 16, t. 2, 1905, p. 1148-1149.
BLANCHE, Jacques-Émile, « Lettres d'un artiste (1914-1915) – III », *Revue de Paris*, vol. 22, t. 2, 15 avril 1915, p. 886-887.
BLEI, Franz, « Der Fall Böcklin », *Freistatt: süddeutsche Wochenschrift für Politik, Literatur und Kunst*, vol. 7, 1905, p. 546-547.
BREUER, Robert, « Grosspapa Meier-Graefe », *Vorwärts*, 8 janvier 1913.

CHANTAVOINE, Jean, « Hans von Marées (1837-1887) », *La Revue politique et littéraire*, n° 17, 23 octobre 1909, p. 523-526.

CHERVET, Henri, « Le Salon d'automne », *La Nouvelle Revue*, vol. 3, t. 11, 1909, p. 556-563.

COLL., *Ein Protest deutscher Künstler*, Iéna, Eugen Diederichs, 1911.

COLL., *Im Kampf um die Kunst*, Munich, R. Piper & Co., 1911.

COLL., *Max Beckmann*, R. Piper & Co., Munich, 1924.

COLL., « Der Kölner Dix. Eine Zuschrift und ein paar Anmerkungen », *Deutsche Allgemeine Zeitung*, 8 juillet 1924.

COLL., « Zu dem Artikel von Meier-Graefe: "Die Ausstellung in der Akademie" », *Das Kunstblatt*, vol. 8, 1924, p. 317-318.

COLL., « Le procès de l'Exposition d'art français de Londres », *Formes*, n° 23, mars 1932, p. 230-232.

COLL., *Julius Meier-Graefe: Widmungen zu seinem sechzigsten Geburtstage*, Berlin, E. Rowohlt/ Munich, R. Piper & Co./Vienne, P. Zsolnay, 1937.

COLLEONE, « Le pangermanisme à l'œuvre. Ainsi parlait Meier Graefe. Un agresseur de la France au service de la propagande ? », *L'Homme libre*, 31 mai 1922.

COPEAU, Jacques, « Hans von Marées », *Nouvelle Revue française*, n° 10, 1er novembre 1909, p. 326-328.

COSSÍO, Manuel B., *El Greco*, 2 vol., Madrid, Victoriano Suárez, 1908.

DÉRI, Max, « "Der Fall Böcklin" von Julius Meier-Graefe, "Der Kampf um Böcklin" von Adolf Grabowsky », *Zeitschrift für Ästhetik und allgemeine Kunstwissenschaft*, t. 2, 1907, p. 128-142.

DU BOS, Charles, « Histoire du développement de l'art moderne par Julius Meier-Graefe », *Gazette des beaux-arts*, vol. 586, avril 1906, p. 347-352.

DU COLOMBIER, Pierre, « Un collectionneur nouveau style », *Revue critique des idées et des livres*, t. 22, n° 127, 25 juillet 1913, p. 233-237.

DUNAN, Marcel, « La propagande de l'art français à Vienne », *Journal des débats politiques et littéraires*, 15 avril 1925.

EINSTEIN, Carl, « Brief an Ludwig Rubiner », *Die Aktion*, vol. 4, n° 18, 1914, p. 382-383.

EINSTEIN, Carl, « Schulze », *Der blutige Ernst*, vol. 1, n° 6, décembre 1919.

EINSTEIN, Carl, « Meier-Gräfe und die Kunst nach dem Krieg », *Das Kunstblatt*, vol. 7, 1923, p. 185-187.

EINSTEIN, Carl, « La collection Reber », *L'Intransigeant*, 21 avril 1930.

FAURE, Élie, *La Sainte Face*, Paris, Georges Crès, 1919.

FECHTER, Paul, « Meier-Graefes Maréeswerk », *NR*, t. 1, 1910, p. 410-416.

FECHTER, Paul, « Dix, Meier-Graefe, Stinnes und Westheim (Stinnes auf Seiten Meier-Graefes) », *Der Querschnitt*, vol. 4, 1924, p. 261-262.

FIEDLER, Konrad, *Hans von Marées*, Munich, Bruckmann, 1889.

FLOERKE, Gustav, *Zehn Jahre mit Böcklin. Aufzeichungen und Entwürfe*, Munich, F. Bruckmann, 1901.

GRABOWSKY, Adolf, *Der Kampf um Böcklin*, Berlin, Siegfried Cronbach, 1906.

GROSSMANN, Rudolf, « Vor- und Rückblick im deutschen Kunstbetrieb », *KuK*, vol. 26, n° 6, 1928, p. 227-228.

GUILBEAUX, Henri, « À la mémoire de H. von Tschudi », *Gil Blas*, 9 janvier 1913.

HABERT, « Le Salon dont il faut parler », *La Revue des beaux-arts*, vol. 3, n° 122, p. 3.

HESSE, Hermann, « Meier-Graefe's *Entwicklungsgeschichte* », *März. Eine Wochenschrift*, vol. 8, t. 2, 1914, p. 755-756.

HEUSS, Theodor, « Auch ein Bußprediger », *Süddeutsche Monatshefte*, vol. 10, nº 2, 1913, p. 755-757.
JUSTI, Carl, *Diego Velázquez und sein Jahrhundert*, 2 vol., Bonn, Cohen, 1888 ; rééd. 1903.
JUSTI, Ludwig, *Arnold Böcklin: ein Führer zur Böcklin-Sammlung der National-Galerie*, Berlin, Bard, 1921.
KERR, Alfred, « Vortrag über neue Malerei », *Pan*, vol. 3, nº 15, 10 janvier 1913, p. 343-344.
LA PALETTE [André Salmon], « L'art français en Allemagne », *Gil Blas*, 28 janvier 1913.
LANGBEHN, Julius, *Rembrandt als Erzieher*, Leipzig, Hirschfeld, 1890.
LAPAUZE, Henry, « Un indésirable : M. Meier-Graefe », *La Renaissance politique, littéraire et artistique*, 27 mai 1922.
LE MASQUE DE FER, « Échos. Invraisemblable », *Le Figaro*, 6 mai 1922.
LEPINOUX, Achille, « Des camions transportent à la gare du Nord une partie des richesses du Louvre qui figureront à l'Exposition d'art français de Londres », *Paris-Soir*, 15 décembre 1931.
MARGUILLIER, Auguste, « Die Kunstverwaltung in Frankreich und Deutschland », *Mercure de France*, 1er février 1917, p. 535-540.
MAUCLAIR, Camille, « Historiette édifiante », *Le Petit Niçois*, 28 juin 1915.
MAUS, Octave, « Les grandes publications d'art », *L'Art moderne*, vol. 24, nº 39, 25 septembre 1904, p. 314-315.
MAYER, August L., *El Greco. Eine Einführung in das Leben und Wirken des Domenico Theotocopuli, genannt El Greco*, Munich, Delphin-Verlag, 1911.
MICHEL, André, « Herr doctor Meyer-Graeffe », *Journal des débats politiques et littéraires*, vol. 126, nº 268, 27 septembre 1914.
MOMME NISSEN, Benedikt, « Die mittlere Linie. Zur heutigen deutschen Kunstlage » (2e partie), *Der Kunstwart und Kulturwart*, vol. 18, nº 10, février 1905.
MUTHER, Richard, *Geschichte der Malerei im XIX. Jahrhundert*, t. 3, Munich, G. Hirt, 1894, p. 603.
NEUMANN, Carl, *Der Kampf um die neue Kunst*, Berlin, H. Walter, 1897.
NOLDE, Emil, *Jahre der Kämpfe. 1902-1914*, Flensburg, Christian Wolff Verlag, 1934.
NORDAU, Max, « Der Herbstsalon », *Neue Freie Presse*, 7 octobre 1909.
OSTINI, Fritz VON, *Böcklin*, Bielefeld/Leipzig, Velhagen & Klasing, 1904.
PACH, Walter, « Modern Art Expounded in Terms of Evolution. Even Picasso and Matisse are Children of the Renaissance and of the Greeks », *The New York Times Book Review*, 27 décembre 1925.
PASTOR, Willy, « Zwei deutsche Ausstellungen », *Der Kunstwart*, vol. 19, nº 2, octobre 1905, p. 111-113.
PFEMFERT, Franz, « Julius Meier-Graefe gegen Julius Meier-Graefe », *Die Aktion*, vol. 3, nº 4, 22 janvier 1913, p. 106-107.
PFEMFERT, Franz, « Kleiner Briefkasten », *Die Aktion*, vol. 8, nº 42-44, 2 novembre 1918.
PIENING, August, « Erklärung », *Politisch-Anthropologische Monatsschrift*, vol. 14, 1915, p. 441.
PIENING, August, *Der Kunstapostel Meier-Graefe und der Bremer Kunststreit: eine tatsächliche Feststellung*, Brême, Melchers, 1914 ; rééd. *Der Kunstapostel Julius Meier-Graefe und seine Parteigänger*, Brême, Brinkmann & Hallancy, 1918.
PINTURRICHIO, « Le carnet des ateliers », *Le Carnet de la semaine*, vol. 3, nº 127, 11 novembre 1917.
R. L., « Encore Meier-Grafe », *Le Gaulois*, 18 octobre 1922.
RAMBOSSON, Yvanhoé, « Le Salon d'automne », *L'Art décoratif*, vol. 11, nº 21, p. 97-114.
RÉAU, Louis, « Notes, questions et discussions », *Revue de synthèse historique*, vol. 14, 1907.

RÉAU, Louis, « Hans von Marées (1837-1887) », *Revue de l'art ancien et moderne*, vol. 26, octobre 1909, p. 267-295.

RÉMOIS, Abel, « Hans von Marées au Salon d'automne », *La Société nouvelle*, vol. 15, t. 2, octobre 1909, p. 107-109.

REVOUL, Jean, « Le coup de pied de l'âne Meïer-Graef », *La Renaissance politique, littéraire et artistique*, vol. 3, nº 7, 1er mai 1915, p. 19.

ROESSLER, Arthur, « Wohin treiben wir? Also sprach Meier-Graefe », *Die Aktion*, vol. 3, nº 4, 22 janvier 1913, p. 105-106.

RUBINER, Ludwig, « Maler bauen Barrikaden », *Die Aktion*, vol. 4, 25 avril 1914.

SAINT-VALÉRY, Léon DE [Julia Pilore], « Au Salon d'automne. Hans von Marées », *Revue des beaux-arts*, vol. 3, nº 124, 17 octobre 1909.

SALMON, André, « La captivité de Cézanne », *L'Homme libre*, 13 juillet 1914.

SAUVEBOIS, Gustave, « Au fil des revues littéraires », *Les Droits de l'homme*, 21 mai 1911.

SCHAEFFER, Emil, « Bücher Besprechungen: *Entwicklungsgeschichte der modernen Kunst* von Julius Meier-Graefe », *Kunst und Künstler*, vol. 3, 1905, p. 271-273.

SCHÄFER, Wilhelm, « Der Fall Greco », *Die Rheinlande*, vol. 11, 1911, p. 383.

SCHEFFLER, Karl, « Neue Bücher. *Wohin treiben wir?* von Julius Meier-Graefe », *KuK*, nº 3, vol. 12, 1914, p. 184-185.

SCHEFFLER, Karl, « Der Krieg », *KuK*, vol. 13, 1915, p. 1-4.

SCHEFFLER, Karl, « Ein Schelmenstück Figaros », *Vossische Zeitung*, 2 octobre 1915.

SCHEFFLER, Karl, « Bücher zur Kunstgeschichte », *KuK*, vol. 22, 1924, p. 386.

SCHMID, Heinrich Alfred, « Meier-Graefe contra Böcklin », *Die Kunst für alle*, vol. 20, nº 4, p. 432-436.

SCHMIDT, P. F., « Der Fall Böcklin und die Presse », *Kritik der Kritik*, vol. 1, 1906, p. 285-288.

SCHMITZ, Paul [P. Sch.], « Fäkulius Meier-Graefe », *Der Samstag*, vol. 6, 25 février 1911, p. 62-63.

SCHOLZ, Robert, « Eine kunstbiographische Fälschung. Zum Fall Meier-Graefe », *Völkischer Beobachter*, nº 179, 28 juin 1935, p. 9.

SCHUR, Ernst, *Der Fall Meier-Gräfe. Betrachtungen über die deutsche Kunst und Kultur der Gegenwart*, Berlin, 1905.

SCHUTZ, Emil, « Marées und die Pariser Kritik », *Allgemeine Zeitung*, 9 octobre 1909, p. 920-921.

SEESSELBERG, Friedrich, « Meier-Graefetum », *Wertung*, vol. 10, nº 1, 1909, p. 6-10.

SERVAES, Franz, « "Los von Böcklin" », *Neue Freie Presse*, 8 octobre 1904.

SIMKO, Joseph, *Böcklin-Fieber*, Budapest, Buschmann, 1898.

STORCK, Karl, « Im Streit um die moderne Kunst », *Der Türmer. Monatsschrift für Gemüt und Geist*, vol. 8, t. 1, 1905, p. 281-286.

STORCK, Karl, « Meier-Graefe geht um », *Der Türmer*, vol. 19, nº 7, 1917.

THIÉBAULT-SISSON, François, « Le Salon d'automne », *Le Temps*, 30 septembre 1909.

THODE, Henry, *Böcklin und Thoma: Acht Vorträge über neudeutsche Malerei*, Heidelberg, Carl Winter's Universitätsbuchhandlung, 1905.

UHDE-BERNAYS, Hermann, « Anti-Böcklin », *Beilage zur allgemeine Zeitung*, vol. 22, nº 124, 28 mai 1905, p. 379-382.

VAILLAT, Léandre, « Le Salon d'automne. Les rétrospectives », *L'Écho de Paris*, 30 septembre 1909.

VALLOTTON, Félix, « Exposition Bœcklin à Bâle », *La Revue blanche*, vol. 14, 1897, p. 280-281.

VARENNE, Gaston, « Entwicklungsgeschichte der modernen Kunst », *Revue germanique*, vol. 1, nº 4, 1905, p. 462-468.

VARENNE, Gaston, « Der Fall Böcklin und die Lehre von den Einheiten », *Revue germanique*, vol. 1, nº 4, 1905, p. 468-472.

VARENNE, Gaston, « Ernst Schur: Der Fall Meier-Gräfe », *Revue germanique*, vol. 2, nº 5, 1906, p. 592-596.

VAUXCELLES, Louis, « Au Grand Palais. Le Salon d'automne », *Gil Blas*, 1er octobre 1909.

WALDEN, Herwarth [article non signé], « Café Grössenwahn », *Der Sturm*, vol. 2, nº 82, 21 octobre 1911, p. 652.

WALDEN, Herwarth, « El Greco », *Der Sturm*, vol. 2, nº 86, 18 novembre 1911, p. 688.

WALDEN, Herwarth, « Der behandelte Greco », *Der Sturm*, vol. 7, nº 4, 15 juillet 1916, p. 38.

WESTHEIM, Paul, « Meier-Graefe », *Das Neue Tage-Buch*, vol. 3, 1935, p. 572-573.

WORRINGER, Wilhelm, « Die Marées-Ausstellung der Münchner Sezession », *KuK*, vol. 7, 1909, p. 231-232.

WORRINGER, Wilhelm, *HvM* [recension critique], *Zeitschrift für Ästhetik und allgemeine Kunstwissenschaft*, vol. 6, 1911, p. 317-321.

Écrits sur Julius Meier-Graefe (sélection)

ANGER, Jenny, « Courbet, the Decorative, and the Canon: Rewriting and Rereading Meier-Graefe's *Modern Art* », dans Anna Brzyski (éd.), *Partisan Canons*, Durham, Duke University Press, 2007, p. 157-177.

BECKER, Ingeborg et MARCHAL, Stephanie (éd.), *Julius Meier-Graefe (1867-1935): Grenzgänger der Künste*, Berlin, Akademie Verlag, 2017.

BELTING, Hans, « Nachwort des Herausgebers », dans Julius Meier-Graefe, *Entwicklungsgeschichte der modernen Kunst*, t. 2, Munich, Piper, 1987, p. 727-758.

BERMAN, Patricia Grey, « The Invention of History: Julius Meier-Graefe, German Modernism, and the Genealogy of Genius », *Studies in the History of Art*, nº 53, « Imagining Modern German Culture: 1889-1910 », éd. par Françoise Forster-Hahn, Washington, D.C., National Gallery of Art/Yale University Press, 1996, p. 90-105.

BEYER, Andreas, « Nachwort », dans Julius Meier-Graefe, *Renoir*, Francfort-sur-le-Main, Insel-Verlag, 1986, p. 233-240.

CLAASS, Victor, « Efforts vains ? Julius Meier-Graefe répond à Jean-Richard Bloch (ou la culture à l'hôtel de la *Kultur*) », *Cahiers Jean-Richard Bloch*, nº 18, 2012, p. 63-79.

CLAASS, Victor, « Manet en observation », dans *Édouard Manet*, Paris, Klincksieck, 2013, p. XI-LVIII.

CLAASS, Victor, « L'animateur d'art au combat. Inactualités de Julius Meier-Graefe », dans Ingrid Goddeeris et Noémie Goldman (éd.), *Animateur d'art*, Bruxelles, Musées royaux des beaux-arts de Belgique, 2015, p. 43-56.

CLAASS, Victor, *Julius Meier-Graefe contre l'impressionnisme*, thèse de doctorat sous la direction de Barthélemy Jobert, soutenue à Sorbonne Université le 1er juillet 2017.

CLAASS, Victor, « "Hilft nichts, sie hassen mich." Meier-Graefe und Frankreich - Ein schwieriges Verhältnis », dans Ingeborg Becker et Stephanie Marchal (éd.), *Julius Meier-Graefe (1867-1935): Grenzgänger der Künste*, Berlin, Akademie Verlag, 2017, p. 236-247.

CLAASS, Victor, « Meier-Graefe, nécrologue de l'art moderne », *Regards croisés. Revue franco-allemande d'histoire de l'art et d'esthétique*, nº 8, « Kunstkritik - La critique d'art », mars 2018, p. 39-51.

CLAASS, Victor, « Enjeux et impasses d'une réhabilitation. Swarzenski et Meier-Graefe exposent Hans von Marées », dans Valérie Kobi, Alexander Linke et Stephanie Marchal (éd.), *Spannungsfeld Museum. Akteure, Narrative und Politik in Deutschland und Frankreich um 1900*, Berlin, De Gruyter, 2019, p. 252-267.

CLAASS, Victor, « Un océan de valeurs. Situation de Rodin en 1904 », dans Julius Meier-Graefe, *Auguste Rodin*, trad. Jean Torrent, présenté et annoté par Victor Claass et Sophie Biass-Fabiani, Paris, Éd. du musée Rodin, 2020, p. 7-17.

CLAASS, Victor, « Meier-Graefe en son domaine », *Kunstchronik*, vol. 75, nº 8, août 2022, p. 438-444.

CLARKE, Jay A., « Meier-Graefe sells Munch. The Critic as Dealer », dans Christine E. Stauffer (éd.), *Festschrift für Eberhard W. Kornfeld zum 80. Geburtstag*, Berne, Kornfeld, 2003, p. 181-194.

DOMM, Anne-Sibylle, « Die "Väter" der Marées-Rezeption. Konrad Fiedler und Julius Meier-Graefe », dans *Hans von Marées und die Moderne in Deutschland*, cat. exp. Bielefeld, Kunsthalle, 1988, p. 45-56.

FABELOVÁ, Karolína, « Julius Meier-Graefe und seine Mitarbeit mit dem Verein Mánes und der Zeitschrift Volné směry », *Umění*, nº 58, 2010, p. 454-464.

FORSTER-HAHN, Françoise, « Text and Display: Julius Meier-Graefe, the 1906 White Centennial in Berlin, and the Canon of Modern Art », *Art History*, vol. 38, nº 1, février 2015, p. 138-169.

GAEHTGENS, Thomas W., « Les rapports de l'histoire de l'art et de l'art contemporain en Allemagne à l'époque de Wölfflin et de Meier-Graefe », *Revue de l'art*, nº 88, 1990, p. 31-38.

GAEHTGENS, Thomas W., « *Le Cas Böcklin* de Julius Meier-Graefe et les débats sur l'art moderne dans l'Empire allemand », dans Sébastien Allard et Danièle Cohn (éd.), *De l'Allemagne 1800-1939. De Friedrich à Beckmann*, cat. exp. Paris, Hazan/Éd. du Louvre, 2013, p. 210-221.

KOSTKA, Alexandre, « Die Karriere von Julius Meier-Graefe zwischen Paris und Berlin: "Proto-Vermittler", "organischer Vermittler" und "kanonischer Vermittler" », dans *Akten des XI. Internationalen Germanistenkongresses Paris 2005*, t. 11, Berne, Peter Lang, 2005, p. 143-154.

KRAHMER, Catherine, « Über die Anfänge des Neuen Stils, Henry van de Velde – Siegfried Bing – Julius Meier-Graefe », dans Klaus-Jürgen Sembach et Birgit Schulte (éd.), *Henry van de Velde: ein europäischer Künstler in seiner Zeit*, Cologne, Wienand Verlag, 1992, p. 148-164.

KRAHMER, Catherine, « Meier-Graefe et Delacroix », *Revue de l'art*, nº 99, 1993, p. 60-68.

KRAHMER, Catherine, « Die Zeitschrift *Pan* und das Ausland (1894-1895) », *Jahrbuch der deutschen Schiller-Gesellschaft*, vol. 39, 1995, p. 267-292.

KRAHMER, Catherine, « Meier-Graefes Weg zur Kunst », *Hofmannsthal Jahrbuch zur europäischen Moderne*, vol. 4, Rombach Verlag KG, 1996, p. 169-226.

KRAHMER, Catherine, « Meier-Graefe et les arts décoratifs : un rédacteur à deux têtes », dans Coll., *Distanz und Aneignung. Relations artistiques entre la France et l'Allemagne 1870-1945*, Berlin, Akademie Verlag, coll. « Passages » du Centre allemand d'histoire de l'art, 2004, p. 231-254.

KRAHMER, Catherine, « Julius Meier-Graefe und Paul Cassirer. Die *Pan*-Connection », dans Rahel E. Feilchenfeldt et Thomas Raff (éd.), *Ein Fest der Künste: Paul Cassirer, der Kunsthändler als Verleger*, Munich, C. H. Beck, 2006, p. 87-101.

KRAHMER, Catherine, « Julius Meier-Graefe (1867-1935) », dans Michel Espagne et Bénédicte Savoy (dir.), *Dictionnaire des historiens d'art allemands*, Paris, Éd. du CNRS, 2010, p. 139-148.

KRAHMER, Catherine, « Harry Graf Kessler und Julius Meier-Graefe. Eine verpasste Gelegenheit », dans Julia Drost et Alexandre Kostka (éd.), *Harry Graf Kessler. Porträt eines europäischen Kulturvermittlers*, Berlin, Deutscher Kunstverlag, coll. « Passages » du Centre allemand d'histoire de l'art, 2016, p. 77-100.

KRAHMER, Catherine, *Julius Meier-Graefe: Ein Leben für die Kunst*, Göttingen, Wallstein, 2021.

KRAMER, Hilton, « Menzel, Meier-Graefe and the Problem of German Art », *New Criterion*, nº 15, 1996, p. 51-53.

MANHEIM, Ron, « Julius Meier-Graefe (1867-1935): "Kunstschriftsteller" zwischen Traditionbewusstsein und Modernität », dans Heinrich Dilly (éd.), *Altemeister moderner Kunstgeschichte*, Berlin, Reimer Verlag, 1999, p. 94-115.

MARCHAL, Stephanie, « Julius Meier-Graefe: Vom "Kampf um" zur "Sehnsucht nach" dem Stil », *Kritische Berichte*, vol. 42, nº 1, 2014, p. 35-46.

MARCHAL, Stephanie, « Julius Meier-Graefe: A Laconic Art Historian », dans Andreas Beyer et Laurent Le Bon (éd.), *Silence/Schweigen. Über die stumme Praxis der Kunst*, Berlin, Deutscher Kunstverlag, coll. « Passages » du Centre allemand d'histoire de l'art, 2015, p. 175-186.

MARCHAL, Stephanie, « Julius Meier-Graefe und die Erotik der "Parallelkompositionen". Eine Anleitung zum Genuss der Kunstwerke der Moderne », *Marburger Jahrbuch für Kunstwissenschaft*, vol. 44, 2017, p. 211-221.

MOFFETT, Kenworth, *Meier-Graefe as Art Critic*, Munich, Prestel, 1973.

PETRI, Grischka, « The English Edition of Julius Meier-Graefe's *Entwicklungsgeschichte der modernen Kunst* », *Visual Culture in Britain*, vol. 6, nº 2, 2005, p. 171-188.

WARNKE, Martin, « Julius Meier-Graefes *Spanische Reise* – ein kunstkritischer Paradigmawechsel », dans Gisela Noehles-Doerk (éd.), *Kunst in Spanien im Blick der Fremden. Reiseerfahrungen vom Mittelalter bis in die Gegenwart*, Francfort-sur-le-Main, Vervuert, 1996, p. 221-228.

Bibliographie générale

ALLARD, Sébastien et COHN, Danièle (éd.), *De l'Allemagne 1800-1939. De Friedrich à Beckmann*, cat. exp. Paris, Hazan/Éd. du Louvre, 2013.

APOLLINAIRE, Guillaume, *Œuvres en prose complètes*, t. 2, Paris, Gallimard, « Bibliothèque de la Pléiade », 1991.

ARNOUX, Mathilde et GAEHTGENS, Thomas W. (éd.), *Perspectives croisées. La critique d'art franco-allemande (1870-1945)*, Paris, Éd. de la Maison des sciences de l'homme (MSH), coll. « Passages » du Centre allemand d'histoire de l'art, 2009.

BAER, Bernhard, « Ganymed Berlin/Ganymed London », *Librarium: Zeitschrift der schweizerischen Bibliophilen-Gesellschaft*, nº 25, 1982.

BARRON, Stephanie (éd.), *Degenerate Art: The Fate of the Avant-garde in Nazi Germany*, cat. exp. Los Angeles, LACMA, 1991.

BECKMANN, Max, *Écrits*, Paris, Éd. de l'ENSBA, 2002.

BELTING, Hans, *Die Deutschen und ihre Kunst: ein schwieriges Erbe*, Munich, C. H. Beck, 1992.

BENEKE, Sabine, *Im Blick der Moderne. Die « Jahrhundertausstellung deutscher Kunst (1775-1875) » in der Berliner Nationalgalerie 1906*, Berlin, Boestelmann & Siebenhaar, 1999.

BERTRAND DORLÉAC, Laurence, *Contre-déclin : Monet et Spengler dans les jardins de l'histoire*, Paris, Gallimard, 2012.

BEYER, Andreas, « Herman Grimm (1828-1901) », dans Michel Espagne et Bénédicte Savoy (dir.), *Dictionnaire des historiens d'art allemands*, Paris, Éd. du CNRS, 2010, p. 89-97.

BEYER, Andreas, « Lichtbild und Essay: Kunstgeschichte als Versuch », dans Wolfgang Braungart et Kai Kauffmann (éd.), *Essayismus um 1900*, Heidelberg, Universitätsverlag Winter, 2006, p. 37-48.

BIGNAMI, Silvia, « Julius Meier-Graefe e Wilhelm Worringer : appunti per un Cézanne "gotico" », dans Giovanni Cianci (éd.), *Il Cézanne degli scrittori, dei poeti e dei filosofi*, Milan, Bocca, 2001, p. 75-80.

BLOCH, Marc, *Réflexions d'un historien sur les fausses nouvelles de la guerre*, Paris, Allia, 1999.

BOEHM, Gottfried, « Die Krise der Repräsentation », dans Lorenz Dittmann (éd.), *Kategorien und Methoden der deutschen Kunstgeschichte 1900-1930*, Wiesbaden, Steiner, 1985, p. 113-128.

BRUMMER, Hans Henrik, « Noch einmal: *Der Fall Böcklin* », dans Ingrid Ehrhardt et Simon Reynolds (éd.), *SeelenReich. Die Entwicklung des deutschen Symbolismus 1870-1920*, cat. exp. Munich/Londres/New York, Prestel, 2000, p. 29-41.

CLAIR, Jean, *Considérations sur l'état des beaux-arts*, Paris, Gallimard, 1983.

CLAUSEWITZ, Carl VON, *De la guerre*, Paris, Rivages poche, 2006.

COHN, Danièle, « L'artiste, le réel et les formes. Konrad Fiedler et le projet d'une esthétique de la création », dans Konrad Fiedler, *Sur l'origine de l'activité artistique*, trad. Inès Rotermund, Sarah Schmidt, Werner Uwer et Sacha Zilberfarb, dir. par Danièle Cohn et Ileana Parvu, Paris, Éd. Rue d'Ulm, 2008, p. 115-143.

COLL., *Beckmann*, cat. exp. Paris, Éd. du Centre Pompidou, 2002.

COLL., *Conversations avec Cézanne*, Paris, Macula, 1978.

COLL., *Distanz und Aneignung. Relations artistiques entre la France et l'Allemagne 1870-1945*, Berlin, Akademie Verlag, coll. « Passages » du Centre allemand d'histoire de l'art, 2004.

COLL., *Robert Delaunay, 1906-1914. De l'impressionnisme à l'abstraction*, cat. exp. Paris, Éd. du Centre Georges Pompidou, 1999.

CROCKETT, Dennis, « The Most Famous Painting of the "Golden Twenties"? Otto Dix and the *Trench* Affair », *Art Journal*, vol. 51, n° 1, 1992, p. 77.

DELPHIS, Claudine (éd.), *Survies d'un Juif européen. Correspondance de Paul Amann avec Romain Rolland et Jean-Richard Bloch*, Leipzig, Leipziger Uni-Vlg, 2009.

DIDI-HUBERMAN, Georges, *L'Album de l'art à l'époque du « Musée imaginaire »*, Paris, Éd. du Louvre/Hazan, 2013.

DIERS, Michael, « Kunst und Reproduktion: Der Hamburger Faksimile-Streit », *Idea. Jahrbuch der Hamburger Kunsthalle*, vol. 5, 1986, p. 125-137.

DOMM, Anne-Sibylle, « Hans von Marées in der Kunstkritik », dans Hans von Marées, *Briefe*, Munich, Piper, 1987, p. 329-381.

EINSTEIN, Carl, *L'Art du XXe siècle*, trad. Liliane Meffre et Maryse Staiber, Nîmes, Jacqueline Chambon, 2011.

ERDMANN-MACKE, Elisabeth, *Erinnerung an August Macke*, Stuttgart, W. Kohlhammer Verlag, 1962.

ESPAGNE, Michel, *Les Transferts culturels franco-allemands*, Paris, PUF, 1999.

FEHLEMANN, Sabine (éd.), *Lovis Corinth. Aus der Graphischen Sammlung des Von der Heydt-Museums*, Wuppertal, Von der Heydt-Museum, 2004.

FEIST, Ursula (éd.), *Karl Hofer – Theodor Reinhart. Maler und Mäzen. Ein Briefwechsel in Auswahl*, Berlin, Henschelverlag, 1989.

FLAUBERT, Gustave, *Bouvard et Pécuchet*, Paris, Gallimard, coll. « Folio classique », 2010.

FLAUBERT, Gustave, *Correspondance*, t. 1, Paris, Gallimard, « Bibliothèque de la Pléiade », 1980.

FLECKNER, Uwe, *Carl Einstein und sein Jahrhundert. Fragmente einer intellektuellen Biographie*, Berlin, Akademie Verlag, 2006.

FRÉDÉRIC II DE PRUSSE, *De la littérature allemande*, Paris, Gallimard, 1994.

FREUD, Sigmund, *Actuelles sur la guerre et la mort*, Paris, PUF, 2012.

FREUD, Sigmund, *Un trouble de mémoire sur l'Acropole*, Paris, L'Herne, 2015.

GAEHTGENS, Thomas W., *L'Art, l'histoire, l'histoire de l'art*, Paris, Éd. de la MSH, coll. « Passages » du Centre allemand d'histoire de l'art, 2011.

GALLWITZ, Klaus (éd.), *Kunst in Karlsruhe 1900-1950*, cat. exp. Karlsruhe, Staatliche Kunsthalle/ Badischer Kunstverein, Karlsruhe, Müller, 1981.

GIDE, André et SCHLUMBERGER, Jean, *Correspondance (1901-1950)*, éd. par Peter Fawcett, Paris, Gallimard, 1993.

GILLET, Louis, *Essais et conférences sur l'art. De Giotto à Matisse*, éd. par Eryck de Rubercy, Paris, Klincksieck, 2012.

GOETHE, Johann Wolfgang VON, *Écrits sur l'art*, Paris, GF Flammarion, 1996.

GOETZMANN, Sophie, *« Et les grands cris de l'Est. » Robert Delaunay à Berlin, 1912-1914*, Paris, Éd. de la MSH, coll. « Passages » du Centre allemand d'histoire de l'art, 2021, en ligne : books.openedition.org/editionsmsh/25184.

GRANDJONC, Jacques et GRUNDTNER, Thérèse, *Zone d'ombres (1933-1944). Exil et internement d'Allemands dans le sud-est de la France*, Aix-en-Provence, Alinéa, 1990.

GREENBERG, Clement, « Art Criticism », *The Partisan Review*, vol. 47, nº 1, 1981, p. 34-49.

GRIENER, Pascal, *L'Esthétique de la traduction. Winckelmann, les langues et l'histoire de l'art (1755-1784)*, Paris, Droz, 1998.

GÜSE, Ernst-Gerhard (éd.), *August Macke. Gemälde, Aquarelle, Zeichnung*, cat. exp. Munich, Bruckmann, 1986.

HANSON, Dorothee et HERZOGENRATH, Wulf (éd.), *Van Gogh: Fields. The Field with Poppies and the Artists' Dispute*, Ostfildern-Ruit, Hatje Cantz, 2002.

HARTER, Ursula et WIESE, Stephan VON (éd.), *Max Beckmann und J. B. Neumann: der Künstler und sein Händler in Briefen und Dokumenten 1917-1950*, Cologne, König, 2011.

HAUSENSTEIN, Wilhelm, *Über Expressionismus in der Malerei*, Berlin, Reiß, 1919.

HOFER, Karl, *Erinnerungen eines Malers*, Berlin, Paul List Verlag, 1963.

HOFMANNSTHAL, Hugo VON, « La mort du Titien », *48/14. La Revue du musée d'Orsay*, nº 13, 2001, p. 102.

HOFMANNSTHAL, Hugo VON, *Gesammelte Schriften*, vol. 8, Berlin, Bermann-Fischer, 1955.

HOFMANNSTHAL, Hugo VON, *Gesammelte Werke in zehn Einzelbänden*, éd. par Bernd Schoeller, vol. 7, Francfort-sur-le-Main, Fischer, 1978.

HOHENZOLLERN, Johann Georg Prinz VON et SCHUSTER, Peter-Klaus (éd.), *Manet bis Van Gogh: Hugo von Tschudi und der Kampf um die Moderne*, cat. exp. Berlin, Nationalgalerie, New York/ Munich, Prestel, 1996.

JENSEN, Robert, *Marketing Modernism in Fin-de-Siècle Europe*, Princeton University Press, 1996.

JOSCHKE, Christian, « Une exposition douteuse sur l'"art allemand" », *Le Monde*, 19 avril 2013.

JOYEUX-PRUNEL, Béatrice, « Les transferts culturels. Un discours de la méthode », *Hypothèses*, vol. 1, nº 6, 2003, p. 149-162.

JOYEUX-PRUNEL, Béatrice, *Nul n'est prophète en son pays ? L'internationalisation de la peinture des avant-gardes parisiennes, 1855-1914*, Paris, musée d'Orsay/Nicolas Chaudun, 2009.

KANDINSKY, Vassily et MARC, Franz, *Briefwechsel*, éd. par Klaus Lankheit, Munich, Piper, 1983.

KERN, Josef, *Impressionismus im Wilhelminischen Deutschland: Studien zur Kunst- und Kulturgeschichte des Kaiserreichs*, Wurtzbourg, Königshausen & Neumann, 1989.

KESSLER, Harry Graf, *Das Tagebuch 1880-1937*, 9 t., Stuttgart, Klett-Cotta, 2008-2018.

KESSLER, Harry Graf, *Journal. Regards sur l'art et les artistes contemporains*, Paris, Éd. de la MSH, coll. « Passages » du Centre allemand d'histoire de l'art, 2017, en ligne : books.openedition.org/editionsmsh/10902.

KILCHER, Andreas B., *Poétique et politique du mot d'esprit chez Heinrich Heine*, Paris, L'Éclat, 2014.

KLEE, Paul, *Briefe an die Familie 1893-1940*, éd. par Felix Klee, Cologne, DuMont, 1979.

KOLB, Annette et SCHICKELE, René, *Briefe im Exil 1933-1940*, Mayence, Hase & Koehler, 1987.

KOSS, Max, *The Art of the Periodical: Pan, Print Culture and the Birth of Modern Design in Germany, 1890-1900*, thèse de doctorat sous la direction de Christine Mehring et Ralph Ubl, août 2018, université de Chicago.

KOTT, Christina, *Préserver l'art de l'ennemi : le patrimoine artistique en Belgique et en France occupées (1914-1918)*, Bruxelles, Peter Lang, 2006.

KRIMMEL, Bernd (éd.), *A. Böcklin (1827-1901). Ausstellung zum 150. Geburtstag veranstaltet vom Magistrat der Stadt Darmstadt*, vol. 1, cat. exp. Darmstadt, Mathildenhöhe, 1977.

LACAMBRE, Geneviève et TINTEROW, Gary (éd.), *Manet/Velázquez. La manière espagnole au XIXe siècle*, cat. exp. Paris, Éd. de la RMN, 2002.

LANGE, Barbara, « "...Eine neue Art von Kunstgeschichte. Eine neue Art von Geschichte...": Die *Erschießung Kaiser Maximilians* von Édouard Manet in der Diskussion um Moderne in Deutschland », dans *Manet: Augenblicke der Geschichte*, cat. exp. Mannheim, Städtische Kunsthalle, Munich, Prestel, 1992, p. 171-181.

LENZ, Christian, « Souvenir de Julius Meier-Graefe : "*Le Cas Böcklin* et la théorie des unités" 1905 », dans Christian Lenz et Katharina Schmidt (éd.), *Arnold Böcklin 1827-1901*, cat. exp. Paris, Réunion des musées nationaux, 2001, p. 119-129.

LE RIDER, Jacques, « Arnold Böcklin ou le retour à l'antique de la modernité », *48/14. La Revue du musée d'Orsay*, nº 13, 2001, p. 50-57.

LÉVI-STRAUSS, Claude, *Anthropologie structurale II*, Paris, Pocket, 2003.

LICHTWARK, Alfred, *Reisebriefe*, éd. par Gustav Pauli, 22 vol., Hambourg, Georg Westermann, 1924.

MACKE, August et MARC, Franz, *Briefwechsel*, Cologne, DuMont, 1964.

MAJETSCHAK, Stefan (éd.), *Auge und Hand. Konrad Fiedlers Kunsttheorie im Kontext*, Munich, Fink, 1997.

MARC, Franz, *Écrits et correspondances*, trad. Thomas de Kayser, Paris, Éd. de l'ENSBA, 2006.

MEFFRE, Liliane, *Carl Einstein, 1885-1940 : itinéraires d'une pensée moderne*, Paris, Presses de l'université de Paris-Sorbonne, 2002.

MEIER, Andreas, « L'influence d'un éditeur. Reinhard Piper et le "Blaue Reiter" », dans Hans Christoph von Tavel (éd.), *Le Cavalier bleu*, cat. exp. Berne, Musée des beaux-arts de Berne, 1986, p. 227-239.

MEYER, Andrea, « Eine "denkwürdige" Ausstellung. Justis Böcklin-Retrospektive 1927 », *Jahrbuch der Berliner Museen*, vol. 52, 2010, p. 73-80.

MICHAUD, Éric et STAVRINAKI, Maria, « De l'Allemagne, 1800-1939 », *Artforum*, octobre 2013, p. 288-289.

MICHAUD, Éric, *L'Histoire de l'art : une discipline à ses frontières*, Paris, Hazan, 2005.

MOMMSEN, Wolfgang (éd.), *Kultur und Krieg. Die Rolle der Intellektuellen, Künstler und Schriftsteller im Ersten Weltkrieg*, Munich, Oldenbourg Verlag, coll. « Schriften des Historischen Kollegs. Kolloquien », vol. 34, 1996.

Neau, Patrice, « “De l’Allemagne”, mais de quelle Allemagne ? Réflexions sur une exposition controversée », *Allemagne d’aujourd’hui*, nº 204, 2013, p. 7-17.

Nerlich, France (éd.), *Histoire de l’art*, nº 64, « Interactions et transferts artistiques », 2009.

Nerlich, France, *La Réception de la peinture française en Allemagne, 1815-1870*, Paris, Éd. de la MSH, coll. « Passages » du Centre allemand d’histoire de l’art, 2009.

Nieradka, Magali Laure, *Die Hauptstadt der deutschen Literatur: Sanary-sur-Mer als Ort des Exils deutschsprachiger Schriftsteller*, Göttingen, V&R unipress, 2010.

Ortega y Gasset, José, *Obras completas. 1902-1916*, t. 1, Madrid, Revista de Occidente, 1966.

Pageaux, Daniel-Henri, « La culture allemande dans quelques *juvenilia* d’Ortega y Gasset », *Neohelicon*, vol. 29, nº 1, 2002, p. 235-244.

Panofsky, Erwin, « Original et reproduction en fac-similé » [1930], *Questions d’histoire de l’art*, Paris, Éd. du Centre Pompidou, 2011.

Paret, Peter, « The Tschudi Affair », *The Journal of Modern History*, vol. 53, nº 4, décembre 1981, p. 589-618.

Paret, Peter, *The Berlin Secession. Modernism and its Enemies in Imperial Germany*, Cambridge/Londres, Harvard University Press, 1980.

Passini, Michela, *La Fabrique de l’art national. Le nationalisme et les origines de l’histoire de l’art en France et en Allemagne (1870-1933)*, Paris, Éd. de la MSH, coll. « Passages » du Centre allemand d’histoire de l’art, 2012.

Paul, Barbara, *Hugo von Tschudi und die moderne französische Kunst im Deutschen Kaiserreich*, Mayence, Von Zabern, 1993.

Piper, Reinhard, *Briefwechsel mit Autoren und Künstlern*, Munich, Piper, 1979.

Piper, Reinhard, *Mein Leben als Verleger. Vormittag, Nachmittag*, Munich, Piper, 1964.

Podzemskaia, Nadia, *Colore simbolo immagine. Origine della teoria di Kandinsky*, Florence, Alinea Editrice, 2000.

Pophanken, Andrea et Billeter, Felix (éd.), *Die Moderne und ihre Sammler. Französische Kunst in deutschem Privatbesitz vom Kaiserreich zur Weimarer Republik*, Berlin, Akademie Verlag, coll. « Passages » du Centre allemand d’histoire de l’art, 2001.

Ranke, Winfried, « Le “Cas Bœcklin”. Un épisode toujours actuel de l’art en Allemagne », *Revue de l’art*, nº 45, 1979, p. 37-49.

Rewald, John (éd.), *The Paintings of Paul Cézanne. A Catalogue Raisonné*, vol. 1, New York, Harry N. Abrams, 1996.

Rewald, John, « Une copie par Cézanne d’après le Greco », *Gazette des beaux-arts*, vol. 6, nº 14, février 1936, p. 118-121.

Rewald, John, *Cézanne and America: Dealers, Collectors, Artists and Critics. 1891-1921*, Londres, Thames & Hudson, 1989.

Rewald, John, *History of Impressionism*, New York, Museum of Modern Art, 1946.

Rolland, Romain et Tolstoï, Léon, *Monsieur le comte - Romain Rolland et Léon Tolstoï - Textes*, Paris, Albin Michel, « Cahiers Romain Rolland », nº 24, 2012.

Rolland, Romain, *Au-dessus de la mêlée*, Paris, Éd. Payot & Rivages, 2013.

Rolland, Romain, *Je commence à devenir dangereux. Choix de lettres de Romain Rolland à sa mère (1914-1916)*, Paris, Albin Michel, « Cahiers Romain Rolland », nº 20, 1971.

Rössler, Johannes, « Rhythmus, Symbol des Lebens: Die deutsche El-Greco-Rezeption von den Anfängen bis zu Julius Meier-Graefes *Spanischer Reise* (1910) », *Marburger Jahrbuch für Kunstwissenschaft*, vol. 36, 2009, p. 391-411.

SALVINI, Roberto, *Pure visibilité et formalisme dans la critique d'art au début du XXe siècle*, Paris, Klincksieck, 1988.

SAUERLANDT, Max, *Ausgewählte Schriften. Aufsätze und Referate*, 2 t., Hambourg, Christians Verlag, 1974.

SAUERLANDT, Max, *Im Kampf um die moderne Kunst. Briefe 1902-1933*, Munich, Albert Langen/Georg Müller, 1957.

SCHMIDT, Katharina, LINDEMANN, Bernd et LENZ, Christian (éd.), *Arnold Böcklin (1827-1901)*, cat. exp. Heidelberg, Edition Braus/Paris, Réunion des musées nationaux, 2001.

SCHOLZ-HÄNSEL, Michael et WIESMER, Beate (éd.), *El Greco und die Moderne*, cat. exp. Düsseldorf, Ostfildern, Hantje Cantz, 2012.

SCHUBERT, Dietrich, « Ein Schützengraben von 1916-1918: Julius Meier-Graefe und Otto Dix 1924 », *Marburger Jahrbuch für Kunstwissenschaft*, 45/2018, p. 275-304.

STAVRINAKI, Maria, *Contraindre à la liberté : Carl Einstein, les avant-gardes, l'histoire*, Dijon, Les Presses du réel/Paris, Centre allemand d'histoire de l'art, 2018.

STERN, Fritz, *The Politics of Cultural Despair: A Study in the Rise of the Germanic Ideology*, Berkeley/Los Angeles, University of California Press, 1974.

SUARÈS, André, *Le Voyage du condottière*, Paris, Le Livre de Poche, 1996.

THOUARD, Denis, « De l'Allemagne au Louvre : pour et contre », *Esprit*, 3 mai 2013.

TUCHOLSKY, Kurt, *Gesamtausgabe. Texte und Briefe. Band 2: Texte 1914-1918*, Berlin, Rowohlt, 2003.

UNGERN-STERNBERG, Jürgen et Wolfgang VON, *Der Aufruf « An die Kulturwelt! ». Das Manifest der 93 und die Anfänge der Kriegspropaganda im Ersten Weltkrieg, mit einem Beitrag von Trude Maurer*, Francfort-sur-le-Main, Peter Lang, coll. « Menschen und Strukturen. Historisch-sozialwissenschaftliche Studien », vol. 21, 2013.

VAISSE, Pierre, « Sur les rapports artistiques franco-allemands au XIXe siècle », *Romantisme*, n° 73, 1991, p. 93-102.

VAISSE, Pierre, « Du rôle de la réception dans l'histoire de l'art », *Histoire de l'art*, n° 35-36, octobre 1996, p. 3-8.

VALÉRY, Paul, *Œuvres*, t. 2, Paris, Gallimard, « Bibliothèque de la Pléiade », 1957.

WERTH, Léon, *33 jours*, Paris, Viviane Hamy, 1992.

WERTH, Léon, *Déposition. Journal de guerre, 1940-1944*, Paris, Viviane Hamy, 1992.

WESENBERG, Angelika (éd.), *Hans von Marées: Sehnsucht nach Gemeinschaft*, cat. exp. Berlin, Nationalgalerie, 2008.

WINDHÖFEL, Lutz, *Paul Westheim und « Das Kunstblatt ». Eine Zeitschrift und ihr Herausgeber in der Weimarer Republik*, Cologne, Böhlau Verlag, 1995.

WISSMANN, Jürgen, « Zum Nachleben der Malerei Arnold Böcklins », dans *Arnold Böcklin (1827-1901)*, cat. exp. Düsseldorf, Kunstmuseum Düsseldorf, 1974.

WITH, Christopher B., *The Prussian Landeskunstkommission (1862-1911). A Study in State Subvention of the Arts*, Berlin, Gebr. Mann Verlag, 1986.

WORRINGER, Wilhelm, *L'Art gothique*, Paris, Gallimard, 1945.

INDEX

A

B

C

R

S

T

Remerciements

Issu d'une thèse de doctorat soutenue en 2017 à Sorbonne Université, ce travail doit infiniment à mon directeur de recherche, Barthélemy Jobert, que je tiens à remercier chaleureusement pour son soutien. Ma sincère gratitude s'adresse également à Andreas Beyer, qui m'a ouvert les portes du Centre allemand d'histoire de l'art de Paris, où j'ai passé les années les plus déterminantes de mon parcours, tant du point de vue humain qu'intellectuel. Que l'ensemble des personnels passés et présents du DFK Paris soient ici vivement remerciés, dont son actuel directeur Peter Geimer, mais aussi son prédecesseur Thomas Kirchner pour son immense générosité. Je remercie d'un même geste Christine Peltre et France Nerlich, qui m'ont fait l'honneur de siéger au jury de la soutenance de ma thèse et de considérer mon travail de leur regard expert. Cette reconnaissance s'étend aux membres d'un second jury, celui du prix du musée d'Orsay, dont j'ai été l'heureux lauréat en 2018 et qui a soutenu l'élaboration de ce livre. Merci à Alice Thomine-Berrada ainsi qu'à Scarlett Reliquet pour leur gentillesse et leur suivi.

Pour leur aide précieuse dans le développement de mes recherches, pour leurs relectures et conseils, leurs critiques délicates ou leur inestimable amitié, je tiens à remercier Ingeborg Becker, Eva Belgherbi, le groupe de recherche « *Bilderfahrzeuge* », Ulrike Blumenthal, le microcosme du Café Léa, Damien Delille, Sophie Derrot, Adrien Duclos, Jörg Ebeling, Tobias Ertl, Michel Feher, Véronique Gérard-Powell, Sophie Goetzmann, Matthew Handelman, Godehard Janzing, Anna et Thadée Klossowski, Max Koss, Alexandre Kostka, Hannah Krause, Alex Manthei, Stephanie Marchal, Eva et Rahul Markovits, François-René Martin, Zoé Marty, Catherine Méneux, Emmanuel Pernoud, Arnauld Pierre, Nele Putz, Markus Rath, Neville Rowley, Eryck de Rubercy, Bénédicte Savoy, Sibylle Seelkopf et Francesca Whitlum-Cooper ; des noms auxquels s'ajoutent ceux des joyeuses et joyeux pongistes du Deutsches Literaturarchiv de Marbach-sur-le-Neckar, une institution où j'ai par deux fois eu le plaisir d'être boursier. Mes remerciements particuliers s'adressent à Winona, pour sa patience et sa compréhension lors de mes intenses immersions archivistiques en Allemagne, ainsi qu'à Damien Combier, ami de toujours.

Initiée dans un contexte singulier, l'élaboration de cet ouvrage doit au formidable soutien de Pascale Cugy et de Déborah Laks ainsi qu'à la présence inestimable de Flora Hibberd. Je ne saurais trop les remercier.

Ce livre serait tout autre sans l'intelligence, la rigueur et la délicatesse de Mathilde Arnoux et de l'équipe des éditions du Centre allemand d'histoire de l'art. Merci à Sira Luthardt, Hannah Goetze, Olivier Grussi, Guillaume d'Estève de Pradel et Jacques-Antoine Bresch, ainsi qu'à Laurence Bertrand Dorléac pour avoir accepté d'offrir à mon manuscrit un seuil si accueillant.

Enfin, l'aventure de cette recherche n'aurait jamais abouti sans le merveilleux soutien de ma mère Laura, de mon père Arnaud et de mon frère Alexandre. Tout en luttant courageusement contre le mal qui l'a emportée en mai 2020, Laura ne manquait aucune occasion de me rappeler à la nécessaire reprise de mon manuscrit en vue de la présente publication. Elle ne verra jamais ce livre. C'est à l'amour invincible qui nous lie tous les quatre que je voudrais le dédier.

Crédits photographiques

Archives de l'auteur : ill. 62, 70, 81, 92 (© Adagp, Paris 2023), 110
Collection particulière : ill. 97 (photo © akg-images), 101 (photo © Sotheby's / © Adagp, Paris 2023)
Augsbourg, Haus der Bayerischen Geschichte : ill. 50
Berlin, Landesarchiv : ill. 108
Berlin, Denkmaldatenbank, Landesdenkmalamt : ill. 63
Berlin, Kunstbibliothek, Staatliche Museen zu Berlin : ill. 84
Berlin, Kunstbibliothek, Staatliche Museen zu Berlin (photo © BPK, Berlin, Dist. RMN-Grand Palais) : ill. 42
Berlin, Nationalgalerie, Staatliche Museen zu Berlin (photos © BPK, Berlin, Dist. RMN-Grand Palais) : ill. 21, 26, 27, 46, 56
Berlin, Staatsbibliothek zu Berlin : ill. 65
Berlin, Zentralarchiv, Staatliche Museen zu Berlin (photo © BPK, Berlin, Dist. RMN-Grand-Palais) : ill. 12
Bruxelles, Archives et musée de la littérature, Bibliothèque royale de Belgique : ill. 6
Budapest, Szépművészeti Múzeum/Museum of Fine Arts : ill. 90
Cologne, ZADIK, Archives de la coll. Reber (Thomas Gruber, Swisttal) : ill. 104
Dallas (TX), Dallas Museum of Art : ill. 86 (© Adagp, Paris 2023)
Escurial, San Lorenzo de El Escorial : ill. 35 (photo © Scala, Florence)
Hambourg, Staats- und Universitätsbibliothek : ill. 20, 32
Hanovre, Sprengel Museum (photos © BPK, Berlin, Dist. RMN-Grand Palais) : ill. 22, 85
Heidelberg, Universitätsbibliothek : ill. 13, 15, 37, 43, 52, 66
Illescas, Chapelle Notre-Dame-de-la-Charité : ill. 34 (photo © Scala, Florence)
Jérusalem, Israel Museum : ill. 57 (© Association Marcel Duchamp / Adagp, Paris 2023)
Kaiserslautern, Museum Pfalzgalerie : ill. 107
Karlsruhe, Kunsthalle : ill. 55
Lille, Palais des Beaux-Arts (photo © RMN-Grand-Palais) : ill. 78
Londres, Royal Academy of Arts : ill. 1, 3
Madrid, Museo Nacional del Prado (photo © Dist. RMN-Grand Palais) : ill. 31
Mannheim, Kunsthalle (photo © BPK, Berlin, Dist. RMN-Grand Palais) : ill. 14
Marbach, Deutsches Literaturarchiv : ill. 2, 28, 40, 72, 73, 93, 106, 111, 112, 113, 114
Milan, Archivi della Scienza, Museo Nazionale della Scienza e della Tecnologia « Leonardo da Vinci » : ill. 47
Munich, Bayerische Staatsbibliothek : ill. 4, 80, 87
Munich, Bayerische Staatsgemäldesammlungen (photo © BPK, Berlin, Dist. RMN-Grand Palais) : ill. 39
Munich, Neue Pinakothek (photos © BPK, Berlin, Dist. RMN-Grand Palais) : ill. 45, 48, 58

New York, The Museum of Modern Art (© akg-images) : ill. 99
New York, The Frick Collection : ill. 33
New York, The Metropolitan Museum of Art (photo © Dist. RMN-Grand Palais) : ill. 94 (© Adagp, Paris 2023)
Nuremberg, Germanisches Nationalmuseum (photo © BPK, Berlin, Dist. RMN-Grand Palais) : ill. 61 (© Adagp, Paris 2023)
Oslo, Nasjonalmuseet : ill. 5
Paris, Adagp : ill. 57, 61, 86, 92, 94, 101
Paris, Bibliothèque du Centre allemand d'histoire de l'art : ill. 9, 10, 11, 17, 25, 29, 30, 44, 49, 51, 53, 60, 68, 74, 75, 76, 77, 82, 83, 88, 89, 91, 95, 100, 103
Paris, Bibliothèque Forney, Ville de Paris : ill. 38
Paris, Bibliothèque nationale de France / gallica.bnf.fr : ill. 16, 19, 36, 54, 69, 71
Paris, Institut national d'histoire de l'art : ill. 41
Paris, Musée d'Orsay (photo © RMN-Grand Palais) : ill. 67
Paris, Société française de photographie : ill. 59
simplicissimus.info : ill. 23, 96, 109
Strasbourg, Bibliothèque nationale et universitaire : ill. 64
Stuttgart, Staatsgalerie (photos © BPK, Berlin, Dist. RMN-Grand-Palais) : ill. 18, 98
Vienne, Bibliothèque du Belvedere : ill. 7
Vienne, Österreichische Nationalbibliothek : ill. 8
Washington (DC), Library of Congress : ill. 102
Weimar, Goethe- und Schiller-Archiv, Klassik Stiftung Weimar : ill. 24
Zurich, Kunsthaus Zürich : ill. 79
Zurich, Kunsthaus Zürich, collection Emil Bührle : ill. 105

Responsable des éditions en langue française du DFK Paris : Mathilde Arnoux
Suivi éditorial : Sira Luthardt, avec le soutien de Hannah Goetze

Relecture : Olivier Grussi et Guillaume d'Estève de Pradel
Maquette : ulli neutzling designbuero, Hambourg
Mise en pages : Jacques-Antoine Bresch, Paris
Impression et brochage : Chirat imprimeur-relieur, Saint-Just-la-Pendue

Édition électronique
www.books.openedition.org/editionsmsh

Diffusion/Distribution
www.diaphanes.net (distribution hors de France)
www.fmsh.fr (distribution France)
www.lcdpu.fr (vente en ligne)

Achevé d'imprimer en novembre 2023
Dépôt légal : décembre 2023
N° 202310.0270

Imprimé en France